DIE ZEIT

Welt- und Kulturgeschichte

DIE ZEIT

Welt- und Kulturgeschichte

Epochen, Fakten, Hintergründe in 20 Bänden

Mit dem Besten aus der ZEIT,
u. a. mit Beiträgen
von Malte Jaspersen,
Jörg Lau
und Ernst Hess

06 Aufstieg des Islam

Vorderasien und Afrika II
(850 v. Chr. – 651 n. Chr.)

Süd- und Ostasien
(320 v. Chr. – 550 n. Chr.)

Die arabische Welt (610 – 1492)

Europa im Mittelalter I (550 – 1500)

Zeitverlag
Gerd Bucerius GmbH & Co. KG

Herausgeber

Zeitverlag Gerd Bucerius GmbH & Co. KG
Pressehaus, Speersort 1, 20095 Hamburg

Bibliographisches Institut & F. A. Brockhaus AG

Projektleitung Dr. Hildegard Hogen
Redaktion Jürgen Hotz M. A., Klaus M. Lange, Mathias Münter-Elfner, Marianne Strzysch-Siebeck
Bildredaktion Dr. Eva Bambach (Leitung), Dr. Rainer Ostermann, Eva van Meeuwen M. A.
Redaktionsleitung ZEIT Aspekte Dr. Dieter Buhl

Layout Sigrid Hecker
Einband- und Umschlaggestaltung Mike Kandelhardt
Herstellung Constanze Sonntag

Bibliografische Information der Deutschen Bibliothek
Die Deutsche Bibliothek verzeichnet diese Publikation in der Deutschen Nationalbibliografie; detaillierte bibliografische Daten sind im Internet über http://dnb.ddb.de abrufbar.

Satz A–Z Satztechnik GmbH, Mannheim (PageOne, alfa Media Partner GmbH)
Druck und Bindung GGP Media GmbH, Pößneck
Printed in Germany

ISBN Gesamtwerk: 3-411-17590-7
ISBN Band 6: 3-411-17596-6

Abbildungen auf dem Einband aisa, Archivo iconográfico, Barcelona: Afrika, Aksum, Konfuzius, Byzanz, China Kolonialismus, Erster Weltkrieg, Etrusker, Franken, Französische Revolution, Hausa, Huangdi, Mesopotamien, Mykene, Osmanisches Reich, Steinzeit, Zweiter Weltkrieg; akg-images, Berlin: Erster Weltkrieg, Jungsteinzeit, Stalin; Bibliographisches Institut & F. A. Brockhaus AG, Mannheim: Ägypten, Avignon, Gandhi, Minoer, Preußen, Taj Mahal; Farb- und Schwarzweiß-Fotografie E. Böhm, Mainz: Buddhismus; A. Burkatovski, Rheinböllen: Katharina II., Skythen; M. Gropp, Unterhaching: Maya; Image Source, Köln: Kolosseum; Istituto Geografico de Agostini, Novara: Napoleon, Römer; Dr. V. Janicke, München: Mogulreich; picture-alliance/akg-images, Frankfurt am Main: Afrika – Sklavenhandel, Amerika – Unabhängigkeit, Azteken, Heinrich IV., Indianer, Karolinger, Lenin, Ludwig XIV., Luther, Marx, Maximilian I., Metternich, Mittelalter, Ottonen, Sonnenwagen von Trundholm, Völkerwanderung, Wirtschaftswunder; picture-alliance/Bildfunk, Frankfurt am Main: Bronzezeit; picture-alliance/dpa, Frankfurt am Main: Clinton, Golfkrieg, Gorbatschow, Kennedy, Kohl, Mandela, Mauerfall, UN

Die Reihe im Überblick

Anfänge der Menschheit und Altes Ägypten
Vor- und Frühgeschichte
Ägypten (3000 - 330 v. Chr.) Band 01

Frühe Kulturen in Asien
Frühe Hochkulturen in Vorderasien
(3000 - 539 v. Chr.)
Persien (539 - 330 v. Chr.)
Frühe Hochkulturen in Süd- und Ostasien I
(3000 - 221 v. Chr.) Band 02

Frühe Kulturen in Europa
Frühe Hochkulturen in Süd- und Ostasien II
(3000 - 221 v. Chr.)
Frühe Kulturen der antiken Welt
(700 v. Chr. - 500 n. Chr.) Band 03

Klassische Antike
Griechische Antike (1600 - 30 v. Chr.)
Römische Antike I (650 v. Chr. - 395 n. Chr.) Band 04

Spätantike und Völkerwanderungszeit
Römische Antike II (650 v. Chr. - 395 n. Chr.)
Völkerwanderung (395 - 565)
Vorderasien und Afrika I (850 v. Chr. - 651 n. Chr.) Band 05

Aufstieg des Islam
Vorderasien und Afrika II (850 v. Chr. - 651 n. Chr.)
Süd- und Ostasien (320 v. Chr. - 550 n. Chr.)
Die arabische Welt (610 - 1492)
Europa im Mittelalter I (550 - 1500) **Band 06**

Europa im Mittelalter
Europa im Mittelalter II (550 - 1500) Band 07

Frühe Neuzeit und Altamerika
Europa in der frühen Neuzeit (1500 - 1648)
Altamerika (13 000 v. Chr. - 1492 n. Chr.) Band 08

Zeitalter des Absolutismus
Süd- und Ostasien (550 - 1650)
Afrika (300 - 1800)
Europa im Zeitalter des Absolutismus I
(1648 - 1770) Band 09

Inhaltsverzeichnis

* Nicht namentlich gezeichnete Texte liegen in der Verantwortung der Redaktion.

Ardaschirs Erben: Die Sassaniden

Wie für die Parther, so sind wir auch für die Sassaniden (eigentlich: Sasaniden) nur sehr begrenzt über ihre außenpolitischen Ziele und Unternehmungen unterrichtet, am ehesten noch über solche an der Westgrenze: In der Regierungszeit des Reichsgründers Ardaschir (224–239/240?) sind, bis auf Armenien, alle Gebiete des ehemaligen Partherreiches in sassanidische Hand gelangt, und schon unter ihm ist die offensive Politik gegenüber Rom erkennbar. Erfolgreicher als sein Vater war dabei allerdings Schapur (I.) (239/240–271/272), dessen Kriegszüge das Römische Reich in den Grundfesten erschütterten – immerhin drangen seine Heere vorübergehend bis nach Antiochia und Kappadokien vor, fiel mit Valerian auch zum ersten Mal ein römischer Kaiser in Feindeshand. Trotz späterer Rückschläge reichte Schapurs Herrschaftsgebiet, wenn man seinem Tatenbericht glauben darf, am Ende immerhin noch von Mesopotamien im Westen bis Peschawar im Osten.

Thronstreitigkeiten und die ihrerseits aggressive Ostpolitik Diokletians bescherten den Sassaniden unter König Narseh für mehrere Jahrzehnte den Verlust von Armenien und Gebieten östlich des Tigris; den »Schmachfrieden von Nisibis« (297/298) konnte erst Schapur II. nach seinen letztlich erfolgreichen Feldzügen gegen Julian und Jovian revidieren (363). In Verbindung mit diesen Kriegen kam es im Sassanidenreich zu schweren Verfolgungen der Christen, die nach der Konstantinischen Wende vom Kaiser in Rom als seine Schutzbefohlenen, von den sassanidischen Autoritäten dagegen als Parteigänger der Römer angesehen wurden. 387 wurde auch der östliche Teil Armeniens wieder sassanidisch.

Mehr als die Römer, mit denen man 408/409 zu einer befriedigenden Regelung gelangte, machten den Sassaniden in den nächsten hundert Jahren die Hephthaliten, die »Weißen Hunnen«, an der Nordostgrenze zu schaffen; König Peros wurde 465 und 484 von ihnen zweimal vernichtend geschlagen und in tributäre Abhängigkeit gezwungen. Dadurch und in der Folge von Hungerkrisen geriet das Reich an den Rand auch des inneren Zusammenbruchs. Es kam zu Volkserhebungen, die sich, be-

ZITAT

Aus dem Bericht Schapurs I. (Res Gestae Divi Saporis):
Und die Menschen, die Wir aus dem Römischen Reich, aus Aneran, verschleppten, die wurden von Uns im Reich Eran, in der Persis, in Parthien, in der Susiane, in Mesopotamien und in allen übrigen Provinzen, in denen Wir, Unser Vater und Unsere Vorfahren und Urahnen Krongüter besaßen, dort wurden sie angesiedelt. Und Wir suchten auch viele andere Völker auf und vollbrachten in großer Zahl Ruhmes- und Heldentaten…

100264

In dem Relief am Felsen von Naksch-e Rostam setzt Ahura Masda, der Hochgott des Zoroastrismus, den ersten Sassanidenkönig Ardaschir I. in Amt und Würden ein (3. Jh. n. Chr.). Die Berufung der Sassaniden auf die achämenidische Tradition äußert sich u. a. in der Ehrung der Felsengräber von Naksch-e Rostam.

einflusst von den ethisch-religiös begründeten Forderungen eines Mannes namens Masdak nach gleichmäßiger Verteilung des Besitzes, vor allem gegen den grundbesitzenden Adel richteten, dem große Teile der nichtstädtischen Bevölkerung dienst- und abgabenpflichtig waren.

Nach anfänglicher Unterstützung durch König Kawadh I. wurden die Aufstände dann jedoch durch ihn und seinen Sohn Chosrau I. blutig niedergeschlagen. Beide nutzten die Schwächung des Adels zu grundlegenden sozialen, wirtschaftlichen und militärischen Reformen: Der Grundbesitz wurde katastriert, eine feste Grundsteuer statt einer wechselnden Ertragsteuer eingeführt; nach einer Volkszählung wurde zudem die Kopfsteuer neu festgesetzt, nach Vermögensklassen gestaffelt. Das Reich wurde in vier Heeresbezirke eingeteilt, besondere Verbände übernahmen Kontroll- und Grenzsicherungsaufgaben. Im Interesse des Königs waren auch die Schaffung einer neuen Hof- und Amtselite und die Förderung des niederen grundbesitzenden Adels.

Von der Basis innenpolitischer Ruhe und Stabilität aus wurde Chosrau auch außenpolitisch aktiv: Er brach 540 den mit dem oströmischen Kaiser Justinian ge-

2400

An einer Felswand nahe der von Ardaschir I. gegründeten Stadt Firusabad findet sich dieses Relief mit einer Darstellung des Sieges von König Ardaschir I. über Artabanos V., den letzten Partherkönig.

schlossenen »ewigen Frieden«; beim erneuten Abkommen mit Byzanz 562 wurde die schon 532 vereinbarte Tributzahlung noch einmal erhöht. Auch durch die Eroberung Südarabiens schwächte er indirekt die Stellung des Gegners im Westen. Im Osten gelang es ihm um 560 sogar, das Hephthalitenreich mithilfe der Westtürken zu vernichten. Die Regierungszeit Chosraus I. ist auch kulturell der Höhepunkt sassanidischer Reichsgeschichte: Unter dem vielseitig interessierten Herrscher wurde Iran zur Drehscheibe ost-westlichen Wissensaustausches.

Doch schon unter Chosraus Sohn Hormisd IV. (nach 579) kam es zu erneuten Auseinandersetzungen zwischen König und Aristokratie; schwere Kämpfe mit den Türken erschwerten die Lage zusätzlich. Das Blatt schien sich innen- wie außenpolitisch erneut zu wenden, als Hormisds Sohn Chosrau II. mit oströmischer Hilfe den Aufstand des Thronprätendenten Bahram Chobin niederschlagen und im Kampf gegen Byzanz bis nach Ägypten (619) und vor die Tore Konstantinopels (626) gelangen konnte; aus Jerusalem wurde im Jahre 614 das

Kreuz Christi nach Ktesiphon weggeführt. Der Gegenschlag des oströmischen Kaisers Herakleios zwang die Sassaniden jedoch zur Aufgabe der eroberten Gebiete. Chosrau II. selbst wurde durch eine Adelsrevolte gestürzt und ermordet (628).

Nach einer Phase der Anarchie mit häufig wechselnden Regentschaften gelangte Jesdgerd III. durch die Adelspartei des Rustam auf den Thron; dieser letzte Sassanidenkönig war allerdings nicht in der Lage, das durch Kriege und Teilinteressen geschwächte Reich gegen die aus Arabien eindringenden muslimischen Heere zu behaupten. Nach Niederlagen im Irak und in Medien zog sich Jesdgerd nach Ostiran zurück, wurde dort aber ermordet (651). Sein Reich wurde Bestandteil des Kalifenreiches.

»Der König der Könige von Iran und Nichtiran« und seine Untertanen

Die sassanidische Vorstellung vom Herrscher und seinen Qualitäten war von Anfang an eine dezidiert iranische:

Schapur I. regierte von 239/240 bis 271/272. Er konnte Rom mehrfach besiegen, und es gelang ihm sogar die Gefangennahme Kaiser Valerians bei Edessa, was in der großen dreisprachigen Siegesinschrift samt Reliefdarstellung von Naksch-e Rostam festgehalten ist.

100264

2400

Das Investiturrelief des Sassanidenkönigs Narseh (Regierungszeit 293–302) folgt dem Vorbild des Investiturreliefs von Ardaschir I. am Felsen von Naksch-e Rostam. Unter König Narseh mussten die Sassaniden weite Gebiete in Mesopotamien an Rom abtreten.

Als »König der Könige von Iran« setzte sich Ardaschir über alle anderen Dynasten von Eranschahr (»Reich der Arier«), sein Sohn Schapur bezog sogar die neu eroberten Gebiete und ihre Fürsten mit ein. Auch die Sassaniden stellten sich als Könige mit göttlichen Qualitäten und als Werkzeuge der Götter vor; aus Dankbarkeit für deren Gunstbezeugung übernahmen sie die Pflege des zoroastrischen Kultes, erwiesen den Priestern Wohltaten und richteten Feuerheiligtümer ein. Feuer wurden auch als »Königsfeuer« und für das Seelenheil lebender wie verstorbener Mitglieder des Königshauses gestiftet.

Ihre Legitimität bezogen die Herrscher nicht nur aus ihrer Abkunft, sondern auch aus der uns schon von den Parthern bekannten Auszeichnung durch den »Glücksglanz« und aus ihren Qualitäten im Krieg und auf der Jagd; als Dynastie insgesamt bezogen sie sich auch auf die früheren Clanoberhäupter und die den Sassaniden namentlich unbekannten »Vorfahren«, die Achämeniden. Später schlossen sie sich sogar an die mythischen Urkönige Irans an und wurden in der durch sie maßgeblich bestimmten »Iranischen Nationalgeschichte« zu den iranischen Herrschern par excellence. In den Epen Fir-

INFOBOX

Zoroastrismus

Im 3. Jh. wurde der auf Zarathustra zurückgehende Zoroastrismus zur sassanidischen Staatsreligion. Nach dieser Lehre stellt sich die Weltgeschichte als ein Kampfplatz dualistischer Prinzipien dar, wobei Ahura Masda, der allwissende, weise Gott, eine Friedensordnung zu realisieren bestrebt ist. Dieser Versuch wird jedoch von Ahriman und seinen Helfern, die Lüge, Bosheit, Unheil und verderbliche Unordnung etablieren wollen, konterkariert. Der Mensch muss sich für Ahura Masda oder Ahriman entscheiden. Eine Entscheidung für die gute Seite hat eine sittlich untadelige Lebensführung zur Folge mit der Aussicht, in das »Reich« Ahura Masdas einzugehen; dieses Gottesreich sollte auf ein allgemeines Weltgericht folgen. Die den Einzelnen streng in sittliche Pflicht nehmende Lehre fand im Westen kaum Verbreitung, lebt jedoch in der Parsenreligion in Persien und Indien fort.

dausis und Nisamis leben sie genauso weiter wie in den islamischen Chroniken oder der volkstümlichen Unterhaltungsliteratur.

Auch die Sassaniden (wie die Parther) kannten, zumindest in der Frühzeit, einen aristokratischen »Rat des Königs«, der sich aus den Häuptern der alten parthischen und neuen südwestiranischen (das heißt: persischen) Clans zusammensetzte und die Thronfolgeregelung zu bestätigen hatte; auch eine besondere Verehrung des Reichsgründers ist bei ihnen zu beobachten. Der Rang eines Adligen war lange von der Gunst des Königs unabhängig, verdankte sich, samt den äußeren Zeichen seiner Würde – Tiaren mit wappenartigen Symbolen, Gürteln, Ohrringen – vor allem Namen und Abkunft. Dies änderte sich erst durch die Reformen Chosraus I., die nicht nur die unmittelbare Besteuerung des Landes auf die Ländereien des grundbesitzenden Adels ausdehnten, sondern mit der neuen Ordnung für Hof, Adel und Heer (zumindest für kurze Zeit) die Stellung des Herrschers gegenüber der Aristokratie neu bestimmten.

Neben den männlichen und weiblichen Angehörigen des Königshauses und dem Adel kam auch den religiösen Würdenträgern im Reich eine besondere Bedeutung zu; diese – zoroastrischen – »Priester« waren dabei nicht nur Experten in Glaubensfragen, sondern auch in Verwaltungs- und Rechtsangelegenheiten; als solche lernten die

ZITAT

Aus einer Inschrift des Königs Narseh zur »Scheinbefragung« der Reichswürdenträger unter Ardaschir I.:

Wir (es redet Ardaschir I.) ... erwählten Schapur zum König. Wer aber weiß, dass es in Eranschahr einen rechtschaffeneren Mann gibt als König Schapur, jemanden, der eifriger den Göttern dient oder besser, und der hiernach fähig sein könnte, dieses Eranschahr besser geschützt und gesünder zu halten und es besser zu regieren als König Schapur, der soll dies sagen.

2586

Die Sassaniden übernahmen aus Dankbarkeit für die Gunst der Götter die Pflege des zoroastrischen Kultes. Mit ihren Feuerheiligtümern knüpften sie an die Tradition der Achämeniden an, die offenbar ebenfalls schon dem Feuerkult huldigten, wie Podest und Altar in Pasargadai nahe legen.

Christen sie in ihren Prozessen kennen. Eine religiös-administrative Hierarchie wurde bei den zoroastrischen Autoritäten, nach dem Vorbild der monarchischen Gewalt, erst ab dem 4. Jahrhundert ausgebildet.

Zu den »Mittelschichten« im Reich sind die niederen staatlichen Funktionäre auf lokaler Ebene ebenso zu zählen wie die Handwerker und Händler in den Städten, dazu Spezialisten wie Heilkundige, Astronomen, Wissenschaftler und Sänger sowie das Dienstpersonal am Königshof und auf den Gütern des Adels. Die Masse der Bewohner Irans stellte die bäuerliche Bevölkerung, wobei die jahrhundertelang abhängigen »Hintersassen« in besonderem Maße von den Reformen Chosraus profitierten, indem sie zu freien Bearbeitern der eigenen Scholle aufstiegen. Obgleich rechtlich als »Sache« definiert, wurden Sklaven im Sassanidenreich doch auch als menschliche Personen angesehen, was sie vor allzu grausamer Behandlung schützte. Spätsassanidische Rechtsbücher geben auch Auskunft über das Familien- und Erb- sowie das Sachen- und Obligationenrecht.

Verwaltung, Wirtschaft und Heerwesen

In den sassanidischen Zeugnissen (Inschriften, Siegellegenden) werden zahlreiche Würdenträger und Funktionäre genannt, so zum Beispiel die »Teilkönige« in bestimmten Regionen des Reiches, etwa in Armenien und Mesene, die Satrapen in weiteren Provinzen und die Funktionäre an ihrer Seite sowie in den Bezirken und vor Ort. Auch der Hof des Königs kannte zu allen Zeiten zahlreiche Titel- und Würdenträger, im administrativen, im militärischen und im pädagogisch-beratenden ebenso wie im zeremoniellen und kultischen Bereich. Wie bereits betont, waren die meisten von ihnen nach der Reform Chosraus allein dem König verpflichtet und vertraten nicht länger die Interessen ihrer »Häuser«.

Während in der sassanidischen Frühzeit ein Teil des Landes der unmittelbaren Königsgewalt unterstand und sich bei einem anderen, im Besitz der Aristokratie befindlichen, königlicher Einfluss nur mittelbar ausgewirkt hatte, während die Herrscher damals auch nur auf »Kö-

ZITAT

Aus der »Expositio totius mundi et gentium« (359/360 n. Chr.) eines unbekannten (römischen) Autors:

Nach diesen (den Indern) kommen die Perser, Nachbarn der Römer. Man berichtet von ihnen, sie seien in allen schlechten Dingen sehr bewandert und in Kriegen tapfer. Sie sollen große Freveltaten begehen; weil sie keine natürliche Würde kennen wie das verstandeslose Getier, schlafen sie mit ihren Müttern und Schwestern. Auch freveln sie sogar gegen jene Gottheit, die sie erschaffen hat.

2400

Auf dem zur Zeit des Dareios errichteten Turm in Naksch-e Rostam brachte man in sassanidischer Zeit Inschriften an, in denen das Gebäude »Bun-chânak« (Fundament-Haus) genannt wird. Fundament kann das Awesta bedeuten, die Sammlung der heiligen Schriften des Zoroastrismus.

nigsland« hatten Städte gründen können, führten die Reformen Chosraus I. mit ihrer Umwandlung von Adels- in Königsland und der allgemeinen Festlegung von Kopf- und Grundsteuersätzen zu einer – allerdings nur vorübergehenden – Stärkung der Königsgewalt.

Wie in allen antiken Staaten war auch im sassanidischen Iran die Landwirtschaft die maßgebliche Wirtschaftsform. Daneben fanden zahlreiche Reichsbewohner ihr Auskommen im Gewerbe, in königlichen Werkstätten ebenso wie in eigenen Kleinbetrieben. Bei vielen im Auftrag des Königs tätigen Facharbeitern handelte es

Die Felsreliefs von Taq-e Bostan befanden sich in einem Jagdgehege der sassanidischen Herrscher. Figurenreiche Flachreliefs schildern mit großem Detailreichtum die königlichen Jagden. Erfolg bei der Jagd diente u. a. zur Legitimation des Herrschaftsanspruchs (Ausschnitt, 5./6. Jh.).

2400

sich um Personen, die unter Schapur I. oder Chosrau I. aus Syrien und anderen Regionen deportiert und in Iran neu angesiedelt worden waren, oder um deren Nachkommen. Die von römischen Kriegsgefangenen errichteten Brücken, Dämme und anderen Bewässerungswerke sind noch heute eindrucksvoll.

Wie die Parther waren auch die Sassaniden Vermittler eigener oder fremder Erzeugnisse von West nach Ost oder Ost nach West; zum Teil in Konkurrenz zu Byzanz pflegten sie den Kontakt nach Indien auf dem See- und nach China auf dem Landwege. Auch in Ausrüstung und Taktik ihrer Truppen orientierten sich die Sassaniden lange Zeit am parthischen Vorbild, vor allem beim Zusammenwirken von schwer gepanzerter und Bogenschützenreiterei. Die Panzerreiter fanden ihren Meister erst in den leicht bewaffneten und beweglichen Reitern der muslimischen Heere.

Kunst und Kultur

Auch das Sassanidenreich war durch eine Vielfalt von religiösen Gemeinschaften gekennzeichnet; unter ihnen ragten die in Iran seit Jahrhunderten beheimateten Zoroastrier, aber auch Christen, Juden, Manichäer und Masdakiten heraus. Christen hatten sich zwar schon ab dem Ende des 2. Jahrhunderts in Mesopotamien niedergelassen, doch bildeten erst die Deportationen von römischen Reichsbewohnern aus Syrien die Voraussetzung für ein Aufblühen ihrer Gemeinden. Nach dem Ende der Christenverfolgungen wurde das Sassanidenreich im Zuge der christologischen Streitigkeiten im Imperium Romanum ab dem 5. Jahrhundert Zufluchtsort für manchen der religiös bedrängten Christen aus dem römischen Osten (Nestorianer, Monophysiten).

Die Juden mit ihren alten Zentren in Mesopotamien blieben meist als loyale Untertanen der Könige von Verfolgungen unbehelligt; auch dadurch wird erklärlich, dass sich in den großen rabbinischen Schulen des Zweistromlandes der Prozess der Kommentierung und Interpretation der Mischna, der traditionellen Lehre, vollziehen konnte, der schließlich Ende des 6./Anfang des 7. Jahrhunderts in die Edition des »Babylonischen Talmuds« mündete.

ZEITTAFEL

Die Sassanidenherrscher (Auswahl):
Sasan (namengebender Stammvater), legendär
Ardaschir I. (224–239/240)
Schapur I. (239/240–271/272)
Bahram I. (273–276)
Bahram II. (276–293)
Narseh (293–302)
Schapur II. (309–379)
Peros (459–484)
Kawadh I. (488–496; 499–531)
Chosrau I. Anuschirwan (531–579)
Hormisd IV. (579–590)
Chosrau II. (590–628)
Jesdgerd III. (633–651)

2400

Die 400 m lange Brücke in Dezful ist mit ihren 22 Bogen unterschiedlicher Form ein herausragendes Zeugnis sassanidischer Baukunst (260 n. Chr.). Die Stadt am Austritt des Ab-e Dez aus dem Zagrosgebirge entstand als Brückenfestung.

Die Manichäer schließlich, von dem noch als parthischer Untertan 216 n. Chr. in Mesopotamien geborenen, dann aber im Reich der Sassaniden und darüber hinaus missionierenden Stifter Mani als Glaubensgemeinschaft begründet, wichen nach dem Tode des Propheten im sassanidischen Gefängnis in die römischen Ostgebiete, nach Arabien und vor allem, längs der Seidenstraße, nach Mittelasien aus und wurden dort zu ernsthaften Konkurrenten von Christen, Zoroastriern, Buddhisten und Muslimen.

Lange hat man versucht, der in religiös-kultischen Dingen toleranten Arsakiden- eine intolerante Sassanidenherrschaft gegenüberzustellen, in der eine zoroastrische »Staatskirche« und in religiösen Angelegenheiten dogmatische Könige in einem Bündnis von »Thron und Altar« zum Schaden der nichtzoroastrischen Gemeinschaften zusammenwirkten. Heute weiß man, dass der sassanidische Iran zwar in einem Ausmaß dem Zoroastrismus anhing wie nie zuvor in seiner Geschichte und dass die Könige sich als Förderer dieses Glaubens gerierten, dass aber für die religiöse und soziale Identität der Könige und ihrer Untertanen sowie für deren Beziehungen untereinander ähnliche Faktoren eine Rolle spielten wie im Imperium Romanum, vor allem die jeweilige innen- und außenpolitische Situation und die politische - auch religionspolitische - Reaktion der Könige darauf.

Wirksam war auch der Konflikt zwischen der zoroastrischen Priesterschaft, für die Iranismus und Zoroastrismus zusammenfielen, und den auf Universalität angelegten und nun tatsächlich auch universalen Glaubensrichtungen der Christen und Manichäer. Es war ein Konflikt, der im Bereich der Tradition als Streit zwischen den »Leuten des Buches« und den Angehörigen der bis Ende des 4. Jahrhunderts allein mündlich vermittelten Heilslehre Zarathustras in ihrem sassanidischen Gewande zu beschreiben ist. Beim Umgang mit den Minderheiten handelten staatliche und religiöse Autoritäten nicht immer im Einklang miteinander, das Bild eines Bündnisses von »Thron und Altar« ist ein Konstrukt aus

ZITAT

Aus einer Inschrift des »Priesters« Kirdir, der sich rühmt, unter König Bahram II. (276–293) den Zoroastrismus gefördert zu haben:
Und in allen Provinzen, an jedem Ort des Reiches, wurden die Kulthandlungen des Ohrmazd und der Götter aufgewertet. Und der zoroastrischen Religion und den Magiern wurde im Reich hohe Würde zuteil. ... Und die (Irr-)Lehren Ahrimans und der Götzen verschwanden aus dem Reich und wurden unglaubwürdig gemacht.

4601

Die sassanidische Kunst hat bemerkenswerte Silberschmiedearbeiten hervorgebracht. Viele Stücke wurden durch Zufall im Uralgebiet entdeckt, wohin sie vermutlich durch den Pelzhandel gelangt waren (Krug mit Tänzerinnen, Silber, vergoldet, 6. Jh.; Sankt Petersburg, Eremitage).

INFOBOX

Der Manichäismus

Der Manichäismus stammt aus dem persischen Raum und lehrte einen radikalen Dualismus von Gut und Böse, Licht und Finsternis, Geist und Materie. Es mag erstaunen, dass Augustinus am dunklen Mythus des Manichäismus Gefallen finden konnte. Vielleicht lag es daran, dass diese Religion sehr wandlungsfähig war und sich, v.a. in Nordafrika, mit dem Christentum verband, hier also in gemäßigter Gestalt auftrat. Vielen erschien sie damals sicher als eine Art rationaler Weltdeutung, weil sie eine Erklärung für das Gefühl der Zerrissenheit und zugleich eine psychische »Entlastung« bot, insofern die Ursache des Bösen nicht im Menschen selbst gesehen wurde. Zwar gehörte Augustinus nie zur radikalen Gruppe der Manichäer; wahrscheinlich aber entsprach der Manichäismus seinem Lebensgefühl, das von disparaten Erfahrungen geprägt war.
Nachdem Augustinus einen der angesehensten manichäischen Bischöfe und Lehrer seiner Zeit, Faustus von Meleve, aufgesucht und dieser sich in seinen Augen als Schwätzer entpuppt hatte, schwand sein Glaube an den Manichäismus.

ZITAT

Der byzantinische Historiker Agathias schreibt im 6. Jh. in seinem Geschichtswerk (2,28) über den Sassanidenkönig Chosrau I.:

Chosroes (Chosrau I.) wird gepriesen und bewundert..., nicht nur von den Persern, sondern sogar von einigen Römern. Es wird ihm zugeschrieben, ein Liebhaber der Literatur und ein gelehriger Schüler der Philosophie zu sein; jemand soll die Werke der griechischen Literatur für ihn ins Persische übertragen haben.

Parther und Sassaniden stellen die letzten und längsten Herrscherdynastien des altorientalischen Reiches der Perser dar, das mit der arabischen Eroberung im 7. Jh. endgültig unterging (Büste eines Sassanidenkönigs, 6./7. Jh.; Durham, Orientalisches Museum).

viel späterer Zeit; eine zoroastrische »Staatskirche« hat es nie gegeben.

Christen wurden verfolgt, wenn sie als politisch unzuverlässige Untertanen galten; als sie sich ab 424 in einer unabhängigen Kirche organisierten und ab 484 mit der verbindlichen Annahme des nestorianischen Bekenntnisses auch christologisch von der römischen Reichskirche geschieden waren, begleiteten die Könige diese Entwicklung mit Wohlwollen, bedienten sich ihrer Würdenträger als Gesandte und Berater und förderten, auch im eigenen Interesse, nestorianische Bildung und Wissenschaft.

Im Falle der Manichäer sind gleichfalls die genauen historischen Umstände ihrer Förderung (wie unter Schapur I.) und ihrer Verfolgung (wie unter Bahram I. und II.) zu beachten; sie waren den zoroastrischen Autoritäten (und übrigens auch den Christen) vor allem deshalb so verhasst, weil sie ihre Botschaft in Iran in ein iranisch-zoroastrisches Gewand kleideten und darüber hinaus alle übrigen Religionen zu überbieten und zu ersetzen gedachten; war der König nun auf die Unterstützung der Priesterschaft in besonderer Weise angewiesen, dann konnte dies sehr leicht auch zur Verfol-

100264

gung der Manichäer führen. Als »Häretiker« und Umstürzler erschienen Zoroastriern und Herrschern auch die Anhänger Masdaks, die mit ihren Forderungen nach Güter- und Frauengemeinschaft und der Verwerfung von Ordal (Gottesurteil) und Eid die Fundamente zoroastrisch-iranischer Sozial- und Sittenlehre erschütterten.

In den Bereichen von Kunst und Wissenschaft gaben sassanidische Baumeister mit Kuppel- und Iwanarchitektur sowie Dekorornamentik wichtige Anstöße in den byzantinischen, armenischen und islamischen Orient hinein; iranische Toreutik und Textilkunst strahlten bis nach China und Westeuropa hin aus. Durch sassanidische Vermittlung gelangten Werke der Literatur vom Westen in den Osten und umgekehrt: So wurde etwa die indische Fabelsammlung »Pancatantra« damals nach Persien gebracht, später von den Arabern umgestaltet und übersetzt und gelangte unter dem Titel »Kalila und Dimna« bis weit in den Westen; griechisch-römisches Wissen in den Bereichen Philosophie, Medizin, Recht, Geographie und Landbau wurde an den Hochschulen im Lande vermittelt und später dort und anderswo von den Muslimen begierig aufgenommen. Aber auch iranisches

Ein Teil der Westfassade des Königspalasts Taq-e Kisra (»Bogen des Chosrau«) in Ktesiphon blieb erhalten. Sie wird beherrscht von einem gewaltigen Iwan, dessen Tonnengewölbe das größte des Altertums darstellt. Die Datierung ist umstritten (3. oder 6. Jh.).

101144

50

Wichtiges Erbe der persischen Kultur wurde das »Herrenbuch«, das im »Schah-Name« von Firdausi literarisch fortlebt. Die Miniatur aus einer Handschrift (um 1330) des »Schah-Name« zeigt den besiegten (eigentlich im Kampf gefallenen) letzten Partherkönig Artabanos V. vor Ardaschir I., dem ersten Sassaniden.

Recht, iranische Literatur, Glaubensvorstellungen und Fachtermini fanden Verbreitung in Abend- und Morgenland.

In der Sassanidenzeit wurde auch die offiziöse Version der iranischen Geschichte im »Herrenbuch« schriftlich niedergelegt: Mit Geschichten aus verschiedenen Sagenkreisen, in weit vergangener und eben erst erlebter Zeit, in nahen und fernen Regionen angesiedelt, in ein chronologisches System gefasst und den religiösen, moralisch-ethischen, aber auch literarischen Idealen der Zeit angepasst, wurde dieses Buch zum wichtigsten Erbe des alten Persien in Iran selbst. Dank seiner späteren Bearbeitung durch einen so begnadeten Dichter wie Firdausi wurde es schließlich als »Königsbuch« (»Schah-Name«) sogar zu einem Stück Weltliteratur.

Josef Wiesehöfer

Nubien und Äthiopien

Eisen und Gold in Meroe: Das Reich Kusch

Durch die Schriftsteller der klassischen Antike trat das Reich von Kusch bereits früh in das Blickfeld Europas. Auch Reisende aus Europa gelangten bald in das Land am mittleren Nil, aber erst durch den Feldzug des türkischen Statthalters von Ägypten Mehmed (Muhammad) Ali im Jahre 1820 wurde Nubien Reisenden und Archäologen wirklich geöffnet. Das Gebiet vom ersten Nilkatarakt im Norden bis nach Sennar im Süden und vom Roten Meer im Osten bis nach Darfur und Kordofan sowie dem Gebirge Gilf Kebir im Westen bietet dabei ein komplexes und reiches Areal von Fundstätten, die von der Altsteinzeit bis in die christlich-islamische Zeit reichen. Ihre bedeutenden archäologischen, historischen und kulturgeschichtlichen Dimensionen konnte die Forschung allerdings bislang erst in Umrissen skizzieren.

Wie für Ägypten ist auch für das Reich Kusch der Nil der bestimmende Faktor sowohl für die Landschaft als auch für das Leben der Menschen. Über 2000 Kilometer fließt er von Sennar am Blauen Nil bis nach Assuan, den beiden äußersten Punkten, die das Reich in seiner fast tausendjährigen Geschichte in Zeiten seiner größten Ausdehnung berührte. Anders als in Ägypten bringt er dem Land jedoch nur begrenzt Fruchtbarkeit, da die Nilüberschwemmung hier infolge der geologischen Verhältnisse wesentlich geringer ausfiel und damit weniger Menschen als in Ägypten ernährt werden konnten. Die Einwohnerzahl von Kusch dürfte wohl höchstens eine Million im Niltal erreicht haben. Andererseits war das Gebiet reich an Rohstoffen, vor allem an Gold, Kupfer, Bausteinen und anderen Produkten wie Weihrauch und Myrrhe, Edelsteinen, Elfenbein und edlen Hölzern, ferner an exotischen Tieren und Fellen wie auch an Arbeitskräften, kurz, an allem, was im Altertum bedeutsam und wertvoll war.

Nachdem die Ägypter das Gebiet vom zweiten bis zum vierten Katarakt gegen Ende des Neuen Reiches (um 1135 v. Chr.) infolge von äußeren Bedrohungen und innerer Instabilität als Kolonie aufgegeben hatten, blieben die ägyptischen Tempel und Siedlungen im Niltal sich selbst überlassen, sodass das Gebiet zur Provinz absank und sich dort archäologisch keinerlei Aktivitäten mehr nachweisen lassen.

Neue Eigenständigkeit und politische Macht: Die 25. Dynastie und Napata

Nach dem Rückzug der Ägypter bildete sich um 850 v. Chr. in El-Kurru in Obernubien, 15 Kilometer nördlich des Zentrums Napata am »heiligen Berg« Djebel Barkal, ein nubisches Machtzentrum heraus, dessen

Der erste Nilkatarakt bei Assuan markierte die nördlichste Grenze des Reiches Kusch.

2769

ZEITTAFEL
Das Reich von Kusch und seine Könige
um 850 v. Chr.: Entstehung des Reiches
um 760–653 v. Chr.:
Alara
Kaschta
25. Dynastie:
Pije
Taharka
Tanwetamani u. a.
um 653–350 v. Chr. (napatanische Dynastie):
Atlanersa
Senkamanisken
Anlamani
Aspalta
Arike-Amanote
Harsijotef
Nastasen u. a.

Herrscher ab der Mitte des 8. Jahrhunderts v. Chr. Ägypten erobern und besetzen konnten, aber 664/663 v. Chr. infolge von Auseinandersetzungen in der Levante durch die Assyrer vertrieben wurden. Das kuschitische Königtum bestand danach weiter mit einer Nordgrenze am zweiten Katarakt, aber abgesehen von verschiedenen Berührungen mit Ägypten blieb es ohne weiteren politischen Einfluss.

Die enge Verbindung mit Ägypten hat das kuschitische Königtum nachhaltig geprägt. Aber wenn es auch äußerlich stark ägyptisiert erscheint, blieb es doch in seinen Grundzügen den einheimischen Traditionen verhaftet. Denn bei der Auswahl und Übernahme von Formen altägyptischer Kultur orientierten sich die Kuschiten an den vorhandenen einheimischen Bräuchen, Vorstellungen und Glaubensinhalten. Die napatanischen Könige, Nachfolger der 25. Dynastie, das heißt der Könige, die Ägypten beherrschten, residierten vermutlich schon hauptsächlich in Meroe, dem Hauptzentrum des späteren meroitischen Reiches, wenn auch ihre Hauptkultstätte der Djebel Barkal mit seinem Amuntempel blieb. Hier ließen sie sich für ungefähr zwanzig Generationen – von etwa 650 bis 290 v. Chr. – in Nuri auf der Westseite des Nils, wenige Kilometer stromauf vom Djebel Barkal, begraben. Nur von fünf Königen dieser Zeit sind annalenartige Inschriften erhalten geblieben, und die ägyptisch geschriebenen Zeugnisse werden für uns Heutige zunehmend schwerer verständlich.

Blüte afrikanischer Kultur – Die meroitische Epoche

Mit dem 3. Jahrhundert v. Chr. wurde schließlich auch die Königsnekropole nach Meroe verlegt, und damit begann die meroitische Epoche. Sie unterscheidet sich von der vorangegangenen napatanischen in wesentlichen Aspekten. Während die napatanische Kultur mehr am pharaonischen Ägypten ausgerichtet war und ihre Bedeutung, vor allem die der Könige der 25. Dynastie, in der politischen Sphäre liegt, ist die meroitische Zeit von höchster kultureller Bedeutung. Die Berührung mit der griechischen Welt – ab 323 v. Chr. herrschten nach der Eroberung des Landes durch Alexander den Großen die makedonischen Ptolemäer in Ägypten – löste eine Renaissance und kulturelle Blüte der kuschitischen Kultur aus, die eine Mischung aus eigenständigen, pharaonischen und hellenistischen Komponenten darstellt. Als Folge eines jetzt weltweiten Handels, von dem auch Meroe profitierte, kam darüber hinaus neuer Reichtum ins Land.

Der meroitische Herrschaftsbereich ist in seinen im Laufe der Geschichte wechselnden Ausdehnungen nicht gut bekannt. Mindestens das Gebiet bis Maharraqa im Norden, zeitweilig darüber hinaus bis zum ersten Katarakt, und bis Sennar im Süden gehörten dazu. Neben den Ackerbauern des Niltals bestand die Bevölkerung zu einem nicht unwichtigen Teil aus nomadischen Gruppen im Hinterland. Hier wurden im meroitischen Kernland zur minimalen Wasserversorgung in der Trockenzeit Hafire angelegt, große runde Becken, die an Ausgängen von Wadis die Wassermengen während der Regenzeit auffingen und speicherten.

Dass die Bevölkerung in sich ethnisch homogen war, ist angesichts der Größe des Herrschaftsbereiches unwahrscheinlich. Ein nubisches Element mag, wie vielleicht aus vereinzelten Ortsnamen erschlossen werden kann, schon im Neuen Reich in Teilen Obernubiens ansässig gewesen sein. Ob die Meroiten selbst lediglich die aus dem Kernbereich um Meroe, der so genannten Insel von Meroe zwischen Atbara und Nil, stammende herrschende Oberschicht im Lande darstellten oder als Be-

INFOBOX

Napata

Napata in Obernubien am 4. Nilkatarakt (im heutigen Sudan) war seit Thutmosis III. (1479–1425 v. Chr.) der südliche Grenzort des Neuen Reiches. Es wurde im 9. Jh. Hauptstadt eines nubischen Reiches, von der aus im 8./7. Jh. die kuschitischen Könige als 25., »Äthiopische«, Dynastie über Ägypten herrschten. In der zweiten Hälfte des 6. Jh. v. Chr. verlagerte sich der Schwerpunkt des Reiches nilaufwärts nach Meroe.

Als Hauptgott wurde in Napata der ägyptische Gott Amun in seiner nubischen, widderköpfigen, Erscheinungsform verehrt. Ägyptischen Einfluss zeigen auch die Pyramidengräber, die sich die meroitischen Könige noch bis ins 1. Jh. v. Chr. hier errichteten. 593 v. Chr. wurde Napata durch den ägyptischen König Psammetich II. zerstört. König Natakamani ließ im 1. Jh. n. Chr. umfangreiche Restaurierungen vornehmen.

Auf den Großen Amuntempel von Napata führt eine Widderallee. Die Widder stammen vom Tempel Amenophis' III. (um 1387–1348 v. Chr.) in Soleb aus der ägyptischen 18. Dynastie. Sie wurden zu Beginn der kuschitischen Dynastie als Dekor an den Djebel Barkal versetzt.

völkerungsgruppe auch im Bereich des Niltals ansässig waren, ist ungeklärt.

Die Stadt Meroe selbst lag nördlich des sechsten Katarakts in einer klimatisch günstigen Region mit Niederschlägen, an die sich ein reiches Grasland nach Osten anschloss, sodass sie sich mit ihren Tempeln, Palästen, Häusern und Werkstätten sehr gut zu einem urbanen Zentrum entwickeln konnte. Die Schlackenhaufen bei Meroe, die schwierig zu datieren sind, zeigen, dass hier Eisen produziert wurde. Als Gebrauchsmetall setzte sich Eisen jedoch sehr langsam durch: Erst in nachmeroitischer und insbesondere christlicher Zeit wurde es alltäglicher. Älteste archäologische Spuren stammen in Meroe aus dem 9. Jahrhundert v. Chr.

Sprachloses Meroe – Ein Großreich ohne Geschichte

Die Geschichte des meroitischen Reiches stellt sich, da die Texte in meroitischer Sprache noch zum größten Teil unverständlich sind, vornehmlich als Chronologie der Könige dar, die aufgrund von typologischen Merkmalen der königlichen Grabstätten aufgestellt, jedoch noch nicht abschließend behandelt wurde. 43 Generationen meroitischer Herrscher sind bekannt. Ihre Namen finden sich teils in ihren Pyramiden überliefert, teils wurden ihnen Grabstätten aufgrund von Indizien zugeschrieben. Nur einzelne chronologische Fixpunkte lassen sich festlegen und historische Ereignisse, die von griechischen und römischen Schriftstellern beschrieben wurden, hypothetisch mit Persönlichkeiten der meroitischen Geschichte verbinden.

So berichtet der griechische Schriftsteller Diodor im 1. Jahrhundert v. Chr. von dem meroitischen König Ergamenes als einem Zeitgenossen Ptolemaios' II. (282–246 v. Chr.). Dieser König habe griechische Bildung genossen und Philosophie studiert und habe sich als erster König der »Äthiopen« (die »mit dem schwarzen Gesicht«, wie die Griechen die Völker südlich des ersten Kataraktes bezeichneten) dem von den Priestern angeordneten rituellen Königsmord widersetzt. Wenn dieser König Ergamenes mit dem meroitischen König Arqamaniqo (oder Arakakamani) identisch ist, der sich als erster König in Meroe bestatten ließ, könnten religiöse Richtungsänderungen die Verlegung der Königsnekropole bewirkt haben.

Der große Tempel des Amun in Meroe wurde bereits in napatanischer Zeit erbaut. Ein Prozessionsweg, der von kleinen Tempelgebäuden flankiert wurde, lief auf den Amuntempel zu.

Schwierigkeiten in Ägypten – Möglichkeiten für Meroe

Ptolemaios I. (323–282 v. Chr.) hatte, wie aus der so genannten Satrapenstele hervorgeht, einen Feldzug gegen das Land Irem geführt, das mit guten Gründen in dem großen Goldminengebiet des Wadi Allaqi/Wadi Gabgaba anzusetzen ist, und spätestens ab Ptolemaios II. hatten sich die Ptolemäer den Zugang zu den Goldminen des Wadi Allaqi in Unternubien gesichert. Die ägyptische Grenze wurde von Assuan wieder nach Süden vorgeschoben und die »Dodekaschoinos« (Zwölfmeilenland), das Land von Assuan bis Maharraqa, annektiert und in der Folgezeit mit Tempelbauten versehen. Aber nicht nur die Verfügung über die Goldminen und der bessere Zugang zu den begehrten afrikanischen Produkten, sondern auch die Notwendigkeit, Kriegselefanten, vornehmlich von der Küste des Roten Meeres, zu beschaffen, spielten bei dem Interesse der Ptolemäer am Süden eine Rolle. Ägypten nahm daher ab 274 v. Chr. beträchtlichen Einfluss auf das Gebiet bis zum dritten Katarakt.

286

Die Beschaffung von Kriegselefanten am Roten Meer machte das Gebiet des Reiches von Meroe für Ägypten sehr interessant – Elefantenrelief am Sockel des von dem meroitischen König Arnechamani erbauten Löwentempels von Musawwarat es-Sufra (3. Jh. v. Chr.).

Aber um die Mitte des 3. Jahrhunderts v. Chr. restaurierte König Amanislo, der Nachfolger von Arqamaniqo, den Tempel von Semna, was vermutlich als eine politische Maßnahme gedacht war, um den südlichen Teil von Unternubien stärker an Meroe anzubinden. Einer der unmittelbaren Nachfolger von Amanislo war Arnechamani, der den mit ägyptischen Inschriften versehenen Löwentempel von Musawwarat es-Sufra erbauen ließ. Da sich sein Thronname an dem Ptolemaios' IV. (222–205 v. Chr.) orientierte, waren die beiden Herrscher wohl Zeitgenossen. Mit seinem Titelzusatz »geliebt von Isis« erhob Arnechamani vermutlich politisch Anspruch auf das Zwölfmeilenland, das zum Tempel von Philae, dem Hauptkultort der Göttin Isis, gehörte.

Der Nachfolger Arnechamanis, Arqamani (Ergamenes II.), der als Prinz im Löwentempel abgebildet ist, konnte schließlich von inneren Auseinandersetzungen in Ägypten profitieren. Denn als unter Ptolemaios IV. in Oberägypten ein Aufstand ausbrach und die Thebais sich lossagte (207/206–186 v. Chr.), unterstützten die Meroiten die Aufständischen mit Truppen, und Arqamani nutzte das Machtvakuum, um seine Grenze bis nach Assuan vorzuschieben. Er ist in Philae belegt und baute an den Tempeln von Dakka und Debod, ebenso sein Nachfolger Adichalamani. Neben dem Ausbau der Verwaltung ergriff Meroe weitere Maßnahmen für eine aktive Siedlungspolitik in Unternubien.

Als dann allerdings die oberägyptische Revolte im Jahr 186 v. Chr. durch Ptolemaios V. unterdrückt wurde, endete auch die meroitische Herrschaft im Zwölfmeilenland. Da der Aufstand aber immer wieder aufflammte und endgültig erst 163 v. Chr. niedergeschlagen werden konnte, kam es zwischendurch mehrfach zu kleineren meroitisch-ägyptischen Konflikten. Danach lag die ägyptische Südgrenze wieder am zweiten Katarakt. Die Ptolemäer scheinen die Niederschlagung des oberägyptischen Aufstandes geradezu als Sieg über Meroe aufgefasst zu haben, denn auf dem Pylon des Isistempels von Philae wurden die nubischen Gaue, darunter auch Meroe und andere südliche Orte, als Gabenbringer dargestellt. Starke Garnisonen wurden in Buhen und auch in Elephantine hinterlassen, um die äthiopischen Bevölkerungsgruppen in Unternubien zu kontrollieren. Aber das Gebiet südlich von Maharraqa ließ sich nicht halten und wurde im ausgehenden 2. Jahrhundert v. Chr. wieder meroitisches Hoheitsgebiet.

ZITAT

Gebet des Begründers des Kuschitischen Reiches, Alara, an den Gott Amun (aus einer Stele des Taharka in Kawa):
Oh trefflicher Gott, der eilends zu dem kommt, der nach ihm ruft. Blicke für mich auf meine Schwester, eine Frau, die zusammen mit mir aus dem Leibe geboren wurde. ... Du hast mich als König eingesetzt. Tue für meine Schwester in dieser gleichen Weise. Kröne ihren Nachwuchs in diesem Land und lass ihn Gutes erlangen, indem er als König erscheint, wie du für mich getan hast.

INFOBOX

Meroe

In Obernubien (heute Republik Sudan), zwischen dem 5. und 6. Nilkatarakt, lag Meroe, eine der Hauptstädte des Reiches Kusch. Ihre wirtschaftliche Entwicklung hing zusammen mit einer florierenden Eisenindustrie und weit reichenden Handelsbeziehungen. In der Blütezeit der meroitischen Epoche zwischen 300 v. Chr. und 200 n. Chr. entwickelte sich hier eine stark eigenständig geprägte Kultur, in der neben ägyptischen Einflüssen der Spätzeit – Hellenismus, Ptolemäer, Römer – vorderasiatische und altsudanesische Elemente wirksam waren.

In der Königsnekropole haben sich Tempel- und Grabanlagen, Paläste und das so genannte römische Bad – wohl ein Wasserheiligtum – erhalten; in einer der Pyramiden wurde 1834 der Goldschatz der Königin Amanischacheto gefunden (Ende 1. Jh. v. Chr.). 1979 kam bei Rekonstruktionsarbeiten ein über 2000 Jahre alter Bauplan, eine in Stein geritzte Zeichnung einer Pyramide, zum Vorschein.

Neue Gegner – Der Niedergang des Reiches

Der Verlust Unternubiens nach 186 v. Chr. scheint trotz des übertriebenen Siegesgebarens der Ptolemäer für Meroe kein Krisenmoment dargestellt zu haben. Die Beziehungen zu Ägypten wurden zumindest auf kultureller Ebene beibehalten, wobei der meroitische Goldreichtum sicher eine nicht geringe Rolle spielte. Der griechische Schriftsteller Diodor traf zwischen 60 und 56 v. Chr. meroitische Gesandte in Ägypten, und unter Ptolemaios XI. und Kleopatra VII. (80–30 v. Chr.) bestanden offenbar regelmäßige Kontakte zwischen beiden Mächten.

Als der Versuch Kleopatras VII. gescheitert war, Ägyptens Unabhängigkeit gegen Rom zu verteidigen, und die Römer nach einem Aufstand der Thebais und Nubiens ein Protektorat bis zum zweiten Katarakt ein-

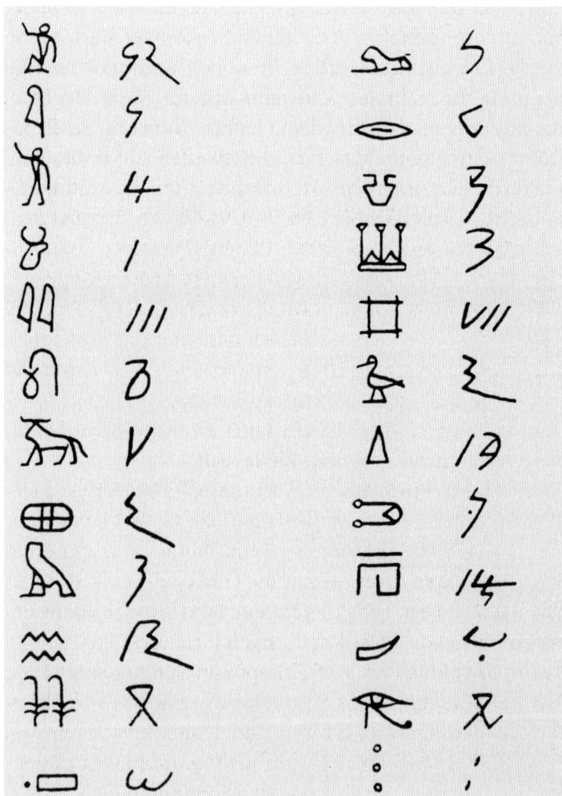

Mithilfe von doppelsprachigen Inschriften in Ägyptisch und Meroitisch, so genannten Bilinguen, konnte man die meroitische Schrift (jeweils in der rechten Kolumne) entziffern, jedoch bislang nicht übersetzen, da noch keine eng verwandten Sprachen erkannt werden konnten.

richteten, war dies für Meroe offenbar unannehmbar. Denn als sich der Präfekt Aelius Gallus 25/24 v. Chr. mit einem Großteil der Armee in Arabien aufhielt, versuchten sie, das verlorene Territorium wiederzugewinnen. Assuan und Philae wurden besetzt und Statuen des Kaisers Augustus niedergerissen.

Gaius Petronius, der Nachfolger des Aelius Gallus, zwang jedoch alsbald die zurückweichenden Meroiten bei Dakke zur Schlacht, die sie wegen ihrer schlechten Bewaffnung verloren. Die meroitische Festung von Qasr Ibrim wurde eingenommen, und nach römischen Quellen ist Petronius bis nach Napata vorgedrungen, wo er mit Gesandten der Kandake, der Königsmutter, verhandelte. Über die Identität dieser Kandake und ihres Sohnes, der sich beim Heer befand, ist viel gerätselt worden; man hat die beiden für Amanirenas und den paqar (Heerführer?) Akinidad gehalten, aber die Kandake auch mit Königin Amanischacheto gleichgesetzt, deren Goldschatz sich heute in Berlin und München befindet.

21 v. Chr. schlossen Augustus und die Meroiten Frieden auf Samos. Das Zwölfmeilenland verblieb bei Rom, das Gebiet nilaufwärts bis zum zweiten Katarakt kam wieder zu Meroe und wurde wie zuvor der Verwaltung eines meroitischen Vizekönigs unterstellt, der den aus dem Altägyptischen hergeleiteten Titel »Pesato«, »Königssohn«, trug. Ein 200 Jahre dauernder Friede folgte darauf. Allerdings sollte vermutlich eine Expedition, die Kaiser Nero nach Meroe ausschickte und die womöglich den Sudd, etwa tausend Kilometer südlich von Meroe, erreichte, das Land auskundschaften. Aber ein Eroberungsversuch fand, vielleicht auch wegen anderer Unruhen im Römischen Reich, nicht statt.

Im Süden hingegen war Meroe offenbar im 1. Jahrhundert n. Chr. in Kämpfe verwickelt. Vielleicht handelte es sich bei den Gegnern um Noba, Wüstennomaden, die später ihren Teil zum Untergang des Reiches beitragen sollten. Eine Gefangenenstatuette aus dem Palastkomplex von Meroe stellt nach ihrer Aufschrift einen König der Noba dar. Auf Kämpfe im Süden deutet auch das Siegesdenkmal des Schorakaror, eines der Nachfolger von König Natakamani und Kandake Amanitore, beim Djebel Qeili hin, wenn es nicht ganz anders zu deuten ist, und auch die Reliefs am »Sonnentempel« in Me-

ZEITTAFEL
Das Reich von Kusch und seine Könige (Fortsetzung)
um 270 v. Chr. bis 350 n. Chr. (meroitische Dynastie):
Arqamaniqo
Amanislo
Arnechamani
Adichalamani
Arqamani u. a.
um 170 v. Chr.:
Kandake Schanakdachete u. a.
um 110 v. Chr. bis 0:
Tanyadamani
Teriteqas
Königin und Kandake Amanirenas
Königin und Kandake Amanischacheto u. a.
um 0 bis 50 n. Chr.:
Natakamani und Kandake Amanitore
Sarakaoror u. a.
um 350: Ende des Reiches von Kusch/Meroe
ab 540: Christianisierung Nubiens

Die Niederlage Kleopatras VII. gegen Oktavian bedeutete den Verlust der Unabhängigkeit Ägyptens und war für Meroe eine Bedrohung. Die Meroiten besetzten Assuan und Philae, wurden aber von den Römern zurückgeschlagen.

roe bilden südliche Feinde ab. Das Paar Natakamani und Amanitore (1. Jahrhundert n. Chr.) hat die größte Bautätigkeit in Kusch entfaltet und zeigt damit den Reichtum, über den Kusch verfügte. Es errichtete den Löwentempel in Naqa sowie den dortigen Amuntempel, baute in Meroe, am Djebel Barkal und in Amara.

Kriegerische Stämme – Blemmyer und Noba

Im 2. und 3. Jahrhundert n. Chr. verstärkte sich wieder das meroitische Interesse am Norden. Dies hängt wo-

INFOBOX

Die meroitische Schrift

Seit dem Beginn des 2. Jh. setzte sich die meroitische Schrift immer mehr durch und verdrängte die ägyptisch geschriebenen Texte. Die Schriftzeichen der Monumentalschrift sind der ägyptischen Hieroglyphenschrift entnommen, die kursive Schreibschrift geht wohl auf die demotische Schrift zurück. Mithilfe von doppelsprachigen Inschriften in Ägyptisch und Meroitisch, so genannten Bilinguen, konnte man sie entziffern, jedoch bislang nicht übersetzen, da noch keine eng verwandten Sprachen erkannt wurden. Die älteste datierbare meroitische Inschrift stammt aus der Regierungszeit der Schanakdachete um 170 v. Chr.

möglich mit dem Aufstieg des äthiopischen Reiches von Aksum und mit Altsüdarabien zusammen; beide Machtzentren schlossen in der Folge Meroe vom Handel mit exotischen Produkten nahezu aus. Um 253 schickte König Teqorideamani noch einen Gesandten nach Rom, und für die Jahre 253, 260 und 265 sind meroitische Gesandtschaften nach Philae unter der Leitung des Vizekönigs belegt. Verhandlungsgegenstand mögen die Blemmyer, äußerst kriegerische Stämme aus den Bergen vom Roten Meer, oder auch die Sicherheit der Thebais gewesen sein.

Im Jahr 298 zog Kaiser Diokletian dann die ägyptische Südgrenze bis Assuan zurück, was vielleicht aber nur die Anerkennung eines Status quo war. Denn der meroitische Beamte Tami konnte schon 260 n. Chr. einen Priester in Philae in sein Amt einführen, eine offizielle Handlung, die gewöhnlich der römische Präfekt vornahm. Allerdings beunruhigten die Blemmyer auch das Niltal so stark, dass dies mit ein Grund für die Rückverlegung der ägyptischen Grenze nach Assuan gewesen sein könnte. Mit dem Blemmyerproblem blieben nun die Meroiten zunehmend allein.

Spätestens, als die Blemmyer um 370 durch immer wiederkehrende Überfälle besonderen Terror ausübten, dürfte die meroitische Herrschaft in Unternubien ein Ende genommen haben. In Meroe selbst hören um die Mitte des 4. Jahrhunderts n. Chr. auch die Pyramidenbestattungen auf. Eine Inschrift des aksumitischen Königs Ezana berichtet von einem Feldzug des Königs gegen die Noba, der wahrscheinlich in die Zeit zwi-

Die ehemalige Nilinsel Philae südlich von Assuan ist heute vom Assuanstausee überschwemmt. Philae war das bedeutendste ägyptische Wallfahrtszentrum der Isis und wurde auch von Meroiten und Römern verehrt (großer Kiosk des römischen Kaisers Trajan in Philae).

schen 360 und 370 n. Chr. zu datieren ist. Nach diesem Text war das Reich von Kusch zu dieser Zeit bereits zerfallen und nur noch auf den nördlichen Teil der Insel von Meroe beschränkt. Schon unter dem Nachfolger Ezanas scheint Kusch dann nicht mehr existiert zu haben.

Der Hauptgrund für den Niedergang des Reiches dürfte im Auftreten der Noba zu sehen sein, die den Meroiten Territorien abgenommen hatten. Dazu kam aber als weiterer Faktor noch die Verarmung Ägyptens hinzu, die den Handel stark beeinträchtigte. Mit der Einführung des Kamels als Nutztier besaßen die Wüstennomaden nun auch einen größeren Aktionsradius und legten eine verstärkte Militanz an den Tag. Das Monopol für exotische Waren, das Meroe lange Zeit besessen hatte, war zudem durch Südarabien und Aksum gebrochen worden, sodass die Grundlagen für den Fortbestand des Reiches, das das pharaonische Ägypten und schließlich auch das Römische Reich überlebt hatte, ausgehöhlt waren.

Die nachfolgende Ballanakultur in Unternubien und die nachpyramidalen Fürstenfriedhöfe Obernubiens sind noch deutlich von der meroitischen Kultur geprägt, bis Nubien im 6. Jahrhundert n. Chr. mit den christlichen Reichen von Nobatia, Makuria und Alodia in eine ganz neue Epoche eintritt. *Karola Zibelius-Chen*

Ein zweites Zion in Afrika: Das Reich von Aksum

Aksum, griechisch Axomis, ist der noch ungedeutete Name der Hauptstadt des antiken Äthiopien; es ist wahrscheinlich, dass sich auch Volk und Land so bezeichneten. Der Name Äthiopien war in der Antike für die dunklen Völker und deren Länder südlich des ersten Nilkatarakts reserviert, dann insbesondere für das Reich von Meroe. Nur einmal nannte ein Herrscher von Aksum, Ezana, sein Reich (griechisch) »Aithiopia«, nachdem er zuvor einen erfolgreichen Feldzug nach Meroe unternommen hatte.

Erst mit der Christianisierung im 4. Jahrhundert n. Chr. bürgerte sich dieser Name im heutigen Sinn ein: Das (hebräische) Kusch der Bibel, das ebenfalls Völker und Länder im Süden Ägyptens bezeichnete, gab die Septuaginta, die griechische Bibelübersetzung, mit »Aithiopia« wieder. Indem die christlichen Aksumiter die betreffenden Stellen auf sich bezogen, wurde der neue Name, in der äthiopischen Form Ityopya, zum Synonym des christlichen Reiches von Aksum.

Er ersetzte einen anderen alten Landes- und Volksnamen – sehr wahrscheinlich ein Teilreich von Aksum –, der in der Volkssprache des Nordens (Tigrinja) und bei den Arabern weiterlebt: Habascha, wovon sich unser Wort Abessinien herleitet, dem also ursprünglich nichts Abwertendes anhaftete; dies kam erst durch eine arabische Volksetymologie (»zusammengewürfeltes Volk«) und die bewusste Verwendung von »Abessinien« mit politischen Absichten im 20. Jahrhundert.

Lag hier das Goldland Punt? –
Die Anfänge der äthiopischen Geschichte

Die Geschichte Äthiopiens wird in ihren Grundzügen stark von den geographischen und klimatischen Bedingungen des Landes bestimmt. Das Hochland mit seinen schroffen Abfällen, besonders im Norden und Osten, macht den Raum insgesamt zu einer natürlichen Festung, die, im Durchschnitt weit mehr als 2000 Meter hoch, von den umgebenden Tiefländern immer nur schwer zu erreichen war. Die Zerteilung durch Flusstäler und Schluchten in einzelne, besonders während der Regenzeit verkehrsmäßig isolierte Hochflächen (Ambas) und Kammerlandschaften förderte die Zersplitterung in kleinere politisch-gesellschaftliche Gebilde, erschwerte also die Bildung größerer, zentral regierter Einheiten.

Das ausgeprägte Relief verleiht Äthiopien eine Abfolge verschiedenster Klima- und Vegetationszonen, von der trocken-heißen, wüstenhaften Tiefebene über tropische und gemäßigte Zonen bis zur Hochgebirgszone. Funde von Hominiden (die berühmte Lucy) im Afargebiet beweisen, dass Äthiopien wie das gesamte Nordostafrika vor mehreren Millionen Jahren eine Wiege der frühen Menschheit gewesen ist.

Äthiopien lag im Bogen der frühen Kulturen und Hochkulturen zwischen Ägypten und Nubien auf der einen, dem Horn von Afrika beziehungsweise der Soma-

Die Gliederung der äthiopischen Landschaft in die natürlichen Festungen der Hochflächen mit steilen Abfällen erschwerte die Bildung eines einheitlichen Reiches. Das Foto zeigt den heutigen Nationalpark Semien, den höchsten Teil des Amharenhochlands, nördlich vom Tanasee.

100264

INFOBOX

Die Sprache von Aksum

Die Sprache des Reiches von Aksum war das Geez, eine äthiosemitische Sprache, die im 1. Jahrtausend v. Chr. durch Einwanderer aus Südarabien nach Afrika gelangte. Ihre früheste Zeugnisse stammen aus dem 4. Jh. n. Chr.; sie wird in einer eigenen äthiopischen Schrift geschrieben. Als gesprochene Sprache wurde Geez im 13. Jh. durch das Amharische abgelöst, es blieb aber weiterhin Literatursprache und ist bis heute die liturgische Sprache der äthiopischen Kirche geblieben. Grammatik und Wortschatz sind noch weitgehend semitisch, es finden sich jedoch bereits Lehnwörter aus Kuschitensprachen. Das Geez bildet mit den südarabischen Sprachen (Altsüdarabisch, Neusüdarabisch) und den übrigen semitischen Sprachen Äthiopiens einen eigenen Zweig des Semitischen; seine nächsten Verwandten sind das Tigre und Tigrinja.

lihalbinsel auf der anderen Seite. Dieser Bereich bildete in der Jungsteinzeit einen kulturellen Großraum, für den die Entwicklung von Landwirtschaft und Rinderzucht, aber auch die Einteilung in soziale Altersklassen, der »Verdienstkomplex« (an bestimmte Taten gebundene soziale Stellung des Mannes) sowie ein sakrales Königtum charakteristisch waren; über die Entstehung dieser Kultur und ihre Beziehungen zu anderen Kulturräumen ist bisher wenig bekannt. Prähistorische Funde reichen bis in die Zeit um 2500 v. Chr. zurück.

Das Gold- und Weihrauchland Punt der alten Ägypter – über eine Expedition dorthin unter Königin Hatschepsut im 15. Jahrhundert v. Chr. sind wir durch die Fresken von Deir el-Bahari ausführlich informiert – ist nicht mit Sicherheit zu identifizieren. Die Ansichten schwanken zwischen dem ganzen Horn von Afrika (bis Somalia) und dem Südsudan (Wadi Barka).

Sicher ist nur ein lebhafter Handelsverkehr, der letztlich den ganzen Raum des Roten Meeres, ja vielleicht sogar den Indischen Ozean einbezog: Waren wie Gold, Tierfelle, Weihrauch, Mineralien (Antimon, Lapislazuli), Hölzer, aber auch exotische Tiere und menschliche Zwerge wurden gegen Erzeugnisse ägyptischen Kunsthandwerks eingetauscht. Wir hören von Königen des Landes Punt und erfahren von Pfahldörfersiedlungen. Wenige Funde ägyptischer Gegenstände in Äthiopien be-

Die Rekonstruktionszeichnung zeigt die 1966 entdeckte Palastanlage Dungur (»Grab der Judith«), die wohl Sitz einer Adelssippe war. Ihre Architektur vereint Elemente unterschiedlicher Herkunft und ist damit als Ganzes typisch aksumitisch.

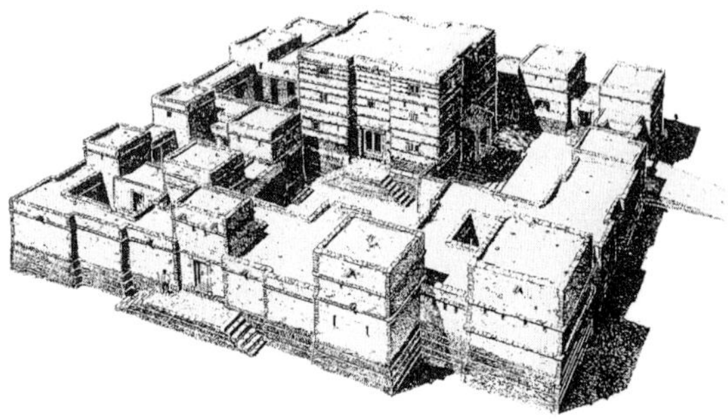

legen, dass Punt wohl auch Äthiopien mit einschloss. Gegen Ende des 2. Jahrtausends v. Chr. wurde dieser Handel in einer Dürreperiode unterbrochen. Vielleicht war dies der Zeitpunkt, in dem sich Südarabien mit seinen Kamelkarawanen in den Handelsstrom einschaltete und damit ebenfalls Interessen an Äthiopien entwickelte.

Vorläufer Aksums – Die Föderation von Saba und Daamat

Die Besiedlung Äthiopiens durch Sabäer (Südaraber) vom Jemen her beziehungsweise deren Einfluss auf Landwirtschaft, Architektur (Dämme, Bewässerungsanlagen, Tempel) und Kultur (Schrift und zum Teil Sprache) etwa ab dem 6. Jahrhundert v. Chr. ist zweifelsfrei belegt. Die bisher bekannten Stätten reihen sich an der Nord-Süd-Straße am östlichen Rand des Hochlandes auf. Allerdings sind das Ausmaß und die Art dieser Durchdringung unklar.

Von der früheren Ansicht, die südarabischen Semiten, die in geschlossenen Gruppen gekommen waren, seien in umfassender Weise als Kulturbringer und Kolonisatoren anzusehen, rückt man langsam ab. Somit ist auch die Ansicht, das Geez, die klassische semitische Schrift- und Kultursprache Äthiopiens bis ins 20. Jahrhundert, habe sich aus dem Kontakt von eingeführtem Südarabisch mit einheimisch-kuschitischen Sprachen entwickelt, umstritten. Gegen diese klassische These spricht neben dem rein sprachlichen Befund der relativ kurze Zeitraum von knapp 500 Jahren für eine solche Entwicklung, vor allem aber die Eigenständigkeit der äthiopischen Kultur, auch unter sabäischem Einfluss, von Anfang an. Nach nicht unumstrittenen Methoden der »Spracharchäologie« (Glottochronologie und Lexikostatistik) verlegen manche Forscher deshalb die Entwicklung der semitischen Sprache in Äthiopien bereits in das 2. Jahrtausend v. Chr.

Über die Gruppen oder Völker (?), die zu dieser Zeit semitische Idiome nach Äthiopien brachten, wissen wir praktisch nichts; sie gingen großenteils ethnisch wie kulturell in der kuschitischen Umgebung in einer neuen Mischkultur auf, hinterließen aber als bleibendes Erbe ihre ungeheuer vitalen semitischen Sprachen, die sich kontinuierlich auf Kosten der ursprünglichen kuschitischen Sprachen ausdehnten, von diesen aber selbst massiv verändert wurden.

Im 5./4. Jahrhundert v. Chr. gab es nach sabäischem Vorbild zunächst einen Mukarrib, einen Föderationsfürsten (nicht Priesterfürsten, wie noch oft zu lesen ist), von Daamat und Saba, beides wohl afrikanisch-äthiopische Territorien, dann, namentlich belegt, vier Könige,

Eine Ursprungslegende Äthiopiens berichtet von der Königin von Saba, mit der König Salomo einen Sohn zeugt, der die Bundeslade nach Äthiopien bringt und dort das neue Jerusalem gründet (»Die Begegnung König Salomos mit der Königin von Saba«, Glasmalerei, um 1270; Straßburg, Chorfenster der Kirche St. Thomas).

INFOBOX

Äthiopische Schrift

Die äthiopische Konsonantenschrift, eine (Pseudo-)Silbenschrift, leitet sich von einer Form der südarabischen Schrift ab. Diese schreibt nur die Konsonanten, was für eine sehr regelmäßige semitische Sprache möglich ist. Etwa im 4. Jh. n. Chr., vor der Christianisierung, begann man in Äthiopien, durch leichte Abwandlungen der Grundform jedes Konsonantenzeichens auch den folgenden Vokal anzuzeigen. Sicherlich war das frühe Geez, die altäthiopische Schrift- und Kultursprache, schon eine nicht mehr ganz regelmäßige semitische Sprache.

die sich als Seraan und Agaziyan bezeichneten. In Letzterem erkennen wir die alten Namen der Sprache und des Volkes der Äthiopier, Geez und Agaazi (vielleicht »die Freien«), die sich bis heute erhalten haben. Ser und das davon abgeleitete Adjektiv seraan bedeuten in der Bibelübersetzung des 5. Jahrhunderts n. Chr. Griechenland beziehungsweise griechisch.

Die beiden (Teil-)Königreiche zeigten trotz kulturellen und zivilisatorischen Einflusses aus Südarabien von Anfang an ein äthiopisches Gepräge. Dies beginnt mit den sicherlich rein äthiopischen Namen der Herrscher, setzt sich fort in einem nur in Äthiopien bezeugten Götterhimmel (neben einigen sabäischen Gottheiten), findet seinen Ausdruck zum Beispiel im Stil, etwa beim ganz gegen sabäische Sitte selbstbewussten Gebrauch der ersten Person (»Ich, der König ...«), und vor allem auch in der Rolle der Frau, die als Königin wie selbstverständlich in den Inschriften genannt wird.

Ursprungs- und Gründungslegenden

Die Tradition hat andere Antworten auf die Frage nach dem Ursprung bereit. Zunächst eine alte Drachensage: Der Held Angabo befreit Äthiopien von der drückenden Herrschaft eines als Gott verehrten Untiers, dem auch Menschen geopfert werden. Er wird König, und seine Tochter Makeda, die Königin von Saba – die hier als Äthiopierin gilt, in der altsüdarabischen Tradition jedoch als Königin der Sabäer –, folgt ihm nach. Als sie von Salomos Weisheit hört, reist sie nach Jerusalem und zeugt, durch Salomo überlistet, mit ihm einen Sohn, Menelik (Menilek), den Erstgeborenen Salomos, der in

Äthiopien aufwächst, erst später seinen Vater in Jerusalem besucht und bei der Abreise die echte Bundeslade mit den Gesetzestafeln stiehlt. Mit zwölf Edlen aus dem Stamm der Leviten kehrt er nach Äthiopien zurück, wo er das neue, zweite Jerusalem und Zion begründet, das bis zum Jüngsten Tage Bestand haben wird. Ähnliche Ursprungssagen haben auch die Falaschen, die Juden Äthiopiens, die von einer Schwester Moses und Aarons abzustammen glauben und somit eine deutlich noch ältere, bevorrechtigte Abstammung vom alten Israel beanspruchen.

Stadt ohne Mauern – Aksum, antike Handelsmetropole und christliches Zentrum

Die äthiopischen Königslisten, die uns eine Aufzählung der Könige »von Adam an« vorlegen, verlassen auch für die aksumitische Zeit das Reich der Legende nicht: Die Namen der Könige, unter denen das Christentum angenommen wurde, lauten hier Abreha (»der das Morgenlicht des Glaubens brachte«) und Asbeha (»der den Morgen des Glaubens anbrechen ließ«). Diese »Funktionsnamen« bezogen sich ursprünglich nur auf Gott als Handelnden, wurden aber von der Tradition als Menschennamen missverstanden und schließlich auf Personen übertragen, die den christlichen Glauben nach Äthiopien gebracht haben sollen. Münzlegenden und Inschriften, die einzigen zuverlässigen Quellengattungen, überliefern uns Ezana als den Herrscher, unter dem Ak-

Ungeschützt durch eine Befestigungsanlage, verteilten sich in Aksum religiöse Bauwerke – wie Tempel und Stelen – ebenso wie Paläste und andere Bauwerke über ein weites Areal.

sum, zumindest offiziell, christlich wurde; griechische Kirchenhistoriker nennen Aizanas und dessen Bruder Schaizanas.

Aksum lag am Schnittpunkt von Handelsstraßen in Nord-Süd- und Ost-West-Richtung in landwirtschaftlich günstigem Gebiet, freilich nicht im alten Zentrum der Saba-Daamat-Föderation im Osten. Das entstehende Reich verleibte sich zwar die alten Reiche ein, neue Zentralregion aber war das Gebiet um Aksum, das nach Ausweis seiner Stadtanlage und Stadtarchitektur unangefochtener Mittelpunkt eines Reiches war. Es gab keine Verteidigungsanlagen; die religiösen Bauten wie Tempel und Stelen verteilten sich wie die Paläste und Grabanlagen ungeschützt und großzügig über ein weites Areal.

Über die innere Struktur des Reiches können wir nur spekulieren. Vielleicht handelte es sich um eine Föderation von Teilreichen, deren Fürsten den »König der Könige« immer wieder neu aus ihrer Mitte wählten. Dafür sprechen die wechselnden Beinamen (Dynastien? Herkunftsbezeichnungen?) der aksumitischen Könige in Inschriften und auf Münzen. Dagegen spricht die deutlich erkennbare, stabile Rolle Aksums als Reichsmittelpunkt mit hoch entwickelter Infrastruktur, die eher den Sitz einer lokalen Dynastie anzeigt. Diese könnte neben anderen Dynastien die Rolle des »Primus inter Pares«, des Ersten unter Gleichen, eingenommen haben.

Auch über die Gesellschaftsordnung wissen wir wenig. Äthiopische Inschriften aus dem 3. Jahrhundert belegen freilich eine entwickelte Rechts- und Sozialstruk-

INFOBOX

Textquellen

Die einheimischen Textquellen zur Geschichte des antiken Äthiopien sind extrem spärlich und zudem Dokumente ganz einseitiger Art: Inschriften auf Gegenständen und Bauwerken, zumeist Tatenberichte von Herrschern oder Verwaltungstexte, sowie Münzaufschriften. Die Nachrichten anderer Völker über die alten Aksumiter – Bibel, griechische und byzantinische Autoren – sind oft zufällige und mit Missverständnissen behaftete Notizen. Hinzu kommt erschwerend, dass in der Überlieferung der einzelnen Quellen große Lücken bestehen.

100264

Stelen aus oft unbehauenen Natursteinen gab es im Norden Afrikas schon in der Steinzeit, als Erinnerungsmale an die Toten. In Aksum wurden sie durch fingierte Stockwerke, Fenster und Türen zur Pseudoarchitektur: hoch aufragende Paläste toter Herrscher (Stockwerkstele, 2.–4. Jh.).

tur, die in manchem der des europäischen Mittelalters ähnelt. Wir hören zum Beispiel von Gesetzen, Totengedenkfesten, Abgaben für Opferhandlungen und Steuern. Kennzeichnend tritt in diesen Texten wie auch in den Königsinschriften der äthiopische Hang zur Genauigkeit, zu exakten Zahlen hervor, so ganz im Gegensatz zu den oft fantastischen Zahlenangaben in der Tradition anderer orientalischer Kulturen.

Die Religion der vorchristlichen Zeit kennt Gestirns-, Meeres- und Erdgottheiten, deren Namen teils griechisch, teils äthiopisch überliefert sind. Hauptgott der

Dynastie war der Kriegsgott Mahrem (»Krieger«?, mit dem griechischen Ares gleichgesetzt). Religiöse Inschriften privaten Charakters sind leider nicht bekannt, sodass wir über populär verehrte Gottheiten nichts wissen. Ebenso wenig gibt es Nachrichten über den Kult, abgesehen von den Dankopfern des Königs nach erfolgreichen Feldzügen. Das Totengedenken war ausgeprägt. Die berühmten Obelisken - oder an ihrer Stelle palastähnliche Mausoleen - stehen immer im Zusammenhang mit unterirdischen Grabanlagen.

3240

Der Wechsel zum Christentum wird durch die Verwendung von Kreuzsymbolen auf den Münzen angezeigt, die meist zudem ein Motto in Griechisch oder Äthiopisch tragen.

Siedlungsgeschichte und Quellen

Nach ersten archäologischen Grabungsbefunden lässt sich die Siedlungsgeschichte Äthiopiens in verschiedene Phasen gliedern: Auf eine frühe Zeit weiträumiger Weilersiedlung und extensiver Landnutzung folgt eine Periode der Konzentration und größerer Agglomerationen, begleitet von intensiver Landwirtschaft, zum Teil mithilfe von Bewässerung (etwa 7. bis 4. Jahrhundert v. Chr.). Dies würde der Zeit von Saba und Daamat entsprechen. Nach einer Zwischenzeit (Verfall staatlicher Strukturen?) folgt etwa ab dem 1. Jahrhundert v. Chr. wieder, auf höherer Stufe, eine Phase intensiverer Besiedlung, die mit dem Aufkommen und der Blüte des Reichs von Aksum gleichzusetzen ist. Nach dieser bis ins 8. Jahrhundert n. Chr. dauernden Periode wird die Metropole verlassen; sie verfällt, ohne dass ein gewaltsames Ende (Plünderung oder Eroberung) bekannt geworden wäre.

Die Quellen ergänzen diese eher abstrakte Beschreibung eines »Strukturwandels in längeren Zeiträumen« nur bruchstückhaft: Das Handelsreisebuch »Periplus Maris Erythraei«, eine griechische Schilderung der Häfen und Handelswaren des Roten Meeres, beschreibt um 60 n. Chr. den Hafen Adulis und die Metropole Aksum (erste Namensnennung in einer Quelle) mit ihrem Herrscher Soskales, der als zwar geizig, aber griechisch gebildet hingestellt wird. Letzteres deutet auf eine vielleicht schon länger zurückreichende Hellenisierung des Landes hin, wie auch die aksumitischen Königsinschriften neben der alten Prestigesprache Sabäisch und der neuen Nationalsprache Äthiopisch (Geez) auch von Anfang an Griechisch verwenden.

In manchen Fällen liegen Trilinguen, Fassungen in drei verschiedenen Sprachen, vor, ein Zeugnis für die Weltoffenheit und die vielfältigen wirtschaftlichen und kulturellen Kontakte des Handelsimperiums von Aksum. In Griechisch abgefasst ist die in Dakki Mahari nordöstlich von Asmara gefundene, schwer datierbare, aber frühe Inschrift des »Königs der Könige von Aksum, des großen Sembruthes« aus dessen 24. Regierungsjahr. Der Name erschien bisher nicht auf den Münzen und ist auch in der äthiopischen Tradition unbekannt.

Der nächste bekannte König von Aksum ist Gadira, der sich auf einem 1956 gefundenen Bronzeobjekt (Kultaxt?) als Stifter verewigt hat. Er ist wohl identisch mit jenem König, der nach Ausweis sabäischer Inschriften im 3. Jahrhundert auf der anderen Seite des Roten Meeres, im Jemen, militärisch eingriff und dort Militärkolonien und Garnisonen unter dem Kommando seiner Söhne einrichtete. Diese Verbindung sollte bis zum Aufkommen des Islam bestehen bleiben.

Das 4. Jahrhundert belegt eine expansive Politik und Kriegszüge von Aksum aus nach Westen, die wohl bis Meroe führten, zu dessen Untergang Aksum sicherlich beitrug, jedenfalls nach der Aussage einer dort gefundenen griechischen Inschrift eines aksumitischen Königs

INFOBOX

Ein vielseitiger Name

Äthiopien – griechisch Aithiopia, hebräisch Kusch – bezeichnete ursprünglich das Land südlich des 1. Nilkatarakts (Assuan), also etwa das heutige Nubien (Südägypten, Nordsudan). In griechisch-römischer Zeit wurde der Name auf alles afrikanische Land südlich von Ägypten, dann auch auf Länder östlich des Roten Meeres übertragen. Seit dem 4. Jh. ist der Name außerdem im Herrschertitel der Könige von Aksum, aber auch nubischer Könige belegt. Die Annahme von Ityopya als Staatsname für Äthiopien ist beeinflusst vom Vorkommen des Namens in der Bibel.

In Europa wurde der Name im Mittelalter alternierend mit India verwendet, womit alle Gebiete zwischen Nordostafrika und den Inseln des östlichen Indischen Ozeans gemeint waren. Später bezeichnete Äthiopien bis ins 19. Jh. ganz Nordostafrika, wobei Unteräthiopien den Sudan meinte, Oberäthiopien den christlichen Staat im Hochland (Abessinien) sowie die damals meist noch unabhängigen Oromo-Länder im Süden.

(der bereits erwähnte Ezana?). Weitere Züge im äthiopischen Raum, aber auch nach Südarabien, sind für die gleiche Zeit belegt durch die »Adulitana«, eine von dem griechischen Geographen Kosmas Indikopleustes kopierte Inschrift aus Adulis, und durch erhaltene Inschriften des Königs Ezana. Seine ausführliche Titulatur bezieht alle diese Territorien mit ein. Zum ersten Mal wird nun der Äthiopienname auf Aksum, den Erben Meroes, übertragen.

Geschichte und Legende – Frumentios und Abba Salama, der »Bringer des Lichts«

In das 4. Jahrhundert, etwa die Zeit um 330 n. Chr., fällt auch die Christianisierung Aksums unter dem »Konstantin« Äthiopiens. Der Wechsel der Religion ist an den Symbolen der Münzen abzulesen. Nachrichten der Kirchenhistoriker sprechen von einem Kaufmann aus Tyros, der vor Adulis Schiffbruch erleidet. Zwei junge Männer seiner Begleitung werden gerettet und am Königshof (Aksums?) aufgenommen, wo sie, vielleicht als Prinzenerzieher, ihren christlichen Glauben predigen. Nach ihrer Heimkehr entschließt sich der eine, Frumentios,

Die Kirche Maria Sion in Aksum (erbaut 1655) geht auf ältere Vorgängerbauten zurück und gilt als eine der ältesten christlichen Kirchen Afrikas. Hier soll sich auch die echte Bundeslade befunden haben.

100264

versehen mit der Bischofsweihe, als Missionar und Oberhaupt einer neuen Kirche nach Äthiopien zurückzukehren. Die äthiopische Legende kennt Abba Salama, den »Bringer des Lichts«, der den äthiopischen König und seinen Hof bekehrt.

Klar ist die Anbindung der entstehenden – monophysitischen – äthiopischen Kirche an das (koptische) Patriarchat von Alexandria (bis 1959). Ebenso klar erkennbar sind allerdings Einflüsse in Theologie, Mönchsleben und Kunst aus dem syrisch-hellenistischen Raum: Im 5./6. Jahrhundert sollen »neun Heilige« aus Syrien oder Byzanz die Kirche und das Klosterleben reorganisiert haben. In Aksum entsteht die erste Marienkathedrale auf den Fundamenten eines heidnischen Tempels, die heute noch zu sehen sind. Diese Kathedrale, mehrfach zerstört und wieder aufgebaut, birgt nach äthiopischer Tradition die von Menelik aus Jerusalem entführte echte Bundeslade mit den Gesetzestafeln. Sie ist, gleichbedeutend mit Zion, bis heute das Symbol des christlichen Äthiopien.

Der Beschützer der Christenheit:
Kaleb und die Christen von Nagran

Politisch blieb Aksum ein Verbündeter von Byzanz gegen die Expansionsbestrebungen des (sassanidischen) Perserreichs und dessen Verbündete, die südarabischen Staaten, in denen sich auch ein politisch mächtiges Judentum ausbreitete. Die Konfrontation der Großreiche Byzanz und Persien hatte ihre Auswirkungen auf der Arabischen Halbinsel und am Roten Meer. Unter einem jüdischen König (äthiopisch Finhas, griechisch

INFOBOX

Die Bundeslade

Die Bundeslade war nach der Beschreibung im 2. Buch Mose ein tragbarer Kasten aus Akazienholz, der als Götterthron gestaltet war. Ursprünglich war sie wohl ein kanaanäischer Kultgegenstand, der dann als Zeichen der Gegenwart Jahwes und schließlich des Bundes zwischen Jahwe und Israel gedeutet und verehrt wurde; außerdem sieht die Überlieferung in ihr den Aufbewahrungsort der Gesetzestafeln. Salomo hatte die Bundeslade im Allerheiligsten des Tempels aufgestellt; mit der Eroberung Jerusalems durch die Babylonier (597/587 v. Chr.) verliert sich ihre Spur.

zumeist Dunaas, mit seinem richtigen sabäischen Namen Yusuf Aschar Yatar) setzten Christenverfolgungen im Jemen ein, die sich besonders gegen das aufblühende christliche Zentrum Nagran richteten. Dies veranlasste den äthiopischen König Kaleb mit dem Beinamen Ella-Asbeha (griechisch Ellesbaas oder Ellesthaios) Anfang des 6. Jahrhunderts, im Verbund mit Byzanz in seinem traditionellen Einflussgebiet, dem Jemen, einzugreifen, mit dem Nimbus eines Beschützers der Christenheit.

In der Folge wurde der Jemen annektiert und einem äthiopischen Gouverneur, Abreha, unterstellt, der sich jedoch bald als »äthiopischer König des Jemen« selbstständig machte, wie seinen (sabäischen) Inschriften über eine Reparatur des Damms von Marib zu entnehmen ist. In der arabischen Legende und im Koran (Sure 105) finden sich Erinnerungen an diese Ereignisse, unternahm doch Abreha auch Kriegszüge in nordarabisches Gebiet. Die christliche Literatur der Syrer und Äthiopier hat den Märtyrern von Nagran ergreifende Bücher gewidmet.

Dies ist die letzte historische Nachricht über das Wirken Aksums in der Gegend, die Ende des 6. Jahrhunderts unter persische Oberhoheit kam. Münzen und wenige Inschriften belegen eine Fortdauer des Reiches (etwa bis ins 9. Jahrhundert), das aber, durch die Perser aus seiner Einflusszone am Roten Meer verdrängt, durch die daraus folgende Verlagerung seiner Handelswege und das spätere Aufkommen des Islam Orientierung und Charakter ändert.

Nach dem Ende Aksums: Fortleben des christlichen Reiches

Das Ende Aksums ist als Ereignis nicht bekannt. Freilich, das politische Ende Aksums war weder das Ende des christlichen Reiches Äthiopien noch das Ende der religiösen und kulturellen Bedeutung Aksums. Sein Erbe zeigt sich in der Kirchen- und Klosterarchitektur besonders im Norden Äthiopiens. Theologie und Mönchtum wurzeln in den Grundlagen der ersten christlichen Jahrhunderte. In der Institution der Monarchie überlebten Ordnungen und Rituale, etwa die Königsweihe in Aksum, bis ins 20. Jahrhundert.

3319

Im 12. Jh. entstanden auf 2 600 m Höhe die in den Basaltfels gehauenen Felskirchen von Lalibela als Ergebnis einer ausgedehnten Christianisierung. Die Monolithkirche Beta Giyorgis in Lalibela bohrt sich in Form eines Kreuzes 12 m tief in den Fels.

In der Zeit vom zehnten bis ins zwölfte Jahrhundert vollzog sich eine Verlagerung des Reichszentrums nach Süden, zunächst nach Lalibela als Zentrum der neuen Zagwedynastie, dann auf das Plateau von Schoa (um Addis Abeba). Dies war getragen und ermöglicht von einer expansiven Christianisierung, deren Säulen eine blühende Klosterkultur war, wie das viele, häufig in Seen gelegene Klöster beweisen. Damit einher ging ein Wandel der wirtschaftlich-politischen Grundlagen und der Struktur des äthiopischen Reiches, der etwa mit dem Übergang vom spätrömischen zum Fränkischen Reich zu vergleichen ist. *Manfred Kropp*

Süd- und Ostasien

(um 320 v. Chr. bis um 550 n. Chr.)

Indien

Unter Candragupta und Ashoka: Das Mauryareich

Der Zeitraum zwischen dem gescheiterten Indienfeldzug Alexanders des Großen (327–325 v. Chr.) und den Invasionen hunnischer Stämme in Nordindien (um 460–530 n. Chr.) umfasst die Geschichte zweier Großreiche und einer von den Folgen weiträumiger Völkerwanderungen geprägten »Zwischenphase«. In diesen Jahrhunderten wurden nicht nur wesentliche Fundamente der nordindischen Kulturen gelegt, sondern auch große zentralasiatische Volksgruppen assimiliert.

Teile der Geschichte dieses Zeitraumes bleiben jedoch aufgrund einer ungünstigen Quellenlage weitgehend im Dunkeln. Die Rekonstruktion der politischen, gesellschaftlichen und wirtschaftlichen Strukturen stützt sich in erster Linie auf Inschriften, Münzen und Siegel, die jedoch keineswegs für alle Jahrhunderte und Regionen gleichmäßig vorliegen. Von eingeschränktem Quellenwert für ein vorwiegend auf die politische Geschichte ausgerichtetes Forschungsinteresse sind Texte, die entweder – wie die Staats- und Rechtslehrbücher – normativen oder – wie die erzählende Literatur – legendenhaften beziehungsweise verherrlichenden Charakter haben. Auch die Berichte westlicher antiker Autoren sind mit Vorsicht zu betrachten, da fraglich ist, inwieweit diese die Phänomene, die sie beschreiben, wirklich verstanden. Aufschlussreich sind dagegen nicht selten die Ergebnisse archäologischer Untersuchungen.

Im indischen Mathura entwickelte sich zwischen dem 2. Jh. v. Chr. und dem 12. Jh. n. Chr. ein besonderer Stil der Bildhauerei in Sandstein. Typisch sind u. a. hinduistische Götterbilder und sinnliche weibliche Darstellungen (Fragment von einem Stupazaun, 2. Jh. v. Chr.; Mathura, Archäologisches Museum).

2400

Der politische Aufstieg der Maurya steht vermutlich in engem Zusammenhang mit dem Sieg des Dynastiebegründers König Candragupta (Tschandragupta) Maurya über Teile der Truppen Alexanders des Großen, die dieser nach seinem durch eine Meuterei der erschöpften Soldaten erzwungenen Rückzug im Industal zurückgelassen hatte. Candragupta eroberte in der Folge dieses Sieges Magadha, das seit dem späten 6. (oder, abhängig von der Datierung des Buddha, 5.) Jahrhundert v. Chr. Machtschwerpunkt in Nordindien war, und usurpierte schließlich um 320 v. Chr. den Thron der Nandadynastie, unter der Magadha seit etwa 365 v. Chr. seinen Einflussbereich weiter ausgedehnt hatte.

In den Jahren 305–303 v. Chr. gelang es Candragupta, einen Angriff Seleukos' I. Nikator, der das nach ihm heute so genannte Seleukidenreich in Vorderasien, einen der Nachfolgestaaten des Alexanderreiches, begründet hatte, im Pandschab abzuwehren und diesem König in einem Friedensvertrag Belutschistan (in der klassischen Antike Gedrosien genannt) und Teile des heutigen Afghanistan (Arachosien) abzunehmen. Die Beziehungen zwischen den Seleukiden und den Maurya scheinen sich in der Folgezeit normalisiert zu haben; die langjährige Anwesenheit des Botschafters Megasthenes am Königshof in Pataliputra (dem heutigen Patna im Gliedstaat Bihar) und der Austausch von Gesandten mit der hellenistischen Welt in späteren Jahrzehnten belegen ein relativ konfliktfreies Nebeneinander der Nachbarreiche.

ZITAT

Aus dem 13. Felsenedikt des Ashoka:
Meine Söhne und Enkel sollen nicht denken, sie müssten irgendeine neue Eroberung machen, in ihrer eigenen Eroberung sollen sie an Nachsicht und milder Bestrafung Gefallen finden, und sie sollen nur die Dharma-Eroberung für eine (wirkliche) Eroberung halten. Denn diese (Dharma-Eroberung) bringt diesseitiges (Glück) und jenseitiges (Heil).

Megasthenes' Bericht, der nur noch in Auszügen bei griechischen und römischen Autoren, vor allem in den Werken der griechischen Schriftsteller Strabon, Diodor und Arrian, vorliegt, beschreibt das Mauryareich unter Candraguptas Herrschaft als einen in der Umgebung der Metropole zentral verwalteten, in anderen Teilen des Reiches jedoch nur lose strukturierten Staat, in dessen Grenzen sich auch eine Reihe autonomer, nicht der Herrschaft des Mauryakönigs unterworfener Territorien befand. Auf eine solche Heterogenität lassen auch die Inschriften König Ashokas, auf die noch eingegangen wird, schließen.

Ein anderes Bild zeichnet dagegen das »Arthashastra«, ein dem Brahmanen Kautilya zugeschriebenes Staatslehrbuch, das – zumindest in wesentlichen Teilen – vermutlich ebenfalls während der Regierungszeit Can-

INFOBOX

Verbreitung des neuen Glaubens
Ashoka nahm den buddhistischen Glauben nicht nur selbst an, sondern erhob ihn auch zur Staatsreligion. Er ließ die buddhistischen Glaubensgrundsätze in Felsedikten und auf Monolithsäulen einmeißeln und verbreitete so die Lehre und Moral des Erhabenen über den ganzen Norden des Landes. Diese Inschriften zählen zu den ältesten Schriftdenkmälern Indiens, die Säulen selbst zu den frühesten und bedeutendsten Kunstwerken der Maurya-Zeit. Sie bestehen aus einem bis zu 15 m hohen, glänzend polierten, runden Sandsteinschaft, über dem sich ein Lotoskapitell mit Säulenplatte und einer oder mehreren Tierfiguren erhebt. Bei dem berühmten Löwenkapitell aus Sarnath hat sich die anfangs undekorierte Deckplatte zu einer runden Trommel gewandelt, die mit dem Radsymbol und vier Tiergestalten - Löwe, Elefant, Stier und Pferd - verziert ist.

dragupta Mauryas entstand. In diesem Werk, das auch heute noch einer Vielzahl von Historikern als Modell des Mauryareiches dient, wird der Staatsaufbau als einheitlich und zentralistisch beschrieben. Inwieweit hier jedoch tatsächlich die politische Realität im Indien jener Jahrzehnte geschildert wird oder doch eher das Staatsideal des Autors seinen Ausdruck findet, bleibt für einen großen Teil der im »Arthashastra« behandelten Themen eine offene Frage. Jedoch gibt Kautilya, welcher der indischen Tradition zufolge Minister Candraguptas war, wertvolle Informationen über die zeitgenössischen Idealvorstellungen von Königtum und Königsherrschaft, die weit über die Mauryazeit hinaus wirksam waren.

Über die Herrschaft von Candraguptas Sohn und Nachfolger Bindusara, der von etwa 300 bis 272 v. Chr. regierte, ist fast nichts bekannt. Möglicherweise kam es nach seinem Tod zu Thronfolgestreitigkeiten; sein Sohn Ashoka jedenfalls konnte seine Königsherrschaft vermutlich erst nach einem Interregnum im Jahre 269 oder 268 v. Chr. antreten. Bereits zu Lebzeiten seines Vaters soll Ashoka jedoch Unterkönig in Ujjain im heutigen Gliedstaat Madhya Pradesh gewesen sein.

ZEITTAFEL

Herrscher der Mauryadynastie (Auswahl)

Candragupta
(um 320–300 v. Chr.)

Bindusara
(um 300–272 v. Chr.)

Ashoka
(um 269–232 v. Chr.)

Brihadratha
(um 190–180 v. Chr.)

Die Herrschaft Ashokas

Die politische Geschichte der rund 35-jährigen Königsherrschaft Ashokas ist trotz einer größeren Zahl von Inschriften, die er vorwiegend auf Felsen und Steinsäulen an exponierten Stellen in verschiedenen Sprachen und Schriften anbringen ließ, nur in Umrissen rekonstruierbar. Eines der wenigen bekannten Ereignisse ist die vermutlich im Jahre 260 v. Chr. mit einem verlustreichen Krieg einhergegangene Eroberung Kalingas, eines Reiches im heutigen Gliedstaat Orissa. In seinem 13. Felsenedikt, das in Kalinga selbst allerdings fehlt, reflektierte Ashoka öffentlich die Folgen dieser Eroberung und brachte seine Reue über das Blutvergießen zum Ausdruck.

2836

Auf zahlreichen Steinsäulen ließ Ashoka Inschriften anbringen, die den buddhistischen Glauben zur Staatsreligion erheben. Die bis zu 15 m hohen Säulen bestehen aus glänzend poliertem Sandstein (3. Jh. v. Chr.).

Zugleich verkündete er in dieser Inschrift ein neues außenpolitisches »Programm«: In Zukunft solle nicht mehr mit Waffengewalt, sondern mithilfe des »dharma« erobert werden. »Dharma« ist ein komplexer, kaum in europäische Sprachen zu übersetzender Begriff, der sowohl Recht und Gesetz als auch (religiöse und gesellschaftliche) Pflichterfüllung, Rechtschaffenheit und im buddhistischen Kontext die Lehre des Buddha bezeichnet. Ein großer Teil der Inschriften Ashokas, die öffentlich verlesen wurden, befasst sich mit dem »dharma« und seiner Verbreitung, einem besonderen Anliegen des Königs, wobei »dharma« hier weit gefasst als ethisch richtiges Handeln verstanden und nicht in explizit buddhistischem Sinne verwendet wird.

Tatsächlich gibt es keine Anhaltspunkte für weitere Angriffskriege während der Regierungszeit Ashokas. Dafür belegen einige Inschriften die Entsendung von Beamten, die speziell für die Ausbreitung des »dharma« zuständig waren, aber wahrscheinlich auch seine Einhaltung überwachen sollten. Eine große Rolle im Rahmen dieser Dharmapolitik spielte die erhebliche Einschränkung der Tötung von Tieren. So verbot Ashoka bereits in seinem ersten Felsenedikt Tieropfer, die in brahmanistischen Kulten praktiziert wurden. Spätere Inschriften wiederholen solche Verbote und stellen im Einzelnen aufgelistete Tierarten unter Schutz.

Andere Inschriften betonen Ashokas Willen zu einer Art »Wohlfahrtspolitik«, der in der explizit väterlichen Fürsorge für seine Untertanen seinen deutlichsten Ausdruck fand. Dabei wurden auch konkrete Maßnahmen zur Verbesserung der Lebensqualität der Untertanen angekündigt, so zum Beispiel die Einrichtung von »Gesundheitszentren«, der Ausbau der Infrastruktur, das weiträumige Pflanzen von Bäumen und der Anbau von Heilkräutern. In einem anderen Edikt gab Ashoka Empfehlungen für die humane Behandlung von Bediensteten und Gefangenen. Einige der Inschriften Ashokas enthalten Instruktionen für Beamte, wobei besonderer Wert auf eine unparteiische, gerechte Amtsausübung gelegt wurde.

Aber wenn sich Ashoka auch väterlich gab, so verlor er dennoch nicht die Staatsräson aus den Augen und drohte potenziellen Widersachern mit Sanktionen, wie beispielsweise Angehörigen von Stämmen, die seiner Herrschaft nicht unterworfen waren. Diesen gegenüber äußert er im 13. Felsenedikt, er wolle ihnen trotz aller zuvor betonten Reue seine Macht verkünden, »damit sie sich zurückhalten mögen und nicht getötet werden«.

Aufgrund solcher Anweisungen, aber auch aufgrund der weiträumigen Verteilung der Inschriften in Nord-, Zentral-und Südindien und mit Blick auf die Entwürfe des »Arthashastra« wurde immer wieder vermutet, dass es sich bei Ashokas Reich um ein zentralistisch organisiertes System gehandelt habe. Ashoka habe über ein großes Potenzial an Beamten verfügt, das die Durchsetzung seiner Politik bis an die Peripherie des Mauryareiches ermöglicht habe. Seine Regierungsweise könne daher als »paternalistischer Despotismus« gekennzeichnet werden (Romila Thapar).

Dieser Vorstellung wurde jedoch auch widersprochen: Das »Arthashastra« sei wegen seiner unsicheren Datierung und wegen seines normativen Charakters von zweifelhaftem Quellenwert. Die noch erhaltenen Inschriften gäben nur vereinzelte Informationen über die Organisation des Reiches; die Funktion der meisten der in den Edikten erwähnten Institutionen und Ämter bleibe unklar. Zudem falle auf, dass die Mehrzahl der erhaltenen Inschriften sich an den Rändern des Mauryareiches gefunden hätten. Diese Tatsache deute darauf hin, dass Ashoka Auflösungserscheinungen an der Peripherie habe entgegenwirken und seinen persönlichen Herrschaftsanspruch gerade in nicht mehr direkt von der Zentrale verwalteten Gebieten habe betonen wollen.

Darüber hinaus sei verschiedenen Bevölkerungsgruppen in Edikten ein Sonderstatus eingeräumt worden, was auf eine Dezentralisierung der Verwaltung hinweise.

ZITAT

Ashoka in einem der Edikte, die im eroberten Kalinga gefunden wurden:

Alle Menschen sind für mich (wie meine) Kinder. Wie ich für meine Kinder wünsche, dass sie allen Heils und Glückes im Diesseits und im Jenseits teilhaftig werden, so wünsche ich es auch für alle Menschen.

ZITAT

Aus einer Ashoka-Inschrift:

Am meisten Selbstbeherrschung zeigt der, der seine Sprache in der Gewalt hat. Und sie sollen weder sich selbst loben noch andere tadeln; denn das ist eitel. Und es ist besser, sich zu bemühen, die anderen zu loben und in keiner Weise zu tadeln. Die so handeln, werden sich selbst fördern und die anderen für sich gewinnen;...

Ashoka habe sich in seinen Edikten zwar als absoluter Herrscher präsentiert, die konkrete Ausübung der Herrschaft habe er jedoch weitgehend an seine Beamten delegiert. Angesichts der großen Ausdehnung und der vermutlich vergleichsweise geringen infrastrukturellen Ausstattung des Mauryareiches sei eine zentrale Verwaltung ohnehin nur schwer vorstellbar. Ashoka habe wahrscheinlich nur das Kerngebiet Magadha selbst verwaltet, während entferntere Reichsteile Beamten mit weit reichenden Befugnissen unterstanden hätten (Gérard Fussman). Auch Romila Thapar geht in neueren Arbeiten zwar von einer straffen Administration des »metropolitanen« Gebiets aus, betont jedoch ebenso die destabilisierende Rolle einer politisch und wirtschaftlich nur ungenügend eingebundenen Peripherie.

Weitgehende Einigkeit herrscht in der Forschung über die herausragende Stellung des »dharma« und des Anliegens seiner Verbreitung in Ashokas Politik. Diese steht wohl in einem engen Zusammenhang mit Ashokas Hinwendung zum Buddhismus, die häufig als Bekehrung in der Folge des blutigen Kalingakrieges dargestellt wird. Wahrscheinlich handelte es sich jedoch nicht um eine re-

INFOBOX

Das Staatenmandala des »Arthashastra«

Im »Arthashastra« findet sich ein klassisches Konzept der Außenpolitik, das seine Gültigkeit bis in die heutige Zeit bewahrt hat. Die hier entworfene »politische Geometrie« (Heinrich Zimmer) sieht den König im Zentrum eines Kreises (mandala) von Staaten. Als ein »den Sieg (über seine Gegner) Erstrebender« (vijigishu), dessen letztliches Ziel die Erlangung der Weltherrschaft ist, muss er sich allerdings damit abfinden, dass auch die anderen Herrscher gleiche Ambitionen hegen. Die direkt an ihn angrenzenden Nachbarn sind seine natürlichen Feinde (ari), ihre Nachbarn seine Verbündeten (mitra), deren Nachbarn wiederum seine Feinde usw. Daneben spielen jedoch auch noch »mittlere« Herrscher (madhyama), deren Loyalität zwischen den eigenen Verbündeten und Feinden wechseln kann, sowie mächtige Außenstehende (udasina) eine Rolle. Letztere verfolgen zwar gänzlich eigene Interessen, können aber in das Wechselspiel der genannten Mächte eingreifen. Die im »Arthashastra« empfohlene Strategie besteht darin, zunächst die Feinde, dann die mittleren Herrscher und schließlich die Außenstehenden zu besiegen.

100264

Der große, über 16 m hohe Stupa im buddhistischen Kultzentrum von Sanchi wurde um die Mitte des 3. Jh. v. Chr. wahrscheinlich von Ashoka begonnen (erweitert im 1. Jh. v. Chr.). Die von einem Sockel getragene massive Halbkugel ist noch dem Urbild eines Grabhügels nahe stehend.

gelrechte Konversion, sondern um eine schrittweise Annäherung an die buddhistische Lehre. Aufschluss darüber geben insbesondere solche Inschriften, die an die buddhistische Gemeinde gerichtet sind und den Charakter persönlicher Glaubensbekenntnisse haben. Inschriften belegen außerdem Pilgerfahrten Ashokas zu einigen heiligen Stätten des Buddhismus (Bodh Gaya, Lumbini). Schließlich überliefert das vermutlich um 240 v. Chr. zu datierende Schismenedikt Ashokas Bemühungen um die Einheit der Gemeinde: Er drohte darin Dissidenten mit Ausschluss aus dem Orden.

Um Ashokas Tod ranken sich in der buddhistischen Literatur einige Legenden. Im »Ashokavadana«, einem »Heiligenleben« des Königs, wird berichtet, Ashoka habe gegen Ende seines Lebens seinen Enkel als Thronfolger eingesetzt (nach den meisten anderen Quellen kam jedoch sein Sohn Kunala an die Herrschaft). Seinen gesamten Besitz habe er an ein Kloster verschenkt, bis er schließlich von seinem Nachfolger praktisch entmündigt worden sei, der damit den Staatsschatz vor Ashokas Freigebigkeit habe schützen wollen.

Schon bald nach Ashokas Tod (vermutlich im Jahre 232 v. Chr.) zerfiel das Mauryareich. Die ungünstige Quellenlage erlaubt keine zuverlässige Rekonstruktion der politischen Geschichte unter den Nachfolgern Ashokas. Möglicherweise kam es nach seinem Tod zu einer Reichsteilung; die ohnehin wohl schon zu seinen Lebzeiten weitgehend selbstständigen Randgebiete erlangten ihre Unabhängigkeit zurück. Wahrscheinlich wurde der letzte Mauryakönig um 180 v. Chr. von Pushyamitra Shunga, dem Begründer der Shungadynastie, ermordet.

Christiane Schnellenbach

Zwischen den Dynastien: Die »dunkle Periode«

2836

Abdruck einer Münze des indogriechischen Königs Agathokles (um 170 v. Chr.). Die Vorderseite zeigt Namen und Titel des Königs in griechischer Schrift sowie den Gott Sankarshana mit Keule und Pflug.

Bei der Suche nach Ursachen für den raschen Zerfall des Großreiches nach Ashoka wurde gelegentlich vermutet, brahmanischer Widerstand gegen dessen buddhismusfreundliche Politik habe das Reich zerstört. Andere Forscher sahen in Ashokas pazifistischen Neigungen die Wurzel der nachhaltigen Schwächung des Mauryareiches. Dieser These wurde entgegengehalten, dass Ashoka bei der Durchsetzung seiner Dharmapolitik keineswegs vor Gewaltanwendung zurückgeschreckt sei. In der neueren Forschung werden vor allem die oben erwähnten strukturellen Probleme verantwortlich gemacht. Auch die im ideologischen und politischen Bereich sehr starke Bindung an die Herrscherpersönlichkeit Ashokas mag nach dessen Tod zu einem schnellen Niedergang des Reiches beigetragen haben.

Die Shunga standen dem Brahmanismus nahe; unter Ashoka verbotene Tieropfer wurden wieder eingeführt. Dennoch scheinen die Shunga ihre buddhistischen Untertanen nicht nur unbehelligt gelassen, sondern sogar gefördert zu haben, wie die Erweiterung buddhistischer Heiligtümer unter dieser Dynastie vermuten lässt.

Abgelöst wurden die Shunga von den Kanva, denen jedoch nur eine vergleichsweise kurze Herrschaft beschieden war: Vermutlich im Jahre 28 v. Chr. wurde der letzte Kanvakönig Susharman von den in Zentralindien ansässigen Satavahana besiegt. Das von Ashoka unterworfene Kalinga erlangte in der Mitte oder gegen Ende des 1. Jahrhunderts v. Chr. unter seinem König

Kharavela, der Eroberungsfeldzüge ins nördliche, südliche und westliche Indien unternahm, vorübergehend wieder politische Bedeutung. Seine Hathigumphainschrift, die sich in einer großartigen Höhlenanlage in Orissa befindet, ist eine wichtige Quelle für die Phase zwischen den Großreichen der Maurya und der Gupta - eine Phase, die besonders in der Geschichtsschreibung der Kolonialzeit, aber auch in der neueren indischen Geschichtsschreibung oft als »dunkle Periode«, als Zeit der politischen Wirren und der Fremdherrschaft, wahrgenommen wurde, obwohl die wirtschaftliche und kulturelle Entwicklung dieser Jahrhunderte in mancher Hinsicht die der darauf folgenden Zeit übertraf.

2836

Rückseite der Münze des Agathokles mit Namen und Titel in Brahmi-Schrift sowie dem Gott Vasudeva mit Schneckengehäuse und Rad.

Die politischen Verhältnisse der Jahrhunderte zwischen dem Zerfall des Mauryareiches und dem Aufstieg des Guptareiches wurden maßgeblich bestimmt zum einen von den so genannten Indogriechen, zum anderen von zentralasiatischen Stammesgruppen, denen es für einige Zeit gelang, weite Teile Nordindiens unter ihren Einfluss zu bringen. Während wir über die Geschichte der Indogriechen aufgrund zahlreicher Münzen und dank einiger westlicher antiker Autoren relativ gut unterrichtet sind - zu nennen sind hier unter anderem die im Original zwar verlorenen, aber in Zitaten bei anderen Autoren überlieferten Werke von Apollodor und Pompeius Trogus sowie der anonyme »Periplus des Erythräischen

INFOBOX

Verbreitung der buddhistischen Lehre

Für die Ausbreitung des Buddhismus war die Predigttätigkeit der Mönche ein ganz wesentliches Element. Zu diesem Zweck entstand eine umfangreiche religiöse Erbauungsliteratur, v. a. die so genannten Pali-Jatakas. Sagen, Fabeln und Legenden, die viel älter waren als der Buddhismus, wurden uminterpretiert, mit dem Buddha verknüpft und als Träger buddhistischen Gedankengutes weitererzählt. Etwa im 5. Jh. n. Chr. begann man, sie schriftlich festzuhalten. Berühmt geworden ist auch das »Milindapanha«. In der recht originellen Weise eines Frage- und Antwortdialogs erklärt hier der buddhistische Mönch Nagasena dem griechisch-indischen König Menander (Milinda) die buddhistische Lehre. Das Werk entstand um die Zeitenwende in Sanskrit und wurde später ins Pali übersetzt.

100880

Die Gandharakunst ist ein noch heute sichtbares Zeichen des indogriechischen Kulturaustausches (Stuckrelief mit figürlicher Szene aus Hadda, Afghanistan, 3.–5. Jh.; Paris, Musée National des Arts Asiatiques Guimet).

Meeres« –, ist über die Herrschaft der aus Zentralasien stammenden Shaka (Saken) und Kushana aus literarischen Quellen nur wenig bekannt. Allerdings sind auch für ihre Geschichte Münzen, die sich an indogriechische Vorbilder anschlossen, eine wesentliche Quelle. Für die Kushanazeit liegen darüber hinaus auch einzelne Inschriften vor.

Als sich in der Mitte des 3. Jahrhunderts v. Chr. Diodotos, Statthalter der Seleukiden in Baktrien im heutigen Afghanistan, zum unabhängigen Herrscher erklärte, begann die Vorgeschichte der griechischen Herrschaft in Indien. Erst Euthydemos, ein Verwandter oder hoher Beamter von Diodotos, erlangte die offizielle Anerkennung der Unabhängigkeit Baktriens durch die Seleukiden. Vielleicht in Nachahmung Alexanders stießen seine Nachfolger nach Indien vor. König Demetrios I. gelang mithilfe seines Bruders Apollodoros und seines Generals Menander möglicherweise schon um 180 v. Chr. die Eroberung großer Teile Nordindiens, die jedoch von dem bereits als Usurpator des Mauryathrones vorgestellten

Pushyamitra Shunga relativ bald wieder rückgängig gemacht wurde. Ein sich ausweitender Aufstand in Baktrien beendete das Königtum des Demetrios.

Der im Pandschab und den östlich davon gelegenen, von Demetrios eroberten Ländern als Statthalter eingesetzte Menander konnte jedoch seine Herrschaft in Nordindien festigen, sich zum König erheben und rund 25 Jahre regieren (um 155–130 v. Chr.). Unter dem Namen Milinda bewahrt ein buddhistischer Lehrtext (»Milindapanho«; »Die Fragen des Milinda«) sein Andenken in Indien.

Sichtbarstes Zeichen des indogriechischen Kulturaustausches ist die nach einer Region im heutigen Nordpakistan benannte Gandharakunst, in der sich indische Inhalte mit hellenistisch-provinzialrömischen Formen verbanden.

101191

Das heute in Pakistan gelegene Taxila war eine Schnittstelle zwischen westasiatisch-europäischen und südasiatischen Kulturen und eines der Zentren der Gandharakunst – meditierender Buddha aus dem Jaulian-Kloster in Taxila (3.–5. Jh.; Taxila, Museum).

Mathura war Provinzhauptstadt schon bei den Mauryas und ein bedeutendes Zentrum von Wissenschaft und Kunst. Die Buddhastatue der Mathuraschule zeichnet sich durch Frontalität, die kräftigen breiten Schultern und ein lächelndes Gesicht aus. Der Nimbus ist mit Pflanzendekor und Fabelwesen verziert (5. Jh. n. Chr.; Mathura, Archäologisches Museum).

2400

Die griechische Herrschaft in Nordindien wurde zu Beginn des 1. Jahrhunderts v. Chr. von zentralasiatischen Stammesgruppen, über deren Wanderbewegungen chinesische Quellen informieren, beendet beziehungsweise abgelöst. Der erste Stammesverband, dem es gelang, ein dauerhaftes Reich in Baktrien und Nordwestindien zu begründen, waren die Shaka, die Saiwang der chinesischen Texte. Von den »Weißen Hunnen« und den von diesen vertriebenen Yuezhi immer weiter nach Westen gedrängt, bedrohten die Shaka im 2. Jahrhundert v. Chr. zunächst die Parther und siedelten dann im Bereich des heutigen Südafghanistan. Im 1. Jahrhundert v. Chr. zogen Teile des Stammesverbandes weiter nach Indien. Seine beiden ersten Könige Maues und Azes I. etablierten die Shakaherrschaft in Baktrien und Nordwestindien.

In den ersten Jahrzehnten des 1. Jahrhunderts n. Chr. verfiel die Macht der Shaka. Jedoch konnten im Westen Indiens noch bis ins späte 4. Jahrhundert als ihre Nachfolger verschiedene kleinere Dynastien der Shaka-Kshatrapa (nach dem Zerfall des Shakareiches unabhängig gewordene frühere Provinzgouverneure) ihre Herrschaft behaupten. Den Shaka folgte der ebenfalls ursprünglich in Zentralasien beheimatete Stammesverband der Yuezhi, der sie rund 200 Jahre zuvor aus ihrem dortigen Siedlungsgebiet vertrieben hatte. Angeführt wurde dieser erneut von den »Weißen Hunnen« unter Druck gesetzte Stammesverband von den Kuishuang, den Kushana, die unter Kujala Kadphises und seinem Sohn Wima Kadphises große Teile Westasiens und Nordwestindiens eroberten.

Ähnlich wie bereits die Shaka übernahmen die Kushana das indogriechische Münzsystem. Einen deutlichen Ausbau erlebte unter ihnen der zwar schon seit dem 2. Jahrhundert v. Chr. florierende Handel mit der mediterranen Welt, dessen Intensivierung jedoch in die Regierungszeit des Augustus (27 v. Chr. bis 14. n. Chr.) fiel.

In Karla wurden im 1. Jh. n. Chr. ein buddhistischer Höhlentempel und in drei Etagen angeordnete Höhlenklöster in die Felswand gegraben.

101191

Die politischen und administrativen Strukturen des Kushanareiches sind jedoch wenig bekannt.

Erhebliche Probleme bereitet nach wie vor die Datierung der Kushanakönige. Besonders beschäftigt hat die Forschung König Kanishka, der (möglicherweise nicht unmittelbare) Nachfolger des Wima Kadphises, unter dessen Regierung das Kushanareich seine wohl größte Ausdehnung erreichte. Die Datierungsvorschläge für den Beginn der von ihm eingeführten Ära schwanken dabei zwischen 78 und 144 n. Chr. Auch die Genealogie der Nachfolger Kanishkas bleibt mangels eindeutiger Quellenaussagen umstritten. Der letzte inschriftlich belegte Kushanaherrscher ist Vasudeva, dessen Name den König als Anhänger eines Hindukultes ausweist, während Kanishka als Förderer der buddhistischen Gemeinde gilt, wobei dieser allerdings auch iranische und griechische Gottheiten verehrte – ein Nebeneinander zahlreicher Religionen war charakteristisch für die Blütezeit der Kushana.

Das Großreich der Kushana zerfiel wohl bald nach Kanishkas Tod; in West- und Zentralasien und in Teilen Nordwestindiens scheinen sich einzelne seiner Nachfolger jedoch bis ins 4. Jahrhundert n. Chr., in der Gegend um Kabul sogar bis ins 5. Jahrhundert n. Chr. als regionale oder lokale Herrscher gehalten zu haben.

In der Zeit dieser stürmischen Geschehnisse im Norden nach dem Ende des Mauryareiches setzte im zentralen und südlichen Indien eine politische Entwicklung ein, die zur Bildung erster Staaten in dieser Region führte.

INFOBOX

Ajanta

Die weltberühmten Klosterbauten von Ajanta bei Aurangabad sind, wie die meisten buddhistischen Höhlenklöster Asiens, hoch über der Biegung eines Flusses – hier des Waghora-Flusses – in die Bergwände eingeschnitten. Die Klöster, die den Mönchen als Unterkunft dienten, zeichnen sich durch eine breite Säulenfront aus, während die Kulthöhlen hochgewölbte Caitya-Fenster aufweisen.

Die zwischen dem 2. Jh. v. Chr. und dem 7. Jh. n. Chr. entstandenen Klöster weisen prachtvolle Wand- und Deckenmalereien auf, die v. a. buddhistische Erzählstoffe zum Inhalt haben, daneben aber auch das höfische und städtische Leben der Zeit widerspiegeln.

101191

Die Säulenhallen der ersten Höhlentempel besaßen als einzige Lichtquellen jeweils das überdimensionale Fenster der Eingangsfassade. Wände und Säulen waren reich mit ornamentalen und figürlichen Motiven geschmückt (Relief aus Karla).

Eine ausgedehnte Kontroverse unter Historikern rankt sich um die Frage, ob hierbei vor allem die Präsenz der Maurya im Süden auf die einheimischen Eliten stimulierend wirkte oder ob einheimischen Kräften die entscheidende Rolle zukam.

Bereits in den Inschriften Ashokas erfahren wir von einigen Stammesfürstentümern im Süden (wie den Cola, Pandya und Kerala), die später teilweise zu bedeutenden Staaten aufsteigen sollten. Auch die Andhra im südöstlichen Indien werden erwähnt. Diesem Volk entstammte die spätestens im 1. Jahrhundert v. Chr. (ihre Chronologie ist noch immer Gegenstand heftiger Auseinandersetzungen) zu großer Macht gelangende Dynastie der Satavahana, die uns bereits als Vernichter der Kanva von Magadha begegnet ist.

Besondere Bedeutung gewann dieses Reich, welches (trotz langwieriger Auseinandersetzungen mit den erwähnten Shaka-Kshatrapa) bis ins frühe 3. Jahrhundert n. Chr. das politische Geschehen im Dekhan wesentlich bestimmte, durch seine aktive Gestaltung des Seehandels mit den Häfen des Roten Meeres und mit Südostasien. Aber die Satavahana bauten nicht nur das maritime Handelsnetz aus, sondern auch ein Binnensystem zur Verhandlung der Güter, das sich häufig auf buddhistische Klöster stützte, die – mit königlichen Landschenkungen versehen – an strategisch wichtigen Handelsknotenpunkten lagen.

Diese Förderung des Buddhismus schlug sich auch in der großartigen künstlerischen Entwicklung im subkontinentalen Indien der Jahrhunderte um die christliche Zeitenwende nieder, als zahlreiche Höhlentempel (wie Karle, Kanheri, Bhaja und die frühen Höhlen von Ajanta) und Stupas, das heißt Grab- oder Erinnerungsmale für den Buddha (unter anderem Sanchi, Amaravati und Nagarjunakonda), entstanden beziehungsweise ausgebaut wurden.

Von den Mächten, die beim Zerfall des Reiches der Satavahana politisch aufstiegen, sind hier besonders die Vakataka zu nennen, die zu der nun zu behandelnden Dynastie der Gupta Heiratsverbindungen eingingen – da sie auch in kultureller Hinsicht durchaus ebenbürtig mit dieser nordindischen Dynastie sind, spricht man für die folgende, so genannte klassische Zeit auch vom »Gupta-Vakataka-Zeitalter«. *Christiane Schnellenbach*

Vom Ganges bis zum Indus: Das Guptareich

Über die Geschichte des Großreiches der Gupta, einer Dynastie, die vermutlich aus den östlichen Gebieten des heutigen Gliedstaates Uttar Pradesh stammte, sind wir wieder besser informiert. Die Mehrheit der Guptakönige hinterließ Inschriften und Münzen; hinzu kommen Siegel und Überreste aus dem Bereich der bildenden Kunst und literarische Werke.

Wie bei den Maurya liegen die genaue Herkunft und die näheren Umstände des Aufstiegs der Guptadynastie weitgehend im Dunkeln. Der mutmaßliche Begründer Shri Gupta und sein Nachfolger Ghatotkaca sind uns nur aus einer Inschrift ihres Urenkels beziehungsweise Enkels Samudragupta bekannt. Möglicherweise gelangte erst Ghatotkacas Sohn Candragupta I. (um 320–335) zur Königsherrschaft. Von entscheidender Bedeutung für die politische Zukunft der Gupta scheint die Eheschließung Candraguptas I. mit Kumaradevi, einer Prinzessin aus der Familie der Licchavi, gewesen zu sein.

Die Gupta herrschten damals vermutlich über ein beachtliches Gebiet mit dem Kernland Magadha, das uns bereits als Machtzentrum der Maurya begegnete. Durch die Heirat kamen wohl Nepal sowie Teile Nordbihars und Bengalens hinzu. Die Tatsache, dass Candraguptas und Kumaradevis Sohn Samudragupta sich auf einigen seiner Münzen als »Tochtersohn« der Licchavi bezeichnete, in dieser Familienverbindung also eine besondere Auszeichnung zu sehen schien, unterstreicht die politische Bedeutung des Ehebündnisses.

Wichtigste Quelle für Samudraguptas Königsherrschaft (um 335–375) ist eine lange Inschrift, die er auf einer Säule Ashokas im heutigen Allahabad anbringen ließ. Darin erzählt der Hofdichter Harishena, dass König Candragupta I. in einer Versammlung Samudragupta zum Nachfolger bestimmt habe. Diese Nachfolgeregelung fand, so deutet Harishena an, nicht bei allen Beteiligten Zustimmung, vielmehr sollen einige der anwesenden Prinzen Enttäuschung empfunden haben. Möglicherweise verbirgt sich hier ein Hinweis auf Thronfolgekonflikte vor und unmittelbar nach dem Tod Candraguptas.

Der größere Teil der Allahabadinschrift befasst sich mit Samudraguptas Eroberungen. Neben der Unterwerfung einiger Könige in unmittelbarer Nachbarschaft des

ZITAT

Über Samudragupta heißt es in der Allahabadinschrift:
Diese (hier) aufgestellte Säule ist gleichsam ein Arm der Erde, verkündend den Ruhm des Oberkönigs der Großkönige Shri Samudragupta. (Sein Ruhm), gewonnen durch den Sieg über die ganze Erde, der sich (bereits) über die gesamte Erdoberfläche ausgebreitet hatte, erlangte einen angenehmen und anmutigen Pfad, indem er sich von hier zur Wohnstatt Indras begab (d. h. in den Himmel aufstieg).

INFOBOX

Stammvater der Menschen

In der indischen Mythologie ist Manu (Sanskrit »Mensch«) der Stammvater der Menschheit und ihr Gesetzgeber. Danach ist von 14 aufeinander folgenden Manu der siebente, Vaivasvata, der Manu unseres Zeitalters. Er zeugt nach der Sintflut, aus der ihn ein Fisch rettet, mit seiner Tochter das Menschengeschlecht. Manu zugeschrieben wird das in den ersten Jahren nach Christi Geburt entstandene »Manusmriti« (auch »Manusamhita« oder »Manavadharmashastra«), das Gesetzbuch des Manu, das als maßgebliches Fundament der Hindugesellschaft gilt.

Diese Goldmünze stellt den König Samudragupta mit einem Nimbus dar. Er spielt auf einer Vina, einem sitarähnlichen Instrument.

Kerngebiets seines Reiches unternahm er einen großen Feldzug durch das zentrale und südöstliche Indien. Obwohl die Inschrift den Eindruck erweckt, Samudragupta habe sich auf verschiedene Weise alle im Text im Einzelnen aufgeführten Reiche untertan gemacht, ist wohl davon auszugehen, dass sich die faktische Herrschaft der Gupta auf Nordindien und Teile Zentralindiens beschränkte. Könige entlegenerer Reiche erkannten vermutlich nur nominell Samudraguptas Oberherrschaft an, blieben de facto jedoch unabhängig.

Auch Samudraguptas Nachfolge war möglicherweise nicht konfliktfrei. Das Sanskritdrama »Devicandragupta« berichtet über einen wenig rühmlichen Herrscher namens Ramagupta, der wegen seiner Schandtaten von seinem jüngeren Bruder Candragupta (II.) ermordet wird, woraufhin dieser selbst den Thron besteigt. Nachdem lange Zeit die Historizität Ramaguptas, der inschriftlich nicht belegt ist, bezweifelt worden war, wird das Problem dieses mutmaßlichen Guptaherrschers nach der Entdeckung von drei zeitgenössischen Jaina-Bildinschriften, die einen König Ramagupta erwähnen, neu diskutiert.

Außer Münzen sind noch einige Inschriften aus der Zeit Candraguptas II. (um 375/380–413/415) erhalten. Die Quellen belegen, dass auch Candragupta II. bedeutende militärische Aktivitäten entfaltete. Die sich noch immer im westlichen Indien haltenden Shaka-Kshatrapa, zu denen sein Vater Samudragupta diplomatische Beziehungen unterhalten hatte, wurden von Candragupta II. endgültig besiegt. Folgenreich war auch die Heirat seiner Tochter Prabhavatigupta mit Rudrasena II. (um 385–390), dem König der benachbarten Vakataka, die uns bereits als Nachfolger der Satavahana begegnet sind und nun über ein großes Reich in Zentralindien herrschten. Rudrasena II. starb nämlich nach nur kurzer Regierung und hinterließ zwei kleine Söhne. Seine Witwe Prabhavatigupta übernahm die Regentschaft für die beiden Söhne; das Vakatakareich war also bis zur Inthronisierung des älteren vermutlich im Jahre 410 de facto Bestandteil des Guptareiches.

ZITAT

Aus dem »Kumarasambhava« (Die Geburt des Kumara):
Die ersten Wassertropfen verweilten einen Augenblick auf den Wimpern, schlugen auf die Lippen, zerplatzten beim Auftreffen auf den hohen Busen, stolperten über die Falten ihres Leibes herab und fielen schließlich in ihren Nabel...

Candraguptas II. Regierungszeit wird oft als Höhepunkt der Guptaherrschaft bezeichnet. Politische Stabilität ging einher mit kultureller Blüte, wie der Zeitge-

INFOBOX

Die Pflichten der Hindus
Nach den Gesetzbüchern des Manu, dem berühmtesten Rechtsbuch der Frühzeit, hat jeder Stand seine eigenen Pflichten (Dharma): Den drei ersten Ständen gemeinsame Dharmas sind das Studium des Veda, die Ausführung bestimmter Opferhandlungen und die Gewährung von Geschenken. Die Brahmanen sollen außerdem den Veda lehren, Opfer für andere darbringen und Geschenke empfangen. Der Kshatriya soll sein Land und das Volk beschützen. Die Pflicht eines Vaishya ist es, Viehzucht, Ackerbau und Handel zu betreiben sowie Geld zu verleihen. Die Shudras sollen den drei übrigen Ständen dienen.
Diese Lehre von den jedem Stand eigenen Pflichten bildet eines der Hauptthemen in der im »Mahabharata« enthaltenen »Bhagavadgita«, dem »Gesang des Erhabenen«, einem Grundwerk der hinduistischen Bhakti-Bewegung, in der die völlige Hingabe in Gottesliebe an einen Gott – hier den Gott Krishna – gelehrt wird.

nosse Faxian berichtet, der erste bekannte chinesische Buddhist, der auf der Suche nach Manuskripten heiliger Texte nach Indien pilgerte. In der Guptazeit erfolgte sowohl die schriftliche Fixierung der beiden großen Sanskritepen »Mahabharata« und »Ramayana« als auch die Kodifizierung der jahrhundertelang mündlich tradierten Rechtsnormen in den »Dharmashastra«. Die Puranen, heterogene Textsammlungen mit mythologischen, philosophischen, rituellen und genealogischen Bestandteilen, haben in großen Teilen ihre heutige Form ebenfalls in der Guptazeit erhalten.

Die Sanskritdichtung erreichte, gefördert von den Guptakönigen, einen Höhepunkt. Einer ihrer bedeutendsten Autoren, Kalidasa, lebte möglicherweise am Hofe Candraguptas II. Auch der Beginn des hinduistischen Tempelbaus und eine Glanzzeit plastischer Kunst, die ihren Ausdruck unter anderem in der klassischen Schule von Sarnath erhielt, sind dieser Zeit zuzuschreiben. Hervorzuheben ist in diesem Zusammenhang schließlich die religiöse Vielfalt, die von den Guptakönigen nicht nur toleriert, sondern durch Landschenkungen und sonstige Stiftungen an verschiedene Gemeinschaften auch gefördert wurde.

Candraguptas II. Nachfolger Kumaragupta I. (um 413/415 -454; auch hier ist nicht ganz geklärt, ob dazwi-

ZEITTAFEL

Herrscher der Guptadynastie (Auswahl)
Candragupta I. (um 320–335)
Samudragupta (um 335–375)
Candragupta II. (um 375/380–413/415)
Kumaragupta I. (um 413/415–454)
Skandagupta (um 454–467)
Budhagupta (um 467–497)

INFOBOX

Der Dichter Kalidasa

Über das Leben des Kalidasa, der um 400 lebte, ist wenig bekannt. Aus seinen Werken lässt sich nur erschließen, dass er Brahmane war. Kalidasa war ein Meister der indischen Kunstdichtung (Kavya) und gilt mit seiner Lebensbejahung und lyrischen Perfektion als Klassiker der indischen Literatur und des indischen Theaters zur Zeit der Guptadynastie. Unter den zahlreichen ihm zugeschriebenen Werken sind mit Sicherheit nur drei Kunstgedichte und drei Dramen authentisch, darunter die Epen »Kumarasambhava« (Die Geburt des Kumara) und »Raghuvamsha« (Das Raghu-Geschlecht) sowie das lyrische Gedicht »Meghaduta« (Der Wolkenbote). Als Hauptwerk gilt das Drama »Abhiyanashakuntala« (Erkennungszeichen der Shakuntala), kurz »Shakuntala«.

schen noch für kurze Zeit ein anderer Herrscher den Thron innehatte) war wohl ebenfalls ein innen- wie außenpolitisch erfolgreicher Herrscher. Erst gegen Ende seiner Regierung, aus der neben Münzen auch zahlreiche Inschriften erhalten sind, scheint es zu Schwierigkeiten durch den Aufstand eines Stammes aus dem östlichen Zentralindien gekommen zu sein. Kumaraguptas I. Sohn und späterem Nachfolger Skandagupta (um 454–467) gelang es jedoch, die Angriffe abzuwehren.

Skandaguptas Herrschaftsübernahme nach dem Tod seines Vaters war allerdings vermutlich nicht problemlos: Königliche Siegel deuten darauf hin, dass der legitime Thronfolger Purugupta hieß. Die Tatsache, dass die genealogischen Passagen in Skandaguptas Inschriften die eigene Mutter verschweigen, lassen vermuten, Skandagupta sei der Sohn einer Nebenfrau Kumaraguptas I. gewesen. Möglicherweise musste Skandagupta im Laufe seiner Regierung auch die ersten Angriffe hunnischer Stämme abwehren, die in der Zwischenzeit ebenso wie ihre ehemaligen zentralasiatischen Nachbarn, die Shaka und die Kushana, nach Indien vorgedrungen waren.

Die Nachfolge Skandaguptas verliert sich im Dunkeln. Vereinzelte Inschriften, Münzen und Siegel erwähnen eine Reihe von Guptakönigen, über deren Geschichte bisher kaum etwas bekannt ist. Vermutlich kam es nach Skandaguptas Tod erneut zu Konflikten zwischen rivalisierenden Thronprätendenten. Ein Nachfol-

ZITAT

Kalidasa lässt Shiva seiner Geliebten einen Sonnenuntergang schildern (aus »Die Geburt des Kumara«):

Rot und gelb und braun erstrahlen dort der Wolken Spitzen,
Gleich als hätt' die Abenddämm'rung sie mit ihren schönsten
Farben selbst gemalt und ausgeschmückt, nur weil sie wusste,
Dass du, krausgelockte Schöne, einst sie schauen werdest.

Im buddhistischen Kloster- und Tempelkomplex von Sarnath entstanden zur Guptazeit hervorragende Buddhastatuen, etwa dieser Bodhisattva Avalokiteshvara (5. Jh. n. Chr.; Sarnath, Museum).

2400

100264

In den buddhistischen Höhlentempeln von Ajanta finden sich Bildhauerarbeiten aus der gesamten Guptazeit vom 4. bis zum 6. Jh. Die Reliefs sind oberhalb der Pfeilerreihen, unterhalb des Tonnengewölbes der Versammlungshallen in den Fels gehauen.

ger Skandaguptas war Budhagupta, dem eine vergleichsweise lange Herrschaft (um 467–497) beschieden war und der den sich abzeichnenden Verfall des Reiches noch etwas aufzuhalten vermochte.

Nach Budhaguptas Zeit bestand das Reich nicht mehr in seiner früheren Größe, sondern war vermutlich unter verschiedene Mitglieder der Guptadynastie aufgeteilt. Einzelne Randgebiete erlangten ihre Unabhängigkeit zurück. Zu Beginn des 6. Jahrhunderts kehrten auch die hunnischen Stämme zurück. Angeführt von Toramana

INFOBOX

Die Geburt des Kumara

In seinem Epos »Kumarasambhava« (Die Geburt des Kumara) verarbeitete Kalidasa einen Stoff der hinduistischen Mythologie. Er schildert die Ereignisse, die zur Geburt des Kumara, des Kriegsgottes Skanda, führten: Um einen Sohn Shivas zum Anführer im Kampf gegen den Dämon Taraka zu gewinnen, veranlassen die Götter den Liebesgott Kama, einen Pfeil auf den in Askese vertieften Shiva zu schießen. Shiva wehrt sich zwar, indem er den Körper des Liebesgottes in Asche verwandelt, entbrennt aber selbst in Liebe zu Parvati, der Tochter des Bergkönigs Himalaja, und gewinnt sie zur Frau.

und seinem Sohn Mihirakula brachten sie bald große Teile des westlichen und nördlichen Indien unter ihre Herrschaft. Vermutlich schon im Jahre 528 setzte allerdings Yashodharman, dessen kometenhafter Auf- und Abstieg in Malwa, einem Reich in Westindien, rätselhaft bleibt, ihrer Herrschaft in Indien ein Ende.

Der Untergang des Guptareiches in der ersten Hälfte des 6. Jahrhunderts (die letzte bekannte Inschrift eines »imperialen« Guptaherrschers ist auf 543 datiert) war jedoch unaufhaltsam. Mehr noch als die Hunnen hatten Nachfolgestreitigkeiten, Fragmentierung des Reiches und zentrifugale Tendenzen einstmals untergebener Herrscher zu diesem Ende beigetragen.

War die Guptazeit ein »goldenes Zeitalter«?
In letzter Zeit richtet sich das Interesse der Forschung verstärkt auf eine kritische Auseinandersetzung mit der seit dem 19. Jahrhundert üblichen Wahrnehmung der Geschichte des Guptareiches als »goldenes Zeitalter«. Britischen Historikern der Kolonialzeit, aber auch vielen ihrer indischen Kollegen imponierte das Guptareich wegen seiner Machtfülle, seines Reichtums und seiner inneren Stabilität. Indischen Historikern in der Nationalbewegung galt das Guptareich als Ideal »nationaler Solidarität nach fünf Jahrhunderten politischer Zersplitterung und Fremdherrschaft« (Anant Sadashiv Altekar), das immer wieder als Vorbild für ein im Kampf gegen die modernen Fremdherrscher geeintes Indien herausgestellt wurde. Das »goldene Zeitalter« der Gupta erschien als früher Höhepunkt der politischen, wirtschaftlichen und kulturellen Entwicklung, ja als Symbol der Größe Indiens überhaupt.

Diese Wahrnehmung der Guptazeit wurde besonders von marxistischer Seite angegriffen: Von einem »goldenen Zeitalter« könne nicht die Rede sein, vielmehr habe es im Guptareich eine Reihe schwerwiegender Missstände gegeben, zum Beispiel Prostitution und beginnende Witwenverbrennung. Darüber hinaus habe sich die Diskriminierung und Unterdrückung von Frauen, Niedrigkastigen und Kastenlosen verschärft. Ein »goldenes Zeitalter« sei die Guptazeit daher nur für eine vergleichsweise kleine Klasse von Besitzenden gewesen (Dwijendra Narayan Jha).

ZITAT

Die Verse aus dem »Meghaduta« (Der Wolkenbote) beschreiben die Residenz des Gottes Kubera:
Oben auf des Berges Schoße wirst du Alaka erreichen,
wo die Ganga fällt hernieder, dem Gewande zu vergleichen.
Alaka, mit hohen Zinnen in dem Schmuck der Wolken ragend,
wie die Liebste eine Locke mit dem Perlennetze tragend.

ZITAT

Goethe über Kalidasas Drama »Shakuntala« (1791):
Will ich die Blumen des frühen, die Früchte des späteren Jahres,
Will ich, was reizt und entzückt, will ich, was sättigt und nährt,
Will ich den Himmel, die Erde mit Einem Namen begreifen,
Nenn ich, Sakontala, dich, und so ist alles gesagt.

393

Ihre Macht verdankten die Gupta nicht zuletzt den unterworfenen Königen, bis diese sich wiederum als Herrscher kleinerer, selbstständiger Königreiche etablierten. Badami etwa (hier ein Blick auf den Tempelbereich) war ab 513 Hauptstadt einer eigenen Dynastie.

Ebenso wurde eine von den Guptaherrschern selbst verursachte Destabilisierung des Großreiches durch umfangreiche, mit eigenen Herrschaftsbefugnissen ausgestattete Landschenkungen, der Rückgang des Handels und – dadurch bedingt – der im archäologischen Befund nachgewiesene Verfall der Städte (Damodar Dharmanand Kosambi, Ram Sharan Sharma) festgestellt. Allerdings wurden die Auswirkungen des königlichen Landschenkungswesens unterschiedlich bewertet: Im Gegensatz zu den marxistischen Historikern hielten andere Forscher Landschenkungen auch für eine bewusst eingesetzte Methode der »Binnenkolonisation« (Hermann Kulke).

Die Diskussion um die Bewertung der Guptazeit führt vor Augen, dass ideologisches und politisches Vorverständnis die Wahrnehmung gerade dieser Phase der in-

INFOBOX

Das Erkennungszeichen der Shakuntala

Das sieben Akte umfassende Drama »Abhiynanashakuntala« (Erkennungszeichen der Shakuntala), kurz »Shakuntala«, ist das berühmteste Werk Kalidasas. Den Stoff bildet eine aus dem »Mahabharata« und den Puranas stammende Legende: Die Nymphe Shakuntala lebt in der Waldeinsiedelei des Asketen Kanva. Dorthin verschlägt es König Dushyanta auf einer Jagd. Er verliebt sich in Shakuntala und heiratet sie. Als er zu seiner Residenz zurückkehren muss, übergibt er Shakuntala einen Ring als Unterpfand seiner Liebe. Kurze Zeit danach kommt der Asket Durvasas in die Einsiedelei. Da er sich von Shakuntala missachtet fühlt, verflucht er sie, indem er ihr wünscht, dass der König sie vergessen möge. Shakuntala begibt sich zum König, verliert aber unterwegs den Ring, sodass dieser sie nicht wiedererkennt. Erst als ein Fischer den Ring findet und dem König bringt, erkennt dieser den Zusammenhang.

dischen Geschichte in erheblichem Maße mitbestimmt hat. Ist ein zentralistisch verwalteter Staat das Ideal, wird regionale Staatenbildung tendenziell negativ gesehen; der Zerfall von Großreichen gilt entsprechend als Niedergang. In den letzten Jahrzehnten wird die politische Zersplitterung der Jahrhunderte zwischen und nach den beiden Großreichen jedoch zunehmend als Ausprägung kultureller Vielfalt durchaus positiv bewertet.

Christiane Schnellenbach

China

Die Erhabenen Herrscher: Der Einheitsstaat der Qin

Qin Shi Huangdi, der Erste Erhabene Göttliche, der 221 v. Chr. den Kaiserthron bestieg und damit das chinesische Kaiserreich begründete, ist keineswegs eine Lichtgestalt, eine Heldenfigur der chinesischen Geschichtstradition. Im Gegenteil, die nachfolgenden Generationen machten ihn zur Unperson, beschimpften ihn als Erzschurken. Ursache dieses vernichtenden Urteils ist nicht der bombastische und anmaßende Titel, den er sich selbst zulegte; den trugen ungeniert auch seine Nachfolger, auch jene, denen die Nachwelt Hymnen sang. Sein Pech war, dass die wahren Herren der Geschichte, die Geschichtsschreiber, die Schriftkundigen und Literaten, in den 400 Jahren der Handynastie, die sein kurzlebiges Reich ablöste, mehr und mehr in den Bann des Konfuzius gerieten.

ZITAT

Konfuzius hatte eine bescheidene Meinung von sich selbst:
Ich übermittle, aber ich schaffe nichts Neues, ich vertraue auf das Alte und liebe es auch.

Der aber hatte die Gründerväter der Zhou – jener Dynastie also, der der Vater des Erhabenen Kaisers den Gnadenstoß versetzt hatte – zu Idealherrschern hochstilisiert, zu wahren Tugendbolden, die allein schon durch ihr vorbildliches moralisches Verhalten im Reich für Frieden und Harmonie gesorgt hatten. Und sie waren der Spiegel, den die Beamten – auch in China träumten die Intellektuellen von einem Utopia – ihrem Herrscher vorhielten, wenn sie dessen Machtgelüste zügeln wollten. Die Fratze aber, die ihm dann vielleicht entgegenstarrte, das Wolfsgesicht absoluter kaiserlicher Macht und Willkür, war der Erste Erhabene Göttliche, der Mörder des alten und wahren China, der Menschenschinder und Menschenschlächter.

Der Bau der berühmten Großen Mauer begann in Form unzusammenhängender Teilstücke im 5. Jh. v. Chr. Qin Shi Huangdi ließ die einzelnen Abschnitte durch Hunderttausende von Fronarbeitern zu einem durchgehenden, aus gestampftem Lehm bestehenden Verteidigungswerk verbinden. Die Ming verkleideten sie später mit Ziegeln.

Hatte er nicht 212 v. Chr. über 400 Konfuzianer lebendig begraben lassen? Ganz abgesehen davon, dass die Opfer keineswegs nur Konfuzianer, sondern Beamte jeglicher geistiger Couleur waren, spricht vieles dafür, dass diese Geschichte eher zu den Legenden zählt, die sich um diesen ungeliebten Kaiser ranken. Auf keiner Legende dagegen beruht der Vorwurf, er habe im Jahr 213 v. Chr. eine Bücherverbrennung angeordnet. Mit ihr versuchte

100476

ZITAT

Bannfluch des Konfuzianers Dong Zhongshu gegen Qin aus dem »Han-shu« (Buch der Han):

Am Ende des Zhou verschwand der wahre Weg ganz, und das Reich ging verloren. Unter den Qin, die nachfolgten, änderte sich nichts; es wurde sogar noch schlimmer. Aufs Strengste wurden die Schriften verboten; niemand durfte ein Buch behalten. Die alten Sitten wurden aufgegeben; es ging nur darum, den wahren Weg der frühen Könige auszulöschen. Deshalb ging Qin schon nach 14 Jahren unter.

der allmächtige Kanzler Li Si jeglicher Kritik und möglichen separatistischen Gedanken den Boden zu entziehen.

Betroffen von dieser Maßnahme waren deshalb nicht nur konfuzianische, sondern alle im Privatbesitz befindlichen philosophischen Schriften überhaupt und die Chroniken der ehemaligen Fürstenreiche mit Ausnahme der Chronik von Qin. Nur Werke zur Heilkunde, Landwirtschaft und Weissagung waren von dem Bücherbann ausgenommen. Freilich wurden die konfiszierten Schriften nicht ganz vernichtet. Einzelne Exemplare blieben in der kaiserlichen Bibliothek und standen den Akademiemitgliedern, unter denen auch Konfuzianer waren, zur Verfügung. Vermutlich sind sie erst beim Palastbrand im Jahre 206 v. Chr. verloren gegangen. Überdies wurden alle philosophischen Lehren außer der des Legalismus verboten.

Noch schlimmer war, dass Zehntausende von Menschen während der Fronarbeit für Qin Shi Huangdis größenwahnsinnige Projekte elendiglich umgekommen sind: beim Bau der Großen Mauer gegen die Hirtennomaden des Nordens, der zehn Jahre dauerte und die schon vorhandenen Grenzwälle der nördlichen Grenzstaaten des Zhoureiches untereinander verband; beim Bau eines Straßennetzes von fast 7 000 Kilometer Länge; beim Bau verschiedener Kanäle, die ein damals in der Welt einmaliges Kanalnetz schufen; beim Bau der Paläste und nicht zuletzt beim Bau des Grabmals des Erhabenen Kaisers.

Zwei Schreiber in der damals typischen Sitzhaltung, knieend und gleichzeitig mit dem Gesäß auf den Fersen ruhend. Schriftkundige und Literaten beeinflussten das Bild des Qin Shi Huangdi in der Geschichte maßgeblich.

INFOBOX

Konfuzius

Weniger wegen seiner philosophischen Tiefe als vielmehr wegen seines vorbildlichen Lebens und des Werts, den er der Bildung für den Menschen beimaß, wurde Konfuzius als der Erste unter den Lehrern geehrt. Seiner Biographie nach ging er aus einer Beziehung hervor, die sein Vater, der bis dahin keinen würdigen Sohn als Stammhalter besaß, erst in hohem Alter einging. Seine Mutter betete vor dem Hügel Ni um einen Sohn.

Außergewöhnlich waren die Gesichtszüge des Konfuzius bei seiner Geburt: Seine Stirn war nach innen gewölbt und glich der Form des Hügels. Sein persönlicher Name lautete daher »Qiu« (= Hügel). Sein Mannesname »Ni« wurde dem Namen des Berges entnommen.

INFOBOX

Die Geschichtsquellen der Qin- und Hanzeit
Die wichtigste Quelle für die Geschichte der Qin und der Han (bis etwa 100 v. Chr.) ist das »Shi-ji« (Aufzeichnungen des Historiographen) des Sima Qian (145–90 v. Chr.), das auch in seinem formalen Aufbau Vorbild und Modell der nachfolgenden chinesischen Geschichtsschreibung wurde. Die 130 Kapitel sind folgendermaßen gegliedert: 1. Annalen;
2. Tabellen (Herrscherlisten, chronologische Tafeln); 3. Sachabhandlungen (u. a. Riten, Musik, Kalender, Wirtschaft);
4. Adelshäuser; 5. Biographien. Weitere wichtige Quellen sind die noch dem Vorbild des »Shi-ji« folgenden »Han-shu« (Buch der Früheren Han) des Ban Gu (32–92) und »Hou Han-shu« (Buch der Späteren Han) des Fan Ye (398–446).

s. ZEIT Aspekte Terrakotta-Armee S. 516

Gerade dieser monumentale Bau könnte die gegen ihn erhobenen Vorwürfe bestätigen. Es sind nicht allein die riesigen Ausmaße seines Mausoleums bei Lintong (Provinz Shaanxi), das seit den Siebzigerjahren des 20. Jahrhunderts ausgegraben wird, die uns staunen machen; die Gräber seiner Ahnen sind so viel kleiner auch nicht. Doch die Abertausende lebensgroßen und in ihren Physiognomien individuell und in zahlreichen anderen Details ganz unterschiedlich gearbeiteten Grabfiguren – Soldaten, Offiziere und Pferde – könnten auf eine Neigung zum Größenwahnsinn und zur Maßlosigkeit hinweisen oder aber auch auf seine Angst vor dem Tod, auf die Sehnsucht nach dem ewigen Leben.

Denn mehrfach hatte er sich von Magiern und Schamanen überreden lassen, Expeditionen zu den sagenhaften, im Ostmeer vermuteten Inseln der Seligen, der Unsterblichen, auszusenden, mit dem Versprechen, ihm von dort das Elixier des langen Lebens zu bringen. Die Expeditionen verschwanden auf Nimmerwiedersehen, und der genasführte Kaiser musste am Ende doch hinab in sein gigantisches Hügelgrab, das ihm das versagte Paradies ersetzen sollte; dort lag er inmitten von künstlichen Meeren und Flüssen aus Quecksilber, über sich ein gemaltes Firmament, umgeben von einem Hofstaat aus Bronze und bewacht von Selbstschussanlagen aus Armbrüsten – so erzählen es uns die Geschichtsbücher – und eben jener nach Tausenden zählenden Armee aus lebensgroßen Tonsoldaten.

ZEITTAFEL

Herrscher der Qin- und Handynastie (Auswahl)
Qin
Qin Shi Huangdi (221–210 v. Chr.)
Ershi Huangdi (210–207 v. Chr.)
Frühere oder Westliche Han
Gaozu (207–195 v. Chr.)
Wendi (180–157 v. Chr.)
Jingdi (157–141 v. Chr.)
Wudi (141–87 v. Chr.)
Zhaodi (87–74 v. Chr.)
Xuandi (74–49 v. Chr.)
Yuandi (49–33 v. Chr.)
Chengdi (33–7 v. Chr.)
Wang Mang, Regentschaft (1 v. Chr.–9 n. Chr.)

ZEITTAFEL

Herrscher der Qin- und Handynastie (Auswahl; Fortsetzung)
Xin
Wang Mang, Kaiser (9–23)
Spätere oder Östliche Han
Guangwudi (25–57)
Mingdi (57–75)
Zhangdi (75–88)
Hedi (88–106)
Shundi (125–144)
Huandi (145–168)
Lingdi (168–189)
Xiandi (189–220)

ZITAT

Konfuzius über das Regieren:
Regieren heißt in die rechte Ordnung bringen. Wenn du der rechten Ordnung gemäß führst, wer wird dann wagen, von der rechten Ordnung abzuweichen?

Die Grabwächterarmee mit Tausenden von lebensgroßen Tonplastiken aus dem 1974 ausgegrabenen Mausoleum des Kaisers Qin Shi Huangdi bei Lintong scheint den Gigantismus des ersten chinesischen Zentralherrschers zu belegen.

Die Reformen des Erhabenen Göttlichen

Der Lebensleistung des ersten Kaisers wird das harte Urteil der traditionellen Geschichtsschreibung aber nicht gerecht; immerhin hat er das Reich politisch geeinigt, hat den partikularistischen Adel entmachtet und in die Hauptstadt umgesiedelt und ihm damit die lokale Basis entzogen. An die Stelle der einst unabhängigen Fürstentümer traten jetzt reichsweit mehr als dreißig Regierungsbezirke (»jun«) mit mehr als tausend ihnen unterstehenden Kreisen (»xian«), verwaltet von Beamten, die der Zentralregierung unmittelbar verantwortlich waren und von ihr ein festes Gehalt erhielten. An der Spitze dieser Zentralregierung standen die drei »Großwürdenträger« (»sangong«): der »Kanzler« (»chengxiang«), der »Großzensor Sekretär« (»yushi dafu«) und der »Große Oberfeldherr« (»taiwei«). Ihnen unterstanden neun Ministerien, vom Justizminister bis zum Polizeichef der Hauptstadt. Die nachfolgenden Dynastien haben dieses Organisationsschema übernommen, auch wenn die Namen und die Zuständigkeiten immer wieder geändert wurden.

Der Strafrechtskodex der Qin fand jetzt im ganzen Reich Anwendung. Gewiss, die Strafen waren harsch und die Pflichten groß, zum Beispiel der Zwang zur Denunziation. Kleinste Vergehen wurden mit Zwangsarbeit oder Verbannung an die Grenzen geahndet. Damit war der ständige Nachschub für das riesige Heer der Fronarbeiter auf den zahlreichen Baustellen garantiert. Schaudern macht uns auch die Erfindungsgabe bei den Körperstrafen (Verstümmelungen) und brutalen Hinrichtungen.

Andererseits sind die Strafrechtsvorschriften, die übrigens nicht von einer fiktiven überirdischen Instanz gesetzt waren, sondern allein vom allmächtigen Herrscher, schon sehr detailliert und abgestuft, berücksichtigen auch mildernde Umstände. So ließen sie Jugendliche straffrei ausgehen oder wenigstens mit reduzierten Strafen davonkommen. Auch waren jetzt alle vor dem Gesetz gleich, den Kaiser ausgenommen.

Aber nicht nur die Verwaltung und das Recht wurden vereinheitlicht, sondern auch die Steuern, das Münzwesen, der Kalender, Maße und Gewichte und sogar der Radabstand der Lastkarren. Und auch die Schrift wurde jetzt standardisiert, die Schreibweise der Zeichen festge-

50558

INFOBOX

Die Schriftreform

Die von der Qindynastie vorgenommene Schriftreform, in der verschiedene, z. T. lokale Schriftformen vereinheitlicht und v. a. abstrakter gefasst wurden, blieb die Basis der Schriftgestalt bis in die Gegenwart. Es gibt jedoch – von kalligraphischen Besonderheiten abgesehen – unterschiedliche Schriftstile: 1. die archaischen oder archaisierenden, den Bronzeinschriften nachempfundenen »Siegelschriften« verschiedener Prägung (Zhuan-shu); 2. die Kanzlei- oder Kurialschrift (Li-shu); 3. die normale »Musterschrift« (Kai-shu); 4. die Kursivschriften »Lauf-Schrift« (Xing-shu) und »Gras-Schrift« (Cao-shu).

Die heute rd. 50 000 Schriftzeichen, von denen etwa 3 500 für die gewöhnliche Lektüre genügen, bauen sich aus knapp 1 000 einfacheren, z. T. auch allein verwendeten Elementen auf.

legt und überzählige Zeichenvarianten ausgeschieden. Stillschweigend haben die folgenden Generationen diese Reformen, die ein Weltreich schufen, akzeptiert und auch nicht einmal an ihnen gerüttelt. Und die Idee des Einheitsstaates, die Idee, dass China immer eins sein sollte, ist heute noch lebendig wie eh und je, wie erst kürzlich die martialischen Drohgebärden der Volksrepublik China gegenüber Taiwan aller Welt deutlich machten.

Klaus Tietze

ZITAT

Legende um Huangdi (aus den »Bambusannalen«):

Die Mutter des Huangdi hieß Fubao. Sie sah einen großen Blitz, der den Shu-Stern im Sternbild des Großen Bären umgab und ihre nähere und weitere Umgebung ganz mit Licht erfüllte; dadurch wurde sie schwanger. Nach 25 Monaten gebar sie Huangdi in Shouqiu (Berg des langen Lebens). Als Säugling konnte er schon sprechen. ...

Des Kaisers Seide: Die Früheren Han

Der Erhabene Göttliche Kaiser starb 210 v. Chr. auf einer Inspektionsreise in Ostchina. Und dort brachen auch bereits ein Jahr später die ersten, zunächst noch lokal begrenzten Aufstände aus, die sich aber rasch ausweiteten, gespeist durch den Zulauf von unzufriedenen Elementen, die es dank der sozialen Umwälzungen, der Deportationen und Verbannungen in großer Zahl gegeben haben muss.

Die Anführer dieser Aufstände kamen entweder aus dem entmachteten lokalen Adel wie Xiang Yu, lange Zeit der unangefochtene Chef der Rebellengeneräle, oder aus dem einfachen Volk wie der Bauernsohn und kleine Lokalbeamte Liu Bang, der 207/206 v. Chr. Xianyang eroberte und damit der Dynastie den Todesstoß versetzte.

202 v. Chr. bezwang er schließlich Xiang Yu und bestieg noch im gleichen Jahr mit der Billigung der anderen Militärherren den Kaiserthron. Seine Dynastie nannte Gaozu – so sein postumer Name – Han, nach dem Fürstentum in Westchina, das ihm Xiang Yu einst verliehen hatte.

Der Kampf um die innere Einheit und die äußere Sicherheit

Das Wohlwollen der anderen Kriegsherren, zumeist Emporkömmlinge wie Liu Bang, hatte seinen Preis. Die Osthälfte des Reiches, der volkreichste und wirtschaftlich stärkste Teil, blieb Liu Bangs Kontrolle entzogen; hier herrschten die Feldherren als Könige über eigene, unabhängige Staaten. In seiner Hälfte, der westlichen, blieb aber das vom Ersten Erhabenen Göttlichen geschaffene System der Zentralverwaltung über Regierungsbezirke und Kreise bestehen.

Nach dem Tod des Erhabenen Göttlichen Kaisers wurde das geeinte China über 400 Jahre lang von der Handynastie regiert, bis sie im Jahr 220 n. Chr. nach einer Reihe von Bürgerkriegen unterging.

Und wie um aller Welt seinen Anspruch auf den Kaiserthron und die Aufrechterhaltung der Qintradition deutlich zu machen, baute Liu Bang seine neue Residenz Chang'an (heute Xi'an, Provinz Shaanxi) nicht in seinem

100880

Die Seidenstraße war zunächst ein Weg für Tributzahlungen, u. a. in Form der begehrten Seide, an die kriegslustigen Nachbarn des Hanreiches (Gebäude einer alten Karawanserei an der Seidenstraße).

Heimatstaat Chu, sondern bei Xianyang, der ehemaligen Hauptstadt des Ersten Erhabenen Göttlichen. Auch sonst ließ er alles beim Alten; nicht einmal die harschen Gesetze wurden reformiert, allenfalls hier und da gemildert.

Bis zu seinem Tod (195 v. Chr.) gelang es ihm, die Könige, die in ihren Machtbereichen offensichtlich nicht recht hatten Fuß fassen können, durch seine Brüder oder Söhne zu ersetzen, wenn nötig mit Gewalt. Und seine Nachfolger (Wendi, 180–157; Jingdi, 157–141; Wudi, 141–87 v. Chr.) setzten alles daran, die Königreiche durch Erbteilung in kleinere Königreiche oder Fürstentümer zu zerstückeln oder sie am Ende gar in Regierungsbezirke umzuwandeln. 108 v. Chr. waren es nur noch 18 Königreiche, Inseln in einem Meer von 84 Regierungsbezirken. Zwar blieb diesen Königreichen immer noch die Finanz- und Steuerhoheit, doch die Beamtenschaft wurde jetzt von der Zentralregierung ernannt und war dieser auch Rechenschaft schuldig. Die Königreiche waren damit zu bloßen Apanagen für ranghohe Angehörige des Kaiserhauses herabgesunken.

Weitaus bedrohlicher als im Inneren war die Lage für die junge Dynastie im Norden, wo das Reich mit den Steppenvölkern um die Grenze rang, eine Erbschaft, die ihr der Erste Erhabene Göttliche hinterlassen hatte. Denn der Ansturm der hirtennomadischen Xiongnu der Mongolei, die fälschlicherweise oft mit den später nach Europa vordrängenden Hunnen gleichgesetzt werden, gegen die Nordgrenze war nicht die Folge von Trockenheit und Dürre in ihren angestammten Weidegründen, sondern die Reaktion auf die Expansion des chinesischen Reiches unter den Qin. 214 v. Chr. waren dessen Truppen tief in die nördliche Steppenzone vorgedrungen; die damalige Große Mauer, sichtbares Symbol dieser Expansion, verlief deutlich nördlicher als die uns heute bekannte Große Mauer.

Doch Druck erzeugt Gegendruck, umso mehr, als das Qinreich selbst für ehrgeizige Führer unter den Hirtennomaden das Vorbild dafür abgab, wie dieser Gegendruck am wirkungsvollsten zu erzeugen war: durch Zusammenfassung aller Kräfte, indem man die untereinander verfeindeten Stämme unter einem Oberbefehl vereinte. Überläufer aus dem Qin- und Hanreich, darunter hohe Würdenträger, bestärkten noch als Berater die ambitionierten Stammesführer in ihren hochfliegenden Plänen, es den chinesischen Kaisern gleichzutun und die Völker des Nordens mit Überredung oder Gewalt zur Einheit zu zwingen.

Als Erstem gelang dies Maodun, der 209 v. Chr., ein Jahr nach dem Tod des Ersten Erhabenen Kaisers, zum »Khan« (»shanyu«) der Xiongnu-Konföderation gewählt wurde, nachdem er den Vorgänger, seinen Vater, ermordet hatte. Innerhalb weniger Jahre unterwarf er die Völkerschaften der östlichen Mongolei und der westlichen

INFOBOX

Chang'an, die größte Stadt der Welt

Chang'an, das heutige Xi'an, ist eine der ältesten Städte Chinas. Unter dem Martialischen Kaiser war es die größte Stadt der Welt, umgeben von einer 25 km langen Mauer, die an der Basis 16 m maß. Vor der Mauer verlief ein Graben. Die zwölf Stadttore hatten jeweils drei Durchgänge von 8 m Breite. Zwei Drittel des Geländes innerhalb der Mauer wurde von den Palastanlagen bedeckt. Wie noch bis in die Tangzeit (618–906) waren die Stadtviertel (»li«) – etwa jeweils 100 Häuser – ebenfalls von Mauern umgeben, die bewacht und deren Tore nachts geschlossen wurden. Seit dem 3. Jh. v. Chr. war Chang'an Ausgangspunkt der alten Seidenstraße.

Von den als besonders gefährlich angesehenen »barbarischen« Xiongnu stammt dieser gegossene silberne Hirsch (5.–3. Jh. v. Chr.).

Mandschurei, stieß in das südliche Sibirien und nach Zentralasien vor und holte wieder alle Gebiete südlich der Großen Mauer zurück, die Qin seinem Volk 214 v. Chr. entrissen hatte.

Nachdem 200 v. Chr. ein aufwendiger und kostspieliger Nordfeldzug kläglich in einer Falle der Xiongnu gescheitert war, sahen Gaozu und seine Nachfolger keinen anderen Ausweg, als die Xiongnu mit diplomatischen Mitteln in Schach zu halten. 198 v. Chr. wurde ein Kompromiss geboren, der noch für Jahrhunderte zum Standardrepertoire chinesischer Außenpolitik gehörte – das System der Tributzahlungen und Heiratsallianzen.

Dementsprechend verpflichtete sich das Hanreich, mehrmals im Jahr festgesetzte Mengen von Gold, Seide, Reis und Alkohol an die Xiongnu zu liefern und das Nomadenreich als gleichrangig, als Bruderstaat anzuerkennen; außerdem wurde die Große Mauer als Grenze zwischen den beiden Machtbereichen festgesetzt. Der ganze Vertrag wurde schließlich durch die Verheiratung einer Hanprinzessin mit Maodun besiegelt.

ZITAT

Abschiedslied des Xiang Yu vor dem letzten Gefecht gegen Liu Bang (aus dem »Shi-ji«):

Meine Arme rissen Berge aus,
meine Macht verdunkelte die Welt.
Jetzt aber ist das Schicksal gegen mich,
und der Schecke läuft nicht mehr.
Wenn der Schecke nicht mehr läuft,
was kann ich da noch tun?
Ach Yu, meine geliebte Yu,
was soll denn aus Dir werden.

China entdeckt den Westen: Die Geburt der Seidenstraße

Da die Nachfolger Maoduns die Tributforderungen immer höher schraubten, ihre Reiter weiterhin die Grenzgebiete verheerten und gar bis in die Nähe Chang'ans vorstießen, wuchs am chinesischen Kaiserhof der Wunsch, die Grenzfrage gewaltsam zu lösen, zumal das Reich jetzt innerlich gefestigt war und sich somit den von außen drohenden Gefahren energischer widmen konnte.

Unter Wudi, der 141 v. Chr. als 15-Jähriger den Kaiserthron bestieg und erst nach 64 langen Regierungsjahren starb, setzte sich schließlich die Kriegspartei gegen die Beschwichtigungspolitiker durch. Die Nachwelt verlieh ihm deshalb den Namen »der Martialische« (»wu«), obwohl an ihm selbst gar nichts Kriegerisches war; er stand nie an der Spitze seiner Truppen im Feld.

Auf der Suche nach Verbündeten gerieten den chinesischen Kriegsstrategen die Völker Zentralasiens ins Visier: jene Tocharisch – eine indogermanische Sprache – sprechenden Hirtenvölker, die in den Steppengebieten zwischen dem Quellgebiet des Gelben Flusses und dem Pamirmassiv ihre Weidegründe besaßen. Seit 176 v. Chr. waren Teile dieser Tocharer unter dem Druck der

4645

Bis zur Sanddünenwüste Takla-Makan stießen die Armeen des Hankaisers Wudi vor. An den Rändern des von extremer Trockenheit geprägten Gebietes versickern Flüsse oder sie enden in Salzseen.

Xiongnu, die ihren Machtbereich auf deren Siedlungsgebiete ausdehnten, nach Westen abgewandert, eine Völkerwanderung, die erst jenseits des Pamirmassivs in den ehemals persischen, dann unter Alexander dem Großen hellenisierten Provinzen von Baktrien (Nordafghanistan) und Sogdien (Fergana und Samarkand) zum Stillstand kam.

INFOBOX

Zu den Regierungsdevisen

Der Brauch, die Herrschaft eines Kaisers unter einen oder mehrere Leitsprüche (»Devisen«) zu stellen und danach die Jahre seiner Herrschaft – mit jedem Leitspruch neu – zu zählen, geht auf das Jahr 113 v. Chr. unter dem Martialischen Kaiser zurück. Zunächst wiesen diese Leitsprüche nur auf Glück verheißende Ereignisse hin. 104 v. Chr. verkündete das neue Motto erstmals auch ein politisches Programm: »Großer Anfang« (»taiyuan«). Seit Anfang der Mingdynastie (1368) gab es nur noch eine, bei der Thronbesteigung verkündete Regierungsdevise für die gesamte Regierungszeit eines Kaisers. Regierungsdevisen wurden bis zum Ende des chinesischen Kaiserreichs 1911/12 ausgerufen. In Japan, das den Brauch der Devisenverkündung 645 übernahm, sind Regierungsdevisen noch heute üblich.

Eine Kopfsteuer in Form von Münzgeld mussten auch schon Kinder entrichten (Metallmodell zur Fertigung von Gussformen für Bronzemünzen aus dem 2. Jh. v. Chr.).

Hierher, in diese wohlhabenden städtischen Kulturen, die seit ungefähr 140 v. Chr. von einer tocharischen Oberschicht beherrscht wurden, zu den Hirtennomaden und sesshaften Völkern östlich und westlich des Pamirs, von den Chinesen unter der vagen Bezeichnung »Westlande« zusammengefasst, floss der Überschuss der chinesischen Tributseide, sei es als Geschenk der Xiongnu-Khane an ihre Vasallenstaaten oder als Handelsware.

Dies war die Geburt der Seidenstraße, eines Handelsweges, der entlang der Oasenstädte nördlich und südlich der Wüste Takla-Makan und über die Pamirpässe nach Sogdien und Baktrien und von dort über Persien ans Mittelmeer, in die hellenistische, später römische Welt führte. Die Seidenstraße war demnach keine Schöpfung unternehmungslustiger Kaufleute, seien es Chinesen oder Westländer; zunächst wurde über sie ein staatlicher Handel abgewickelt, und Initiatoren dieses Handels waren nicht Chinesen, sondern die Xiongnu.

Der Kundschafter, den Wudi gegen 135 v. Chr. zur Kontaktaufnahme nach Westen aussandte, ein kleiner Beamter namens Zhang Qian, erreichte zwar nach langjährigem Zwangsaufenthalt bei den Xiongnu das ferne Sogdien und Baktrien, doch ein Bündnis gegen den gemeinsamen Erzfeind kam nicht zustande. Aber Zhang Qian kehrte zehn Jahre nach seiner Abreise nicht mit leeren Händen zurück. Er brachte erstmals Kunde von einer Gegend, die wie ein blinder Fleck zwischen Ost und West

INFOBOX

Die Kontakte Chinas zu Rom

Seide (serischer Stoff) war schon seit dem 1. Jh. v. Chr. in Rom bekannt. Seit der Zeit des Augustus wuchs der Import von Seidenstoffen auf jährlich 22 000 Pfund Gold, ein Goldabfluss, der nicht annähernd durch den Export in die Gegenrichtung – z. B. von Glas aus den römischen Orientprovinzen – kompensiert werden konnte. Der Handel über die Seidenstraße, der auf dem Landweg von den zentralasiatischen Zwischenhändlern dominiert wurde, ging bald auch unter Umgehung des Partherreichs auf dem Seeweg über Indien nach China. Auch hier lag er in den Händen der Küstenvölker und nicht der Chinesen. China war die längste Zeit seiner Geschichte nach innen orientiert und keine Seemacht. Zwischen China und Rom kam es nie zu einem intensiveren und bleibenden geistigen Austausch.

100573

lag, von der Welt jenseits des himmelhohen Pamirs, von Baktrien, Parthien und Sogdien, von den dort lebenden Völkern, die doch wahrhaftig kultiviert waren und wie sie, die Chinesen, in ummauerten Städten lebten, Gold- und Silbermünzen prägten und, Gipfel des Staunens, sogar schriftkundig waren.

Unter anderem aus den Verkrustungen auf den Salzseen konnte Salz gewonnen werden. Die Bedeutung von Salz als Nahrungsmittel und zur Konservierung machte es zu einem wertvollen Handelsgut. Durch das Salzmonopol sicherte sich die Handynastie eine ergiebige Einnahmequelle.

Ohne Nachricht von seinem Kundschafter hatte Wudi inzwischen beschlossen, den Krieg gegen die Xiongnu auf eigene Faust zu wagen. Seine Armeen, die jetzt über große, nach Zehntausenden zählende Kavallerieverbände verfügten und damit der schnellen Kampfweise der Hirtenkrieger Paroli bieten konnten, fügten diesen zwischen 127 und 119 v. Chr. einige empfindliche Niederlagen zu und entrissen ihnen die Nordschleife des Gelben Flusses, das Ordosgebiet, und den Gansukorridor, jenen schmalen Landstrich zwischen dem lebensfeindlichen Qinghai-Tibet-Plateau und der nicht weniger unwirtlichen Wüste Gobi, der den Zugang nach Westen kontrollierte, und stießen dabei bis zur Wüste Takla-Makan vor.

Damit hatte China den Xiongnu ihren »rechten Arm« abgeschlagen und durch den Gansukorridor eine »Nordwestpassage« zu den Oasenstädten eröffnet. Zum Schutz

ZITAT

Klage der Prinzessin Xijun, die 105 v. Chr. mit dem Khan der Wusun verheiratet wurde (aus dem »Shi-ji«):

Meine Familie gab mich zur Ehe
Fort in ein fernes Land.
Sie sandte mich in die Fremde
Zum Könige der Wusun.
Ein Zelt ward mein Haus,
Aus Filz sind die Wände,
Rohes Fleisch dient zur Speise,
Stutenmilch als Getränk.
Immer gedenk ich des eigenen Landes,
Schwer ist im Innern mein Herz.
Oh wär ich ein gelber Kranich,
Dann flög ich zur Heimat zurück.

dieser Nordwestpassage vor weiteren Angriffen der Xiongnu griff der Martialische Kaiser zum klassischen Mittel der Grenzverteidigung in China – zum Bau eines Grenzwalls. Die alte, unter dem Ersten Erhabenen Kaiser erbaute Mauer reichte von Korea bis ungefähr an den Ordosbogen des Gelben Flusses, dort, wo er den nördlichsten Punkt seines Laufes erreicht, in der heutigen Inneren Mongolei. Jetzt ließ der Hanhof den Wall noch einmal mehr als tausend Kilometer bis zum Jadetorpass verlängern, dem östlichen Einfallstor zum Tarimbecken mit seinem halben Dutzend Oasenstaaten.

Auch China war nach diesen Feldzügen erschöpft und konnte die geschlagenen Feinde nicht weiter bedrängen. Erst 112 v. Chr. ging das Reich wieder zur Offensive über – aber nicht im Norden, sondern im Nordosten gegen Korea und im Süden. Verglichen mit den Feldzügen gegen die Xiongnu waren diese Kampagnen weniger aufwendig, doch, wenigstens der Südfeldzug nach Kanton, Yunnan und Vietnam, von großer historischer Wirkung. Denn hier, im wilden, aber warmen und feuchten Süden, wo zahlreiche nichtchinesische Völkerschaften siedelten, lag die Zukunft des Reiches. Dorthin verlagerte sich im Verlauf von Jahrhunderten sein Bevölkerungs- und Wirtschaftszentrum. Damals aber lag diese Entwicklung noch in weiter Ferne.

Wirtschaft und Gesellschaft der Früheren Han

Der Martialische Kaiser führte nicht nur nach außen, gegen die Xiongnu, ein scharfes Schwert; auch im Inneren ließ er keinen Zweifel daran, wer der Herr im Hause war. Er vollendete die Entmachtung der Königslehen, wenn nötig mit blutiger Gewalt; und politische Entscheidungen traf er mehr und mehr allein, im Kreise der von ihm ausgewählten Berater, des »Inneren Hofs«. Der Beamtenapparat, der »Äußere Hof«, mit dem Kanzler an der Spitze, dem eigentlich die Beraterfunktion zustand, wurde zum bloßen Vollzugsorgan kaiserlicher Entscheidungen degradiert. Es wurde immer schwieriger, den Kaiser von dort zu beeinflussen, da das kaiserliche Sekretariat, das den Schriftverkehr zwischen ihm und der Außenwelt kontrollierte, sich unter der Führung kaiserlicher Vertrauter zunehmend verselbstständigte und nach eigenem Gutdünken darüber entschied,

100880

Das Totenkleid der Gemahlin des Prinzen Liu Sheng, eines Bruders des Martialischen Kaisers, wurde bei Mancheng in der Provinz Hebei gefunden. Die mehr als 2000 von Goldfäden zusammengehaltenen Jadeplättchen sollten das Entweichen der »Körperseele« und damit die Verwesung verhindern.

welche Eingaben der Beamten der Herrscher zu Gesicht bekam.

Auch die Wirtschafts- und Steuerpolitik wurde im »Inneren Hof« entschieden. Der Martialische Kaiser brauchte Geld, viel Geld für den Unterhalt eines riesigen Hofstaates und Beamtenapparates, vor allem aber zur Auffüllung der vormals vollen öffentlichen Kassen, die jetzt, nach den kostspieligen Feldzügen gegen die Xiongnu, leer waren. Zur Deckung dieser Kosten reichte das alte Steuersystem allein nicht mehr aus.

Ein Pfeiler dieses Steuersystems war die »Kopfsteuer« (»kouqian«), die theoretisch von jedem Bürger ab dem Alter von drei Jahren in Geld entrichtet werden musste: 120 Münzen von den Erwachsenen, zwanzig von den Kindern bis zum Alter von 15 Jahren. Die zweite Säule war die »Bodensteuer« (»tianzu«), im Regelfall ein Dreißigstel des geschätzten Ernteertrags, die in Getreide (Hirse, Weizen, Reis) entrichtet werden musste. Aus diesen Naturaleinkünften bestritt die Regierung die Gehälter der Beamten und die Versorgung des Palastes und der Armeen. Des Weiteren mussten die männlichen Erwachsenen jährlich einen Monat unbezahlten Arbeitsdienst leisten; darüber hinaus waren sie im Alter von 23 bis 56 Jahren zu einem zweijährigen Militärdienst verpflichtet, von dem sie sich allerdings gegen Geld freikaufen konnten.

Jetzt wurde die Kopfsteuer für die bislang unterbesteuerten Kaufleute auf das Doppelte erhöht; darüber

Zahlreiche daoistische Legenden handeln von Unsterblichen, denen es gelungen ist, das Lebenselixier herzustellen (Lin Zhong, »Der Arzt Feng Gang bei der Zubereitung von Unsterblichkeitspillen«).

hinaus wurde ihr Vermögen mit einer Steuer von sechs bis 9,5 Prozent belastet; für die Handwerker betrug der Satz die Hälfte. Dazu kam noch die Besteuerung von Booten und Karren ab einer Länge von elf Metern. Im Falle der Steuerhinterziehung wurde das gesamte Vermögen konfisziert. Hier zeigt sich eine schon in der Qinzeit praktizierte Ächtung des Kaufmanns- und Handwerksstandes als »unproduktive« Gesellschaftsgruppen, eine Ächtung, die auch unter späteren Dynastien immer wieder rechtlich und institutionell bekräftigt wurde. Es passt auch in dieses Bild, dass der Martialische Kaiser 112 v. Chr. die Münzprägung, die bisher auch von Privatleuten betrieben wurde, der alleinigen Kontrolle des Staates unterstellte.

Diese zusätzlichen Einkünfte aus der Besteuerung der Kaufleute und Handwerker reichten aber zur Deckung des Staatsdefizits nicht aus. Eine weit wichtigere neue Geldquelle wurde ebenfalls bei den reichen Kaufleuten erschlossen: die Salz- und Eisenherstellung. Beide wurden jetzt zu staatlichen Monopolen, das heißt, Herstellung und Vertrieb von Salz und Eisenwaren lagen ausschließlich in staatlicher Regie. Das war im Jahre 110 v. Chr., im Jahr des letzten Feldzugs gegen die Xiongnu.

Salz war nicht nur als Nahrungsmittel unentbehrlich; weitaus größere Mengen wurden zur Konservierung von Nahrungsmitteln gebraucht. Und bei einer Bevölkerung von fünfzig Millionen und mehr, zumeist Bauern, die die verschiedensten Geräte aus Eisen zur Bearbeitung des

INFOBOX

Die Große Mauer

Die Große Mauer der Qin- und Hanzeit bestand aus 10 m hohen und 6 m breiten Wachtürmen, die durch einen ungefähr 5 m hohen, an der Basis 7 m breiten Erdwall verbunden waren. Die Türme selbst, die auf Sichtweite angeordnet waren, bestanden in ihrem Kern ebenfalls aus gestampfter Erde, mit einer Außenverkleidung von mächtigen Ziegelsteinen. Die Aufgabe der sechsköpfigen Besatzung war es, nachts mithilfe von Fackeln, die in Metallkörben an einer Stange nach oben gezogen wurden, die anderen Türme und damit letztlich die Garnison vor feindlichen Aktivitäten zu warnen. Tagsüber wurden Flaggensignale oder Rauchzeichen gegeben.

Die Erlangung der Unsterblichkeit wurde in der Hanzeit zum Ziel daoistischer Bestrebungen (die Halle der Unsterblichen, ein daoistischer Tempel im Emei-Gebirge in der chinesischen Provinz Sichuan).

Bodens benötigten, waren auch hier, wie beim Salz, ein ständiger Absatz sowie hohe Gewinnspannen garantiert, denn sowohl die Salzgewinnung wie auch die Verhüttung und Weiterverarbeitung des Eisens wurde nicht von Lohnarbeitern, sondern mithilfe von Sklaven und Zwangsarbeitern betrieben.

Während das Eisenmonopol sich auf die Dauer nicht durchsetzen konnte, blieb das Salzmonopol auch unter späteren Dynastien eine wichtige Einnahmequelle des Staates. Wie groß die Staatseinnahmen nach den Reformen unter Wudi waren, bleibt allerdings wegen der ungesicherten Zahlen schwer abzuschätzen. Die Ausgaben aber dürften immens gewesen sein; allein während der Reise zu einem Staatsopfer nach Ostchina (110 v. Chr.) beliefen sich die unterwegs großzügig verteilten Seidengeschenke auf den Wert von 25 Tonnen Gold.

Die Religionspolitik des Martialischen Kaisers

Der Martialische Kaiser bestimmte nicht nur die Richtlinien der Politik; er griff auch tatkräftig in das geistig-religiöse Leben des Reiches ein. Alles, was er dabei tat, diente nur einem Zweck: der selbstbewussten Abgrenzung seiner Herrschaft von seinen Vorgängern, dem

ZITAT

Über die Ähnlichkeiten zwischen Buddhismus und Daoismus (aus dem »Hou Han-shu«):
Studieren wir genau die buddhistischen Lehren von der Reinigung des Geistes und der Befreiung aus den Fesseln der Existenz, und von dem Nachdruck, den sie auf das Aufgeben der »Leere« und des »Seins« legen, dann sehen wir, dass sie auf einer Linie mit den daoistischen Schriften liegen.

Ruhme seiner Herrschaft und damit seiner selbst. Seine Vorgänger hatten den Staatskult der Qin und dessen Symbole weitgehend unverändert beibehalten, ohne aber großen religiösen Eifer in seiner Ausübung zu bekunden oder sich irgendwie ideologisch festzulegen. Und sie hatten auch ohne Scheu den auf legalistischen Prinzipien beruhenden Staatsapparat der Qin übernommen. Auch Wudi stand mit seinen finanzpolitischen Maßnahmen ganz in dieser legalistischen Tradition des Primats des Staates über das Individuum.

Doch im Gegensatz zu seinen Vorgängern besaß er einen ausgeprägten Hang zum Religiösen, besonders zum Okkulten. Er war ein Anhänger daoistischer Ideen, die jetzt nicht mehr allein von den poetischen Utopien der quietistischen Lebensführung eines Laozi und der Naturverherrlichung des Zhuangzi geprägt waren, sondern auch von den ganz handfesten Praktiken von Magiern und Schamanen, die vorgaben, Geheimrezepte für das vom Daoismus angestrebte Einswerden von Mensch und

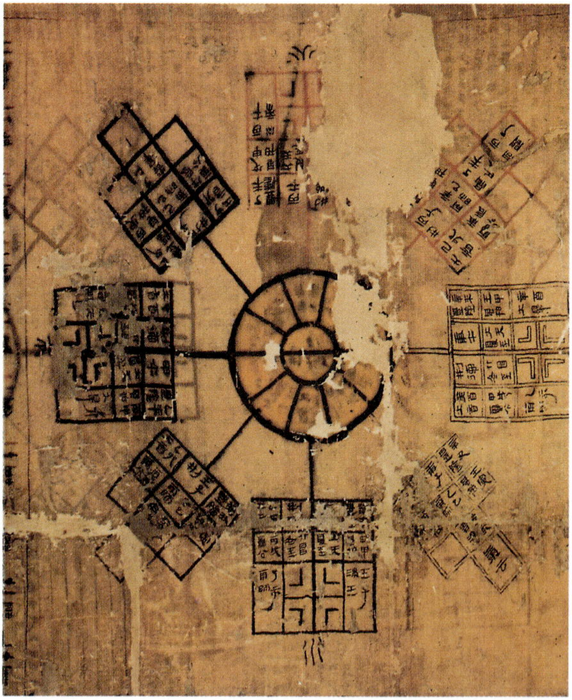

Die Verehrung von Himmel und Erde wurde in der Hanzeit intensiviert. Das räumliche Konzept der »Neun Hallen« folgt den Achsen der vier Himmelsrichtungen (Seidenmanuskript, Mitte des 2. Jh. v. Chr.).

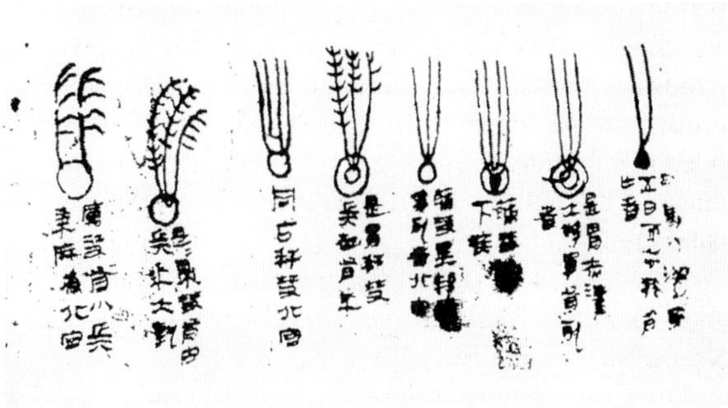

Kometen wurden als Himmelszeichen gedeutet. Ihr Auftauchen wurde einer Störung des Verhältnisses von Yin und Yang zugeschrieben (Kometenformen, Ausschnitt aus einer Grabzeichnung, 2. Jh. v. Chr.).

Dao und damit letztlich für die Unsterblichkeit zu besitzen.

Auch der Martialische Kaiser war, wie schon sein berühmter Vorgänger, der Erste Erhabene Göttliche, zeitlebens damit beschäftigt, den Schlüssel zum Geheimnis des ewigen Lebens zu finden. Auch er soll unter dem Einfluss von Magiern Suchexpeditionen nach den Inseln der Seligen ausgesandt haben. Sie blieben ebenso erfolglos wie die seines Vorgängers. So begnügte er sich damit, die Inseln in seinem Palast im Gartenformat in einem künstlichen Teich nachbauen zu lassen – woraus dann über mehrere Zwischenstufen der Kult des Topfparadieses entstand, das wir heute unter seinem japanischen Namen Bonsai kennen.

Er war aber auch ganz Ohr, als 133 v. Chr. ein gewisser Li Shaojun behauptete, er könne das Elixier des langen Lebens selbst herstellen, hier und jetzt, könne mithilfe der Ofengötter Zinnoberstaub in das unzerstörbare Gold verwandeln, das, zu Essgeschirr verarbeitet, seine Wirkkraft auf Speisen und Getränke und damit auf den Menschen übertragen und so dessen Leben verlängern könne. Die Sache misslang; aber die Versuche, das Lebenselixier künstlich herzustellen, hörten von da an nicht mehr auf. Es war die Geburtsstunde der chinesischen, vielleicht sogar die der westlichen Alchimie.

Vielleicht war es eine Folge des gewonnenen Selbstvertrauens nach den siegreichen Kriegen gegen die Xiongnu oder ein weiterer Versuch, mit der Welt des Übernatürlichen in Kontakt zu treten und so doch noch das ewige Leben zu gewinnen, dass Wudi in den Jahren zwischen 114 und 110 v. Chr. einen neuen Staatskult ein-

INFOBOX

Papier

Papier aus Hanf- und Ramiefasern ist durch archäologische Funde schon für die Westliche Hanzeit nachgewiesen, ist also nicht, wie die Tradition es behauptet, erst 105 n. Chr. von dem Eunuchen Cai Lun erfunden worden. Vermutlich wurden anfangs Abfälle aus Seidenfasern zu einer Art Papier verarbeitet, später dann die reichlich vorhandenen pflanzlichen Fasern von Hanf, Ramie, Maulbeerbaum, Reisstroh und Bambus. Diese Fasern wurden durch Kochen, Stampfen und Wässern zu einem wässrigen Brei aufbereitet, sodass sie sich auf einer flachen Form zu einer dünnen Schicht absetzen und verbinden konnten. Seit dem 7. Jh. wurde auch gefärbtes Papier hergestellt. Nur wenig später gelangte die Kenntnis der Papierherstellung zu den Arabern und von diesen mit erheblicher zeitlicher Verzögerung nach Europa.

führte. Die vier Ahnengottheiten (»di«) der Qin, die der Gründer der Handynastie, Liu Bang, um eine fünfte erweitert hatte, wurden nun von einer Trinität von neuen Göttern in eine Nebenrolle gedrängt. Diese Gottheiten waren »Himmel« und »Erde«, über denen noch das »All-Eine« (»taiyi«) stand. Der Kult des »All-Einen« trug zwar starke daoistische Züge, doch die Verehrung von Himmel und Erde lässt durchaus auch konfuzianischen Einfluss erkennen.

Einen weiteren Schritt weg vom Staatskult der Qin hin zu einer eigenständigen Hantradition tat der Martialische Kaiser 104 v. Chr. In diesem Jahr stellte er seine Dynastie, ganz nach der Lehre des Konfuzianers Dong Zhongshu, unter die Farbe Gelb, unter die Wandlungsphase Erde, die in dem damals noch gebräuchlichen Zyklenmodell der Wandlungsphasen auf das Wasser (Schwarz) folgte, das Symbol der Qin. Folgerichtig ersetzte er auch den immer noch gebräuchlichen Qinkalender durch einen eigenen Hankalender. Und um aller Welt den Bruch mit der Vergangenheit deutlich zu machen, stellte er den neuen Zeitabschnitt unter das Regierungsmotto »Großer Anfang« (»taiyuan«).

Klaus Tietze

Dong Zhongshu setzt sich durch: Der Aufstieg des Konfuzianismus

Angesichts der Experimentierfreude, die der Martialische Kaiser in religiösen Dingen zeigte, nimmt es wenig wunder, dass er auch den Konfuzianern sein Ohr lieh. Eine ihm allzu fremde Ideenwelt betrat er damit nicht. So rational und nüchtern die Konfuzianer sich auch gebärdeten - ihre Lehre war voll von esoterischen Beimengungen; die daoistische Grundvorstellung, dass Himmel und Erde in einer geheimnisvollen Wechselwirkung stehen, war Allgemeingut des zeitgenössischen Denkens.

Erstes Anzeichen für dieses Interesse am Konfuzianismus war die Gründung der kaiserlichen Akademie im Jahre 136 v.Chr. Voraussetzung für die Aufnahme in diese Akademie war die Kenntnis von Schriften, die gemeinhin der konfuzianischen Schule oder Konfuzius selbst zugeschrieben wurden. Das waren das »Buch der Lieder«, das »Buch der Urkunden«, das »Buch der Riten« und die »Frühlings- und Herbstannalen«.

Zwölf Jahre später, 124 v.Chr., fiel eine Entscheidung, die den Konfuzianismus zur ideologischen Grundlage der Erziehung der Elite des Reiches machen sollte; es wurde verfügt, dass alle Beamtenanwärter in dieser Akademie eine einjährige Ausbildung mit abschließender Prüfung in diesen konfuzianischen Schriften durchlaufen mussten.

Dies war die Geburt des berühmten chinesischen Systems der Beamtenprüfung und -auswahl, eines Systems, das es allerdings in seiner reinen Form nie gab, schon gar nicht jetzt, an seinem Anfang. Immer führten auch andere Wege in die Beamtenlaufbahn, über Protektion und Amtsprivilegien von Vätern oder anderen Verwandten; ja über diese anderen Wege rekrutierte sich in der Regel die Mehrzahl der Beamten. Aber ohne eine Ausbildung in den Schriften ging es nie; und je älter das System wurde, desto wichtiger wurde eine erfolgreiche Prüfung als Voraussetzung einer steilen Karriere. Am Anfang waren es nur einige Dutzend Schüler, die in der Akademie unter der Anleitung der Spezialisten die klassischen Schriften studierten; 8 v.Chr. waren es bereits 3000 und für das 2. Jahrhundert n.Chr. ist gar von durchschnittlich 30000 Schülern die Rede.

Schon auf Gaozu, den Begründer der Handynastie, wird die Verehrung des Konfuzius zurückgeführt. Abgebildet ist ein Ausschnitt aus einem Bilderzyklus der Mingzeit (Gaozu beim Opfer an Konfuzius).

ZITAT

Aus dem Bericht des Zhang Qian im »Shi-ji«:

Dayuan (d. h. Fergana) liegt südwestlich der Xiongnu, 10 000 (chinesische) Meilen in Westrichtung von China entfernt. Die Menschen sind sesshaft und betreiben Ackerbau; auf ihren Feldern wächst Weizen und Reis. Es gibt dort Traubenwein und viele gute Pferde.

Wesentlichen Anteil daran, dass die Traditionalisten aus dem Schattendasein der Akademien ins politische Licht traten, hatte Dong Zhongshu (um 179–104 v. Chr.), ein kleiner, nicht besonders erfolgreicher Beamter und Spezialist in der Auslegung der »Frühlings- und Herbstannalen«, einer Konfuzius zugeschriebenen, angeblich kritischen Chronik der Jahre zwischen 722 und 481 v. Chr.

Dong Zhongshu hat nicht nur vor dem Martialischen Kaiser unermüdlich die Propagandatrommel für seine Ansichten gerührt – und wäre dabei beinahe unter dem Richtschwert geendet; er war auch der Architekt des Han-Konfuzianismus, der auf der weltlichen Moral- und Erziehungslehre des Konfuzius, dem selbst jede Transzendenz fern lag, ein in sich geschlossenes, das Diesseitige und das Jenseitige umfassendes Weltbild aufbaute. Originell war nur das Gesamtgebäude, nicht aber die einzelnen Teile, aus denen sich seine Lehre zusammensetzte.

Für Dong Zhongshu waren die diesseitige und die jenseitige Welt ein einziger riesiger Organismus, der vom Dao, dem All-Einen, regiert wurde. Das Dao erzeugt die beiden einander im rhythmischen Wechsel ablösenden, aber auch ergänzenden Urkräfte Yin und Yang, die ihrerseits wieder die Fünf Wandlungsphasen oder Ele-

INFOBOX

Yin und Yang

Yin und Yang bilden in der chinesischen Philosophie die polaren Grundprinzipien, aus deren Wechselspiel und Interaktion die Dinge und alles Geschehen des Universums entstehen und bestimmt sind. Ihre Erscheinungen sind Erde und Himmel. Dem Prinzip Yin entsprechen die Qualitäten des Weiblichen, Dunklen, Passiven, Empfangenden und Feuchten. Yin-Symbole sind der Mond, das Wasser, Wolken, Tiger und Schildkröte, die Farbe Schwarz, der Norden und die geraden Zahlen. Dem Yang entsprechen das Männliche, Helle, Aktive, Schöpferische, Harte und Trockene. Yang-Symbole sind die Sonne, das Feuer, der Drache, die Farbe Rot, der Süden und die ungeraden Zahlen. Yin und Yang sind in ihrer jeweiligen periodischen Ab- und Zunahme und ihrem Zusammenspiel Manifestationen des Dao, das in der Ordnung und Wandlung alles Seienden zum Ausdruck kommt. Sie bestimmen den Aufbau des »Buches der Wandlungen« (»Yi-jing«) und finden u. a. auch in der chinesischen Medizin Beachtung.

mente (»wuxing«) hervorbringen, die sich ebenfalls in einem ewigen Kreislauf ablösen.

In diesem Universum hängt alles mit allem zusammen, die Welt des Menschen mit der des Himmels; was auch immer in einer dieser Welten geschieht, findet sein Echo in der anderen. Und immer wird diese Welt von einer der Wandlungsphasen regiert; und alles, was Fleisch vom Fleische dieser herrschenden Wandlungsphase ist, reagiert besonders empfindlich untereinander.

Handeln die Menschen gegen das Dao, dann gerät das Universum aus den Fugen, ein Zustand, der sich in allerlei ungewöhnlichen Naturerscheinungen bemerkbar macht; vor allem dann, wenn der Zuwiderhandelnde der Erste aller Menschen, der Mittler zwischen Himmel und Erde, eben der Kaiser ist. Dessen vornehmste Aufgabe ist es daher, die Gesellschaft im Einklang mit dem Dao zu regieren. Verstößt der Kaiser ständig gegen die Harmonie des Dao, so entzieht ihm der Himmel den Herrschaftsauftrag und seine Dynastie wird von einer anderen abgelöst.

Damit war die Idee des Kaisertums, die Legitimität eines Herrschers nicht mehr auf das Schwert gegründet, sondern auf die kosmische Ordnung; und diese kosmische Ordnung, deren Pulsschlag langsamer ging als der-

Das Grab des Konfuzius in Qufu ist noch heute erhalten und mit Ehrenpforten und einem von steinernen Grabwächtern flankierten »Geisterweg« versehen. 174 v. Chr. opferte hier mit Wendi aus der Westlichen Handynastie erstmals ein Kaiser.

100042

ZITAT

Dong Zhongshu zur Bedeutung der Naturerscheinungen (aus dem ihm zugeschriebenen »Chun-qiu fan-lu«; »Üppiger Tau von den Frühlings- und Herbstannalen«): *Daraus erkennt man den gütigen Sinn des Himmels, welcher die Menschen nicht zu Fall bringen will: Wenn man die Katastrophen und Abnormitäten prüft, so sieht man, was der Himmel im Sinne hat. Einiges wünscht er, anderes nicht.*

jenige der diesseitigen Welt, sorgte einerseits für Stabilität und Kontinuität, verhinderte andererseits aber nicht den Wandel. Sie verdammte eine Dynastie nicht nur zum Untergang, wenn ein Herrscher massiv gegen diese Ordnung verstieß, sondern auch dann, wenn deren Wandlungsphase zu Ende ging.

Den konfuzianischen Gelehrten ist die Wiederherstellung und Tradierung der von den Qin vernichteten Literatur zu danken. Frucht dieser Tätigkeit waren die ersten Kommentare und Wörterbücher. Auch das erste große Geschichtswerk Chinas, die »Aufzeichnungen des Historiographen« (»Shi-ji«) des Sima Qian (um 145 bis um 90 v. Chr.), wurde gegen Ende der Regierungszeit des Martialischen Kaisers vollendet. *Klaus Tietze*

Die Dynastie stürzt: Das Interregnum des Wang Mang

Mit dem Tod des Martialischen Kaisers (87 v. Chr.) ging das expansive Zeitalter der Han zu Ende. Das Reich, von den Eroberungsfeldzügen ausgeblutet, schaute jetzt mehr nach innen; und mehr und mehr übernahmen die Konfuzianer, die gemäß ihrem utopischen und idealistischen Gesellschaftsmodell für weniger Staat in Politik und Gesellschaft und für eine zurückhaltendere Außenpolitik plädierten, das politische Ruder, trieben unter den nachfolgenden Kaisern (Zhaodi, 87–74; Xuandi, 74–49; Yuandi, 49–33 und Chengdi, 33–7 v. Chr.) die Konfuzianisierung der Gesellschaft weiter voran.

Wichtige Etappen dieses Konfuzianisierungsprozesses waren das siegreiche Streitgespräch (81 v. Chr.) der Gelehrten mit den legalistischen Pragmatikern, die seit der Qinzeit den Ton in der Regierung angaben und für einen starken Staat eintraten; das Konzil am Kaiserhof (53–51 v. Chr.) zur Ausarbeitung verbindlicher Auslegungen der Klassiker für die Beamtenausbildung; die Einführung des offiziellen Staatskultes von Himmel und Erde (31 v. Chr.) ohne die daoistische Obergottheit des »All-Einen«.

In der politischen Praxis war die Hinwendung zum Konfuzianismus weniger auffallend; allenfalls der erneute Friedensschluss mit den Xiongnu könnte eines seiner Ergebnisse sein. Noch der Martialische Kaiser hatte 104 v. Chr., nach Abschluss seiner religiösen Reformen und der Loslösung von der Qintradition, einen kühnen, aber auch kostspieligen Vorstoß nach Zentralasien gewagt, der 101 v. Chr. mit der Eroberung von Fergana und der Unterwerfung der Westlande ein vorläufig gutes Ende nahm.

Doch die Xiongnu wollten den Chinesen ihre alte Einflusssphäre nicht kampflos überlassen. Die Kämpfe zwischen den beiden Großmächten wogten in den nächsten Jahrzehnten hin und her, doch mit einem zunehmenden Übergewicht der chinesischen Seite, nicht zuletzt deshalb, weil die tocharischen Wusun sich auf die Seite Chinas schlugen. 60 v. Chr. errichteten die Han auf halbem Wege zwischen der letzten chinesischen Grenzstation bei Dunhuang und den Pamirpässen im Westen den Sitz eines Generalgouvernements für die Westgebiete und begannen nach und nach das Netz ihrer Verwaltung dichter zu knüpfen.

Dabei kamen ihnen die internen Nachfolgestreitigkeiten unter den Xiongnu zugute, die zu dieser Zeit ausbrachen und zu einer Abspaltung eines großen Teils der Stämme unter einem eigenen Khan führten. Der Hanhof akzeptierte dessen Friedensangebot, unter der Bedingung, dass er seine Unabhängigkeit aufgab und sich in das chinesische Tributsystem einordnete.

Dieses System, das bis zum Ende des chinesischen Kaiserreichs im 20. Jahrhundert Grundlage der chinesischen Außenpolitik war, sah den chinesischen Kaiser als Alleinherrscher an und die Fürsten der umliegenden Länder und Völker als seine Vasallen, die erst aus seiner Hand die Legitimation ihrer Herrschaft erhielten. Die Vasallen waren in der Innenpolitik ihrer Machtbereiche frei, mussten aber gegenüber China den Frieden wahren und, wenn nötig, ihm militärische Hilfe leisten.

Zur Sicherung mussten sie in regelmäßigen Abständen zur Audienz am Kaiserhof erscheinen und Geiseln stellen. Auch mussten sie als Anerkennung der Besitzrechte des chinesischen Kaisers auf ihr Land landestypische Produkte am Kaiserhof abliefern. Als Gegenleistung erhielten sie den Schutz und den Beistand des Reiches und Gegengeschenke, die den Wert der Tributlieferungen um das Mehrfache überstiegen. Immerhin

ZITAT

Zur Stellung der Kaufleute und Bauern (aus dem »Han-shu«):

Das Gesetz verachtet die Kaufleute, und doch sind sie reich und vornehm. Es ehrt den Bauer, und doch ist dieser arm und verachtet. Was vom Volke geschätzt wird, wird also vom Herrscher verachtet; und was die Beamten geringschätzen, wird vom Gesetz geachtet. Herrscher und Volk stehen gegeneinander, und Gut und Böse sind verkehrt.

sollen allein die Geschenke an die Xiongnu sieben Prozent der Staatseinkünfte verschlungen haben. Auf diese Weise wurde ihnen die bittere Speise der formalen Unterwerfung versüßt.

Doch das drängendste, von ihnen immer wieder angeprangerte innere Problem der Zeit, das Bauernlegen, die Konzentration großer Ländereien in den Händen reicher Familien (Adlige und Beamte), lösten auch die Konfuzianer nicht. Die Adligen - Angehörige des Kaiserhauses, der Kaiserinnenfamilien und sonstige für ihre Verdienste geadelte Personen - erhielten reiche Schenkungen in Land und Gold. Auch die Beamten der hohen Ränge wurden üppig entlohnt; so erhielten die höchsten Beamten ein Jahresgehalt von vierzig Tonnen Getreide, die Hälfte davon in Geld. Da Grund und Boden immer noch die sicherste Geldanlage waren, investierte jeder, der konnte, in Land, besonders in der Region um die Hauptstadt, aber auch in der Nähe der anderen Metropolen des Reiches, wo in der Regel das Land gut erschlossen war und sich die größten Absatzmärkte fanden.

Bis zum Pamirgebirge dehnten die Han im 1. Jh. v. Chr. ihren Machtbereich gegenüber den Xiongnu aus.

100562

Schwer fiel das dieser reichen Schicht nicht, lebten doch die Bauernfamilien, die gerade einmal einige wenige Hektar Ackerland ihr Eigen nannten und davon im Durchschnitt fünf Köpfe ernähren mussten, meistenteils am Rande des Existenzminimums. Eine schlechte Ernte infolge von Dürre oder Überschwemmung zwang sie, beim örtlichen Großgrundbesitzer Kredit aufzunehmen; und der tilgte diesen dann mit dem billigen Aufkauf ihrer Äcker. Die Bauern bestellten ihre ehemaligen Böden weiter, entweder als bezahlte Tagelöhner oder als Pächter; Letztere zahlten dann die halbe Ernte als Pachtzins an den Grundbesitzer; die Kopfsteuer, der Arbeits- und Militärdienst gehörten selbstredend weiterhin zu ihren Pflichten gegenüber dem Staat.

Neben den Bauern war der Staat der andere Verlierer dieser Transaktionen. Denn die Grundbesitzer waren gleichzeitig auch ihre eigenen Steuereintreiber. Aus ihren Reihen kamen nicht nur die hauptstädtischen Beamten mit ihren Einflussmöglichkeiten auf die Regierung bis hin zum »Inneren Hof«; sie stellten auch die Beamten der Lokalverwaltung, der Regierungsbezirke und Kreise, damit waren sie die Herren der Kataster und konnten so die Steuerlisten manipulieren und die Bodensteuer hinterziehen.

Das Zwischenspiel des Wang Mang

Es waren aber nicht diese Missstände oder die Dekadenz der letzten Herrscher, die am Ende des Jahrhunderts den Sturz der Dynastie verursachten. In Wahrheit stürzte die Dynastie über eine Palastrevolte, der eine jahrzehntelange schleichende Entmachtung der Kaiser vorausging. Hauptakteure dieser Intrige waren die Witwe Kaiser Yuandis, eine geborene Wang, und ihr Großneffe Wang Mang (45 v. Chr. bis 23 n. Chr.).

Die Kaiserinwitwe hatte schon für ihren Sohn, Kaiser Chengdi, die Regierungsgeschäfte geführt, unterstützt von dreien ihrer Brüder, die einander als Staatsmarschälle und Regenten ablösten. In deren Fußstapfen trat dann Wang Mang. Zunächst führte er für einen neunjährigen, unmündigen Kaiser die Regierungsgeschäfte (1 v. Chr. bis 6 n. Chr.). Und als dieser schon mit 15 Jahren verstarb, wurde gar ein einjähriges Kind zum Nachfolger ernannt, Wang Mang aber zum stellvertretenden Kaiser.

ZITAT

Über die Lebensumstände der Bauern (aus dem »Han-shu«):

Sie mögen noch so fleißig und bescheiden sein, leiden sie dennoch noch unter Überschwemmung oder Dürre. Immer stehen Steuereintreiber vor der Tür, und die Besteuerung ist maßlos.... Wer etwas besitzt, verkauft es zum halben Preis; wer nichts hat, muss zu 100 % Zinsen borgen. Daher gibt es solche, die ihren Grund, ihr Haus, ihre Frau und die Kinder verkauft haben, um die Schulden zu bezahlen.

INFOBOX

Bevölkerungsstatistiken

Veränderungen in der Bevölkerungszahl des nicht von der Überschwemmungskatastrophe betroffenen Regierungsbezirks Nanyang, der Heimat des ersten Kaisers der Späteren Han, und des mitten im Überschwemmungsgebiet liegenden Regierungsbezirks Dongjin zwischen den Jahren 2 und 140 n. Chr. (aus den Geographiekapiteln des »Han-shu« und des »Hou Han-shu«).

2 n. Chr.

Nanyang: 395 316 Haushalte; 1 942 050 Köpfe; 36 Kreise

Dongjin: 410 297 Haushalte; 1 659 028 Köpfe; 22 Kreise

140 n. Chr.

Nanyang: 528 551 Haushalte; 2 439 618 Köpfe; 37 umwallte Städte

Dongjin: 136 088 Haushalte; 603 29 Köpfe; 15 umwallte Städte

Drei Jahre später machte er der Posse ein Ende und rief sich selbst zum Kaiser der Dynastie Xin (»Erneuerung«) aus.

Als er den Staatsstreich vorbereitete, verließ er sich nicht nur auf die Autorität seiner greisen Großtante und auf seine Stellung als »starker Mann« des Reiches; er wollte seinen Thronraub auch ideologisch rechtfertigen und suchte daher die Unterstützung der Beamtenschaft, die jetzt, hundert Jahre nach Dong Zhongshu, weitestgehend konfuzianisch indoktriniert war. Ob aus taktischen Gründen oder aus echter Überzeugung, Wang Mang, der sich gern als Herzog von Zhou sah, der von den Konfuzianern gepriesene Idealherrscher des Altertums, gebärdete sich geradezu als ein Erzkonfuzianer. Er erweiterte die kaiserliche Akademie, förderte die konfuzianischen Schulen in der Provinz, berief eine Gelehrtenkonferenz zu den klassischen Texten ein und zementierte endgültig die Verehrung von Himmel und Erde als Staatskult.

Die Gelehrten wiederum lieferten ihm eine Theorie der Fünf Wandlungsphasen, nach der diese einander erzeugten und nicht, wie in der klassischen Version, einander vernichteten. Sie kam seinen Plänen sehr zustatten, versuchte er doch, seine Herkunft vom mythischen Gelbkaiser (Huangdi) herzuleiten, dem ersten Herrscher Chinas überhaupt. Dessen Wandlungsphase war die Erde (Gelb); doch die hatte schon 104 v. Chr. der Martialische

Kaiser für die Handynastie beansprucht, ganz konsequent nach der klassischen Theorie, nach welcher die Erde das Wasser (»qin«) besiegt.

Nach der neuen Theorie erzeugte Holz (»zhou«) das Feuer (»han«) - die Qin wurden, ganz konfuzianisch, als illegitim ausgeschieden - und das Feuer die Asche, das heißt die Erde - und das war Wang Mang selbst. Geschickt bediente er sich dann der umfangreichen konfuzianischen Orakel und Geheimliteratur, um durch ihm genehme Deutungen von tatsächlichen oder erfundenen Naturerscheinungen nachzuweisen, dass die Zeit der Wandlungsphase Feuer und damit der Han abgelaufen war.

Wang Mang war so reformfreudig wie kein Kaiser vor ihm und propagierte dabei die Rückkehr zu den Institutionen der verklärten Zhoudynastie. Aber seine hektischen wirtschaftspolitischen Maßnahmen waren voller Widersprüche. Weder das staatliche Münzmonopol, die Ausgabe einer minderwertigen Münze, die Einführung des staatlichen Alkoholmonopols noch die Naturnutzungssteuer für Jäger und Fischer waren originell oder befanden sich im Einklang mit der reinen Lehre des Konfuzianismus. Eher war das schon bei der Konfiszierung des im Privatbesitz befindlichen Goldes im Tausch gegen minderwertiges Bronzegeld der Fall; eine Maßnahme, die vor allem den Adel traf und wohl auch treffen sollte.

Auch zwei weitere Maßnahmen, die konfuzianisch inspiriert sein könnten, die Freilassung aller Privatsklaven und die längst überfällige Bodenreform mit der Zerschlagung des Großgrundbesitzes, trafen an erster Stelle den Adel, insbesondere die Kaisersippe Liu, die Wang Mang gefährlich hätte werden können. Alles Land unter dem Himmel wurde zum Königsland erklärt und neu aufgeteilt, wobei Wang Mang sich an einem fiktiven Landverteilungsmodell der Vorbilddynastie Zhou orientierte. Beide Reformen mussten aber schon drei Jahre nach ihrer Einführung wieder abgebrochen werden.

Als Thronräuber, der letztlich seine Position nicht festigen konnte und von derselben Dynastie beerbt wurde, die er zuvor gestürzt hatte, wurde Wang Mang auf den Schutthaufen der Geschichte geworfen; er fiel wie der Erhabene Göttliche Kaiser dem Klischee des illegitimen Herrschers anheim; alle seine Handlungen wurden wie die des Erhabenen Göttlichen Kaisers von der Nachwelt

Modeln und Gusskern einer auswechselbaren eisernen Pflugschar aus der Westlichen Hanzeit. Die als Klinge dienende Kappe wurde auf die eigentliche, ebenfalls eiserne Pflugschar aufgesteckt und nach Abnützung ausgewechselt.

ZITAT

Über Wang Mang (aus dem »Han-shu«):
Seit es schriftliche Aufzeichnungen über rebellische Untertanen, Verbrecher und Menschen ohne Moral gibt, hat es keine solchen Übeltäter gegeben wie Wang Mang. Einst hat Qin das »Buch der Lieder« und das »Buch der Dokumente« verbrannt, um an ihre Stelle seine falschen Ideen zu setzen; Wang Mang führte die sechs heiligen Bücher (d. h. die konfuzianischen Klassiker) im Mund, nur um die Ruchlosigkeit seiner Worte zu verschleiern.

negativ beurteilt. Dabei sind die 14 von der späteren konfuzianischen Geschichtsschreibung so verfemten Jahre seiner Herrschaft für die Festigung der konfuzianischen Kaiseridee von ähnlicher Bedeutung wie die 15 verfemten Jahre der Qin für die Geschichte des chinesischen Kaiserstaates überhaupt.

Es war nicht der Volkszorn über seine gelegentlich überhasteten wirtschafts- und sozialpolitischen Reformen, die – so die traditionelle Geschichtsschreibung – Wang Mangs Ende hervorgerufen haben sollen; denn der kleine Mann war von diesen Maßnahmen nur selten betroffen. Es war der Gelbe Fluss, der ihn hinwegschwemmte. Zweimal – 3 n. Chr. und 11 n. Chr. – durchbrach dieser in seinem Unterlauf die Dämme und überflutete und verheerte das am dichtesten besiedelte und produktivste Gebiet des Reiches.

Nach der ältesten erhaltenen Volkszählung der Erde lebten 2 n. Chr. 57,7 Millionen Menschen im chinesischen Reich, davon die Hälfte allein in der Überschwemmungszone des Nordostens. 140 n. Chr. waren es nur noch 48 Millionen, obwohl die dazwischen liegenden 140 Jahre eher von Frieden und Stabilität gekennzeichnet waren. Und der Vergleich der Statistiken der einzelnen Regierungsbezirke macht deutlich, dass der Niedergang der Bevölkerungszahl fast ausschließlich den Nordosten betraf, eben das Katastrophengebiet.

Die verelendeten Bauern des Nordostens rotteten sich zu Banden zusammen, die auf der Suche nach Nahrung immer weiter in die angrenzenden Gebiete nach Süden und Westen vordrangen. Nach und nach wuchsen sie zu einer locker organisierten größeren Einheit zusammen, deren Kämpfer sich zur Unterscheidung von den sie bekämpfenden Truppen Wang Mangs die Augenbrauen rot färbten, weshalb die Hungerrevolte auch als Aufstand der »Roten Augenbrauen« bezeichnet wird. Ein politisches Programm besaßen sie nicht; das erhielten sie erst, als Mitglieder der gestürzten Kaiserfamilie Liu, die ihre Wohnsitze in einem von den »Roten Augenbrauen« bedrohten Gebiet besaßen, sich den Aufständischen anschlossen – allein schon um nicht in deren Flut zu ertrinken.

Es war übrigens eine Nebenlinie, die nicht einmal mehr in den Listen der Kaiserfamilie geführt wurde.

Nachdem die Aufständischen 23 n. Chr. Chang'an erobert und Wang Mang getötet hatten, ließ sich 25 n. Chr. Liu Xiu, ein Mitglied dieser Nebenlinie, der jetzt Führer der Aufständischen war, formell zum Kaiser Guangwudi ausrufen. Seine Dynastie wird in der Geschichtsschreibung unter dem Namen Spätere Han (Hou Han) geführt, aber auch als Östliche Han (Dong Han), weil der neue Kaiser seine Residenz in das östlich von Chang'an gelegene Luoyang verlegte, in die ehemalige Residenz der Zhou. *Klaus Tietze*

Jahrhunderte politischer Zerrissenheit: Die Späteren Han

Die neue Dynastie war kein Neuanfang. Sie lief in den von den Früheren oder Westlichen Han und Wang Mang gezogenen Gleisen; sie vollendete den Triumph des Konfuzianismus und der mit ihm verbundenen Reichs- und Kaiseridee. Guangwudi ging sogar einen Schritt zurück und belebte die Königslehen wieder, die er mit seinen Söhnen besetzte, vielleicht als ein Gegengewicht zu den mächtigen Familienverbänden, von denen er abhängig war. Und diese Abhängigkeit mag auch erklären, dass er und seine Nachfolger das Grundübel des Reiches, den wachsenden Großgrundbesitz, der Bauern und Staat verarmen ließ, ebenso wenig anpackten wie seine Vorgänger und dass 88 n. Chr. gar das Staatsmonopol für Salz und Eisen abgeschafft wurde.

Dennoch war die von Guangwudi wieder begründete Dynastie dem Charakter nach die entschieden konfuzianischere; und damit war sie auch die weniger aggressive und weniger militärische, auch wenn sie noch bis Ende des 1. Jahrhunderts kräftig ihre Muskeln spielen ließ, gerade auch nach außen, gegen die Xiongnu. Die hatten während der Kriegswirren ihre Überfälle wieder aufgenommen und ihre Einflusssphäre wieder auf die Oasenstädte des Tarimbeckens ausgedehnt.

Und wieder war es die Spaltung der Xiongnu (48 n. Chr.), die es China langfristig erlaubte, die Westgebiete zurückzuholen. Als die Nördlichen Xiongnu, von allen Seiten bedrängt – im Osten, Norden und Westen von rivalisierenden Hirtenvölkern und im Süden von

China und den verbündeten Südlichen Xiongnu –, 91 n. Chr. endgültig geschlagen nach Westen abzogen, hatte das Hanreich für die folgenden fünf Jahrzehnte freie Hand in den Westlanden. Danach musste es aber wegen der hohen Militärausgaben die Kontrolle über die Seidenstraße aufgeben.

Das Ringen um die Thronfolge und der Kampf um die Macht

Die Spätere Handynastie übernahm von den Früheren Han auch das Übel, das jene am Ende zu Fall gebracht hatte und das auch ihr zum Verhängnis werden sollte – die Haremswirtschaft, die daraus resultierenden Intrigen um die Thronfolge und die damit verbundene Frage, welche der Damen des Harems Kaiserin werden sollte. Diese, ihrer eigenen Sippe immer noch eng verbunden, versuchte, ihre nächsten männlichen Anverwandten in Machtpositionen zu bringen, allein schon auch um ihre eigene Stellung abzusichern.

Die Heirat eines Kaisers oder die Ernennung eines Thronfolgers waren also hochpolitische Akte, auf die jeder, der nach der Macht strebte, Einfluss zu nehmen versuchte. Unter der Vorgängerdynastie war es nur der Familie Wang durch eine glückliche Fügung gelungen, sich mehr als vierzig Jahre an der Macht zu halten und am Ende sogar das Kaiserhaus Liu zu stürzen. Unter der Dynastie der Späteren Han wurde aber die Schattenherrschaft der jeweiligen Kaiserinfamilie zur Regel. Denn die Familie Liu war während des Aufstandes der »Roten Augenbrauen« und des anschließenden Bürgerkriegs (bis 36 n. Chr.) nur dank der Unterstützung von fünf mächtigen Familienverbänden an die Macht gekommen – zwei kamen aus der Heimat der Kaiserfamilie in Mittelchina und drei aus dem Nordwesten, wo sie ihre eigenen unabhängigen Machtbereiche geschaffen und sich dann Liu Xiu angeschlossen hatten.

Sie alle musste der Dynastiegründer nach seinem endgültigen Sieg zufrieden stellen, das heißt an der Macht beteiligen; und nur die Tatsache, dass diese Familien untereinander rivalisierten, hat es ihm vermutlich ermöglicht, überhaupt zu überleben. 41 n. Chr. war er aber gezwungen, seine erste Frau, der er sehr zugetan war,

Huangdi, der legendäre erste Kaiser Chinas, in einer Steinreliefdarstellung aus einer um 150 n. Chr. gebauten Grabanlage. Die Verschmelzung des Gelbkaisers mit Laozi wurde zum »Gelb-Alten«, zur höchsten Gottheit einer mit magischen Elementen durchsetzten Religion.

zugunsten einer Kaiserin aus einem der beiden Klane seiner Heimatprovinz zu verstoßen.

Von den elf Kaiserinnen zwischen 41 und 168 n. Chr., dem Jahr, in dem die Eunuchen die letzte dieser dominierenden Familien vernichteten und die Macht am Hofe übernahmen, stammten allein neun aus diesen fünf Familien; und ebenso fünf der sechs Regenten. Bedenkt man, dass seit 88 n. Chr. alle Kaiser als Minderjährige, gar als Säuglinge auf den Thron kamen, wird die Macht dieser Familienverbände deutlich. Nur die Rivalität untereinander hielt sie in Schach – und die Eunuchen.

Diesen war es im Verlauf des 2. Jahrhunderts gelungen, sich neben dem Kaiser und der Beamtenschaft – zu der trotz gelegentlicher abweichender Interessen auch die Regenten gezählt werden müssen – als dritte Säule der Macht am Hofe zu etablieren. Dank ihrer exklusiven Nähe zum Kaiser – nur sie durften die inneren Gemächer

Im Kampf gegen die Volksaufstände erstarkte das Militär – Bogenschütze mit schussbereiter Waffe und Ersatzpfeilen (Abklatsch von einem Ziegelrelief der Östlichen Hanzeit, 25–220 n. Chr.).

ZITAT

Teil eines Gedichts von Tao Qian als Beispiel der Flucht in die private Idylle:
Beim Wein
Den Menschen nah schlag ich die Hütte auf,
Und doch dröhnt hier kein Wagen, lärmt kein Pferd.
Und wenn du fragst, woher das kommen mag,
Mein Herz macht sich die Wohnstatt abgekehrt. ...

des Palastes mit dem Harem betreten – und als Leiter des kaiserlichen Sekretariats kontrollierten sie den Informationsfluss zwischen Regierung und Herrscher. Dies gab ihnen vielfältige Möglichkeiten, die Politik mitzugestalten, vor allem, wenn es um Fragen des Harems ging, also um die Thronfolge oder die Auswahl einer Kaiserin.

Auch wenn sie nicht immer gemeinsam an einem Strang zogen, lag die Stärkung der Autorität des Kaisers im Interesse aller Eunuchen; denn nur er konnte ihnen, die keinen familiären Rückhalt besaßen, die erreichte Stellung garantieren. Und als sie 135 n. Chr. das Privileg der Adoption und damit zur Gründung von Familien und Vererbung ihres Besitzes erhielten, trachteten sie auch aus diesem Grund danach, die einmal erkämpften Machtpositionen zu erhalten. Schon mehrfach hatten sie unmündigen Kaisern im Kampf gegen die mächtigen Familienverbände zur Seite gestanden und diese, bis auf einen, endgültig ausgeschaltet.

Als dieser Clan 168 n. Chr. im Bündnis mit den Beamten nach der Macht zu greifen und die Eunuchen zu vernichten versuchte, drehten diese mithilfe der Palastarmee den Spieß um. Ihr Putsch rettete das Kaiserhaus aber nur vorübergehend. Denn sie begnügten sich nicht damit, die besiegte Familie auszurotten: Auch zahlreiche Anhänger dieser Familie aus der Beamtenschaft endeten unter dem Richtschwert, und noch mehr wurden in entlegene Provinzen verbannt, auf immer von allen Ämtern ausgeschlossen, auch solche, die mit ihr nur entfernt verwandt waren.

Höchste Regierungsämter wurden jetzt von den allein regierenden Eunuchen zur Aufbesserung der kaiserlichen Finanzen gegen Höchstgebot versteigert. Der Arm der Eunuchen reichte aber nicht bis in die Provinz, die eigentliche Basis des Reiches. Dort, in der Lokalverwaltung, dominierten weiter die Beamten, die durch ein weit gesponnenes Netz familiärer, persönlicher, landsmannschaftlicher Bindungen und akademischer Klüngel miteinander verbunden waren. Und dort sollte sich auch das Schicksal der Dynastie entscheiden.

Der Zerfall des Hanreiches

Im Jahre 184 n. Chr. brach in den Küstenregionen von Shandong und Henan östlich der Residenz Luoyang, wo es schon lange unter den verelendeten Bauern gärte, eine Volkserhebung los, die nach dem Erkennungszeichen der Aufständischen, einem um den Kopf gewickelten gelben Tuch, auch Aufstand der »Gelbturbane« genannt wurde. Dieser Aufstand war deshalb so gefährlich, weil er im Gegensatz zu dem Aufstand der »Roten Augenbrauen« straff organisiert war und ein klares politisches Programm besaß: die Beseitigung der Han und die Errichtung eines theokratischen Herrschaftssystems, das ein Zeitalter des »Großen Friedens« (»taiping«) einleiten sollte, eine Utopie, nach der auch der Konfuzianismus strebte.

Geistige Grundlage dieses Programms war, mit einer Beimengung von kosmologischen Vorstellungen der Konfuzianerund allerlei magischen Praktiken und pseudomedizinischem Hokuspokus, eine Spielart des religiösen Daoismus, dessen höchste Gottheit der »Gelb-Alte« (»huanglao«) war, eine Verschmelzung von Laozi mit dem mythischen Gelbkaiser (Huangdi). Das Kerngebiet dieser religiösen Bewegung, die Provinz Shandong, war schon vor den Qin für seine Magier und Schamanen bekannt gewesen.

Im Westen, in der noch dünn besiedelten und stark mit nichtchinesischen Völkern durchsetzten unzugänglichen Region des nördlichen Sichuan, bildete sich, ebenfalls auf der geistigen Grundlage des Huanglao-Daois-

Durch ein ausgeklügeltes System von Zahnrädern wurde die Geschwindigkeit der Räder dieses Wegmessers so reduziert, dass die mechanischen Puppen nach genau einer chinesischen Meile (etwa 500 m) die Trommel schlugen (Abreibung eines Steinreliefs, 2. Jh. n. Chr.).

mus, ein straff organisierter »Kirchenstaat« heraus, dessen Begründer, der historisch nicht eindeutig nachweisbare Zhang Daoling, als erster »Papst« der daoistischen »Kirche« gilt. Der Aufstand der »Gelbturbane« war die erste in einer langen Reihe von messianischen Volkserhebungen, die China immer wieder erschütterten, zuletzt im verheerenden Taipingaufstand Mitte des 19. Jahrhunderts.

Auch wenn die Volksbewegung selbst nicht zu unterdrücken war, so konnte doch der Aufstand rasch niedergeschlagen werden, aber nur um den Preis der Stärkung des Militärs. Dieses wurde jetzt in den Regierungsbezirken, die ohnedies schon vom Hof wegdrifteten, mit weit reichenden zivilen und militärischen Vollmachten ausgestattet, sodass deren Kommandeure sich als unabhängige Kriegsherren etablieren konnten.

ZITAT

Einem Eunuchen wird ein Adelstitel verliehen; aus dem »Hou Han-shu« (Buch der Späteren Han):
Im 14. Jahr yongyuan (102 n. Chr.) erinnerte sich der Kaiser der hervorragenden Dienste des Zheng Zhong und verlieh ihm den Titel eines Grafen von Chao mit einem Lehen von 1500 Haushalten. Im 1. Jahr yongchu (107 n. Chr.) überließ ihm die Kaiserin 300 weitere Haushalte. ...

Die Dynastie wurde vollends ihrer Machtbasis beraubt, als 189 n. Chr., bei der Ernennung eines neuen Kaisers, die Beamten zusammen mit den Militärs gegen die Eunuchen putschten und diese zu Tausenden abschlachteten. Völlig schutzlos, wurde der minderjährige Herrscher jetzt ein Spielball der miteinander rivalisierenden Kriegsherren. Er blieb jedoch wenigstens der Form nach noch der Kaiser, weil keiner der regionalen Machthaber es wagen konnte, den letzten Schritt zu tun und die Dynastie zu beerdigen, solange er von Rivalen umlauert war.

196 fiel der Kaiser in die Hände des Kriegsherrn Cao Cao. Diesem gelang es, nach und nach Nordchina, das immer noch das bei weitem volkreichste Gebiet des Reiches war, unter seine Herrschaft zu zwingen. Trotzdem wagte auch er es nicht, der Dynastie den Todesstoß zu versetzen. Das tat erst sein Sohn und Nachfolger Cao Pi. Im November 220 ließ er sich von dem letzten Hankaiser feierlich das kaiserliche Siegel übertragen und gründete die Weidynastie. Unangefochten blieb sein imperialer Anspruch aber nicht. Einer der beiden anderen übrig gebliebenen Rivalen um die Nachfolge der Han, der Kriegsherr Liu Bei in Sichuan, tat es ihm gleich und ließ sich, da er ein entfernter Verwandter der Herrschersippe der Han war, konsequenterweise zum Kaiser der Dynastie Han (Shu-Han) ausrufen. Der dritte Bewerber um das Erbe der Han, der Kriegsherr des Südostens, Sun Quan,

riskierte diesen Schritt erst 229 n. Chr.; sein Reich hieß Wu, nach dem Namen der Region.

Keines dieser drei Reiche überlebte lange. Die Kämpfe zwischen ihnen, die der Epoche ihren Namen gaben (Drei Reiche: San-guo, 220–265), sind in der volkstümlichen Literatur Chinas zu Heldenepen romantisiert worden. Han und Wu wurden noch während des 3. Jahrhunderts vom Nordreich geschluckt, sodass China von 280 bis 316, schon unter einem neuen Herrschergeschlecht und dem Namen Jin, noch einmal geeint war; doch danach fiel es, wenigstens in seiner Nordhälfte, in völlige politische Anarchie. Die Trennlinie zwischen Nord und Süd bildete der Huai He.

Im von Kriegen weniger geschüttelten Süden, wohin sich ein guter Teil der ehemaligen Oberschicht der Han geflüchtet hatte, lösten einander bis 589, dem Jahr der Reichseinigung, nur fünf Dynastien ab, wenn auch nicht

Das berühmte »Fliegende Pferd«, eine chinesische Bronzeplastik aus der Östlichen Handynastie, ist ein Beispiel für die blühende Kultur während der Epoche der Herrschaft der Han (2. Jh. n. Chr.; Peking, Nationalmuseum).

100563

ohne Blutvergießen; diese wurden von der späteren Geschichtsschreibung zu legitimen Nachfolgern des Hanreiches bestimmt. Von den 26 Herrschern dieser Reiche wurden 13 ermordet und vier mit Gewalt zum Thronverzicht gezwungen.

Noch turbulenter ging es im politisch zerrissenen Norden zu, wo im 4. und 5. Jahrhundert an die zwanzig meist kurzlebige Staaten, zum Teil nebeneinander, existierten, die Mehrzahl davon Gründungen von hirtennomadischen Völkern unklarer Herkunft, Erben der untergegangenen Xiongnu-Konföderation. Nur einem dieser Reiche, dem der Toba-Wei (386–534), einer Gründung des mongolischen Volkes der Xianbi, war ein längeres Leben beschieden. Das Herrschervolk war aber am Ende so stark sinisiert, dass es völlig im chinesischen Volk aufging. Trotz dieser politischen Zerrissenheit war es aber der immer noch weit volkreichere Norden, der 589 das Reich unter der Dynastie Sui (581–618) wieder einte, die diese Einheit an die glanzvolleren Tang (618–906) weiterreichte.

Kein finsteres Zeitalter der Kultur

Es wäre ein Irrtum zu glauben, diese Jahrhunderte der politischen Zerrissenheit seien ein finsteres Zeitalter der chinesischen Kultur gewesen. Im Gegenteil, sie gehören, gerade auch gemessen an den 400 Jahren der Han, zu den kulturell fruchtbareren Epochen der chinesischen Geschichte. Hier muss es genügen, den großen Dichter Tao Qian zu erwähnen, ohne dessen Bukolik und Weltflucht die klassische Tangdichtung kaum zu denken wäre, oder die Landschaftsmalerei, die hier ihren Ausgang nahm, ganz zu schweigen von den monumentalen buddhistischen Höhlentempeln des Nordens mit ihren mächtigen Buddhaskulpturen und prachtvollen Wandfresken.

Das bedeutendste geistige Ereignis dieser Epoche war nämlich die Missionierung Chinas durch den Buddhismus, der von den inzwischen buddhisierten Westlanden über die Seidenstraße nach China gelangte. Dort wurde er erstmals 65 n. Chr. erwähnt; und gegen Ende der Hanzeit hatte er in der Hauptstadt Luoyang und in einigen wenigen Zentren der Provinzen Fuß gefasst, vermutlich aber nur in den oberen Zirkeln der Gesellschaft. Den eigentlichen Durchbruch erlebte er erst in der »kaiserlo-

100562

Luoyang war seit der Zhouzeit eine der traditionsreichsten chinesischen Metropolen. Während der Östlichen Hanzeit wurde es zu einem kulturellen Zentrum. Seit Ende der Hanzeit hatte der Buddhismus hier Fuß gefasst – Blick auf die buddhistischen Höhlentempel von Luoyang.

sen« schrecklichen Zeit zwischen dem 3. und 6. Jahrhundert, dank der wohlwollenden Förderung durch die Barbarenfürsten des Nordens, die weniger Vorurteile gegenüber dem fremden Eindringling hegten.

Unter den Toba-Wei stieg der Buddhismus sogar in den Rang des offiziellen Staatskultes auf, wenn auch um den Preis, dass er strikter Staatsaufsicht unterstellt wurde, eine Praxis, der auch die späteren Dynastien folgen sollten. Aber nicht nur administrativ wurde die fremde, eigentlich unchinesische Religion gezähmt; mit der Zeit flossen so viele chinesische Elemente in den Buddhismus ein – so zum Beispiel auch der ihm völlig wesensfremde Ahnenkult –, dass mit Recht von einem ostasiatischen Buddhismus gesprochen werden darf; dieser hat sich dann auch nach Korea und Japan ausgebreitet.

Geholfen hat ihm auch der Daoismus, der ja selbst schon zu einer Religion geworden war oder sich mit alchimistischem Hokuspokus beschäftigte. Der Buddhismus hat zur Erläuterung seiner Ideen anfangs kräftig Anleihen bei der philosophischen Terminologie des späten Daoismus gemacht, mit dem er religiöse Praktiken wie Meditation, Atemtechniken und Speisevorschriften teilte; dieser war sozusagen das Trojanische Pferd, mit dem der Buddhismus sich in die Festung China schlich. Ihrerseits übernahmen die Daoisten vom Buddhismus die Form der Ordensorganisation mit Mönchen, Nonnen und Klöstern. Beide »Kirchen« haben sich im Übrigen erbittert bekämpft, häufig bis aufs Messer, gerade weil es ihnen um die gleiche Klientel ging.

Es mag wenig wundern, dass in diesem tuscheklecksenden und von Aberglauben beherrschten Säkulum ein kühner Denker und Rationalist wie Wang Chong (27 bis etwa 97 n. Chr.) mit seinen Thesen kein Gehör bei seinen Zeitgenossen fand. In seinem Werk »Lun-heng« (»Erörterungen und Erwägungen«) entlarvt er so ziemlich alle Denkklischees seiner Zeit als Irrtümer, wobei er seine Beweisführung nicht auf Spekulation, sondern auf die Beobachtung sinnlicher Phänomene stützt. Nicht einmal die Eckpfeiler zeitgenössischen Denkens, die Vorstellung einer Erschaffung der Erde durch den Himmel und die der Unsterblichkeit und damit die der Lebensverlängerung, finden vor seinem kritischen Verstand Gnade. So radikal war sein Denken sogar, dass es nicht nur in seiner Zeit, sondern auch danach folgenlos blieb.

Was Rom für Europa, das war die Hanzeit für China: ein Vorbild, dem viele nachzueifern versuchten. So manche der nachfolgenden Dynastien nannte sich nach ihrem Namen; und nicht zuletzt ging dieser auch auf das chinesische Volk als Ganzes über, das sich selbst »hanren« nennt. Das Hanreich steckte den Rahmen ab, innerhalb dessen sich die chinesische Zivilisation weiterentwickelte; und diesen Rahmen hatten die Konfuzianer zurechtgeschnitten, weshalb diese auch nach langen Jahrhunderten der Verdrängung durch Buddhisten und Daoisten doch wieder die geistige und politische Führerschaft übernahmen, die erst zu Beginn des 20. Jahrhunderts endete. *Klaus Tietze*

Japan

Am Anfang war die Sonne: Die Frühgeschichte Japans

Japan, japanisch seit dem frühen 8. Jahrhundert Nippon oder Nihon, das heißt »Land der aufgehenden Sonne« (Marco Polo nannte das chinesische Jih-pen-kuo, gesprochen Jipang, »Zipangu«, auf das der Name Japan zurückgeht), ist die Bezeichnung für die Inselkette (insgesamt 377 819 Quadratkilometer), die mit über 2400 Kilometer Länge dem asiatischen Kontinent im Osten von Nordosten nach Südwesten bogenförmig im Pazifik vorgelagert ist und sich vom 45. bis zum 24. nördlichen Breitengrad erstreckt (vergleichbar sind die Breitengrade des Brenners und Mauretaniens). Sie besteht aus den vier großen Inseln Honshū, Hokkaidō, Kyūshū und Shikoku und weiteren etwa 4000 gebirgigen, meist unbewohnten Inseln.

Sie sind Teil des den Pazifik umgebenden Vulkangürtels mit heute noch etwa vierzig tätigen Vulkanen; dessen Gebirgszüge mit über 3000 Meter hohen Bergen

INFOBOX

Miwa besucht Iwatamyori

Zur Besuchsehe gibt es folgende Legende: Die Prinzessin Iwatamyori wurde nachts immer von einem Mann besucht. Als sie schwanger war, befestigte sie auf Anraten der Eltern einen langen Faden am Saum seines Gewandes und wurde somit, dem Faden folgend, gewahr, dass der nächtliche Gast die Gottheit des Berges Miwa war.

Diese Legende aus dem »Kojiki« wie auch weitere aus den »Fudoki« und dem »Nihongi« weisen auf mutterrechtliche Strukturen in Südwestjapan hin. Männer besuchen nachts die Erwählte, rufen ihren Namen, und wenn die Frau antwortet, kann der Bund geschlossen werden. Man spricht von »Besuchsehe« – »yobai« (von »yobi-ai«, rufen und zusammenkommen). Das gleichlautende »yobai« (nächtliches Einschleichen) ist eine volkstümliche Angleichung. Die Sitte deutet auf Einwanderer aus dem südchinesischen und malaiisch-polynesischen Raum hin, wo die Männer im Männerhaus leben und die Kinder alleiniger Besitz der Frauen sind.

(höchste Erhebung ist der Fuji mit 3776 Metern) kammern das Land, das nur über wenige Ebenen, meist am Pazifik, verfügt. Mehr als 12000 heiße Quellen weisen auf lebhafte geologische Aktivitäten hin, Erdbeben sind häufig. Da Japan zwischen dem eurasischen Kontinent und dem Pazifik liegt, ist sein Klima zugleich kontinental und maritim: subtropisch im Sommer, gemäßigt kalt im Winter, wozu auch der warme Äquatorialstrom Kuroshio beiträgt. Der Boden ist außerordentlich fruchtbar, in Südwestjapan sind bei günstigen Bedingungen zwei Ernten im Jahr möglich.

ZITAT

Der göttliche Ninigi aus Kojiki erhält den Auftrag zur Landnahme (Bd. 1, Buch Ninigi no Mikoto, 712 n. Chr.):
Hierauf erließen sie (die Gottheiten Amaterasu und Takagi) an den göttlichen Hiko-ho no Ninigi einen Befehl und erteilten ihm huldvoll den Auftrag: »Dieses Land der frischen Ähren des Üppigen Schilfgefildes ist das Land, das du regieren sollst. Daher sollst du Unserem Befehl gemäß vom Himmel hinabsteigen.«...

Es wird vermutet, dass vor mehr als 500 000 Jahren eiszeitliche Völker aus dem asiatischen Raum und aus dem Südpazifik über die damals noch vorhandenen Landbrücken im Norden, über Sachalin/Kamtschatka-Kurilen-Hokkaidō oder im Westen über Korea-Tsushima-Kyūshū im Gefolge jagdbarer Tiere (Mammuts, Bären, Hirsche, Wildschweine) einwanderten und im Süden dem Äquatorialstrom Kuroshio folgend über die Inselbrücke Philippinen-Taiwan-Ryūkyūinseln nach Japan kamen. Auf eine so frühe Besiedlung deuten Funde von Steinwerkzeugen in 500000 bis 600000 Jahre alten Vulkangesteinsschichten (Takamori I, Präfektur Miyagi, 1993) hin, roh bearbeitete Faustkeile (»chopper-stones«), die in ähnlicher Form in ganz Ostasien auftreten.

In jüngeren Lagen fanden Archäologen Stichel, Schaber, Klingen und Werkzeuge aus Obsidian sowie versteinerte Menschenknochen, zum Beispiel in Ushikawa bei Nagoya, Mitsukabi und Hamakita bei Shizuoka, in der Präfektur Oita und an anderen Fundstellen, jedoch keine Keramiken, weshalb Wissenschaftler diese Zeit auch »vorkeramisch« nennen. Ob es eine einheitliche altsteinzeitliche Kultur in Japan gegeben hat, ist umstritten, denn über diese Ur- oder Protojapaner ist nichts Näheres bekannt. Es wird angenommen, dass sie der protonegriden und der protomongolischen Rasse angehörten.

Spätere Einwanderungsströme (um 8000 v. Chr.) führten Vorfahren der Mongoloiden nach Japan, die sich mit den vorhandenen Protojapanern vermischten. Sie brachten von Hand gefertigte bizarre Keramiken mit, die mit Schnurmustern verziert sind (»Jōmon«, japanisch »jō« bedeutet Schnur, »mon« Muster); nach ihnen wird diese Periode »Jōmonkultur« genannt. Die Jōmon-Japaner waren überwiegend Jäger, Fischer und Sammler, lebten in polygamen Gemeinschaften in Höhlen, wurden später nach und nach sesshaft und bauten rechteckige oder runde Wohngruben, die mit Grassoden, Zweigen oder Baumrinde überdacht waren – eine wärmende Wohnform, die auf nördliche, vermutlich mongolisch-sibirische Ursprungsgebiete hinweist.

Die Jōmon-Japaner besaßen Jagdwaffen mit Speer- und Pfeilspitzen aus Stein, Klingen und Bohrer aus Stein sowie Angelhaken und andere Werkzeuge aus Knochen und Horn, die man in verschiedenen Erdschichten gefunden hat. Sie kleideten sich in Felle oder grobes Gewebe aus Bast oder Hanf und schmückten sich mit Muscheln und Steinen; Tätowierungen, abgefeilte und gezogene Zähne galten als schön.

Mutterrechtlich organisierte Gemeinwesen herrschten im Südwesten vor, wo die Besuchsehe (»yobai«) galt, was auf Einwanderer aus dem malaiisch-polynesischen Raum hinweist, vaterrechtliche Strukturen fanden sich mehr in Zentraljapan, wo überwiegend Einwanderer vom Kontinent siedelten. Vor bösem Einfluss der Totengeister und der Dämonen der Naturgewalten schützten Amulette. Verehrung von senkrecht aufgestellten länglichen Stei-

Geologisch ist Japan von Inseln geprägt, die die Gipfelreihe eines kompliziert gebauten Gebirgsbogens darstellen.

100495

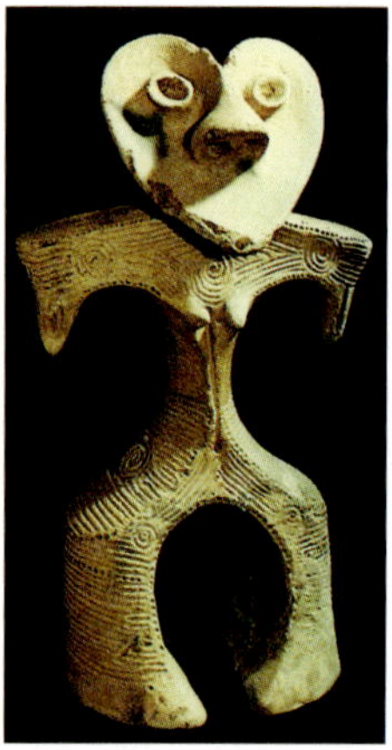

Das Idol aus dem 2. Jahrtausend v. Chr. wird nach seinem Fundort in der Provinz Gumma als Satohara-Figur bezeichnet. Typisch für die frühe Periode der japanischen Keramik ist das dichte Dekor mit schnurartigen Verzierungen.

nen, weiblichen Tonfiguren und phallischen Symbolen lassen auch auf Fruchtbarkeitskulte schließen, sonnenradförmige Steingruppierungen auf Anbetung der Sonne.

Die Entstehung der Reisbauernkultur

Vermutlich durch eine neue Einwanderungswelle vom asiatischen Kontinent, die im 2. Jahrhundert v. Chr. durch die Konsolidierung des chinesischen Hanreiches sowie die Verdrängung der Randvölker im Becken des Jangtsekiang und in Südchina ausgelöst wurde, überlagerten Menschen einer höheren Kulturstufe die Alteingesessenen als Oberschicht. Sie brachten neben Reisanbau, Pferden, Rindern und Geflügel auch Ackerbaugeräte aus Kupfer, Bronze und Eisen, bessere Waffen und einen neuen Haustyp mit, ebenerdige und aufgeständerte Hütten, die nach und nach die Wohngruben ablösten, eine Wohnform, die auf Bewohner feuchter Ebenen aus dem südchinesischen und südostasiatischen Raum hindeutet.

Diese Kultur, die sich bis um Christi Geburt bis in die Kantōebene (Tokio) verbreitete, dauerte etwa von 300 v. Chr. bis 300 n. Chr. Sie wird als Yayoizeit bezeichnet, nach der schmucklosen, auf der Töpferscheibe gefertigten Keramik, die in Yayoi, einem Stadtteil von Tokio, gefunden wurde. In dieser Zeit wurden die Japaner end-

INFOBOX

Chinesische Quellen zur japanischen Frühgeschichte

Die japanische Frühgeschichte lässt sich aus Ermangelung eigener schriftlicher Quellen nur aus archäologischen Artefakten und den chinesischen Dynastiegeschichten rekonstruieren, in denen Japan in den Abschnitten über die benachbarten Barbarenvölker beschrieben wird. Folgende Werke enthalten genauere Angaben:

Das »Wei-zhi« (Geschichte des Staates Wei, entstanden 297) nennt im Anhang des Biographienteils die Japaner »Wa«, eine abwertende Bezeichnung mit der Bedeutung »Gnome«, deren Land von einer Königin durch Zauberei regiert wird und aus hundert Königreichen besteht. Im »Hou Han-shu« (Buch der Späteren Han, um 440) wird das Land Nu von Wa erwähnt. Im »Song-shu« (Buch der Liu-Song-Dynastie, um 510) wird über fünf Könige im Lande Wa geschrieben. Über eine Tributdelegation von 413 berichtet das »Jin-shu« (Buch der Jindynastie, um 630). Eine weitere Quelle ist das »Sui-shu« (Buch der Suidynastie, um 630).

INFOBOX

Muttergottheiten
In der Frühgeschichte Japans kam der Frau als Muttergottheit große Bedeutung zu. Im frühen Kultwesen des Schintoismus vermittelten weibliche Schamanen zwischen Göttern und Menschen, aber auch der in chinesischen Quellen genannte mythische Staat Yamatai soll im 3. Jh. von einer Priesterkönigin regiert worden sein. Die als Götterkind (miko) bezeichnete Schamanin empfing in Tanz und Trance das göttliche Orakel oder ließ die Seele eines Toten sprechen. Sie war an Hals, Armen und Füßen mit kostbaren Perlenketten geschmückt und trug am Gürtel die Insignien ihres Priesterstandes.

gültig sesshaft und legten in den wenigen Ebenen oder Flusstälern und an den Küsten Dörfer an, die relativ unabhängig nebeneinander existierten, aber einem gemeinsamen obersten Herrscher untertan waren.

Die chinesische Chronik »Wei-zhi« (»Geschichte des Staates Wei«, 297 n. Chr.) berichtet von über »100 Königreichen im Lande Wa«, die durch Gesandte und Botschaften Verkehr mit dem chinesischen Hankaiser pflegten. Sie standen unter Führung einer Königin namens Himiko von Yamatai. Die Lage von Yamatai ist unklar, es wird in Zentralkyūshū, aber auch im Narabecken vermutet; die Königin Himiko wird in der japanischen Geschichtsschreibung nicht erwähnt.

In den Dörfern lebten Familien oder Sippen, die auch das blutsmäßig nicht verwandte Gesinde als Hausgenossen in ihre Wirtschaftsgemeinschaften einbezogen. Sie waren nunmehr meist patriarchalisch strukturiert: Männer organisierten gemeinsam die Bewässerung der Reisfelder, bauten Wassergräben, Dämme, Häuser, verteidigten die Dörfer, jagten und fischten, Frauen besorgten die Haus- und Feldarbeit. Es kann angenommen werden, dass in dieser Zeit bereits Arbeitsteilung einsetzte, denn das Herstellen von Keramiken, Webwaren, Metallwerkzeugen und Waffen setzte die Beherrschung von Techniken voraus, die über die üblichen bäuerlichen Handfertigkeiten hinausgingen.

Ausgrabungen von Siedlungen der Yayoizeit (zum Beispiel Toro bei Shizuoka) weisen auf Dorfgemeinschaften hin, die in Hütten mit Lehmfußboden als Arbeitsbereich und einem erhöhten Wohnbereich lebten.

In der frühen Yayoiperiode wurde dieses schwarze Gefäß auf der Töpferscheibe gedreht und mit farbigem Dekor versehen (Kyōto, Archäologisches Zentrum der Universität).

ZITAT

Aus der »Geschichte des Staates Wei« (Wei-zhi, 297 n. Chr.):
Die Menschen von Wa leben in der Mitte des Ozeans, südöstlich von Taifang und haben auf bergigen Inseln einen Staat errichtet. Früher waren es mehr als hundert Länder. In der Hanzeit kamen Gesandte an den Hof, heute sind es dreißig Länder, die Gesandte und Botschaften schicken.

Die »Tsubo«-Vase stammt aus der späten Yayoiperiode (Kyōto, Archäologisches Zentrum der Universität). Die aus rotem Ton gebrannte Keramik ist mit einem einfachen Wellenmuster bemalt.

Dem Oberhaupt eines Dorfes oblagen zur Saat- und Erntezeit als Priester die jeweiligen Zeremonien (Darbringung von Opfergaben, Beschwörungen) für die Haus- und Feldgottheiten.

Vermutlich haben sich in der zweiten Hälfte der Yayoizeit einzelne Dorfgemeinschaften zu Sippenverbänden zusammengeschlossen, die »uji« genannt wurden. Sie bildeten kleine Staaten (»kuni«), an deren Spitze als weltliche und religiöse Herrscher die »uji no kami« standen. Sie waren als Grundherren Eigentümer des Landes; dieses gaben sie zu unterschiedlichen Pacht- und Nutzungsbedingungen weiter, woraus sie ihre Einkünfte und Machtstellung bezogen. Den »uji« angegliedert waren Gruppen von Fachleuten (»be«) für die verschiedensten Berufe, zum Beispiel Weber, Schmiede, Töpfer, die den Herrschenden dienstbar waren; dabei handelte es sich häufig um Einwanderer vom Festland. Unfreie (»tomobe«) für niedere Arbeiten galten als veräußerliches Eigentum der »uji«.

Shintō – Der Weg der Gottheiten

Die religiöse Vorstellung der Frühzeit war ein einfacher Animismus, eine von Geistwesen (»kami«) beseelte Naturwelt, die mit ihren übernatürlichen Kräften das menschliche Dasein beeinflusst. Diese Geistwesen günstig zu stimmen und deren Kräfte sich untertan zu machen, war Aufgabe von männlichen und weiblichen Schamanen, die häufig auch die Herrschaft ausübten. Sie galten als unantastbar, ihre Wohnstätten, eingefriedete Haine mit Quellen oder Brunnen zur symbolischen Reinigung sowie größeren Hütten, waren sakrale Bereiche, wo sie Schutz und Beistand der »kami« erflehten und Kulthandlungen zur Zeit der Aussaat und Ernte vornahmen: Ritualgebete, Tänze und Reinigungszeremonien.

Diese Handglocke wurde in der Yayoizeit aus Bronze gefertigt und diente vermutlich rituellen Zwecken (3. Jh. v. Chr.–3. Jh. n. Chr.; Rom, Museo Nazionale d'Arte Orientale).

Später waren den »kami« besondere Gebäude geweiht, in denen ihre materielle Verkörperung (»shintai«) in Gestalt einer Tonfigur, eines Steines oder Spiegels eingeschreint war. Die Toten wurden auf abseits der Dörfer gelegenen Begräbnisplätzen in einfachen Stein- oder Tonsärgen bestattet; diese enthalten gelegentlich persönliche Gegenstände oder verzierte Spiegel und »Handglocken« (»dōtaku«), deren zeremonielle Bedeutung bisher noch unklar ist (Jagdzauber?, Regenruf?).

50558

s. ZEIT Aspekte Shintoismus S. 520

INFOBOX

Die Ahnen des Tenno

Als Schöpfer des Meeres, der Gebirge und Pflanzen sowie auch Japans gelten der Gott Isanagi und die Göttin Isanami. Isanagi übergab die Herrschaft über den Himmel der Sonnengöttin Amaterasu, diejenige über die Nacht dem Mondgott Tsukijomi; zum Herrn des Meeres bestimmte er den Sturmgott Susano-ō. Aus dem Streit dieser Gottheiten ging Amaterasu siegreich hervor. Sie ernannte ihren Enkel Ninigi zum Herrscher über Japan. Er gilt als göttlicher Ahnherr der bis heute herrschenden Dynastie. Ihr jeweiliges Oberhaupt ist der Tenno, »Himmelsherrscher«, in dem das traditionelle japanische Denken die sichtbare Manifestation des Willens der Sonnengöttin Amaterasu sieht.

Der Glaube der Frühzeit nahm später Elemente chinesischer Religionen (Daoismus, Yinyang) und den patriarchalischen Ahnenkult auf und wurde zu einem »Weg der Gottheiten« (japanisch »kannagara no michi«, sinojapanisch »shintō«, »shin« bedeutet Gott, »tō« oder »dō« Weg), der die Vergöttlichung der Ahnen und der Schirmherren bestimmter sozialer Gruppen mit einschließt; er führte zu einem Polytheismus, in dem die Gottheit Amaterasu (»Die am Himmel Strahlende«), vermutlich eine deifizierte Schamanin, Gründerin eines »uji« oder eine Herrscherin über ein »kuni«, eine zentrale Position einnimmt. Heilige Kleinodien (Schwert, Spiegel und so genannte Krummjuwelen) waren zugleich Symbole der Herrschaft; gemäß der Überlieferung hatte die Sonnengöttin sie dem Ahnherrn der kaiserlichen Sippe übergeben. *Fritz Opitz*

ZITAT

Aus der »Geschichte des Staates Wei« (Wei-zhi, 297 n. Chr.), Berichte über die Barbaren:

Bei ihren Zusammenkünften und in ihren Häusern gibt es weder Unterschiede zwischen Vater und Sohn noch zwischen Mann und Frau. Sie lieben berauschende Getränke. Bei Opferhandlungen klatschen die Würdenträger einfach in die Hände, statt zu knien oder sich zu verbeugen. Die Menschen leben lang, manche hundert, andere achtzig oder neunzig Jahre. Die Frauen sind weder leichtfertig noch eifersüchtig, es gibt keine Dieberei und Rechtshändel sind selten.

Dem Tenno untertan: Die Entstehung des Staates Yamato

Nach den Mythen in den Annalen »Kojiki« (»Aufzeichnung von Begebenheiten aus alter Zeit«) von 712 und dem »Nihonshoki« (»Chronik Japans«) von 720 hat der Ururenkel der Sonnengöttin, der später den Namen Jimmu erhielt, 660 v. Chr. von Kyūshū kommend nach einem siegreichen Feldzug in Kashiwara bei Nara das Reich Yamato gegründet. Gemäß neueren Forschungen soll der legendäre Jimmu-Tenno mit dem halb historischen Sujin-Tenno (nach der Legende 93–30 v. Chr., tatsächlich 3. oder 4. Jahrhundert) identisch sein, sodass die Reichsgründung zu Anfang des 4. Jahrhunderts anzusetzen ist.

Die in den Mythen berichteten Kämpfe der himmlischen Gottheiten mit den irdischen Mächten beschreiben die Auseinandersetzungen mit den Randvölkern, den Kumaso in Kyūshū, koreanischen Siedlern in Westhonshū (Izumo), den Ebisu in Zentral- und Nordosthonshū und mit Silla (Ostkorea), die den Staatsgründungsprozess begleiteten.

Sicher ist, dass die etwa dreißig »uji« sich in dieser Zeit zu dem Reich Yamato zusammenschlossen, einer losen Konföderation, deren Zentrum in dem fruchtbaren Becken von Nara in Zentraljapan lag. Die Sippe, die ihren Ursprung auf die Sonnengottheit Amaterasu zurückführte und ihren Oberpriester stellte, war für die Beziehungen zum Festland zuständig, ihre »uji no kami« übten als »Primi inter Pares«, das heißt als Erste unter Ranggleichen, richterliche Funktionen bei Streitigkeiten unter den »uji« aus. Diese Sonderstellung ermöglichte es ihnen, nach und nach andere »uji« in eine lose Abhängigkeit zu bringen und als »Oberster Landesherr« (»sumera mikoto«) die dauernde Herrschaft für ihre Familie zu erringen. Aus ihr gingen die Tenno hervor.

Ab dem 4. Jahrhundert ließen sich die Herrscher immer größere Grabstätten (so genannte Hügelgräber, »kofun«) errichten, von denen manche die ägyptischen Pyramiden an Größe übertreffen; charakteristisch ist ihre Schlüssellochform. Die größte Grabstätte ist die des legendären Tenno Nintoku (313–399?); sie ist 480 Meter lang, 305 Meter breit und 33 Meter hoch und wurde vermutlich in einem Zeitraum von 15 bis zwanzig Jahren von mehr als tausend Fronarbeitern erbaut.

Die »kofun« enthalten als Grabbeigaben Tonmodelle von Menschen, Häusern, Tieren, Schmuck und Waffen. Das Auftreten der Hügelgräber ist ein Kennzeichen für den Beginn einer Konsolidierung des japanischen Staates, der die politische Macht und die wirtschaftliche Kraft hatte, derartige Bauwerke zu organisieren. Unter dem Einfluss des Buddhismus endete im 7. Jahrhundert der Bau dieser Gräber.

286

Das Schlüssellochgrab (kofun) des Tenno Nintoku in der Osaka-Ebene ist das größte seiner Art. Es ist von drei Wassergräben und Grüngürteln ein geschlossen (wohl um 400 n. Chr.).

ZITAT

Aus der »17-Artikel-Verfassung« des Shōtoku-taishi:
Lasst die Minister und die Staatsdiener früh am Morgen ins Amt kommen und spät zurückkehren. Die Staatsgeschäfte dulden keine Nachlässigkeit, und ein ganzer Tag ist kaum genug für ihre Durchführung. Wenn man spät ins Amt kommt, kann man dringende Fälle nicht entscheiden, wenn Staatsdiener früh heimkehren, kann die Arbeit nicht zu Ende gebracht werden.

INFOBOX

Zum Begriff des Tenno

Die japanische Bezeichnung »ookimi« (Großherr) oder »sumera mikoto« (Allmächtiger Herrscher) für das Oberhaupt einer Uji-Koalition wurde während der Regierung des Kronprinzen Shōtoku zur Bezeichnung der Herrscherin Suiko in »Tenno« umgewandelt, eine Übernahme des chinesischen »tian huang« (Himmlischer Herrscher). Gemäß der Sage sind die Tenno Nachfahren der Sonnengöttin Amaterasu, die bestimmt sind, »das Land der frischen Ähren des üppigen Schilfgefildes für immer und ewig zu regieren«. Seit der Taika-Reform (645) war »alles, was unter dem Himmel ist« (tenka), im engeren Sinne die japanischen Inseln und ihre angrenzenden Gebiete mit ihren Untertanen Besitz der Herrscher. Sie hatten das Land zu »regieren«, wobei das Wort »matsurigoto« zugleich »regieren, verwalten«, »für die Untertanen sorgen« und »(religiöse) Zeremonien ausüben« bedeutet, ein Hinweis darauf, dass der Herrscher zugleich auch Priester ist.

ZITAT

Aus der »17-Artikel-Verfassung« des Shōtoku-taishi:

Aufrichtigkeit ist die Grundlage der Loyalität. Lasst daher in allem Aufrichtigkeit walten, denn in allem ist Gut und Schlecht enthalten, Erfolge und Fehlschläge. Wenn der Herr und der Untertan in Aufrichtigkeit miteinander verkehren, gibt es da etwas, das nicht gemacht werden kann?

Die Übernahme der chinesischen Kultur

Die 1949 veröffentlichte Theorie des Historikers Egami Namio, wonach die Bildung des Staates Yamato auf die große Invasion eines koreanisch-mandschurischen Reitervolkes zurückzuführen ist, bleibt umstritten. Beziehungen zum Festland hatte es seit den frühesten Zeiten gegeben, und eine gleiche Abstammung einiger Bevölkerungsgruppen in Japan und Korea ist anzunehmen. Japan hatte im 4. Jahrhundert in Südkorea die Kolonie Mimana gegründet und griff immer wieder in die Kriege der drei um die Vorherrschaft kämpfenden koreanischen Staaten Koguryŏ, Silla und Paekche zugunsten des Letzteren ein.

Über Mimana und Paekche wanderten Chinesen und Koreaner ein und brachten ab etwa dem 4./5. Jahrhundert die chinesische Schrift und den Konfuzianismus nach Japan sowie neue Techniken der Metallverarbeitung, Architektur, Weberei, Färberei, Keramik, Astronomie, Heilkunde und Musik, was der Entwicklung der japanischen Kultur neue Impulse verlieh. Erst 562 gelang es Silla, die Japaner endgültig aus Korea zu vertreiben. Bleibenden Einfluss übte der Buddhismus aus, der nach jahrhundertelanger Entwicklung und Spaltung in drei große Richtungen mit einer Vielzahl von Schulen im 1. Jahrhundert nach China und gegen Ende des 4. Jahrhunderts nach Korea gekommen war.

Im frühgeschichtlichen Japan wurden Haniwa, handgeformte Tonfiguren, als Grabbeigaben auf die Grabhügel gesteckt (Haniwa-Figur aus Yamato-mura, 7. Jh.; Osaka, Ono Collection).

100563

100001

Seit dem 5. Jh. n. Chr. übernahm das bis dahin schriftlose Japan die chinesische Schrift, die jedoch für die japanische Sprache wenig geeignet war. Bis zum 9./10. Jh. wurde durch die Verwendung von Wortzeichen und die Entwicklung einer Silbenschrift ein eigenes System erstellt.

Im Jahre 552 ließ Syŏng-myŏng, der König des verbündeten koreanischen Reiches Paekche (japanisch Kudara), Buddhastatuen und Sutren dem Kimmei-Tenno (539–571) mit dem Hinweis überreichen, dass »diese Lehre von fernher, von Indien bis in die drei Staaten von Korea gelangt ist, wo sie der Predigt gemäß aufgenommen wird und es niemanden gibt, der sie nicht ehrte und schätzte«.

Die schintoistischen Adelsfamilien Nakatomi, die für das religiöse Zeremoniell, und Mononobe, die für den Schutz der Herrscher zuständig waren, befürchteten den Verlust ihrer politischen, wirtschaftlichen und sozialen Stellung und widersetzten sich erfolglos der Einführung des Buddhismus, zumal auch der Yōmei-Tenno (585–587) dem neuen Glauben wohlwollend gegenüberstand, der eigentlich seine auf dem Shintō basierende Machtstellung untergrub. »Er glaubte an das Gesetz Buddhas und verehrte den Weg der Gottheiten«, heißt es im »Nihonshoki«.

587 erreichte die Familie Soga, die für den neuen Glauben eintrat, Gleichberechtigung für den Buddhismus; sie erhielt die Erlaubnis, Tempel zu bauen und zu missionieren, was zu Unruhen führte. Verwickelt in

Thronstreitigkeiten, ließen die Soga 592 den Sushun-Tenno (587–592) ermorden und ersetzten ihn durch die Witwe des Bidatsu-Tenno, die aus ihrer Familie stammte (Suiko-Tenno, 592–628).

Der aristokratische Beamtenstaat

Während der Regierungszeit der Suiko-Tenno organisierte ihr Neffe, der Kronprinz Shōtoku (besser bekannt als Shōtoku-taishi, 574–622), seit 593 Regent, die Bildung eines Beamtenstaates nach chinesischem Vorbild. Er übernahm das Rechtswesen und die Verwaltungsordnung der Suidynastie (581/589–618), das Beamtensystem mit seinen Mützenrängen und öffnete somit das Land für die gesamte chinesische Kultur: Philosophie, Literatur, Geschichte, Kunst, Bauwesen, Handwerk. Er erhob den Buddhismus zur Staatsreligion und ließ Tempel (so die älteste buddhistische Anlage, den Hōryūji bei Nara) und Klöster gründen, die zu religiösen, später auch zu administrativen Zentren (»kokubunji«, das heißt Provinzialhaupttempel) wurden.

Im Gegensatz zu China waren aber in Yamato nur die Herrscher der »uji« und ihre Nachkommenschaft, aus der später der Hofadel hervorging, berechtigt, hohe Be-

Der Shintoismus, die einheimische Religion Japans, ist gekennzeichnet durch Naturverehrung und Ahnenkult und legitimiert noch heute den Kaiser. Der schlichte Kult vollzieht sich an Schreinen, in denen das »Realsymbol« der Gottheiten aufbewahrt und verehrt wird (Eingangstor des Itsukushima-Schreins, Miyajima, erbaut 1875).

100563

100001

Der 3 776 m hohe Vulkan Fuji auf der Insel Honshū ist der höchste Berg Japans und Wahrzeichen des Landes. Im Shintoismus wird der Berg als heilig verehrt.

amtenstellen bei Hofe einzunehmen, ein System, das sie nominell schwächte, aber als kaiserliche Beamte ins Zentrum der Macht brachte, wo sie die Interessen ihrer »uji« besser vertreten konnten. So führten diese Maßnahmen zu einer Verfestigung des Tennosystems und der Adelsherrschaft und zu einer Verbreitung des Buddhismus durch hohe Würdenträger als Äbte der Klöster.

In der »Siebzehn-Artikel-Verfassung« des Shōtokutaishi, einer Sammlung von buddhistisch und konfuzia-

ZITAT

Aus dem »Sui-shu«:
Der König von Wa hält den Himmel für seinen älteren und die Sonne für seinen jüngeren Bruder. Vor Sonnenuntergang erscheint er bei Hofe, lässt sich, die Beine gekreuzt, nieder und hört sich die Throneingaben an. Wenn die Sonne aufgeht, beendet er seine Amtspflichten.

INFOBOX

Der »Weg der Götter«

Im »Nihongi«, einer im 8. Jh. entstandenen Reichschronik, kommt zum ersten Mal überhaupt der Begriff »Shintō« (= Weg der Götter) vor, und zwar als Gegenbegriff zur »Lehre des Buddha« (bukkyō). Das »Nihongi« stellt die von den Sippen verehrten Natur- und Ahnengötter (»kami«) in einer fiktiven Götterhierarchie dar, deren Spitze der zurückgezogene Hochgott Ame-no-minaka-nushi (= Herr in der Mitte des Himmels) bildet. Aus ihm gehen unzählige Generationen von Kami hervor, von denen besonders die Ureltern der Menschheit Isanagi (= Urmann) und Isanami (= Urfrau) sowie deren Kinder, der Sturmgott Susano-ō und die Sonnengöttin Amaterasu, bis heute verehrt werden.

nisch beeinflussten Regeln zur Stärkung der Moral der Staatsdiener, die eine Aufrechterhaltung der Adelsgesellschaft unter der Führung der Tenno bezweckten, zeichneten sich schon die Reformen von 645 in Umrissen ab, die Japan zu einem zentralistisch regierten Staat machten.

Nach dem Tode des Shōtoku-taishi stockte zunächst das Reformwerk, da die »uji«, insbesondere die Soga, durch die Zentralisierung eine Schwächung ihres Einflusses befürchteten. Ihren Gegnern gelang es jedoch, die Soga 645 in einem Staatsstreich zu entmachten und die angestrebten politischen Neuerungen umzusetzen.

Die Reformer um den späteren Tenji-Tenno (668 bis 671), unter denen der später so genannte Fujiwara no Kamatari (614–669) eine entscheidende Rolle spielte, erließen 646 das Taika-Edikt, in dem festgelegt war: Verstaatlichung von Grund und Boden, dessen Klassifizierung und planmäßige Verteilung auf Zeit zur Kultivierung, Einteilung des Landes in Provinzen, Kreise und Dörfer und deren zentrale Verwaltung durch besoldete

ZEITTAFEL

Die Tenno bis zur Narazeit (Auswahl):

1. Jimmu (660–585 v. Chr.)

10. Sujin (97–30 v. Chr.)

16. Nintoku (313–399)

29. Kimmei (539–571)

30. Bidatsu (572–585)

31. Yōmei (585–587)

32. Sushun (587–592)

33. Suiko, Kaiserin (592–628)

38. Tenji (668–671)

40. Gemmei (707–715)

Die Daten entsprechen der offiziellen Herrschaft. Die Regierungszeiten der ersten 30 Tenno sind fiktiv.

100495

Seit dem 6. Jh. verbreitete sich der Buddhismus in Japan zuungunsten des Shintoismus – der »Große Buddha« (Daibutsu), die über 16 m hohe bronzene Buddhafigur des 752 geweihten Todaiji-Tempels in Nara.

ZITAT

Aus der »17-Artikel-Verfassung« des Shōtoku-taishi:
Das Volk soll zu geeigneten Zeiten zu öffentlichen Arbeiten herangezogen werden. Das ist eine alte und ausgezeichnete Regel. Sie sollen daher in den Wintermonaten arbeiten, wenn sie nichts (auf den Feldern) zu tun haben. Aber von Frühjahr bis zum Herbst, wenn sie mit der Feldwirtschaft oder mit Maulbeerbäumen beschäftigt sind, sollten sie nicht herangezogen werden.

Beamte, Errichtung eines Regierungssystems mit zwei Kanzlern, acht Ministern und weiteren Beamten in dreißig Rangstufen (Mützenränge), Volkszählung und Aufstellung von Haushaltsregistern für eine gerechte Besteuerung (Grund-, Natural- und Fronsteuer), Änderung des Personenstandswesens (der Stand der Unfreien wurde aufgehoben), Petitionsmöglichkeiten der Untertanen, Aufbau eines Straßen- und Postsystems, Einführung der Jahreszählung gemäß der kaiserlichen Regierungszeiten mit Jahresdevisen (»nengō«).

Seit diesen Reformen setzte sich der Titel »Tenno« für den japanischen Herrscher durch, der mit seinen hohen Beamten die Adelsklasse (»kuge«) bildete. Die Reformen fanden 649 ihren vorläufigen Abschluss. In welchem Umfang sie gegen die Widerstände der betroffenen »uji« durchgeführt werden konnten, ist im Einzelnen nicht feststellbar. Es ist jedoch unbestritten, dass die Reformer eine Stärkung der Zentralgewalt erzielen konnten und ihre Nachfolger das Werk fortsetzten, bis es in den Rechtskodizes von Taihō (701) und Yōrō (718) unter maßgebender Mitwirkung von Fujiwara no Fuhito (659–720), Sohn des Ahnherrn der Familie Fujiwara, Fujiwara no Kamatari, endgültig fixiert wurde und mit der Gründung der ersten festen Hauptstadt Nara 710 seinen Abschluss fand. *Fritz Opitz*

Korea

Impulse aus dem Norden: Die Frühgeschichte Koreas

In beiden Teilen Koreas – den heutigen Staaten Süd- und Nord-Korea – wird der legendäre Tan'gun als Ahnherr des koreanischen Volkes gefeiert. Meist als bärtige Heldenfigur dargestellt, soll er aus der Verbindung des zur Erde herabgestiegenen Sohnes des Himmlischen Kaisers mit einer Bärin hervorgegangen sein. Das Gründungsjahr Chosŏns, des »Landes der Morgenstille«, wie Korea zuzeiten genannt wurde, setzt die Tradition auf 2333 v. Chr. fest. Himmlische Herkunft und Bärenkult sind Elemente, die Verbindungen zum nordeurasisch-sibirischen Kulturgürtel wie auch zu den japanischen Gründungsmythen knüpfen. Sie suchen die in grauer Vorzeit liegenden Anfänge der koreanischen Geschichte zu erhellen, die bis heute Archäologen und Historikern schier unlösbare Rätsel aufgeben.

Erst in den Sechzigerjahren des 20. Jahrhunderts förderten archäologische Ausgrabungen in Nord- und Süd-Korea erste Überreste altsteinzeitlicher Siedlungen zutage. Im Norden waren es ein paar Muschelhaufen in dem an der Meeresküste gelegenen Ort Kulp'ori (Provinz Nord-Hamgyŏng), in denen 1963 primitives Steinwerkzeug gefunden wurde. In Sokchangni (Provinz Süd-Ch'ungch'ŏng), am Ufer des Kŭm gelegen, wurden 1964 zum ersten Mal verschiedene Typen altsteinzeitlicher Instrumente ausgegraben. Seitdem folgten weitere Ausgrabungen, die den Beweis dafür geben, dass die gesamte koreanische Halbinsel während der Altsteinzeit besiedelt war. Allerdings ist noch immer nicht sicher, zu welchem Menschentyp die frühesten Bewohner Koreas, die in

Fast alle großen Flüsse Koreas (im Bild der Hangang) weisen große jahreszeitliche Schwankungen auf mit Überschwemmungen im Sommer und Vereisungen im Winter.

237

kleinen Familienverbänden meist in Höhlen lebten und sich von Jagen und Fischen ernährten, gehörten.

Obschon neuere Funde menschliche Existenz auch für die Mittelsteinzeit zu belegen scheinen, ist eine glaubwürdige Datierung erst für die neolithische, die jungsteinzeitliche Periode möglich. Zwischen 6000 und 4000 v. Chr. scheint eine neue, von der altsteinzeitlichen Bevölkerung deutlich zu unterscheidende Bevölkerung in die Halbinsel eingewandert zu sein. Woher sie kam, ist immer noch ungeklärt. Allerdings darf man annehmen, dass sie in verschiedenen Schüben aus dem Norden einwanderte und sich an Flussufern und in Küstengebieten ansiedelte.

3010

Rekonstruktion neolithischer Behausungen in einer als Museum angelegten Siedlung in Amsadong, das heute zu Seoul gehört.

Die Zeittafel dieser Periode wird meist aufgrund der verschiedenen Keramiktypen, die in den geschichteten Überresten von Wohnsiedlungen gefunden wurden, festgelegt. Typisch für die mittlere Periode (um 4000 v. Chr.) ist die so genannte Kammkeramik: In den noch weichen Ton wurde ein kammartiges Muster eingepresst. Ein eindrückliches Zeugnis aus dieser Zeit bietet die Anlage einer neolithischen Siedlung in Amsa-dong (heute zu Seoul), die vor einigen Jahren als Museum eingerichtet wurde. Sie zeigt ungefähr einen halben Meter in den Erdboden versenkte, um Feuerstellen angeordnete Wohnstätten und Spuren von Holzpfeilern, die vermutlich Dächer aus Gras und Ried zu stützen hatten. Jede Wohnstatt dürfte eine Familie beherbergt haben. Spezielle Werkzeuge deuten darauf hin, dass gegen Ende der jungsteinzeitlichen Periode bereits Ackerbau getrieben wurde.

Veränderungen auf der koreanischen Halbinsel

Bodenarchäologie wie schriftliche Dokumente bezeugen, dass sich um 1000 v. Chr. gewaltige Veränderungen auf der Halbinsel vollzogen: Koreas neolithische Bevölkerung wurde durch neu aus dem Norden zuwandernde Völkerschaften verdrängt oder aufgesogen. Diese Zuwanderer, deren ursprüngliche Heimat Nordostasien gewesen sein dürfte, gehörten ethnisch zu den Tunguiden, sprachen eine der altaischen Sprachfamilie zuzuordnende Sprache und führten eine Megalithkultur ein, die auch bereits die Bronzeherstellung beherrschte. Aus Bronze wurden vor allem Prestigeobjekte gefertigt und nicht, wie etwa im bronzezeitlichen Europa, Ackerbau-

100251

Jangseungs oder Totempfähle (hier in einem koreanischen Volkskundedorf) waren zunächst Clantotems und entwickelten sich bis zum 7. Jh. n. Chr. zu Schutzgöttern, die am Eingang von Dörfern oder Tempeln, aber auch an Straßen aufgestellt wurden.

geräte. Herstellungstechnik und Stil dieser Bronzen sind eigenständig und weisen keinerlei Verwandtschaft zu den hervorragenden chinesischen Bronzeerzeugnissen der Shangzeit (zweite Hälfte des 2. Jahrtausends v. Chr.) auf. Sie sind im Gegenteil eher der Bronzekultur des mandschurischen Raumes zuzurechnen.

Der Besitz von Bronze dürfte zu einer gewissen gesellschaftlichen Schichtung geführt haben. Eindrückliche Zeugen dieser Kultur sind die über die Mandschurei und die ganze Halbinsel verstreuten Dolmengräber. Die Zuwanderer aus dem Norden, in den zeitgenössischen chinesischen Quellen als »östliche Barbaren« (dongyi) bezeichnet, dürfen somit als die Vorfahren der heutigen Koreaner betrachtet werden. Sie siedelten sich an Uferböschungen an und ernährten sich durch Jagen und Fischen, betrieben aber auch Landwirtschaft. Um 700 v. Chr. ist der Beginn des Reisanbaus auf der Halbinsel anzusetzen.

Während Jangseungs in der Regel aus den Stämmen von Bäumen hergestellt werden, sind die auf der Insel Jeju gefertigten »Großvatersteine«, die Dolharubang, aus schwarzem Lavagestein.

237

Es bleibt bezeichnend für die gesamte »formative« Periode der koreanischen Geschichte, in der Korea allmählich Gestalt annahm, dass der Zustrom von Menschen und neuen kulturellen Impulsen in die koreanische Halbinsel aus dem Norden kam. Diese Nord-Süd-Bewegung war besonders dann aktiv, wenn politische Umwälzungen in Nordchina Völkerwanderungen nach Osten auslösten. Mit jedem Flüchtlingsstrom gelangten neue materielle Errungenschaften in die Halbinsel, was den Flüchtlingen meist eine politische Vorrangstellung über die Einheimischen sicherte. *Martina Deuchler*

Alt-Chosŏn macht den Anfang: Die ersten Staatsgründungen

Um 500/400 v. Chr. entstand im Mündungsgebiet des Taedong, in der Gegend der heutigen nordkoreanischen Hauptstadt P'yŏngyang, Alt-Chosŏn. Die Chronologie dieses ersten politischen Gebildes auf koreanischem Boden ist immer noch umstritten, weil sich die archäologischen Funde nicht leicht mit den Daten schriftlicher Quellen in Übereinstimmung bringen lassen.

Alt-Chosŏn soll im Lauf des 4. Jahrhunderts v. Chr. von Kija-Chosŏn, dem Reich Kijas, abgelöst worden sein. Kijas Existenz ist jedoch nicht gesichert. Unter den koreanischen Historikern lehnen die einen Kija als unhistorisch gänzlich ab, die anderen versuchen, seine Existenz mittels chinesischer Quellen zu belegen. Klarer sind die Auskünfte chinesischer Geschichtsschreibung über den Nachfolger Kijas, Wiman. Er soll zu Beginn des 2. Jahrhunderts v. Chr. aus dem nördlichen chinesischen Staat Yan mit einer Schar von Gefolgsleuten nach Nordkorea eingewandert sein und sich im Reich Kijas zum neuen Herrscher erhoben haben; sein Reich, Wiman-Chosŏn, bildet die letzte Phase des altkoreanischen »Protostaates«.

Chinesische Präsenz auf der Halbinsel

Wer auch immer in ihm die Macht ausübte, sicher ist nur, dass der koreanische Protostaat am Ende des 2. Jahrhunderts v. Chr. bereits eine solche Bedrohung für die Ostflanke des chinesischen Hanreiches darstellte, dass sich die Chinesen gezwungen sahen, die nördliche Hälfte der Halbinsel zu unterwerfen und dieses Gebiet durch vier Militärkommandanturen (Lelang, Xuantu, Lintun, Zhenfan) zu befrieden – ein Unternehmen, das sich freilich bald als zu ehrgeizig erwies und zurückgesteckt werden musste. Nur die Kommandantur von Lelang (koreanisch Nangnang), im ursprünglichen Gebiet von Alt-Chosŏn gelegen, blieb lebensfähig und bestand bis zu Beginn des 4. Jahrhunderts n. Chr.

Als blühendes Handelszentrum chinesischer Erzeugnisse unterhielt Lelang Beziehungen mit allen Teilen Koreas und selbst mit Japan. Im 20. Jahrhundert entdeckten Archäologen in der Nähe von P'yŏngyang Hunderte von

ZITAT

Der chinesische historische Roman »San-guo zhi yan-yi« (Roman von den drei Reichen) berichtet über Puyŏ:

Puyŏs Bevölkerung ist sesshaft; es gibt dort Häuser, Vorratsspeicher und Gefängnisse ... Die Leute sind gross und ihrer Natur nach stark und tapfer, fleissig und freigebig. Sie verabscheuen Banditentum. Ihr Staat ist von einem König regiert, und die Namen der verschiedenen Staatsämter leiten sich von Haustieren ab: Pferd, Ochs, Schwein und Hund ...

Könige oder Heerführer des Reiches Koguryŏ wurden in gewaltigen Hügelgräbern bestattet, deren Grabkammern mit Wandmalereien geschmückt waren – hier eine Jagdszene aus dem »Grab der Tänzer« in Tonggou, Mandschurei (4.–7. Jh.).

Gräbern, die eindeutig chinesischer Bauart sind und Lackarbeiten, Jadeschmuck, Stoffreste und Metallgegenstände enthielten. Außerdem wurden auch Häuserfundamente und Abwasserkanäle zutage gefördert. Es kann somit kein Zweifel darüber bestehen, dass die chinesischen Kolonialisten ihren eigenen Lebensstil beibehielten und zugleich wichtige kulturelle Impulse in die übrigen Gebiete der koreanischen Halbinsel sandten.

Während Altkorea somit durch gezielte, militärisch gestützte Außenpolitik des Hanreiches ein Ende fand, entstand außerhalb der koreanischen Halbinsel, im Flusstal des Sungari in der nördlichen Mandschurei, Puyŏ (chinesisch Fuyu). Von koreanischen Historikern als zweiter koreanischer »Staat« bezeichnet, dessen ethnischer Ursprung jedoch noch nicht abgeklärt ist, scheint Puyŏ eher eine lose Konföderation als ein integriertes Königreich gewesen zu sein. Allerdings entsandte, wie chinesische Quellen berichten, der »König« von Puyŏ um 49 n. Chr. eine Gesandtschaft nach China.

Die Chinesen sahen im tributfreudigen Puyŏ einen strategischen Alliierten, der die unberechenbaren Xianbei-Nomaden aus dem Norden in Schach halten konnte. Als jedoch die Macht der Handynastie gegen Ende des 2. Jahrhunderts n. Chr. zu zerfallen begann, geriet Puyŏ zunehmend unter den Druck der Xianbei im Norden und des aufstrebenden koreanischen Staates Koguryŏ im Süden, sodass die Führungsschicht die Flucht ergriff. Erst 494 sollte sich das Herrscherhaus dem König von Koguryŏ ergeben.

Aufstieg zum Königreich: Koguryŏ

Die chinesische Militärpräsenz in Nordkorea wirkte herausfordernd auf kriegstüchtige Stammeseinheiten im gebirgigen Norden und regte zu politischem Zusammenschluss und räuberischer Expansion an. Das ursprüngliche Herzland des späteren Staates Koguryŏ lag am Mittellauf des Yalu und bestand aus mehreren befestigten Siedlungen solcher Stammeseinheiten, deren Anführer sich im Verlauf des 1. Jahrhunderts n. Chr. unter der Vorherrschaft Koguryŏs zusammenzuschließen begannen.

Zentrum dieser Konföderation wurde das auf heutigem chinesischem Territorium liegende Hwando (auch

ZEITTAFEL

Staatengründung im alten Korea:

Alt-Chosŏn (um 500/400 v. Chr.)
Kija-Chosŏn (4. Jh. v. Chr.)
Wiman-Chosŏn (2. Jh. v. Chr.)
4 chinesische Militärkommandanturen (um 100 v. Chr.)
Koguryŏ (37 v. Chr. – 668 n. Chr.)
Drei Han (bis 3./4. Jh.)
Paekche (18 v. Chr. – 663 n. Chr.)
Kaya-Staaten (bis 532/562)
Silla (55 v. Chr.) bis 668
Vereintes Silla (668–935)

INFOBOX

Aufschlussreiche Gräber

Bei P'yŏngyang und bei Tonggou, einer Grenzstadt am Yalu, legten japanische Archäologen Gräber aus dem 4. bis 7. Jh. frei. Einige benannten sie nach den Motiven ihrer Wandgemälde: »Grab der Ringer«, »Grab der Tänzer«, »Grab der Vier Wächter«. Neben Symbolen aus der chinesischen Kosmologie entdeckte man dort die frühesten koreanischen Porträts sowie Landschaftsbilder und Genredarstellungen. Die typischen floralen Elemente, wie die Lotosblüten, und auch die Flammenornamente gehen auf buddhistische Einflüsse zurück. In einem anderen Grab geben detailfreudige Darstellungen einer Küche, eines Tretmörsers, eines Ziehbrunnens sowie von Pferden und Rindern im Stall und von Wagen Aufschluss über Sitten, Mode und den technologischen Stand jener Zeit.

Kungnaesŏng, heute Tonggou). Die Integration Koguryŏs verdankte Entscheidendes dem politischen Können der Immigranten aus Puyŏ, die sich dem mit ihnen verwandten Herrscherhaus von Koguryŏ anschlossen.

Im Lauf des 2. Jahrhunderts n. Chr. intensivierten sich die Eroberungszüge, die Koguryŏ bereits jetzt zu einer gefürchteten Militärmacht werden ließen. Zielgebiete waren die fruchtbare Ebene des Liao im Westen, die Südmandschurei im Norden und die nördliche Hälfte der koreanischen Halbinsel im Süden. Wiederholte Angriffe auf chinesische Stellungen auf der Halbinsel Liaodong isolierten die Kommandantur von Lelang immer mehr. Nachlassende chinesische Wachsamkeit seit der Mitte des 3. Jahrhunderts n. Chr. führte schließlich 313 zur Eroberung und Zerstörung Lelangs.

Darstellung eines Tänzers – Wandmalerei aus einem Grab des Reiches Koguryŏ in Tonggou

Zu einem Königreich erstarkte Koguryŏ, das traditionell in die Zeit von 37 v. Chr. bis 668 n. Chr. datiert wird, allerdings erst in der zweiten Hälfte des 4. Jahrhunderts unter König Sosurim (371–384), der seinem Reich eine nach chinesischem Muster bestimmte gesetzliche Ordnung gab und gleichzeitig buddhistische Mönche wie konfuzianisches Schrifttum an seinem Hof akzeptierte. Während Sosurim somit die Zentralisierung Koguryŏs vorantrieb, machte sich König Kwanggaet'o (391–413) einen Namen als Eroberer. Seine Taten sind aufgezeichnet auf der Grabstele, die 414 zu seiner Erinnerung errichtet wurde und noch heute in Tonggou zu besichtigen ist.

ZITAT

Das »San-guo zhi yan-yi« schildert Land und Leute in Koguryŏ:
Koguryŏ hat viele Berge und Täler, aber nur wenige Felder. Die Leute pflügen energisch, doch ihre Bemühungen reichen nicht aus, um ihre Mägen zu füllen… Die Leute singen und tanzen gern. In allen Dörfern im ganzen Land versammeln sie sich abends zu gemeinsamem Spiel und Trunk…

Demnach bekämpfte er im Norden nomadische Stämme, im Nordwesten eroberte er die Liaodonghalbinsel, nach Süden entsandte er eine Flotte gegen das aufstrebende koreanische Reich Paekche, und an der Südküste der Halbinsel besiegte er eine von Japan ausgerüstete Streitmacht des Volks der Wa. Auf seinen Feldzügen soll er Hunderte von Dörfern und befestigten Siedlungen zerstört haben. Sein Sohn Changsu, 413 bis 491 König, führte während seiner langen Regierungsperiode das Eroberungswerk des Vaters zu Ende. Unter seiner Aufsicht wurde die Hauptstadt Koguryŏs 427 aus der gebirgigen Enge Nordkoreas in das fruchtbare Tal des Taedong nach P'yŏngyang verlegt – ein gewichtiger Schritt, der Koguryŏs Vormachtstellung auf der koreanischen Halbinsel konsolidierte.

Die »Drei Han« im Süden

Chinas Kolonialherrschaft in Nordkorea blieb aber auch für die südliche Hälfte der Halbinsel nicht ohne Auswirkungen. Wiederum waren es Flüchtlinge aus dem Norden, die dem rückständigen Süden Entwicklungsimpulse brachten. Im Lauf des 1. Jahrhunderts n. Chr. entstanden in dem südlich des Han gelegenen, als Chin-guk bekannten Gebiet die drei losen Stammesverbände der »Drei Han« (koreanisch Samhan): Mahan im Südwesten, Pyŏnhan im Tal des Naktong und Chinhan im Südosten.

Während die chinesischen Kolonialherren im Norden immer wieder versuchten, die politische Integration der Drei Han zu verhindern, entstanden während des 3. und 4. Jahrhunderts drei politische Einheiten, und zwar im Gebiet von Mahan: Paekche; in Pyŏnhan: die Kaya-Konföderation; in Chinhan: Silla.

ZEITTAFEL

Könige des Reiches Paekche (Auswahl):

Koi (234–286)

Kŭnch'ogo (346–375)

Muryŏng (501–523)

Ein weiteres Königreich entsteht: Paekche

Nach der Tradition soll die »Gründung« von Paekche im Jahr 18 v. Chr. stattgefunden haben, doch gibt es über die ersten zweihundert Jahre von Paekches Entwicklung keinerlei verlässliche Angaben. Es wird heute angenommen, dass Zuwanderer aus dem nördlichen Puyŏ eine führende Rolle spielten und schließlich auch das Königshaus begründeten. Um die Mitte des 3. Jahrhunderts unter König Koi (234–286) soll Paekche bereits eine für die Chinesen bedrohliche Macht gewesen sein.

Erst unter König Kŭnch'ogo (346–375) erstarkte Paekche jedoch zu einem Königreich mit einer zentralen Regierung in der Hauptstadt Hansŏng (südöstlicher Teil des heutigen Seoul) am Han. Kŭnch'ogo unterwarf das ganze Gebiet von Mahan und nahm Seeverbindungen zu Südchina und Japan auf. Er sorgte aber auch für eine geregelte Thronfolge und ließ die erste (heute nicht mehr vorhandene) Hofchronik schreiben.

ZITAT

Die Leute von Pyŏnhan waren musikalisch und höflich, erfahren wir aus dem »San-guo zhi yan-yi«:
Die Leute kennen die Seidenzucht und brauchen Ochsen und Pferde als Reit- und Zugtiere … Sie erfreuen sich an Tanz, Gesang und Spiel. Sie haben eine besaitete Zither in der Form unserer Bambuszither … Wenn sich zwei Männer auf der Straße treffen, halten sie inne und geben einander den Vortritt.

Bereits am Ende des 4. Jahrhunderts geriet Paekche unter den Druck der Armeen Koguryŏs. Als Koguryŏs Hauptstadt 427 nach P'yŏngyang verlegt wurde, sah sich Paekche gezwungen, sich erst mit Japan und wenig später, im Jahr 433, mit dem im Osten aufstrebenden Reich Silla zu verbünden. Das Paekche-Silla-Bündnis war jedoch zu schwach, um 475 eine erneute Offensive Kogu-

Die Kammer des Grabs von König Muryŏng von Paekche in Kongju (um 525): Der Grabinnenraum ist aus mit Lotosblüten geschmückten Ziegeln geschichtet.

ryŏs aufzuhalten. Paekches Hauptstadt wurde eingenommen und der König umgebracht. Somit verlor Paekche sein Kernland. Eine neue Hauptstadt entstand etwa 120 Kilometer weiter südlich in Ungjin (heute Kongju), das am Kŭm gelegen und von Bergen gut geschützt war.

Die Verlegung seiner Hauptstadt brachte Paekche keinen dauernden Frieden. Konflikte am königlichen Hof schwächten das Land von innen, während die Bedrohung von Norden anhielt. Erst zu Beginn des 6. Jahrhunderts erstarkte Paekche nochmals unter der Führung

König Muryŏngs (501–523), der siegreich gegen Koguryŏ vorging, neue Verbindungen mit China anknüpfte und selbst die Südostgrenze des Reiches weiter nach Osten vorzuschieben versuchte, was ihn allerdings bald in Konflikt mit Silla brachte.

König Muryŏng hat vor einigen Jahren nochmals Schlagzeilen gemacht, als in der Nähe von Kongju sein Grab entdeckt und ausgegraben wurde. Vermutlich schon zu Muryŏngs Lebzeiten erbaut, weicht die Bauart deutlich von früheren Grabstätten Paekches ab. Anstelle einer pyramidenähnlichen Konstruktion aus Steinquadern (wie sie auch in Koguryŏ üblich war), wurde der Grabinnenraum aus mit Lotusblüten geschmückten Ziegeln geschichtet. Offensichtlich diente hier die kaiserlich-chinesische Grabkultur als Muster, nicht nur, um Muryŏngs Legitimität als Herrscher eines zentralisierten Paekche, sondern auch seine internationalen Verbindungen zu China zu unterstreichen. Buddhistische Motive weisen ferner auf die tiefe Gläubigkeit des Herrscherhauses hin.

Paekche konnte sich freilich nicht lange in Ungjin behaupten, musste es doch bereits 538 die Hauptstadt nochmals nach dem südlicher gelegenen Sabi (dem heutigen Puyŏ) verlegen. Wenig später suchte es erneut durch eine Militärallianz mit Silla seine früheren Gebiete

ZEITTAFEL

Könige von Koguryŏ (Auswahl):

Sosurim (371–384)

Kwanggaet (391–413)

Changsu (413–491)

INFOBOX

Hügelgräber der Alt-Silla-Zeit

In der Nähe des heutigen Kyŏngju sind einige Hügelgräber erhalten, die auf die Alt-Silla-Zeit, als Silla nur den südöstlichen Teil der Halbinsel beherrschte, zurückgehen. Namen wie »Goldglocken-Grab« und »Goldkronen-Grab« weisen vermutlich auf die Schätze hin, die dort gefunden wurden: Ohrgehänge, Ringe, Armreifen, Gürtel und Kronen aus feingliedrigen Teilen von dünngewalztem Goldblech und Golddraht. Sie wurden wohl nur zu Ritualen oder anlässlich von Begräbniszeremonien benutzt und dienen als Anhaltspunkt dafür, dass Silla an alten nordasiatischen schamanistischen Bräuchen festhielt. Weder aus China noch aus Japan sind derartige Objekte bekannt, aber Forscher haben Ähnlichkeiten mit Goldkronen aus den Hügelgräbern von Shibarghan in Afghanistan festgestellt. Das Bild eines »Fliegenden Pferdes« aus dem gleichnamigen Grab lässt Einflüsse der Koguryŏ-Malerei erkennen.

im Tal des Han zurückzuerobern. Sobald jedoch der Feldzug erfolgreich abgeschlossen war, brach Silla das Bündnis, verleibte sich die neu gewonnenen Gebiete ein und zwang Paekche, sich mit seinem ehemaligen Erzfeind Koguryŏ zu verständigen.

Aus der Kaya-Epoche (5./6. Jh.) stammt der Kronenschmuck aus Gold und Jade.

Die »Sechs Staaten« von Kaya

Während Paekche seine Herrschaft über das Gebiet von Mahan zu sichern trachtete, entstanden im Lauf des 3. und zu Beginn des 4. Jahrhunderts im Bereich von Pyŏnhan die »Sechs Staaten« von Kaya, die Kaya-Föderation. Wenig ist über sie bekannt, da schriftliche Quellen spärlich sind und die archäologische Erforschung sich erst in den letzten zwanzig Jahren für Kaya zu interessieren begann. Sicher scheint nur die Lage von zwei »Staaten« zu sein: Pon-Kaya im Deltagebiet und Tae-Kaya am Oberlauf des Naktong.

Vor allem Pon-Kaya scheint ein strategisch wichtiger Umschlagplatz für den Handel zwischen Lelang und Japan gewesen zu sein. In frühen japanischen Quellen wird Pon-Kaya als Mimana bezeichnet und als festländischer Brückenkopf des aufstrebenden Yamato, des historischen Kernlandes von Japan, dargestellt. Obschon eine feste, länger dauernde japanische Präsenz heute bezweifelt wird, unterhielt Kaya enge Verbindungen zu den Wa, die als Piraten und Händler von Kyūshū aus zwischen Korea, China und dem japanischen Archipel aktiv waren und auch als Verbündete Paekches zuweilen für das frühe Silla eine Gefahr darstellten.

ZITAT

Auf dem Grabstein für König Muryŏng von Paekche steht:
Der große General und Friedensstifter des Ostens, König Muryŏng, starb im 62. Lebensjahr am 7. Tag, im 5. Monat, im 5. Jahr (523). Am 12. Tag, im 8. Monat des »ŭlsa«-Jahres (525) wurde er mit allen Zeremonien in diesem großen Grab zur Ruhe gebettet. Wir halten dies fest (als Zeugnis, dass dieses Stück Boden vom Erdgott gekauft wurde).

Durch die rasch wechselnde politische Konstellation auf der koreanischen Halbinsel scheinen die Kaya-Staaten, eingezwängt zwischen Paekche und Silla, die sich bald bekämpften, bald verbündeten, keine Chance gehabt zu haben, sich zu einem lebensfähigen Königreich zu entwickeln. Da Koguryŏ seine Macht immer stärker nach Süden geltend machte und Paekche zum Rückzug zwang, drängte dieses nach Osten und bedrohte Kaya.

Pon-Kaya ergab sich schließlich 532 Silla, während Tae-Kaya nochmals versuchte, sich mit Paekche und den Wa gegen Silla zu verbünden. Diesem Bündnis war allerdings kein Erfolg beschieden, und Tae-Kaya erlag 562 Sillas Übermacht. Auch wenn Kayas politische Phase kurzlebig war, sein kultureller Einfluss auf Silla war bedeutend. Aus seiner Oberschicht, die der Aristokratie Sillas angegliedert wurde, gingen Persönlichkeiten hervor, die sich um die Vereinigung der Halbinsel unter Sillas Führung große Verdienste erwarben.

Martina Deuchler

Unter Sillas Königen: Die erste Einigung Koreas

Die geschichtlichen Quellen sind für Silla, das um die Mitte des 7. Jahrhunderts die koreanische Halbinsel zum ersten Mal unter seiner Herrschaft vereinte, am ausgiebigsten und aussagekräftigsten. Auch die archäologische Forschung hat sich bereits zu Beginn des 20. Jahrhunderts auf die Ebene von Kyŏngju, der ehemaligen Hauptstadt von Silla im Südosten Südkoreas, konzentriert, sodass Tausende von Funden die Geschichte Sillas erhellen und illustrieren.

Nach der Legende nahm Silla seinen Anfang im Jahr 57 v. Chr., in dem Hyŏkkŏse als erster Herrscher den Thron bestiegen haben soll. Die Chronologie der frühen Herrscher von Silla ist immer noch nicht völlig enträtselt. Die Herrschaft soll zwischen drei Familien, den Pak, Kim und Sŏk, gewechselt haben. Archäologische Untersuchungen haben die Überreste der sechs ursprünglichen Dorfgemeinschaften sichergestellt, aus denen Saro (oder Saro-guk), die erste politische Einheit Sillas in der Ebene von Kyŏngju, hervorgegangen zu sein scheint. Hyŏkkŏse könnte demnach der erste »König« Saros gewesen sein. Die frühen Herrscher trugen Titel, die offenbar auch auf eine sakrale Funktion hinweisen.

Die Luftaufnahme zeigt die Königsgräber in Kyŏngju aus der Zeit vom 4. bis 6. Jh.

Auf dem Gebiet des späteren Silla gab es mehrere politische Einheiten wie Saro. Sie schlossen sich erst allmählich, spätestens aber in der zweiten Hälfte des 4. Jahrhunderts, unter Führung König Naemuls (356–402) zu einer losen Konföderation zusammen. Von Naemul an monopolisierten die Kim die königliche Linie, und der Herrscher wurde mit dem neuen Titel »maripkan« bezeichnet, der wohl so viel wie »der Erhöhte« bedeutet. Mit Naemuls Thronbesteigung bricht die Zeit der Drei Königreiche an – eine Zeit intensiver politischer und gesellschaftlicher Entwicklung, internationalen Austausches und kultureller Entfaltung.

Die politische Integration Sillas vollzog sich vergleichsweise spät. Einerseits war sein Gebiet in der südöstlichen Ecke der Halbinsel geographisch abgeschieden, andererseits kämpften Koguryŏ und Paekche um die Vorherrschaft und suchten das Emporkommen einer dritten Macht zu verhindern. Das Königshaus von Silla konnte sich nur allmählich gegen äußere Einflüsse behaupten. Eindrückliches Zeichen eines solchen Erstarkens war der Bau von monumentalen Königsgräbern, die noch heute die Landschaft Kyŏngjus beherrschen. Ferner wurde zu Beginn des 6. Jahrhunderts der Herrschertitel »maripkan« in den prestigeträchtigeren chinesischen Titel »wang«, König, abgeändert und Silla als Reichsname gewählt.

Silla als Königreich

Mit der Thronbesteigung König Pŏphŭngs (514–540) bricht für Silla die Zeit des zentralisierten Staates an. Pŏphŭng führte einige wohl von chinesischen Vorbildern hergeleitete Gesetze ein, die vor allem als Grundlage für ein geregeltes Beamtentum gedient haben dürften. Er errichtete auch ein Militäramt, das später Sillas Eroberungsfeldzüge organisierte. Selbstbewusst suchte Pŏphŭng ferner diplomatische Verbindungen zu Südchina anzuknüpfen.

Von weitaus größter Bedeutung für die Entwicklung des Staates war allerdings die Einführung des Buddhismus am Hof von Silla. Der neue Glaube trug Wesentliches zur Festigung des Herrscherhauses bei, denn die

INFOBOX

Koreanische Literatur

Zu den ältesten Zeugnissen koreanischer Dichtung gehören Kultgesänge, die nur in Fragmenten und in chinesischer Sprache und Schrift erhalten sind. Mit dem Königreich des Vereinten Silla (668–935) tauchen auch Texte in koreanischer Sprache – allerdings immer noch in chinesischer Schrift – auf, wie etwa die »Hyangga« (»Heimische Lieder«), die die koreanische Kultur hervorheben, aber auch vom Konfuzianismus und Buddhismus der chinesischen Tangzeit beeinflusst sind. Eine eigene koreanische, wenn auch konfuzianisch geprägte Literatur wurde schließlich im Lauf der Chosŏn-Dynastie (1392–1910) entwickelt, unterstützt durch die Einführung des koreanischen Alphabets 1443.

Entscheidungsmacht des Königs war traditionsgemäß durch das Mitspracherecht einer starken Aristokratie entscheidend eingeschränkt. Pŏphŭng (»Stütze des Dharma«) bemühte sich, der neuen Religion einen Tempel zu errichten, doch stellten sich die Aristokraten aus machtpolitischen Gründen dagegen. Die Intrigen fanden ihren Höhepunkt in der Hinrichtung des königlichen Beauftragten für den Tempelbau. Als diesem der Kopf abgeschlagen wurde, soll ein Strahl weißen Blutes aus seinem Körper geschossen sein - ein Wunder, das dem neuen Glauben zum Durchbruch verhalf. Wenige Jahre später, um 535, wurde der Buddhismus zur Staatsreligion erklärt.

Die Steinpagode im ehemaligen Punhwang-sa in Kyŏngju wurde von Königin Sŏndŏk in Auftrag gegeben und enthielt einen vielleicht aus ihrem Besitz stammenden Reliquienkasten. Der Baumeister imitierte mit Steinplatten die chinesische Ziegelbauweise.

Fortan gefiel sich der König in der Rolle des Buddha-Vairocana, des Weltenherrschers, dem der Schutz des Staates anbefohlen war, während den Aristokraten die Stellung von »Bodhisattvas der Zukunft« (»Erleuchtungswesen«, die auf den Eintritt ins Nirvana verzichten, um zur Errettung aller Lebewesen wirken zu können) zu-

100251

Die restaurierte Anlage des Pulguktempels geht auf das 8. Jh. zurück. Bereits im 6. Jh. hatte König Pŏphŭng südöstlich von Kyŏngju einen ersten Tempel bauen lassen.

gedacht wurde. Königliche Vorrechte fanden somit Verankerung in buddhistischen Vorstellungen. Ferner wurden Mönche für den Staatsdienst rekrutiert, die als Strategen wie als Wahrsager tätig waren. Religiös gedeutet wurde denn auch das starre, hierarchisch gegliederte Gesellschaftssystem Sillas, das Zutritt zum Beamtentum von Geburt und Herkunft abhängig machte. Somit wurden die politischen und gesellschaftlichen Privilegien der Aristokraten als Belohnung für gute Taten in einem früheren Leben gerechtfertigt.

Pŏphŭngs Nachfolger Chinhŭng (540–576) trieb Sillas Expansion kräftig voran. 551 verband er sich mit Paekche (zweite Silla-Paekche-Allianz), um die von Koguryŏ besetzten ehemaligen Gebiete von Paekche im Hantal wiederzugewinnen. Zwei Jahre nach dieser erfolgreichen Kampagne überwältigten jedoch seine Truppen in einem Überraschungsangriff die im zurückeroberten Gebiet stationierte Armee von Paekche. Damit eröffnete sich Silla einen strategisch wichtigen Korridor zum Gelben

Meer und eine direkte Verbindung zu China. Von 564 an entsandte Silla fast jährlich Gesandtschaften nach Nord- und Südchina.

Silla richtete jedoch auch gezielte Angriffe gegen die Kaya-Staaten und machte sich 562 Tae-Kaya untertan. Mit der Errichtung eines Stützpunktes westlich des Naktong schuf sich Silla eine günstige Ausgangsposition für seine späteren Feldzüge gegen Paekche. Im Norden drangen Sillas Armeen bis in die heutige Provinz Hamgyŏng vor. An strategisch wichtigen Punkten wurden Gedenktafeln errichtet, die an die Siege Sillas erinnern. Sillas Erfolge waren nicht nur guter Truppenführung unter fähigen Kommandanten zu verdanken, sondern auch kluger Verwaltung: Sobald ein Gebiet unterworfen war, wurde es einer Lokalverwaltung unterstellt, die dessen Eingliederung ins Sillareich voranzutreiben hatte.

ZITAT

Über die Ankunft des Buddhismus in Silla steht in den »Biographien Großer Koreanischer Mönche« (Haedong kosŭng chŏn):

Der Mönch Ado soll aus Indien stammen. Einige sagen, er sei von Wu (in China) gekommen. Wir wissen nicht, was richtig ist. Er zeichnete sich in Gebaren und Aussehen aus, und die Wunder, die er vollbrachte, waren eigenartig. Er betrachtete es als seine Aufgabe, herumzureisen und zu bekehren. Wo immer er predigte, fielen wunderbare Blumen vom Himmel.

Königinnen – Blick auf die innere Entwicklung Sillas

Sillas Expansion auf Kosten Paekches im Westen und Koguryŏs im Norden blieb freilich nicht unangefochten. Koguryŏ bekam gegen Ende des 6. Jahrhunderts wiederum den Druck eines (unter der Suidynastie) vereinten China zu spüren, was eine Sicherung seines Territoriums auf der Halbinsel umso dringender machte. Paekche seinerseits gab die Hoffnung, die an Silla verloren gegangenen Gebiete zurückzuerobern, nicht auf. Der Druck von außen stärkte die Stellung des Herrschers von Silla gegenüber der Aristokratie, und es scheint nur dank dieses erhöhten königlichen Selbstbewusstseins möglich geworden zu sein, dass um die Mitte des 7. Jahrhunderts, als die männliche Linie ausstarb, eine Prinzessin den Thron bestieg.

Königin Sŏndŏks Regierung (632–647) fiel in eine Zeit, als sich Silla von Koguryŏ und Paekche schwer bedrängt sah und schließlich das chinesische Tangreich um Beistand bat. Die Chinesen nahmen jedoch Anstoß an einem weiblichen Throninhaber und verlangten, Königin Sŏndŏk durch einen chinesischen Prinzen zu ersetzen. Dieser Einmischung, von opportunistischen Aristokraten Sillas unterstützt, wurde jedoch nicht stattgegeben, und Sŏndŏks Nachfolgerin wurde Königin Chindŏk (647–654). Diese nochmalige weibliche Thronfolge wurde von Kim Ch'un-ch'u, einem Aristokraten aus

ZEITTAFEL

Könige des Reiches Silla (Auswahl):
Hyŏkkŏse (ab 57 v. Chr.; legendäres Datum)
Naemul (356–402)
Pŏphŭng (514–540)
Chinhŭng (540–576)
Königin Sŏndŏk (632–647)
Königin Chindŏk (647–654)
Muyŏl (654–661)

INFOBOX

Die »Goldene Festung«

Die Hauptstadt des vereinigten Groß-Silla, Kyŏngju, die man auch »Goldene Festung« (Kŏmsŏng) nannte, wurde prachtvoll mit Tempeln und Palästen ausgebaut. 1975 wurde der »Teich der Wildgänse und Enten« entdeckt, ein Landschaftsgarten mit künstlichem Gewässer, exotischen Gewächsen und seltenen Tieren. Er entspricht weitgehend einer historischen Beschreibung des Palastgartens »Anapji«, den König Munmu 674 anlegen ließ. Über 15 000 Gegenstände fanden die Archäologen, als sie den Landschaftsgarten freilegten. Anders als die bis dahin ausschließlich aus Gräbern bekannten Funde handelt es sich hier um Gebrauchsgegenstände des höfischen Lebens, wie Keramik-, Bronze- und Lackgefäße, Buddhastatuen, Holzkämme, Scheren oder Holzwürfel.

Silla, und seinen Gefolgsleuten unterstützt. Nach Chindŏks frühem Tod bestieg Kim Ch'un-ch'u selbst den Thron. Der Nachwelt als König Muyŏl (654–661) bekannt, begründete er eine neue, aristokratische Königslinie, aus der bis ins späte 8. Jahrhundert Sillas Könige hervorgingen.

Die Skulptur in der Nähe von Kyŏngju stammt aus dem 7. Jh. (Alt-Silla) und stellt Buddha-Amitabha dar, der die Gläubigen nach dem Tod in sein Paradies aufnimmt.

Die Vereinigung der Halbinsel unter Silla

Am Ende des 6. Jahrhunderts veränderte sich die internationale Situation in Nordostasien grundlegend durch die Wiedervereinigung Chinas unter der Herrschaft der Sui (581/589–618). Koguryŏs erneuter Angriff auf die Halbinsel Liaodong im Jahr 598 blieb deshalb nicht unbestraft. Sui rüstete sich zur Gegenoffensive, die allerdings erst 612 bedrohlich wurde. Koguryŏs Truppen standen unter der Führung des gewieften Kriegsherrn Ŭlchi Mundŏk, der den Chinesen nicht nur 612, sondern auch in den zwei folgenden Jahren entscheidende Niederlagen zufügte. In der Tat scheinen die erfolglosen Expeditionen gegen Koguryŏ das Reich der Sui so geschwächt zu haben, dass sie den Zusammenbruch des Regimes beschleunigten.

Unter Suis Nachfolger, der Tangdynastie (618–907), erlebte China die größte militärische Expansion in seiner Geschichte, und dies hatte auch Auswirkungen auf Korea. 645 rüstete sich der chinesische Kaiser Taizong (626–649) für eine Offensive gegen Koguryŏ, das sich geweigert hatte, friedliche Beziehungen zum Tangreich aufzunehmen. Wiederum blieb der Versuch, Koguryŏs Widerstand zu brechen, erfolglos. 647 und 648 scheiterten zwei weitere Angriffe. Dass Koguryŏ damals militärisch stark genug war, um die chinesischen Angriffe abzuwehren, ist von größter geschichtlicher Bedeutung. Wäre es den Chinesen gelungen, Koguryŏ zu zerstören, wäre ihnen zweifellos die ganze koreanische Halbinsel in die Hände gefallen.

Während Koguryŏ China in Schach hielt, wandte sich Paekche erfolgreich gegen Silla, das sich gezwun-

237

Die Sternwarte in Kyŏongju (Süd-Korea) aus dem 7. Jh. gehört zu den wenigen erhaltenen Bauten aus der Sillazeit, sie diente vermutlich v. a. kultischen Zwecken.

gen sah, seine Westgrenze an den Naktong zurückzuverlegen. Als Hilfe von Koguryŏ ausblieb, wandte sich Silla, wie bereits erwähnt, an das chinesische Tangreich, das sich schließlich zu einem gemeinsamen Angriff gegen Paekche bereit erklärte. Eine chinesische Flotte stieß von Westen vor, während eine Armee Sillas von Osten her Paekche überrannte. Diesem doppelten Angriff hielt Paekche nicht stand, und seine Hauptstadt Sabi wurde 663 von den Alliierten dem Erdboden gleichgemacht.

Nach der Niederlage Paekches wandten sich die Verbündeten gegen Koguryŏ, das anfänglich noch immer erfolgreich Widerstand leistete. Als allerdings interne Wirren Koguryŏs Führung schwächten, blieb der Sieg für Silla und China nicht aus. 668 musste sich Koguryŏ der Übermacht ergeben. Somit wäre die koreanische Halbinsel unter Sillas Führung vereint gewesen, wenn sich China nicht als gefährlicher Bündnispartner erwiesen hätte. Ihm war weniger daran gelegen, das Kriegsglück zugunsten seines koreanischen Verbündeten zu wenden, als sich selbst strategisch wichtige Gebiete einzuverleiben.

Es war deshalb ein epochales Ereignis, als das kaum erstarkte Silla 676 dem arroganten Tangreich eine entscheidende Niederlage zufügte – diese Schmach bleibt in den chinesischen Geschichtsbüchern unerwähnt – und dadurch die koreanische Halbinsel dem militärischen Zugriff Chinas entzog. Dieser Sieg war die schlussendliche Bestätigung der Alleinherrschaft Sillas über die ganze koreanische Halbinsel. Mehr noch: Unter dem

INFOBOX

Weit verzweigte Handelsbeziehungen

Silla kontrollierte die Seewege nach China und Japan und unterhielt Kolonien an der chinesischen Küste. Koreaner hatten Positionen im chinesischen Militär inne und legten chinesische Beamtenprüfungen ab. Mönche aus Silla reisten bis nach Indien. Auch Darstellungen von koreanischen Gesandten auf Wandgemälden in Samarkand und in einem Grab in der chinesischen Provinz Shaanxi zeugen von den internationalen Beziehungen des koreanischen Reiches. Die Glaskaraffen aus einem 1974 in Kyŏngju entdeckten Grab sind sogar eindeutig ostmediterranen Ursprungs.

237

An die Zeit des Vereinten Silla, des ersten koreanischen Einheitsstaates mit Kyŏngju als Hauptstadt (668–935) erinnert das in dieser Stadt jährlich gefeierte »Silla-Fest«.

Vereinten Silla (668–935) ist Korea eigentlich recht entstanden.

Zum ersten Mal war territoriale Integration erreicht, vermischten sich verschiedenartige Völker zu ethnischer Einheit, verschmolzen diverse regionale Traditionen zu einer koreanischen Kultur und erlangte die Sprache Sillas die Bedeutung der Landessprache. Kurz: Es erwachte ein koreanisches Selbstbewusstsein, das die Identität des jungen Staates nach innen und außen erstarken ließ.

Martina Deuchler

Die arabische Welt

(um 610 bis 1492)

Aufstieg einer Weltreligion

Im Namen Allahs: Mohammed und die Anfänge des Islam

Damals wiesen wir Ibrahim den Ort des Hauses zu: Geselle mir nichts bei! Halte mein Haus rein für die, die es umkreisen, für die, die beim Gebet stehen, sich beugen, sich niederwerfen! Rufe unter den Menschen die Pilgerfahrt aus! Zu Fuß sollen sie dann zu dir kommen und auf ausgemergelten Kamelen jeglicher Art, die aus jedem erdenklichen tiefen Bergeinschnitt herantraben! Sie sollen selbst teilhaben an dem, was ihnen höchsten Nutzen bringt, und sollen an festgelegten Tagen den Namen Allahs (beim Schlachten des Viehs) ausrufen, das er ihnen als Nahrung beschert – Esst davon und speiset den notleidenden Armen! – Dann sollen sie sich vom Schmutz befreien, ihre Gelübde erfüllen und das ehrwürdige Haus umkreisen!« In Sure 22, Vers 27 und 29 finden sich diese Sätze. Wahrscheinlich wurden sie Mohammed offenbart, noch bevor er 622 Mekka verlassen und in Medina Zuflucht suchen musste.

Zu Mohammed, dem Begründer des Islam, bekennen sich heute rund 20 Prozent der Weltbevölkerung, also mehr als eine Milliarde Menschen (»Die nächtliche Himmelsreise des Propheten Mohammed«, Miniatur der Safawidenschule, 16. bis Anfang 18. Jh.; London, British Museum).

Die Wurzeln des Islam

Wovon ist in diesen Versen die Rede? Das Haus schlechthin ist im Koran die Kaaba, der wichtigste Kultbau des Islam: Sie ist unverletzlich, denn sie ist Mittelpunkt eines heiligen Bezirks, aus dem das profane Treiben ausgeschlossen sein soll. Der Ort, an dem sie steht, ist Ibrahim – dem Abraham des Alten Testaments – einst von Gott gezeigt worden; zusammen mit Ismael, seinem Sohn, hat er sie dort errichtet, wie in Sure 2, Vers 127 er-

100264

s. ZEIT Aspekte
Islam S. 525

zählt wird. Die Kaaba hat also nach muslimischer Auffassung eine Geschichte, die lange vor Mohammed beginnt und Mekka mit der religiösen Überlieferung des Alten Testaments verknüpft. Abraham/Ibrahim erhält den Befehl, die Pilgerfahrt einzurichten, an der Menschen aus ganz Arabien teilnehmen sollen. Sie hat an bestimmten Tagen des Jahres nach einem festliegenden Ritual zu erfolgen, das ein Schlachtopfer und die Speisung der Armen einschließt.

Zur Zeit Mohammeds galt es allen Mekkanern als eine historische Tatsache, dass die ergiebigste Quelle ihres Ansehens und ihres Lebensunterhalts auf Ibrahim zurückgehe. Der Kaabakult sei freilich nach dem Tode Ibrahims und Ismaels eine Zeit lang durch Angehörige jemenischer Stämme usurpiert gewesen, doch der Koraischite Kusaij habe schließlich die rechtmäßigen Verhältnisse wieder hergestellt, indem er jene unterworfen und den Kultdienst seinem Klan gesichert habe.

Mohammed steht in der überlieferten Genealogie des Stammes der Koraisch fünf Geschlechter unter Kusaij; er gehörte mithin zu den führenden Familien Mekkas. Dass jener Kusaij als der legitime Erbe Ibrahims angesehen wurde, hatte der fiktive Stammbaum der Koraisch zu belegen, den man zu Ismael hinaufführte. Die jemenischen Araber hingegen, die man keineswegs nur im Süden der Halbinsel antraf, sondern zum Beispiel auch im Gebiet des heutigen Syrien und im Westen des Zweistromlandes, leiteten sich nicht von Ismael her, eine Tatsache, die bald erhebliches Gewicht erlangen sollte.

Indem sich die Koraisch auf Ibrahim und Ismael als die Stifter des Kaabakultes beriefen, schufen sie für sich und die ihnen hierin folgenden Araber ein Band, das insofern neuartig war, als es die nach Arabien hineinströmende hochreligiöse Überlieferung nutzbar machte. Geweiht war der Kaabakult Allah, »dem Gott«, wie dieses Wort zu verdeutschen ist. Allah galt den vorislamischen Arabern freilich nicht als der einzige, sondern nur als der höchste Gott; andere Gottheiten wurden an vielen Orten auf der Halbinsel verehrt, unter anderem auch in der unmittelbaren Nähe des mekkanischen Heiligtums. Den dort vollzogenen Riten pflegten die Koraisch freilich nicht beizuwohnen. Sie waren bestrebt, ihren Kult zu fördern; die Mitglieder fremder Stämme wurden während

INFOBOX

Die Sendung

Mohammed war 40 Jahre alt, als er die Sendung durch Gott verspürte, der traditionellen polytheistischen Religion seiner Landsleute einen radikalen Monotheismus entgegenzusetzen. Das Erlebnis, das zu seinem öffentlichen Wirken führte, wird folgendermaßen beschrieben: Mohammed hatte sich in die Wüste zurückgezogen, um über den Sinn des Lebens nachzudenken. Dort erschien ihm dann der Engel Gabriel (arabisch Djibril), der ihn aufforderte: »Ikra!« (Lies!, Rezitiere!). Dreimal weigerte sich Mohammed, und dreimal wiederholte Gabriel seine Aufforderung, bis Mohammed schließlich nachgab und die Worte wiederholte, die er vom Engel empfangen hatte: »Lies im Namen deines Herren, der erschaffen hat, den Menschen erschaffen hat aus einem Embryo. Lies. Dein Herr ist der Edelmütigste, der durch das Schreibrohr gelehrt hat, den Menschen gelehrt hat, was er nicht wusste.« (Sure 96)

ihres Aufenthaltes im heiligen Bezirk an der Kaaba von den Angehörigen eines koraischitischen Männerbundes in Obhut genommen, zu dem auch Mohammed zählte. So war es den Koraisch gelungen, Einfluss in verschiedenen Landstrichen der Halbinsel zu gewinnen, und es war inzwischen bei ihnen üblich, die Stämme Arabiens in solche einzuteilen, die das Heiligtum respektierten, und andere, die es missachteten.

Diese Einteilung hatte zudem eine durchaus politische Bedeutung; denn der Wohlstand, der es der Sage nach Kusaij als erstem Koraischiten ermöglicht hatte, in Mekka ein Haus aus Stein zu bauen, beruhte nicht nur auf den Einkünften aus dem Kaabakult, sondern auch auf der Ausrichtung von Handelskarawanen zwischen dem Jemen und Palästina. Infolge fortwährender Kriege zwischen dem Byzantinischen Reich und dem sassanidischen Iran hatte sich seit dem ausgehenden 5. Jahrhundert ein Teil des Warenverkehrs aus Asien in den Mittelmeerraum, der über das Zweistromland abgewickelt worden war, weiter nach Westen verlagert, ein Umstand, der den Aufstieg Mekkas verstehen hilft. Um die Handelswege freizuhalten, mussten sich die Koraisch die Gewogenheit der Stämme bewahren, deren Streifgebiete von den Karawanen durchzogen wurden. Es war mithin eine eigentümliche Verquickung von kultischen, politischen und wirtschaftlichen Belangen, die die führenden Koraisch zu beachten hatten.

100264

Die Kaaba, ein fensterloses leeres Gebäude im Mittelpunkt der Großen Moschee in Mekka, war schon in vorislamischer Zeit Stadtheiligtum von Mekka; sie ist Ziel der Wallfahrt, zu der jeder Muslim einmal im Leben verpflichtet ist, und wird von den Pilgern siebenmal umrundet.

Dass sie dies recht gut verstanden, fand nicht jeder lobenswert. Der hochreligiöse Einfluss, der die religiöspolitisch begründete Sonderstellung der Koraisch ermöglichte, lieferte auch die Ideen, mit denen eben diese Sonderstellung angefochten werden konnte. Bereits vor Mohammed identifizierten einzelne Gottsucher jenen Allah, der Ibrahim den Befehl zur Stiftung des Kaabakultes erteilt hatte, mit dem Schöpfer und Erhalter der Welt, der diese am Ende aller Tage vernichten und dann über die Menschen zu Gericht sitzen werde; die Toten würden auferweckt werden, um ihm Rede und Antwort zu stehen.

Gerade diese letzte Aussage stieß bei den heidnischen Arabern auf entschiedene Ablehnung; sie glaubten, mit dem Tod sei alles ein für alle Mal vorbei. Vor allem aber reizte sie das mit der Auferstehung angekündigte Gericht zum Widerspruch: Wenn dies wahr sein sollte, dann war ein jeder aufgefordert, sein irdisches Handeln sehr genau zu bedenken! Mit anderen Worten, der Religion wuchs eine weit über das Kultische hinausreichende eigene Bedeutung zu, die die eingespielte Verbindung von Geschäft, Politik und Verehrung der Gottheiten fragwürdig erscheinen ließ. Verfehlungen wie das Protzen mit Reichtum oder der Betrug bei Kauf und Verkauf wurden nun als heilsgefährdend wahrgenommen und als Verstoß gegen die Gesetze des Schöpfers gedeutet.

Der Beginn des Wirkens Mohammeds

Gerade die Frivolität, mit der die meisten Mekkaner solche Gedanken beiseite schoben und sich darüber hinwegsetzten, dass sie als Geschöpfe Gottes diesem zu Dank verpflichtet und gehalten seien, in Anbetracht des drohenden Endgerichts ein sittliches Leben zu führen,

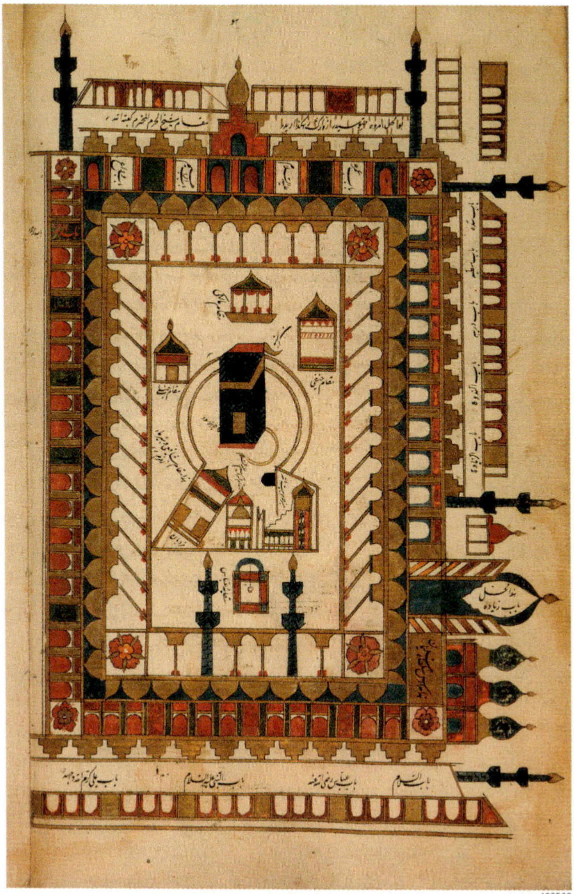

100563

Diese türkische Miniatur zeigt in stilisierter Form die Säulenumgänge und Minarette der Großen Moschee in Mekka, das Gelände zur Umrundung der Kaaba durch die Pilger sowie die Heilige Quelle Samsam (um 1620; Jena, Universitätsbibliothek).

gerade diese Leichtsinnigkeit war es, die Mohammed zutiefst aufwühlte. Auf dem Berg Hira in der Nähe Mekkas suchte er bisweilen Ruhe vor dem Getriebe der Stadt. Dort hatte er eines Tages – etwa im Jahre 610 – sein erstes Berufungserlebnis. Zu Tode erschrocken, von panischer Furcht ergriffen, allein darauf aus, das abzuwehren, was ihm widerfuhr, stürzte er nach Hause und rief seiner Gattin Chadidja entgegen: »Hüllt mich ein! Hüllt mich ein!« Da vernahm er die Worte: »Der du dich eingehüllt hast! Steh auf und warne! Und deinen Herrn, den ehre! Und deine Kleidung, die reinige! Und den Sündenschmutz, den meide!«

ZITAT

Das Selbstverständnis Mohammeds kommt in Sure 6 des Korans zum Ausdruck:
Siehe, mein Gebet, meine Verehrung und mein Leben… gehören Allah, dem Herrn der Welten… ich bin der erste der Muslime.

Diese vermutlich ältesten Sätze des Korans stehen in Sure 74, Verse 1–5. Ob sich Mohammeds Berufung genau so zugetragen hat, ist umstritten. Im Kern ist in diesen wenigen Worten die Botschaft, die der Prophet von nun an seinen Landsleuten immer wieder verkünden wird, schon enthalten. Mohammed ist der Warner vor dem Gericht, das der verehrungswürdige Allah abhalten wird, und die Menschen müssen Acht geben, dass sie sich nicht besudeln – im wirklichen wie im übertragenen Sinne; sie müssen im Zustand der Reinheit vor ihren Schöpfer treten, und das meint zum einen die rituelle Reinheit, die im Islam als ein Hauptstück der Glaubensausübung gilt und durch ins Einzelne geregelte Waschungen des Körpers sowie durch das Anlegen reiner Kleidung erworben wird, zum anderen die Reinheit von Verfehlungen – gedacht ist vor allem an unrechtmäßige Bereicherungen.

50

Der Koran besteht aus 114 in Verse unterteilten Abschnitten, den Suren. Diese haben bestimmte Überschriften, die sich aus einem Schlüsselwort, einem Thema oder den ersten Worten der Sure ergeben (Seite aus der 2. Sure).

Nur in seinem engsten Kreis stieß Mohammed mit diesen Ansichten und mit den seltsamen Worten, in denen er sie äußerte, auf Verständnis, und als er sich über einen längeren Zeitraum nicht mehr von Gott angesprochen fühlte, überkamen ihn bohrende Zweifel. Die Offenbarungen, die sich danach einstellten, griffen die Themen der ältesten Verse auf, und vertieften sie. Indem Mohammed sich an seine Mitmenschen wandte und sie mit aufrüttelnden Worten zur Aufgabe ihres gewohnten Lebens und zur Veränderung ihres Verhaltens angesichts des drohenden Weltgerichts drängte, unterschied er sich von eigenbrötlerischen Gottsuchern.

Schon bald nach Beginn der Offenbarungen war Mohammed jedoch deutlich geworden, dass Allah nicht der

INFOBOX

Die heiligste Stadt des Islam
Die Geburtsstadt Mohammeds, Mekka, liegt in einem von Felsen überragten, wüstenhaften Becken der Landschaft Hidjas. Bereits in vorislamischer Zeit war sie als Kreuzungspunkt alter Karawanenstraßen ein bedeutendes Handelszentrum. Durch Mohammed wurde sie zum Mittelpunkt der islamischen Welt. An der Wallfahrt nach Mekka nehmen jährlich fast eine Million Pilger teil. Mittelpunkt der Stadt und wichtigstes Ziel der Wallfahrt ist die Kaaba im Hof der Hauptmoschee. Weitere Wallfahrtsstätten sind der Brunnen Semsem sowie die Gräber der Gefährten und der ersten Ehefrau Mohammeds Chadidja auf dem Friedhof Al-Mala. Mekka und seine nähere Umgebung sind für Nichtmuslime nicht zugänglich.

höchste Herr sein könne, der neben sich noch andere Gottheiten dulde, sondern der einzige Gott. Diese Einsicht wird von nun an mit Schärfe und Entschiedenheit herausgearbeitet und zu einem Grundpfeiler des neuen Glaubens ausgebaut. Aus dem strengen Eingottglauben folgte die Zuspitzung der Forderung, das ganze Leben neu zu bedenken und neu zu gestalten. Die Hoffnung, sich in den Schutz anderer Gottheiten zu flüchten oder sie, wenn es schon ein Weltgericht geben werde, an jenem Tage als Fürsprecher anzurufen, wie es sich die heidnischen Mekkaner vorstellten, wurde als trügerisch entlarvt. Zunächst gegenüber den heidnischen Mekkanern, dann auch gegenüber Judentum und Christentum wurden durch den von Mohammed verkündeten Eingottglauben klare Grenzen gezogen.

Kampf um den Glauben: Die Hidjra

Mohammed war von seiner Ehefrau Chadidja in seinen Überzeugungen bestärkt worden; sie war erheblich älter als er und hatte ihn, der dem angesehenen Klan der Banu Haschim angehörte, geheiratet, nachdem sie verwitwet war. Mohammed war damals mittellos gewesen; er war früh verwaist – sein Vater war bei einem Aufenthalt in Medina gestorben, wohin im Übrigen seine Mutter weitläufige verwandtschaftliche Beziehungen hatte. Chadidja also, eine Kauffrau, und einige andere Verwandte und Freunde standen in den Jahren nach seiner Berufung zu ihm und hielten ihm auch noch die Treue,

2400

Mohammed hatte im Alter von etwa 40 Jahren, also um 610, am Berg Hira erstmals eine Vision, bei der ihm der Erzengel Gabriel erschien und das Wort Gottes offenbarte (Miniatur aus dem Sijar an-Nabi, 1594/95; Istanbul, Topkapı Sarail).

als er sich seit etwa 613 mehr und mehr an die Öffentlichkeit wagte.

Die Offenbarungen, die Mohammed vortrug, erregten weit mehr Ärgernis als Bewunderung; dem Propheten warfen seine Gegner vor, mit der Zauberkraft seiner in Reimprosa gefassten Worte verführe er die Toren und säe Unfrieden in den Sippen. Möglicherweise im Zusammenhang mit der einsetzenden Verfolgung zog um 615 eine Schar von Bekehrten nach Äthiopien, von wo die meisten allerdings schon vor der Hidjra (Auswanderung) nach Mekka zurückkehrten. Unstrittig ist, dass die von etwa 616 bis 619 andauernde Ächtung des Klans der Banu Haschim durch die übrigen Koraisch sich gegen den Unruhestifter Mohammed richtete.

Bald nach dem Ende dieser Maßnahmen starben Chadidja und der Onkel des Propheten, Abu Talib, der Mohammed stets unterstützt hatte. Nur indem der Prophet das altarabische Rechtsinstitut des »Fremdenschutzes« in Anspruch nahm, der ihm von einem Mitglied einer mit den Banu Haschim eng verwandten Familie gewährt wurde, entzog er sich Anschlägen auf sein Leben.

Die um 615 beginnende Verfolgung Mohammeds und seiner Anhänger durch die führenden Mekkaner erklärt sich aus den radikalen Konsequenzen der neuen Lehre, die nunmehr deutlich formuliert wurden. Allah, der ein-

INFOBOX

Die Kaaba

Lange vor Mohammed war die Kaaba in Mekka ein Heiligtum, an dem eines der wenigen überregionalen Feste stattfand. Aus dem anfänglichen Steinkult wurde ein Wallfahrtsfest zu Ehren der drei altarabischen Göttinnen. Während der viermonatigen Festzeit waren kriegerische Auseinandersetzungen verboten und reger Handel möglich.

Im 8. Jh. ließ der Omaijadenkalif Walid I. eine Halle mit Marmorsäulen und Goldmosaiken um die Kaaba errichten; der Moscheecharakter entstand durch Erweiterungen des Hofes im 16. Jh. Die Kaaba umschließt einen leeren, fensterlosen Raum, dessen Dach im Innern von drei hölzernen Säulen gestützt wird; er ist an besonderen Pilgertagen zugänglich. An der südöstlichen Ecke neben dem Eingang in 1 m Höhe ist ein als heilig geltender Meteorit (Hadjar al-Aswad, »schwarzer Stein«) eingemauert. Die Kaaba ist mit einem schwarzen Tuch (Kiswa) bedeckt, das in der Zeit der Wallfahrt durch ein weißes ersetzt wird.

3345

Die Bedeutung der Kaaba als Hauptheiligtum des Islam zeigt sich auch bei dieser persischen Karte aus dem 16. Jh., die sie als Mittelpunkt der Erde darstellt. Die Karte ist nach Süden ausgerichtet.

zige Gott, kann neben sich keine anderen Herren dulden, die vermeinen, in eigener Machtvollkommenheit über Menschen und Güter zu verfügen. Als Inbild eines solchen Tyrannen erscheint im Koran der Pharao; Mose wird von Gott berufen, diesen Gewaltherrscher zur Umkehr aufzufordern und die Israeliten ziehen zu lassen. Der Pharao erkennt, dass, ginge er auf Moses Begehren ein, seine Macht abbröckeln würde; er fürchtet, Mose und sein Anhang, die Schwachen und Unterdrückten, wollten ihn aus Ägypten vertreiben.

Die Verse des Korans lassen den tief gehenden Konflikt Mohammeds mit seinen Landsleuten durchscheinen, die befürchteten, der neue Glaube werde die eingangs geschilderte sorgfältig austarierte Balance von kultischen und geschäftlichen Interessen zerstören und den herausragenden Status des mekkanischen Heiligtums untergraben (Sure 28, 57). Wenn es nur einen Gott gibt, dann müssen auch die Kultstätten in der Umgebung Mekkas diesem geweiht sein; entgegen allem Herkommen suchte Mohammed sie nun mehrfach auf und predigte dort seine neue Lehre. Kaum nach Medina vertrieben, wird Mohammed eine Offenbarung verkünden, in der jene anderen Kultorte für Allah beansprucht und mit den an der Kaaba vollzogenen Riten verschmolzen werden.

ZITAT

Koran, Sure 2, Verse 127–128:
Damals führte Abraham zusammen mit Ismael die Fundamente des Hauses auf: »Unser Herr! Nimm dies von uns an! Du bist es, der alles hört und weiß! Unser Herr! Mach, dass wir uns zu dir wenden! Mach aus unserer Nachkommenschaft eine zu dir gewandte (»muslimische«) Gemeinschaft! Und zeig uns unsere Riten, und wende dich uns zu! Du bist es, der sich barmherzig zuwendet! ...«

Schon mehr als ein Jahr bevor Mohammed seine Heimatstadt verlassen musste, hatten sich Teile seiner Anhängerschaft in das Gebiet von Medina abgesetzt. Schließlich folgte ihnen der Prophet. Im Koran ist von seiner Vertreibung die Rede; sie wird beschworen, um den Mekkanern die Rache Gottes anzukündigen (Sure 47, 13; 60, 1). Später wird das islamische Gemeinwesen die Hidjra des Jahres 622 zum Beginn einer neuen Zeitrechnung erklären. Zunächst aber war vieles von dem, was Mohammed geschaffen hatte, infrage gestellt. Ungünstig waren die Bedingungen für einen Neuanfang, und wahrscheinlich dachte der Prophet gar nicht an einen langen Aufenthalt, sondern wollte möglichst rasch nach Mekka zurückkehren (Sure 28, 85).

Kultische Grundlegungen

In Mekka hatten Mohammed und seine Anhänger stets innerhalb des heiligen Bezirkes zur Kaaba hingewandt ihre rituellen Gebete vollzogen. In Medina gab es kein solches Heiligtum; die schon vorher dorthin gelangten Anhänger des Propheten hatten sich einen Gebetsplatz abgesteckt. Nach längerem Ringen entschied Mohammed, man solle nach Mekka hingewandt beten; das Fleckchen Erde, auf dem sich die Beter befanden, sollte

INFOBOX

Abraham, der Gottsucher

Im Islam genießt Abraham, arabisch Ibrahim, als Prophet höchste Verehrung. Er gilt als das Urbild des Hanifen, eines Gottsuchers und »Trägers der reinen Gottesverehrung«. Insgesamt wird er in 25 Suren des Korans erwähnt und ist damit nach Mose die biblische Figur, die am häufigsten genannt wird. Auch gilt er, zusammen mit seinem älteren Sohn Ismail, dem Stammvater der arabischen Völker, als Erbauer der Kaaba in Mekka. Diese habe er zur Verehrung des einzigen Gottes errichtet, weshalb der Prophet Mohammed sich nicht als Religionsgründer verstand, sondern als »Siegel der Propheten«, welcher die Menschen zur monotheistischen Urreligion des Stammvaters Abraham zurückführte.

In der islamischen Tradition erscheint Abraham als Streiter Gottes im Kampf gegen den Götzendiener König Nimrod und übersteht sogar unversehrt einige Tage im Feuerofen, in den ihn der König steckt. Außerdem wird Abraham am Tag des Jüngsten Gerichts zur Linken Gottes Platz nehmen und die Gläubigen ins Paradies führen.

100563

629 gestattete Mekka, Allah in seinem Stadtheiligtum, der Kaaba, zu verehren. Kalif Al-Walid I. ließ um 700 eine Halle mit Marmorsäulen und Goldmosaiken um die mit einem schwarzen Tuch bedeckte Kaaba errichten; der Moscheecharakter entstand durch Erweiterungen des Hofes im 16. Jh. (indische Miniatur, 16. Jh.).

rituell rein und damit aus dem Bereich des Profanen ausgesondert sein.

Symbolisch konnte auf diese Weise an jedem beliebigen Ort die Anwesenheit an jenem Kulthaus hergestellt werden, das einst Ibrahim errichtet hatte und das nach muslimischem Glauben den Brennpunkt des Einwirkens Allahs auf seine Schöpfung markiert. Mit anderen Worten: Die Vertreibung nach Medina zwang Mohammed, die vorislamische Schale, die ihm selbstverständlichen Gegebenheiten des mekkanischen Kultes, die seine universalreligiöse Botschaft von dem einen Gott umhüllte, zu zerbrechen, und schuf so die Voraussetzung dafür, dass er zum Stifter einer Weltreligion wurde.

Ein Gesandter Gottes hat eine Botschaft, das Buch Gottes, zu überbringen, wie es einst Mose getan hatte. Das wussten Mohammed und die Mekkaner. Schon vor der Vertreibung hatte man begonnen, Teile der Offenbarungen in einzelnen, selbstständigen Texten, den Suren, schriftlich niederzulegen. Die Bevölkerung von Medina,

100563

Diese Miniatur aus einer arabischen Handschrift zeigt Mohammed, seine Tochter Fatima, seinen Vetter und – durch seine Heirat mit Fatima – Schwiegersohn Ali ibn Abi Talib sowie seine Enkel al-Hasan und al-Husain (18. Jh.; Paris, Bibliothèque Nationale de France).

die zum Teil judaisiert war, müsste, so hoffte Mohammed, bezeugen, dass er ein wahrer Prophet sei, eben weil sie aus ihrer eigenen Überlieferung das Wesen der Prophetenschaft kenne.

Es traf Mohammed schwer, dass genau das Gegenteil eintrat: Die Juden von Medina spotteten über seinen Anspruch und versuchten, ihn mit Fragen nach Geschichten aus dem Umkreis des Alten Testaments auf das Glatteis zu führen. In der bisweilen mit großer Schärfe geführten Auseinandersetzung klärte sich jedoch Mohammeds Bewusstsein für die Eigenständigkeit seiner Offenbarung; er schrieb ihr jetzt die absolute Geltung vor allen anderen Offenbarungen zu, die von ihren Anhängern im Laufe der Zeit verfälscht worden seien, während die seinige, die letzte, die der Menschheit übermittelt werde, die göttliche Rede authentisch wiedergebe.

Der Triumph Mohammeds

Auch in materieller und politischer Hinsicht bildete die medinensische Zeit eine Phase erfolgreich bestandener Prüfungen. Etwa eineinhalb Jahre nach seiner Ankunft gelang es Mohammed, die Medinenser zum Mitwirken beim Angriff auf eine mekkanische Handelskarawane zu bewegen; der berühmte Sieg von Badr 624 versetzte den Mekkanern einen schweren Schlag und brachte Mohammed, den mekkanischen »Auswanderern« und ihren medinensischen »Helfern« reiche Beute. Die nachfolgenden kriegerischen Auseinandersetzungen mit Mekka überstand Mohammed mit Glück und Geschick. Im Jahre 628 nötigte er seiner Vaterstadt das Zugeständnis ab, dass er mit seinem Anhang im folgenden Jahr die Pilgerriten vollziehen dürfe: Seine Feinde hatten ihn als ebenbürtig anerkannt. Bald danach brach er unter einem Vorwand das Abkommen; aber auch in Mekka schwand der Widerstand gegen ihn, sodass man ihn kampflos in die Stadt einziehen ließ.

Woher dieser Sinneswandel? Nicht gegen ihn, den einst Vertriebenen, sondern mit ihm, so erkannten die führenden Koraischiten, würden sie ihre politischen Ziele erreichen. Schon begannen Stämme von überall her, ihm als dem mächtigsten Mann Arabiens nach alter Sitte ihre Aufwartung zu machen; die Kaaba würde auch in den erweiterten Pilgerriten ihren überragenden Rang behalten. Das Lebenswerk des Propheten erschien nun fast wie die Erfüllung des koraischitischen Ehrgeizes, der mit jenem sagenhaften Kusaij seinen Anfang genommen hatte.

Freilich verhinderten es die politischen Umstände – Mohammed musste auf seine medinensischen »Helfer«

100563

Maschallah! – »Was Gott will!« – ist ein häufiger Ausruf im Arabischen, der den islamischen Glauben daran zum Ausdruck bringt, dass Gott in weiser Vorhersehung das menschliche Geschick und den Lauf der Welt lenkt (osmanische Zierkachel aus dem 19. Jh.).

INFOBOX

»Stadt der Propheten«

Medina, als Jathrib schon in vorislamischer Zeit eine bedeutende Stadt an der Weihrauchstraße, nahm Mohammed nach seiner Auswanderung aus Mekka (Hidjra) 622 auf. In Medina – »Stätte der (religiösen) Gerichtsbarkeit« – umbenannt, wurde sie Zentrum des von Mohammed geschaffenen Gemeinwesens. 632–656 war sie Hauptstadt des arabisch-islamischen Reiches und Residenz der Kalifen.

Am Ort des ehemaligen Hauses sowie der Grabstätte Mohammeds und seiner Tochter Fatima ließ der omaijadische Kalif Walid I. im 8. Jh. mithilfe byzantinischer Baumeister die »Große Moschee« errichten; deshalb wurde Medina als »Stadt der Propheten« bzw. »erleuchtete Stadt« eine der heiligen Stätten des Islam.

Die 707–709 über dem Haus Mohammeds erbaute, mehrfach veränderte und erweiterte Große Moschee in Medina birgt unter der Kuppel das Grab des Propheten. Medina war 632–656 Hauptstadt des arabisch-islamischen Reiches und Residenz der Kalifen.

Rücksicht nehmen –, dass der Prophet für immer nach Mekka zurückkehrte. Doch er kam noch einmal, im Jahre 632, zu der später so genannten Abschiedswallfahrt. Da war er unbestritten der bedeutendste Mann auf der Halbinsel; die führenden Koraischiten hingegen, die ihn lange bekämpft, dann aber die Möglichkeiten ergriffen hatten, die sein Werk ihnen eröffnete, erschienen wie die eigentlichen Gewinner; die neue Religion war koraischitisch geworden, wie vor allem jene Gläubigen spöttelten, deren Stämme nicht zu den Ismael-Arabern zählten. So stand Mohammed, als er 632 eines plötzlichen Todes starb, auf dem Höhepunkt von Macht und Ansehen. *Tilman Nagel*

Ein Weltreich entsteht: Die Expansion der Araber

Indem Mohammed den Eingottglauben verkündete, bekräftigte er die Forderung an den Einzelnen, durch gute Werke auf eine günstige Beurteilung durch den Schöpfer hinzuarbeiten. In Medina verdichtete sich diese Forderung zum »Kampf auf dem Pfade Gottes«, der die einende Mitte des Lebens der Gläubigen wurde; in der

Abwehr gegen Mekka und im Ringen um Einfluss auf die Stämme der Halbinsel war Opferbereitschaft unentbehrlich.

Scharf hebt nun der Koran die Verknüpfung von religiösem Verdienst und kämpferischem Einsatz für »Gott und seinen Gesandten« hervor. Diese Gesinnung wurde auf eine harte Probe gestellt, als nach der Inbesitznahme Mekkas führende Koraischiten, die bis dahin den Propheten bekämpft hatten, zu Einfluss gelangten und die neue Religion »koraischitisch« wurde. Die medinensischen »Helfer« fühlten sich brüskiert, desgleichen die Mehrzahl der mekkanischen »Auswanderer«, die nicht zu den von Kusaij abstammenden Familien zählten.

Die Einigung der Araber unter den ersten Kalifen

Nach Mohammeds Tod brach der Zwist offen aus. Die »Helfer« verlangten eine gleichberechtigte Teilhabe an der Befehlsgewalt während der in Aussicht genommenen Feldzüge nach Norden. Die »Auswanderer« erwiesen sich jedoch als die Stärkeren; Abu Bakr, einer der frühesten Anhänger Mohammeds, wurde zum Leiter des Gemeinwesens der Gläubigen berufen. Die »Helfer« fügten sich ihm, nur Ali ibn Abi Talib, der Schwiegersohn und Vetter Mohammeds (der spätere vierte Kalif), murrte zusammen mit einigen anderen Koraischiten der Kusaij-Linie – der Abu Bakr nicht angehörte – gegen diese Entscheidung.

Nach Mohammeds Tod setzte die arabische Expansion ein. Die Kalifen unternahmen im Osten Vorstöße bis nach Indien; nach der Eroberung der Iberischen Halbinsel wurde ihre Ausbreitung nach Norden 732 in der Schlacht zwischen Tours und Poitiers gestoppt.

Abu Bakrs Regierungszeit war mit Kriegen gegen Stämme angefüllt, die, kaum dass der Prophet verstorben war, sich aller erst vor kurzem in Medina gegebenen Treueversprechen ledig glaubten; vor allem »jemenische« Stämme wollten mit dem medinensischen Gemeinwesen, in dem sie die Fortführung koraischitischen Machtstrebens sahen, nichts mehr zu tun haben. Chalid ibn al-Walid, ein spät bekehrter Kusaij-Koraischite, zwang in raschen Feldzügen die »Apostaten« (Abtrünnigen) zum Einlenken.

Nach Abu Bakrs Tod im Jahre 634 riss der starke Mann unter den »Auswanderern«, Omar ibn al-Chattab, die Macht an sich. Sein wichtigstes innenpolitisches Ziel war die Zügelung des Einflusses der alten mekkanischen Elite und die Bewahrung der Verhältnisse, wie sie für die Kampfgemeinschaft der Gläubigen unter Mohammed gegolten hatten. Omar verdeutlichte diese Politik, indem er den Titel »Heerführer der Gläubigen« annahm, den Mohammed einst gestiftet hatte; ferner bestimmte Omar die Hidjra zum Ausgangspunkt einer eigenen Zeitrechnung. Auch in der praktischen Politik ging er gegen die spät bekehrten Nutznießer des Werkes des Propheten vor. Er nahm Chalid ibn al-Walid das Kommando ab und suchte die seit vorislamischer Zeit bestehenden Beziehungen seiner Gegner in den syrisch-palästinensischen Raum hinein zu beschneiden.

Die Kriege gegen die »Apostaten« wurden bis in das Grenzgebiet zum Sassanidischen Reich geführt. Die Region westlich des Euphrat bis zum anatolischen Bergland war seit langem das Streifgebiet arabischer Stämme, mit denen die Sassaniden ein Auskommen suchten. Desglei-

INFOBOX

Mohammeds erste Frau

Mohammed, der als Waise bei seinem Onkel Abu Talib aufgewachsen war, trat als junger Mann in den Dienst der 20 Jahre älteren vermögenden Kaufmannswitwe Chadidja, die er um 595 heiratete. Sie hatte ihm von sich aus die Heirat angeboten und gebar ihm zwei Söhne, die jung starben, und vier Töchter, darunter Fatima. Er blieb ihr bis zu ihrem Tod 619 treu. Erst danach heiratete Mohammed noch neun weitere Frauen. In der islamischen Tradition gilt Chadidja als die Erste, die an seine prophetische Sendung glaubte und den Islam annahm. Ihr Grab in Mekka ist heute Wallfahrtsstätte.

chen waren Palästina und Syrien weitgehend arabisiert. Über Jahrhunderte hatten sich in den genannten Räumen Römer/Byzantiner und Iraner feindlich gegenübergestanden; 628 hatten die Iraner in diesem Ringen eine schwere Niederlage erlitten, an eine kraftvolle Gegenwehr gegen Chalid war also nicht zu denken. Aber auch im Westen brach 636 nach einem Sieg der Truppen der »Gläubigen« am Jarmuk der Widerstand zusammen. Binnen kurzem fiel das Land von der Levanteküste bis nach Mesopotamien den von Medina aus befehligten Arabern in die Hände. Der Appell an das Arabertum hatte entschiedenen Anteil an dieser Wende der Dinge.

Über die Grenzen Arabiens hinaus

Omar betrachtete diese Entwicklung mit gemischten Gefühlen. Herrscher über ein Reich, das sich über die Arabische Halbinsel hinaus erstreckte, wollte er nicht sein. Mit Sorge sah er, wie ihm gegen das Jahr 640 Syrien entglitt und dass er nicht umhin konnte, mit Moawija I. dort einen Kusaij-Koraischiten und Sohn des erbittertsten mekkanischen Feindes des Propheten zum Statthalter zu ernennen. Vergeblich versuchte Omar zu verhindern, dass von Palästina aus ein Mitglied desselben Klans 641 nach Ägypten vorstieß und dass damit zum ersten Mal Land betreten wurde, dessen Bewohner nicht arabisiert waren.

Die Entwicklung, die in Gang gekommen war, war nicht mehr zu beherrschen. Allein im Norden bildete Anatolien einen unüberwindlichen Riegel gegen das Vordringen der arabischen Truppen. Offen lagen hingegen der Westen und vor allem der Osten, wo das Sassanidische Reich keinen geordneten Widerstand zu leisten vermochte. Von Unterägypten aus stießen arabische Streifscharen auf Beutezug zum ersten Mal 646 bis in das Gebiet des heutigen Tunesien vor. In rascher Folge schlossen sich ähnliche Unternehmungen an, ohne dass man zunächst daran gedacht hatte, jenes Land in Besitz zu nehmen. Desgleichen wagten sich die Eindringlinge nilaufwärts vor und gelangten schon 651 bis nach Dongola.

Den größten Landgewinn verzeichneten die Araber jedoch nach Osten hin. Schon 640 war das Zweistromland unter ihre Herrschaft gefallen; hiernach bemäch-

ZITAT

In einem Hadith zeigt sich Aischa, die Lieblingsfrau Mohammeds, als selbstbewusste Frau:
In Aischas Gegenwart zählt ein Mann auf, was ein Gebet unterbrechen würde. Er nannte Hunde, Esel und Frauen. Da rief Aischa voller Entrüstung aus: »Was? Ihr stellt uns Eseln und Hunden gleich! Bei Gott, der Prophet betete, während ich auf dem Bett lag, zwischen ihm und der Gebetsrichtung!«

tigten sie sich des iranischen Raumes von zwei Seiten her: Im Süden rissen sie die Macht in der Persis an sich, über das nördliche Zweistromland erreichten sie Nordostiran und die mittelasiatischen Gebiete des Sassanidischen Reiches. Auch in den Südwesten Afghanistans gelangte man schon unter Omar ibn al-Chattab.

Parallel dazu wurden die Voraussetzungen für eine festere Inbesitznahme der eroberten Länder geschaffen. Fustat – im Süden des heutigen Kairo – Basra und Kufa waren die ersten Städtegründungen der Expansionsbewegung, im engeren Sinne große Heerlager, in denen sich die aus der Arabischen Halbinsel herbeiströmende Bevölkerung sammelte und zu militärischen Unternehmungen formiert wurde. Zugleich waren diese Lagerstädte Sitz eines vom Kalifen benannten Statthalters. Auch in Damaskus residierte ein Statthalter, aber in Syrien un-

Abu Bakr war einer der ersten Anhänger Mohammeds und regierte nach dessen Tod 632–634 als erster Kalif. Abu Bakr leitete mit militärischen Vorstößen nach Irak und Syrien die islamischen Eroberungszüge ein. Die Miniaturmalerei aus dem 17. Jh. zeigt ihn zusammen mit dem Propheten (Dresden, Sächsische Landesbibliothek).

100563

50

Ali konnte zwar den von Mohammeds Witwe Aischa angeführten Aufstand 656 in der »Kamelschlacht« niederschlagen, aber gegen seinen Gegenspieler Moawija I. keinen entscheidenden Erfolg erringen. Ali und seine Nachkommen werden von den Schiiten als die rechtmäßigen Nachfolger Mohammeds verehrt (Kamelherde, 1237; Paris, Bibliothèque Nationale de France).

terschied sich die Lage insofern von der in Ägypten und vor allem im Irak, als die Vorstöße nach Anatolien zunächst wenig erfolgreich waren und das Land schon seit vorislamischer Zeit weitgehend arabisiert war.

Innerarabische Gegensätze

Auf Omar ibn al-Chattab wurde 644 ein Anschlag verübt. Auf dem Sterbebett setzte er ein Kollegium aus sechs frühen »Auswanderern« ein, das über seine Nachfolge befinden sollte. Es entschied sich für einen Kompromisskandidaten, dessen Wahl die mittlerweile entstandenen Gegebenheiten gut widerspiegelt: Othman ibn Affan war einer der ältesten Anhänger des Propheten und gehörte zu den ersten »Auswanderern«, zugleich aber stammte er aus dem Kusaij-Klan der Banu Abd Sams und war daher eng mit Moawija, dem starken Mann Syriens, verwandt.

ZITAT

Der Hadith über Mohammeds Verständnis vom Krieg:

Ein Mann kam zum Propheten und sagte: »Manche Menschen ziehen in den Krieg, um Beute zu machen … oder um später mit ihrer Tapferkeit prahlen zu können! Wer aber ist wirklich auf dem Weg Gottes?« Der Prophet erwiderte: »Auf dem Weg Gottes ist der, der für den Sieg von Gottes Wort kämpft!«

INFOBOX

Die Lieblingsfrau des Propheten
Aischa (* um 613/614, † 678) war die Tochter des Abu Bakr, eines der ersten Anhänger Mohammeds. Nach dem Tod der Chadidja wurde sie die Lieblingsfrau Mohammeds, der noch neun weitere Ehen schloss. Sie erlangte nach dem Tod des Propheten großen politischen und religiösen Einfluss in der jungen islamischen Gemeinde. Sie bekämpfte den vierten Kalifen Ali ibn Abi Talib, der sie 656 in der »Kamelschlacht« – die Schlacht erhielt diesen Namen, weil Aischa auf ihrem Kamel selbst am Gefecht teilnahm – gefangen nahm. Später lebte sie zurückgezogen in Medina.

ZEITTAFEL

Die Kalifen (bis 750):
Die vier rechtgeleiteten Kalifen
Abu Bakr (632–634)
Omar I. (634–644)
Othman (644–656)
Ali (Ali ibn Abi Talib) (656–661)
Omaijaden
Moawija I. (661–680)
Jasid I. (680–683)
Moawija II. (683–684)
Merwan I., Zweig der Merwaniden (684–685)
Abd al-Malik (685–705)
Walid I. (705–715)
Suleiman (715–717)
Omar II. (717–720)
Jasid II. (720–724)
Hischam (724–743)
Walid II. (743–744)
Jasid III. (744)
Ibrahim (744)
Merwan II. (744–749/750)

Othman war bestrebt, die von Omar betriebene Politik der Festigung der »Kampfgemeinschaft der Gläubigen« fortzusetzen, sah sich aber auch genötigt, seinen spät bekehrten Verwandten Genüge zu tun. Zusätzlich erschwert wurde seine Aufgabe durch den Aufstieg neuer Kräfte, die sich nicht durch eine bestimmte Rolle in der Zeit Mohammeds definieren konnten, sondern erst nach Beginn der Eroberungen in das von Medina aus regierte Gemeinwesen hineingeraten waren. Letztere fühlten sich benachteiligt.

Ali ibn Abi Talib, einer der jüngsten Prophetengenossen und wegen seiner Verschwägerung mit Mohammed in hohem Ansehen stehend, fand hier das geeignete Betätigungsfeld für seinen politischen Ehrgeiz, der sich unmittelbar nach dem Tode Mohammeds im Protest gegen den nicht von Kusaij abstammenden Nachfolger noch nicht hatte entfalten können. Insbesondere als Fürsprecher für die jemenischen Stämme tat er sich nunmehr hervor.

Im Jahre 656 entluden sich die Spannungen; nach dem Ende der Pilgersaison zogen einige Aufrührer nach Medina; unglückliches Taktieren verschärfte die Lage so sehr, dass das Haus des Kalifen von seinen Feinden umzingelt und dieser wenig später ermordet wurde. Dies löste den Ersten Bürgerkrieg (656–660) aus, die Urkatastrophe der islamischen Geschichte, die bis auf den heutigen Tag die Muslime in verfeindete Parteiungen spaltet. Zunächst behauptete Ali das Feld. Den Widerstand der alten »Auswanderer« brach er 658 in der berühmten »Kamelschlacht«, an der Aischa, die Lieblingsfrau des Propheten, teilgenommen und die Feinde Alis angefeuert hatte.

101144

657 verlegte Ali die Residenz des Kalifats von Medina nach Kufa (Irak), das sich dadurch zu einer bedeutenden Stadt entwickelte. Kufa wurde als Kalifenresidenz 661 von Damaskus abgelöst. Das Bild zeigt die Imam-Ali-Moschee, den Ort der Ermordung Alis.

Alis stärkster Gegner war allerdings Moawija, der den neuen Kalifen der Mittäterschaft bei der Ermordung Othmans bezichtigte und das Recht der Blutrache beanspruchte. Am oberen Euphrat zogen sich die Kämpfe über viele Monate hin, bis man sich auf ein Schiedsgericht einigte; dessen Urteil fiel zugunsten Moawijas aus. Alis Anhang zerfiel; er habe Menschen anstelle Gottes entscheiden lassen, warf man ihm vor. Die deswegen von ihm Enttäuschten, später unter dem Namen Charidjiten bekannt, bekämpften Ali fortan erbittert; einer von ihnen tötete ihn im Jahre 660. Aus dem Teil seiner Anhängerschaft, der ihm treu geblieben war, entwickelte sich später die Schia.

Das Kalifat der Omaijaden

Unterdessen hatte Moawija sich selbst zum Kalifen erheben lassen. Damit war die Herrschaft über das Gemeinwesen endgültig an die Kusaij-Koraisch gefallen. Moawija, der erste Kalif aus dem Haus der Omaijaden, gründete seine Macht dementsprechend nicht so sehr auf das Lebenswerk des Propheten, sondern vor allem auf gute Beziehungen zu den wichtigsten Stammesfürsten. Mit der an ihm gerühmten Bedachtsamkeit und der Fä-

INFOBOX

Der Felsendom

Auf dem damals weitgehend unbebauten Tempelberg in Jerusalem ließ der Kalif Abd al-Malik 669–692 einen achteckigen Kuppelbau mit zwei Umgängen um einen Felsen errichten. Es war der erste bedeutende islamische Sakralbau außerhalb von Mekka und Medina. Der Bau folgt byzantinischen Vorbildern in den Maßen, Formen und in der Ausgestaltung mit Säulen, Mosaiken u. a. Größtenteils aus dem 13./14. Jh. stammt der Dekor der Decken und des Kuppelinneren sowie der Schranken um die Felsplatte.

Der Felsendom, der mit der Al-Aksa-Moschee eine Einheit bildet, ist keine Stätte für das Gemeinschaftsgebet, sondern folgt dem Muster eines christlichen Memorialbaus – in dieser Gestalt ist er in der islamischen Architektur einmalig. Seine religiöse Bedeutung für die Muslime ist dadurch bestimmt, dass der Fels in seinem Zentrum als Opferstätte Abrahams und Jerusalemer Ausgangspunkt der visionären Himmelfahrt Mohammeds gilt. Er gehörte bereits zum Bezirk des ersten jüdischen Tempelbaus im 10. Jh. v. Chr. unter Salomo. Hinsichtlich seiner religiösen Bedeutung ist der Heiligtumsbezirk (Haram) auf dem Tempelberg mit dem Felsendom und der Al-Aksa-Moschee heute – nach Mekka und Medina – der drittwichtigste heilige Ort des Islam.

higkeit, klug zu taktieren, überbrückte er den Gegensatz zwischen den beiden großen Stammesformationen der Araber und schuf ein Reich, das in dieser Hinsicht die vorislamischen Bestrebungen der Koraisch zu einem erfolgreichen Ende zu führen schien. Den Kalifentitel legte er nicht mehr als Nachfolgeschaft Mohammeds aus, sondern als eine von den Koraisch wahrgenommene Stellvertreterschaft Allahs, die bei Kusaij begann und über Mohammed an ihn gelangte.

Glück hatte Moawija bei der Besetzung seines wichtigsten Statthalterpostens: Den Irak unterstellte er Sijad ibn Abi Sufjan, der schon unter Ali gedient hatte. Sijad sorgte mit harter Hand in Basra und Kufa für Ordnung. Infolge des Bürgerkrieges waren die Streifzüge nach Iran unterbrochen worden, nun wurden sie energisch wieder aufgenommen.

Auch im Westen wurde die Expansion fortgesetzt. Der Heerführer Okba ibn Nafi sicherte zunächst den Besitz Ifrikijas (Nordafrikas), indem er das befestigte Heerlager Kairouan gründete, und stieß von dort aus weiter vor, bis er um 684 den Atlantik erreichte. Allein nach Norden hin unterblieben größere Landgewinne. Einzelne Feldzüge in den Kaukasus zeitigten sehr unsichere Ergebnisse; vor allem aber endeten die Kriege gegen Byzanz stets mit einem Fehlschlag. Schon 652, noch als Statthalter von Damaskus, hatte Moawija Truppen bis an den Bosporus marschieren lassen, von wo sie sich aber wieder zurückziehen mussten.

Wenn man von kleineren Unruhen absieht, die von Charidjiten oder von Anhängern Alis und seiner Nachkommen ausgingen, trat die von dem Gedanken der Botschaft des Propheten gespeiste, sich nunmehr in verschiedene Richtungen verzweigende Gesinnung – oder besser: Gläubigkeit – während Moawijas Kalifat politisch nicht in Erscheinung. Man hätte meinen können, Mohammed sei in der Tat nicht mehr gewesen als ein Förderer des koraischitischen Machtehrgeizes.

Moawijas Tod machte mit einem Schlage deutlich, dass dies eine Täuschung war. Sein Sohn Jasid hatte es schwer, sich als Nachfolger durchzusetzen; eine Vater-Sohn-Erbfolge war zumindest den Ismael-Arabern nichts Selbstverständliches. Die Krise wurde nach dem frühen

Kusair Amra ist ein kleines omaijadisches Wüstenschloss östlich von Amman (Jordanien), das um 715 n. Chr. erbaut wurde. Anlagen dieser Art hatten neben ihrer Bedeutung als Jagd-, Bade- und Lustschlösser eine politische Funktion, indem sie die Loyalität der umliegenden Stämme garantieren sollten.

100746

Nach der Eroberung durch die muslimischen Araber (634/636) war Damaskus ab 639 Residenz des Statthalters Moawija I., der 616 als Kalif (seit 661) den Ort zur Hauptstadt des Reiches der Omaijaden machte. Aus der Blütezeit der Stadt unter den Omaijaden stammt die von Kalif Walid I. (705–715) seit 706 erbaute Große Moschee.

ZITAT

Koran, Sure 9, 111:
Gott hat den Gläubigen ihr Leben und ihre Güter abgekauft (und damit bezahlt), dass ihnen das Paradies zuteil wird. So kämpfen sie auf dem Pfade Gottes; sie töten und werden getötet. (Der Einlass in das Paradies) obliegt Gott als ein wahres Versprechen, gegeben in Thora, Evangelium und Koran. Wer könnte seine Zusage besser halten als Gott? Freut euch also über den Handel, den ihr abgeschlossen habt: Das ist der gewaltige Gewinn!

Ableben Jasids verschärft, denn es stand kein tauglicher Thronfolger in dieser Linie mehr zur Verfügung. In Syrien und Palästina kämpften verschiedene Prätendenten im Zweiten Bürgerkrieg gegeneinander; das Kalifat errang schließlich ein anderer Zweig des Herrscherhauses; Merwan I. und dann dessen Sohn Abd al-Malik bestiegen den Thron.

Angesichts der undurchsichtigen Lage hätte man 685 kaum erwarten können, dass Abd al-Maliks Kalifat den Höhepunkt omaijadischer Herrschaft markieren würde. Denn im Hidjas war Abd Allah, der Sohn des berühmten Prophetengefährten as-Subair, zum Gegenkalifen ausgerufen worden und schickte sich an, auch den Irak unter seine Kontrolle zu bringen. Dort war einem kläglich gescheiterten schiitischen Aufstand, bei dem Alis Sohn Husain 681 den Tod gefunden hatte, eine gefährlich um sich greifende Bewegung gefolgt, die zum ersten Mal auch nichtarabische Neumuslime an sich zog.

INFOBOX

Kunstimport

Den Höhepunkt der Omaijaden-Zeit markiert die unter Walid I. (705–715) gebaute Große Moschee in Damaskus. Nach Erdbeben und Bränden ist von ihrem Mosaikschmuck immerhin genug erhalten, das die einstige Pracht erahnen lässt. Als ein neues Thema entstanden damals Architekturdarstellungen in Landschaften, die belegen, wie sehr hier antike und spätantike Vorbilder aufgegriffen wurden: Fresken in pompejanischer Art, wie sie in einer Villa in Boscoreale gefunden worden sind, oder Mosaiken aus Antiochia. Vielleicht wurden die Mosaizisten sogar aus Byzanz nach Damaskus geschickt, wo sie dann in streng islamischem Sinn arbeiteten und auf jegliche Menschen- und Tierwiedergabe verzichteten.

Abd al-Malik hatte Glück, dass Musab, ein Bruder des Gegenkalifen, diese Aufrührer bezwang; mit dem Sieg über Abd Allah ibn as-Subair fiel ihm der zumindest schon halbwegs befriedete Irak zu, sodass um 692 die Einheit des Reiches wiederhergestellt war. Abd al-Malik ließ dieses Jahr als das »Jahr der einträchtigen Gemeinschaft« feiern; der Versinnbildlichung dieser Idee dient wahrscheinlich der Felsendom in Jerusalem, mit dessen Bau um diese Zeit begonnen wurde.

Der Islam als Reichsidee

In seinen Inschriften wird zum ersten Mal der Islam als die wesentliche einende Idee des Reiches beschworen. Was ist hierunter zu verstehen? Im Koran bezeichnet das Wort Islam die rituell hergestellte ungetrübte Beziehung des Einzelmenschen zu Allah – in diesem Sinne wurde es schon vor Mohammed verwendet. In medinensischen Koranversen wird solcher »Islam« als unzureichend bezeichnet; der wahre Gläubige hat sich für den Überlebenskampf der Gemeinde zur Verfügung zu stellen. Im Ersten Bürgerkrieg war diese Idee jedoch zuschanden geworden.

Greise Prophetengefährten beziehungsweise deren Söhne, aber auch viele Neubekehrte, die an dem Prestige der alten Kämpfer naturgemäß keinen Anteil hatten, entdeckten nun den »Islam«, die Ritenerfüllung, als die einende Mitte des neuen Glaubens, zu der sich jeder bekennen konnte, unabhängig von seiner Herkunft und Vergangenheit. In der Vorstellung vom Zusammenstehen

Das geistige Modell für die architektonische Gestaltung einer Moschee lieferten das Wohnhaus und die Moschee Mohammeds in Medina, die eine Einheit gebildet hatten. Diese enge Verquickung von geistlichen und weltlichen Zügen ist kennzeichnend für die Machtstrukturen innerhalb des Islam (Damaskus, Schatzhaus der Omaijaden-Moschee).

s. ZEIT Aspekte Islam S. 532

aller »Muslime« in der einträchtigen Gemeinschaft kommt eine neue, im Lebenswerk des Propheten durchaus angelegte Deutung des von diesem gestifteten Glaubens zutage, auf die Abd al-Malik seine Herrschaft zu gründen hoffte. *Tilman Nagel*

Die Mitte der Welt: Das Reich der Kalifen

Abd al-Malik hatte die Zeichen der Zeit erkannt: Ein »islamisches« Reich war im Entstehen begriffen. Aber die Kräfte, die sich regten, wollten sich nicht mit den Nachkommen jener Mekkaner verbinden, die bis zuletzt den Propheten bekämpft hatten.

Kampf um die Reichsideologie

Nicht nur die Schiiten, sondern auch die die aus ihnen hervorgegangenen Charidjiten ließen sich nicht mit dem omaijadischen Kalifat aussöhnen, obwohl die Omaijaden vieles daran setzten, eine »einträchtige Gemeinschaft« aller Muslime zu schaffen. Schon Abd al-Malik hatte um dieses Zieles Willen die seit Moawija I. so gut eingespielten Verbindungen zu den Stammesführern gefährdet. Überdies musste ein sich entschieden »islamisch« gebendes Kalifat, das die verklärende Erinnerung an Mohammed und seine ersten Nachfolger in Medina aufgriff, zugleich auch die Erinnerung an den damals nur mühsam überdeckten Streit zwischen dem jemenischen und dem »ismaelitischen« Teil des Arabertums neu beleben.

Es ist nur zu verständlich, dass dieser Zwist unter Abd al-Malik aufloderte; Versuche, die Jemenier in die Ismael-Genealogie einzugliedern, sind aus jener Zeit belegt und zeigen deutlich die Nöte des Reiches: Indem die Herrscher auf die von Mohammed ausgelösten Wandlungen in der Gesellschaft und im Denken eingingen, verloren sie die herkömmliche Grundlage ihrer Macht, ohne jedoch eine neue zu erwerben.

In der ersten Hälfte des 8. Jahrhunderts wurden diese Konflikte ausgetragen. Der Stammeszwist erfasste das ganze Reich; schiitische und charidjitsche Bewegungen erschütterten vor allem den Irak und die Arabische Halbinsel. Geschürt wurde der Missmut durch die Spezialisten der Überlieferung von der angeblich mit Heil erfüllten Zeit »am Anfang«. Selbst griffen sie in die Kämpfe nicht ein, aber sie gaben immer neue Stichwörter, mit denen die Aufrührer ihr Tun rechtfertigten.

Allmählich bildete sich eine breite, zugunsten des gemeinsamen Zieles, der Ablösung der fluchwürdigen Omaijaden, alle internen Gegensätze hintanstellende Opposition heraus. Die jemenischen Araber, mehr und mehr ohne Zugang zum Kalifen, ließen sich mit der Schia, der Partei Ali ibn Abi Talibs, ein; Alis Beziehungen zu ihnen wurden nun, Jahrzehnte nach seinem Tod, erst eigentlich fruchtbar; selbst Charidjiten begannen eine Zusammenarbeit mit schiitischen Prätendenten; ein Mitglied der Prophetenfamilie, also ein Angehöriger der Banu Haschin, der allgemeine Zustimmung erlange, solle zum Kalifen ausgerufen werden und nach dem Vorbild

50

Die Kuppel des 669–692 errichteten Felsendoms erhebt sich über jenem Felsen, der als Stätte des Abrahamsopfers und des von Salomon errichteten Tempels mit der Bundeslade gilt. Von ihm aus soll Mohammed seine visionäre Himmelfahrt angetreten haben, weshalb der Felsendom zu einem der wichtigsten Pilgerzentren des Islam wurde.

Mohammeds regieren. So lautete die allen Feinden der Omaijaden Genüge tuende Formel der Opposition, die als »Haschimija« bezeichnet wird.

Von den Omaijaden zu den Abbasiden

Regen Anklang fanden solche Parolen vor allem im Osten Irans, wo arabische Einwanderer und Einheimische bereits miteinander verschmolzen waren und die vermeintliche Stammesgebundenheit der Politik des Kalifats mit Widerwillen betrachteten. Es kamen lokale Querelen hinzu, schließlich auch ein genialer Organisator, Abu Muslim, der die bloße Empörung in einen zielstrebigen Kampfeswillen umwandelte. Er tat dies im Namen eines Prätendenten aus der Nachkommenschaft des Abbas, eines Oheims des Propheten – die obige Formel sagte nichts darüber aus, welcher Linie der neue Kalif angehören sollte –, und schlug 747 los. Erstaunlich rasch brach in Iran die Herrschaft der Omaijaden zusammen. Bereits 749 erreichte das Heer der Haschimija den Irak. In Kufa wurde dem ersten Abbasiden, Abu l-Abbas as-Saffah, gehuldigt.

Es gelang dem Haschimija-Heer rasch, auch die Kernlande der islamischen Welt in seinen Besitz zu bringen. Der letzte omaijadische Kalif wurde in Ägypten auf der Flucht gestellt und erschlagen. Allein Andalusien, erst seit wenigen Jahrzehnten arabisch, wurde niemals abbasidisch. 756 ging dort einer der wenigen Überlebenden aus dem Hause der Banu Omaija an Land. Er wurde der Ahnherr der omaijadischen Herrscher von Córdoba, unter denen das arabische Spanien im 10. Jahrhundert seine Glanzzeit erleben sollte.

Der haschimitische Umsturz war geglückt; dem neuen Herrscherhaus konnte man die Nähe zum Propheten nicht absprechen, wenn auch die Anhänger der Aliden wider den Stachel löckten und den ihnen unerwünschten Ausgang der Ereignisse zu berichtigen trachteten. Die alidische Opposition gegen die Abbasiden war jedoch zu sehr zersplittert, als dass sie je wirklich gefährlich hätte werden können. Das Charidjitentum, dessen Ideal die alte Kampfgemeinschaft der Gläubigen gewesen war, mäßigte sich. Der Zwist zwischen den ismaelitischen und jemenischen Arabern flaute ab. In den großen Städten, in denen eine kosmopolitische Kultur heranreifte, war die Stammeszugehörigkeit von geringerem Gewicht; außerdem wirkte sich der universalistische Gehalt der Botschaft Mohammeds mehr und mehr aus. Schon in der Haschimija-Bewegung war es nicht mehr üblich gewesen, den Beinamen von dem Stamm, dessen Glied man war, herzuleiten, sondern vom Wohnort – ein sehr bezeichnendes Indiz dafür, dass sich eine zwar arabisch dominierte, jedoch die Stammesgrenzen hinter sich lassende Gesellschaft entwickelt hatte, deren einende Mitte der islamische Glaube war.

ZITAT

Aus der Rede des ersten abbasidischen Kalifen Abu l'Abbas anlässlich seiner Thronbesteigung:
Preis sei Gott, der sich zur Ehre den Islam erwählte ... Gott ließ (die Omaijaden) eine Zeit lang gewähren ... und als sie ihn vollends betrübt hatten, nahm er durch uns an ihnen Rache, gab uns unser Recht zurück, brachte durch uns die Gemeinde wieder in Ordnung, ... um mit uns die zu beglücken, die auf Erden unterdrückt worden sind, und so endet (Gott) mit uns, wie er mit uns begonnen hat!

Recht und Kultur – Die Abbasiden auf dem Höhepunkt ihrer Macht

In den ersten Jahrhunderten des abbasidischen Kalifats setzte eine vom Hofe geförderte vielfältige Arbeit an den zunächst noch sehr rohen Grundlagen eines islamischen Verwaltungs- und Steuerrechts ein. Des Weiteren wurde das Amt des Kadis als eines mit der allgemeinen Rechtspflege beauftragten Vertreters des Kalifen geschaffen;

Harun ar-Raschid gründete 791 Nedjef (Irak), weil er – wofür einiges spricht – hier das Grab von Ali ibn Abi Talib, des 4. Kalifen und ersten Imams der Schiiten, vermutete. Die Grabmoschee Alis, deren heutige Form auf das Jahr 977 zurückgeht, ist das wichtigste Heiligtum des schiitischen Islam.

100562

für alle größeren Städte wurde ein Kadi ernannt, die Verwaltung des Gerichtswesens wurde in Bagdad zusammengefasst. Die von den Spezialisten der Überlieferung gesammelten Berichte über die Zeit Mohammeds und seiner ersten Nachfolger, aber auch die Praxis, wie sie sich eingebürgert hatte, und auch das Gutdünken der Kadis gingen in das nun entstehende Recht ein.

Wieder allerdings fühlten sich jene Überlieferer enttäuscht –, das, wovon sie träumten, der Neubeginn der verklärten prophetischen Zeit des Anfangs, trat nicht ein. Im selben Maß, in dem sie sich dem neuen Kalifat verweigerten, gewann bei Hofe eine rationalistische Strömung an Einfluss; ihr galt der Kalif als eine dank der verwandtschaftlichen Nähe zu Mohammed mit einem besonderen Charisma ausgezeichnete Person; unter deren Leitung seien die Gelehrten aufgerufen, in einem mit Argumenten des Verstandes ausgetragenen Streit einen rational begründeten Islam zu erarbeiten, der von jedem Gläubigen angenommen werden und so die innere Einheit des Reiches gewährleisten solle.

Der Kalif Abd Allah al-Mamun war der energischste Verfechter solcher Ideen, die, wie zu erwarten, auf den erbitterten Widerstand der Überlieferer stießen, der Kenner der sunna, der Verfahrens- und Denkweise des Propheten. Um sie gefügig zu machen, setzte al-Mamun kurz vor seinem Tod eine Inquisition ein, die bis 847 tätig war, ihr Ziel aber nicht erreichte. Im Gegenteil, es wuchs nun, mit Rückschlägen zwar, aber doch stetig, der Einfluss der Sunniten auf das abbasidische Kalifat; seit dem frühen 11. Jahrhundert ist dessen Einbindung in das Sunnitentum unbestritten. Für den Kalifen selbst bedeutete dies, dass er auf den Anspruch auf ein seiner Herkunft zugeschriebenes Charisma verzichtete und sich nur noch als eine Art oberster Vollstrecker der prophetischen Überlieferung verstand. Deren Bewahrung und Auslegung wurde dann freilich Sache eines Gelehrtenstandes, der zwar allmählich die staatlichen Ämter etwa in der Rechtspflege eroberte, sich jedoch ein erhebliches Maß an Unabhängigkeit vom Kalifen bewahrte.

Wenn man vom frühen 9. Jahrhundert absieht, entfaltete sich das geistige und kulturelle Leben im islamischen Reich unabhängig vom Hof und dessen politischen Ziel-

INFOBOX

Die »Partei Alis«

Nach der Tradition der Schiiten, der Anhänger der »Partei Alis« (šī`ah Ali), hatte Mohammed mehrmals seinen Vetter und Schwiegersohn Ali ibn Abi Talib als Nachfolger benannt. Am besten belegt ist der Tag des Teiches von Humm, der 18. des Pilgermonats (16. 3. 632), der noch heute von den Schiiten gefeiert wird.

Damals soll Mohammed auf der Rückkehr von seiner letzten Pilgerfahrt auf halber Wegstrecke zwischen Mekka und Medina zu den mitgereisten Pilgern gesagt haben: »Jeder, dessen Patron ich bin, der hat auch Ali zum Patron.« Nach schiitischer Lehre hatte der Prophet mit diesem Satz verbindlich für alle Muslime seinen Nachfolger bestimmt, sodass die drei vor Ali gewählten Kalifen unrechtmäßig amtiert hatten.

762 gründete der Kalif Mansur Bagdad unter dem Namen Medinet as-Salaam (»Stadt des Friedens«). Besonders um 800 wurde Bagdad durch Harun ar-Raschid als Hauptstadt des abbasidischen Kalifats prächtig ausgebaut (Innenhof des Abbasidenpalasts, um 1255).

setzungen. Der Kalif al-Mamun ist also die hervorstechende Ausnahme: Er gründete das berühmte »Haus der Weisheit«, eine Institution, die die Übersetzung fremdsprachiger Literatur in das Arabische förderte; übertragen wurden damals Werke medizinischen, naturwissenschaftlichen und philosophischen Inhalts, Ausgangssprachen waren vorzugsweise das Syrische und das Griechische. Ein ägyptischer Autor des 15. Jahrhunderts findet es übrigens tadelnswert, dass al-Mamun die Übersetzung philosophischer Werke zugelassen habe – was ein Schlaglicht auf die später nicht mehr verständliche Offenheit der geistigen Situation der frühen Abbasidenzeit wirft.

Die Zurückhaltung der Kalifen in den Belangen des Geisteslebens, die man schon seit dem ausgehenden 9. Jahrhundert bemerkte, entspricht der sich rasch verringernden Macht der Abbasiden. Zu Anfang ihres Kalifats hatten sie gewiss eine ganz andere Auffassung von Herrschaft, die sie auch zum Ausdruck zu bringen wussten: Sie sahen sich als den kraftvollen Mittelpunkt eines Weltreiches.

Nicht nur die schon erwähnte Herrscherideologie belegt dies, sondern auch der Grundriss der von al-Mansur angelegten neuen Residenz Bagdad: Die sich im rechten

Winkel kreuzenden Hauptstraßen, die von vier Seiten her in die kreisförmige Anlage hineinführen, markieren dort, wo sie sich schneiden und wo der Palast des Kalifen liegt, den Mittelpunkt des Erdenrundes. Als diese Palaststadt unter al-Mansur errichtet wurde, war es trotz mancher innenpolitischer Schwierigkeiten möglich, Fachkräfte aus allen Teilen des Reiches zusammenzuziehen und auch die Versorgung der vielen Beschäftigten sicherzustellen. Rasch bildeten sich Ansiedlungen; die hohen Würdenträger und die Prinzen ließen ihre Residenzen ebenfalls außerhalb der Gründung al-Mansurs errichten. So wuchs Bagdad in wenigen Jahrzehnten zu einer Weltstadt heran, die die beiden Mittelpunkte des arabisch-islamischen Geisteslebens im Irak, Basra und Kufa, beerbte.

Der Niedergang der Abbasiden

Allein, die glanzvolle Zeit währte nur wenige Jahrzehnte. Harun ar-Raschid, den die spätere Überlieferung so sehr idealisiert, hatte glänzende Siege gegen Byzanz erfochten; im Innern aber ließ er sich die Zügel aus der Hand nehmen. Alle Macht verlagerte sich in den Klan der Barmakiden, der seit längerem den Abbasiden diente. Die Barmakiden, aus Ostiran stammend, trieben Politik einseitig zugunsten der Nachkommen jener Haschimija-Führer, die den Abbasiden zum Kalifat verholfen hatten; dies stieß auf den Widerstand breiter Kreise in der Bagdader Bevölkerung. Am Hof bildeten sich zwei Parteien, eine, die zu den Barmakiden hielt und den zweiten Kronprinzen Abd Allah al-Mamun zu den Ihrigen zählte; die Gegenpartei konnte auf Mohammed al-Amin, den ersten Thronfolger rechnen.

Um ihren Einfluss zu sichern, überredeten die Barmakiden Harun zu einer Art Reichsteilung, die 802 während der Pilgerfahrt in Mekka besiegelt wurde. Demnach sollte al-Mamun Statthalter des ganzen Ostens sein, und al-Amin sollte ihn bei seiner Thronbesteigung nicht absetzen dürfen. Obwohl die Barmakiden kurz darauf gestürzt wurden, blieb die Vereinbarung in Kraft, die nach dem Tod Haruns zu einem Bürgerkrieg führte, in dessen Verlauf al-Mamun siegte. Was al-Mamun in Besitz nehmen konnte, war ein verwüstetes Bagdad und ein Reich, das sich in einzelne Teile aufzulösen begann.

ZITAT

Ali ibn Abi Talib war der Meinung, dass die Menschen sich vor Neuem verschließen:
Die Menschen sind die Feinde dessen, was sie nicht kennen.

Schiitische Aufstände waren hierbei am wenigsten gefährlich; sie konnten unterdrückt werden. Beängstigender war es, dass die Helfer ihren Lohn einforderten. Tahir ibn al-Hosain, der Feldherr, dem al-Mamun seinen Triumph verdankte, machte sich im Osten selbstständig, formal zwar als Statthalter fungierend, faktisch aber als Gründer eines Herrscherhauses, das ein halbes Jahrhundert Iran regierte. Schon vorher hatte Harun seinen nordafrikanischen Gouverneuren aus dem Geschlecht der Aghlabiden de facto Autonomie zugestehen müssen. Al-Mamuns Traum, die Einheit des Reiches durch Vernunftargumente herzustellen, war also recht weltfremd, und es war töricht, mit der Inquisition die inzwischen sunnitisch gesonnene Mehrheit der Muslime gänzlich zu verprellen.

Was mit der Theologie nicht zu erreichen war, versuchte al-Mamuns Nachfolger al-Mutassim mit militärischen Mitteln zu bewirken: dem Kalifen den überlegenen Part im Spiel der Kräfte zu sichern. Er verschaffte sich türkische Kriegssklaven aus Innerasien, wo unlängst neue Gebiete für den Islam gewonnen worden waren, und ließ sich eine neue Residenzstadt, Samarra, errichten. Nur zu bald wurde aber offensichtlich, dass diese Söldnertruppen die Finanzkraft des Kalifen bei weitem überstiegen und ihn zu einer Marionette rivalisierender Militärs machten.

Im Zeitraum von der Mitte des 9. bis zur Mitte des 11. Jahrhunderts beobachtet man mehrere gescheiterte Versuche, das nach Bagdad zurückverlegte Kalifat vor der gänzlichen Auszehrung zu retten; zuletzt stand es unter dem fragwürdigen Schutz einer in sich zerstrittenen westiranischen Dynastie, der Bujiden. Erst unter den türkischen Seldschuken, die 1055 Bagdad einnahmen, wuchs den Abbasiden neue Bedeutung zu. Der Anführer der Seldschuken, mit dem jetzt in Gebrauch kommenden Herrschertitel Sultan geschmückt, wurde durch den Kalifen der Abbasiden zum Statthalter mit unbeschränkten Befugnissen in allen Ländern erhoben, in denen die Seldschuken Macht ausübten; die Usurpation wurde auf diese Weise legitimiert, was insofern für die Muslime von großem Gewicht war, als sie nur unter einer legitimen islamischen Staatsautorität die in Gemeinschaft auszuübenden Riten in einer auf das Ver-

ZEITTAFEL

Bedeutende Kalifen aus der Dynastie der Abbasiden:
Abu l-Abbas as-Saffah (749–754)
Abu Djafar al-Mansur (754–775)
Harun ar-Raschid (786–809)
Mohammed al-Amin (809–813)
Abd Allah al-Mamun (813–833)
al-Mutassim (833–842)
al-Wathik (842–847)
al-Mustassim (1242–1258)

Obwohl ein typischer orientalischer Despot, wurde Harun ar-Raschid später als großzügiger und gerechter Herrscher idealisiert und ging als solcher in die Erzählungen von »1001 Nacht« ein. Die Abbildung zeigt Sindbad, den »Scheich des Meeres« auf seinen Schultern tragend (Illustration aus einer persischen Handschrift, 18. Jh.).

100264

Den Lebensstil einer arabischen Herrscherfamilie zeigen die »Wüstenschlösser«, meist Gebäudegruppen mit einem kleineren Wohnpalast quadratischen Grundrisses, Bad, Moschee, Bewässerungsanlagen, Gärten und Olivenhainen (abbasidisches Wüstenschloss Uhaidir bei Kerbala, um 780).

dienst für das Jenseits anrechenbaren Form vollziehen konnten.

Für alle islamischen Herrscher, zumindest soweit sie sich zum Sunnitentum bekannten, blieb der Kalif somit ein politischer Faktor von einigem Rang. Dies änderte sich auch nicht, als 1258 die Mongolen Bagdad eroberten und verwüsteten und den Abbasiden al-Mutassim ermordeten. Das sich ab 1260 in Kairo festigende Sultanat der Mamelucken ließ das Kalifat der Abbasiden wieder aufleben. Bis zur Eroberung Ägyptens durch die Osmanen im Jahre 1517 blieb der abbasidische Kalif ein oft zu Unrecht unterschätzter Faktor im Spiel der mameluckischen Sultane und Militärführer.

Bedeutung und Rolle des Kalifats

Die Geschichte des islamischen Reiches unter dem abbasidischen Kalifat ist also längst nicht so glanzvoll verlaufen, wie dies gemeinhin angenommen wird. Dieser

INFOBOX

»Tausendundeine Nacht«

Harun ar-Raschid wurde später als großzügiger und gerechter Herrscher mit ritterlichem Sinn idealisiert und ging so in die Erzählungen aus »1001 Nacht« ein, durch die er auch in Europa bekannt wurde. Diese Sammlung von mehr als 300 Märchen, Romanen, Novellen, Sagen, Legenden und Anekdoten sind für europäischen Leser seit dem 17. Jh. der Inbegriff orientalischer Literatur. Allerdings wurden sie nicht in der klassischen arabischen Sprache abgefasst und galten daher bei den Arabern nie als Teil ihres literarischen Erbes. Vielmehr tradiert diese Sammlung volkstümliches Erzählgut aus dem arabischen, vor allem aber auch aus dem indischen und persischen Raum. Zu den bekanntesten Erzählungen gehören etwa: »Sindbad der Seefahrer« oder »Aladins Wunderlampe«.

Widerspruch erklärt sich daraus, dass die Europäer von den Abbasiden, vor allem von Harun ar-Raschid, aus den in späteren Mittelalter in der heute vorliegenden Form zusammengestellten Märchen aus 1001 Nacht erfahren haben. Sie zeichnen einen Herrscher, der mit Schlauheit die Gedanken seiner Untertanen aushorcht und dementsprechend seine Entscheidungen fällt, die allein einem naiven persönlichen Gerechtigkeitsempfinden entspringen und zudem auf einen schier unermesslichen Reichtum bauen können. Von den Nöten des Reiches, von der politischen Zerrissenheit, von den Machtkämpfen und dem wirtschaftlichen Verfall ist hingegen wenig bekannt.

Auch der gebildete Muslim denkt, wenn es um die Abbasiden geht, zuallererst an das verklärte goldene Zeitalter unter Harun, von dem er aus derselben Quelle gehört hat. Allerdings müsste man ihn fragen, wieso trotz der Zerrissenheit des islamischen Reiches die Idee der Einheit über Jahrhunderte so ungebrochen fortleben konnte, dass die Verklärung der frühen Abbasidenzeit glaubwürdig blieb. Wofür stand und steht dem sunnitischen Muslim das Kalifat?

Am Anfang dieses Kapitels war von dem Bemühen des Omaijaden Abd al-Malik die Rede, dem Reich, das bis dahin von seinem Herrscherhaus wie ein großer Stammesbund regiert worden war, eine islamische Grundlage zu geben. Die Riten, in denen der von Mohammed verkündete Glaube praktiziert wurde, sollten das einende Band sein, mit dem das von Bürgerkriegen zerrissene Gemeinwesen zusammengehalten werden konnte. Politisch scheiterten die Omaijaden.

Die Idee einer religiös fundierten politischen Gemeinschaft, wie sie Mohammed in den kleinräumigen Verhältnissen Medinas für kurze Zeit hatte verwirklichen können, und zwar als Kampfgemeinschaft der Gläubigen, und wie sie von Abd al-Malik den Zeitumständen entsprechend umgeformt worden war, überlebte den Übergang des Kalifats an die Abbasiden unbeschadet. Bei ihnen wurde sie zunächst in zwei Spielarten wirksam: der Kalif als charismatischer Führer, legitimiert durch die Blutsverwandtschaft mit Mohammed, und der Kalif als Lenker eines rationalen Erkenntnisprozesses, der zur Auffindung einer allseits gebilligten Form des Glaubens und des in ihm wurzelnden Gesetzes führen sollte.

50

Nach der Eroberung Bagdads durch die Mongolen (1258) verlagerte sich der Schwerpunkt der arabisch-islamischen Welt in das von den Mamelucken beherrschte Ägypten (Mameluckenreiter, Buchmalerei des 15. Jh.; Paris, Bibliothèque Nationale de France).

ZITAT

Der arabische Geschichtschreiber Sa'adi über Harun ar-Raschid und seinen älteren Bruder al-Hadi:
Zehn Derwische liegen unter einer Decke, aber zwei Könige haben nicht Raum in einem Reich.

100562

972 von den schiitischen Fatimiden in Kairo gegründet, entwickelte sich die Azhar-Moschee, zugleich Hochschule für Theologie und islamisches Recht, seit dem 13. Jh. zu einer der bedeutendsten Lehrstätten des sunnitischen Islam. Ihr Rektor ist bis heute für Ägypten und den ganzen sunnitischen Islam eine wichtige Autorität.

Das Scheitern der von al-Mamun und seinen Nachfolgern al-Mutassim und al-Wathik betriebenen Inquisition brachte den Triumph des Sunnitentums mit sich. Dessen Anfänge reichen etwa in die Zeit Abd al-Maliks zurück; seither stieg es im Laufe von etwa zwei Jahrhunderten zur alles beherrschenden geistigen Macht der islamischen Kultur auf. Im Sunnitentum werden die Einrichtungen des Staates die Normen der Politik, die empfehlenswerten Verhaltensweisen des Individuums auf die Überlieferung zum Propheten bezogen. Nicht allein im Vollzug der Riten, sondern im Nachleben dessen, was die Überlieferung über Mohammed zu berichten weiß, findet nun der Gläubige seinen sicheren Weg durch die Fährnisse des Diesseits hin zum Weltgericht.

Nicht also die Zugehörigkeit zu einem Herrschaftsbereich eint nunmehr die Gläubigen, sondern die Überzeugung, gemeinsam nach dem Beispiel Mohammeds schon hier und jetzt Gottes Gesetz entsprechend zu leben. Wie angedeutet, ist jede islamische Obrigkeit legitimiert, sofern sie in der Wahrung dieses Gesetzes ihren höchsten Daseinszweck erkennt, die faktische Reichweite und die Beschaffenheit dieser Obrigkeit sind demgegenüber zweitrangig. Die Verworrenheit der politischen Verhältnisse und die bisweilen offenkundige Ohnmacht des Kalifen bleiben gegenüber dem Gewicht des prophetischen Lebensideals zweitrangig: Ein islamisches Reich vermag die Zerrissenheit seines praktischen Gefüges zu ertragen.

Die sunnitische Kalifatsidee war daher mit den politischen Verhältnissen, wie sie sich seit der Mitte des 9. Jahrhunderts herausbildeten, durchaus zu vereinbaren. Das Leben des einzelnen Gläubigen war zwar in das Spannungsverhältnis zwischen dem Machthaber und den Untertanen einbezogen; doch seine eigentliche Orientierung waren vor allem die seit dem 11. Jahrhundert aufblühenden Sufi-Orden; in ihnen wurde ein zur Mohammed-Frömmigkeit vertieftes Sunnitentum gepflegt, das freilich auch mit Gedankengut angereichert sein konnte, das nicht zum ursprünglichen Bestand der prophetischen Lehre gehört hatte, sondern die Mannigfaltigkeit der Kulturen ahnen ließ, die sich das islamische Reich angeeignet hatte. *Tilman Nagel*

Eroberte und Eroberer: Das islamische Nordafrika bis zur osmanischen Eroberung

Von dem Zeitpunkt an, da der islamische Feldherr Amr ibn al-As Ägypten und sein Vorfeld, die Cyrenaica (Barka) erobert hatte (642/43), erhob sich die Frage, ob man weiter nach Westen ausgreifen, oder sich mit diesem reichsten aller bisher gewonnenen Länder begnügen sollte. Was die Araber dazu bewegte, die erstere beider Entscheidungen zu wählen, ist und wird nie mit Sicherheit zu entscheiden sein. Jedenfalls stießen sie nach Westen (arabisch Maghreb, »Land der untergehenden Sonne«) vor und eroberten zwischen 647 und 709 die enorme Landmasse bis an die Gestade des Atlantiks, von vielen Rückschlägen und zum Teil empfindlichen Niederlagen begleitet. Der Nachwelt prägte sich vor allem die Gestalt des Okba ibn Nafi ein, der zwischen 663 und 670 Kairouan gründete und zu seinem Hauptstützpunkt machte und in einem kühnen Ritt bis zu den Küsten Marokkos vorstieß, auf dem Rückweg aber 683 in einen Hinterhalt geriet und als Blutzeuge heute noch in Tahuda (bei Biskra) verehrt wird.

Die landläufige Vorstellung von ungeheuren Reiterheeren, die Nordafrika überrannt hätten, ist ein Trugbild. Pferde waren schon im vor- und frühislamischen Arabien eine kostbare Rarität. Die Masse der arabischen Erobererheere war Fußvolk. Erst durch die Eroberung Spaniens (arabisch al-Andalus) gelangten die Araber in den Besitz größerer Pferdeherden und konnten zusätzlich Reiterei aufstellen. Die Sicherung des Eroberten verdankten die Araber Musa ibn Nusair, dem Miteroberer von Hispanien, der von 698 an wirkte. Zuerst hatte er mit den Byzantinern zu tun, die indes den Kampf bald aufgaben, dann mit den Einheimischen, den Berbern, den Nachkommen der Libyer, Numidiern und Mauretaniern der Antike.

Letztere setzten sich zunächst sehr wirksam zur Wehr, wurden dann aber doch recht rasch – wohl eher oberflächlich – islamisiert. Allerdings schlossen sie sich in ihrer großen Mehrzahl bald den Charidjiten an, da diese nicht automatisch den Arabern Vorzugsbehandlung einräumten. Mehrere Gründe haben zu dieser Haltung der Berber beigetragen: die Verachtung, die die Araber sie spüren ließen, schwere und ungerechte fiskalische Belastungen und schließlich die – einer islamisch gewordenen Bevölkerung gegenüber! – skandalöse, erzwungene Lieferung von Menschen, zumal Frauen, als Ersatz für Steuern.

Die Konsequenzen ließen nicht auf sich warten: 740 brach, zunächst in Marokko, eine Rebellion der Berber aus, die auf den gesamten Maghreb übergriff und ihn auf immer der direkten Kontrolle der Kalifen entzog. Es kann nicht nachdrücklich genug auf die Tatsache verwiesen werden, dass der Maghreb in der Folge niemals Teil des Reiches der Abbasiden gewesen ist. Die unzweifelhafte Orientalisierung des Maghreb geschah auf ganz anderem Wege.

Kairouan, die erste arabische Stadtgründung in Nordafrika, wurde zwischen 663 und 670 als Heerlager und Karawanenplatz angelegt und erlebte im 9. und 10. Jh. als Residenz der Aghlabiden, Fatimiden und Sanhajiden eine Blütezeit. Das Foto zeigt eine Teilansicht der Großen Moschee Sidi Okba, an der von 672 bis ins frühe 20. Jh. gebaut wurde.

Nach dem Ende der virulenten Phase des Berberaufstandes etablierten sich an drei Stellen Persönlichkeiten östlicher Herkunft, die nach Vorbildung und Einstellung islamische Gesittung verbreiteten: Im heutigen Marokko wirkte seit 788 (bis 791) ein alidischer (von Ali abstammender) Scherif namens Idris unter den Berbern. Dessen postum geborener Sohn Idris II. schuf sich neben dem von seinem Vater 789 gegründeten Fès 809 eine eigene Hauptstadt al-Aliya, die mit dem vorgenannten Ort zur Stadt Fès zusammenwuchs. In der Folge entwickelte sich Fès zu einem Ausstrahlungsort islamischer Kultur par excellence. In Zentralalgerien gründete um 761 ein ibaditischer Charidjit persischer Herkunft namens Ibn Rustam das Reich von Tahert-Tiaret, dem von allen Seiten, zumal aus dem Orient, verfolgte Anhänger zuströmten. Ifrikija schließlich blieb zunächst noch unter der – nominellen – Kontrolle der Kalifen, entglitt aber mit der Installation der Aghlabiden im Jahre 800 jedweder faktischen Einflussnahme des Orients.

Von allen Teilen des Maghreb hatte es den größten Zustrom von muslimischen Orientalen erfahren, und diese Tatsache, verbunden mit den von Kairouan – der ältesten arabischen Gründung des Maghreb – ausgehenden Beeinflussungen, führten zur Arabisierung zunächst weiterer Städte und schließlich auch ländlicher Gebiete. Der größte Teil des flachen Landes blieb freilich berberophon und die ja noch heute keineswegs abgeschlossene Arabisierung des Maghreb eine Folge der Infiltration arabischer Beduinen nach der Mitte des 11. Jahrhunderts.

Die Herrschaft der Aghlabiden

Die Herrschaft der drei vorgeführten politischen Schwerpunkte war jedenfalls für alle betroffenen Gebiete eine Periode kultureller und wohl auch wirtschaftlicher Blüte. Dies gilt besonders für Ifrikija, denn die Aghlabiden setzten die aus den vorhergegangenen Epochen – teilweise noch aus der Römerzeit – existierenden Wasserwirtschaftsbauten (Dämme, Staubecken und Ähnliches) wieder instand und vermehrten sie noch. Im Übrigen nahm gerade in diesem Staat die Bedeutung der Charidjiten ab, und die Orthodoxie der malikitischen Rechtsschule – einer von vier des sunnitischen Islam – setzte sich durch, und zwar in einer Absolutheit, die der folgenden Herrschaft der schiitischen Fatimiden größte Schwierigkeiten bereiten sollte.

Die aghlabidische Herrschaft, die in der zweiten Hälfte des 9. Jahrhunderts ihre Blütezeit erlebte, wurde immer wieder durch Revolten erschüttert, zumal unter Zijadat Allah I. Der Herrscher griff zu einem beliebten Ausweg: Krieg mit Expansion. Im Jahre 827 wurde die Eroberung Siziliens eingeleitet, das von Auseinandersetzungen unter den Byzantinern, den Herren der Insel, erschüttert wurde. Der Opposition zumal der islamischen Rechtsgelehrten entledigte sich Zijadat Allahs I. auf sehr geschickte Weise, indem er ihrer Spitze Asad ibn al-Furat den Oberbefehl anvertraute. Mehr als fünfzig Jahre dauerte es, bis die Insel besetzt war; in der Zwischenzeit hatten die Araber auch auf das italienische Festland ausgegriffen. 840 wurde Tarent, dann Brindisi und Bari (zwischen 847 und 871 ein eigenes Emirat) erobert, 846 Rom geplündert. Aber mit dem Tod Ibrahims II. (902) vor Cosenza endete diese Episode.

Auf Sizilien entwickelte sich eine arabisch-islamische Kultur mit griechischem Einschlag, die eigentlich erst im Normannenreich Sizilien-Unteritalien ihre volle Entfaltung erlebte und noch auf Kaiser Friedrich II. nachwirkte, der allerdings die letzten arabischen Widerstandsnester rigoros beseitigte. Das sizilianische Unternehmen zehrte die Widerstandskraft des Aghlabidenstaates letztendlich auf und führte zum Ende der Dynastie, die schiitischer Wühlarbeit erlag. Aber auf lange Sicht gesehen wurde damit in ihrem Kernland der Grund zu einem Staatswesen gelegt, das in wechselnder Gestalt und ebenso wechselndem Staatsgebiet die Zeiten überstand und letzten Endes zur Bildung des Staates Tunesien führte. Die kulturelle Leistung, die auf vielen Gebieten (zum Beispiel Architektur) eine starke »orientalische« Ausrichtung vertrat, war beträchtlich und sicherte dem Lande für Jahrhunderte die geistige Führung im Maghreb.

Die Herrschaft der Fatimiden

Die zunehmende Entfremdung und Kritik der islamischen Rechtsgelehrten an den Regierenden trug dazu bei, dass die Wühlarbeit der Schiiten im Aghlabidenreich ihre Früchte trug: 909 holte der Beauftragte der Fatimiden das Oberhaupt der Schiiten der fatimidischen Bewe-

INFOBOX

Der Hochgeehrte

Der Ehrentitel Scherif, arabisch »der Hochgeehrte«, ist bei den Muslimen für die Nachkommen Mohammeds reserviert, v. a. für dessen Enkel Hasan, den 5. Kalifen, Sohn des 4. Kalifen Ali ibn Abi Talib (alidische oder hasanidische Scherifen). Scherifische Familien herrschten vom 10. Jh. bis 1924 als Emire in Mekka, seit 1921 (bis 1958) im Irak und (bis heute) in Jordanien, ferner seit dem 16. Jh. bis heute in Marokko. Die Scherifen dürfen grüne, auch weiße Turbane tragen und unterstehen in den jeweiligen Ländern und Provinzen einem Nakib al-Aschraf (»Adelsmarschall«).

101191

Infolge des religiös begründeten allgemeinen Bilderverbots ist die durch naturalisierende plastische Rankenornamente gekennzeichnete Dekorationskunst in den arabischen Ländern besonders hoch entwickelt (Kairouan, Fayencedekor in der »Barbiermoschee«).

gung, Abd Allah, aus seinem heimlichen Aufenthalt in der Oasenstadt Sidjilmassa im Südosten Marokkos und zog am 6. Januar 910 feierlich in die Palaststadt Rakkada bei Kairouan ein. Abd Allah wurde zum Kalifen proklamiert. Er beanspruchte aufgrund seiner angeblichen Abstammung von der Prophetentochter Fatima die alleinige Herrschaft über die islamische Gesamtgemeinde. Von Anfang an gedachte er, das Zentrum der islamischen Welt, Bagdad, zu erobern; als Zwischenstation war Ägypten ausersehen, und so verlegte er 923 seine Residenz in den Küstenort Mahdija, um von dort zu gegebener Zeit den Sprung zu wagen.

Zunächst aber galt es, die Herrschaft in Ifrikija nach Westen hin zu sichern; in mehreren Feldzügen und Kämpfen gegen die Hawwara-Berber des Aurasgebirges, die ihre Opposition durch ihr Bekenntnis zum Charidjitentum betonten, gelang es ihm schließlich, sich zu behaupten und bis Marokko vorzustoßen. Der slawische Heerführer des Fatimidenkalifen Ismail al-Mansur, Djauhar, unterwarf 958/959 und wiederum 968 den gesamten westlichen Maghreb bis zum Atlantik; auch Fès fiel.

Nunmehr konnte man wieder an den Osten denken, und Djauhar nahm 969 die Unterwerfung Ägyptens entgegen, nachdem der zweite Fatimidenkalif al-Kaim (934–946) 914/915 und 919/920 vergeblich versucht hatte, das Nilland einzunehmen. Anschließend begab sich al-Mansur im August 972 mit seinem gesamten Hofstaat und den Verwaltungsbeamten dorthin, wo inzwischen die neue Palaststadt al-Kahira (Kairo) im Bau begriffen war. Dieser Aderlass stellte für Ifrikija eine ernste Schwächung seiner Wirtschaftskraft dar und leitete den allmählichen Verfall ein. Zurück blieb ein Gouverneur, der Sanhadja-Berber Buluggin ibn Siri, dessen Nachkommen, die Siriden, den Maghreb bis 1048 als fatimidische Vizekönige regiert haben.

Während sich dies alles im Osten Nordafrikas abspielte, vollzogen sich auch im Maghreb selbst bedeutsame Veränderungen. Das vorübergehend der Anarchie anheim gefallene al-Andalus wurde unter Abd ar-Rahman III. (912–961) wieder geeint, das Land blühte auf, und die Staatskassen waren übervoll. Als verspätete Antwort auf die Schaffung des heterodoxen Kalifats der Fatimiden proklamierte er 929 das orthodoxe Kalifat des Westens. Er wies damit die Fatimiden in die Schranken und betonte den Abbasiden gegenüber den Rechtsanspruch seiner Familie auf das Kalifat. Den Fatimiden gegenüber schritt er zum Gegenangriff: 927 wurde Melilla, 931 Ceuta erobert und in der Folgezeit ein Glacis geschaffen, das sich über Nordmarokko und Westalgerien erstreckte und bis gegen 1016 gehalten wurde.

Die weiter reichende Bedeutung dieser Vorgänge liegt unter anderem darin, dass das islamische Reich nicht mehr nur einen schiitischen »Gegenkalifen« aufwies, was gewissermaßen noch zu verkraften gewesen wäre, sondern sogar einen sunnitischen; der Zerfall des Gesamtstaates, der ja längst mit Tuluniden und Ichschididen in Ägypten, Aghlabiden, Idrisiden, von den Omaijaden in al-Andalus ganz zu schweigen, begonnen hatte, trat in ein neues Stadium: Das abbasidische Kalifat beschränkte sich nun auf das Zweistromland. Was den Maghreb betrifft, kann man ab jetzt politisch den Osten vergessen, der jeden Einfluss verloren hatte.

Allerdings mit einer Einschränkung: Die Siriden und ihre Vettern, die Hammadiden, denen jene die Verwaltung ihrer Westgebiete anvertrauten, sollten bald die Folgen der allmählichen Zurückweisung der fatimidischen

Marrakesch wurde vermutlich 1070 als Hauptstadt des entstehenden Reichs der Almoraviden gegründet. Die hier gezeigte gegen 1158 vollendete 17-schiffige Kutubija-Moschee, eine der größten des westlichen Islam, gilt als Meisterwerk maurischer Baukunst.

Herrschaft zu spüren bekommen, die 1051 zum endgültigen Bruch führte. Die Fatimiden verzichteten auf den Versuch einer Rückeroberung des Maghreb. Sie begnügten sich damit, ihnen ohnehin lästige Beduinenstämme zu ermuntern, ihre bereits begonnene Westwanderung fortzuführen. Bereits 1054 wurde Kairouan von diesen belagert, und 1057 macht der Siride al-Muiss ibn Badis die Stadt Mahdija an der Mittelmeerküste zu seiner Hauptstadt.

Zu diesem Zeitpunkt beginnt eigentlich so recht die Epoche der berberischen Staaten des Maghreb; die Rolle der ihrer Abstammung nach orientalischen Dynastien ist zu Ende, die östlichste Macht, die der Siriden, das erste Opfer: einerseits der Beduinen, die das flache Land beherrschen und bereits lokale Dynastien stellen, andererseits der Normannen, die sich inzwischen in Sizilien festgesetzt haben, 1088 Mahdija plündern und 1148 Susa und Sfax erobern.

Die Berberreiche

Eine neue Periode bricht damit an: die der großen Berberreiche - Almoraviden und Almohaden - und dann ihrer Epigonen, der Meriniden in Marokko, der Abdalwadiden in Westalgerien und der Hafsiden in Ifrikija; auch diese drei Letztgenannten der Abstammung nach Berber, aber in ihrer Verwaltungspraxis und Kultur arabisiert. Von Marokko aus, das aufgrund der engen Verbindung mit al-Andalus von dessen Kultur stark beeinflusst wurde, ging dieser Kulturstrom in östliche Richtung und formte die bis dahin deutlich vom Osten des Islam geprägte Kultur allmählich um, sodass nun auch Ifrikija zur Einflusssphäre hispanisch-arabischer Zivilisation gehörte.

Die almoravidische Bewegung entspross dem Süden des heutigen Mauretanien, nördlich vom Senegal-Fluss, wo im 9. Jahrhundert oberflächlich islamisierte Vieh züchtende Sanhadja-Stämme lebten. Drei von diesen, die Gudala, die Lamtuna und Masufa, bildeten die Gruppe der »Schleier tragenden« (Männer) - wie heute noch die Tuareg der Sahara, die ebenfalls Sanhadja sind -, wobei die Führung zu Beginn des 11. Jahrhunderts bei den Lamtuna lag, gegen 1046 aber auf das Haupt der Gudala überging. Dieser brachte von einer Pilgerfahrt nach

INFOBOX

»Dissidenten«

Charidjiten - »Ausziehende« oder »Dissidenten« - wurden die Anhänger des Kalifen Ali ibn Abi Talib genannt, die sich nach der Schlacht bei Siffin am Euphrat (657) von ihm trennten, weil er sich einem Schiedsgericht über seine und Moawijas I. Ansprüche auf das Kalifat unterwerfen wollte. Die für die Reinheit der ursprünglichen Lehre Mohammeds kämpfenden Charidjiten betrachteten alle anderen Muslime als todeswürdige Ketzer. Etwa zwei Jahrhunderte lang bedrohten sie im heutigen Irak und in Iran die Macht der Kalifen, fanden aber auch in Südarabien und bei den Berbern in Nordafrika Zuspruch. Einen Zweig der Charidjiten bildeten die um 700 von dem Theologen Ibn Ibad gegründeten Ibaditen, von denen kleine Gruppen noch heute existieren.

Mekka einen Gelehrten namens Abd Allah ibn Jasin mit, einen Gazula-Berber des Sus, der als eine Art Missionar und Lehrer wirken sollte. Er übte aber dank überzeugender Persönlichkeit und Charisma enormen Einfluss aus. Die Kerngruppe der drei genannten Stämme, die sich von nun an Almurabitun nannten, trat den Marsch nach Norden an und eroberte im Laufe weniger Jahre ganz Marokko.

Nach dem Tode Abd Allah ibn Jasins (1058) trat das religiöse Moment (unter anderem Durchsetzung puritanischer Prinzipien) in den Hintergrund und Machtpolitik in den Vordergrund. Nachdem Jusuf ibn Taschfin 1061 die Herrschaft übernommen hatte, eroberte er 1075 Fès, Taza, Tlemcen und 1082 Algier. Hilfeersuchen hispanisch-arabischer Kleinkönige führten zum Übersetzen nach al-Andalus, wo er 1086 Alfons VI. von Kastilien und León vernichtend schlug und in den folgenden Jahren die zwar muslimischen, aber als korrupt angesehenen Kleinkönige beseitigte, zum Teil nach Marokko verbannte. Jusuf nannte sich nun »Beherrscher der Muslime« und ließ Goldmünzen mit seinem Namen prägen. Sehr bald aber machten sich vor allem militärische Schwächen bemerkbar, die mit der Beschränkung der Führung auf die drei Kernstämme zusammenhing, die durch die unaufhörlichen Feldzüge natürlich an Menschenkraft verloren hatten.

Hinzu kam, dass sich in Marokko selbst eine revolutionäre Gegenbewegung etablierte. Der aus dem Antiatlas stammende berberische Gelehrte Mohammed Ibn Tumart (1091–1130), der sich als Mahdi (»Messias«) und unfehlbarer und sündenloser Imam sah, wurde der Vertreter einer islamischen Richtung, deren Hauptanliegen die Betonung der absoluten Einheit Gottes war – weswegen sich seine Anhänger almuwahhidun »Einheitsbekenner« (daraus »Almohaden«) nannten. Sie sahen den Kampf gegen die Ungläubigen, aber vor allem gegen die Almoraviden als heilige Pflicht an. Man wird, jenseits aller Dogmatik, in dieser Gegnerschaft auch eine Umsetzung der quasi »Erbfeindschaft« zwischen nomadischen Sanhadja-Berbern und sesshaften Masmuda des Atlas ins Religiöse sehen dürfen.

Auch in al-Andalus zerbröckelte die almoravidische Macht, und in Marokko setzten sich die Almohaden,

Fès entstand aus den beiden um 788/789 und 808 angelegten Residenzen der Idrisidenherrscher. Die Blütezeiten von Fès lagen im 11./12. Jh. unter den Almoraviden und Almohaden, im 13./14. Jh. unter den Meriniden. Die Karawijin-Moschee – hier ein Blick in den Innenhof – in Fès el-Bali wurde 857 gegründet und bietet 22 000 Gläubigen Platz.

dank einer äußerst effektiven Führung und Organisation, mit der Eroberung von Fès und Marrakesch (1046) durch. Wie bei den Almoraviden trat nach dem Tode des Begründers der religiösen Bewegung mit der Nachfolge durch seinen engsten Jünger, Abd al-Mumin, einem nordwestalgerischen Berber, den außerordentliche administrative und militärische Fähigkeiten auszeichneten, das religiöse Moment hinter das machtpolitische zurück. Zwar blieben die Almohaden zunächst die rigorosen Puritaner, als die sie in die Geschichte eingetreten waren;

100562

aber allmählich setzte sich auch bei ihnen, zumal bei den im 1146–50 ebenfalls eroberten al-Andalus stationierten, eine verfeinerte Kultur durch.

Abd al-Mumin griff nun nach Osten aus: Er beseitigte die Hammadiden (1151), schlug 1152 die arabischen Beduinen und eroberte 1160 Ifrikija und Tripolitanien, von wo er die Normannen Rogers II. vertrieb. Es war der Augenblick, da der gesamte berberische Maghreb von einem Berber geeint und beherrscht wurde – übrigens das einzige Mal. Als der Herrscher 1163 in Rabat starb, hinterließ er einen geordneten und reichen Staat mit einem effektiven Regierungsapparat.

Die beiden Nachfolger, Abu Jakub Jusuf (1163–84) und Jakub al-Mansur (1184–99) waren tüchtige Herrscher, die das Erreichte bewahrten, wenn auch schon die ersten Schwierigkeiten auftraten: das Vordringen der Portugiesen (1165 wurde Évora von ihnen erobert) und – viel schlimmer – die Landung der almoravidischen Gouverneure der Balearen in Ifrikija (1184). Als deren Letzter 1236 in der Wüste als gejagter Räuberhauptmann starb, lagen Ifrikija und das spätere Algerien in Trümmern, entvölkert und mit ruinierter Wirtschaft. Auch in al-Andalus neigte sich die Sonne der Almohaden; zwar konnte Alfons VIII. von Kastilien 1195 bei Alarcos vernichtend geschlagen werden und musste anschließend Tribut entrichten, aber 1212 siegte er, unterstützt von Navarra und Aragonien bei Las Navas de Tolosa am Südabhang der Sierra Morena über die Muslime und besiegelte damit das Ende der Almohadenherrschaft in Spanien.

Zugleich gewann der Osten des Reiches unter den Hafsiden zunehmend an Unabhängigkeit (endgültig 1228 beziehungsweise 1236) ebenso wie Tlemcen (1235/36), während die Meriniden, berberische Nomaden mit großen Schafherden (Merinoschafe), in den Ebenen Ostmarokkos auftauchten. Im Jahre 1248 bemächtigten sich die Meriniden der Stadt Fès, in eben dem Jahre, da Ferdinand III. Sevilla einnahm und die muslimischen Einwohner vertrieb.

Wie so oft in der Geschichte, würde man für die Schilderung der Geschichte der Epigonen mehr Platz brauchen als für die der »Gründer«; wir müssen es hier mit einigen Strichen bewenden lassen: Alle drei Dynastien

Moulay Idris, um 788 von Idris I., dem Begründer der ersten arabischen Dynastie in Nordwestafrika, angelegt, ist die heilige Stadt Marokkos. In der Bildmitte ist das Mausoleum von Idris I., der 784 vor den Abbasiden aus dem Osten geflüchtet war, zu sehen.

haben eine sehr bewegte Geschichte, haben zum Teil Bedeutendes, etwa in der Architektur und in der Literatur, geleistet und sind dann beim Heraufziehen neuer Großmächte mehr oder weniger kläglich untergegangen. Die Meriniden haben ein letztes Mal in al-Andalus - nunmehr beschränkt auf das Königreich Granada - interveniert und bis 1344 den nasridischen Sultanen ein oft lästiges Söldnerkorps gestellt, haben 1337 Tlemcen und 1347 Tunis erobert. Die Besetzung Ceutas durch die Portugiesen 1415 ist der Paukenschlag, der das Ende (mit der kurzlebigen Dynastie der Wattasiden) ankündigt. An die Stelle der Portugiesen traten später die Spanier; die Ersteren besetzten allmählich fast alle Städte beziehungsweise Häfen der Atlantikküste.

Nach einer Periode der Blüte und Machtentfaltung, die freilich des Öfteren durch Rebellionen und Niederlagen unterbrochen wird, geht nach 1488 das Hafsidenreich rasch dem Verfall entgegen: Der letzte Hafside, al-Hasan, wird zur Marionette Karls V. beziehungsweise der Spanier, die von Westen her Häfen wie Bidjaya

(1510), Tunis (1517), aber auch Tripolis (1510) besetzen; nun treten zugleich deren Gegenspieler auf: zunächst in Gestalt türkischer Piraten, die sich zu türkischen Befehlshabern wandeln. Die beiden Großmächte der Epoche, Spanien und das Osmanische Reich, stehen zum Beginn der Neuzeit im Maghreb aufmarschiert, einander kampfbereit gegenüber. *Hans-Rudolf Singer †*

Minarett und Kirchturm: Die arabische Herrschaft in Europa

Nach einer Erkundung im Jahre 710 unter Tarif ibn Malik setzte 711 auf Befehl des arabischen Eroberers und Gouverneurs des Maghreb, Musa ibn Nusair, ein hauptsächlich aus Berbern bestehendes Heer von etwa 7 000 Mann unter dem Kommando seines Klienten Tarik ibn Sijad, selbst bekehrter Berber, nach Spanien über und landete am Felsen von Gibraltar. Nach raschen Vormarsch kam es am 19. Juli zur Entscheidungsschlacht am Guadalete bei Jerez de la Frontera mit dem Heer der Westgoten, deren König Roderich in der Schlacht fiel.

Der muslimische Sieg führte zum raschem Vormarsch des siegreichen Heeres, zur Besetzung der westgotischen Hauptstadt Toledo und, dank Verstärkung durch den Oberbefehlshaber Musa persönlich, zur fast vollständigen Eroberung der Iberischen Halbinsel. Die sicher geplante Überschreitung der Pyrenäen unterblieb zunächst, da Musa mit Tarik ibn Sijad zur Berichterstattung nach Damaskus zurückbeordert wurden, wo sie übel behandelt wurden und sich ihre Spur verliert. Zunächst wurde ein Sohn Musas Gouverneur, der von Sevilla aus regierte, dann aber, nach seiner Ermordung – vermutlich auf Befehl aus Damaskus – wurden in Córdoba residierende Gouverneure von Kairouan aus ernannt, von denen einer 732 die Schlacht zwischen Tours und Poitiers gegen Karl Martell verlor. Dieses Treffen war zwar nicht die Errettung des Abendlandes, als das es lange eingeschätzt wurde, führte aber letztendlich doch dazu, dass die Vorstöße der Araber ins Frankenreich endeten und um 751 sogar das 720 eroberte Narbonne wieder verloren ging.

Im Übrigen war die Zeit der Gouverneure eine Periode der Wirren, um nicht zu sagen, der Anarchie. Es standen Nord- gegen Südaraber, ab 741 noch kompliziert durch das Kommen eines syrischen djund (Heer). Diese Truppen, in Ceuta nach einer Niederlage von rebellierenden Berbern belagert, wurden, gegen das Versprechen, danach in die Heimat zu ziehen, nach al-Andalus »eingeladen«, um dort gegen die Berber zu helfen. Dieses Versprechen hielt die etwa 7000 Mann starke Truppe aber nicht, nachdem sie drei berberische Heere geschlagen hatte. Die zwischen den früher gekommenen Arabern und den Syrern immer wieder ausbrechenden Feindseligkeiten wurden erst gemildert, als man die sechs Abteilungen des djund auf bestimmte Provinzen Südspaniens verteilte.

Die Herrschaft der Omaijaden

Die Diktatur des Jusuf al-Fihri (747–756), die eine gewisse Stabilität zu bringen schien, endete 754, als ein Mitglied des von den Abbasiden verfolgten Hauses der Omaijaden nach einer fünfjährigen Odyssee in Almuñe-

Abd ar-Rahman III., erster Kalif von Córdoba (929–961), verteidigte die nördlichen Grenzen gegen die christlichen Königreiche von Kastilien und León. Unter seiner Herrschaft erlebte das arabische Spanien seine politische und kulturelle Blütezeit.

100264

car landete, durch diplomatisches Geschick Anhänger gewann, schließlich Jusuf 756 bei Córdoba besiegte und ein omaijadisches Emirat ausrief. Abd ar-Rahman I. (756–788) brachte den größten Teil seiner Zeit mit der Befriedung des islamischen Spaniens und der Sicherung der Grenzen zu und konnte schon deswegen dem christlichen Norden, der sich ab 718 beziehungsweise 722 unter dem Westgoten Pelayo erhoben und die Araber zunächst aus Asturien vertrieben hatte und unter seinem Schwiegersohn Alfons I. (739–757) Kantabrien und Galicien einbrachte, nicht entgegentreten. Damit setzte die Reconquista (Wiedereroberung) ein, die erst 1492 mit der Eroberung Granadas ihren Abschluss finden sollte.

Emir al-Hakam I. musste in Córdoba 818 eine schwere Revolte niederschlagen, in der sich Proletariat, Handwerker und Schriftgelehrte verbanden. Die Keimzelle des Aufruhrs, die Vorstadt jenseits des Guadalquivir, wurde dem Erdboden gleichgemacht und die Überlebenden wurden ausgewiesen. Viele zogen nach Toledo, andere nach Fès, wo sie ein Stadtviertel mit der später berühmten »Moschee der Andalusier« besiedelten, das Gros aber in den Orient, wo sie von Alexandria aus 827 das byzantinische Kreta eroberten und bis 961 hielten.

Córdoba war zu dieser Zeit noch mehrheitlich von Christen bewohnt, und deren Vorsteher war Komman-

INFOBOX

Graf Julians Verrat

Das schnelle Vordringen der Araber nach Spanien findet in der Legende vom Verrat des Grafen Julian eine Erklärung: »In Ceuta und seiner Region saß als Statthalter der Westgoten Graf Julian. Musa ibn Nusair, der ihn nicht zu besiegen vermochte, zog sich nach Tanger zurück. Unterdessen starb (der westgotische) König Witiza ... und man wählte Rodrigo (Roderich), der nicht aus königlichem Geschlecht war, aber Heerführer ... Die Großen Hispaniens pflegten ihre Söhne und Töchter an den Hof nach Toledo zu schicken, um dort dem König zu dienen. Als Rodrigo gewählt war, gefiel ihm die Tochter Julians, und er nahm sie mit Gewalt. Man schrieb dem Vater das Geschehene und der verbarg seine Wut. Er rief aus: »Bei Gott, ich werde seiner Herrschaft ein Ende bereiten und ihm eine Grube graben.« Er schrieb an Musa, unterwarf sich ihm, lieferte ihm seine Städte aus und schloss einen für sich vorteilhaften Vertrag mit ihm. Er beschrieb ihm Hispanien und stachelte ihn an, es zu erobern.«

50558

Córdoba stieg 716–1236 als Hauptstadt von al-Andalus zur größten und reichsten Metropole Europas auf und wurde das bedeutendste kulturelle Zentrum des westlichen Islam. Das Foto zeigt die unter al-Hakam II. restaurierte Römerbrücke.

deur der aus etwa 2000 Söldnern fremder Herkunft bestehenden Leibgarde des Emirs. Die christliche Mehrheit im Lande wie in der Hauptstadt begann allerdings langsam abzubröckeln, wenn es auch noch im 10. Jahrhundert christliche Würdenträger wie auch Juden in hohen Staatsstellungen gab.

Das 9. Jahrhundert ist vor allem durch drei Ereignisse geprägt: erstens die zunehmende Islamisierung der Gesellschaft und ihre mächtig einsetzende Orientalisierung, von al-Hakam I. vorbereitet und seinem Nachfolger Abd ar-Rahman II. gefördert; zweitens den Ansturm der Normannen, die 844 Lissabon, dann Cádiz besetzten und Sevilla plünderten, bis sie zurückgeschlagen wurden, aber immerhin noch in den Jahren 859, 966 und 971 Einfälle verübten; drittens die »Episode der Märtyrer von Córdoba«.

Zwischen 851 und 859 kam es dort zu öffentlichen Schmähungen des Propheten und des Islam, die geahndet wurden und zu 45 Todesurteilen führten: 859 wurde der Historiker dieses Geschehens, der Priester Eulogius, enthauptet. Man wird in dieser Bewegung eine Reaktion der christlich gebliebenen Bewohner, der Mozaraber, aber vielleicht auch der Neumuslime auf das zunehmende Übergewicht der Muslime und ihrer immer stärkeren »Überfremdung«, verbunden mit einer immer weiteren Verbreitung des Arabischen und einem zunehmenden Verblassen der lateinischsprachigen, klösterlich geprägten Kultur sehen dürfen. Trotzdem gehören die Regierungen des genannten Emirs, wie die seines Sohnes Mohammed I. (852–886) zu den ruhigeren Jahrzehnten des Jahrhunderts.

Indes ist nicht zu übersehen, dass sich eine zunehmende Spannung zwischen der herrschenden Schicht und den Neumuslimen wie Christen aufbaute, die dann 879 in den Gebirgsgegenden des Südens zu Unruhen und schließlich regelrechter Rebellion führte. Anführer war Omar ibn Hafsun, Sohn begüterter Landbesitzer der Gegend von Ronda, der vier Emiren Widerstand leistete und sich erst kurz vor seinem Tode im Jahre 918 ergab. Zuweilen gebot er über die Provinzen Málaga und Granada und war mit weiteren Rebellen verbündet. Im Übrigen stand fast das ganze Staatsgebiet in Flammen; Emir Abd Allah (888–912) gebot die längste Zeit gerade über Córdoba und sein Weichbild. Mit enormer Zähigkeit hielt er stand.

Das bedeutendste Bauwerk von Córdoba ist die 785 gegründete ehemalige Omaijadenmoschee (La Mezquita); die Decke des Betsaals ruht auf über 850 Säulen, die in Längsrichtung durch doppelstöckige Hufeisenbögen verbunden sind.

Ferdinand III., König des vereinigten Königreiches von Kastilien und León, eroberte zwischen 1225 und 1248 Andalusien und nahm 1236 Córdoba ein. Seit dem 16. Jh. wurde die dortige Omaijadenmoschee zur Kathedrale La Mezquita umgewandelt.

Sein Nachfolger und Enkel, Abd ar-Rahman III. (912–961), hatte nach fast zwanzig Jahren Kampf alle Aufständischen besiegt und proklamierte 929 das orthodoxe Kalifat des Westens. Unter ihm, dem bedeutendsten Herrscher dieser Dynastie, blühten Wirtschaft und Handel. Er griff in Marokko ein, drängte dort die schiitischen Fatimiden zurück und hielt seine christlichen Nachbarn im Norden in Schach. Die von ihm ab 936 erbaute Regierungsstadt Medina Azahara imponiert noch heute in den bescheidenen Resten, die ergraben und teilweise restauriert werden konnten. Córdoba aber war zu seiner Zeit nach Konstantinopel und Bagdad eine der drei größten Städte der christlichen und islamischen Welt.

Nachfolger des mit 82 Jahren verstorbenen Kalifen wurde sein ältester Sohn al-Hakam II., der weniger als Feldherr, denn als Bauherr und Förderer der Wissenschaft hervortrat. Er war der Planungsbeauftragte für die Palaststadt gewesen und erweiterte (zwischen 961–966) die Mezquita von Córdoba, deren Mosaiken der Gebetsnische – mit 320 Zentner Material und von einem Mosaizisten des byzantinischen Kaisers geschaffen – noch heute unsere Bewunderung erregen. Überhaupt waren

INFOBOX

Die Märtyrer von Córdoba

Mitte des 9. Jh. entstand eine bizarre christliche Märtyrerbewegung in Spanien, das zu dieser Zeit zum größten Teil von den Arabern beherrscht war. Junge Leute aus meist angesehenen Familien glaubten, das Christentum durch Märtyrertum neu beleben zu müssen. Sie begaben sich in steigender Zahl zum Sitz des Emirs nach Córdoba, schmähten dort öffentlich den Islam und erwarteten freudig den Tod. Die Muslime, die die Bewegung für einen kollektiven Wahn hielten, versuchten, den Christen Begnadigungen zu ermöglichen, doch diese bestanden auf ihrer Hinrichtung, während ihre Freunde die Leichname anschließend als Reliquien in christliche Kirchen brachten.

Um des Friedens willen nahmen christliche Bischöfe den Führer dieser Bewegung, den Priester Eulogius, und andere Todeswillige vorbeugend in Haft. Als dieser aber zum Erzbischof von Toledo gewählt wurde, flammte die Bewegung erneut auf. Eulogius begab sich schließlich persönlich zum Emir und verlangte sein Martyrium. Obwohl dieser ihn begnadigen wollte, lehnte der starrsinnige Bischof alle Angebote ab und starb 859 den ersehnten Märtyrertod.

seines Vaters und seine diplomatischen Beziehungen weit gespannt: Meist von christlichen Würdenträgern oder jüdischen Diplomaten beziehungsweise Ärzten geführte Missionen gingen an Otto den Großen oder nach Byzanz beziehungsweise Gesandte von dort erschienen in Córdoba.

In den letzten Jahren des kränkelnden Kalifen erklomm Mohammed ibn Abi Amir die Stufenleiter der Verwaltung, entriss dem schwächlichen Sohn al-Hakams, Hischam II., die Macht und setzte sich als hadjib (»Kämmerer«) an die Spitze des Staates. Hervorragender Feldherr und Regent, hielt er alle christlichen Monarchen der Halbinsel in Schach, eroberte 985 Barcelona, 988 León und legte 997 Santiago de Compostela in Asche. Gegen Ende seines Lebens († 1002) war er, der sich den Ehrentitel al-Mansur billah (»der durch Gott Siegreiche«, spanisch almanzor) gab, absoluter Herr der Halbinsel. Allerdings ist unbestritten, dass er trotz seiner über fünfzig Feldzüge die wirklichen Machtverhältnisse nicht ändern konnte und dem Staat wegen seiner hemmungslosen Anwerbung nordafrikanischer Berbersöldner ein gefährliches Erbe hinterließ.

ZITAT

Dass auch das Leben eines Kalifen nicht nur Sonnenseiten hatte, belegt (Mohammed) Ibn Idhari:
(Abd ar-Rahman III.) an-Nasir starb zu Beginn des Ramadan 350 (Oktober 961). Man fand eine eigenhändige Notiz, in der er in chronologischer Anordnung »die Tage meines Lebens, in denen ich ungetrübte Freude genoss« verzeichnet hatte, insgesamt nur 14 innerhalb von 50 Jahren, 7 Monaten und 3 Tagen seiner Regierungszeit.

3046

Granada, Hauptstadt des selbstständigen Königreichs Granada, war vom 13. bis 15. Jh. Wirkungsstätte von herausragenden arabischen Dichtern, Historikern und Baukünstlern. Das bedeutendste Bauwerk der Stadt ist der weitläufige Komplex der Schlossburg Alhambra.

Zerfall der Einheit

Und in der Tat: In wenigen Jahren verspielte sein Sohn und zweiter Nachfolger Abd ar-Rahman Sanchuelo alle Macht; das Kalifat wurde zum Spielball immer neuer Thronprätendenten, Córdoba wurde ab 1010 belagert und 1013 durch ein berberisches Heer erstürmt und verwüstet. Im Jahre 1031 erklärten die Notabeln der Hauptstadt das Kalifat für erloschen; al-Andalus zerfiel in rund dreißig Herrschaftsgebiete lokaler und regionaler Potentaten, der »Taifakönige«, so genannt, weil sie in drei Taifas (nach arabisch taifa »Partei«, »Sekte«) zerfielen: die der Araber (zu denen auch die völlig arabisierten Berber der ersten Welle gezählt werden müssen), die der Berber und, besonders im Osten, die der Amiriden, der Nachkommen oder Anhänger Al-Mansurs, die europäischer Herkunft waren. In manchen Fällen handelte es sich um einflussreiche Familien, auf die sich der Staat schon immer hatte stützen müssen, in anderen um Berbergruppen, deren Kommandeure nun zu Fürsten aufstiegen.

In unaufhörlichen Kämpfen versuchten einige, ihren Machtbereich zu vergrößern. Es war eine Zeit der Bei-

s. ZEIT Aspekte
Die Araber in Europa
S. 540

nahe-Anarchie und gleichzeitig eine Epoche großer kultureller Blüte, die in der Literatur und Geschichtsschreibung wie auch in der Gartenkunst, den geographischen Kenntnissen und allgemein in den Naturwissenschaften zum Ausdruck kam. Dichterpersönlichkeiten wie Ibn Saidun und Ibn Schuhaid von Córdoba gehörten dazu ebenso wie al-Mutamid, der letzte Abbaside, Rechtsgelehrte und Religionshistoriker wie Ibn Hasm von Córdoba, der in jungen Jahren auch Verfasser eines zur Weltliteratur gerechneten Werkes, »Halsband der Taube oder Gespräch über die Liebe und die Liebenden« war, Naturwissenschaftler wie Ibrahim as-Sarkala (»Azarkiel«) von Toledo, der Botaniker Ibn Wafid ebenfalls von dort, der in der »Huerta del Rey« den wohl ersten botanischen Garten der Welt anlegte, oder sein Landsmann Ibn Bassal, der später nach Sevilla ging, der Geograph al-Bakri und der größte Historiker des muslimischen Spaniens überhaupt, Ibn Hadjadjan, sowie viele andere mehr.

411

Alfons VIII. errang 1212 einen entscheidenden Sieg gegen die Mauren. Der Dinar, den er prägen ließ (Vorderseite), weist neben arabischen Schriftzügen das christliche Kreuzsymbol auf und trägt deutlich lesbar die Buchstaben »ALF«.

Die Herrschaft der Almoraviden

Die beherrschende politische Figur der Epoche aber war Alfons VI. von Kastilien und León, der alle Taifaherrscher bedrängte und enorme Tribute von ihnen erzwang, die natürlich ihre Untertanen aufbringen mussten, was wiederum diesen ihre Fürsten verhasst machte. In ihrer Not riefen sie den machtvollen Almoraviden Jusuf ibn Taschfin zu Hilfe, der Alfons VI. 1086 in Sagrajas bei Badajoz vernichtend schlug. Einer seiner in Ungnade gefallenen und verbannten Vasallen, Rodrigo Díaz de Vivar »El Campeador«, machte sich mit einem Heer von Anhängern und – auch arabischen – Söldnern zum Beschützer des Hudiden von Saragossa gegenüber dem Markgrafen von Barcelona und eroberte 1094 das Reich von Valencia, das er bis zu seinem Tode 1099 gegen alle Angriffe der Almoraviden hielt. Von seinen arabischen Soldaten Sidi (»mein Herr/Fürst«) genannt, trägt dieser spanischste aller spanischen Nationalhelden eine arabische Bezeichnung: El Cid.

Die Almoraviden vermochten zwar 1102 Valencia und 1110 Saragossa zu erobern, aber Letzteres (wie überhaupt das Ebrobecken) wurde ihnen schon 1118 wieder entrissen und die mächtige Festung Calatayud 1119 von

Alfons I. von Aragonien erobert, der überdies 1125–26 einen waghalsigen Heereszug bis nach Granada durchführte, von dem er 14 000 Mozaraber mitbrachte. Die Almoraviden reagierten darauf mit der Deportation von Tausenden von Christen nach Marokko, eine Praxis, die die Almohaden, Nachfolger der Almoraviden, fortsetzten. Von da an gab es kaum mehr Christen im muslimischen Spanien.

411

Alfons VIII., König von Kastilien (1158–1214), gründete 1209 die Universität von Palencia. Die Abbildung zeigt die Rückseite einer zu seiner Zeit in Toledo geprägten Goldmünze.

Die Herrschaft der Almohaden

Nach dem Zerbröckeln der almoravidischen Macht trat eine neuerliche Zeitspanne von Kleinkönigen ein, die indes nur dreißig Jahre dauerte. Im Südwesten von al-Andalus (Süden des heutigen Portugal) herrschten Muriden, eine marabutisch bestimmte Gruppierung, in der spanischen Levante die markanteste Figur dieser Epoche: Ibn Mardanisch (1124/25–72), der Rey Lobo (» König Wolf«) der spanischen Chroniken. Grausam und religiös völlig indifferent herrschte er dort mithilfe seiner spanischen Söldner bis zu seinem Tode.

Inzwischen hatten Kastilier, Aragonesen und Katalanen eine neuerliche Offensive gestartet; Tortosa, Lérida und 1147 gar die wichtige Hafenstadt Almería (bis 1157 gehalten) waren in ihre Hand gefallen. Zur abermaligen Bedrohung wurde eine neuerliche Intervention Marokkos: 1147 griffen die Almohaden in Spanien ein und eroberten zuerst den Süden und Südwesten. Anfänglich

INFOBOX

Ein Märtyrer

Abd ar-Rahman III. galt als aufgeschlossener, aber grausamer Herrscher, der Ungehorsam erbarmungslos bestrafte. Berühmtheit erlangte der Fall des jungen Pelagius. Sein Onkel, ein christlicher Bischof, hatte Pelagius dem Kalifenhof als Geisel überlassen müssen. Abd ar-Rahman war von dem begabten und schönen Knaben beeindruckt und hatte nach den Berichten arabischer Chronisten ein mehr als nur väterliches Interesse an ihm. Er stellte Pelagius eine glänzende Zukunft in Aussicht, wenn er zum Islam übertrete. Aber Pelagius stürzte sich wütend auf den Herrscher, beschimpfte ihn und den Islam, riss ihm Barthaare aus und verletzte ihn im Gesicht. Zur Strafe wurde der 13-Jährige im Jahr 925 mit glühenden Zangen gequält und zu Tod gemartert. Im katholischen Spanien wird er seitdem als Märtyrer verehrt.

mit großer Brutalität vorgehend, die sie rasch die Sympathien der Bevölkerung kostete, lenkten klügere Befehlshaber ein. Im Jahre 1161 setzte Kalif Abd al-Mumin nach al-Andalus über und befestigte Gibraltar. Trotz nicht verheißungsvollen Beginns muss die almohadische Herrschaft doch positiv bewertet werden: Philosophen wie Ibn Ruschd (Averroes) und Ibn Tufail wurden gefördert, und die Baukunst blühte. Alfons VIII. von Kastilien, dem 1177 die Eroberung Cuencas gelungen war, wurde 1195 bei Alarcos (Provinz Ciudad Real) vernichtend geschlagen. Aber hartnäckig rüstete der König wieder auf, sodass er den Almohaden Paroli bieten und sie 1212 in Las Navas de Tolosa in der Sierra Morena besiegen konnte.

De facto hatte damit die Stunde des Islam auf der Halbinsel geschlagen. Sein Nachfolger Ferdinand III., König des endgültig vereinigten Königreiches von Kastilien und León, eroberte zwischen 1225 und 1248 Andalusien: 1236 wurde Córdoba, 1246 Jaén und 1248 Sevilla eingenommen; die muslimische Bevölkerung wurde jeweils ausgewiesen.

Das Sultanat Granada

Vorher hatte sich in al-Andalus ein dritter Bürgerkrieg abgespielt, der vor allem Ibn Hud, der sich als Abkömmling der saragossaner Hudiden ausgab, und einen Notabeln von Arjona (Provinz Jaén), Mohammed ibn Jusuf ibn Nasr, als Protagonisten hatte. Der Erstere, von der Zustimmung großer Teile der Bevölkerung getragen und zeitweilig fast überall anerkannt, zog letzten Endes den Kürzeren; der Nasride dagegen nutzte die Gunst der Stunde, gewann 1238 Almería und Málaga, und war schon das Jahr vorher von den Einwohnern Granadas akzeptiert worden, das er zur Hauptstadt seines entstehenden Reiches machte; seine Heimatprovinz Jaén allerdings musste er aufgeben und sich zum Vasallen Ferdinands III. erklären.

Damit war der spanische Islam auf seine letzte Bastion, das Reich der Nasriden oder Banu Ahmar, beschränkt, allerdings mit dem Plus einer praktisch rein muslimischen Bevölkerung. Politisch schwankte der Status – je nach dem inneren Zustand Kastiliens – zwischen Vasallität und aggressivem Selbstbewusstsein, zeitweilig

Die sinnliche Ausgestaltung der vom Koran vermittelten Paradiesvorstellung hat seit jeher die Gartenbaumeister der islamischen Herrscher inspiriert. Ein Beispiel hierfür ist der abgebildete Garten des Generalife-Palastes, der Sommerresidenz der maurischen Könige in Granada.

100264

s. ZEIT Aspekte
Die Araber in Europa
S. 549

verstärkt durch die nicht uneigennützige Hilfe der marokkanischen Meriniden, die sich etwa ein Jahrhundert lang in Spanien für – aber auch gegen! – Granada engagierten; die Sultane von Granada revanchierten sich dadurch, dass sie sich ein Söldnerkorps unter dem Befehl potenzieller merinidischer Thronprätendenten hielten, das notfalls auch gegen allzu fordernde Verbündete eingesetzt werden konnte. Wirtschaftlich gesehen war Granada nie wirklich autark, sondern in erheblichem Maße von Aragonien und Genua abhängig. Trotz einer gewissen Stärke war Granada immer gefährdet, zeitweilig durch die Meriniden, vor allem aber durch interne Zwistigkeiten.

Von den insgesamt 23 Herrschern des nasridischen Hauses ragen einige besonders hervor: von Mohammed I. abgesehen, Ismail I., der den Kastiliern 1319 in der Vega von Granada eine schwere Niederlage beibrachte, Mohammed IV., der mithilfe einer genuesischen Flotte 1333 Gibraltar zurückeroberte, Jusuf I., von dem ein großer Teil der noch stehenden Teile der Palaststadt der Alhambra (»die Rote«) stammt, und sein Nachfolger Mohammed V., Erbauer des Löwenhofs der Alhambra und des großartigen Maristans.

Eine hervorragende geistige Größe dieser Epoche muss ebenfalls erwähnt werden: der Literat, Historiker und Politiker Ibn al-Chatib, Wesir Mohammeds V., letz-

INFOBOX

El Cid

Rodrigo Díaz de Vivar, um 1043 in Vivar, nördlich von Burgos geboren, wurde zusammen mit dem Königssohn Sancho am königlichen Hof erzogen und 1065 zum Oberbefehlshaber des königlichen Heeres ernannt. Als Alfons VI., der Tapfere, die Herrschaft übernahm, fürchtete er die zunehmende Macht seines Vasallen und verbannte ihn insgesamt zweimal. Bis zur Versöhnung mit seinem König diente Rodrigo Díaz de Vivar den Muslimen von Saragossa und Valencia. In diesen Kämpfen erwarb er sich seinen Ehrennamen »El Cid«. Er verkörperte die Ideale des Ritters und Lehensmannes.
Das ihm gewidmete Epos, der »Cantar de Mio Cid«, das »Lied von meinem Cid«, das wahrscheinlich um 1180 entstand, entwirft von ihm das Idealbild des christlichen Ritters und Vasallen, des fürsorglichen Familienvaters und treuen Freundes, des stets überlegenen, listigen und starken Gegners von Juden, Muslimen und moralisch unwürdigen Christen.

100264

ter namhafter Autor des muslimischen Spaniens, der wegen Intrigen nach Marokko floh und in Fès im Gefängnis ermordet wurde. Sein Charakter entsprach genau seiner Zeit: Skrupellos verdrängte er seinen eigenen Lehrer und Förderer vom Hofe, verhinderte die Anstellung des großen tunesischen Historikers Ibn Chaldun und wurde seinerseits von einem Schützling denunziert und verdrängt. Seiner Bedeutung tut dies keinen Abbruch: Mit ihm endet die ruhmreiche Tradition »andalusischer« Geistesgrößen.

Das 15. Jahrhundert war eine Zeit fast ständigen Verfalls, innerer Unruhen und zunehmenden Machtverlustes, die auch die Thronbesteigung des kraftvollen Abu

Díaz de Vivar (um 1043–1099) erhielt wegen seiner militärischen Erfolge den Beinamen »El Campeador« (Schlachtensieger) bzw. »El Cid«. Der Cid wurde zur legendären Symbolgestalt der spanischen Reconquista und zur Verkörperung der Ideale des Rittertums. Die Abbildung zeigt das Grabmal des Cid und seiner Gattin in der Kathedrale von Burgos.

Sevilla, das maurische Ichbilija, konkurrierte wirtschaftlich und kulturell mit Córdoba und wurde als Hauptstadt des spanischen Almoravidenreichs und des Almohadenreichs mit prächtigen Bauten ausgestattet. Das Bild zeigt den Torre del Oro, einen Befestigungsturm, der mit dem Alcázar verbunden war.

l-Hasan Ali 1464 (des »Muley Hacén« der spanischen Chroniken) nicht zu bremsen vermochte. Die »Romanze« des Sultans mit einer christlichen Gefangenen, Isabel de Solís, erzürnte seine Hauptfrau und Söhne, deren ältester Abu Abd Allah Mohammed (»Boabdil«) 1482 von den Bewohnern des Albaicín zum König ausgerufen wurde, während sein Onkel und Vaterbruder Mohammed »el Zaghal« bis 1489 den Thron beanspruchte. Boabdil, in Lucena 1482 in christliche Gefangenschaft geraten, musste Lehnstreue schwören und etablierte sich in Guadix.

Nachdem 1485 Ronda, 1486 Loja, 1487 Velez Málaga und Málaga von den »Katholischen Königen«, Isabella I. von Kastilien und Ferdinand II. von Aragonien, erobert worden waren, fiel nach langer Belagerung und monatelangen Geheimverhandlungen am 2. Januar 1492 Granada. Die Kapitulationsbedingungen garantierten Besitz, Religion und Kult der Besiegten, wurden aber nur wenige Jahre eingehalten, dann setzten Zwangsbekehrung und -taufe ein, die aus unterworfenen Untertanen mehr und mehr Rechtlose machten.

Ein Aufstand in den Alpujarras (1569) wurde erbarmungslos niedergeschlagen und alle Morisken (getauften Mauren) ins Innere Spaniens deportiert. Tausende, vor allem der Oberschicht, waren schon nach der Kapitulation nach Nordafrika ausgewandert. Da sich diese andersgläubige Minderheit in den Augen zumal des spanischen Klerus als unassimilierbar und »häretisch« darstellte, entschloss man sich nach langem Hin und Her, diese Frage derselben »Endlösung« zuzuführen wie 1492

Alcázares nennt man die in maurischer Zeit entstandenen – oft festungsartigen – Palastanlagen der Araber in Spanien. Der aus Backstein errichtete Alcázar hatte meist einen rechteckigen Grundriss, innerhalb der Außenmauern lagen mehrere Höfe. Das Foto zeigt den Alcázar von Segovia, dessen Ursprünge ins 11. Jh. reichen.

100264

die der Juden: Zwischen 1609 und 1614 wurden 296 000 kryptomuslimische Spanier des Landes verwiesen und in den Maghreb deportiert. Die Ungeheuerlichkeit dieser Maßnahme bestand vor allem darin, dass man Menschen, die man »katholisch gemacht« hatte, in die Länder der Religion auswies, deren man sie zwangsweise beraubt hatte.

Die Geschichte des Islam in Spanien ist eine von Erfolgen, geistigen Hochleistungen und auch des Versagens. Die unmittelbaren äußeren Nachwirkungen ihrer Existenz können wir noch heute in den aberhunderten Lehnwörtern arabischer Herkunft in den Sprachen der Halbinsel feststellen. *Hans-Rudolf Singer †*

Das heilige Buch der Muslime: Der Koran

Der Islam ist eine Schriftreligion. Dem Koran kommt aber ein ganz anderer Stellenwert zu als der Bibel in Judentum und Christentum. Für sie ist in der Geschichte Israels und in Leben und Wort Jesu Christi als Offenbarung Gottes wahrzunehmen, die im Alten und Neuen Testament lediglich literarisch dokumentiert ist, sodass diese Schriften »nur« in einem abgeleiteten Sinn als »Wort Gottes« gelten. Im Islam aber stellt das Buch selbst die Offenbarung Gottes und seines Willens dar, nicht etwa die Gestalt oder das Leben Mohammeds; der Prophet wird auch nicht als Autor, sondern nur als Sprachrohr und Instrument Gottes aufgefasst. In der späteren Sunna wurde der Koran als mit Gott gleichewiges Wort bezeichnet, das dann durch Mohammed in arabischer Sprache in unverfälschter Form geoffenbart wurde. Wortlaut, Inhalt und arabische Sprachgestalt sind somit unabänderlich und dürfen nicht kritisch hinterfragt werden.

Der Erzengel Gabriel, im Buch Daniel der »Mann Gottes«, kündigt im Lukasevangelium die Geburt Johannes des Täufers an. Im Islam ist er der Übermittler der Botschaft Gottes an den Propheten Mohammed. Auf dieser osmanischen Miniatur sucht er Mohammed in seinem Wohnhaus in Medina auf (Istanbul, Museum für Türkische und Islamische Kunst).

Der Koran, der ungefähr den Umfang des Neuen Testamentes hat, ist in 114 Abschnitte (Suren) mit insgesamt 6 206 Versen gegliedert. Die beiden letzten Suren bieten Beschwörungsformeln, sodass Sure 112 mit ihrem Bekenntnis zu dem einen Gott vielleicht den logischen Schluss darstellt, der der programmatischen Sure 1, der »Fatiha« (= die Eröffnende), entspricht. Abgesehen von der ersten sind die Suren nach dem »Prinzip der abneh-

طانق دوتدلر نکم الله تعالی باکا امر ایتدی یرنه کتوردم سز
داخی یر یوزنده نکاح ایتکل بتول عذرای فاطمة الزهرای
علی برله اولندر کدیدی اندن جبرائیل ینه کوکه اغدی
اولدم امیر المؤمنین علی المرتضی اقرسلمه اوندن رسول خدمتنه
کلدی رسول حضرت علینک یوزنه نظر ایلدی کوردی
علینک یوزی بدرلنمشدر یکلری قزرمشدر حیا اثری تمقلق

100264

s. ZEIT Aspekte
Koran S. 556

INFOBOX

Aus dem Leben Mohammeds

In den Hadithen (arabisch »Mitteilungen«, »Erzählungen«) sind Szenen festgehalten, die schildern, wie Mohammed sich verhielt oder was er sagte. Um die Zuverlässigkeit zu betonen, beginnt jedes Hadith mit einer Überlieferungskette nach dem Schema: »Ich, A., hörte einmal B. erzählen, dass von C. erzählt wird, dass er einmal dabei war, wie der Prophet sagte: ...«. Die Sunniten kennen sechs kanonische Hadithsammlungen, von denen die Sammlungen der arabischen Traditionsgelehrten Mohammed al-Buchari und Muslim ibn al-Hadjdjadj die bedeutendsten sind. Sie gelten als »sahih« (authentisch), während die anderen Sammlungen auch Material bieten, das nur als »schön« oder »schwach« angesehen werden kann. Die Schiiten haben eine gesonderte, auf die Imame zurückgeführte Hadithtradition.
Bereits im Koran ist die Autorität der Hadithe verankert, indem mehrfach auf den Gehorsam, der dem Gesandten, also Mohammed, zu leisten sei, hingewiesen wird.

menden Länge« geordnet: Auf die umfangreichste Sure 2 folgen immer kürzere. Jede Sure trägt einen Namen, zum Beispiel Sure 2: »Die Kuh«, Sure 3: »Die Sippe Imrans«, Sure 4: »Die Frauen«; dahinter folgt – außer bei Sure 9 – immer die »Basmala«, die Segensformel: »Im Namen des barmherzigen und gnädigen Gottes«.

In Sprache und Stil lehnt sich der Koran an die Tradition der vorislamischen Kahin, der »Seher«, an. Wie bei ihnen sind die Texte in »Reimprosa« gestaltet, und es werden Schwurformeln benutzt; wie durch die Kahin im Zustand der Ekstase ein »Geist« als »ich« sprach, so spricht im Koran durchweg Allah (als »ich« oder »wir«); mit »du« wird der Prophet angesprochen, die Zuhörer werden in der dritten Person Plural genannt (»sie«, seltener etwa »ihr Leute der Schrift«). Diese formalen Parallelen zeigen, dass sich Mohammed in seinen Anfängen wohl als eine Art »Seher« in der arabischen Traditionslinie verstand; diese aber hat er auf eine Weise weiterentwickelt, dass seine Rolle bald der der biblischen Propheten vergleichbar war – das heißt: »Bevor er von Prophetie überhaupt etwas wusste, hatte er ... bereits angefangen, ein Prophet zu sein« (Rudi Paret).

Der Koran ist nach einem recht äußerlichen Schema aufgebaut, und so wollte schon die muslimische Tradition die einzelnen Suren den Stadien des Lebens Moham-

ZITAT

Die erste Sure des Korans trägt den Titel »Fatiha« – »die Eröffnende«:
Im Namen Allahs, des Erbarmers, des Barmherzigen!
Lob sei Allah, dem Weltenherrn,
Dem Erbarmer, dem Barmherzigen,
Dem König am Tag des Gerichts!
Dir dienen wir und zu Dir rufen um Hilfe wir;
Leite uns den rechten Pfad,
Den Pfad derer, denen Du gnädig bist,
Nicht derer, denen Du zürnst, und nicht der Irrenden.

meds zuordnen und fügte der »Basmala« hinzu: »geoffenbart zu Mekka« oder »zu Medina«. Diese Einordnung ist mehr assoziativ; die westliche Koranforschung versucht sie mittels historischer Maßstäbe zutreffender vorzunehmen. Seit den Arbeiten des Orientalisten Theodor Nöldecke im 19. Jahrhundert nimmt man an, dass die Suren oder auch einzelne Verse - manche Suren scheinen aus ursprünglich selbstständigen Teilen zusammengesetzt zu sein - einer älteren und einer jüngeren Phase entstammen; weil die meisten Forscher voraussetzen, dass alle Texte auf Mohammed zurückgehen, werden sie der Predigt in Mekka oder in Medina zugeordnet, wobei die Zeit vor der Hidjra noch einmal in eine frühe, mittlere und spätere Phase aufgegliedert wird.

Zur Entstehung des Korans (Kanontheorien) werden bei aller Unterschiedlichkeit in einzelnen Fragen drei Auffassungen vertreten: Nach muslimischer Tradition konnte

100563

Der heilige Koran, das dem Propheten Mohammed geoffenbarte Wort Gottes, ist im Islam Zentrum der Religion und wichtigster Bezugspunkt in allen Situationen und Fragestellungen des Lebens. Zahllos sind die prachtvollen Ausgestaltungen des Buches. Das abgebildete Exemplar stammt aus dem Jahr 1389 (München, Bayerische Staatsbibliothek).

INFOBOX

Der Prophet und das Bilderverbot

Der Koran enthält kein Bilderverbot. Erst mit der Entstehung des Hadith, der Sammlung der Mohammed zugeschriebenen Aussprüche und Handlungen, wurden im 8. Jh. deutliche Einschränkungen formuliert. Die Handhabung solcher Verbote variiert jedoch sehr stark: Generell wird die bildliche Darstellung lebender Wesen in Kunst und Architektur um so stärker vermieden, je näher das Kunstwerk dem religiösen Bereich steht, je glaubensstrenger Künstler, Auftraggeber oder Herrscher sind, je mehr Menschen das Kunstwerk zugänglich ist. Die Extreme in der Beachtung oder in der Vernachlässigung des Bilderverbots finden sich in der Verstümmelung vor- oder nichtislamischer Bildwerke einerseits und der figurenreichen Miniaturmalerei andererseits. In den Moscheen verwendete Gegenstände sind nur mit Schrift und nichtfigürlichen Ornamenten verziert.

Mohammed nicht lesen und schreiben, sodass sich seine Zuhörer die Offenbarungen ins Gedächtnis einprägten oder sie sofort oder später auf Steine, Palmstängel, Zettel aus Pergament oder Papyrus notierten. Die Verse und Suren wurden nach dem Tod Mohammeds zunächst mündlich weitergegeben und gesammelt. Wann die heutige Ganzschrift entstanden ist, war im Islam zunächst umstritten, bis sich die These durchsetzte, der Koran sei unter dem dritten Kalifen Othman unter Leitung eines medinischen Muslims mit Namen Sayd ibn-Tabit zwischen 650 und 656, also 28–34 Jahre nach dem Tod Mohammeds, aus den vor allem mündlich und vereinzelt schriftlichen Versen und Suren zusammengestellt worden; sofort seien alle anderen Textversionen verboten worden.

ZITAT

Koran, Sure 20, 12: *Beeile dich nicht, den Koran vorzutragen, bis die jeweilige Offenbarung abgeschlossen ist, sondern sage: »Gott gewähre mir mehr Wissen!«*

Die meisten westlichen Forscher gehen von einer ähnlichen Entstehungsgeschichte aus; obwohl die Texte erst unter Othman zusammengestellt worden seien, könnten sie ausnahmslos auf Mohammed zurückgeführt werden. Erst in neuerer Zeit gibt es Stimmen, die sowohl die Herkunft aller Korantexte von Mohammed wie auch die Abfassung der Ganzschrift unter Othman infrage stellen. Leider gibt es keine zufriedenstellende Quellenkritik, die die frühesten Handschriften datieren könnte; es scheint, dass älteste fragmentarische und zudem nicht plene geschriebenen Texte nicht vor dem Ende des 7. Jahrhunderts vorliegen.

Von Mohammeds Tod bis zur Ausbildung einer Ganzschrift wären also zwei bis drei Generationen vergangen – ebenso viel wie zwischen dem Tod Jesu und dem Markusevangelium, dem ältesten der vier kanonischen Evangelien. Die Frage ist, ob man nicht der Tradition in den frühen muslimischen Gemeinden eine größere Bedeutung für die Entstehung des fertigen Korans zuerkennen muss und ob zwischen einem Kern älterer Worte, die auf Mohammed zurückgehen, und späteren Gemeindebildungen unterschieden werden muss.

Die wichtigsten Glaubenslehren des Korans und damit des Islam sind das Bekenntnis zu Allah – zum Monotheismus –, der Glaube an die Schöpfung der Welt durch Allah, an die sittliche Verantwortung des einzelnen Menschen, der beim Jüngsten Gericht von Gott für sein Handeln zur Rechenschaft gezogen wird und je nachdem ins Paradies oder ins Höllenfeuer gelangt; außerdem die Vorstellung, dass das menschliche Schicksal der göttlichen Vorsehung unterliegt (Kismetglaube).

Die Predigt von der alleinigen Herrschaft Allahs war wenn nicht von Anfang an, so sicher aber sehr bald, das

Der in arabischer Sprache geoffenbarte Koran ist nach muslimischer Überzeugung ein unnachahmliches Wunderwerk Gottes – auch in sprachlicher Hinsicht. Daher ist er kaum übersetzbar (zwei Seiten einer Textausgabe von 100 Koranauszügen, 17. Jh.; Weimar, Herzogin Anna Amalia Bibliothek).

399

s. ZEIT Aspekte Koran S. 565

wichtigste Thema Mohammeds und dann auch des Korans. Dieser Monotheismus stellt den Gedanken der Macht in den Vordergrund und wird strikt durchgehalten; jeder Gedanke an eine »Teilhaberschaft« an der Macht Allahs wird radikal zurückgewiesen. Der zentralen Bedeutung der »Macht« Allahs entspricht die vom Individuum geforderte bedingungslose »Hingabe« an den Willen Allahs, der »Islam«. Von Gott wird neben anderen Eigenschaften immer betont, dass er barmherzig ist; diese Barmherzigkeit variiert aber nur ein wenig seine Gerechtigkeit und ist nicht von der grundstürzenden Art wie Gottes Gnade und Barmherzigkeit im jüdischen und christlichen Erlösungsglauben.

Die Schöpfung wurde laut Koran nicht in einer Urzeit vollendet, vielmehr ist sie ein fortdauernder Vorgang. Der Koran handelt auch vom Beginn dieses Schaffens; obwohl der Koran Teile der biblischen Schöpfungsgeschichte übernimmt, ist Allah nicht der Urheber von allem, sondern er findet eine gestaltlose Masse vor, die er zu Himmel und Erde formt. »Schaffen« bedeutet hier: Gestalten des Vorhandenen.

Die Themen Auferstehung, Jüngstes Gericht sowie Himmel und Hölle scheinen von Anfang an zur Predigt Mohammeds gehört zu haben; sie sind für den Koran

INFOBOX

Zur Entstehung des Korans

Seit dem 19. Jh. wird versucht, einzelne Koranverse den Stadien der Koranentstehung zuzuordnen: Die ältesten Worte sind Einzelsprüche mit Schwurformeln und nehmen noch nicht auf einen größeren Lehrzusammenhang Bezug: Sie sind poetisch dicht und oft von ekstatischer Ergriffenheit geprägt. Im Verlauf der weiteren Textkomposition werden die Texte länger, prosaischer und argumentativer; Beispiele aus Natur und Geschichte mehren sich. Schließlich werden auch gesetzliche Regelungen und biblische Stoffe thematisiert. Die ältesten Textversionen des Korans waren eher eine Gedächtnisstütze für den mündlichen Vortrag und deswegen nur unvollständig ausgeführt (»scriptio defectiva«), weil nur Konsonanten geschrieben wurden. Als man im 8. Jh. die Wörter gänzlich schrieb (»scriptio plena«), kamen sieben oder mehr Versionen in Umlauf, bis sich der Gebrauch eines Textes, der im frühen 9. Jh. in der Stadt Kufa entstanden war, durchsetzte; auf ihm fußt die heutige ägyptische Standardausgabe.

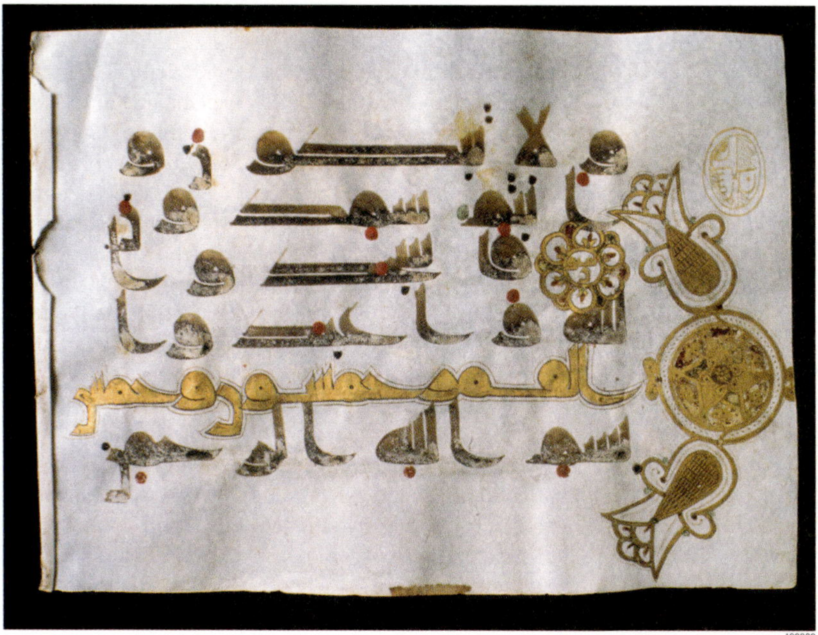

100880

Bis ins 19. und zum Teil sogar 20. Jh. war in islamischen Ländern das Auswendiglernen des gesamten Korans der Hauptinhalt der Elementarbildung; noch heute praktizieren dies viele Muslime (kufische Koranhandschrift, 850; Tunis, Bibliothèque Nationale).

und den Islam konstitutiv. Wahrscheinlich war Mohammed in diesen Inhalten am meisten vom Christentum beeinflusst.

Die Vorstellung schließlich von einem Kismet, einer Vorherbestimmung durch den Willen Gottes, ist im Grunde in jeder monotheistischen Religion angelegt, insofern sie alle Ursachen in Gott verankert sieht, entstammt aber wohl schon vorislamischer Religiosität: In Mekka wurde die Schicksalsgöttin al-Manat verehrt. Die Spannung zwischen menschlicher Verantwortung (Gerichtsgedanke) und göttlicher Prädestination (Kismet) führte auch in der islamischen Tradition zu Problemen. In Zeiten mangelnder gesellschaftlicher und individueller Dynamik kann die Kismetvorstellung zwar Trost spenden, aber auch einem Fatalismus Vorschub leisten.

Karl-Heinz Ohlig

Ethik und Recht im Koran: Die Scharia

Im Mittelpunkt der islamischen Religion steht das rechte Verhalten Allahs Willen gegenüber, für das sich jeder am Jüngsten Tag verantworten muss. Wie in allen frühen kulturellen Entwicklungsstadien ist auch im Koran der Einzelne stark in Familie, Sippe und Glaubensgemeinschaft eingebunden, sodass sittliche Normen zugleich rechtliche Regelungen einschließen und die Umma, die Glaubensgemeinschaft, zugleich auch politisch-soziale Realität ist. Zwischen Ethik und Recht, zwischen »Religion« und »Staat« wird nicht unterschieden. So kann der Koran als ein Rechtsbuch verstanden werden und der Islam insgesamt als Rechtssystem.

Weil trotz der Überzeugung von einer Vorherbestimmung durch Gott der Koran das Tun im Allgemeinen so abhandelt, als sei es von jedem Menschen selbst zu verantworten, übersteigen ethische und rechtliche Vorschriften nicht die Möglichkeiten des Menschen; der Rahmen einer Lohn-Leistungs-Ethik wird nicht überschritten. Weder Mohammed noch der Koran stellen unerfüllbare Forderungen, was mit der Barmherzigkeit Allahs begründet wird.

Der Koran verlässt auch nicht die Bahnen der vorislamischen Rechtsauffassungen, die nur geringfügig korrigiert werden. Die Polygamie etwa bleibt bestehen, aber sie wird auf die Zahl von vier Frauen eingeschränkt; Mädchen dürfen nach der Geburt nicht mehr getötet werden, aber sie gelten weiterhin als weniger wertvoll wie ihre Brüder; Sklaven und Sklavinnen sind weiterhin rechtlose Subjekte, aber sie sollen gerecht und barmherzig behandelt werden.

Über den ganzen Koran verstreut finden sich Worte, in denen von den Pflichten des Muslims gesprochen wird; sie wurden bald zur so genannten Pflichtenlehre, zu den »fünf Säulen«, zusammengestellt: Das täglich häufiger zu sprechende Glaubensbekenntnis, die Shahada (»Zeugnis«), umfasst die Summe des Islam: »Ich bekenne, dass es keinen Gott außer Gott gibt und Mohammed der Gesandte Allahs ist.« Die Shahada ist darüber hinaus die Formel, die Nichtmuslime beim Übertritt zum Islam sprechen.

399

Die Scharia regelt nicht nur Rechtsfragen im engeren Sinn, sondern beinhaltet der Idee nach die Gesamtheit der aus der Offenbarung zu gewinnenden Normen für das Handeln des Menschen im Verhältnis zu Gott und zu den Mitmenschen (Seite aus dem Koran, 16. Jh.; Weimar, Goethe-Nationalmuseum).

Die zweite »Säule« ist das tägliche Pflichtgebet, der Salat, mit fünf Gebetsübungen: in der Morgendämmerung, mittags, nachmittags, abends und nachts; wo es möglich ist, ruft der Muezzin zu den Gebeten auf: »Ihr Gläubigen! Kommt nicht betrunken zum Gebet ..., und kommt nicht unrein ..., ohne euch vorher zu waschen...« (Sure 4, 43). Das Pflichtgebet verlangt nach ritueller Reinheit. Auch der Ort des Gebets muss »rein« sein; eine Moschee gilt grundsätzlich als »rein«; ersatzweise kann ein Teppich eine »reine« Fläche herstellen. Die Gebete – Stellen aus dem Koran – sind vorgeschrieben; sie werden in Richtung Mekka gesprochen und durch Verbeugungen gegliedert. Schon im Koran wird zu einem Freitagsgebet

ZITAT

Eine Zusammenstellung ethischer Pflichten bietet Sure 17 (Verse 22–34):
Setz nicht (dem einen) Gott einen anderen Gott zur Seite…
Und dein Herr hat bestimmt, dass ihr ihm allein dienen sollt. Und zu deinen Eltern (sollst du) gut sein… Und gib' dem Verwandten, was ihm (von Rechts wegen) zusteht, ebenso dem Armen und dem, der unterwegs ist!… Und tötet niemand, den Gott (zu töten) verboten hat, außer wenn ihr dazu berechtigt seid!

aufgerufen, woraus sich die wichtigste Liturgie entwickelt hat.

Das Almosengeben, die Zakat, als dritte Pflicht, war ursprünglich eine Armensteuer, zu der schon im Koran (Sure 9, 60) aufgerufen wird. Später wurde daraus eine Art Kirchensteuer, die zwischen fünf und zehn Prozent der Ernteerträge erfasste. Die Zakat ist Zeichen der Solidarität der Gläubigen und ihrer Barmherzigkeit.

Ob das Fasten (»saum«) auf jüdische oder altarabische Traditionen zurückgeht, ist umstritten; es scheint erst in den jüngeren Schichten des Korans erwähnt und von der Tradition zur endgültigen Gestalt entwickelt worden zu sein. Die vierte Pflicht umfasst das Fasten im Ramadan, dem 9. Monat des muslimischen Mondjahres von 354 Tagen. Während des Ramadan wird von der Morgen- bis zur Abenddämmerung gefastet; verboten sind feste und flüssige Nahrung, Geschlechtsverkehr, neuerdings das Rauchen.

Die fünfte Pflicht, die Wallfahrt nach Mekka, der Hadjdj, ist allen Muslimen, Männern und Frauen gleichermaßen, vorgeschrieben, sofern sie gesund sind und sich die Reise leisten können.

INFOBOX

Wallfahrt nach Mekka

Der Hadjdj, die im Koran gebotene Wallfahrt nach Mekka, muss nach einem vorgeschriebenen Ritus vollzogen werden: Die Pilger umkreisen zunächst in Pilgerkleidung siebenmal die Kaaba und küssen den schwarzen Stein; darauf folgen sieben Läufe zu zwei benachbarten Hügeln. Gemeinsam brechen alle Gläubigen zum Marsch oder zur Fahrt zum 25 Kilometer entfernten Berg Arafa auf. Mit dem Ruf »labbaika Allahumma« (= da bin ich, mein Gott) stellen sie sich vor Gott und verbringen den Nachmittag im Gebet – dies ist der Höhepunkt der Wallfahrt.
Am nächsten Tag pilgern sie zu dem unweit von Mekka gelegenen Städtchen Mina, wo sie drei Tage lang in Zelten wohnen. Indem sie Kieselsteine auf einen dortigen Felsen werfen, steinigen sie symbolisch den Teufel. Danach nehmen alle an Opferfeierlichkeiten teil. In Erinnerung an das Opfer Abrahams werden große Mengen von Ziegen und Schafen geschlachtet und gegessen. Es folgen rituelle Rasur und Haareschneiden. Nach nochmaliger Umrundung der Kaaba ist die Wallfahrt beendet. Der Pilger darf nun den Ehrentitel »Hadjdji« tragen.

100562

Im Fastenmonat Ramadan verzichtet der gläubige Muslim zwischen Sonnenaufgang und Sonnenuntergang auf Essen, Trinken und Rauchen und ist sexuell enthaltsam. Der Abschluss des Fastenmonats Ramadan wird als Fastenbrechen gefeiert (Vorbereitungen für das Fastenbrechen bei Sonnenuntergang in der Moschee von Karatschi, Pakistan).

In manchen Epochen wurde mit Berufung auf den Koran den fünf Säulen noch eine sechste Pflicht, die zum Djihad, zum »Heiligen Krieg«, hinzugefügt: »Und wenn die heiligen Monate abgelaufen sind, dann tötet die Heiden, wo immer ihr sie findet, greift sie, umzingelt sie und lauert ihnen überall auf« (Sure 9, 5). Dem Islam sollen die Gläubigen »zum Sieg verhelfen über alles, was es (sonst) an Religion gibt« (Sure 9, 33); denn er ist »die beste Gemeinschaft, die unter Menschen entstanden ist« (Sure 3, 110). Im mittelalterlichen Recht gliederte man die Welt in das »Gebiet des Islam« und das »Gebiet des Krieges«. In neuerer Zeit versuchen aufgeschlossene muslimische Theologen, den Djihad primär als tägliche

Bemühung um einen aufrichtigen Glauben und ein rechtes Leben zu interpretieren.

100563

Die Eheschließung wird durch das islamische Recht patriarchal geregelt und kommt einem Vertragsschluss gleich (Illustration aus dem »Schahname« des persischen Dichters Firdausi, wohl 16. Jh.; New York, Metropolitan Museum of Art).

Ethische Normen, zugleich gesetzliche Pflichten, finden sich im ganzen Koran verstreut; nur selten werden sie zu größeren Einheiten geordnet. Der Koran kennt auch Speisetabus: Schweinefleisch darf nicht gegessen werden, weil es »unrein« ist (Sure 2, 167–168; 5, 4); Ähnliches gilt für Aas, worunter nicht-rituell geschlachtete Tiere verstanden werden: Weil Blut tabu ist, müssen Tieren die Schlagadern durchschnitten werden, damit es abfließen kann. Die Aussagen zum Weingenuss sind im Koran nicht einheitlich; im Islam hat sich nach und nach ein radikales Alkoholverbot durchgesetzt.

Alle Handlungen des Menschen sind rechtlich geregelt und in Verbotenes, »haram«, und Erlaubtes, »halal«, unterteilt. Das Erlaubte umfasst das Gebotene, »fard«, sowohl das individuell Aufgetragene, etwa das Fasten, wie auch das kollektiv Gebotene, zum Beispiel die Beerdigung, und das Angeratene. Das islamische Gesetz, die Scharia, ist von der wichtigsten muslimischen Pflicht zu Gerechtigkeit geleitet; diese konkretisiert sich – wie es in frühen nomadischen Gesellschaften unvermeidlich war – im so genannten »Ius Talionis«, dem Recht zur »Wiedervergeltung«.

In der Scharia (»Weg«) wird das gesamte Leben einem Regelsystem unterzogen; nach den Rechtsbüchern des Islam geht es um: die religiösen Pflichten, das Familienrecht mit Erb-, Eigentums- und Vertragsrecht, das Straf- und Prozessrecht sowie das Verwaltungsrecht. Wichtigste Quelle der Scharia ist der Koran. Dennoch lassen sich mit ihm nicht alle Fälle regeln, sodass zur Meinungsbildung weitere drei beziehungsweise vier Quellen herangezogen werden müssen.

Die Meinungen darüber, wer das Recht hat, zum Djihad, d. h. zum heiligen Krieg, aufzurufen, sind geteilt. So war es für die Sunniten allein Sache des Kalifen als Nachfolger Mohammeds, zum allgemeinen Djihad aufzurufen (Mohammed und seine Reiter, persische Miniatur; Paris, Bibliothèque Nationale de France).

Vor allem der Sunna kommt große Bedeutung zu, aber auch sie reicht nicht aus, um alle Fragen nach ihren Modellen zu entscheiden; neue Probleme lassen sich nur noch durch analoge Schlussfolgerungen, »Kijas«, lösen. Wenn in der Überlieferung gar nichts Vergleichbares aufzuspüren ist, kann auf Gemeinsamkeiten der alltäglichen Rechtspraxis, auf »Idjma« (»Konsens«, »Übereinstimmung«), zurückgegriffen werden. Wenn es auch hier keine Bezugsmöglichkeiten gibt, erlauben manche sogar, nach »Raj«, dem freien Ermessen, zu entscheiden.

100264

Im Lauf der Geschichte bildeten sich vier unterschiedliche Rechtsschulen aus, die »konservativer« oder »liberaler« urteilten; noch heute werden die muslimischen Gesellschaften von diesen Schulen geprägt. Der sunnitische Islam kennt keinen Klerus. Wegen der zentralen Stellung der Scharia stehen Rechtsgelehrte, die Ulema, an der Spitze der religiösen Gesellschaften: Muftis fertigen Rechtsgutachten, die so genannten »Fetwas«, an, während Kadis in konkreten Streitfällen enscheiden.

Karl-Heinz Ohlig

Derwische und Sufis: Mystik und Ordenswesen

Seit den Tagen des Propheten hatte sich das islamische Reich rasch ausgebreitet. Zu Beginn des 8. Jahrhunderts reichte es von Andalusien bis Transoxanien und bis zum heutigen Pakistan. Daraus resultierte eine zunehmende Verweltlichung, der Fromme durch Kritik an weltlicher Macht und Konzentration auf die Mahnungen des Korans und auf das Beispiel des Propheten entgegenzuwirken suchten. Weltablehnende Asketen traten im Irak, in Syrien und Iran auf; sie hatten auch Kontakte zu christlichen Eremiten.

Nach ihren Kutten aus Wolle, »suf«, wurden sie als Sufi bezeichnet. Durch eine Frau, Rabia - sie starb im Jahr 801 –, wurde das Ideal der reinen Gottesliebe eingeführt, das zum Zentralthema und Ziel der Mystiker wurde. Ständige Meditation des Korans, Gottgedenken, Seelenerforschung, Kampf gegen die Triebseele sowie Konzentration auf die absolute Einheit Gottes bestimmten das Leben der frühen Sufis, um die sich einige wenige Jünger scharten. Sie fanden hin und wieder Ablenkung durch Musik und gaben sich gelegentlich dem Tanz hin, der später in einigen Orden institutionalisiert wurde.

In den Orden der Sufis nutzte man spätestens seit dem 10. Jh. die Musik als Medium, um religiöse Empfindungen hervorzurufen. Die Praktiken der verschiedenen Orden sind überaus vielfältig, besonders bekannt wurden die »wirbelnden Derwische« des Mewlewije-Ordens (osmanische Miniatur, 16. Jh.; Istanbul, Topkapı Sarail).

Die erste Phase des Sufismus schließt gewissermaßen mit der Hinrichtung des al-Halladj ab. Dieser Bagdader Mystiker soll »Ich bin die absolute Wahrheit«, das heißt »Gott«, behauptet haben und wurde daher als Häretiker angeklagt und 922 hingerichtet; seine Verse sprechen von der Vereinigung Gottes mit der menschlichen Seele, die der Vermischung von Wein und Wasser, Moschus und Ambra ähnelt; er ersehnte seinen Tod, damit die

100264

INFOBOX

Vordenker des Islam

Abu Hamid Muhammad al-Ghasali wollte nach einer Glaubenskrise die orthodoxe Strenge des Islam durch Elemente der Mystik mildern. Er verließ 1095 seinen Lehrstuhl in Bagdad, um ein zurückgezogenes Leben als Sufi in Tus zu führen, lehrte jedoch erneut (seit 1106) in Nischapur. Seine Schrift »Die Widersprüchlichkeit der Philosophen« wendet sich gegen Versuche, philosophisch-metaphysische Argumente auf theologischem Gebiet vorzubringen. Al-Ghasali begründete damit eine Tradition der Metaphysikkritik aus theologischem Interesse, die den lateinischen Westen seit dem 13. Jh. stark beeinflusste. Mit seinem Hauptwerk »Die Wiederbelebung der religiösen Wissenschaften« versuchte er, den Islam im Sinne eines Lebens aus dem Geist des Sufismus zu vertiefen. Er gilt als einer der bedeutendsten Denker und Theologen des Islam.

Trennung zwischen dem Geschaffenen und dem Ungeschaffenen endlich aufhöre. Al-Halladj, der auch politisch tätig war, ist bis heute eine Schlüsselfigur im Sufismus.

Das Ziel des Mystikers ist »Fana«, das »Entwerden«, »zu werden, wie er war, bevor er war«; über zahlreiche, später meist sieben Stufen führt der Weg zu Gottesliebe und/oder Erkenntnis. Eine immer wichtigere Rolle erhielt die Bindung des Schülers an einen Meister, den Scheich – im Persischen wird der Meister Pir genannt –, der ihn in seiner Entwicklung überwacht und dem er zu absolutem Gehorsam verpflichtet ist. Er gibt ihm eine Gebetsformel und sendet ihn in eine vierzigtägige Klausur zur Meditation.

Die legalistische und dogmatische Verengung des Islam führte zu dem Wunsch nach mehr emotioneller Frömmigkeit; so entstanden seit Mitte des 12. Jahrhunderts Bruderschaften, denen sich zunehmend Laien, Männer und Frauen aus allen Bevölkerungsschichten anschlossen. Diese Bruderschaften trugen weitgehend zur Verbreitung des Islam in Asien und Afrika bei. Ihr Zentrum war das Ribat, wo der Meister residierte. Weder der Meister noch seine Jünger, die Derwische oder Fakire – das heißt »Arme« – waren zum Zölibat verpflichtet. Frauenklöster wurden von einer Meisterin geleitet. Die Menschen suchten im Kloster Unterweisung, Trost und Hilfe. Am Jahrestag des Todes des Ordensgründers wird das »Hochzeitsfest«, die Vereinigung der Seele des Meisters mit Gott, gefeiert. Hunderttausende von Pilgern strömen dann zu den großen Heiligtümern.

Der volkstümliche Islam, der sich unter dem Einfluss der Sufis entwickelte, wird von der Orthodoxie als unislamisch angesehen; selbst Mystiker haben seit Anfang des 11. Jahrhunderts die Auswüchse des Heiligenkultes oft kritisiert, denn der Islam schließt jedwede Mittlerrolle eines Menschen zu Gott aus: Wie es kein Priestertum gibt, so soll es auch keine »Heiligen« geben. Dennoch spielt die Verehrung lokaler oder regionaler Heiliger bis heute eine wichtige Rolle.

Doch ist der Heilige nicht ein kanonisierter Mensch, sondern ein »Gottesfreund«, ein »Wali«, »der unter besonderem Schutz Gottes steht« und daher mit der Fähigkeit, Wunder zu wirken, begnadet ist: Viele Gläubige erfuhren, dass der Meister imstande war, sie durch seine Gnadenmacht, sein »Baraka«, in Not oder Gefahr zu trösten, Wünsche zu erfüllen, an verschiedenen Orten gleichzeitig anwesend zu sein oder zu heilen. Die Gebetsformeln, die er seinen Anhängern gibt, sollen ihnen als Schutz und geistige Nahrung dienen.

Bereits um 900 wurden Theorien über die Hierarchie der Gottesfreunde entwickelt, deren höchster der so genannte »Pol« oder die »Achse« ist. In späterer Zeit wurden viele Seelenführer von ihren Anhängern als »Pol« angesehen, oder sie schrieben sich selbst diese Stellung zu, wie denn zahlreiche Mystiker nicht gerade bescheiden in ihren Ansprüchen waren. Wie man im Volk glaubt, sind sie es, deren verborgenes Wirken die Welt im Gange hält; und wo ihr Blick nicht hinfällt, entstehe Unheil.

Nicht nur der Heiligenkult entwickelte sich als Reaktion auf die legalistisch-dogmatische Verfestigung des Islam. Im 11. Jahrhundert erklärte al-Ghasali, wie er, der berühmte Professor der Philosophie und Theologie, den haarspalterischen Tendenzen im offiziellen Islam überdrüssig, sich der Mystik zugewandt habe. Bald danach setzten neue Entwicklungen ein. Al-Suhrawardi, der Meister der Erleuchtung, schuf auf der Basis hellenistisch-gnostischer Ideen seine Philosophie der Erleuchtung, die mit ihrer Lehre von der Rückkehr der Seele aus dem »westlichen Exil« ins Morgenland Gedanken christlicher Mystiker vorausnahm; er wurde 1191 in Aleppo hingerichtet.

Dann trat Ibn al-Arabi auf, der dem eher philosopisch-theosophischen Weg der westlichen Denker folgte und nach langen Wanderungen 1240 in Damaskus starb. Seine »Mekkanischen Eröffnungen«, ein riesiges, von einer Vision beim Umwandeln der Kaaba in Mekka inspiriertes Werk, wurde zu einem der einflussreichsten Bücher im Sufismus. Seine Gedanken werden jedoch bis heute von der Orthodoxie als gefährlich abgelehnt; man hat ihn des Pantheismus bezichtigt; doch wollte er nur die islamische Lehre (»Es gibt nichts wahrhaft Existierendes als Gott«) ausführen.

Die Schöpfung geschah Ibn al-Arabi zufolge durch das plötzliche Herausströmen der göttlichen Namen ins Nichts, das dadurch – in Form unserer Welt – kontingente Existenz erhielt. Die Welt ist also ein Spiegel der Gottesnamen und existiert nur so lange, wie sie sich Gott zuwendet. Gott aber wird von jedem Menschen auf eigene Art erlebt. Die komplizierte Sprache Ibn al-Arabis und seine oft an kabbalistische Methoden erinnernde Argumentation haben zu den verschiedensten Auslegungen seines Werkes geführt; oft endeten diese einfach in der Formel »Alles ist Er«, die sich in Tausenden von mystischen Versen in der Folgezeit findet.

Die Zeit Ibn al-Arabis, das 13. Jahrhundert, ist die wichtigste Periode für die Mystik – im Islam wie im christlichen Europa. Die islamische Welt erlebte große politische Umbrüche, zu denen die massive Ausdehnung der

160

Die verschiedenen Derwischorden haben ihre spezifischen geistlichen Übungen, die litaneiartiges Beten in eigentümlichen Körperhaltungen, gelegentlichen Rückzug in die Einsamkeit mit Fasten und wenig Schlaf, Musikhören und ekstatischen Tänzen umfassen.

INFOBOX

Musik und ekstatische Tänze

Musik spielt im Islam eine gänzlich andere Rolle als im Christentum und Judentum, wo die Liturgie ein prägendes Element des Gottesdienstes ist. Einzig die gesangsnahe Koranrezitation sowie der melodische Gebetsruf haben ihren festen Platz in der religiösen Praxis. In den Orden der Sufis nutzte man jedoch spätestens seit dem 10. Jh. die Macht der Musik, um sich in religiöse Gefühle zu versenken. Das Spektrum reicht von lyrischen Gesängen bis zu rhythmischem Trommeln, das tranceartige Zustände erzeugen und von speziellen Atemtechniken und Tänzen begleitet werden kann. Diese ermöglichen dem Gläubigen die totale Konzentration auf Gott bzw. die ständig wiederholten Anbetungsformeln und können bis zur Ekstase gesteigert werden. Ziel ist das Einswerden mit Gott. Die Praktiken der verschiedenen Orden sind überaus vielfältig, doch besonders bekannt wurden die »wirbelnden Derwische« des Mewlewije-Ordens.

Mongolen zur beherrschenden Macht in ganz Inner-, Ost- und Vorderasien sowie in Osteuropa gehörte; dem stand eine nie erreichte Anzahl von Mystikern gegenüber.

In Europa wirkten etwa Mechthild und etwas später Meister Eckhart, in der islamischen Welt lebten große mystische Dichter, wie der Ägypter Ibn al-Farid und am Ende des 13. Jahrhunderts al-Busiri, dessen Prophetenloblied Zeugnis von der tiefen Verehrung Mohammeds gibt. Zahlreiche Orden wurden gegründet, so die Schadhilijja mit ihrer fein geschliffenen Literatur; die Kubrawijja in Zentralasien bot eine faszinierende Einführung in die farbigen Lichtvisionen der Sufis.

Die mystische Poesie im persischen Raum erreichte ihre Höhepunkte mit Attar und Djalal od-Din Rumi, der, aus Afghanistan kommend, bis 1273 im anatolischen Konya wirkte. Sein »Mesnewi«, ein Gedicht in rund 25 000 Doppelversen – einer Form, in der sich schon die Dichter Sanai von Ghazni und Attar ausgezeichnet hatten, handelt von der Sehnsucht nach der Wiedervereinigung der Seele mit Gott; es wird von Sufis als »Koran in persischer Zunge« bezeichnet; seine lyrischen Gedichte sind an ekstatischer Glut unübertroffen, bald an Mechthild erinnernd, nehmen sie in theoretischen Aussagen manchmal Meister Eckhart mit seiner Lehre von der Geburt Jesu in der Seele voraus.

INFOBOX

»Diwan«

Der im 14. Jh. entstandene Diwan (Gedichtsammlung) des Hafis wurde erst nach seinem Tod zusammengestellt. Zentrales Thema ist die Liebe zum »Freund«: vordergründig ein hübscher Schenk in einer Taverne, der jedoch aufgrund einer sich unter dem Einfluss der persischen Mystik entwickelnden Mehrdeutigkeit auch zur Chiffre für das geliebte Wesen schlechthin werden kann. Eine mystische Umdeutung erfährt bei Hafis auch der Wein: Er wird zur Metapher existenziellen (religiösen und poetischen) Rausches und symbolisiert die irdische als Spiegel göttlicher Schönheit (z. B. durch das Spiegelbild des Geliebten im Wein); darüber hinaus verweist er aber auch auf Hafis' Dichtung selbst, die als »Heiltrunk« bezeichnet wird. Im Zeichen von Liebe und Rausch schafft Hafis damit eine dichterische Gegenwelt zu einer von religiösem Gesetz, Herrscherwillkür und Heuchelei geprägten Wirklichkeit.

Der Orden der Tanzenden Derwische, der Mewlewije, wurde von Rumis Sohn institutionalisiert. Er hat die Grenzen des Osmanischen Reiches nie überschritten, ebenso wie die etwas früher entstandene Musik liebende Tschischtijja nie über Indien hinausreichte.

Seit Ende des 12. Jahrhunderts hatten sich Ordenszentren auch in Indien gebildet. Sie sind bis heute populär, und ihre Leiter haben oft eine wichtige politische Rolle gespielt. Im indischen Raum kam es auch zu Berührungen mit der hinduistischen Mystik, die den Weg der inbrünstigen Hingabe (Bhakti) an einen Gott (meist Krishna) lehrt, und die poetischen Bilder beider Religionen vermischten sich hin und wieder.

Wie in Europa waren es auch im Islam die Mystiker, die die Volkssprachen anstelle der traditionellen liturgischen Sprachen verwendeten. Wie Mechthild und Eckhart deutsch sangen und predigten, so gebrauchten viele Sufis in ihrer Dichtung nicht das koranische Arabisch – und die Hindumystiker nicht das heilige Sanskrit –, sondern die Sprachen ihrer Heimat: Ahmed Jesewi in Zentralasien im 12., Junus Emre in Anatolien im 14. Jahrhundert sind frühe Beispiele aus dem türkischen Bereich. Ebenso sangen Sufis in allen Provinzen des indischen Subkontinents, von Bengalen bis Sind und zum Pandschab, in ihren Regionalsprachen, um auch die einfachen Menschen in ihnen verständlichen Worten und Bildern

Das byzantinische Justinianopolis (Sousse, Tunesien) wurde 647 von den Arabern erobert und unter den Aghlabiden im 9. Jh. als Susa neu erbaut. Das frühislamische Ribat (Klosterburg) mit halbrunden Türmen wurde um 787 aus älterem Großquaderwerk erbaut; der 30 m hohe Wachturm »Nador« wurde 821 hinzugefügt.

101191

zu erreichen. Damit bereicherten sie die Volkssprache und schufen die Grundlage für die spätere Literatur – in ähnlicher Weise wie die mittelalterlichen christlichen Mystiker.

Im Lauf dieser Entwicklung drangen reiche volkstümliche Bräuche in den Islam ein. Dazu gehört besonders die Verehrung von Dingen, die »Segensmacht« haben; Reste von altem Steinkult sind weit verbreitet, ebenso die Verehrung heiliger Bäume und Gewässer; zahlreiche Mausoleen oder Erinnerungsstätten wurden daher nahe Bäumen oder Teichen und Bächen angesiedelt. Die Segenskraft eines Gottesfreundes, so glaubt man, wird nach seinem Tod noch größer; daher gibt es vielfach den Volksbrauch, zu Heiligengräbern zu pilgern und dort Segen zu suchen. Man betet etwa um einen Sohn, der, wenn das Gebet erhört wird, oft den Namen des Heiligen erhält, dessen Fürsprache er sein Leben verdankt.

An Heiligengräbern legt man Gelübde ab, sei es, wie in der Türkei, ein »Sakarija-Mahl« zu stiften, zu dem man 41 Speisen braucht und bei dem alles schweigend vor sich geht, sei es, eine Wallfahrt zu vollziehen oder die vierzigmalige Rezitation von Sure »Ja Sin« (Sure 36). Um den Heiligen daran zu erinnern, bindet man Stoffstückchen an einen nahen Baum oder ans Fenstergitter seines Mauseoleums. Nach der Wunscherfüllung werden oft Süßigkeiten verteilt. In manchen Bruderschaften dür-

INFOBOX

»West-Östlicher Divan«

Die arabische Dichtung und Mystik hat sich auch im Werk Goethes niedergeschlagen. Im »West-Östlichen Divan« spannt er einen Bogen zwischen den orientalischen und den westlichen Traditionen. Der Koranvers 2, 115 (»Gottes ist der Osten und der Westen. Wohin ihr euch auch wenden möget, dort ist das Antlitz Gottes. Gott umfasst und weiß alles.«) klingt zu Beginn des Gedichts »Talismane« an:

»Gottes ist der Orient!
Gottes ist der Okzident!
Nord- und südliches Gelände
Ruht im Frieden seiner Hände.
Er, der einzige Gerechte
Will für jedermann das Rechte
Sei von seinen hundert Namen
Dieser hochgelobet! Amen.«

101191

Monastir (Tunesien) war durch seine Lage auf einer Halbinsel stets von strategischer Bedeutung. Das Ende des 8. Jh. begonnene Ribat – ein burgartiges Kloster – wurde unter türkischer Herrschaft zur Küstenbefestigung ausgebaut.

fen Frauen das Heiligtum nicht betreten; sie blicken von außen auf den Sarkophag. Sonst können sie wie alle Besucher, die Schwelle, das Geländer oder die Sargdecke berühren oder küssen. In Indo-Pakistan mag ein Besucher auch ein Stück oder sogar eine ganze Grabdecke erhalten, die, von einem Frommen bei der Erhörung seines Gebetes gestiftet, wenige Tage auf dem Sarkophag gelegen und sich mit der »Baraka« des Heiligen aufgeladen hat. Auch die auf das Grab geworfenen Blumen oder ihr Staub werden verteilt.

Auf vorislamische Zeit geht der Glaube an die Djinnen, unsichtbare Geistwesen, zurück, der bis heute in vielen arabischen Ländern lebendig ist. Diese Djinnen sind allgegenwärtig, sie wohnen in der Natur, aber auch in einzelnen Dingen und gelegentlich sogar dem menschlichen Körper und können gute oder bösartige Absichten verfolgen. Kommt es zu Zusammenstößen mit dem Menschen, verursachen sie verschiedene Krankheiten oder Störungen. Im ägyptischen Volk wird daher der Besessenheitskult Zar gepflegt, der dazu dient, eine durch einen Geist hervorgerufene Krankheit zu erkennen und zu heilen. Außerdem kennt der Volksglaube die Macht des

»bösen Blicks«, gegen die man sich – wie auch gegen schädigende Geister – durch kunstvolle Amulette zu schützen sucht.

Die offizielle Religion steht solchen Bräuchen ablehnend gegenüber, ist doch nichts davon im Koran oder der Tradition erwähnt. Daher haben während der Pilgerfahrt nach Mekka viele Reformbewegungen ihren Anfang genommen; deren Initiatoren wollten die Ideale des einfachen Islam in ihre Heimatländer zurückbringen, wo der mystische Volksislam vorherrschend war.

Es lässt sich schwer vorstellen, wie sich der Islam ohne die Aktivitäten der Sufis so weit ausgebreitet hätte. Die Bruderschaften boten etwas für jeden; schweigende Meditation oder Musik, praktische Arbeit oder ein Leben als Wanderderwisch, Wunderheilungen oder Strenge, verinnerlichte Regulierung des täglichen Lebens; im Mittelpunkt steht dabei immer die Ehrfurcht vor dem einen und einzigen Gott Allah und die Liebe zu ihm, der transzendent ist, den Menschen weit übersteigt, und ihm zugleich immanent ist, ihm innewohnt, sowie Liebe zu seinem letzten Gesandten, Mohammed, dem »Siegel der Propheten«, der in den Augen der Sufis den »Vollkommenen Menschen« verkörpert.

Annemarie Schimmel †

»Und die gläubigen Männer und Frauen sind untereinander Freunde«: Frau und Familie im Koran

Die Ehe wird im Islam als zivilrechtlicher Vertrag aufgefasst; dennoch aber entspricht sie dem Schöpfungswillen Gottes, ist ein hohes Gut, und in der Familie werden wichtige Regeln der Glaubensgemeinschaft eingeübt. Aus koranischen Texten erschloss die Sunna einen dreifachen Ehezweck: Vor allem dient die Ehe der Zeugung von Nachkommenschaft, dann ist sie auch Gemeinschaft von Mann und Frau(en), Eltern und Kindern, wobei jeder dem anderen gegenüber Pflichten hat, drittens schließlich soll sie den Geschlechtstrieb befriedigen und in geordnete Bahnen lenken, wobei aber dem Mann noch große Freiheiten bleiben.

Die Ausführungen des Korans zu Frau und Ehe verraten, dass hier wohl unterschiedliche Traditionen zusammengekommen sind. Wichtig sind die Stellen, die eine prinzipielle Gleichrangigkeit von Mann und Frau hinsichtlich ihres letzten Zieles umschreiben; in Sure 9 Vers 71–72 heißt es: »Und die gläubigen Männer und Frauen sind untereinander Freunde... Gott hat den gläubigen Männern und Frauen Gärten versprochen, in deren Niederungen... Bäche fließen, dass sie [ewig] darin weilen, und gute Wohnungen in den Gärten von Eden. Aber Wohlgefallen Gottes bedeutet [noch] mehr... Das ist das große Glück«. Sure 3 stellt in Vers 195 die ethische Gleichwertigkeit von Mann und Frau heraus: »Ich werde keine Handlung unbelohnt lassen (und verloren gehen lassen), die einer von euch begeht, [gleichviel ob] männlich oder weiblich«.

Andere Ausführungen im Koran erwecken aber den Eindruck, als sei das Paradies eine Männersache; ihnen werden als Moment des paradiesischen Glücks auch sexuelle Freuden verheißen mit – möglicherweise zu die-

100563

Der für das Familienleben, insbesondere für die Frauen reservierte und nicht blutsverwandten Männern unzugängliche Teil eines wohlhabenden islamischen Haushalts oder Palastes wird Harem genannt (Théodore Chassériau, »Eine maurische Frau entsteigt dem Bad im Serail«, 1854; Straßburg, Musée des Beaux-Arts).

sem Zweck eigens erschaffenen – »großäugigen Huris«, mit makellosen und jungfräulichen Mädchen. In diesem Leben aber gilt gemäß Sure 4 Vers 34: »Die Männer stehen über den Frauen, weil Gott sie [von Natur vor diesen] ausgezeichnet hat und wegen der Ausgaben, die sie von ihrem Vermögen [als Morgengabe für die Frauen?] gemacht haben ... Und wenn ihr fürchtet, dass irgendwelche Frauen sich auflehnen, dann vermahnt sie, meidet sie im Ehebett und schlagt sie! Wenn sie euch [daraufhin wieder] gehorchen, dann unternehmt weiter nichts gegen sie! Gott ist erhaben und groß.«

Das Verhältnis von Mann und Frau, die »einander in Liebe und Erbarmen zugetan« sind, und die Sexualität werden positiv gezeichnet und das Verheiratetsein als allgemeines Ziel entworfen. Dennoch wird die Rolle der Frau passiv gesehen, und Frauen haben keine Mitwirkungsrechte: »Eure Frauen sind euch ein Saatfeld. Geht zu diesem [eurem] Saatfeld, wo immer ihr wollt!« (Sure 2 Vers 223), der Vers spiegelt die biologischen Vorstellungen der damaligen Zeit. Ähnlich setzt der Koran auch als selbstverständlich voraus, dass Töchter einen geringeren Wert haben als Söhne. Eine Verwandte erbt auch nur die Hälfte dessen, was sie als Mann bekäme, und die Zeugenaussage einer Frau gilt nach Sure 2 Vers 282 nur halb so viel wie die eines Mannes. Zwar verbessert der Koran den Schutz der Frauen: Die in vorislamischer Zeit zulässige Tötung von neugeborenen Mädchen wird wie die von Jungen verboten. Frauen sind jetzt eingeschränkt erbberechtigt und – von Sklavinnen abgesehen – nicht mehr Bestandteil eines Erbes; aber ihre Rechtsstellung bleibt weit unter derjenigen der Männer.

Der Koran räumt zu Beginn der vierten Sure den Männern die Möglichkeit ein, gleichzeitig vier Frauen zu haben. Diese Polygynie kennt zwar eine Bedingung: »Wenn ihr aber fürchtet, [so viele] nicht gerecht zu [be]handeln, dann [nur] eine oder was ihr an Sklavinnen besitzt«. Dieser Satz wird von modernen Muslimen angeführt, um die Einehe als eigentliches Ziel des Korans aufzuzeigen; aber in der gleichen Sure im 129. Vers scheint die Einschränkung mit Verweis auf die männliche Schwäche und die Barmherzigkeit Gottes für die Praxis relativiert zu sein. Nach dem 24. Vers ist dem (wohlhabenden) Mann über seine Ehefrauen hinaus der Verkehr mit seinen Sklavinnen, auch wenn sie mit anderen verheiratet sind, sowie gegen Bezahlung mit Konkubinen möglich: »Und [verboten sind euch] die ehrbaren Ehe[frauen], außer was ihr [an Ehefrauen als Sklavinnen] besitzt. [Dies ist] euch von Gott vorgeschrieben. Was darüber hinausgeht, ist euch erlaubt, [nämlich] dass ihr euch als ehrbare [Ehe]männer, nicht um Unzucht zu treiben, mit eurem Vermögen [sonstige Frauen zu verschaffen] sucht. Wenn ihr dann welche von ihnen... genossen habt, dann gebt ihnen ihren Lohn als Pflichtteil!«.

Es gibt eine Reihe von Ehehindernissen, die sich vor allem aus Verwandtschaftsverhältnissen ergeben. Darüber hinaus dürfen Muslime keine heidnischen, wohl aber jüdische und christliche Frauen heiraten; muslimischen Frauen aber ist nach Sure 60 die Ehe auch mit Juden und Christen untersagt. Die Ehescheidung ist für Männer relativ einfach möglich.

Im Verlauf der muslimischen Geschichte wurden die koranischen Vorschriften immer neu angewendet und in neuen kulturellen Rahmenbedingungen weiter entfaltet. Vereinfacht lässt sich sagen, dass die Entwicklung für die Frauen nicht günstig verlief. Moderne Musliminnen fordern deswegen heute, wenigstens nur die koranischen Regeln strikt zu beachten und die Bestimmungen der

INFOBOX

Die »Frau der Frauen«

Fatima (* um 604, † 632) war die jüngste Tochter Mohammeds und seiner ersten Frau Chadidja. Sie heiratete Ali ibn Abi Talib, einen Vetter ihres Vaters, und war die einzige Tochter, die Mohammed Enkel schenkte: Hasan und Husain. In der späteren schiitischen Tradition kam sie, die wahrscheinlich schon kurz nach dem Tod ihres Vaters starb und historisch keine erkennbare Rolle spielte, zu großen Ehren: Wohl in Analogie zur christlichen Marienverehrung wird sie »Frau der Frauen« oder auch »Jungfrau« genannt; bei der Empfängnis ihrer Söhne war ebenfalls der Engel Gabriel beteiligt. Fatima gilt als Ahnfrau der Fatimiden.

Die »Hand der Fatima«, ein Amulett in Form einer offenen (rechten) Hand mit gestreckten Fingern, meist aus Messing oder Silber und reich verziert, ist besonders in Nordafrika verbreitet; Fatima galt als Patronin der nichtarabischen Muslime. Der amulettwertigen »Hand der Fatima« entsprechen die »fünf Säulen« (Grundpflichten) des Islam.

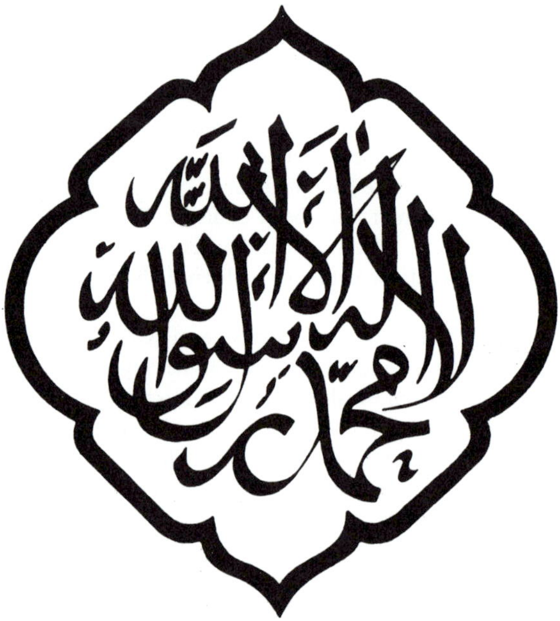

Die Schahada, das in arabischer Sprache zu sprechende islamische Glaubensbekenntnis, besagt: »Ich bezeuge, dass es keinen Gott außer Gott (Allah) gibt und dass Mohammed der Gesandte Gottes ist« (kalligraphische Gestaltung der Schahada).

Sunna abzuschaffen, die nicht im Koran zu finden sind. Offensichtlich kannten Frauen in der Frühzeit des Islam noch Freiheiten, die sich zum Beispiel aus den beduinischen Lebensformen ergaben, die eine strikte Absonderung aus der Öffentlichkeit noch unmöglich machten. Einige Anzeichen sprechen auch dafür, dass Frauen in den ersten zwei Jahrhunderten noch an Gottesdiensten in der Moschee teilnehmen durften.

Karl-Heinz Ohlig

Wissensvermittlung durch Übersetzungen: Islamische Kultur und christliches Europa

Die werdende islamische Kultur hat bekanntlich vor allem seit dem 8. Jahrhundert einen beachtlichen Teil des antiken Erbes aufgenommen, verarbeitet und darauf aufbauend in immer stärkerem Maße eigenständige wissenschaftliche Leistungen von bleibendem Rang hervorgebracht, die sie schließlich in den Stand setzten, dieses angereicherte Erbe an Europa weiterzugeben. Die »Auswahl«, die der Islam in diesem Vorgang der Übernahme getroffen hat – also Naturwissenschaften, Geographie, Geschichte und andere, aber weder Epik noch Lyrik oder Drama – hat lange Zeit Spekulationen über die Gründe dafür ausgelöst. Paul Kunitzsch hat diesen Sachverhalt sehr einleuchtend damit erklärt, dass es sich bei dem Akzeptierten um das in den christlichen Klöstern zumal Syriens gehütete und gepflegte Kulturgut handelte, was zum Ausschluss aller möglicherweise »frivolen« Kenntnisse führte.

Die Weitergabe des so gewonnenen und erweiterten Wissens an den Westen setzte etwa zur gleichen Zeit – am Ende des 10. Jahrhunderts – ein und erfolgte ganz überwiegend im westlichen Mittelmeerraum und hier vor allem in Spanien, das durch sein jahrhundertelanges Mit- und Gegeneinander christlicher und islamischer Herrschaftsgebiete die engsten Verbindungen beider Kulturbereiche aufwies. Im Folgenden sollen nun wesentliche Träger dieses Kulturtransfers und die von ihnen vermittelten Werke und Inhalte skizziert werden.

Die Frühphase des Kulturtransfers

In Kairouan lebte und wirkte in der zweiten Hälfte des 10. Jahrhunderts Ibn al-Djassar, der gegen 1005 hochbetagt starb, nachdem er viele medizinische Werke verfasst hatte, von denen nur eines, der Traktat »Sad al-musafir«, erhalten blieb. Er wurde noch zu Lebzeiten des Verfassers ins Griechische übersetzt, in Italien bekannt und später auch ins Lateinische und Hebräische übertragen.

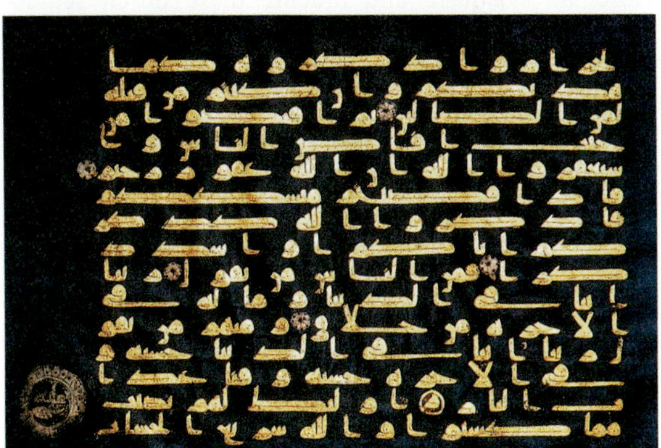

Kufa (Irak) war ein bedeutendes Zentrum der Wissenschaften. Hier wurde im 7. Jh. die kufische Schrift entwickelt, eine eckige Monumentalform der arabischen Schrift (Textstelle des Koran in kufischer Schrift auf blauer Seide, 9. Jh.).

100264

Der Philosoph und Arzt Ibn Ruschd – latinisiert Averroes – war der letzte bedeutende Vertreter der arabischen Scholastik und galt im Mittelalter als verbindlicher Kommentator des Aristoteles (Fresko von Andrea da Firenze, um 1365, Ausschnitt; Florenz, Santa Maria Novella).

Ein in Karthago geborener Tunesier, in Europa Constantinus Africanus genannt, begab sich nach Unteritalien, wo in Salerno die nachmals berühmte Medizinschule existierte und brachte diese durch seine – eher mangelhaften – Übersetzungen arabischer Werke zur Blüte. Als Mönch starb er 1087 im Kloster Monte Cassino. Die Namen der arabischen Mediziner, die die von ihm übersetzten Werke verfasst hatten, verschwieg er systematisch und gab sich selbst als deren Autor aus.

Bereits fast ein Jahrhundert früher kam Gerbert von Aurillac, Mönch und hochgebildet, bei einem Aufenthalt beim Bischof von Vich (in Katalonien) in den Jahren 967–969 in direkte Verbindung mit islamischem Wissen. Gerbert wurde später Erzbischof von Reims, dann von Ravenna und von seinem Schüler, Kaiser Otto III., 999 als Silvester II. zum Papst gemacht. Auch nach seinem

Aufenthalt in Spanien hatte er Beziehungen zu der berühmten Benediktinerabtei von Ripoll, wo man die ersten Übersetzungen aus dem Arabischen vornahm: Texte über Geometrie, Astronomie und die Konstruktion astronomischer Geräte.

Gerbert machte Europa mit den arabischen Ziffern bekannt, die im europäischen Kulturkreis erstmals in zwei altspanischen Handschriften von 976 und 992 vorkamen - mit Angabe ihres indischen Ursprungs. Dass diese außerordentliche und überaus praktische »Entdeckung« zunächst ohne Resonanz blieb, zeigt, wie sehr Europa noch die Voraussetzungen fehlten, den Nutzen solcher Techniken überhaupt zu erkennen. Bezeichnend für die Haltung auch eines Großteils der europäischen geistigen Eliten dieser Zeit ist, dass selbst ein Mann wie Gerbert wegen seiner aus arabischen Quellen stammenden naturwissenschaftlichen und mathematischen Kenntnisse in den Verdacht geriet, ein Magier zu sein.

Dieser Vorgang und die Art der Wissensgewinnung gibt auch Anlass klarzustellen, dass Kulturkontakte und vor allem die Weitergabe von arabischem Wissen nur dort geschah, wo muslimisches Gebiet von Christen erobert worden war und dort lebende Christen oder Juden beziehungsweise konvertierte Muslime für dergleichen

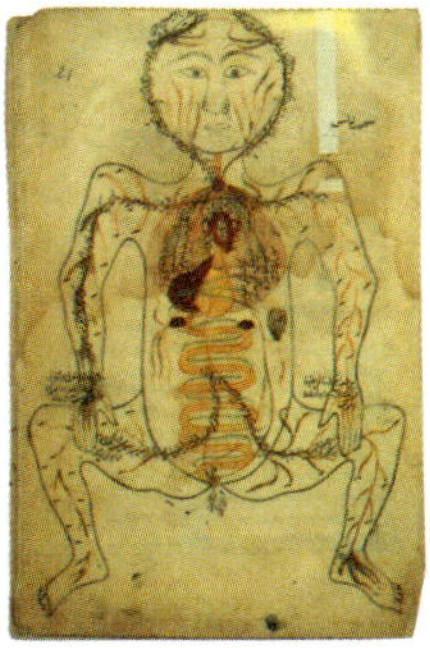

50

Der Mediziner Abd al-Latif untersuchte im 13. Jh. menschliche Skelette und wies dabei einige Irrtümer des bis dahin unbestrittenen römischen Arztes Galen nach. Die abgebildete anatomische Zeichnung entstammt dem 15. Jh. (Paris, Bibliothèque Nationale de France).

INFOBOX

Feine Bildung

Das im arabischen Kulturkreis verbreitete Ideal des »Adab« (= die feine Bildung) umfasst enzyklopädische Bildung, Belesenheit, rhetorisches Geschick und Beherrschung der moralischen und gesellschaftlichen Regeln. In einem allgemeinen Teil sind dies Regeln für das Essen und Trinken, die Kleidung, den Umgang mit Menschen und anderes, in einem speziellen Teil hat jeder Berufsstand seine eigenen Regeln, so etwa der Stand der Ärzte oder auch der der Sufi-Mystiker.

Von dem andalusischen Theologen Ibn Hasm (11. Jh.) stammt ein bedeutendes Werk der »Adab«-Literatur, eines der berühmtesten arabischen Bücher über die Liebe: »Das Halsband der Taube«. Der Autor legt darin, oft unter Berufung auf eigene Erfahrungen, die Stufen der Liebe, vom ersten Verlieben bis zu Trennung und Tod, und die Regeln zum richtigen Umgang mit den Gefühlen der Liebe und dem Liebespartner dar.

Aktivitäten gewonnen werden konnten. Leider wird auch in neuesten Publikationen, die wissenschaftlichen Anspruch erheben, ausgeführt, Gerbert zum Beispiel sei nach Toledo gegangen, und anderswo liest man von Europäern – damals aufgrund des europäischen Bildungssystems notwendigerweise Kleriker! –, die nach Córdoba oder sonstigen islamischen Stätten der Wissenschaft gegangen seien, um dort zu studieren.

Tatsächlich verhält es sich so, dass die islamischen hohen Schulen ihren Sitz in Moscheen hatten, die kein »Ungläubiger« betreten durfte – so noch heutigentags im Maghreb! –, geschweige denn, dass er hätte am Studium teilnehmen dürfen. Und das an den hohen Schulen benutzte Hocharabisch mussten auch die Muslime in jahrelangem Studium erlernen – mit dem umgangssprachlichen Arabisch, das man durch den bloßen Aufenthalt in arabischen Ländern erlernen konnte, waren wissenschaftliche Studien unmöglich.

50

Die Bedeutung der arabischen Astronomie liegt besonders in der Verbesserung von Planetenbeobachtungen und Hilfsmitteln wie dem Astrolabium, einer ebenen Projektion des Sternenhimmels – hier ein Exemplar aus dem 9. Jh. (Paris, Bibliothèque Nationale de France).

Griechisch – Arabisch – Spanisch

Es bleibt eine Episode zu erwähnen, die zunächst einmal zum Kapitel »Aneignung griechischen Erbes durch die Araber« gehört, aber eben doch auch eine Art Fortsetzung im Rahmen des hier behandelten Themas hat. Im Jahre 948 hatte der byzantinische Kaiser Konstantin VII. dem Kalifen Abd ar-Rahman III. von Córdoba anlässlich einer diplomatischen Mission nebst anderen wertvollen Geschenken ein Exemplar der in griechischer Sprache verfassten Arzneimittellehre des Dioskurides von Anazarbos (nahe Ceyhan in Kilikien) aus der Mitte des 1. Jahrhunderts n. Chr. geschickt; da damals in Córdoba niemand – auch nicht unter den Mozarabern – Griechisch konnte, sandte der Kaiser 951 einen Mönch, der das Werk zusammen mit dem jüdischen Arzt und Diplomaten Hasdai ibn Schaprut ins Arabische übersetzte. Erst im 16. Jahrhundert hat dann auf der Basis der im Zeichen des Humanismus inzwischen erfolgten Edition des griechischen Textes der spanische Arzt und Gelehrte Andrés Fernández de Laguna seine spanische Übersetzung des Werkes 1555 in Antwerpen publiziert. Damit war das Werk auch endlich im Abendland angekommen, wo es noch lange das maßgebliche Handbuch der Arzneimittellehre blieb.

Die Hochphase des islamisch-christlichen Kulturtransfers

Nach den Kontakten Gerberts mit Klöstern der so genannten Spanischen Mark – aus der heraus sich allmählich das Königreich Aragonien und die katalanischen Grafschaften entwickelten – tritt eine Pause ein. Erst nach der Eroberung von Toledo – wo der vermutlich erste botanische Garten von Ibn Wafid (»Abenguefith«) geschaffen worden war – durch Alfons VI. von Kastilien im Jahr 1085 gewannen die kulturellen Kontakte wieder an Intensität.

Eine Art Vorläufer der beginnenden Bewegung stellt der konvertierte Jude Petrus Alfonsi, mit eigentlichem Namen Moses Sefardi, dar, der vermutlich aus Huesca stammte und Protegé Alfons' I. von Aragonien war. Er hat dem Westen in seiner »Disciplina clericalis«, einer Sammlung arabisch-jüdischer Erzählungen, orientalische Erzählstoffe vermittelt. Später ging er nach Frankreich und England, wo er arabische Wissenschaften lehrte und Adelard von Bath bei dessen Übersetzung der Tabellen des Chwarismi ins Lateinische unterstützte. In seinen weit verbreiteten (65 Handschriften) »Dialogi« – in denen er auch seine Konversion begründete und verteidigte – legte er dar, dass nur wissenschaftliches Erforschen der Natur zu richtiger Gotteserkenntnis führe.

Die eine Heilmittellehre einschließende, im 1. Jh. n. Chr. verfasste Schrift »De materia medica« des Griechen Pedanios Dioskurides wurde auch von den Arabern übersetzt. Die Miniatur aus einer arabischen Handschrift zeigt einen Apotheker bei der Arbeit.

Nach 1121 ist er in Spanien verstorben. Er hatte großen Einfluss auf das christliche Europa.

Zur Zeit der kastilischen Könige Ferdinand III. und Alfons X. begann in der nunmehrigen kastilischen Hauptstadt Toledo, aber auch an anderen Orten wie Tarazona und vor allem Barcelona, der Hauptstadt der Markgrafschaft Katalonien, eine Epoche enormer Übersetzertätigkeit, die zu Unrecht vereinfachend als »Übersetzerschule von Toledo« bezeichnet wird. Christliche Spanier, Mozaraber und Juden, dann aber auch Angehörige anderer europäischer Völker hatten Anteil an dieser gewaltigen Bewegung, die eine Unmenge zum Teil sehr umfangreicher Werke in lateinischer Sprache dem christlichen Abendland zugänglich machte und so das Gedankengut und die im Abendland bis dahin verloren gegangenen Erkenntnisse der griechisch-römischen Antike und des arabischen Kulturkreises vermittelte.

3036

Der »Silberne Himmelsglobus« wurde 1278 von dem persischen Astronomen Mohammed Ibn Muaijad al-Ordhi konstruiert. Im Wesentlichen stellt er griechische Sternbilder dar (Dresden, Mathematisch-Physikalischer Salon).

Auch war es nicht nur der viel gerühmte Erzbischof (1124–51) Raimund von Toledo, ein kluniazensischer französischer Mönch, der die Übersetzertätigkeit besonders begünstigt hat. Bis zur bedeutsamen Reise des hochgelehrten Abtes von Cluny, Petrus Venerabilis, nach Spanien gegen 1141 zeigte er sich an diesen Unternehmungen, die seit längerem im Gange waren, nicht besonders interessiert. In seiner Stadt waren es vor allem der Erzdiakon Dominicus Gundissalinus (Domingo González) und sein jüdischer Mitarbeiter Johannes ibn Dawid (»Israelita Philosophus«), der sich selbst Abendauth (»Ibn Dawud«) nannte, und wohl mit Johannes David, dem Freunde Platons von Tivoli und einem oft genannten Johannes Toletanus identisch war, die zumal philosophische Werke über das Kastilische ins Lateinische übersetzten.

Die zentrale Figur dieser Epoche aber war Johannes Hispanus, der zwischen 1120 und 1160 ohne jede fremde Hilfe arbeitete und vermutlich Mozaraber war. Nach 1165 wirkte die Equipe des Gerhard von Cremona dort an der Übersetzung vor allem philosophischer Autoren: Alfarabi, Ghasali und Ibn Sina (»Avicenna«). Man entdeckte jetzt erst Aristoteles als Philosophen und begann seine Werke und die seiner islamischen Nachfolger wie Ibn Badjdja (»Avempace«), Ibn Tufail (»Abubacer«), Ibn Ruschd (»Averroes«), Abu l-Kasim, al-Bitrudji (»Alpetragius«) sowie die Arbeiten des zwar aus Córdoba stammenden, aber in Kairo wirkenden jüdischen Philosophen Maimonides zu übersetzen; so kamen diese Werke in Europa zur Wirkung, nun sogar zum Teil noch ehe sie im islamischen Raum Anerkennung fanden.

Abgesehen davon ging mit Denkern wie den Genannten die Periode der Pflege der »Falasifa«, das heißt der Philosophen hellenistischer Prägung endgültig zu Ende. Gerhard und seine Mitarbeiter übersetzten an die achtzig zum Teil sehr umfangreiche Werke. In Tarazona (Ebrobecken) wirkte ein spanischer Kleriker für Bischof Michael (1119–51) und übersetzte mehr als zehn Bücher, und nahe Logroño, vielleicht in Nájera, waren Hermann von Kärnten (»Dalmata«) und Robert von Rétines gemeinsam tätig und trafen 1141 mit Petrus Venerabilis zusammen. Der schon genannte Platon von Tivoli, der etwa 1134–45 in Barcelona lebte und dessen Helfer der Jude Abraham bar Chijja (»Savasorda«) war, übersetzte so-

ZITAT

Aus einem Brief Ibn Sinas an einen Freund:
Wie du übrigens wissen solltest, hat Aristoteles mit seiner Behauptung, dass die Welt keinen Anfang habe, keineswegs gemeint, dass sie keinen Schöpfer hat, vielmehr möchte er ihren Schöpfer davon freisprechen, jemals untätig gewesen zu sein.

100563

Der persische Philosoph und Arzt Ibn Sina (um 980–1037), latinisiert Avicenna genannt, löste mit seinem »Kanon der Medizin« die Klostermedizin des lateinischen Westens durch wissenschaftliche Verfahren ab und war bis zum Beginn der modernen Medizin eine unbestrittene Autorität (Kupferstich, 16. Jh.).

INFOBOX

»Heilung der Seele vom Irrtum«

Avicennas Hauptwerk, das Buch von der »Heilung der Seele vom Irrtum«, umfasst in 22 Teilen alle Bereiche der damaligen Philosophie: Logik, Sprachphilosophie und Rhetorik, Physik, Mathematik, Metaphysik, Ethik, Ökonomie und Politik. Es versucht, sie zu einem Kanon zu systematisieren, der von der aristotelischen Logik geleitet wird, v.a. aber Themen des Platonismus und Neoplatonismus behandelt. Den roten Faden, der das Werk durchzieht, bildet die Theorie von der »rationalen Seele«, dem menschlichen Intellekt, der auch die Themen der Religion und göttlichen Vorsehung zu erschließen vermag. Die rationale Seele ist vom Körper und von allem Materiellen getrennt, kommt aber nur mit diesem zusammen vor. Sie ist in ihrer Substanz unsterblich und erkennt die Ideen und auch die Zusammenhänge alles Seienden, in ihr berühren sich Irdisches und Transzendentes, sodass sie die Gesamtheit des Universums repräsentiert. Gegen eine völlige Trennung von Leib und Seele im Menschen betont Ibn Sina, dass sich die Seele des Körpers als eines »Werkzeugs« bedient, den Körper also führt, koordiniert und zum rationalen Handeln anleitet.

wohl aus dem Arabischen wie dem Hebräischen, vor allem astrologische Schriften, aber auch mathematische.

Es bleibt zu vermerken, dass wir über die Lebensdaten und -läufe vor allem der frühen – hispanischen, ob christlichen oder jüdischen – Übersetzer schlecht Bescheid wissen und selbst ihre Identität so manches Mal zweifelhaft ist.

Was aber wurde eigentlich übersetzt? Alle Gebiete der damaligen Wissenschaften finden sich unter den übersetzten Werken: Mathematik, Astronomie und Astrologie, Physik und Mechanik, Chemie beziehungsweise Alchimie, ferner Medizin mit der dazugehörenden Pharmakognosie, Philosophie sowie Werke der Magie, also der Geheimwissenschaften.

Die arabischen Übersetzungen und Kommentare von Grundwerken der griechischen Naturwissenschaften, Mathematik, Astronomie und Medizin waren für die Entwicklung der Wissenschaften von größter Bedeutung (Titelblatt der Aristotelischen Schrift »De Anima« – »Von der Seele« – mit den Kommentaren von Ibn Ruschd, 1562–74; Venedig).

Hier ist der Ort, darauf hinzuweisen, dass die Erfindung des Buchdrucks zu einem gewaltigen Anschwellen der Kenntnis solcher Schriften führte. Bis dahin konnten sich zum Beispiel nur reiche oder sehr erfolgreiche Ärzte etwa den »Kanon der Medizin« (al-Kanun fi t-tibb) von Avicenna leisten, nun aber waren auch weniger bemittelte Ärzte in der Lage, derlei umfangreiche Werke zu erstehen. So ist denn auch Avicenna erst durch den

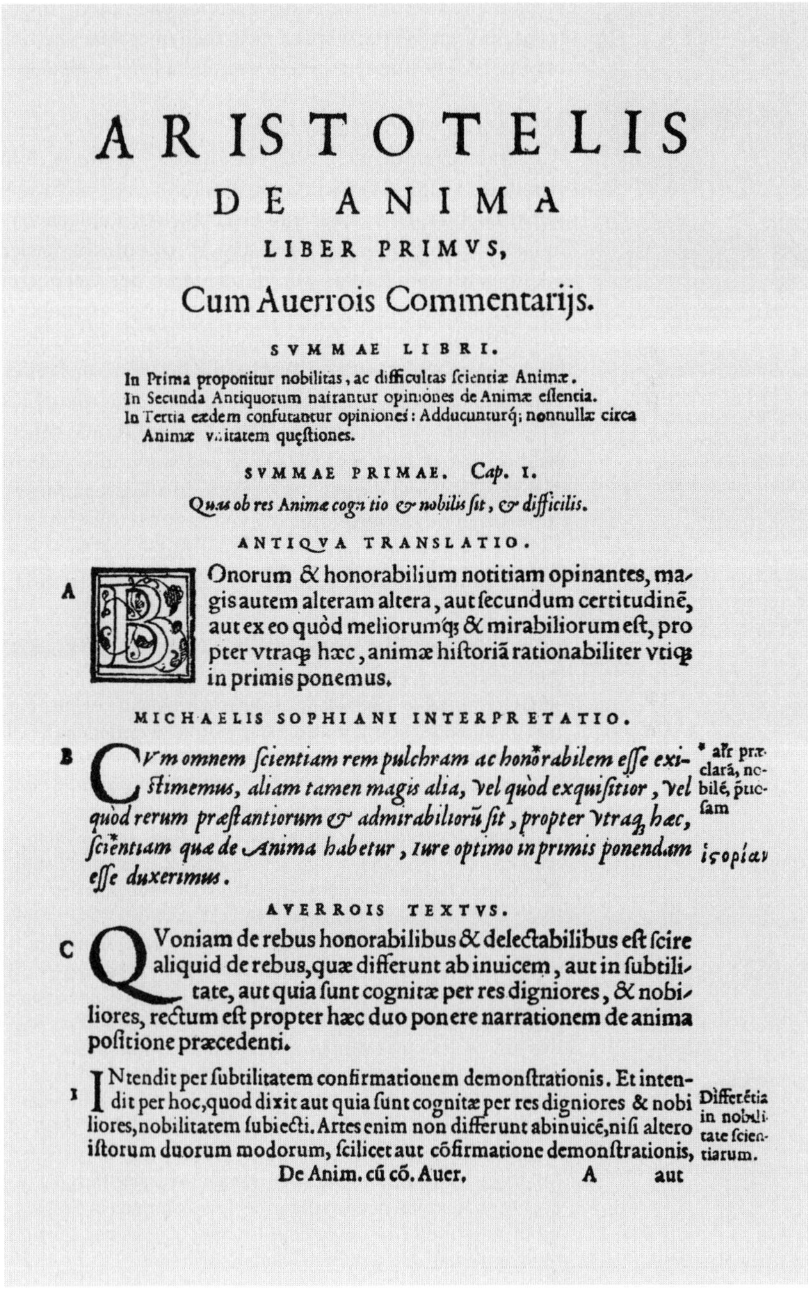

ARISTOTELIS

DE ANIMA

LIBER PRIMVS,

Cum Auerrois Commentarijs.

SVMMAE LIBRI.

In Prima proponitur nobilitas, ac difficultas scientiæ Animæ.
In Secunda Antiquorum narrantur opiniones de Animæ essentia.
In Tertia eædem confutantur opiniones: Adducunturq; nonnullæ circa Animæ veritatem quęstiones.

SVMMAE PRIMAE. *Cap.* I.

Quas ob res Animæ cognitio & nobilis sit, & difficilis.

ANTIQVA TRANSLATIO.

A BOnorum & honorabilium notitiam opinantes, magis autem alteram altera, aut secundum certitudinē, aut ex eo quòd meliorumq; & mirabiliorum est, propter vtraq; hæc, animæ historiā rationabiliter vtiq; in primis ponemus.

MICHAELIS SOPHIANI INTERPRETATIO.

B *CVm omnem scientiam rem pulchram ac hono*rabilem esse existimemus, aliam tamen magis alia, vel quòd exquisitior, vel quòd rerum præstantiorum & admirabiliorū sit, propter vtraq; hæc, sci*entiam quæ de Anima habetur, iure optimo in primis ponendam esse duxerimus.*

* aīr præclarā, nobilē, pulcram

ἱστορίαν

AVERROIS TEXTVS.

C QVoniam de rebus honorabilibus & delectabilibus est scire aliquid de rebus, quæ differunt ab inuicem, aut in subtilitate, aut quia sunt cognitæ per res digniores, & nobiliores, rectum est propter hæc duo ponere narrationem de anima positione præcedenti.

1 INtendit per subtilitatem confirmationem demonstrationis. Et intendit per hoc, quod dixit aut quia sunt cognitæ per res digniores & nobiliores, nobilitatem subiecti. Artes enim non differunt abinuicē, nisi altero istorum duorum modorum, scilicet aut cōfirmatione demonstrationis,

Differētia in nobilitate scientiarum.

De Anim. cū cō. Auer. A aut

Die christliche Philosophie des Mittelalters erhielt über die lateinische Tradition – z. B. Cicero – vor allem aber nach dem 4. Kreuzzug aus Konstantinopel sowie über die arabisch-jüdische Tradition Kenntnis von den Werken des Aristoteles.

Buchdruck zum Ziehvater der europäischen Medizin geworden. Viele Werke wurden mehrfach übersetzt und oft, bis ins 17. Jahrhundert hinein, immer wieder gedruckt.

Schöpfen aus arabischen Quellen

Auf arabischen Quellen fußt ein Gutteil der von König Alfons X. (1221–84) verfassten Werke. Er war nicht nur selbst Dichter, Historiker und Gesetzgeber, sondern veranlasste auch die Erarbeitung und Veröffentlichung der »Alfonsinischen Tafeln« zur Berechnung der Örter von Sonne, Mond und Planeten sowie weiterer astronomischer Werke, ferner des Steinbuchs, des Schachzabelbuchs sowie vieler anderer Werke, die ihrerseits entweder Übersetzungen aus dem Arabischen sind oder aber Material solcher Werke verarbeiteten. Nur am Rande sei erwähnt, dass er auch Römischer König war und vor allem in Süditalien eine – wenn auch weitgehend gescheiterte – imperiale Politik verfolgte.

Im gleichen Jahrhundert war ein anderer Römischer Kaiser (und deutscher König), der Staufer Friedrich II.,

INFOBOX

Der Aufstand der Philosophen

Ibn Ruschd, der im Abendland als Averroes bekannt wurde, galt im europäischen Mittelalter als der Kommentator des Aristoteles schlechthin; so nennt ihn auch Dante in seiner »Divina Commedia« (Inferno IV, 144). Mit der Übersetzung seiner Schriften drang erstmals ein konsequenter Aristotelismus ins Abendland. Dieser wurde besonders von den Philosophen der Pariser Universität aufgegriffen, die das kirchliche Diktum, die Philosophie habe »die Magd der Theologie« zu sein, nicht mehr akzeptieren wollten.

Ihr Wortführer war Siger von Brabant. Er und seine Anhänger vertraten besonders in den umstrittenen Fragen der Weiterexistenz der Einzelseele und der Ewigkeit der Welt die Position, auf dem Weg der Vernunft gelange man nur zu den Aussagen des Aristoteles. Alles Weitere seien Glaubenssätze. Diese wurden im Übrigen nicht bestritten. Doch die Pariser Philosophen bestanden auf dem Recht, ihre Untersuchungen mit den Mitteln der menschlichen Vernunft und aristotelischen Logik weiterführen zu dürfen.

Der so genannte lateinische Averroismus rief schließlich die kirchliche Autorität auf den Plan: 1277 verdammte der Erzbischof von Paris 217 »verwerfliche Irrtümer« Sigers und seiner Mitstreiter, und ihre Schriften wurden verbrannt.

100564

Unter Ferdinand III. und Alfons X. wurde Toledo als »Stadt der drei Religionen« (christliche Mozaraber und Christen, muslimische Morisken, Juden) mit seiner Übersetzerschule zum europäischen Zentrum des Geistes und der Wissenschaft (Toledo, Alcázar).

ebenfalls bemüht, in seinem italienischen Stammland, dem Königreich Sizilien, die dort seit dem 9. Jahrhundert heimische islamische Kultur zu pflegen. Seine berühmte Abhandlung »De arte venandi cum avibus« (Über die Kunst, mit Vögeln zu jagen) beruht auf arabischen Quellen. Sein Verhalten entspricht dem seiner normannischen Vorfahren. So hatte bereits für Roger II. (1130–54) der aus Ceuta stammende Idrisi, also ein Scherif, ein Nachfahre des Propheten, als Sekretär einer vom König eingesetzten Kommission, sein 1154 abgeschlossenes großes geographisches Kompendium, das Roger-Buch (Kitab Rudjdjar) abgefasst. Obwohl es einen Großteil auch Europas behandelte, wurde es im Mittelalter nie ins Lateinische (oder eine andere europäische Sprache) übertragen, aber auch im arabischen Bereich fand es nie die Beachtung, die ihm gebührte.

Der Vollständigkeit halber sei hier ein Autor genannt, der zwar schon zur beginnenden Neuzeit gehört, aber eben das zuwege brachte, was Idrisi nicht gegönnt war: Europa mit der Geographie und Ethnographie des Maghreb bekannt zu machen, ehe Europa durch Europäer wie den dänischen Vizekonsul Georg Höst, der von 1760–68 in Marokko weilte und nach seiner Heimkehr seine »Nachrichten von Marókos und Fes, im Lande selbst gesammlet ...« (dänisch 1779, deutsch 1781) schrieb, oder den englischen Kleriker Thomas Shaw (»Travels, or observations relating to several parts of Barbary and the Levant«, 2. Aufl. London 1757, deutsch Leipzig 1765) diese Länder bekannt gemacht wurden. Gemeint ist Leo Africanus, eigentlich al-Hasan ibn Mohammed al-Wassan, ein gebürtiger Granadiner Maure aus Fès, der, von christlichen Piraten gefangen genommen und dem Papst geschenkt, von Leo X. getauft wurde. Er verfasste in italienischer Sprache eine ausführliche Beschreibung Nordafrikas, die 1550 zuerst in Ramusios monumentalen »Navigationi e viaggi« erschien und schon 1556 ins Französische übersetzt wurde. Der Wert seiner Mitteilungen für Europas Kenntnis des Maghreb kann kaum überschätzt werden. Er selbst ist zu unbekannter Zeit nach Tunis zurückgekehrt und als Muslim gestorben.

Islamisch-christlicher Kulturkontakt im östlichen Mittelmeerraum

Der Blick auf die Kulturströme und -beziehungen zwischen dem Orient und dem christlichen Abendland wäre aber ganz und gar unvollständig, wenn man dem östlichen Schauplatz dieser Geschehnisse nicht einige Sätze gönnen wollte. Waren noch im 8./9. Jahrhundert Byzanz und die syrischen wie – wenn auch bescheidener – die ägyptischen Pflegestätten der überkommenen Kultur, allen voran die Klöster, gebender Teil, so wurde später auch hier der islamische Orient führend. Hier wurde durch die Übersetzungen des 7. bis 9. Jahrhunderts, vor allem unter den ersten Kalifen aus dem Haus der Abbasiden, das Erbe der Antike und der iranischen Welt der werdenden islamischen Kultur vermittelt.

Ab dem 9. Jahrhundert setzte dann der Gegenstrom ein: Es kam zur Rückübermittlung des antiken Erbes, vermehrt um die Leistungen der arabisch schreibenden Welt, an das Abendland. Allerdings konnte nun der Orient nie die Bedeutung der Rolle Siziliens und Spaniens erreichen, einmal, weil mit dem Einsetzen der Kreuzzüge und der sich daraus ergebenden Kontakte die Beziehungen fast stets feindselig waren und zudem fast durchgängig eben andere als für den Westen beschriebene Voraus-

2400

Nicht nur das Wort Moschee, auch Wörter wie etwa Algebra, Alkohol, Emir, Gazelle, Giraffe, Haschisch, Kadi, Laute, Safran, Sirup oder Ziffer sind arabischen Ursprungs. Entlehnungen aus dem Arabischen finden sich auch in vielen anderen Sprachen (Imammoschee in Isfahan, 1612–38).

setzungen galten. Die Erkenntnis der Unterschiede zwischen den beiden Schauplätzen lässt das Verständnis und das Verstehen für das, was sich zutrug, nur umso ausgeprägter sein.

Bleibende Einflüsse

Dass eine der wesentlichen Grundlagen des europäischen naturwissenschaftlichen Denkens die arabischen Zahlen sind, ist wohl allgemein bekannt. Wie stark und wie viele Lebens- und Wissensbereiche umfassend der arabisch-orientalische Einfluss auf Europa jedoch war, können wir am besten aus den vielen arabischen Lehnwörtern des Deutschen (wie anderer europäischer Sprachen) ersehen, ganz zu schweigen von den Massen solcher Entlehnungen in den Sprachen der Pyrenäenhalbinsel wie auch – wenn auch weniger zahlreich – im Italienischen.

Allein fürs Deutsche genügt es, eine ganz bescheidene Auswahl solcher orientalischer Wörter, bei uns natürlich aus anderen europäischen Sprachen entlehnt, aufzuführen; viele arabische Vokabeln sind freilich ihrerseits wieder ebenfalls Leihgaben aus dem Persischen, den indischen Sprachen usw. Auf die Aufzählung von Sternnamen aus dem Arabischen sei verzichtet, weil deren Vokabular (wie zum Beispiel Atair, Rigel, Beteigeuze, Aldebaran) davon wimmelt. Man denke aber an Admiral, Alchimie/Chemie, Alkohol, Algebra, Benzin (!), Fakir, Haschisch, Kabel, Kaffee, Kaliber, Arsenal, Laute, Moschee, Risiko, Scheck, Sirup, Zucker und viele andere mehr, wobei Bezeichnungen typisch orientalischer Personen und Dinge unberücksichtigt blieben.

Hans-Rudolf Singer †

Exkurs: Das Judentum

Eine Religion und ihre Welt

Geduldet und diskriminiert: Jüdisches Leben zwischen Spätantike und Aufklärung

Während in der Antike der Schwerpunkt jüdischer Ansiedlung im nahöstlichen Raum (Mesopotamien, Kleinasien, Palästina/Land Israel) lag, verlagerte er sich vom 6. Jahrhundert an allmählich Richtung Westen. Die jüdischen Gemeinden in Süditalien und Südfrankreich blühten auf. Mit der muslimischen Eroberung Spaniens im Jahr 711 wurde Spanien zu einem Zentrum jüdischen Lebens, bis die christliche Reconquista diesem im 15. Jahrhundert ein Ende setzte. Von Süditalien wanderten Juden Richtung Norden, nach Nordfrankreich und Deutschland. Die ersten Spuren kontinuierlicher Anwesenheit von Juden in Deutschland gehen auf das 10. Jahrhundert zurück. Von hier wanderten sie Richtung Osten.

Vertreibungen und Zuwanderungen vom Balkan verstärkten die jüdische Gemeinschaft in Osteuropa. Im 16. und 17. Jahrhundert war Polen neben dem osmanischen Reich größtes jüdisches Zentrum. Hier hatten die 1492/96 aus Spanien und Portugal vertriebenen Juden Zuflucht gefunden. Andere wandten sich nach Nordafrika, vor allem in den Maghreb. Vertreibungen führten zum Ende jüdischer Anwesenheit in England (1290), Frankreich (1394; nicht aus dem päpstlichen Besitz um Avignon!) und Süditalien (1541).

Deutschland war eines der wenigen europäischen Gebiete, in dem Juden seit dem 10. Jahrhundert ununterbrochen bis zur Zeit der Aufklärung leben konnten. Die föderalistische Struktur des Reiches ließ ihnen Zufluchtsorte offen, die in den Staaten mit starker Zentralgewalt nicht vorhanden waren. Mit der Aufklärung sollten die Juden des deutschsprachigen Raums wichtige Funktionen bei der Modernisierung des Judentums bis ins 20. Jahrhundert übernehmen.

In Babylonien und im Land Israel

Die Entstehung des Christentums war zu seiner Zeit kein bedeutendes Ereignis für die jüdische Geschichte. Einige Juden hielten sich in verschiedenen Epochen für den Messias. Auch existierte schon seit der Deportation der Juden nach Babylon im Jahr 586 v. Chr. die jüdische Diaspora. Für die Juden bedeutend wurde das Christentum erst als Staatsreligion im Römischen Reich (4. Jahrhundert). Zur selben Zeit grenzte sich die christliche Kirche immer schroffer gegen das Judentum ab.

Die byzantinischen Kaiser erließen viele Bestimmungen, die zum Ziel hatten, den gesellschaftlichen Umgang von Juden und Christen zu verringern und den schlechteren Status der jüdischen Religion öffentlich hervorzuheben. Justinian schützte zwar die Synagogengebäude, gestattete die Beschneidung und gewährte den Juden eine interne Rechtsprechung, doch durften sie keine öffentlichen Ämter ausüben (425), keine christlichen Sklaven halten, keine Konvertiten aufnehmen und keine neuen Synagogen bauen. Besonders judenfeindlich eingestellt war Kirchenvater Hieronymus (um 347–419). Aber auch Augustinus (354–430) war nur bereit, die Juden, die er als mit Blindheit geschlagen betrachtete, in einer schlechten Lage als »Zeugen des Sieges der christlichen Wahrheit« zu dulden.

Die unter dem Titel »Adversus iudaeos« (gegen die Juden) zu bezeichnende Literatur wurde zu einem festen Bestandteil christlicher Tradition. Einige Päpste nahmen jedoch Juden gegen physische Übergriffe und Zwangstaufen in Schutz. Diese Vorschriften gegenüber Juden, 1215 erneut zusammengestellt, wurden nicht überall gleich streng durchgesetzt. In den neu missionierten Gebieten Europas befürchteten einige Bischöfe eine jüdische Konkurrenz, wie etwa Agobard von Lyon (769–840).

Im nichtchristlichen Bereich geht allem Anschein nach ein nicht unbedeutender Teil der Juden Marokkos, Äthiopiens (Falascha), Südarabiens und Jemens auf jü-

Die Synagoge ist im Judentum die sich versammelnde Gemeinde wie auch ihr Versammlungsort, das Gottesdienstgebäude und gesellschaftliches Zentrum. Vermutlich ist sie in der babylonischen Diaspora als Ort eines Wortgottesdienstes ohne Opfer entstanden (Blick in das Innere der ehemaligen Synagoge von Toledo, heute Santa María e Blanca).

237

100563

Die Thora ist Textgrundlage für alle ethischen Belehrungen im jüdischen Alltagsleben, etwa der Kinder durch ihre Eltern. Sehr früh gab es schon Thoraschulen, in denen die Heilige Schrift vermittelt wurde (jüdische Buchmalerei, 14. Jh.; London, British Library).

dische Missionare zurück, die dort in der Spätantike und im Frühmittelalter gewirkt haben müssen. Ein Konvertit, König Jusuf Dhu Nuas aus dem südarabischen Haimar, führte 525 sogar Krieg gegen das Byzantinische Reich, weil es judenfeindliche Bestimmungen erlassen hatte.

In Mesopotamien und in Tiberias am See Genezareth befanden sich in der Spätantike bedeutende Gelehrtenschulen, durch die die »mündliche Lehre«, Kommentare zum biblischen Recht, weiterentwickelt und schließlich um 200 (Mischna) und 500 (Gemara) schriftlich festgelegt worden waren. Diese beide Teile bilden den Talmud, eine Art Enzyklopädie jüdischen Wissens, die neben Bibelexegese, philosophischen Abhandlungen, ethischer Literatur, Erzählungen (Haggada) auch Diskussionsprotokolle über rechtliche Fragen enthält. Der Talmud war und blieb die Basis der religiösen jüdischen Kultur bis heute. Zwei Versionen wurden formuliert, der umfangreichere babylonische und etwas vorher der unvollständig gebliebene Jerusalemer Talmud. Weiter entstanden aramäische Übersetzungen der Bibel, rabbinische Gleichnisse (Midraschim) und liturgische Gedichte (Piutim).

Im römischen Palästina lag nach der Zerstörung des (zweiten) Tempels (70 n. Chr.) bis zum Jahr 425 der Sitz des jüdischen Patriarchen zunächst in Jamnia (heute Yavne), dann an anderen Orten. Er war der Vertreter der Juden beim römischen beziehungsweise byzantinischen Kaiser. Auch in Mesopotamien existierte eine hierarchische Struktur der jüdischen Gemeinschaft, allerdings in doppelter Ausprägung: Der Nasi oder Exilarch entsprach dem Patriarchen des Römischen Reiches. Sein Amt hatte etwa bis zum Jahr 850 reale Macht. Nachher war es ein bloßer Ehrentitel. In gewisser Konkurrenz dazu befanden sich seit Ende des 6. Jahrhunderts die Vorsteher (Gaon) der Talmudhochschulen von Sura und Pumbeditha.

Kriegerische Auseinandersetzungen beendeten im 11. Jahrhundert die Blütezeit der babylonischen Juden. Allerdings lebten sie dort ununterbochen bis zum Jahr 1948, dem Zeitpunkt ihrer Vertreibung durch die Baath-Partei. Als besonderes Zeugnis dieser Epoche hat sich die Synagoge von Dura-Europos (3. Jahrhundert) erhalten, die 1932 ausgegraben wurde und zur Überraschung der Archäologen reich ausgemalt war.

Im islamischen Bereich

Wichtig für den entstehenden Islam war die Begegnung von Mohammed mit Juden auf der Arabischen Halbinsel. Viele Elemente dieser älteren Religion übernahm er, so das Prinzip der Wallfahrten, des Fastens, des Ruhetages und einige Speisevorschriften. Zuerst sollten die Muslime Richtung Jerusalem und nicht Mekka beten. Allerdings sah der Islam das zeitgenössische Judentum

Sabbatai Zwi (1626–76) verband populär-kabbalistische Vorstellungen mit den messianischen Erwartungen seiner Zeit, 1665 proklamierte er sich öffentlich zum Messias (Buchillustration der sabbatianischen Schrift »Tikkun keria lekol laila wejom«, 1666; New York, Library of The Jewish Theological Seminary).

als verderbte Religion an: Seiner Überzeugung nach hatte der Engel Gabriel den wahren Text direkt Mohammed offenbart.

Juden und Christen wurden von den muslimischen Herrschern als »Schutzverwandte«, teilweise in Anlehnung an das ältere kanonische Recht, geduldet. Sie mussten in »demütiger« Weise eine Kopfsteuer sowie spezielle Abgaben zahlen und besondere Kennzeichen an den Kleidern tragen. Symbolisch zeigte sich ihr schlechterer Status darin, dass Juden keine Pferde reiten, Christen keine Glocken läuten durften. Nichtmuslimische Gotteshäuser mussten immer niedriger als die nächste Moschee gebaut sein. Auf die Beschuldigung der Blasphemie des Islam hin erfolgte die Zwangskonversion oder Hinrichtung.

In der frühen Zeit (9. – 11. Jahrhundert) waren die Lebensbedingungen für Juden in Bagdad und in Andalusien trotz dieser Einschränkungen relativ gut. Als Beispiel diene der in Mesopotamien lebende Religionsphilosoph Saadja ben Josef al-Faijumi (882–942), der in seinem Buch »Glauben und Wissen« eine jüdische Antwort auf die damalige arabische Hochkultur formulierte. Viele seiner Werke verfasste er in Arabisch, nicht Hebräisch, denn Arabisch war die Umgangssprache der Juden in Mesopotamien, das nun »Irak« genannt wurde.

Diese kulturelle Nähe zwischen Islam und Judentum macht es schwierig zu entscheiden, ob beispielsweise in Bezug auf die Lehrmethode getrennte analoge Entwicklungen oder wechselseitige Beeinflussungen vorliegen. Aus Córdoba stammte der Arzt und Philosoph Moses Maimonides (1135–1204), der nach dem Einfall der maurischen Almohaden aus Spanien flüchten musste und in Fustat (heute zu Kairo) lebte. Er fasste das gesamte jüdische Recht in seinem Werk »Mischne Thora« (Wiederherholung der Lehre) zusammen, das zu den wichtigsten mittelalterlichen jüdischen Büchern gehört. Maimonides war stark von der aristotelischen Tradition beeinflusst und verfasste einen »Führer der Verirrten«, ein Buch, das die Probleme der Bibelexegese in rationalistischer Weise anging. Man spricht daher in der Forschung oft von der »mittelalterlichen Aufklärung« unter den Juden. Gegen diese Seite des Schaffens von Maimonides erhob sich Protest, doch blieben seine anderen Werke maßgeblich.

Juden betätigten sich in Spanien auch prominent am Übersetzungswerk der griechisch-römischen Autoren ins Arabische und Lateinische. Sie haben somit wesent-

INFOBOX

Der Sabbat

»Der Sabbat ist die klarste Offenbarung jener Gesetze, »bei denen der Mensch lebt«, die den hellen lebensfreundlichen Geist der Thora verkünden« (Max Wiener).

Der Sabbat ist der einzige jüdische Feiertag, der bereits in den Zehn Geboten festgeschrieben ist, da er bei der Schöpfung von Gott eingerichtet wurde. Als Tag der Ruhe und der Versöhnung ist er das Sinnbild für den Bund Gottes mit den Menschen. Er wird am Freitagabend mit dem Abendgebet in der Synagoge begrüßt, zu Hause von der Frau mit dem Lichteranzünden eröffnet und soll zur gedenkenden Hinwendung zu Gott, zum gemeinsamen Gebet und zum Studium der Heiligen Schrift genutzt werden.

Der Pentateuch, der erste – und für das Judentum wichtigste – Teil der hebräischen Bibel, umfasst die fünf Bücher Mose, die die Geschichte des Volkes Gottes von der Schöpfung bis zum Tod des Mose berichten. Die abgebildete jüdische Handschrift aus Deutschland ist eine der wenigen erhaltenen (13./14. Jh.; Paris, Bibliothèque Nationale de France).

100563

lichen Anteil an der Schöpfung der »abendländischen« Kultur. Dies wird oft nicht entsprechend gewürdigt. Zur Blütezeit des Kalifats in Córdoba (9./10. Jahrhundert) waren Juden der Oberschicht Teil der höfischen Gesellschaft. Sie konnten eine Lücke bei den qualifizierten Berufen ausfüllen, die unter den erobernden Berberstämmen nur schwach vertreten waren. Zudem waren sie zu muslimischen Herrschern loyal, denn sie verfügten nicht wie Christen über ein Hinterland in Nordspanien, wo sich christliche Fürstentümer halten konnten. So betätigten sie sich als Berater, Verwaltungsexperten, Schreiber, Steuer- und Zollpächter, Astronomen, Mathematiker, Ärzte und Dichter. Hier durften sie auch Grundbesitz erwerben.

Typisch für ihre tief gehende Integration in die arabische Kultur war das Werk Jehuda ben Samuel Hallevis (1075–1144), der auf Hebräisch und Arabisch dichtete, oder das ethische Werk »Pflichten des Herzens« des Religionsphilosophen und Dichters Bachja ben Joseph ibn

Paquda (11. Jahrhundert). Es gab sogar einen jüdischen General, Samuel ha-Nagid (993–1056). Die Mittelschicht betätigte sich im Handwerk als Schmiede, Maurer und Wollweber, aber auch im Textilhandel. Besonders die jüdischen Lederbearbeiter waren bekannt. In Spanien entwickelten sich regional unterschiedliche Formen der Liturgie, die auch Jahrhunderte nach ihrer Vertreibung von den Juden beibehalten worden sind.

Juden im christlichen Spanien und in Portugal
Mit der christlichen Reconquista verschlechterte sich die Lage der Juden in Spanien nach dem Fall Toledos im Jahr 1085. Zwangsdisputationen verschärften die Gegensätze. Als Folge wandten sich viele spanische Juden der Innerlichkeit, der Mystik, der Kabbala, zu. Ein Hauptwerk ist hier Ende des 13. Jahrhunderts entstanden, das »Buch des Glanzes« (Sohar, verfasst wahrscheinlich von Mose Ben Schem Tov de Leon).

1391 kam es nach Hetzpredigten christlicher Geistlicher zu Ausschreitungen in Sevilla, die sich über die

Im Mittelpunkt des jüdischen Gottesdienstes steht die Schriftlesung, im Unterschied zum Tempel in Jerusalem, wo dem Opfer die zentrale Bedeutung zukam. Die Gottesdiensträume der Synagoge sind auf den Tempelplatz von Jerusalem ausgerichtet, in Mitteleuropa im Allgemeinen nach Osten (Kapernaum, Synagoge aus dem 3./4. Jh.).

100880

ganze Südküste bis nach Barcelona hinzogen. Die Judenviertel (juderías) wurden nun zu Zwangsquartieren. Viele Juden wurden zur Konversion gezwungen. Auch nach dem Abebben der Ausschreitungen wurde ihnen die Rückkehr zur jüdischen Religion nicht gestattet. Nun entstand das Phänomen der conversos: Einige dieser Neuchristen blieben insgeheim ihrem Judentum treu.

Die spanische Kirche sah sich dadurch herausgefordert und erlangte 1481 beim Papst die Erlaubnis zur Errichtung einer Untersuchungsbehörde, der Inquisition. Diese zögerte nicht, Menschen lebendigen Leibes zu verbrennen. Der Kontakt zwischen den übrig gebliebenen Juden und den conversos diente als Vorwand zur Vertreibung der Juden aus Spanien im Jahr 1492. In Wirklichkeit diente sie der Durchsetzung königlicher Macht gegenüber den Adligen, die Juden oft in Schutz genommen hatten, und der Bereicherung des Besitzes der Krone.

Die nach Portugal Geflüchteten wurden 1496 zwangsgetauft. Trotzdem blieb die spanisch-portugiesische Gesellschaft vom Geist der Inquisition geprägt. Ein allgemeines Denunziantentum entstand, und kryptorassistische Vorstellungen waren weit verbreitet. Blutreinheitsstatuten (limpieza de sangre) wurden verordnet, und Anwärter auf kirchliche oder Ordensämter mussten nachweisen, dass sie Generationen zurück nicht von conversos abstammten. In der Forschung wird diskutiert, ob die Inquisitionsprotokolle ernst genommen werden dürfen oder ob die durch Folter erpressten Geständnisse bloße Erfindungen sind.

Nach einer erneuten Verschärfung der Inquisition in Portugal setzen sich um 1570 von hier zahlreiche Converso-Familien Richtung Frankreich ab. Die jüdischen Gemeinden von Bordeaux, Bayonne und Biarritz entstanden so. Um 1600 fanden conversos ihren Weg nach Amsterdam, wo die größte sefardische Gemeinde Nordeuropas entstand, und Hamburg sowie 1653 nach London.

Nach einem biblischen geographischen Ausdruck bezeichnete man im Mittelalter die Iberische Halbinsel mit dem Ausdruck Sefarad. Davon leitet sich die noch heute verwendete Bezeichnung der Sefaradim oder sefardischen Juden ab. Allerdings wird der Begriff heute oft

Die seit 70 n. Chr. verschollene, zu den Kultgegenständen des Jerusalemer Tempels gehörende und von den Römern geraubte Menora, ein siebenarmiger Leuchter, ist neben dem Davidstern das wichtigste Symbol des Judentums (jüdische Kultgegenstände, rechts oben die Menora, Miniatur, 14. Jh.; Paris, Bibliothèque Nationale de France).

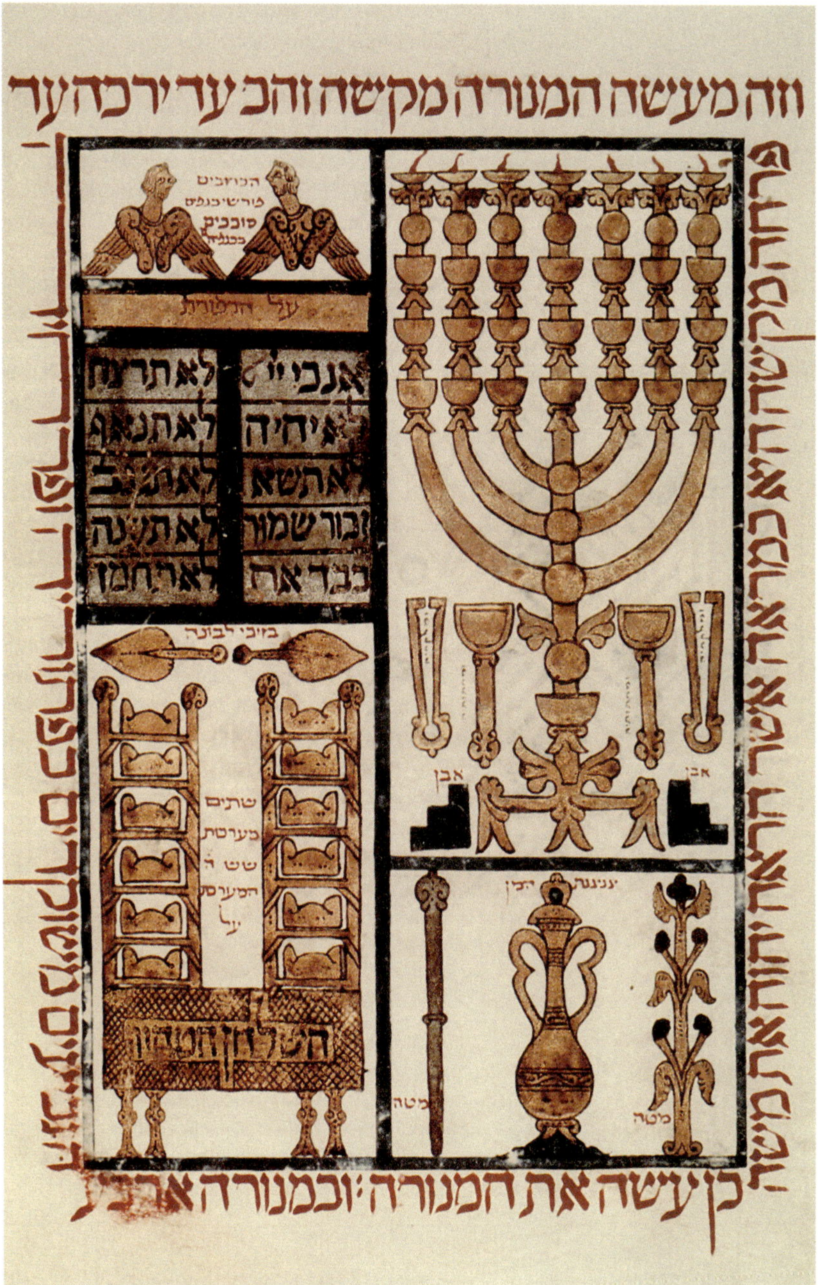

100264

fälschlicherweise auf alle nordafrikanischen und orientalischen Juden ohne spanische Vorfahren angewendet.

Juden in Deutschland

Ein anderer biblischer geographischer Ausdruck, Aschkenas, wurde etwa zur selben Zeit mit Deutschland gleichgesetzt. Zur Karolingerzeit waren die jüdischen Fernhändler sehr angesehen. In lateinischen Urkunden wird oft nicht zwischen Kaufleuten und Juden unterschieden, und Bischof Rüdiger von Speyer schrieb im 11. Jahrhundert, er wolle seine Stadt durch die Präsenz der Juden ehren.

In Speyer, Worms und Mainz entwickelten sich bedeutende jüdische Gelehrtenschulen. Aus dieser Zeit haben sich in Worms der Friedhof – der älteste Europas – und die in großen Teilen 1961 rekonstruierte Synagoge erhalten. Hier entstand das aschkenasische Judentum, das noch heute die größte Gruppe unter den Juden bildet. Für das mitteleuropäische Judentum prägend waren die Statuten dieser drei rheinischen Gemeinden (Takkanoth Schum).

Die bedeutendste Persönlichkeit war Rabbi Salomo ben Isaak (1040–1105), kurz Raschi genannt. Er kommentierte fast die gesamte Bibel und den Talmud. Aus dem nordfranzösischen Troyes stammend, wirkte er einige Jahre in Worms. In Nordfrankreich hatte sich eine weitere Gelehrtenschule gebildet, die »Weisen Zarfats«,

INFOBOX

Verbotene Tätigkeiten

Da der Sabbat die alltäglichen Arbeiten unterbrechen soll, sind in der jüdischen Tradition eine Reihe von Tätigkeiten an diesem Tag verboten. Die Bibel fordert bereits die Unterbindung von Pflügen, Ernten und Handeltreiben, erlaubt aber das Reisen und das Wachablösen. Die talmudische Tradition zählt insgesamt 39 »Haupttätigkeiten« auf, die zur Einhaltung vollkommener Sabbatruhe untersagt sind. Das sind v. a. Tätigkeiten der Feldarbeit, des Bauens, des Handwerks, der Jagd und der Schlachtung, aber auch das Beschreiben und Abschaben von Pergament. Diese Hauptarbeiten werden im Text als »vierzig weniger eine« bezeichnet, womit verdeutlicht werden soll, dass diese Aufzählung keine Vollständigkeit beansprucht, sondern sich auch auf verwandte Tätigkeiten erstreckt.

100264

Der in mehrhundertjähriger Überlieferung entstandene Talmud ist die Auslegung der Thora und der jüdischen »frommen Sitten« (Halacha) unter den Bedingungen der Diaspora. Für Religionswissenschaftler bildet er die Hauptquelle zur Erforschung der jüdischen Religion (Talmudseite, Buchmalerei aus dem 13. Jh.; Lissabon, Biblioteca Nacional).

das heißt Frankreichs. Ihr Werk floss in das Erbe des aschkenasischen Judentums ein, wie sich auch viele französische Juden durch die Vertreibungen im 14. Jahrhundert nach Deutschland wandten. Unter den Juden Deutschlands entwickelte sich eine elitäre Frömmigkeitsbewegung, die »Frommen Aschkenas«, deren Anführer Juda he-Chassid aus Regensburg (um 1200) war.

Die Judenviertel des frühen Mittelalters basierten auf Freiwilligkeit und waren nicht etwa aufgezwungen. Zudem befanden sich viele der frühen Judengassen in angesehenen Wohngegenden. Dies sollte sich mit der allgemeinen Verschlechterung des Rechtsstatus der Juden jedoch ändern. 1236 entwickelte Kaiser Friedrich II. die Ideologie von der Kammerknechtschaft der Juden. Er definierte sich als Nachfolger der römischen Kaiser, die die Juden nach der Zerstörung des Tempels in Jerusalem als Sklaven der kaiserlichen Kammer behandelten. Er wollte nun alleine – ohne den Papst – über das Recht, Juden anzusiedeln, verfügen. Dieses »Judenregal« verkauften die deutschen Kaiser in der Folge an kleinere Territorialherren. Daraus entwickelte sich der »Judenschutz«. Äußeres Zeichen für die Verschlechterung der Rechtslage waren auch die Zutaten zum Judeneid, die teilweise sehr diskriminierende Formen annahmen (zum Beispiel Stehen auf einer Schweinehaut). Diese Eidformeln haben sich in vielen deutschen Staaten erstaunlicherweise bis Mitte des 19. Jahrhunderts erhalten.

Einen Einschnitt für die Geschichte der Juden im Deutschen Reich bedeutete die Verfolgung durch die Kreuzritter im Jahr 1096. Von diesem Schlag erholten sich die rheinischen Gemeinden erst allmählich im 12. Jahrhundert. Verfolgungen ereigneten sich 1298 in Franken und 1336/38 im Elsass, in Schwaben und der Steiermark. Einen besonders tiefen Einschnitt bildeten die Zerstörungen im Gefolge des schwarzen Todes der Jahre 1348/49. Den Juden wurde unterstellt, durch Brunnenvergiftung schuld an der Pest zu sein. Hunderte jüdischer Gemeinden wurden zerstört und Tausende Menschen ermordet. Zwischen 1350 und 1519 drängte das erstarkende christliche städtische Bürgertum die überlebenden Juden aus Konkurrenzgründen endgültig aus den meisten deutschen Städten.

Hier war die Zunftverfassung stark entwickelt. Als christliche Brüderschaft konzipiert, ließen die Zünfte keine Juden zu. Deshalb finden wir im mittelalterlichen und frühneuzeitlichen Deutschland, im Gegensatz zu Osteuropa, keine jüdischen Handwerker. In Prag gab es zwar jüdische Zünfte, doch durften ihre Mitglieder nur für jüdische Kunden arbeiten. Vom 12. bis 15. Jahrhundert war der Geldhandel die in den Quellen am häufigsten belegte Tätigkeit der deutschen Juden.

Städtische jüdische Ansiedlungen blieben nach 1519 nur noch in Worms, Frankfurt am Main, der Reichsburg Friedberg in Hessen und Prag auf der Basis kaiserlichen Schutzes übrig. Das Stadtpatriziat in Frankfurt drängte die Juden 1462 in die »Judengasse« ab und nahm damit die Entwicklung des Jahres 1516 in Venedig voraus, für die das Wort Ghetto verwendet wird. Die Ansiedlung auf dem Land wurde in Süddeutschland (Hessen einge-

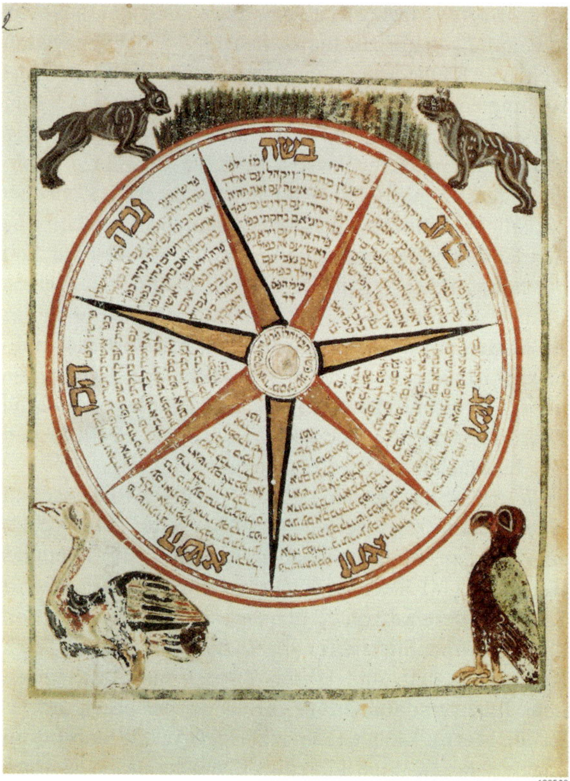

100563

Der jüdische Kalender, ein Lunisolarkalender mit einem Jahreslauf von zwölf Mondmonaten, errechnete nach den biblischen Zeitangaben das Jahr 3761 v. Chr. als Jahr der Schöpfung und damit als Beginn der jüdischen Zeitrechnung. Die Kalenderseite entstammt einer jüdischen spanischen Bibelhandschrift (um 1301; Paris, Bibliothèque Nationale de France).

schlossen) und Elsass-Lothringen, aber auch in Böhmen und Mähren dominant.

Ein anderer Teil der Juden wandte sich nach Osteuropa und Norditalien. Hierhin nahmen sie ihre Gruppensprache, das Jiddische, mit. In Italien übernahmen sie bald das Italienische, im polnisch-russischen Raum dagegen behielten sie das Jiddische bis zur Zerstörung des europäischen Judentums durch die Nationalsozialisten bei.

Beziehungen zwischen Christen und Juden

Die Kirche haftete den Juden im 13. Jahrhundert das Odium des Wuchers an, obwohl auch christliche Händler immer Zinsen nahmen. Volkstümlicher Aberglaube unterstellte, Juden würden insgeheim Hostien schänden und kleine Kinder töten, um das Blut für ihre ungesäuerten Brote (Mazzot) zu verwenden, und überhaupt in Verbindung mit dem Teufel stehen. An vielen mittelalterlichen Kathedralen findet sich noch heute die Darstellung einer »Judensau«.

Allerdings gab es im Bereich der Magie gegenseitige Berührungspunkte. Christen behalfen sich der angeblichen Kräfte jüdischer Amulette. Umgekehrt wirkten christliche Bräuche auch auf Juden. Das symbolische Sündenwegwerfen, das unter orthodoxen Juden zur Zeit der hohen Feiertage im Herbst üblich ist, soll auf einen Brauch von Kölner Christen zurückgehen wie auch das Anzünden eines »Jahrzeitlichts« für Verstorbene. Interessant ist auch, dass einige hebräische beziehungsweise jüdisch-deutsche Ausdrücke in die allgemeine deutsche Umgangssprache eingingen. Dies ist schon seit Beginn des 16. Jahrhunderts zu beobachten.

ZITAT

Elia ben Elkana Capsali, ein jüdischer Historiker des 16. Jh., beschreibt die Ankunft der spanischen Juden in der Türkei: *Ihn (Sultan Bajasid) ergriff Mitleid mit ihnen, und er schrieb Briefe und sandte Boten aus, um zu verkünden, dass in seinem ganzen Königreich kein Statthalter so niederträchtig sei, um ihnen die Einreise zu verwehren. Jeder, der sich nicht so verhielte, würde zu Tode gebracht werden... Tausende und Abertausende kamen daraufhin in die Türkei und besiedelten das Land.*

Während die Humanisten ein positives Interesse am Hebräischen zeigten, Sebastian Münster (1488–1552) eine gewisse Meisterschaft entwickelte und Johannes Reuchlin (1455–1522) schwere hebräische mystische Schriften lesen konnte, gingen von der Reformation kaum positive Signale für die Juden aus. Während sich Johannes Calvin und Ulrich Zwingli mit Äußerungen über Juden und Judentum zurückhielten, brach der alternde Martin Luther 1543 in zornige Ausfälle aus (»Von den Juden und ihren Lügen«). Er wollte die Synagogen verbrennen, die Rabbiner vertreiben sowie die Juden zu schwerer Landarbeit zwingen.

Die Fürsten nahmen seine drakonischen Vorschläge allerdings nicht ernst. Nur bei Landgraf Philipp I. von Hessens Judenordnung aus dem Jahr 1539 mag man schon frühe lutherische Einflüsse verspüren. Die Abgaben der Juden waren für die Fürsten und Ritter eine willkommene Geldquelle und überwogen theologische Ressentiments. Josel von Rosheim (um 1478–1554) wirkte zu Luthers Zeit als Interessenvertreter der Juden und hatte direkten Zugang zum Kaiser. Versuche, eine reichsweite Organisation der Juden aufzubauen, scheiterten jedoch zu Josels Zeit oder wurden verboten (1603).

Wirtschaftliche Tätigkeit

Mit der Vertreibung aus den Städten suchten sich die Juden Nischen in der ländlichen Wirtschaft: Der Agrar-

100563

Die Bundeslade war ein jüdisches Zentralheiligtum und Zeichen des Bundes zwischen Gott und Israel. Nach ihrem vorübergehenden Verlust wurde sie von König David nach Jerusalem gebracht. Die Buchmalerei zeigt David bei der Einholung der Bundeslade (Stundenbuch Ludwigs von Orleans, 1490; Sankt Petersburg, Russische Nationalbibliothek).

handel (Vieh-, Pferde-, Wein-, Getreide- und Hopfenhandel) breitete sich neben dem Hausieren allmählich aus. Sie nahmen im Gegensatz zu landläufigen Vorurteilen eine von ihren bäuerlichen Kunden erwünschte geographische Vermittlungsfunktion wahr und unterschieden sich von ihren christlichen Berufskollegen auch hinsichtlich der früher üblichen Lieferung auf Kredit nicht.

Die Landjuden waren meist arm, und nur ein breit abgestütztes Fürsorgewesen konnte den Ortsarmen und herumziehenden Bettlern eine kärgliche Existenz ermöglichen. Meist erhielten sie Leistungen in Form von Naturalien, einer Beherbergung für einen Tag bei einer jeweils

50

Mit Berufung auf Altes und Neues Testament galten im Mittelalter nach kirchlichem Recht Zinsdarlehen allgemein als Wucher. Diesem jüdischen Wucherer sind die Worte »Bezahl oder gib Zins, denn ich begehre Gewinn« in den Mund gelegt (Titelholzschnitt zu Luthers Schrift »Eyn Sermon von dem Wucher«, 1520).

anderen Familie. Durch die natürliche Vermehrung muss um die Mitte des 18. Jahrhunderts ein immer größeres Problem entstanden sein, das mit den herkömmlichen Strukturen fast nicht mehr zu lösen war. Einige völlig verarmte Juden, die das Schutzgeld nicht mehr zu bezahlen vermochten und deshalb kein Wohnrecht mehr hatten, schlossen sich Gaunerbanden an.

Jüdische Kunst

Im Milieu der Landjuden entstand eine jüdische Volkskunst: Geschickte Frauen verzierten Thorawimpel, die zum Zusammenhalten der Thorarollen aus Pergament dienten, mit bunten Stickereien oder stellten Mäntelchen und Kronen für sie her. An einigen ländlichen Orten wurden repräsentative Synagogen gebaut. Nur sehr wenige Beispiele sind nicht von den Nationalsozialisten zerstört worden, etwa die barocke Synagoge Ichenhausen in Bayerisch-Schwaben. Bunte barocke Wandmalereien haben sich in der kleinen Holzsynagoge zu Unterlimpurg im Stadtmuseum von Schwäbisch Hall erhalten. Reste finden sich in den renovierten Synagogen von Odenbach bei Kaiserslautern und in Mainz-Weisenau.

Lebensbedingungen der Juden

In vielen Territorien entstanden »Landesjudenschaften«, meist ein fiskalisches Instrument der Obrigkeit zum Eintreiben der Judenschutzgelder und anderer Abgaben. Die Schutzherren waren hier sehr erfinderisch: Ein Leibzoll und höherer Warenzoll verschlechterte die Wirtschaftsbedingungen für jüdische Händler, neben den Schutzgeldern waren noch »Geschenke« an die Beamten und Abgaben an die politischen Gemeinden (Weide-, Brunnengelder), ja sogar an Pfarrer üblich.

In den kleinen Reichsritterschaften galt ein »Schutzbrief« für alle jüdischen Familien eines Ortes. Hier

INFOBOX

Das Gesetz

Die Thora als das Gesetz Gottes ist das Kernstück des jüdischen Glaubens, die Heilsgabe Gottes an sein Volk Israel, die die Grundlage für den Kult und das ethische Verhalten der Juden bildet. Sie wurde nach der Tradition Mose am Berg Horeb (Sinai) offenbart. Im rabbinischen Judentum wird unterschieden zwischen der schriftlichen Thora, die die 613 Gebote und Verbote des Pentateuchs zum Inhalt hat, und der mündlichen Thora, die die Gesetze und Kommentare von Mischna und Talmud umfasst. Die Gesamtheit von schriftlicher und mündlicher Thora macht die jüdische Gesetzesüberlieferung aus, die Halacha.

Für liturgische Lesungen ist die Thora auf große Schriftrollen übertragen, die auf zwei hölzerne Seitenbretter eingerollt werden. Sie wird im Verlauf eines Jahres – in 54 Wochenabschnitte eingeteilt – im Gottesdienst am Sabbat vorgelesen. Die Lesung der gesamten Thora ist immer am letzten Tag des Laubhüttenfestes, an Simchat Thora, dem Fest der Freude über die Thora, beendet. Der neue Zyklus wird sofort begonnen und danach die Thorarolle in einer Prozession siebenmal um das Lesepult (Bima) getragen. Aufbewahrungsort der Thora ist der Thoraschrein, der in der Synagoge meist nach Jerusalem ausgerichtet ist.

Moses Maimonides (1135–1204), der bedeutendste jüdische Religionsphilosoph des Mittelalters, suchte in seinem Hauptwerk den Ausgleich zwischen dem Aristotelismus und jüdischen Glaubenslehren und übte großen Einfluss auf christliche Philosophen wie etwa Thomas von Aquino oder Albertus Magnus aus (Bronzeskulptur, Córdoba, Spanien).

100264

konnte der jüdische Bevölkerungsanteil teilweise recht hoch sein. In Süddeutschland gab es einige Dutzend Orte, wo die Juden fast die Hälfte der Dorfbevölkerung ausmachten. Vereinzelt hatten sie sogar eine Art politisches Mitspracherecht (Orte in Bayerisch-Schwaben und Fürth). Der Schutzbrief wurde auf eine befristete Zeit (acht bis 16 Jahre) ausgestellt und konnte erneuert werden.

Vertreibungen kamen nur noch lokal vor. Berühmtestes Beispiel ist diejenige von Wien, wo 1670 die meisten jüdischen Familien aus dieser Stadt ausgewiesen wurden. Ein Teil von ihnen bildete den Kern der damals neu entstehenden Berliner jüdischen Gemeinde. Auch bei Neugründungen von Städten wurden Juden beigezogen, hier wäre auf die Beispiele Mannheim (1660/92) und Karlsruhe (1715/22) hinzuweisen.

Juden in Osteuropa

Die ersten Spuren fester Ansiedlung von Juden in Polen gehen auf das 11. Jahrhundert zurück. Hier boten sich ihnen bessere wirtschaftliche Möglichkeiten, da die Zünfte weniger stark ausgebildet waren. So betätigten sich Juden in Gewerbe und Handwerk. Die jüdische Elite pachtete vom polnischen Adel landwirtschaftliche Güter. Diese Arbeit erachteten die Aristokraten nicht als standesgemäß. Damit verbunden war oft eine Konzession zum Betreiben einer Schenke und zur Herstellung von Branntwein. Der jüdische Gastwirt wurde zu einer typischen Erscheinung der Berufsstruktur der Juden Osteuropas.

Polen war zwischen 1500 und 1648 ein bedeutendes geistiges jüdisches Zentrum. Die Rabbiner Moses ben Israel Isserles (1525–72) und Salomo Luria (1510–73) leiteten als hoch angesehene Autoritäten Gelehrtenschulen mit internationaler Ausstrahlung. Die Großgemeinden Krakau, Lemberg, Lublin und Posen dominierten das jüdische Leben im Königreich Polen. Ihre Gemeindestruktur war im Großen und Ganzen dem Magdeburger Städterecht nachgebildet. Zwölf angesehene Juden bildeten den Vorstand. Jeden Monat diente ein anderer als Vorsteher. Die Versammlung der Haushaltsvorstände bildete eine Art Legislative und Wahlbehörde für die Fürsorgeinstitutionen. Religiöse Autorität waren die Rabbiner, die zu dieser Zeit meist von den Gemeinden angestellt wurden.

Ein fiskalischen Zwecken dienendes Gremium (Einzug der Kopfsteuer zugunsten der polnischen Krone), die Vierländer-Synode (so genannt nach den vier traditionellen polnischen Landschaften), entwickelte sich nach 1580 zu einem innerjüdischen Koordinationsinstrument, das bis 1764 bestand. Eine ähnliche Organisation existierte zwischen 1623 und 1761 unter den litauischen Juden, die ihr Zentrum in Wilna hatten.

Im Gebiet der heutigen Ukraine hatte sich in den Vierzigerjahren des 17. Jahrhunderts ein starker Gegensatz zwischen ukrainischen Bauern und jüdischen Pächtern entwickelt, der im großen Kosakenaufstand von Hetman Sinowji Bogdan Chmelnizkij im Jahr 1648 zur Entladung kam. Dies bedeutete das Ende des »goldenen Zeitalters« für die Juden in Polen, wenn auch die zeitgenössischen Schilderungen die Auswirkungen der Pogrome etwas zu drastisch beschrieben haben. Ein Teil der Juden ließ sich in weiter östlich und nördlich gelegenen Gebieten (Litauen) nieder. Mit den polnischen Teilungen wurden sie nun österreichische, russische und preußische Untertanen.

Juden in Italien

Süditalien war vom 9. bis 13. Jahrhundert ein jüdisches Zentrum. In Rom waren Juden sogar seit der Epoche von Kaiser Augustus ununterbrochen wohnhaft. Da das Königreich Neapel seit dem 15. Jahrhundert dynastisch mit Spanien verbunden war, wurden die Juden 1541 ebenfalls vertrieben. In Mittel- und Norditalien konnten sie dagegen weiter wohnen. Früher als für Polen kann hier von einer Blütezeit jüdischer Kultur (1230–1550) gesprochen werden. In Mantua im 16. Jahrhundert, in Livorno (seit 1597), einem Umschlagplatz des Levantehandels, und später in Venedig entwickelten die italienischen Juden eine vielfältige Tätigkeit.

Die italienische Renaissance zeigte Interesse an der hebräischen Sprache, und umgekehrt waren die dortigen Juden mit der höfischen Kultur gut vertraut. Es gab jüdische Tanzlehrer, Dichterinnen, wie Sara Copia Sullam (um 1590–1641), und sogar Komponisten, wie Salomone de' Rossi (um 1570–1630), der zur Entstehung der Gattung der Oper beitrug, aber auch den synagogalen Gesang auf zeitgenössisches Niveau heben wollte (»Die Lieder des Salomon«, Venedig 1622). Interessant ist auch, dass wir in Italien die ersten jüdischen Beerdigungsbruderschaften (Chewra Kadischa) antreffen, aus denen sich das differenzierte jüdische Fürsorgewesen entwickeln sollte.

Erst die schärfere Haltung der Gegenreformation gegenüber Nichtkatholiken drängte die Juden in der zweiten Hälfte des 16. Jahrhunderts auch in Italien in Ghettos ab. Besonders rigoros verfuhr der Kirchenstaat, der mittelalterlichen Schikanen gegen die Juden wieder Geltung verschaffte.

Seit dem 4. Laterankonzil (1215) wurden in Europa diskriminierende Judenkennzeichen eingeführt. Dieser Holzschnitt aus Ulm (1483) zeigt disputierende Juden, die Judenhüte mit charakteristisch hoher, kugelförmig endender Spitze tragen. Erst unter dem Einfluss der Aufklärung war das Tragen von Judenkennzeichen nicht mehr vorgeschrieben.

Juden im Osmanischen Reich

Im Osmanischen Reich wurde die schon lange vor der Invasion der Türken in Istanbul wohnende jüdische Bevölkerung (griechischsprachige »Romanioten« mit einem eigenen byzantinisch-jüdischen Ritus) von der Zuwanderung der spanischen Juden nach 1492/96 sehr beeinflusst. In Saloniki sprachen die spanisch-jüdischen Emigranten noch bis ins 20. Jahrhundert Ladino, ein mit hebräischen Wörtern durchmischtes Kastilianisch des 15. Jahrhunderts. Istanbul, Saloniki und İzmir waren die »Mutterstädte in Israel« im Osmanischen Reich.

Doña Gracia Mendes-Nassí (1510–69), eine Fernhändlerin mit Sitz in Istanbul, versuchte sich 1556/57 gegen die päpstlichen Judenverfolgungen mit einem Handelsboykott von Häfen des Kirchenstaates zu wehren, doch ohne Erfolg. Mitte des 17. Jahrhunderts verwirrte ein Pseudomessias namens Sabbatai Zwi (1626–76) die Geister. Er trat zum Entsetzen der jüdischen Autoritäten im Jahr 1666 zum Islam über. Eine kleine Gruppe

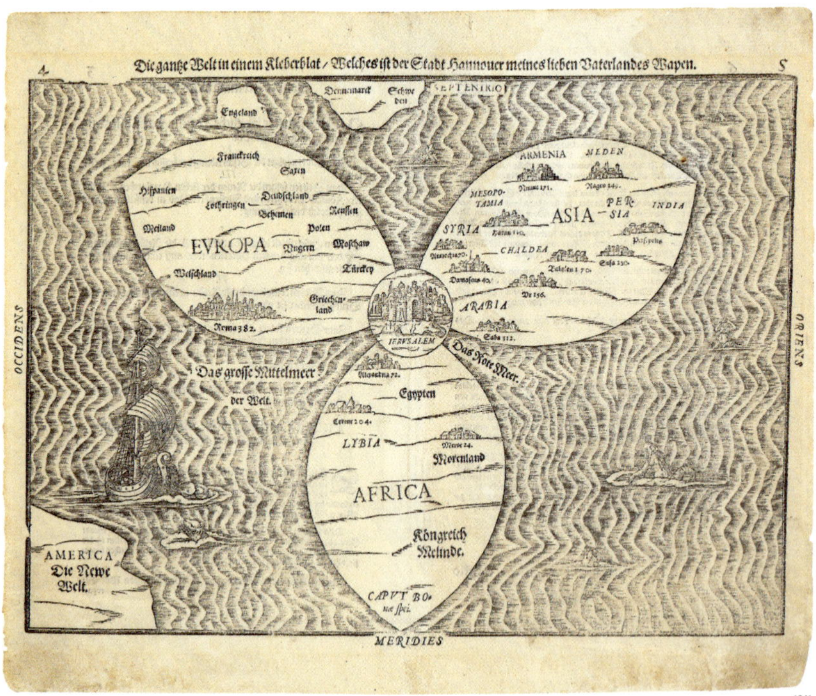

Auf dieser Weltkarte, die Heinrich Bünting im 16. Jh. gezeichnet hat, bildet Jerusalem die Nahtstelle zu den verschiedenen Erdteilen und Kulturkreisen. In der Stadt treffen sich wie in der Mitte eines Kleeblatts auch die Traditionsstränge der monotheistischen Religionen (Jersualem, Israel-Museum).

1841

INFOBOX

Halacha und Haggada

In einer klassischen Einleitung zum Talmud aus dem 11. Jh. heißt es: »Haggada ist die Erklärung, die im Talmud über irgendeinen Gegenstand vorkommt, der nicht gesetzlich ist und woraus du nur das zu lernen brauchst, was dir gefällt.« Die Haggada umfasst alle nicht gesetzlichen Bereiche, also vorwiegend Erzählungen, Legenden, Fabeln, ethische Maximen, Predigten und erbauliches Schrifttum. Von der unverbindlichen Haggada wird die hochverbindliche Halacha unterschieden. »Halacha« heißt wörtlich »Gehen«, »Wandel« und meint den von der jüdischen Religion vorgeschriebenen Weg. Der Begriff bezeichnet den gesetzlichen Teil der jüdischen Überlieferung im Ganzen und auch eine Einzelbestimmung. Die Halacha umfasst die schriftliche Thora, also die Gebote des Pentateuch, die mündliche Thora als deren Interpretation sowie nicht in der hebräischen Bibel enthaltene Vorschriften. Eine wichtige Halacha-Sammlung ist die Mischna.

hielt ihm dennoch die Treue. Sie existierte bis ins 20. Jahrhundert.

Die Juden formten wie alle nichtmuslimischen Minderheiten im osmanischen Reich eine ethnisch-religiöse Gruppe, ein Millet, dem weitgehende innere Autonomie zugesprochen wurde. Versuche, ein Oberrabbinat zu errichten, scheiterten im 16. Jahrhundert an innerjüdischen Widerständen. Zu stark war die autonome Tradition der einzelnen Gemeinden. Die Hoheit des Osmanischen Reiches erstreckte sich zu dieser Zeit bis nach Tunesien und Libyen.

Der Humanist Johannes Reuchlin war als Latinist, Gräzist und Hebraist gleichermaßen bedeutend. Seine Schrift »De rudimentis Hebraicis« (1506) war das erste christliche Lehrbuch der hebräischen Sprache.

Man weiß mangels Quellen nur sehr wenig über die Lage der dortigen Juden in dieser Zeit. Europäische Reisende berichten im 17. und 18. Jahrhundert von willkürlichen Bedrückungen durch die lokalen Herrscher. Letzteres galt auch für das unabhängige Sultanat Marokko. Hier waren im Norden die ladinosprachigen Juden dominant, im Süden arabischsprachige. Ein jüdischer Aufklärer aus Mantua, Samuel Romanelli, verfasste Ende des 18. Jahrhunderts einen kritischen Reisebericht.

Obwohl nur wenige Juden im Palästina des 16. Jahrhunderts lebten, war neben Jerusalem die Stadt Safad oberhalb des Sees Genezareth ein geistiges Zentrum. Hier verfasste der Rechtsgelehrte Josef Karo (1488–1575) sein Werk »Schulchan Aruch« (Gedeckter Tisch), eine praktisch orientierte Zusammenfassung des

100563

Während des Babylonischen Exils im 6. Jh. v. Chr. bildete sich im Judentum die Praxis der – am achten Tage nach der Geburt eines Knaben stattfindenden – Beschneidung als Zeichen des Bundes mit Jahwe heraus. Auf diesem Detail des Verduner Altars ist die »Beschneidung Isaaks« dargestellt (1181; Klosterneuburg, Stiftskirche).

100563

Moses Mendelssohn führte die deutsche Sprache in die jüdische Literatur ein und verbreitete unter den Juden die Ideen der Aufklärung (Porträt, Ausschnitt, Ende des 18. Jh.; Berlin, Märkisches Museum).

jüdischen Rechts. Der oben erwähnte polnische Rabbiner Moses ben Israel Isserles verfasste einen ergänzenden Kommentar (Mappá, Tischtuch) dazu, der die Annahme des Werkes unter den aschkenasischen Juden förderte.

Neue Entwicklungen im 18. Jahrhundert

In der ersten Hälfte des 18. Jahrhunderts entstand eine neue Bewegung im polnischen Judentum, der Chassidismus. Rabbiner Israel ben Eliezer, genannt Baal Schem Tov (Meister des guten Namens, um 1700–60), entwickelte sich zum sagenumwobenen Gründervater. Nun sollte der neue Typ des charismatischen Wunder-»Rebbe« eine Herausforderung für das Gemeindeestablishment darstellen. Mystisches Erleben und ekstatische Zusammenkünfte waren Merkmale dieser Form jüdischer Frömmigkeit. Die Chassidim wählten sogar eine andere Variante der Liturgie aus, die spanisch-jüdische, und bauten eine eigene Gemeindeinfrastruktur (zum Beispiel eigene Schlachtereien) auf.

Diese Bestrebungen traten in einen scharfen Gegensatz zur litauisch-jüdischen Gelehrsamkeit, wo allen voran der Gaon Elia aus Wilna (1720–97) die Chassidim mit scharfen Mitteln (Eheverbote, Bannflüche, Bücherverbrennungen) bekämpfte. Erst die Ausbreitung der Aufklärung unter den osteuropäischen Juden schwächte diese Gegensätze zu Beginn des 19. Jahrhunderts ab. Sie sind jedoch im orthodoxen jüdischen Milieu bis heute zu erkennen.

Etwas phasenverschoben zur Entstehung des Chassidismus bahnte sich eine andere Entwicklung in Deutschland an. Moses Mendelssohn (1729–86) aus Dessau erwarb sich autodidaktisch eine breite allgemeine Bildung, die weit über den Rahmen des unter deutschsprachigen Juden bisher Üblichen hinausging. Seine Aufsätze wurden vom christlichen Bildungsbürgertum geschätzt, und Mendelssohn wurde zum célèbre juif (gefeierten Juden) in Berlin. Aufklärerischer Kritik am Judentum hielt er 1783 sein Alterswerk »Jerusalem oder über religiöse Macht und Judentum« entgegen und erregte damit größte Aufmerksamkeit.

Die Aufklärer begannen, die Theorien über die »Regeneration« der Gesellschaft nun auch auf die Juden anzuwenden. Der Gelehrte Christian Wilhelm Dohm (1751–1820) spielte 1781 in seiner bahnbrechenden Schrift »Über die bürgerliche Verbesserung der Juden« sogar mit dem Gedanken, den Juden Bürgerrechte zu erteilen. Es folgte eine aufgeregte Diskussion über die zukünftige Rechtsstellung der Juden.

Moses Mendelssohn gehörte zur schmalen städtischen Elite unter den deutschen Juden. Diese hatte sich vom 17. Jahrhundert an neu gebildet, als sich einige Dutzend jüdische Händler als Hoflieferanten (»Hoffaktoren«) betätigten und ihren Wohnsitz in den städtischen Residenzen nehmen durften. Die jüdischen »Hoffaktoren« verschafften sich oft mehr Rechte, als die übrigen Juden hatten. Dies unterhöhlte den althergebrachten Rechtsstatus der Juden, und so darf man diese »Hofjuden« bis zu einem gewissen Grad als Vorbereiter der späteren Emanzipation des 19. Jahrhunderts sehen.

100563

In der Kunst erscheinen Ecclesia und Synagoge als Personifikationen des Neuen und Alten Testaments. Die Synagoge hat verbundene Augen und trägt einen zerbrochenen Fahnenstab (Allegorie der Synagoge, um 1230; Straßburg, Musée de l'Œuvre Notre-Dame).

Eine interessante Quelle zur Familien-, Kultur- und Wirtschaftsgeschichte der jüdischen Mittelschicht bilden die Erinnerungen der Schmuckhändlerin Glückel von Hameln (1645–1724), die im norddeutschen Bereich tätig war. Die größte jüdische Stadtgemeinde in Deutschland im Jahr 1800 war Hamburg mit wohl an die 7000 Angehörigen. Allerdings blieben die ländlichen Juden bis lange nach der Aufklärung die dominante Gruppe unter den deutschen Juden.

In der Folge der spätestens seit dem ausgehenden 18. Jahrhundert unterschiedlichen Entwicklung sollten sich die Juden des deutschsprachigen Raums von denjenigen Osteuropas stark unterscheiden. Sie entwickelten eine moderne jüdische Pädagogik, die »Wissenschaft des Judentums« (Judaistik), drei moderne religiöse Strömungen (liberal, konservativ, neo-orthodox), kämpften jahrzehntelang um ihre Gleichberechtigung und verbesserten die Stellung der jüdischen Frau.

Uri R. Kaufmann

Europa im Mittelalter
(um 550 bis um 1500)

Das frühe Mittelalter

Auf den Spuren Roms: Die Entstehung der mittelalterlichen Welt

Zur Zeit, als noch das Römische Reich bestand, wurden die Soldaten vieler Städte für die Bewachung des Grenzwalls aus öffentlichen Mitteln besoldet«, weiß Eugipp, der Abt des Severinsklosters in Lucullanum bei Neapel, im Jahre 511 zu berichten, als er das Leben des 482 verstorbenen heiligen Severin von Noricum aufzeichnete. Für ihn existierte das Imperium Romanum zu Beginn des 6. Jahrhunderts also nicht mehr, das noch den Lebensraum für seinen Heiligen und dessen Wirken an der Donau gebildet hatte.

Nach Ansicht der modernen Geschichtsforschung jedoch bestand in der Vorstellungswelt der meisten Zeitgenossen Eugipps das Römische Reich auch nach dem 476 eingetretenen Ende des weströmischen Kaisertums fort, gab es im Osten doch weiterhin einen Imperator, der in Konstantinopel residierte und in dessen Auftrag die germanischen Könige – zumindest der Theorie nach – im Westen regierten.

Hier bildete sich ein lockerer Verband germanisch beherrschter Staatswesen: die Reiche der Wandalen, der Westgoten und der Burgunder, die am Ende des 5. Jahrhunderts dem Höhepunkt ihrer Machtentfaltung zustrebten, das Ostgotenreich in Italien, wo Theoderich der Große gerade begonnen hatte, seine Herrschaft auf den Gipfel ihrer Bedeutung zu führen, und – ganz im Nordwesten – das noch in den Anfängen stehende Frankenreich, das schließlich zur neuen Großmacht des Westens aufsteigen und dem heraufziehenden Mittelalter seinen Stempel aufdrücken sollte.

Gemeinsam war diesen Staatswesen in unterschiedlich starker Ausprägung die römische Tradition. Die alte Frage, ob der Einbruch der Germanen in das Römische Reich die antike Gesellschaft weitgehend vernichtete und diese daher zu einem abrupten Ende kam oder ob nicht doch eher von einem Fortbestand ihrer zivilisatorischen Leistungen in reduzierter Form auszugehen ist, wird heute stärker im Sinne der Kontinuität beantwortet. Diese Kontinuität konnte allerdings vielgestaltig sein, war regional unterschiedlich dicht und verschieden lang andauernd, schloss Diskontinuitäten an manchen Orten nicht aus und mündete letztlich in einen Transformationsprozess, in den natürlich auch Traditionselemente der germanischen Völker einflossen, doch wird dieser Anteil heute wesentlich geringer eingeschätzt als der römische.

Arianismus und Katholizismus

Träger der römischen Tradition waren die städtischen Gemeinwesen, soweit sie fortbestanden, und die christliche Kirche, die stark von (spät)antiken Verhältnissen geprägt worden ist und deren Bischöfe in den Städten residierten. Allerdings gab es um 500 im späteren Abendland noch keine christliche Glaubenseinheit. Die Germanen hatten, wenn sie nicht Heiden geblieben waren, den christlichen Glauben in Form des Arianismus angenommen. Dieser geht auf den 336 verstorbenen Presbyter Arius zurück, der in Alexandria lebte und im Gegensatz zur herkömmlichen Theologie lehrte, dass Christus als Sohn Gottes nicht von Anfang an existierte, sondern vom Vater geschaffen wurde, dem er daher auch nicht wesensgleich sei. Diese Lehre und die vielfältigen Auseinandersetzungen um die Bestimmung des Verhältnisses von göttlicher und menschlicher Natur Christi bestimmten die theologische Diskussion vom 4. bis zum 7. Jahrhundert und stürzten die spätantike Gesellschaft, besonders im Osten des Römischen Reiches, in schwere Konflikte.

Da der Gote Wulfila, der um 370 die Bibelin seine Muttersprache übersetzte und unter seinem Volk viele Anhänger für das Christentum gewann, von dem Arianer

Das Idealbildnis eines Kaisers wird gedeutet als Karl der Große, dessen Herrschaft im frühen Mittelalter die abendländische Kultur wesentlich geprägt hat. Der Ausschnitt einer Glasmalerei stammt von der Westfassade des Straßburger Münsters (um 1200).

100563

101191

Der Ostgotenkönig Theoderich der Große ließ sich bereits zu Lebzeiten ein Grabmal errichten. Um 520 wurde dieses Mausoleum bei Ravenna erbaut.

Eusebios von Nikomedien getauft und zum Bischof der Goten geweiht worden war, verbreitete sich vor allem der Arianismus unter den germanischen Völkern. So tief aber auch immer der Gegensatz zwischen Katholiken und Arianern gewesen ist, er betraf im Wesentlichen theologische Fragen und nicht exegetische Prinzipien und liturgische Formen, was einen Übertritt der germanischen Arianer zum römischen Katholizismus nicht unwesentlich erleichtert haben dürfte. Im 6. und 7. Jahrhundert verschwand dann auch der Arianismus allmählich, und das Heidentum, von dem sich allerdings noch lange Zeit Reste hielten, wurde gleichfalls zurückgedrängt: Das Abendland wurde katholisch.

Römische Tradition

Lateinische Sprache und Literatur und damit die Möglichkeit des Zugangs zur antiken Bildung wurden dem Mittelalter durch die Kirche vermittelt und zu wesentlichen Grundlagen der abendländischen Einheit. In besonderem Maße waren die kirchlichen Organisationsformen und Teile des Kirchenrechts römisch geprägt. So bildete die kleinste Einheit in der staatlichen Ordnung des spätantiken Reiches, die civitas, die eine Stadt und das ihr zugeordnete Umland umfasste, den Amtsbereich des geistlichen Oberhauptes der christlichen Gemeinden: die Diözese eines Bischofs. So wie mehrere civitates eine Provinz bildeten, wurden die Diözesen zu einer Kirchenprovinz zusammengefasst; und der Bischof der Metropole, jenes Ortes, an dem der Provinzstatthalter seinen Sitz hatte, besaß als Metropolit gegenüber seinen Amtsbrüdern einen Vorrang und wurde später Erzbischof genannt.

Dieses System blieb auch nach dem Untergang des Weströmischen Reiches erhalten und wurde im Frankenreich, nach einer Phase des Verfalls, von Karl dem Großen erneuert und auch in jenen christlich gewordenen Gebieten eingeführt, die niemals zum Römischen Reich gehört hatten. Mussten über die Belange von Ortskirchen hinausweisende Probleme besprochen werden, versammelten sich die Bischöfe und Geistlichen des gesamten Reiches oder von Teilen des Reiches auf Synoden und Konzilen. In strittigen Fragen, aber auch in Rechtsangelegenheiten konnte der Bischof von Rom um Auskunft gebeten werden, der als Nachfolger der Apostel Petrus

184

Auch nach dem Ende der römischen Herrschaft ist die Idee der Roma als Herrin der Welt im Frankenreich allgegenwärtig: Eine Pressblechfibel des 7. Jh. aus einem Grab bei Andernach zeigt das Bild der Stadtgöttin (Bonn, Rheinisches Landesmuseum).

INFOBOX

Germanischer »Irrglaube«

Beim Untergang des Weströmischen Reiches (476) war es nicht abzusehen, dass sich der Katholizismus in Westeuropa durchsetzen würde. Denn sein Oberhaupt, der Papst in Rom, war politisch vom orthodoxen Kaiser in Byzanz abhängig und in Westeuropa von Germanenvölkern umgeben, die dem Arianismus anhingen. Dies war dem unermüdlichen Wirken Wulfilas zu verdanken, der über 40 Jahre als Bischof unter den Goten im Balkanraum lebte und als entschiedener Arianer den Goten das Christentum in ihrer eigenen Sprache nahe brachte.

Der Arianismus verbreitete sich rasch unter den West- und Ostgoten, die zu Beginn des 5. Jahrhunderts nach Italien, Südfrankreich und Spanien zogen. Von dort griff er auch auf die nachrückenden Germanenvölker in Oberitalien und Süddeutschland über. Besonders die Langobarden setzten den Katholizismus mit dem Römertum gleich und bekämpften beides. Rettungsanker für den Papst waren die Franken, deren König Chlodwig I. 498 das Christentum in katholischer Form annahm und bereits 507 die Westgoten wegen ihres »arianischen Irrglaubens« angriff, bis die Westgoten 586 und die Langobarden 680 zum Katholizismus übertraten.

und Paulus besondere Autorität genoss, jedoch als Papst lange keine umfassende Leitungsgewalt in der Westkirche besaß.

Das Papsttum

Trotzdem ist in dem Umstand, dass die Kirchen des Westens prinzipiell nach Rom, der Stadt der Kaiser und Apostelfürsten, blickten, ein wesentliches Element der abendländischen Zivilisation des Mittelalters zu fassen. Die Päpste, aber nicht nur sie, haben diese Grundorientierung in den folgenden Jahrhunderten, mit besonderem Erfolg allerdings erst nach der Jahrtausendwende, zu einem starken römischen Zentralismus ausgestaltet. Einen Vorrang in der Gesamtkirche beanspruchte Rom freilich schon im 4. und 5. Jahrhundert deutlich, wenn sich die Tibermetropole auch zunächst grundsätzlich in das bis

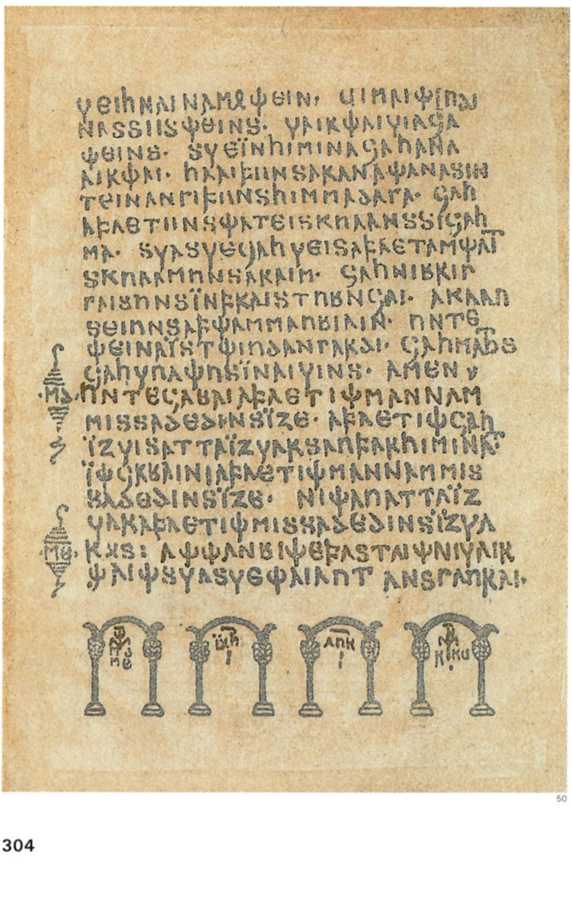

50

Der gotische Missionsbischof Wulfila fertigte um 370 eine Bibelübersetzung in seiner Muttersprache an. Der abgebildete »Codex argenteus« aus dem 6. Jh. geht auf Wulfilas Übersetzung zurück (Uppsala, Universitets Bibliotek).

393

Zu den fünf Patriarchaten gehörte auch Alexandria. Die Abbildung zeigt römische Ruinen mit der Pompeiussäule (391 n.Chr.).

Mitte des 5. Jahrhunderts ausgestaltete System von fünf Patriarchaten, die übergeordnete Einheiten bildeten, einfügen musste: Dazu gehörten neben Antiochia, Alexandria und Rom schließlich auch Konstantinopel und Jerusalem.

Seit der Expansion des Islam im 7. Jahrhundert blieb von diesem Bezugssystem allerdings nur der Dualismus zwischen den beiden Kirchen der Kaiserstädte Rom und Konstantinopel übrig, und dieser führte zu wiederholten Spannungen um Gleichberechtigung und Vorrang sowie im Jahre 1054 zu einer dauerhaften Spaltung. Die Papstkirche behauptete seitdem allein im Westen - jedoch ohne den universalen Anspruch aufzugeben - ihren Jurisdiktions- und Lehrprimat.

Nicht unwichtig für diesen Erfolg war die Durchsetzung des Prinzips von der Unabhängigkeit der Einzel- wie der Gesamtkirche von anderen Gewalten, besonders von der weltlichen Herrschaft. Wenn auch nicht immer ausreichend genug eingehalten und in

Christus verleiht die zwei Schwerter an Papst und Kaiser. Die im 14. Jh. entstandene Bilderhandschrift des Sachsenspiegels betont die von Gelasius I. entwickelte Zweigewaltenlehre, nach der geistliche und weltliche Macht gleichgestellt sind (Dresden, Sächsische Landesbibliothek).

100880

manchen Phasen des frühen Mittelalters sogar häufig vergessen, hat dieser Grundsatz trotzdem entscheidend zur Wahrung der kirchlichen Autonomie beigetragen – und dies nicht zuletzt durch Berufung auf zwei Lehren, die um 500 in zukunftsträchtiger Weise formuliert worden sind:

494 entwickelte Papst Gelasius I. (492–496) in einem Schreiben an Kaiser Anastasios I. (491–518) die berühmte Zweigewaltenlehre, die, anknüpfend an Gedanken des Kirchenlehrers Augustinus, das Verhältnis zwischen geistlicher und weltlicher Gewalt, modern gesprochen: zwischen Kirche und Staat, regelte: »Zwei sind es, erhabener Kaiser, von denen diese Welt prinzipiell regiert wird: die geheiligte Autorität der Bischöfe und die königliche Gewalt.« Die weiteren Ausführungen des Gelasius bezeichnen beide Gewalten als von Gott in je eigene Aufgabenbereiche eingesetzt, in denen sie selbstständig und ohne Unterordnung, jedoch mit gegenseitiger Unterstützung zu walten haben. Wenn König- und Priestertum hier auch als autonome und doch aufeinander bezogene Größen, als gleich und dabei einander zugeordnet erscheinen, so gebührte den Geistlichen nach

den Vorstellungen des Papstes trotzdem ein Vorrang, da sie gegenüber Gott auch für das Seelenheil der Könige verantwortlich sind.

Die andere Lehre mit Zukunftswirkung betraf die Unrichtbarkeit des Papstes. Symmachus (498–514), der zweite Nachfolger des Gelasius, hatte den römischen Bischofsstuhl nur gegen erhebliche Widerstände besteigen können und musste, da er offenbar nicht gerade als sittenstreng galt, sich nach der Jahrhundertwende wegen schwerer Vorwürfe gerichtlich verantworten. Dabei scheute man sich nicht, zu seinen Gunsten Fälschungen einzusetzen und sich auf fingierte Präzedenzfälle zu berufen.

Der rechtliche Grundsatz allerdings, dem dadurch eine besondere Autorität verliehen werden sollte und durch den betont wurde, dass der Papst von niemandem außer von Gott selbst gerichtet werden könne, dürfte auf nicht völlig neuen Vorstellungen beruht haben. In eine griffige Formel gefasst worden ist er jedoch offenbar erst in den Jahren kurz nach 500. Zu diesem Zeitpunkt waren mithin alle Entwicklungen im Gange, die später zur Einheit des Abendlandes im Zeichen des Christentums und der Papstkirche führten. *Franz-Reiner Erkens*

»Arbeiter, Krieger, Beter«: Geistige Grundlagen der mittelalterlichen Ordnung

Gottes Haus sind wir, heißt es sinngemäß im Hebräerbrief (3,6), und im frühen Mittelalter gehört das Bild vom »Haus Gottes« zu den Grundmustern, die immer wieder ausgebreitet werden, um die von Gott gefügte menschliche Sozialordnung zu beschreiben. Kurz nach der Jahrtausendwende wird die paulinische Hausmetapher häufig um ein dreigliedriges Ordnungsschema erweitert: Bischof Adalbero von Laon unterteilt das Haus Gottes in die Betenden, die Kämpfenden und die Arbeitenden. »Es gibt drei Stände in der Kirche Gottes: Arbeiter, Krieger, Beter«, weiß auch der Angelsachse Aelfric, und andere Autoren stoßen fast gleichzeitig in das gleiche Horn.

Die ständische Dreiteilung der Gesellschaft in Klerus, Adel und Bauern bleibt eine gängige Vorstellung bis

s. ZEIT Aspekte
Augustinus S. 570

in das späte Mittelalter und darüber hinaus. Noch am Vorabend der Französischen Revolution enthielt die berühmte Frage des Abbé Sieyès »Was ist der dritte Stand?« politische Sprengkraft. Dass dies so sein konnte, beweist die Zählebigkeit, aber auch die offenkundige Plausibilität der mittelalterlichen Vorstellung.

Es spricht manches dafür, dass die Polemik des französischen Pamphletisten bei den Zeitgenossen Adalberos und Aelfrics ins Leere gegangen wäre. Deutlicher als manchem Aristokraten des Ancien Régime bewusst sein mochte, sahen sie das Eigengewicht jedes der drei Stände und seinen Wert für das Ganze der Gesellschaft. Die Aufgaben greifen ineinander. Jeder Stand ist auf den anderen angewiesen, hat seinen festen Platz und seine klar umrissene Funktion im Haus Gottes.

Die Wertschätzung selbst für die vermeintlich niedere Arbeit kann in der Zuspitzung Adalberos die Hierarchien geradezu auf den Kopf stellen. »Kein Freier kann ohne Knechte leben ... Es wird der Herr vom Knecht versorgt, den er zu versorgen meint.« Aber der Bischof beschönigt nicht, zu deutlich stehen ihm die realen Lebensverhältnisse der unfreien Bauern vor Augen: »Wer könnte mit dem Abakus errechnen oder mit Worten aufzählen die Mühe, die Anstrengungen, die schweren Plagen der Unfreien? Das Weinen und Seufzen der Knechte hat nie ein Ende.« Also doch wie bei Abbé Sieyès im 18. Jahrhundert: Der Stand der Bauern ist eigentlich alles, gilt aber in Wirklichkeit nichts?

ZITAT

Adalbero, Bischof von Laon, beschreibt um 1025 die Gesellschaft als das »Haus Gottes«:
Dreigeteilt ist das Haus Gottes, das als eines geglaubt wird:
die einen beten, die anderen kämpfen, und wieder andere arbeiten.
Diese drei sind eins, und eine Spaltung ertragen sie nicht.

Jedenfalls müssen wir uns davor hüten, das geistige Modell einer ständisch gegliederten, arbeitsteiligen Gesellschaft mit der sozialen Wirklichkeit gleichzusetzen. Die schematische Deutung der Gesellschaft gründet auf den allgemeinen gelehrten Ordnungsvorstellungen, wie sie Augustinus (354–430) auf die für das ganze Mittelalter verbindlichen Begriffe gebracht hat. »Ordnung ist die Verteilung gleicher und ungleicher Dinge, die jedem den ihm gebührenden Platz zuweist.« Der augustinische Ordogedanke gilt allumfassend und unbegrenzt. Menschen, Tiere, Pflanzen, Gesteine und Gestirne, alle beseelten Wesen und alle unbeseelten Dinge haben ihren festen Platz in Gottes Schöpfungsordnung.

Jedes Einzelne ist dadurch definiert und erhält dadurch seinen Daseinszweck, dass es anderen im rechten

Maß gleich-, über- oder untergeordnet ist, die Sonne über den Mond, die Engel über die Menschen, die Seele über den Leib. Nichts ist überflüssig oder zufällig im von Gott geschaffenen Bau der Welt, und nichts wird ohne Folgen für das Ganze von seinem Platz gerückt.

Die Ordnungsprinzipien, von Augustinus auf der Grundlage der spätantiken Philosophie formuliert, gehören zum Kernbestand gelehrter Traditionen im frühen Mittelalter, und sie gelten selbstverständlich auch, wenn sie auf die menschliche Gesellschaft übertragen werden. Auch hier füllt jeder den ihm von Gott zugewiesenen Platz, wirken die Glieder zusammen in einem geordneten gemeinschaftlichen Ganzen. Es ist eine hierarchische Vorstellung der Gesellschaft, gewiss – anderes wäre im Mittelalter nicht denkbar –, aber die Abstufung nach relativen Wertigkeiten impliziert auch den absoluten Wert und die gleiche Daseinsnotwendigkeit jedes Einzelnen an dem für ihn vorgesehenen Ort. So hat selbst noch der Bettler am Rande der Gesellschaft seine unverzichtbare Aufgabe im Hause Gottes.

Noch einmal sei betont: Dies alles sind gelehrte Deutungen der Gesellschaft, keine Abbildungen der Wirklichkeit. Wir werden darauf zu achten haben, inwieweit sich in den mentalen Konzepten doch soziale Realitäten spiegeln. *Arnold Bühler*

Göttliche Ordnung auf Erden? – Familie, Haus, Grundherrschaft

Die siedlungstopographischen und herrschaftlichen Bedingungen im frühmittelalterlichen Europa scheinen sich einem systematisierenden Ordnungsbegriff zu entziehen. Zu unzusammenhängend sind die durch Siedlung erschlossenen Landschaften, zu uneinheitlich die herrschaftlich erfassten Räume. Die natürliche Umwelt besteht überwiegend aus unzugänglichem Wald und Sumpfland, sodass weite Regionen insbesondere im Norden und Osten Europas von menschlichem Leben kaum oder nicht berührt sind. In Mittel- und Westeuropa geben lediglich die Flusstäler mit ihren fruchtbaren Böden Raum für Siedlung und Ackerbau. Die antiken Stadtlandschaften Galliens und Italiens gehören auch nach der Völkerwanderung noch zu den dichtest besiedelten Gebieten. Die Siedlungszentren der Karolingerzeit an Rhône, Loire und Seine, im Rhein-Main-Gebiet und in der Oberrheinebene, zwischen Niederrhein und Maas bleiben bis ins hohe Mittelalter weitgehend konstant.

Bevölkerung und Siedlung im frühen Mittelalter
Die Siedlungsräume liegen isoliert wie Oasen in einer dem Menschen feindlichen Naturlandschaft. »Wo Land zur Rodung geeignet ist, soll man roden und verhindern, dass die Felder wieder vom Wald überwuchert werden; und wo Wälder nötig sind, soll man nicht zulassen, dass sie zu stark ausgeholzt und geschädigt werden«, mahnt Karl der Große. Das der Natur mühsam abgerungene Siedlungsland ist nicht auf Dauer gewonnen; es muss ständig gehegt und vor dem schnell wachsenden »wüsten Wald« bewahrt werden. Ausbauphasen und »Wüstungsphasen« können in einer Region innerhalb weniger Generationen wechseln. Andererseits, wo Menschen auf Dauer sesshaft werden und wirtschaften, wird der Bestand an Wild und Holz rasch dezimiert – Waldsterben durch Menschenhand schon im frühen Mittelalter!

Es ist unmöglich, für diese Zeit verlässliche Bevölkerungszahlen anzugeben. Wenn frühmittelalterliche Chronisten überhaupt einmal eine Zahl nennen – viele Tausend Tote in einer Hungersnot! –, wollen sie das Ausmaß der Katastrophe illustrieren, keine Opferstatistik erstellen. Eine in der Bibel gefundene Zahl kann dafür aussagekräftiger sein als eine exakte Zählung. Die wenigen schriftlichen Zeugnisse, die genaueres Zahlenmaterial enthalten, die Besitzverzeichnisse der geistlichen Grundherrschaften, repräsentieren jeweils nur einen kleinen Ausschnitt der Bevölkerung.

Andere Anhaltspunkte für Bevölkerungsberechnungen liefern Gräberfelder mit Skelettfunden, vereinzelte Siedlungsreste und die Ortsnamenforschung. Alle diese Befunde ergeben nur Momentaufnahmen, beziehen sich auf eine bestimmte Region, auf einen begrenzten Zeitraum. Angesichts solcher Unsicherheiten sind sämtliche Versuche, die spärlichen Daten zu einer Gesamtbevölkerungszahl hochzurechnen, mit Vorbehalten zu betrachten. Vielleicht kann man – eher hoch geschätzt – von rund vierzig Millionen Menschen ausgehen, die um das Jahr 1000 in Europa gelebt haben, fast die Hälfte, 17 Millionen, in den Mittelmeerländern, sechs Millionen in Frankreich, vier Millionen in Deutschland und Nordeuropa, knapp zehn Millionen in den slawischen Ländern und in Ungarn.

Begrenzte Horizonte

Die Siedlungs- und Kommunikationsbedingungen im frühen Mittelalter begrenzen die räumliche Erfahrung auf die unmittelbare Umgebung. Der Lebensraum der allermeisten Menschen bleibt zeitlebens das Dorf, der Weiler, das Gehöft, wo sie geboren wurden. Jenseits des Waldes liegt die unbekannte Ferne. Von dort haben die meisten nur ungewisse Kunde vom Hörensagen, und was

Die Fehde, modern gesagt der »Privatkrieg« zwischen zwei Freien oder ihren Sippen, war im gesamten Mittelalter Mittel der Rechtswahrung. In der Miniatur aus der Spiezer Chronik des Diebold Schilling überbringt ein Bote den Fehdebrief (um 1485).

3016

man erzählen hört, von Dämonen, bösen Geistern, Zauberei, macht Angst. Gut, wer in finsterer Nacht einen mächtigen Zauberspruch weiß: »Die höchste göttliche Macht, der heilige Heilige Geist, das Heil, der heilige Herr, alle sollen mich noch heute Nacht schützen vor den bösen Nachtfahrern, vor den Wegeschreitern, vor den Zaunreitern. Truden und Mahren, ihr sollt heraus zum Dachfirst fahren!« Das »Raunen der Wälder« klingt in mancherlei Weise bedrohlich.

Eng wie der Lebensraum ist auch der soziale Horizont. Wo Erfahrungen auf kleine Räume beschränkt sind, bieten überregionale, ethnische oder nationale Kategorien keine identitätsstiftenden Merkmale. Wenn die Quellen von »Aquitaniern« und »Burgundern« sprechen, sind dies Herkunftsnamen; sie bezeichnen die Leute aus Aquitanien oder aus Burgund. Ein gentiles Bewusstsein, eine Volksidentität ist kaum zu erkennen. Als »Völker« verstehen sich im frühen Mittelalter die Franken, Alamannen, Bayern, Sachsen, nicht aber »Deutsche« und »Franzosen«. Der »deutsche« König Otto der Große wurde vom »Volk der Franken und Sachsen« erhoben; sein Reich war wie das Karls des Großen fränkisch.

ZITAT

Wichtige Entscheidungen eines Adelshauses wurden gemeinsam beraten (Ruodlieb 16, 24–38): *Boten wurden abgesandt, und die Freunde versammelten sich. Als sie zu ihm gekommen und von ihm freundlich aufgenommen worden waren, wies Ruodlieb die Sitze zu… Als er gegessen hatte, befahl er die Tafeln aufzuheben. Die Türen wurden geschlossen, die zwei kräftige Männer bewachten, die keinen hinein- oder hinausgehen ließen, bis diese Beratung beendet wäre.*

Der persönliche soziale und rechtliche Status wird nicht durch eine gentile oder regionale Bindung bestimmt. Ausschlaggebend ist die Verwandtschaft. Dabei ist von einem weiteren Verwandtschaftsbegriff auszugehen als im späten Mittelalter oder in der Neuzeit. Noch umfasst er nicht nur die Vater-Sohn-Folge, die agnatische Linie (der lediglich im Erbrecht schon früh eine gewisse Exklusivität zukommt), sondern – im Sinne eines Clan- oder Sippenverständnisses – sämtliche (kognatischen) Seitenverwandten und weiblichen Familienangehörigen. Mit der gesamten »Sippe« ist zu rechnen, fragt man nach dem gesellschaftlichen Rang und dem Selbstbewusstsein einer Familie oder eines ihrer Angehörigen. Das Versepos, »Ruodlieb« im späten 11. Jahrhundert entstanden, berichtet vom Verfahren einer Brautwerbung: Die »Blutsverwandten« und – noch umfassender – die »Freunde«, also auch die Verschwägerten und andere Vertraute der Familie versammeln sich nach Rang und Namen im Haus des Helden und beraten über eine geeignete Gemahlin für ihren Sohn.

Adel verpflichtet

Es versteht sich von selbst, dass für den Besitzstand einer Familie so bedeutsame Entscheidungen wie eine Eheschließung nicht Privatsache der Eheleute sind. Ehen werden von Verwandten gestiftet, sind das Ergebnis bewussten Kalküls, nicht emotionaler Affekte. Denn der soziale Rang einer Familie ist ja nicht für alle Zeiten festgelegt; er hängt ab von Umfang und Qualität ihres Besitzes, der zwar seit Generationen gewachsen, aber doch auch ständig gefährdet ist. Mit dem Besitz, das heißt dem Reichtum an Grundbesitz, sind Macht und Ansehen veränderlich, steht der soziale Status zur Disposition, der je nach Erfolg erhöht oder gemindert wird.

Den einmal erworbenen Besitz zu bewahren oder besser noch zu mehren, ist daher höchste Adelspflicht, Schmälerung des Besitzes entsprechend stets mit Ehrverlust und Machtminderung verbunden. Die greise Mutter Ruodliebs spricht von ihrer steten Sorge um würdige Nachkommen, damit das Familiengut erhalten bleibt: »Wenn du ohne Kinder stirbst, sag, mein Sohn, was wird dann sein? Um unsre Güter wird es großen Streit geben.« Sie wünscht ihrem Sohn eine Gattin, »von der du weißt, dass ihre Verwandtschaft in beiden Linien von der Art ist, dass wiederum eure Nachkommenschaft auf keiner Seite hinkt, und deren Betragen deine Ehre nicht schmälert.«

Jeder adlige Herr steht unter dem sozialen Erwartungsdruck, seinen Grundbesitz zu vermehren und zu sichern, vergleichbar dem Erfolgsdruck eines modernen Spitzenmanagers. Doch anders als für diesen hängt für den frühmittelalterlichen Grundherrn vom Erfolg seiner Herrschaft das physische Überleben seiner selbst und seines Hauses ab. Denn der glücklos Herrschende wird rasch zur Beute seiner Genossen, die demselben Ethos verpflichtet und demselben Erfolgsdruck ausgesetzt sind. Dieser besteht ja nicht nur als soziale Konvention unter Gleichgestellten (deren Kehrseite »nur« der Gesichtsverlust des Versagers wäre); Druck entsteht auch als Forderung von unten: Die abhängigen (unfreien) Menschen einer Grundherrschaft haben Anspruch auf »Schutz und Schirm«, auf Wahrung ihres Rechts.

Kommt ein Herr – aus Unvermögen oder Versäumnis – dieser Herrenpflicht nicht nach, läuft er Gefahr,

Das Land- und Lehensrecht der Grundherrschaft wurde erstmals in dem um 1325 entstandenen Sachsenspiegel festgeschrieben. Die mittelalterliche Gesetzessammlung ist ein wichtiges Dokument und eine wertvolle Bilderhandschrift, die in vier Exemplaren erhalten ist.

dass seine Hörigen schutzlos fremdem Zugriff ausgeliefert sind und von einem anderen Herrn vereinnahmt werden, der sie wirksamer »schützen« kann. Über die Sicherung der eigenen materiellen Existenz hinaus ist die Wahrung des Grundbesitzes im Mittelalter also auch eine soziale Verpflichtung. Was einer besitzt, solle er so besitzen, als gehörte es ihm nicht, gibt um die Mitte des 9. Jahrhunderts die hochadlige Dhuoda ihrem Sohn mit auf den Weg, denn: »Manch einer streitet und sagt: Mein ist das Land, und er achtet nicht das Wort des Psalmisten: Dem Herrn gehört das Land (Ps. 23, 1).« Adel verpflichtet, weil Besitz verpflichtet.

Herrschaft über Land und Leute

Grundbesitz bedeutet »Herrschaft über Land und Leute« (Walter Schlesinger). Als Mittel der Rechtswahrung nach außen dient dem Herrn die Fehde. Sie ist das Recht des Freien, notfalls mit Gewalt für die Wahrung seines Rechts zu sorgen. In einer Zeit, die ein staatliches Gewaltmonopol (des Königs oder einer anderen übergeordneten Exekutive) nicht kennt, kommt der Fehde eine rechtsstiftende Funktion zu. Dass sie freilich auch missbräuchlich angewandt werden konnte und in manchen Epochen – etwa im Frankreich des 11. Jahrhunderts oder im spätmittelalterlichen Deutschland – vielfach zum regellosen Fehdeunwesen eskalierte, soll damit nicht geleugnet werden.

Innerhalb der Grundherrschaft wirkt die Hausgewalt des Herrn. Das Haus (domus, davon dominus, der »Herr«) gilt seit alters als Sonderfriedensbezirk. Die Tradition des römischen pater familias mit seiner uneingeschränkten Gebotsgewalt gegenüber allen Mitgliedern des Hauses ist offenkundig. Aber auch das germanische Recht kannte die herausgehobene, kultisch begründete Stellung des Hausherrn. Im Mittelalter erstreckt sich das Herrenrecht – wie schon im römischen Haus – nicht nur auf die biologische Familie des Herrn, sondern ebenso auf alle anderen Hausgenossen sowie überhaupt auf alle freien und unfreien Angehörigen der Grundherrschaft. Familia bezeichnet den gesamten Personenverband einer Grundherrschaft, ungeachtet der im Einzelnen sehr verschiedenen Rechtsbeziehungen zum Herrn.

In jedem Falle umfasst die Herrengewalt die Pflicht zur Friedenswahrung im Innern, zu Schutz und Haftung nach außen, zum Erhalt von Herrschaft und Besitz und – ein grundlegender Unterschied zum antiken Herrenrecht – zum Schutz und Unterhalt aller unter dem Recht des Grundherrn (Hofrecht) lebenden Menschen. Das vom Herrn zu sichernde Recht auf Leben und Auskommen – und vielleicht weniger seine konkrete Lebenswirklichkeit – erhebt den mittelalterlichen Leibeigenen über den Sklaven der antiken Gesellschaften. Die grundherrliche familia bildet außerhalb der Verwandtschaft den weiteren sozialen Raum, in den der Mensch des frühen Mittelalters hineingeboren wird und dem er sich verbunden weiß.

ZITAT

Adelsstolze Prachtentfaltung und christliche Tugendpflicht waren keine Gegensätze im Leben des Fürsten (»Historia Welforum«, nach 1191):

Nach dem Tode seines Sohnes bedachte der ältere Welf (Herzog 1152–91), dass er von seiner Gattin keinen Erben mehr empfangen würde ..., und sein ganzes Bestreben war, in großem Gepränge zu leben, der Jagd zu frönen, sich Festgelagen und Vergnügungen hinzugeben und in Festlichkeiten und verschiedenen Schenkungen sich großzügig zu erweisen.

Ein grundherrliches Hofgut

Grundherrschaften größerer Ausdehnung bestehen aus mehreren Gütern (villae), die geographisch weit gestreut liegen können. Zur Abtei Saint-Germain-des-Prés bei Paris gehören im 9. Jahrhundert 25 solcher Güter, die meis-

357

Die Mobilität der Herrscher spiegelt sich nicht zuletzt in den Tragaltären. So konnten die Messen vielerorts gelesen werden. Den um 870 entstandenen Reisetragaltar stiftete Arnulf von Kärnten dem Kloster Sankt Emmeram in Regensburg (München, Schatzkammer der Residenz).

ten im Umkreis von fünfzig Kilometern um die Abtei gelegen, einzelne aber 150 Kilometer entfernt an der Seinemündung oder westlich im waldreichen Perche. Zusammengenommen umfasst die Grundherrschaft über 30 000 Hektar Land (Ackerland, Weinberge, Wiesen, Wald), auf den Gütern leben insgesamt 1 600 Familien (d.h. rund 10 000 Personen). Jede villa setzt sich zusammen aus Herrenland mit einem Herrenhof (Fronhof) und Hufenland, das an abhängige Bauern (Hörige) ausgegeben ist.

Auf einem Hofgut – wir nehmen als Beispiel die villa Palaiseau, südwestlich von Paris, mit etwa 1 200 Hektar Land – leben unfreie Familien auf 117 Bauernstellen, also etwa 500 Menschen. Die ausgegebenen »Hufen« sind so bemessen, dass sich jeweils eine Familie vom Ertrag einer Hufe (mansus) ernähren kann; entsprechend schwanken die Hufengrößen je nach Anbau und Bodenergiebigkeit stark (allein in Palaiseau zwischen drei und zwanzig Hektar).

Dafür, dass sie eine Bauernstelle innehaben, die sie bewirtschaften und von der sie ihren Unterhalt bestreiten, leisten die Hufenbauern Abgaben und Dienste. »Für jede Hufe entrichtet er in jedem zweiten Jahr einen Ochsen, im andern Jahr ein Schwein, zur Ablösung vom Holzschlag vier Pfennige, für die Weideerlaubnis zwei Fässer Wein, ein Mutterschaf mit einem Lamm, ferner drei Hühner, 15 Eier«, wird für Walafred, seine Frau und seine beiden Kinder bestimmt. Seine Abgaben sind höher bemessen, denn er ist – obwohl nur Halbfreier (Kolone) – Verwalter des Gutes Palaiseau und hält allein zwei Hufen, die mit je zehn Hektar Ackerland, dazu noch Weinberge und Wiesen, ergiebiger sind als die anderen Hofstellen. Belastender als die Abgaben sind die zu leistenden (häufig ungemessenen) Frondienste: Mit ihren »Hand- und Spanndiensten« bearbeiten die Hufenbauern das Herrenland ihrer villa, dessen Erträge unmittelbar dem Herrn zufließen. Neben den weitgehend selbstständig wirtschaftenden hörigen Bauern gibt es noch die »Leibeigenen«, die als Gesinde der Herrengewalt unmittelbar ausgeliefert sind.

Gestreute Herrschaften – mobile Herren

Typisch für die Grundherrschaft ist die Streulage der Güter über weite Strecken. Es fällt schwer, sich vorzustellen, wie unter den Kommunikations- und Verkehrsbedingungen der Zeit weit entlegener Besitz verwaltet und geschützt werden kann. Nicht nur, dass die Straßen schlecht sind oder überhaupt fehlen, Nachrichten über größere Distanzen wochenlang unterwegs sind, es gibt eben auch keine kontinuierlichen Aufzeichnungen über Besitzverhältnisse und Einkünfte. Nicht einmal der König weiß genau, mit welchen Erträgen er rechnen kann: »Auch von unseren Königsgütern sollen Aufstellungen gemacht werden, damit wir wissen können, wie viel uns von unseren eigenen Gütern zusteht«, fordert Karl der Große, ohne dass eine Reaktion erkennbar wäre. Wer aus heutiger Sicht den mittelalterlichen Zeitgenossen die Häufigkeit und Heftigkeit ihrer – bei weitem nicht immer gewaltsam ausgetragenen – Auseinandersetzungen um Besitz und Herrschaft ankreidet, bei ihnen Hitzköpfigkeit und naive Streitlust diagnostiziert, der unterschätzt das systembedingte Konfliktpotenzial, dem sie ausgesetzt waren.

Grundherrschaft ist also nicht territorial, nicht auf ein fest umrissenes Gebiet bezogen, sondern punktuell auf die Wahrnehmung bestimmter, im Einzelfall schwer beweisbarer Rechte an verschiedenen Orten. Herrschaft müsste unter diesen Umständen allgegenwärtig sein. Tatsächlich zeichnet sich der Adel des frühen und hohen Mittelalters durch eine erstaunliche Mobilität aus (im Gegensatz zu dem oben betonten kleinräumigen Horizont der in grundherrlicher Abhängigkeit lebenden Menschen). Die Streulage ihres Besitzes zwingt die Großen zum ständigen Reisen.

Für den König – dessen Herrschaft zum großen Teil ja ebenfalls auf grundherrlichen Rechten basiert – ist die »Reiseherrschaft« ohne feste Residenz gut belegt. Wie der König ziehen auch alle anderen Grundherren, die Bischöfe, die Äbte und ihre Prioren, die großen und kleineren Herren, unablässig durch die Lande, besuchen ihre verstreuten Besitzungen, nehmen vor Ort ihre Rechte wahr, prüfen und nutzen ihre Einkünfte, inspizieren den Zustand der Güter, kontrollieren und maßregeln die Dienstleute, entscheiden Streitfälle, sprechen Recht und verschaffen sich Recht gegenüber benachbarten Herrschaften.

Die schon erwähnte Dhuoda, Gemahlin des Grafen Bernhard von Septimanien, verfasste 842/843 ein

ZITAT

Der Abt von Saint-Benoît-sur-Loire äußert sich im 10. Jh. über die gesellschaftliche Rangordnung:

Unter den Christen beiderlei Geschlechts gibt es, wie wir sehr wohl wissen, drei Ordnungen, drei Grade gewissermaßen: zum ersten die der Laien, zum zweiten die der Kleriker und zum dritten die der Mönche. Obwohl keiner der drei frei von Sünde ist, ist die erste gut, die zweite besser und die dritte am besten.

»Handbuch« für ihren damals 16-jährigen Sohn Wilhelm. Ihre Verhaltensregeln für den Sohn enthüllen Lebensumstände adliger Herrschaft im frühen Mittelalter. Geheiratet hat Dhuoda 824 in der Pfalz in Aachen. Während sie das Handbuch schreibt, lebt sie in Uzès (im Languedoc), wo sie im Auftrag ihres Mannes die Familiengüter verwaltet, während sich Bernhard selbst in Aquitanien aufhält.

Sie berichtet von der Geburt ihres jüngsten Sohnes in Uzès, sagt aber nicht, wo Wilhelm geboren ist. Er wird irgendwo unterwegs zur Welt gekommen sein, vielleicht auf der langen Reise von Aachen nach Südfrankreich. Dhuoda gibt ihrem Sohn genaue Anweisungen, wie sie einmal ihr Begräbnis wünscht, selbst den Grabspruch hat sie schon verfasst, aber wo ihre Grabstätte sein wird, weiß sie nicht.

Die Situation Dhuodas ist typisch für den Adel ihrer Zeit: Die Güter liegen über weite Regionen verstreut, der Herr und die Vertrauten seiner Familie sind fast ohne Pause unterwegs, um den Besitz zusammenzuhalten. Ein herrschaftliches Zentrum, ein Familiensitz, wo man Hochzeit feiert, wo die Kinder geboren und die verstorbenen Angehörigen betrauert werden, überhaupt ein lokaler Lebensmittelpunkt kann unter diesen Umständen ebenso wenig entstehen wie für das Reich – die Herrschaft des Königs – eine Hauptstadt. Die vielen Burgen und Herrensitze, die wir rückschauend so selbstverständlich als typische Relikte mittelalterlicher Herrschaft verstehen, wurden unter herrschaftlichen und sozialen Bedingungen errichtet, die das Mittelalter selbst erst spät hervorgebracht hat.

Die Rolle der Frau im frühen Mittelalter

Das Selbstzeugnis Dhuodas wirft auch ein Licht auf die Rolle der Frau im frühen Mittelalter. Gewiss trifft es zu, dass die Frau gegenüber dem Mann allgemein einen minderen Rechtsstatus hat; sie benötigt in Rechtsgeschäften den Beistand eines Mannes (des Ehemannes, Vaters oder Bruders). Dennoch dürfen wir sie uns nicht als entmündigt vorstellen. Für Dhuoda ist es selbstverständlich, dass sie in Abwesenheit des Herrn selbst Herrschaft wahrnimmt, zwar im Auftrag ihres Mannes, gleichwohl mit eigenem Entscheidungsspielraum und Risiko: Sie setzt ihr eigenes Vermögen ein, um den gefährdeten Familienbesitz zu retten. Dhuoda ist »Herrin« im wörtlichen Sinne. Wir wissen von bedeutenden Königinnen, die für ihre minderjährigen Söhne beziehungsweise Enkel die Regentschaft führten, Theophano und Adelheid für Otto III., Agnes für Heinrich IV.

Aber auch zu Lebzeiten des Herrschers ist die Königin mehr als schmückendes Beiwerk an seinem Thron. Die Urkunden nennen sie mehrfach consors regni, »Partnerin im Königtum«, mit eigener Hofhaltung, eigenem Itinerar, also mit herrschaftlichen Aufgaben nicht nur an der Seite des Königs. Am karolingischen Hof ist die Königin dem Kämmerer unmittelbar vorgesetzt und damit für die Repräsentation des Hofes und den königlichen Schatz zuständig.

Die »familiären«, letztlich auf der Hausherrschaft gründenden Strukturen der Herrschaft binden die Frau gerade nicht an das Haus im engeren Sinne, sondern in

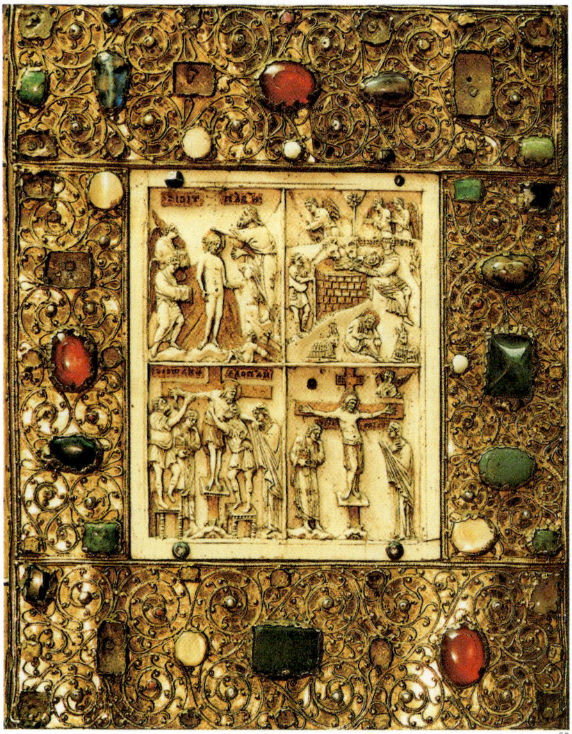

50

Die Rolle der Frau im Mittelalter kommt nicht zuletzt darin zum Ausdruck, dass ein solches Evangeliar mit Prachteinband in die Geschichte als Otto-Adelheid-Evangeliar eingegangen ist (10. und 13. Jh.; Quedlinburg, Domschatz).

größerem Maße als in späteren Jahrhunderten in herrschaftliche Funktionen ein. Die Dame, die auf den Zinnen ihrer Burg entsagungsvoll nach dem Geliebten schmachtet, ansonsten aber süßes Nichtstun pflegt, ist eine schöne Erfindung der Romantik. Mit der Lebenswirklichkeit und dem Selbstverständnis einer mittelalterlichen Herrin hat sie nichts gemein. *Arnold Bühler*

Künder des Glaubens: Die iroschottische Mission

Bis zur Spätzeit des Römischen Reiches waren die zu ihm gehörenden europäischen Bevölkerungsteile weithin christianisiert; sie waren geprägt durch spätantike lateinische Theologie und ihre episkopalen Kirchenformen. Die Wirren der Völkerwanderung veränderten nicht nur das politische Gefüge, sondern auch die religiöse Landschaft: Heidnische Germanenstämme besiedelten und beherrschten weite Teile Europas, nur in manchen Regionen - etwa am Mittelrhein zwischen Straßburg und Köln - konnte die galloromanische Tradition überdauern.

Die mit Beginn des Mittelalters einsetzende Missionierung hatte vor allem die germanischen Stämme innerhalb und außerhalb der Grenzen des früheren Römischen Reiches zum Adressaten. Ein Teil der Germanenstämme, die Goten, waren auf ihren Wanderungen mit einem arianischen Christentum östlicher Prägung in Kontakt gekommen und hatten es angenommen - die Ostgoten siedelten schließlich in Pannonien und Italien, die Westgoten in Südfrankreich und Spanien.

Das westliche Mittel- und Nordeuropa wurde aus zwei Richtungen missioniert, einmal von Süden her, aus Italien und den noch intakten Bistümern und Klöstern im gallorömischen Bereich, zum anderen aus dem Norden durch die iroschottische Mission. Die erstere war vor allem im 5. und 6. Jahrhundert sehr aktiv und konnte mit der Taufe des Frankenkönigs Chlodwig Ende des 5. Jahrhunderts in Reims einen wichtigen Erfolg erzielen. Sie war dann aber längere Zeit weniger effektiv als die iroschottische, um dann mit der angelsächsischen Mission des 8. Jahrhunderts und der Anlehnung der Karolinger an Rom schließlich siegreich zu sein.

Dennoch bleibt es unbestritten, dass der iroschottischen Mission ein wichtiger Anteil an der Missionierung Europas zukommt. Unter »iroschottisch« ist zunächst einmal nur die irische Kirche zu verstehen – Irland wurde im Mittelalter als »Scotia« bezeichnet; im 6. Jahrhundert aber wurde von Irland aus auch das heutige Schottland, besonders durch Columban den Älteren, missioniert; es blieb lange Zeit Teil der irischen Kirche.

Die irische Kirche und so auch ihre Mission kannte Eigentümlichkeiten, die sie von der sonstigen lateinischen Kirche unterschied: In erster Linie war sie eine Mönchs- und Clankirche. Grundlage der Gesellschaft waren die Stämme oder Blutsgemeinschaften (»tuath«); gegen Ende des 8. Jahrhunderts gab es mehr als 180 dieser Clans. Zu den Klöstern, eine Art Clan-Konvent, bei dem nur der innerste Kern aus Mönchen bestand, gehörten alle Stammesangehörigen.

Die Kirche wurde von den Äbten dieser Klöster geleitet, seltener von Bischöfen, wie überhaupt das im lateinischen Raum so wichtige Kirchenamt – das Mönchtum war eine Laienbewegung – keine so große Rolle spielte. Viele Einzelheiten der iroschottischen Kirche scheinen Einflüsse aus dem östlichen, griechischsprachigen Mittelmeerraum zu verraten: monastische und liturgische Traditionen, die Ornamentik und die Gestalt der Buchstaben in frühen Handschriften, ägyptische Mönchsnamen in irischen Litaneien und vor allem die mehr als anderswo verbreiteten Griechischkenntnisse. Es

INFOBOX

Vom Wesen der Mission

Schon in vorgeschichtlicher Zeit und in den frühen Hochkulturen verbreiteten sich Religionen. Diese Ausbreitung aber geschah ohne Mission, die immer ein universales religiöses Konzept voraussetzt, das grundsätzlich »von allen« zur Beantwortung ihrer religiösen Fragen und zu einem sinnvollen Leben akzeptiert werden könnte. Diese Voraussetzung bringen die Weltreligionen mit, aber auch sie kennen nicht alle eine Mission, weil sie sich zum Teil auf ihr kulturelles Umfeld – wie etwa der Daoismus und Konfuzianismus in China und der Hinduismus in Indien – oder auf eine ethnische Gruppe beschränken wie die jüdische Religion. Lediglich zwei der heute als solche bezeichneten Weltreligionen haben von Beginn an missioniert: der Buddhismus und das Christentum.

ist umstritten, ob diese Eigenschaften mit einer Gründung der irischen Kirche durch ägyptische Mönche erklärt werden muss; jedenfalls scheint das Christentum schon im 3. und 4. Jahrhundert in Irland Fuß gefasst zu haben.

Damit wirkten sicher auch gallorömische Einflüsse nach Irland: Schon Papst Cölestin I. soll im Jahr 431 den Bischof Palladius nach Irland geschickt haben, und nach verbreiteter Überlieferung gilt, was wohl überzeichnet ist, die dortige Kirche als eine Gründung des Bischofs Patrick; er war als Sklave aus England nach Irland verschleppt worden und kehrte nach seiner Flucht als Missionar dorthin zurück.

Das iroschottische Mönchtum war streng, kannte Züge des Eremitentums und betonte den hohen Wert der »Hauslosigkeit« und so der immer neuen Wanderschaft (»peregrinatio«). Von daher ergab sich eine starke Dynamik, in die Welt hinauszuziehen. Was vielleicht zunächst die eigene Vollkommenheit zum Ziel hatte, führte zunächst zu einer sporadischen, bald aber auch zu einer systematischen Mission.

Diese richtete sich anfänglich auf Regionen in England und Schottland, später dann, seit Columban dem Jüngeren, auf das Festland. Columban gründete drei

Irland wurde sehr früh christianisiert. Die ersten christlichen Klöster waren in die Erde gebaut und hatten steinerne, mörtellose Dächer. Abgebildet ist das Oratorium von Gallarus auf der Halbinsel Dingle (6. oder 7. Jh.).

INFOBOX

Der Sankt Galler Klosterplan

Bereits für die karolingische Zeit ist das später allenthalben übliche Klosterschema nachweisbar, das in Abwandlungen für die meisten Orden verbindlich blieb: Der um 830 entstandene Sankt Galler Klosterplan zeigt den ersten vollständigen Grundriss eines Klosters. Im Zentrum liegt die lang gestreckte Abteikirche in Gestalt einer doppelchörigen Basilika mit Gallus-Chor im Osten und Petrus-Chor im Westen. An ihrer südlichen Breitseite schließt die Klausur der Mönche mit dem Kreuzgang und den Klausurgebäuden – Wärmestube und Schlafsaal mit Bad und Latrine im Osten, Speisesaal mit Küche und Kleiderkammer im Süden sowie Vorratsräume und Klausurpforte im Westen – an. Im Süden des Komplexes finden sich Werkstätten, im Osten Garten, Noviziat, Krankenstation und Friedhof der Mönche, im Norden die Gebäude des Abtes und der vornehmen Gäste, im Westen die Pilgerherberge sowie Viehställe.

Klöster in den Vogesen, von denen vor allem Luxeuil wichtig wurde. Von ihm gingen rund fünfzig weitere Neugründungen aus. Columban zog später weiter in die Schweiz, wo sein Schüler Gallus das später nach ihm benannte Kloster Sankt Gallen gründete, und bis nach Italien, wo das Kloster Bobbio auf ihn zurückgeht. Im 7. Jahrhundert durchwanderten iroschottische Missionare weite Gebiete Europas, gründeten Klöster und ein sich um sie herum gruppierendes Christentum.

Obwohl sich im folgenden Jahrhundert ein mehr lateinisches Christentum durchsetzen konnte, gehören die Prägungen durch die iroschottische Mission zum Erbe des späteren Mittelalters. Hierzu ist wohl die enge Verbindung der Nachfolge Jesu mit dem Armutsgedanken zu rechnen, die im Hochmittelalter die dynamische Armutsbewegung hervorbrachte; vielleicht gehen auch viele Motive der hoch- und spätmittelalterlichen wie der neuzeitlichen Kritik an der Erscheinungsform der episkopalen und papalen Kirche auf die Europa eingestifteten mönchischen Ideale zurück. Neben vielen anderen einzelnen Motiven ist vor allem die Beichtpraxis (Ohrenbeichte) eine Hinterlassenschaft der Iren.

In den Klöstern Irlands und dann auch in den Neugründungen auf dem Festland wurde der Pflege der Wissenschaft ein großer Wert beigemessen. Hierbei stand bis ins 8. Jahrhundert hinein die Theologie im Vordergrund;

Grammatik und Exegese sollten die heiligen Schriften zugänglich machen, wobei auch die Vermittlung von Griechischkenntnissen nicht ungewöhnlich war; Kalenderwissenschaft war zur sakralen Einteilung des Jahres vonnöten. Weil nicht nur der eigene Mönchsnachwuchs, sondern auch Laien die Klosterschulen besuchen durften, wurden diese zu Keimzellen der kulturellen Vermittlung. Später wurde in den Klöstern immer stärker auch die vorchristliche, auch griechische Tradition, vor allem das platonische Denken gepflegt. Während der Karolingerzeit trug eine Reihe von Iren, die – als Mönche oder Laien – in den Klöstern ihrer Heimat erzogen worden waren, wesentlich zum kulturellen Aufschwung, der so genannten »karolingische Renaissance«, bei. Hier sei – stellvertretend auch für andere – Johannes Scotus Eriugena genannt, der an der Hofschule in Laon lehrte.

Karl-Heinz Ohlig

Nicht nur der »Apostel der Deutschen«: Die Missionierung der Angelsachsen und der Germanen

In der Geschichte der Christianisierung Europas wurde am Ende des 6. Jahrhunderts ein Meilenstein gesetzt: 597 landete der Mönch Augustinus – er war zuvor Prior des Klosters Sant'Andrea in Rom gewesen – mit vierzig Gefährten an der Küste Englands. Im Auftrag Papst Gregors I., des Großen, sollten die Missionare die bislang heidnischen Angelsachsen zum Christentum bekehren. Als erste Station seiner Reise wählte Augustinus Kent: Unter den damals sieben angelsächsischen Königreichen galt es als dasjenige Herrschaftsgebiet, das der kontinentalen Tradition am engsten verbunden war; außerdem war König Aethelberht von Kent mit der fränkischen Prinzessin Berta, einer Christin, verheiratet.

Augustinus' Wirken führte bald zu Erfolgen. Aethelberht und zahlreiche Große des Landes empfingen die Taufe, über die Grenzen des Landes hinweg gewann die römische Mission an Boden. Nach den Vorstellungen Papst Gregors sollten im angelsächsischen Britannien zwei Erzbistümer – in London und in York – entstehen; da sich beide Städte aber dem Christentum gegenüber

100563

Der von König Oswald 635 ins Land gerufene Mönch Adian gründete das berühmte Kloster Lindisfarne. Das Foto zeigt die Ruinen des Klosters vor der Küste Northumbrias.

verschlossen zeigten, nahm Augustinus seinen Sitz als Metropolit in Canterbury.

Einen entscheidenden Fortschritt konnte die Mission verbuchen, als es Paulinus, einem der Gefährten des Augustinus, gelang, König Edwin von Northumbria für den neuen Glauben zu gewinnen – als der König 632 in der

INFOBOX

Im Namen des Vaterlandes …

In seinem Briefwechsel schildert Bonifatius die Zustände in den Landeskirchen: In Bayern traf er etwa einen Priester, dessen Lateinkenntnisse so desolat waren, dass er »Im Namen des Vaterlandes und der Tochter und des heiligen Geistes« taufte, »Baptizo te in nomine patria et filia et spiritus sancti«. Taufbewerber wussten oft nicht genau, ob sie vielleicht schon getauft waren; Priester aßen Opferfleisch; Christen verkauften ihre Sklaven an Heiden zur Opferung:

»Jetzt aber sind zum größten Teil die Bischofssitze in den Städten Laien überlassen, die nach dem Besitz trachteten … Auch findet man unter ihnen einige Bischöfe, die zwar sagen, die sie seien keine Hurer und Ehebrecher, die aber trunk- und streitsüchtig sind und eifrige Jäger und die bewaffnet im Heer kämpfen und eigenhändig Menschenblut vergossen haben von Heiden und Christen.«

Schlacht von Hattfield Chase fiel, wurden weitere Fortschritte aber zunächst wieder infrage gestellt. Die Christianisierung Northumbrias setzten dann iroschottische Missionare fort: König Oswald rief 635 den Mönch Aidan aus dem Kloster Iona ins Land, der vor der Küste Northumbrias auf Holy Island das berühmte Kloster Lindisfarne gründete. In der Folgezeit wurde das Christentum von Norden her auch in den Königreichen Mercia, East Anglia und Essex verbreitet.

Mit diesen Fortschritten wuchsen allerdings auch die Spannungen zwischen den beiden Missionsbewegungen. Als hauptsächlicher Hinderungsgrund für ein gemeinsames Vorgehen erwies sich dabei die jeweils unterschiedliche Berechnung des Osterdatums, des für den liturgischen Ablauf des Kirchenjahrs zentralen Termins. Eine Kirchenversammlung in Whitby entschied 664 den Streit

Um 700 entstand im Kloster Lindisfarne die prachtvoll illuminierte Handschrift des Evangeliars von Lindisfarne. Die abgebildete Seite zeigt den heiligen Matthäus (London, British Museum).

471

Auf der Synode in Whitby wurde 664 der angelsächsische Kirchenstreit zugunsten Roms entschieden. Das Foto zeigt die Ruine der 657 gegründeten, 1067 zerstörten und 1220 im Stil des Early English wieder errichteten Kirche.

zugunsten der römischen Missionare – dies ermöglichte die Ausbildung einer einheitlichen angelsächsischen Landeskirche, die sich von nun an als Glied der römischen Universalkirche verstand.

Willibrord und Bonifatius

Schon bald nach der Annahme des Christentums begannen die Angelsachsen damit, ihren Glauben auch zu ihren festländischen Stammesverwandten zu tragen. Willibrord war dabei der Erste, der seine Missionsversuche unter den Schutz des fränkischen Hausmeiers stellte und vom Papst eine Vollmacht einholte. 690 erhielt er von Pippin II., dem Mittleren, Westfriesland als Missionsgebiet. 695 wurde er von Papst Sergius I. zum Bischof der Friesen geweiht. Um 700 verlegte Willibrord seinen Sitz ins neu gegründete Kloster Echternach im heutigen Luxemburg, von wo aus er Missionsreisen nach Friesland und Thüringen unternahm.

Den Durchbruch vermochte dann aber erst der Westsachse Winfried zu erzielen, der 718 Britannien verließ

Um 700 verlegte der angelsächsische Missionar Willibrord seinen Sitz ins neu gegründete Kloster Echternach im heutigen Luxemburg. Die Krypta der Kirche beherbergt das Grab des Heiligen.

100264

und 719 in Rom von Papst Gregor II. unter Verleihung des Namens Bonifatius mit der Germanenmission – daher der Beiname »Apostel der Deutschen« – beauftragt wurde. Bonifatius war zunächst mit Willibrord bei den Friesen tätig und wirkte dann ab 721 in Hessen, wo er die Klöster Amöneburg und Fritzlar gründete.

INFOBOX

Die Fällung der Donar-Eiche

Ein Ereignis, das ohne Zweifel zu den Höhepunkten im Wirken des Bonifatius gehört und sein Bild im volkstümlichen Geschichtsbewusstsein nachhaltig geprägt hat, ist die Fällung der dem germanischen Kriegsgott Donar geweihten Eiche bei Geismar im Jahr 724.

Um die Germanen von der Macht des christlichen Gottes zu überzeugen, wollte Bonifatius die Eiche eigenhändig fällen. Die anwesende Menge wartete gespannt und hoffte auf ein Zeichen der Götter. Doch nachdem Bonifatius begonnen hatte, erhob sich ein Sturm, und der mächtige Baum stürzte zusammen. Das überzeugte die Heiden, sie priesen Gott und glaubten an ihn. Bonifatius aber soll an dieser Stelle aus dem Holz der Eiche eine kleine Kapelle errichtet haben, die er dem Apostel Petrus weihte.

Bei einem zweiten Aufenthalt in Rom 722 von Gregor II. zum Bischof geweiht und 732 von Papst Gregor III. zum Erzbischof und päpstlichen Vikar des ostfränkischen Missionsgebiets ernannt, missionierte er, unterstützt von vielen angelsächsischen Mönchen und Nonnen, mit wachsendem Erfolg in Thüringen und in Hessen - von Legenden umrankt ist hier die Fällung der dem Gott Donar geweihten Eiche bei Geismar (724), mit der Bonifatius die Überlegenheit des christlichen Gottes über die germanischen Götter zu beweisen suchte. Die Neuorganistaion der Kirche begann Bonifatius dann 739, nach einem dritten Aufenthalt in Rom, in Bayern, wo er in Salzburg, Passau, Regensburg und Freising

100563

Der Benediktiner und Missionar Bonifatius fällte 724 die Donar-Eiche im hessischen Geismar, eines der spektakulären Ereignisse seiner erfolgreichen Germanenmission. Der Stahlstich aus dem 19. Jh. schildert diese Begebenheit.

Der barocke Dom in Fulda mit dem Grab des Bonifatius wurde an der Stelle der alten Stiftskirche errichtet. Johann Dientzenhofer war der Baumeister (1704–12).

100562

Bischöfe einsetzte bzw. bestätigte. 741 kam es zur Gründung der Bistümer in Würzburg, Büraburg (bei Fritzlar) und Erfurt.

INFOBOX

Kloster Fulda

Nach längeren Vorbereitungen konnte Bonifatius 744 im Wald Buchonia das Kloster Fulda errichten; Karlmann hatte dazu wesentliche Unterstützung geleistet, indem er das hier liegende Königsgut zur Verfügung gestellt und die Großen des Grabfeldgaus zu weiteren Schenkungen genötigt hatte. Bonifatius setzte als ersten Abt des Klosters seinen aus einer bayerischen Adelsfamilie stammenden Schüler Sturmius ein und verpflichtete die Mönchsgemeinschaft auf die Benediktinerregel. Das Benediktinerkloster erlangte durch königliche und päpstliche Privilegien rasch eine besondere Stellung: 751 wurde es unmittelbar dem Papst unterstellt, 765 wurde es Reichsabtei, 774 wurde ihm Immunität verliehen. Unter Hrabanus Maurus spielte die Klosterschule eine führende Rolle in Europa, und die Klosterbibliothek wurde zu einer der bedeutendsten Bibliotheken im deutschen Sprachraum (über 1 000 Handschriften, nach 1632 verloren gegangen). Seit 968 stellten die Äbte den Primas der Benediktineräbte Germaniens und Galliens, 1220 wurden sie zu Reichsfürsten erhoben.

INFOBOX

Märtyrertod

Im Frühjahr 754 brach Bonifatius - 80-jährig und offenbar noch rüstig - noch einmal zu einer Mission nach Friesland auf. Es ging um die Rechtsstellung des Bistums Utrecht und den Abschluss der Christianisierung des Landes. Wieder durchzog er predigend und taufend das Land bis in den äußersten Norden. Bei Dokkum schlug er sein Lager auf und lud hierher zum 5. Juni alle Neubekehrten ein, um ihnen die Firmung zu spenden. An diesem Tag aber überfiel ein Haufen heidnischer Krieger Beute suchend das Lager. Der Angelsachse Willibald, den Bonifatius 741 zum Bischof von Eichstätt geweiht hatte, berichtet, dass Bonifatius seinen Leuten jede Gegenwehr untersagt habe. So starb er mit etwa 50 Gefährten den Märtyrertod. Nach einem Augenzeugenbericht hat Bonifatius sein Haupt mit einem Evangeliencodex gegen das Schwert des Mörders zu schützen versucht - vielleicht war es der so genannte Ragyndrudis-Codex, der heute in Fulda aufbewahrt wird und Hiebspuren aufweist.

Nach dem Tod Karl Martells (741) wurde die Organisation und Reform der fränkischen Kirche vor allem von Karlmann unterstützt. Auf mehreren Synoden erließ man Bestimmungen, die eine Ausrichtung der kirchlichen Organisation und der Lebenweise der Kleriker an den alten Vorschriften des Kirchenrechts anstrebten. Dabei versuchte Bonifatius, der Verweltlichung der Bischöfe und des Klerus entgegenzuwirken. Die schon von Karl Martell beanspruchte Mitwirkung der weltlichen Herrscher nahm er jetzt hin; so wurde die fränkische Kirche trotz Bindung an Rom zur Landeskirche. 747 erhielt Bonifatius, verbunden mit dem persönlichen Titel »Missionserzbischof«, das Bistum Mainz; seine Hauptfürsorge widmete er nun der Ausgestaltung des 744 gegründeten Klosters Fulda. Nach dem Klostereintritt Karlmanns (747) konnte Bonifatius sich offenbar nicht mehr gegen den heftigen Widerstands des fränkischen Episkopats durchsetzen; er resignierte und machte in hohem Alter nochmals den Versuch der Friesenmission. Dies war jedoch - wie alle vorangegangenen Missionsversuche - mit Gefahren verbunden: Am 5. Juni 754 wurde er in der Nähe von Dokkum von friesischen Räubern erschlagen, die es auf Bonifatius' wertvolle liturgische Gewänder und Gefäße abgesehen hatten. *

100563

Das Grab des Bonifatius birgt der Dom in Fulda. Abgebildet ist ein Kopfdetail des barocken Grabmals im Nachfolgebau.

»Bete und arbeite!«: Die Benediktiner und die Kluniazenser

Wer sich heute dem mittelalterlichen Mönchtum nähert, tut dies meist mit der Reserve des modernen Zeitgenossen. Spirituelle Inbrunst, Selbstkasteiung und Abtötung der leiblichen Bedürfnisse, Selbstentsagung und freiwilliger Verzicht, Weltferne um der Gottesnähe willen – was das Mönchsleben ausmacht, ist unsere Sache nicht. Im heutigen Straßenbild wirkt die Kutte des Mönchs, der Schleier der Nonne fremd und befremdlich. Im Unverständnis, ja Unbehagen gegenüber monastischen Denkweisen und Lebensformen spüren wir wie kaum irgendwo sonst unsere Distanz zur mittelalterlichen Gesellschaft und ihren Mentalitäten.

Schon der mittelalterliche Mönch war ein Selbstdarsteller. Durch Habit und Lebensweise stellte er sich sichtbar außerhalb der weltlichen Gemeinschaft und wollte doch aller Welt demonstrieren, dass er auf dem Weg zu Gott ein Stück weiter sei als die anderen. Kritik an der bestehenden christlichen Gesellschaft, Protest gegen ihre materielle Daseinsorientierung ist seit seinen Anfängen ein Wesenszug des abendländischen Mönchtums. Schon der Kirchenvater Hieronymus rief zur Flucht aus den Städten in die ländliche Einsamkeit, wo keine Übersättigung vom Gebet abhielt.

Je mehr sich seit dem 4. und 5. Jahrhundert in den Städten Italiens und Galliens das Christentum etablierte und die Gemeinden feste Organisationsformen ausbildeten, desto dringlicher wurde das Bedürfnis nach anspruchsvolleren Formen des Gottesdienstes, nach spontaner Spiritualität. Wenn das formale Bekenntnis zu Christus, durch die Taufe und den Empfang der Sakramente ritualisiert, die Norm war, bedurfte es neuer Wege, um sich persönlich für das Heil zu qualifizieren. Diese Wege beschritten Männer und Frauen durch striktere Askese, intensiveres Gebet und entschiedenere Weltabkehr, als die allgemeine Kirche ihren Gläubigen abverlangte.

Damit fassen wir ein zweites Wesensmerkmal des christlichen Mönchtums. Mönchsein bedeutet nicht nur Zivilisationskritik und Weltentsagung, sondern – eben dadurch – auch Kritik an der Kirche. Weil die Kirche

ZITAT

Aus der Benediktregel:
Der Müßiggang ist der Feind der Seele; deshalb sollen sich die Brüder zu bestimmten Zeiten mit Handarbeit und wieder zu bestimmten Stunden mit göttlicher Lesung beschäftigen... Denn dann erst sind sie wahre Mönche, wenn sie wie unsere Väter und die Apostel von der Arbeit ihrer Hände leben. Doch geschehe wegen der Kleinmütigen alles mit Maß.

100563

Der heilige Hieronymus, hier zusammen mit Augustinus in einem Ausschnitt eines Altars der Kathedrale von Camerino, riet bereits um 400 zur Flucht aus den Städten, damit keine Übersättigung vom Gebet abhalte (um 1490; Venedig, Galleria dell' Accademia).

durch Verkündung und Seelsorge den Menschen in der Welt dienen will, trifft auch sie die Weltverachtung des Mönchs. Der Mönch muss »die Frauen und den Bischof fliehen«, forderte der gallische Mönchsvater Johannes Cassianus, das heißt das sündhafte Leben und die kirchliche Hierarchie. Vom Standpunkt der hierarchischen Kirche mit ihrem exklusiven Heilsanspruch birgt das Mönchtum stets ein anarchisches Potenzial. Es ist daher nicht verwunderlich, dass die schärfsten Kirchenkritiker und die entschlossensten Kirchenreformer im Mittelalter – bis hin zu dem Augustinereremiten Martin Luther – Mönche waren.

Benedikt von Nursia

Auch wenn sich jede Mönchsgemeinschaft einer mehr oder weniger festen Regel unterwarf, meist inspiriert von einem Gründer, war für das frühe Mönchtum doch gerade die Vielfalt und Uneinheitlichkeit der Lebensformen kennzeichnend: so viele Gemeinschaften, so viele Regeln. Was die wild gewachsenen Kommunitäten miteinander verband, waren das Ideal der Askese, die Weltflucht in die »Einöde« und das gemeinschaftliche Leben in der Nachfolge der Apostelgemeinde, in der alle »ein Herz und eine Seele« waren und wo »keiner etwas von dem, was er besaß, sein eigen nannte, sondern ihnen alles gemeinsam war« (Apostelgeschichte 4, 32).

Weltentsagung und gemeinschaftliches Leben im Geiste der Apostel sind die Säulen des monastischen Selbstverständnisses, die das abendländische Mönchtum durch seine Geschichte trugen. Aus der Spannung zwischen beiden Säulen bezog das Mönchtum seine Dynamik und die Kraft, gegen Erstarrung und Routine sich immer wieder selbst zu erneuern. Je nachdem, auf welcher Säule das Hauptgewicht lastete, erhielt das monastische Leben eine jeweils andere Richtung, ein zeittypisches und zeitgemäßes Gepräge.

Nach der Überlieferung scharte Benedikt von Nursia vor der Mitte des 6. Jahrhunderts nach mehrjährigem Einsiedlerleben zuerst in Subiaco (östlich von Rom) und später auf dem Monte Cassino Brüder um sich und stellte sie unter eine eigene Regel. Tatsächlich wissen wir von

INFOBOX

Das Rabenwunder

Konflikte mit einem Priester aus dem ortsansässigen Klerus namens Florentinus veranlassten Benedikt, Subiaco wieder zu verlassen. Gregor überliefert in diesem Zusammenhang das »Rabenwunder«: Florentius habe versucht, Benedikt mit vergiftetem Brot zu töten. Ein Rabe, den Benedikt täglich mit einem Stück Brot fütterte, habe jedoch die böse Absicht erkannt, Benedikt gewarnt und das Brot vernichtet.

Benedikt wurde später häufig mit einem Raben abgebildet, der auch als Symbol der Weisheit verstanden wird – in der Abtei Subiaco werden bis heute Raben gehalten.

100563

Ein Bild des heiligen Benedikt von Nursia wird dem flämischen Maler Hans Memling zugeschrieben (um 1485/90; Florenz, Uffizien).

Benedikt nur, was die spätere Geschichtsschreibung überliefert. Zeitgenössische Spuren gibt es nicht, und auch die Autorschaft der so genannten Benediktregel ist nicht gesichert. In jüngster Zeit hat man die Historizität des Heiligen überhaupt infrage gestellt, ihn zum Konstrukt einer frommen Legende erklärt (Johannes Fried). Dass die Regel Benedikts einmal zur Leitregel des lateinischen Mönchtums schlechthin werden sollte, war jedenfalls in ihren Anfängen weder beabsichtigt noch absehbar. Dahinter stand kein auf breite Wirkung bedachter Reformer, eher ein Suchender nach Gott neben vielen anderen in der damals überaus lebendigen und vielgestaltigen Mönchslandschaft Mittelitaliens, und in seiner Zeit war er kaum erfolgreicher als andere.

Erst in der Rückschau wird deutlich, welchen besonderen Qualitäten die Benediktregel ihre Durchschlags-

Der Ausschnitt aus einer italienischen Buchmalerei aus dem 15. Jh. zeigt den heiligen Benedikt die Ordensregel verteilend (Abbazia di Monte Cassino, Museo).

kraft verdankte. Entschiedener als andere Mönchsregeln verpflichtete sie die Brüder zum beständigen Leben in der Gemeinschaft und wandte sich damit gegen die Bindungslosigkeit und selbstbezogene Weltabkehr des Einsiedlers. Die »Ortsbeständigkeit«, das heißt die lebenslange Zugehörigkeit zur Gemeinschaft ein und desselben Klosters, ist so wesentlich, dass der Benediktiner sie in seiner Profess zusammen mit dem »Tugendwandel« und dem »Gehorsam« feierlich gelobt. Es entspricht dieser Verpflichtung auf die Gemeinschaft, dass die Regel vom Mönch nicht nur das kontemplative Gebet, sondern in gleicher Weise auch Fürsorge für die Armen und Arbeit fordert: ora et labora – Bete und arbeite! – steht zwar nicht wörtlich in der Regel, die im erst Spätmittelalter aufgekommene Losung trifft aber den Geist des benediktinischen Mönchtums.

Mönchsein bedeutete das lebenslange beharrliche Bemühen um Vollkommenheit, und es kam darauf an, die »Kleinmütigen« und Schwachen nicht durch extreme Härten zu entmutigen. Die Vorschriften der Regel bezüglich des Tagesablaufs, der Kleidung, des Essens, der

ZITAT

Aus der Benediktregel:
Wenn der Novize versprochen hat, beständig zu bleiben und auszuharren, soll ihm nach zwei Monaten diese Regel ganz vorgelesen werden und ihm gesagt werden: »Siehe, das ist das Gesetz, unter dem du kämpfen willst!«

Arbeit, der Gebetszeiten nahmen Rücksicht auf die unterschiedlichen klimatischen, örtlichen und individuellen Bedingungen. Es ist diese Flexibilität der Benediktregel, bemüht um das rechte Maß und fern von jedem asketischen Rigorismus, die sie vor allen anderen monastischen Normen so attraktiv machte, der gelungene Kompromiss zwischen dem eremitischen Ideal der alten Mönche und den pragmatischen Erfordernissen der doch im Diesseits verwurzelten und fehlbaren Gläubigen.

Blühende Klosterlandschaften – Die Benediktiner

Nicht immer in wortwörtlicher Erfüllung der Benediktregel, aber durchaus im benediktinischen Geist entstand im frühen Mittelalter eine blühende Klosterlandschaft, die sich über ganz Europa ausdehnte: Saint-Omer in Flandern, Saint-Wandrille und Jumièges an der unteren

100880

In Jumièges liegt eine der frühesten Klostergründungen der Benediktiner. Die erhaltene Westfassade der Kirche Notre-Dame ist ein Beispiel normannischer Baukunst (1040–67).

INFOBOX

Benediktinerinnen

Der weibliche Zweig der Benediktiner beruft sich traditionell auf Benedikts Schwester Scholastika als Gründerin. Die heilig gesprochene Scholastika ist wie Benedikt kaum anders als durch die legendenhafte Darstellung in Gregors »Dialogen« zu greifen. Die Geschwister, so berichtet Gregor, standen sich sehr nahe und hielten engen Kontakt. Durch diese geistige Nähe legitimierten die Benediktinerinnen ihre monastische Tradition.

Tatsächlich bildete sich ein weibliches Benediktinertum erst im 8. Jh. heraus, richtete sich doch die Benediktregel ursprünglich an männliche Klosterangehörige, während Frauen unerwähnt blieben.

Unabhängig von der Benediktregel gab es auch für Frauen ein breites Spektrum klösterlich-religiöser Lebensformen als »gottgeweihte Jungfrauen«, Einsiedlerinnen oder in monastischen Gemeinschaften. Als eigentlich benediktinische Frauenklöster lassen sich erst die angelsächsischen Frauenklöster seit dem 8. Jh. bezeichnen.

Seine, Saint-Denis und Saint-Germain-des-Prés vor Paris, Corbie bei Amiens, Saint-Martin in Tours, Luxeuil in den Vogesen, Sankt Gallen, Reichenau, Lorsch, Echternach, Prüm, Fulda, Sankt Emmeram bei Regensburg, Bobbio in Oberitalien, um nur wenige bedeutende Namen zu nennen. Diese Klöster waren erfolgreich, weil es ihnen gelang, spirituelle Ausstrahlung und wirtschaftliche Leistungsfähigkeit miteinander zu verbinden.

ZITAT

Aus der Benediktregel:

Der Abt sei bei seinen Weisungen voll Vorsorge und Umsicht. Ob er eine Aufgabe auferlegt, mag sie Gott oder Welt betreffen, er soll dabei Maß halten, ... damit die Starken etwas haben, nach dem sie streben können, und die Schwachen nicht davonlaufen.

Nur für den heutigen Beobachter tut sich hier ein Widerspruch auf zwischen Glauben und Geld, Kapital und Charisma. Es ist indessen eher ein modernes als ein mittelalterliches Dilemma: Den Stiftern wie den Mönchen war bewusst, dass eine Mönchsgemeinschaft nur dann wirksame Gebetshilfe und Fürsorge leisten und damit ihren frommen Daseinszweck erfüllen konnte, wenn sie über eine solide materielle Ausstattung verfügte. Die überaus erfolgreiche Abtei Lorsch kam allein in den ersten acht Jahren nach ihrer Gründung (764 –771) in den Genuss von 725 Schenkungen; bis an den Niederrhein und bis zum Bodensee reichte der Besitz der rasch anwachsenden Klostergrundherrschaft.

Nicht alle Gründungen nahmen einen so rasanten Aufschwung, manche kamen über eine bescheidene Existenz nicht hinaus. Aber insgesamt beeindruckt, mit welcher Freigebigkeit der weltliche Adel über Jahrhunderte die Klöster ausstattete. Auch wenn man in Rechnung stellt, dass die Klostergründer meist nicht völlig auf ihre Herrschaftsrechte verzichteten, ihre Gründungen dem Ausbau ihrer Grundherrschaften zugute kamen, indem sie die Mönche das Land kultivieren und wirtschaftlich nutzen ließen, mancher Stifter sich die Nutzung der übereigneten Güter auf Lebenszeit vorbehielt und sich – als Altersversorgung – den späteren Eintritt in das Kloster sicherte, erklärt dies alles doch nicht die Flut der geistlichen Stiftungen. Wir müssen schon ernst nehmen, was die Stifter in Tausenden von Urkunden als einhelliges

50558

Zu den Klostergründungen der Benediktiner gehörte auch Sankt Gallen. Die heutige barocke ehemalige Stiftskirche und die barocken Klostergebäude schufen v. a. Peter Thumb und Johann Michael Beer (1755 ff.).

Motiv ihrer Schenkungen nennen: »für das Heil meiner Seele«.

Die Schenkung an ein Kloster – richtiger: an den Heiligen, dessen Reliquien hier ruhten – war ein Vertrag auf Gegenseitigkeit. Sie verpflichtete die Mönche, das zu tun, was jeder Christ seinem Seelenheil schuldet, aber im sündigen Erdendasein nur unvollkommen leistet: Dienst am Nächsten und Bitte um Erlösung. Die materiellen Zuwendungen setzten die Klöster in die Lage, durch Armenspeisungen und Gebetsfürsprache die versäumten Christenpflichten ihrer Begünstiger zu erfüllen, oder weniger respektvoll ausgedrückt: Die adligen Herren kümmerten sich wenig um ein gottgefälliges Christenleben; sie konnten es sich leisten, die Sorge für ihr Seelenheil professionellem Beistand anzuvertrauen.

ZITAT

Aus der Benediktregel:
Die höchste Stufe der Demut ist der unverzügliche Gehorsam... (Gute Mönche) folgen der Stimme des Befehlenden sofort auf dem Fuß des Gehorsams mit der Ausführung. Sozusagen im selben Augenblick erfolgen der vom Meister gegebene Befehl und sein Vollzug durch den Schüler.

Gemeinschaft der Lebenden und der Toten – Die Kluniazenser

Die saloppe Formulierung soll nicht den Glaubensernst der Zeitgenossen infrage stellen – auch wenn sie ihrem Glauben in anderen Formen Ausdruck gaben, als wir für uns zu akzeptieren bereit wären –, und noch weniger soll sie die spirituelle und karitative Leistung des mittelalterlichen Mönchtums schmälern. Sie wurde noch intensiviert durch die Reformklöster des 10. Jahrhunderts. Als Herzog Wilhelm von Aquitanien 910 im burgundischen Cluny ein Kloster errichten ließ, befreite er es von jeglichem Laieneinfluss und definierte die Gebetszuständigkeit der Mönche umfassend. Sie sollten nicht nur für ihn selbst, seinen Lehnsherrn, seine Familie und Verwandten beten, sondern ebenso, »weil wir Christen alle durch das Band einer Liebe und eines Glaubens verbunden sind, für alle Rechtgläubigen der Vergangenheit, Gegenwart und Zukunft«; täglich sollten sie Armen, Bedürftigen, Fremden und Pilgern, die in das Kloster kämen, barmherzige Hilfe zuteil werden lassen.

Ein Blick in den Südarm des erhaltenen westlichen Querhauses der Klosterkirche von Cluny vermittelt einen Eindruck von den außergewöhnlichen Dimensionen. Die Vertikalisierung des Raums weist bereits über die Romanik hinaus.

Die Kluniazenser haben diese Aufgaben mit spiritueller Energie und organisatorischem Perfektionismus erfüllt. Sie führten Totenbücher (Nekrologien) mit den Namen und Todestagen der verstorbenen Stifter und Mönche, um am Jahrestag jedes Toten individuell gedenken zu können. Dies geschah in der Liturgie und durch

100313

s. ZEIT Aspekte
Cluny S. 573

INFOBOX

Cluny in Burgund

Der zweite Abt des Klosters Cluny, Odo, war vom Gedanken einer Erneuerung der gesamten Christenheit durch das Mönchtum beseelt und war nicht nur für andere Klöster ein Vorbild, sondern auch für viele Adelige, die ihren Besitz dem Kloster Cluny unterstellten. Die Ausdehnung Clunys ging auf verschiedenen Wegen vor sich: Meist baten Mönche oder Adelige um die Neugründung eines Klosters auf ihrem Besitz. Das Mutterkloster Cluny stellte dann eine Anzahl Mönche ab, die die neue Abtei aufbauten. Aber auch bereits bestehende Klöster, die sich grundsätzlich reformieren wollten, baten um Abgesandte aus Cluny.

Odo bestand auf genau geregelten Verträgen mit den Stiftern, um jeden Einfluss von weltlicher Seite zu vermeiden. Sein Biograph Johannes von Salerno schreibt über Odo: »Den Königen ist er bekannt geworden, überaus vertraut den Bischöfen, den weltlichen Großen wurde er lieb. Welche Klöster auch immer in ihrem Einflussbereich erbaut wurden, sie übertrugen sie in den rechtlichen Besitz unseres Vaters (Odo), damit er sie in unserer Art mönchischen Lebens auf den rechten Weg führe, bessere und ordne.«

die Speisung eines Armen, der stellvertretend für den Verstorbenen dessen Tagesration erhielt.

In den Bedürftigen waren die Toten gegenwärtig. Weil aber solche Nekrologien nicht nur für Cluny oder unabhängig für andere Klöster aufgezeichnet, sondern innerhalb des kluniazensischen Klosterverbandes unter den Häusern ausgetauscht und in das eigene Totengedenken eingeschlossen wurden, wuchsen die Verzeichnisse und damit die Zahl der Armenspeisungen sprunghaft an. Die kluniazensischen Nekrologien nennen insgesamt über 90 000 Namen, an manchen Tagen waren von einem Kloster hundert oder mehr Bedürftige zu verköstigen. Hinzu kamen besondere Totengedächtnisse, an Pfingsten und am (von Cluny eingeführten) Allerseelentag, bei denen in jedem Kloster so viele Arme versorgt wurden wie dort Mönche lebten. Insbesondere für kleinere Gemeinschaften hatten die aufwendigen Fürsorgeverpflichtungen ruinöse Folgen – manchmal speisten hier die Bettler besser als die Klosterbrüder –, aber auch für den Kluniazenserverband insgesamt waren die karitativen Leistungen in solchem Umfang auf Dauer nicht aufrechtzuerhalten. Um 1150 ließ der Abt Petrus Venerabilis die

Um 1090 veranlasste Abt Hugo von Cluny im nahe gelegenen Paray-le-Monial einen Neubau, der sich eng am Vorbild der dritten Abteikirche in Cluny orientieren sollte. Diese »Miniaturausgabe« gibt ein Bild von der Gestalt der weitgehend zerstörten Mutterkirche.

100313

Die 1088 unter Abt Hugo begonnene dritte Abteikirche in Cluny stellte in Größe und Pracht alle monastischen Bauten des Mittelalters in den Schatten. Von der fünfschiffigen Basilika sind nur noch Teile der beiden Querhäuser und der Vorkirche erhalten.

100313

täglichen Nekrologeinträge auf fünfzig beschränken, »damit nicht im Laufe der Zeit die ins Unermessliche wachsenden Toten die Lebenden verdrängen«.

Die Kluniazenser verbanden in einzigartiger Weise praktizierte Caritas mit liturgischer Prachtentfaltung und trafen damit den religiösen Nerv der Zeit, sodass Cluny über Burgund hinaus zu einem mächtigen Klosterverband expandierte. Bis zum Ende des 11. Jahrhunderts umfasste er wohl über tausend Klöster von Kastilien bis an den Rhein, von Südengland bis nach Mittelitalien. Andere Reformzentren verblassten im Schatten Clunys. Manche von ihnen, wie Gorze, Dijon,

Fleury und Hirsau, übernahmen die kluniazensische Observanz.

Die geistige Wirkung Clunys strahlte somit weit über seine eigenen Klöster hinaus. Was die Zeitgenossen mit Bewunderung erfüllte, beeindruckt noch heute. In einer Gesellschaft, die gewohnt war, ihre Konflikte durch Faustrecht zu regulieren, und die soziale Sicherungen für die zu kurz gekommenen nicht kannte, leisteten die Mönche zivilisatorische Schwerstarbeit. Dass sie dies tun konnten, verdankten sie der Faszination ihres monastischen Ideals, die sie gerade auch auf den weltlichen Adel ausübten, sodass dieser bereit war, ihr Wirken hinter den Klostermauern zu fördern und zu schützen.

Arnold Bühler

Das Frankenreich dehnt sich aus: Der Aufstieg der Merowinger

Als Chlodwig I. aus dem Geschlecht der Merowinger das Großreich schuf, waren die Herrschaftsverhältnisse in Gallien und im linksrheinischen Germanien noch recht vielgestaltig. Neben verschiedenen fränkischen Kleinkönigtümern im Norden gab es im Rhône-Saône-Gebiet das Burgundische Reich, entlang dem Oberrhein den Herrschaftsraum der Alamannen (Alemannen), südlich der Loire bis auf die Iberische Halbinsel erstreckte sich das Reich der Westgoten, und der provenzalische Raum gehörte zur Herrschaftssphäre der in Italien ansässigen Ostgoten. Bis 486 (oder 487), bis zur Vernichtung durch Chlodwig I., bestand, zentriert um das Pariser Becken, in Gallien aber auch noch ein römisches Staatswesen: das Reich des Syagrius.

Noch differenzierter als die herrschaftliche war die ethnische Vielfalt, verliehen dieser doch nicht nur die genannten Germanenvölker, sondern in der Bretagne, durch Zuwanderung von den Britischen Inseln verstärkt, auch Bretonen und im Mündungsgebiet des Rheins die Friesen, vor allem aber die galloromische (»Ur«-)Bevölkerung ein ausgeprägtes und abwechslungsreiches Profil. Als Chlodwig 482 die Nachfolge seines Vaters Childerich I. antrat, war es noch keineswegs absehbar, dass diese Vielfalt ein Jahrhundert später in einem einzigen Reich zusammengefasst sein sollte, waren – während die politische Dominanz noch eindeutig bei den Westgoten lag – zu diesem Zeitpunkt ja noch nicht einmal die Franken selbst unter einer Herrschaft vereint.

Die Anfänge der Franken

Die Franken, ein Bund älterer Völkerschaften, traten in Auseinandersetzung mit dem Imperium Romanum erstmals um 260 in das Licht der Geschichte. Im 4. Jahrhundert überschritten Gruppen von ihnen am Niederrhein die Grenze und wurden Untertanen des Römischen Reiches, dem sie vor allem im Heer dienten. Einzelne Franken durchliefen dabei eine steile Karriere, wurden Oberbefehlshaber des Reichsheeres (Heermeister) und sogar Konsuln und waren, zumal sie auch das römische Bür-

Die Gürtelschnalle mit Almandineinlage ist eine um 500 geschaffene Grabbeigabe. Gefunden wurde sie in Weingarten in Baden-Württemberg.

100762

INFOBOX

Die »lex salica«

Der »lex Salica«, dem alten Recht der Salfranken, wurde – möglicherweise unter König Pippin III. (I., vielleicht aber auch schon erheblich früher) – ein Prolog vorangestellt, der die Franken als das neue auserwählte Volk Gottes vorstellt. Es unterscheidet sich durch den katholischen Glauben von den arianischen Ketzern und verehrt die von den Römern gepeinigten Märtyrer, erscheint also den »Romani« nicht nur im Kampf, sondern auch im Glauben überlegen:

§ 1: Der Franken erlauchtes Volk, von Gott selbst geschaffen, tapfer in Waffen, fest im Friedensbunde, tiefgründig im Rat, ... zum katholischen Glauben bekehrt, frei von Ketzerei, suchte ... auf Eingebung Gottes nach dem Schlüssel der Weisheit, ... bewahrte Frömmigkeit.

§ 4: ... Der Römer härtestes Joch schüttelten die Franken kämpfend von ihren Nacken, und nach Empfang der Taufe schmückten sie die wiederaufgefundenen Leichname der heiligen Märtyrer, die die Römer im Feuer verbrannten oder durch den Stahl verstümmelten oder wilden Tieren zum Fraß vorwarfen, ... mit Gold und Edelsteinen.

gerrecht erhalten hatten, völlig romanisiert. Im 5. Jahrhundert kam es vermehrt zu fränkischen Herrschaftsbildungen auf dem Boden des Reiches, wobei offenbar die herkömmlichen Gaue und Stadtbezirke (civitates) als Bezugsgrößen dienten, auf deren Basis, wie in Cambrai und Tournai bezeugt, Kleinkönigtümer entstanden. Durch Verträge (foedera) an die Reichsgewalt gebunden und mit der Verteidigung der Grenze betraut, wurden die Franken natürlich auch in die Auseinandersetzungen um die Herrschaft im römischen Westreich gezogen.

Der zum fränkischen Teilstamm der Salier gehörende Childerich, der Vater Chlodwigs I. und König von Tournai, verbündete sich in diesem Zusammenhang mit dem gallorömischen Heermeister Aegidius, der im nördlichen Gallien eine eigene Herrschaft errichtete und dessen Sohn Syagrius ein Jahrhundert später von dem Bischof und Geschichtsschreiber Gregor von Tours als rex Romanorum, als römischer König, bezeichnet wurde. 482 erbte Chlodwig dieses politische Bündnis, aber auch die Stellung als römischer Sprengelkommandant in der Provinz Belgica II von seinem Vater. Damit besaß er einen Rang, der zwar einerseits eine Unterordnung unter den in Soissons residierenden Heermeister bedeutete, andererseits aber eine höhere Befehlsgewalt verlieh und ihm einen Ansatzpunkt bot zur Ausgestaltung einer Herrschaft eigenen Rechts.

Ein neuer Konstantin?– Chlodwig I.

So schlug denn auch wenige Jahre nach Childerichs Tod die Partnerschaft zwischen Chlodwig und Syagrius in Rivalität um. Der Sieg über den rex Romanorum und dessen Beseitigung brachten eine nicht unbeträchtliche Ausdehnung von Chlodwigs Machtsphäre, die auf Kosten der übrigen Frankenherrscher bald noch größer werden sollte. Die genaue Abfolge dieser Ereignisse ist allerdings nicht bekannt, wohl aber das Ergebnis: Noch vor dem Jahrhundertende hatte Chlodwig eine Reihe von fränkischen Kleinkönigen, die alle, wie Gregor von Tours berichtet, zur merowingischen Herrscherfamilie zählten, durch Mord und Totschlag beseitigt und ihre Nachfolge angetreten; allein das

Chlodwig I., wie das 19. Jh. mit seinem historischen Interesse sich den Frankenkönig aus dem Haus der Merowinger vorstellte. Der Stahlstich nach einem Gemälde entstand um 1835.

INFOBOX

Ungleiche Strafen

Die Gliederung der Gesellschaft im Fränkischen Reich lässt sich an den Bußsätzen ablesen, die nach der ältesten fränkischen Rechtssammlung, der »lex Salica«, für die Tötung eines Menschen zu entrichten waren (Abschnitt 41):

§ 1: Wenn einer einen freien Franken oder (sonstigen) Germanen ... tötet, werde er, dem es nachgewiesen wird, – gerichtlich »Manngeld« genannt – ... 200 Schillinge zu schulden verurteilt.

§ 5: Wenn (ein)er aber den, der zur königlichen Gefolgschaft gehört (oder ein freies Weib) tötet, werde er ... 600 Schillinge zu schulden verurteilt.

§ 8: Wenn einer aber einen römischen Mann, Tischgenossen des Königs, tötet, werde er ... 300 Schillinge zu schulden verurteilt.

§ 9: Wenn aber ein römischer Mann, (Grund)besitzer (und nicht Tischgenosse des Königs) getötet wird, werde, der ihn getötet zu haben erwiesen wird, – gerichtlich »Welschenmanngeld« genannt – ... 100 Schillinge zu schulden verurteilt.

§ 10: Wenn einer einen römischen Zinshörigen tötet, werde er ... $62^1/_2$ Schillinge zu schulden verurteilt.

Kölner Reich der Rheinfranken unter dem König Sigibert blieb übrig.

Schon ein gutes Jahrzehnt nach seinem Herrschaftsantritt reichte Chlodwigs unmittelbarer Einfluss, der ursprünglich auf das Reich von Tournai beschränkt gewesen war, von der Loire bis an die Maas. Damit aber sah er sich vor neue Aufgaben gestellt, denn mit dem Erbe des Syagrius hatte er auch dessen Feindschaft gegen das Westgotenreich, den größten Machtfaktor in Gallien, übernommen, während sich auf der anderen Seite eine Verbindung zu den Burgundern geradezu aufdrängte. Diese nämlich besaßen die gleichen Gegner wie der Merowinger: Westgoten und Alamannen. So entstand eine fränkisch-burgundische Interessengemeinschaft, die 493 gekrönt wurde durch Chlodwigs Hochzeit mit Chrodechilde, der Nichte des burgundischen Königs, durch den Ehebund eines Heiden mit einer katholischen Prinzessin.

Erste, nicht näher fassbare militärische Auseinandersetzungen mit den Westgoten endeten noch vor der Jahrhundertwende mit einer Festschreibung des Status quo. Im gleichen Zeitraum spitzte sich auch das Verhältnis zu den Alamannen zu, die offenbar das Kölner Reich an-

Eine französische Buchminiatur schildert das epochale Ereignis der Taufe König Chlodwigs I. durch Remigius, Bischof von Reims (1375/79; Paris, Bibliothèque Nationale de France).

100563

griffen. Wohl 496/497 und wahrscheinlich bei Zülpich (südwestlich von Köln) kam es zur Schlacht, zu der Chlodwig dem rheinfränkischen König zu Hilfe geeilt war und in der er nach anfänglich ungünstigem Kampfverlauf den Christengott um Hilfe anrief. Nachdem er den Sieg errungen hatte, ließ er sich auf Weihnachten vielleicht des Jahres 498 durch den Bischof Remigius von Reims taufen – und dies war ein wahrhaft epochales Ereignis, nahm der Frankenkönig doch den katholischen Glauben an und leitete damit die Christianisierung seines Volkes nach römischer Tradition ein.

Die Entscheidung für das katholische Christentum und gegen den Arianismus, dem die germanischen Völker ansonsten zuneigten, hing wohl vor allem damit zusammen, dass es in Nordgallien keine Arianer gab. Die Franken lebten seit Jahrzehnten in einer orthodox katholischen Umgebung, und manche von ihnen hatten sich schon früher zum christlichen Glauben bekehrt. Selbst in

Chlodwigs Umgebung gab es katholische Christen: vor allem seine Gemahlin Chrodechilde und seine Söhne, die auf Veranlassung der Mutter die Taufe empfangen hatten. Ausschlaggebend für Chlodwigs Entscheidung mögen schließlich politische Erwägungen gewesen sein: die Gegnerschaft zu den arianischen Westgoten und die Hoffnung auf das Wohlwollen von deren katholischen Untertanen. Unabhängig von solchem Kalkül aber ermöglichte Chlodwigs und der Franken Übertritt zum Christentum katholischer Prägung jene germanisch-romanische Synthese, die den weiteren Aufstieg des Frankenreichs tragen und das abendländische Mittelalter bestimmen sollte.

Gestärkt durch die neue Lage, ging Chlodwig im Jahre 500 gegen Burgund, die Heimat seiner Gemahlin, vor und scheiterte. 506 aber schlug er – vielleicht bei Straßburg – die Alamannen vernichtend und dehnte seine Herrschaft bis an den Oberlauf des Rheins und darüber hinaus bis zur Donau aus. Damit hatte er endlich den Rücken frei, um die Westgoten angreifen zu können und deren Vormacht in Gallien zu brechen. Im Bund mit den Burgundern und im Zeichen des Kampfes gegen den

ZITAT

Gregor von Tours scheint sich seines recht ungeschliffenen Lateins bewusst gewesen zu sein:
Und obgleich ich diese Bücher in etwas bäuerischem Stil geschrieben habe, beschwöre ich doch alle Bischöfe des Herrn, ... so wie meine Schriften hinterlassen sind, sollen sie unversehrt und ungekürzt bei euch bleiben.

ZEITTAFEL

Die ersten Merowingerkönige (in Klammern Sitz der Königsresidenz):

um 451	Merowech
† 482	Childerich I. (Tournai), Sohn Merowechs
482–511	Chlodwig I., Sohn Childerichs I.; erster fränkischer Gesamtkönig
	Söhne Chlodwigs I.
511–533	Theuderich I. (Reims), aus 1. Ehe (mit einer rheinischen Fränkin?)
511–524	Chlodomer (Orléans), aus der 2. Ehe mit der Burgunderin Chrodechilde
511–558	Childebert I. (Paris), aus 2. Ehe
511–561	Chlothar I. (Soissons, seit 558 im ganzen Frankenreich), aus 2. Ehe
	Nachkommen Theuderichs I.
534–547	Theudebert I. (Reims), Sohn
547–555	Theudebald (Reims), Enkel

Arianismus sowie unter Anrufung der Heiligen Martin von Tours und Hilarius von Poitiers schlug der Frankenkönig 507 los und rieb das Gotenheer bei Vouillé (südlich von Poitiers) auf; mit eigener Hand soll er den westgotischen König Alarich II. niedergestreckt haben.

Trotz einer Intervention Theoderichs des Großen, des Ostgotenkönigs und Beherrschers von Italien, gelang es Chlodwig, die Westgoten aus den aquitanischen Provinzen zu vertreiben. Interessenscheide zwischen den Franken und den Westgoten, deren Herrschaftsschwerpunkt sich nun auf die Iberische Halbinsel mit Toledo als Zentrum verlagerte, wurde die südgallische Gebirgsschwelle,

100762

Die zwei Goldblattkreuze stammen aus der ersten Hälfte des 7. Jh. und sind frühchristliche Grabbeigaben, die in Weingarten (Baden-Württemberg) gefunden wurden. Sie dokumentieren die Einführung des christlichen Glaubens in Südwestdeutschland.

INFOBOX

Chlodwigs Bekehrung

Der Geschichtsschreiber Gregor von Tours schildert in seiner »Frankengeschichte« (2, 30), wie es zur Taufe Chlodwigs gekommen sein soll. Chlodwig hatte um 492/493 die katholische Burgunderprinzessin Chrodechilde geheiratet, die ihn drängte, »dass er den wahren Gott erkenne und ablasse von den Götzen. Aber auf keine Weise konnte er zum Glauben bekehrt werden, bis er endlich einst mit den Alamannen in einen Krieg geriet... Als die beiden Heere zusammenstießen, kam es zu einem gewaltigen Blutbad, und Chlodevechs (Chlodwigs) Heer war nahe daran, völlig vernichtet zu werden. Als er das sah, erhob er seine Augen zum Himmel... und sprach: »Jesus Christ, ... Hilfe, sagt man, gebest du den Bedrängten, Sieg denen, die auf dich hoffen – ich flehe dich demütig an um deinen mächtigen Beistand: Gewährst du mir jetzt den Sieg..., so will ich an dich glauben und mich taufen lassen auf deinen Namen...« Und da er solches gesprochen hatte, wandten die Alamannen sich und begannen zu fliehen... Darauf ließ die Königin heimlich den Bischof von Reims, den heiligen Remigius, rufen und bat ihn, er möchte das Wort des Heils dem Könige zu Herzen führen... Der König (verlangte) vom Bischof getauft zu werden. Er ging, ein neuer Konstantin, zum Taufbade hin, sich reinzuwaschen von dem alten Aussatz.«
Chlodwigs Übertritt zum katholischen Christentum und nicht zum Arianismus trug wesentlich zur Vormachtstellung des Fränkischen Reiches im Abendland bei.

die Aquitanien von der Narbonensis, die gotisch blieb, trennte. Da Theoderich sich die Herrschaft über die Provence sicherte und die Vormundschaft über seinen noch minderjährigen Enkel Amalarich, den Sohn des gefallenen Alarich, antrat, vermochte der Ostgote auch, den fränkischen Rivalen vom Mittelmeer fern zu halten; sein Hauptziel hatte dieser aber erreicht: die Vorherrschaft in Gallien. Da Chlodwig zwischen 508 und 511 auch noch das rheinfränkische Königtum beseitigte und das Kölner Reich übernahm, gebot er schließlich vom Rhein bis zur Garonne. Zum Zentrum dieses Großreiches erhob er die strategisch günstig gelegene Stadt Paris, wohin er seinen Sitz verlegte und wo er eine Grabbasilika errichten ließ.

Ehrenkonsulat und Reichsherrschaft

Schon 508, nach seinem Triumph über die Westgoten, wurde Chlodwig vom oströmischen Kaiser Anastasios I. der Ehrenkonsulat übertragen und ein königlicher Ornat

Die zwei Fibeln gehören ebenfalls zum Grabfund von Weingarten.

100762

geschenkt, wodurch – aus der Sicht Konstantinopels – die fränkische Reichsgründung legalisiert wurde und der Frankenkönig den gleichen Rang wie Theoderich der Große erhielt, der schon 497 in gleicher Weise geehrt worden war.

Tours, die Wirkungs- und Grabstätte des heiligen Martin, die Chlodwig den Westgoten gerade erst abgerungen hatte, hatte der Merowinger, der sich mit den Zeichen seiner neuen Würde zeigte, zum Empfang der kaiserlichen Gesandtschaft aufgesucht, weil er in dem Heiligen einen Sieghelfer verehrte, dem er nach dem Erfolg über die Arianer seinen Dank durch zahlreiche Geschenke abstattete. Der heilige Martin wurde in der Folge zu einem fränkischen »Nationalheiligen«, dem zahlreiche Kirchen geweiht wurden. Chlodwigs Ritt nach Tours war daher auch eine religiös-politische Demonstration, die zugleich Zeugnis von einem naiv-vitalen Christenglauben ablegt. Wie sehr sich der König dabei für die Kirche verantwortlich fühlte, lehrt die erste merowingische Reichssynode, die auf sein Geheiß im Juli

Chlodwig verehrte den heiligen Martin von Tours als einen Sieghelfer. Bald wurde dieser zum fränkischen »Nationalheiligen«. Das Giovanni Mansuetti zugeschriebene Bild des Heiligen entstand in der ersten Hälfte des 16. Jh. (Venedig, Museo Correr e Quadreria Correr).

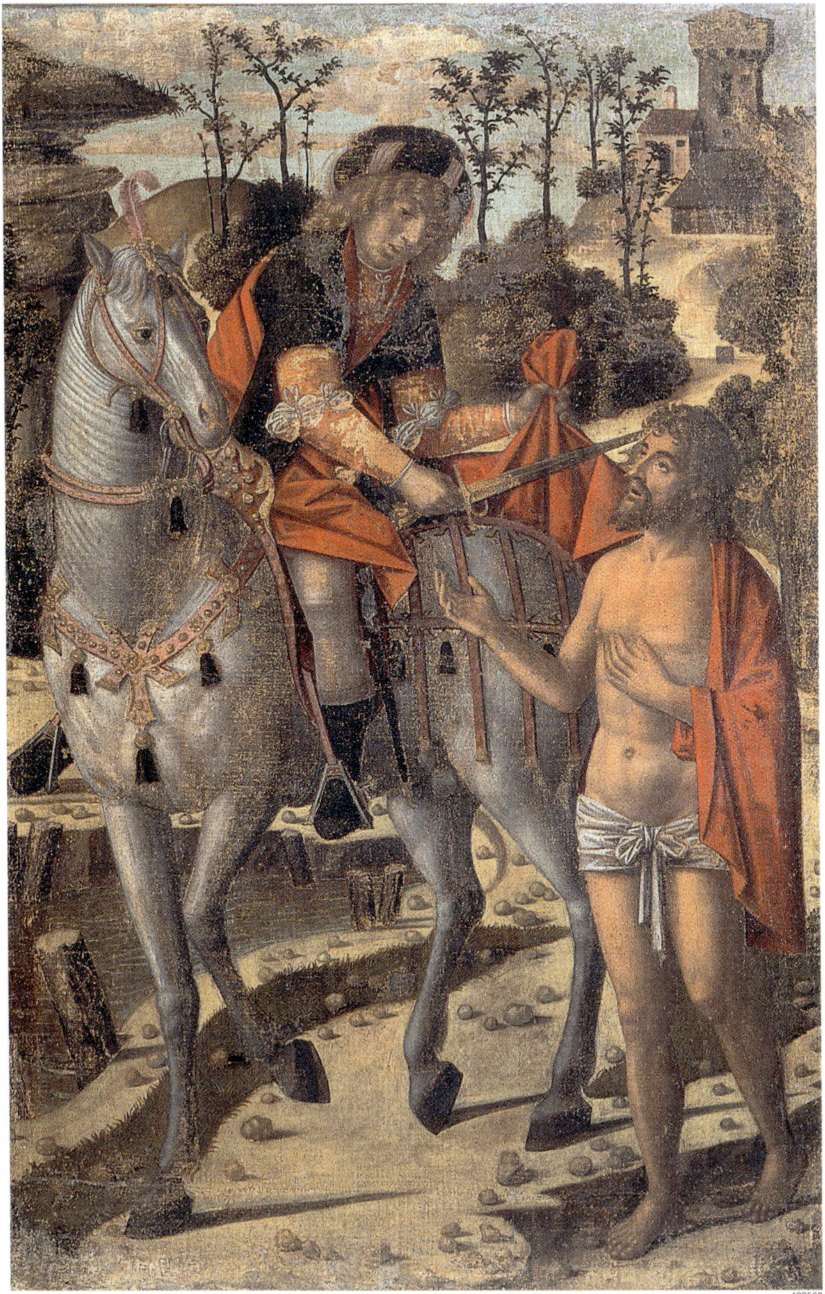

100563

Das schriftlich aufgezeichnete Volksrecht der Franken (lex Salica) beruhte auf Traditionen und Einzelfallentscheidungen, an denen König und Adel erheblichen Anteil hatten. Eines der Blätter in der 793 vom burgundischen Schreiber Wandalgar angefertigten Abschrift zeigt den Gesetzgeber (Sankt Gallen, Stiftsbibliothek).

511 in Orléans zusammentrat und der kirchlichen Reorganisation diente.

Die innere Organisation des Reiches, nicht zuletzt herrschaftlich gefestigt durch das auf Betreiben Chlodwigs schriftlich fixierte Recht der Franken (lex Salica), beruhte im Norden auf den Gauen (pagi), im Süden auf den civitates. Die Übertragung von hoheitlichen Aufgaben erfolgte nicht nach ethnischen Gesichtspunkten. Der eigentliche Siedlungsraum der Franken lag zwischen Rhein und Loire, wobei die fränkischen Siedler mancherorts nur eine dünne Schicht gebildet haben können; je weiter man nach Süden kam, desto stärker wurde das gallorömische Element. Nach der Eroberung der aquitanischen Provinzen setzte Chlodwig dort nur an wenigen Plätzen Franken ein; er stützte sich vielmehr auf die einheimische Senatorenaristokratie und nahm die Galloromer neben den Franken und anderen Volksgruppen gleichberechtigt in das Heer auf. Damit wurde ein Ausgleichsprozess gefördert, der zur Stabilisierung der weiträumigen Herrschaft beitrug.

INFOBOX

Gregor von Tours

Der aus gallorömischem Senatorenadel stammende Gregor von Tours (* 538 oder 539, † 594) hatte als Bischof von Tours (seit 573) bedeutenden Einfluss auf die fränkischen Könige. Seine lebendig, aber im verwilderten Vulgärlatein des Mittelalters geschriebene »Historia Francorum« ist die wichtigste Quelle für die Anfänge des Merowingerreiches. An dessen inneren Kämpfen war er vielfach beteiligt, wobei er auch gegen die Gewalttätigkeiten Chilperichs I. von Neustrien auftrat. Gregor von Tours' Werk ist keine zusammenhängende Geschichtsdarstellung, sondern bringt eine Fülle von anekdotenhaften Einzelheiten, sodass ein eindrucksvolles Bild dieser Zeit entsteht.

Als Chlodwig am 27. November 511 im Alter von 45 Jahren starb und in Paris in jener Basilika seine letzte Ruhe fand, die später nach der heiligen Genoveva (Sainte-Geneviève) benannt wurde, hatte er Gewaltiges geleistet. Seinen Söhnen hinterließ er ein beträchtlich vermehrtes Erbe, das noch weiter ausgebaut werden konnte, aber auch ein Reich, dessen gesellschaftliche und politische Substanz sich seit dem Beginn seiner Herrschaft ganz wesentlich verwandelt hatte.

Franz-Reiner Erkens

»Bürgerkriege« und Konsolidierung: Die Merowinger unter den Nachfolgern Chlodwigs I.

Die vier Söhne Chlodwigs erbten die Herrschaft und teilten das Reich »zu gleichen Teilen« unter sich auf. Gleichmäßigkeit der Teilung herrschte jedoch allenfalls im eigentlichen fränkischen Kernraum, in dem jeder der Brüder eine Königsresidenz erhielt: Theuderich I. in Reims, Chlodomer in Orléans, Childebert I. in Paris und Chlothar I. in Soissons. Der übrige Herrschaftsraum – Aquitanien südlich der Loire und die rechtsrheinischen Gebiete – wurden offenkundig nach zusätzlichen Gesichtspunkten in diese Aufteilung einbezogen, wobei wohl auch politische Überlegungen und historische Traditionen berücksichtigt worden sind. Theuderich I., der älteste, aus einer früheren Ehe stammende Chlodwigssohn, schnitt dabei zweifellos am besten ab, doch muss

Das Frankenreich unter Chlodwig I. und seinen Nachfolgern bis zu Karl dem Großen

auch festgehalten werden, dass das regnum Francorum der Idee nach als Einheit bestehen blieb und von der Gesamtheit der Brüder, von der Brüdergemeine (corpus fratrum) verkörpert wurde; jeder Königssohn wurde ein rex Francorum, dem innerhalb des Frankenreiches lediglich ein eigener Zuständigkeitsbereich zufiel.

Die Merowinger behandelten das Reich mithin wie einen Privatbesitz (patrimonium) und verhielten sich im Erbfalle entsprechend den traditionellen Bestimmungen der lex Salica. Aus diesen konnten alle legitimen Königssöhne einen Anspruch ableiten, der wohl noch durch das jedem Mitglied der Herrscherfamilie eigene Königsheil verstärkt worden ist. Welcher der rechtmäßigen Thronanwärter sich dann schließlich durchsetzte, hing nicht zuletzt von der eigenen Macht und der Unterstützung durch die Großen ab. Jede Thronfolge war daher durch rechtliche Kriterien und politische Konstellationen bestimmt, die den einzelnen Beteiligten einen gewissen Handlungsspielraum eröffneten. Dabei kam es natürlich immer wieder zu Konflikten. Trotzdem ist die fränkische Expansionskraft durch den Teilungsbrauch der Merowinger kaum beeinträchtigt worden.

Das erste Jahrzehnt nach Chlodwigs Tod blieb auffallend ruhig. Offenbar setzte die übermächtige Gestalt Theoderichs des Großen dem merowingischen Expansionsdrang deutliche Schranken. Ein zunächst erfolgreiches Unternehmen Chlodomers von Orléans gegen die Burgunder scheiterte 524. Chlodomers Tod in der Schlacht riss auch die königliche Familie ins Verderben; zwei seiner Söhne wurden, bevor sie das Volljährigkeitsalter erreichten, von ihren Onkeln Childebert und Chlothar erschlagen, die sich, da ein weiterer Sohn Chlodomers Kleriker wurde, 532/533 das Reich von Orléans teilen konnten.

Seit dem vierten Jahrzehnt des 6. Jahrhunderts konnte aber auch die fränkische Expansion weiter vorangetrieben werden. Theuderich von Reims vernichtete das Thüringerreich und dehnte seine Macht bis zur mittleren Elbe aus. Sein Sohn Theudebert richtete den Blick gar auf Italien, doch scheiterte diese weit ausgreifende Politik letzt-

ZEITTAFEL

Die Nachkommen Chlothars I. (Auswahl):

	Söhne Chlothars I.
561–567	Charibert I. (Paris)
561–592	Guntram (Orléans)
561–575	Sigibert I. (Reims)
561–584	Chilperich I. (Soissons)
	Nachkommen Sigiberts I.
575–596	Childebert II. (Austrasien, seit 592 auch Burgund), Sohn
596–612	Theudebert II. (Austrasien), Enkel
596–613	Theuderich II. (Burgund, seit 612 auch Austrasien), Enkel
613	Sigibert II. (Austrasien, Burgund), Urenkel, Sohn Theuderichs II.
	Sohn Chilperichs I.
584–629	Chlothar II. (Neustrien, seit 613 im gesamten Frankenreich)

lich. Trotzdem brachte sie einen nicht unerheblichen Machtzuwachs, denn in ihrem Verlauf konnte der gesamte Siedlungsraum der Alamannen und der Baiern (Bajuwaren) sowie der rätischen Alpenromanen dauerhaft in die fränkische Herrschaftssphäre einbezogen werden.

Auch in Gallien gelang die Ausdehnung: 534 wurden die Burgunder endgültig unterworfen. Schon zuvor waren die Westgoten auf Septimanien beschränkt worden. 536 schließlich überließ der Ostgotenkönig Witigis den Merowingern die Provence und eröffnete ihnen damit den Zugang zum Mittelmeer. Aufs Ganze gesehen war die zweite Phase der merowingischen Expansion also sehr erfolgreich. Wenn diese Expansion auch grundsätzlich vom gesamten Merowingerhaus getragen wurde, so war aus geographischen Gründen der größere territoriale Gewinn doch an die Reiche von Reims und Paris gefallen, denen der Süden und Osten offen standen und die

100563

Chilperich I. hatte seine erste Frau ermorden lassen, um daraufhin seine frühere Geliebte Fredegunde heiraten zu können. Der kolorierte Holzstich aus dem 19. Jh. zeigt Chilperich und Fredegunde in historisierender Tracht.

INFOBOX

Familienfehde im Königshaus

Um 566/567 vermählte sich Sigibert I., König von Austrien, mit Brunhilde, der Tochter des Westgotenkönigs Athanagild. Sein Bruder, König Chilperich I. von Neustrien, wollte ihm – wie Gregor von Tours berichtet – in nichts nachstehen: »Als König Chilperich dies sah, freite er, obschon er bereits mehrere Weiber hatte, um Galswintha, Brunichildes Schwester ... Aber des Königs Liebe zu Fredegunde, die er schon früher zum Weibe gehabt hatte, brachte schweren Streit zwischen ihnen.« Chilperich ließ Galswintha »durch einen Dienstmann erdrosseln«, was ihm die lebenslange Feindschaft seiner Schwägerin einbrachte. Brunhilde führte die neustrische Königslinie noch bis in die Generation ihrer Urenkel fort und verfolgte ihre austrischen Rivalen mit unerbittlichem Hass. Als Greisin wurde sie 596 von Fredegundes Sohn Chlothar II. von Neustrien gefangen genommen.

zugleich das Reich von Soissons von diesen Gegenden abriegelten. Trotzdem war der lange benachteiligte Chlothar von Soissons am Ende der eigentliche Nutznießer dieser Entwicklung, denn er überlebte sämtliche Brüder und Neffen und konnte daher zwischen 558 und 560/561 das Gesamtreich wieder in einer Hand vereinen.

»Bürgerkriege«: Das Reich unter den Nachfolgern Chlothars I.

Nach seinem Tode teilten sich seine vier Söhne entsprechend dem Vorbild von 511 wieder Herrschaft und

INFOBOX

Hinrichtung einer Königin

Im Jahre 613 vollzog sich im Frankenreich ein makabres Schauspiel: die Hinrichtung der greisen Königin Brunhilde. Drei Tage hatte man sie gefoltert, dann auf einem Kamel zur Schau gestellt und schließlich an den Schweif eines wilden Pferdes oder an die Hufe mehrerer Rösser gebunden und auf diese Weise zu Tode trampeln und schleifen lassen. Ihr geschundener und zerrissener Leichnam wurde danach – nichts sollte von ihr übrig bleiben – dem Feuer übergeben. Abgrundtiefer Hass gegen die hartnäckige und lange Zeit erfolgreiche Widersacherin hatte bei diesem brutalen Vorgehen den Willen des Siegers, Chlothars II., bestimmt, der nun das von seinem Ahnherrn Chlodwig I. ein Jahrhundert zuvor geschaffene Großreich wieder in einer Hand vereinigte.

100762

Die Goldbrakteaten stammen aus einen Grabfund der Merowingerzeit (Pforzheim, Schmuckmuseum).

Reich: Charibert fiel dabei die Residenz Paris zu, Guntram erhielt Orléans, Sigibert Reims und Chilperich Soissons. Da Charibert jedoch schon 567 starb und nun die Brüder seinen Herrschaftsbereich unter sich aufteilten, verfestigte sich in der Zukunft nicht eine vier-, sondern lediglich eine dreigliedrige Territorialstruktur im fränkischen Großreich: die Reiche Neustrien, Austrasien und Burgund. Zur gleichen Zeit gewann der fränkische Adel stärker an Einfluss, denn die Jahrzehnte um 600 wurden von einem grausamen Bruderkrieg unter den merowingischen Herrschern überschattet, dessen Anlass eine Ehetragödie im Hause Chilperichs I. war.

Dieser hatte, nachdem sein Bruder Sigibert von Reims die westgotische Prinzessin Brunhilde geehelicht hatte, deren Schwester Galswintha geheiratet und, ihrer überdrüssig, bald darauf ermorden lassen, um seine frühere Geliebte Fredegunde zur Gemahlin nehmen zu können. Daraus entwickelte sich ein düsteres Familiendrama, dem 575 Sigibert, 584 Chilperich zum Opfer fielen. Nach manchem politischen Hin und Her setzte sich schließlich, allerdings nur vorläufig, die Linie Sigiberts und Brunhildes durch, deren Sohn Childebert II. 587 von seinem söhnelosen burgundischen Onkel Guntram im Vertrag von Andelot als Erbe eingesetzt wurde und 592 die Nachfolge antreten konnte, während der erst 584 geborene Chlothar II., der Sohn der Fredegunde, sich schließlich auf ein stark geschrumpftes Gebiet mit Rouen als Hauptsitz beschränkt sah. Childebert II. starb aber schon 596, und seine Mutter Brunhilde musste wieder die Regentschaft übernehmen, diesmal für ihre Enkel Theudebert II. und Theuderich II., die das austroburgundische Reich untereinander aufteilten, aber 605 in Konflikt miteinander gerieten. Im Verlauf dieses Zwistes

ZEITTAFEL

Die Nachkommen Chlothars II. (Auswahl):

	Söhne Chlothars II.
623–638/639	Dagobert I. (Austrasien, seit 629 im ganzen Frankenreich)
629–632	Charibert II. (Unterkönigreich Toulouse)
	Nachkommen Dagoberts I.
633/634–656	Sigibert III. (Austrasien), Sohn
638/639–657	Chlodwig II. (Neustrien, Burgund), Sohn
675–679	Dagobert II. (Austrasien), Enkel, Sohn Sigiberts III.
	Nachkommen Chlodwigs II.
657–673	Chlothar III. (Neustrien, Burgund), Sohn
662–675	Childerich II. (Austrasien, seit 673 im gesamten Frankenreich), Sohn
673–690/691	Theuderich III. (Neustrien, Burgund, seit 679 im gesamten Frankenreich), Sohn
	Nachkommen Theuderichs III.
690/691–694	Chlodwig III., Sohn
695–711	Childebert III., Sohn
711–715/716	Dagobert III., Enkel, Sohn Childeberts III.
721–737	Theuderich IV., Urenkel, Sohn Dagoberts III.
	Nachkommen Childerichs II.
716–721	Chilperich II., Sohn
743–751, †754	Childerich III., Enkel, Sohn Chilperichs II., letzter merowingischer König

2862

Seit den Kapetingern ließen sich die französischen Könige in Saint-Denis bestatten und knüpften damit an das Vorbild Dagoberts an. Ein Relief stellt den siegreichen Kampf des Glaubens (symbolisiert durch Bischöfe und Engel) gegen die Teufel um die Seele des verstorbenen Herrschers dar.

rottete Theuderich II. 612 die Familie seines Bruders aus, starb aber selbst schon ein Jahr später, inmitten von erneut ausgebrochenen Auseinandersetzungen mit Chlothar II. Wieder musste Brunhilde die Zügel der Politik ergreifen und übernahm die Regierung für ihre Urenkel, von denen sie nur Sigibert II. zum König erheben ließ. Aber die schon früher spürbare Opposition des Adels gegen die alte Königin formierte sich immer deutlicher. Ihre austrasischen Gegner, zu denen auch Pippin der Ältere und Arnulf von Metz, die Stammväter der Karolinger, zählten, riefen Chlothar ins Land, zu dessen Gunsten sich das Blatt wendete. Das Heer, das Brunhilde ihm entgegenwarf, löste sich bei Châlons-sur-Marne kampflos auf. Sie selbst fiel in die Hände ihres Neffen, der 613 schreckliche Rache an seiner und der 597 verstorbenen Mutter Fredegunde Widersacherin nahm und sowohl sie als auch ihre Urenkel mit Ausnahme seines Patenkindes Merowech beseitigte. Der lange Zeit ins Hintertreffen geratene Kleinkönig von Rouen war damit gleichsam über Nacht zum alleinigen Herrscher im Frankenreich aufgestiegen.

Chlothar II. und Dagobert I.

Die dringendste Aufgabe, die Chlothar zu lösen hatte, war die Neuordnung des Reiches. Wollte er Spannungen ausgleichen, musste er auf die Verschiedenheit der Reichsteile Rücksicht nehmen, vor allem aber den Interessen des Adels Rechnung tragen. Schon früh zeigte er, dass seine Monarchie keine neustrofränkische Unterdrückung bedeutete, denn gleich nach seinem Erfolg über Brunhilde bestellte er für jedes Teilreich einen eigenen Hausmeier. Dieses Amt, das ursprünglich aus der Hofverwaltung hervorgegangen ist und im 7. Jahrhundert einen gewaltigen Aufstieg erfahren sollte, wurde zum Garanten für die Sonderstellung der einzelnen Teilreiche, denn die Hausmeier nahmen praktisch eine Zwitterstellung ein: Einerseits waren sie Sachwalter des Königs, andererseits repräsentierten sie den Herrschaftsverband eines Teilreichs. Diese Herrschaftsverbände hatten in der zweiten Hälfte des 6. und im frühen 7. Jahrhundert immer deutlichere Konturen angenommen; ihre Interessen konnte der König daher nicht unberücksichtigt lassen, zumal er seine Herrschaft ohne die Mitwirkung des Adels überhaupt nicht durchzusetzen vermochte. Diesem Umstand trug auch das Pariser Edikt Rechnung, das Chlothar II. 614 im Anschluss an

»Der heilige Eligius vor König Chlodwig« ist ein kleines Tafelbild des Florentiner Malers Taddeo Gaddi. Chlodwig II. hatte Eligius, den späteren Bischof von Noyon, der zunächst Goldschmied am Merowingerhof war, mit der Anfertigung eines Thrones beauftragt (um 1365; Madrid, Prado).

100264

Die Goldscheibenfibel mit Almadin und feiner Goldfiligranverzierung war eine Grabbeigabe (7. Jh.; Weingarten, Alamannenmuseum).

100762

eine Versammlung und ein Konzil des Gesamtreichs verkündete. In ihm verzichtete der Monarch auf autokratische oder zentralistische Maßnahmen und strebte stattdessen ein Zusammenwirken mit den Großen aus allen Teilreichen an. Berühmt geworden ist in diesem Zusammenhang die Bestimmung, nach der die königlichen Amtsträger in ihrem Amtssprengel ansässig sein müssen, damit sie bei Verfehlungen in ihrem Zuständigkeitsbereich zur Verantwortung gezogen werden können – eine angesichts des im frühen Mittelalter nur rudimentär ausgebildeten Verwaltungsapparates sicherlich ernst zu nehmende Begründung.

Chlothars Bemühungen um die Konsolidierung der Herrschaft und des Reiches waren nicht ohne Erfolg, der auch seinem Sohn Dagobert I. nicht versagt blieb. Dieser war schon 623 zum Mitherrscher erhoben und als Unterkönig über die Austrasier eingesetzt worden. Ihm zur Seite stellte der Vater seine alten austrasischen Parteigänger Pippin den Älteren und Bischof Arnulf von Metz, den einen als Hausmeier, den anderen als geistlichen Ratgeber. Damit wurde die Sonderstellung Austrasiens betont und zugleich eine Maßnahme zur Sicherung der

Ostgrenze getroffen. Regierungserfahren wie er war, konnte Dagobert 629 die Nachfolge des Vaters antreten und seinem jüngeren Bruder Charibert II. eine umfassende Teilhabe an der Herrschaft verweigern. Charibert erhielt nur einen Aufgabenbereich im Grenzgebiet gegen die Basken zugewiesen, ein Unter- oder Markenkönigtum mit Toulouse als Zentrum, das 632 mit seinem Tode wieder erlosch, während Dagobert die Alleinherrschaft übernahm. In diesen Maßnahmen spiegelt sich eine neue Reichskonzeption wider, die stärker auf die Bewahrung des Einheitskönigtums ausgerichtet gewesen zu sein scheint. Trotzdem hat Dagobert sein Reich schließlich wieder geteilt: unter seine beiden Söhne Sigibert III. und Chlodwig II. Der dreijährige Sigibert war schon 633 zum austrasischen Unterkönig erhoben, der im folgenden Jahr geborene Bruder sogar schon als Säugling auf Rat der Neustrier zum Nachfolger in Neustrien und Burgund ausersehen worden. Als Dagobert 638 oder 639 starb, trat diese Erbregelung tatsächlich in Kraft und bestimmte über Jahrzehnte hinweg die herrschaftliche Zweiteilung des Frankenreichs in ein austrasisches und ein neustroburgundisches Königtum.

Dagobert aber, der in Saint-Denis seine letzte Ruhe fand und als bon roi (guter König) im Andenken der Nachwelt fortlebt, war der letzte bedeutende Merowinger, denn seinen Nachfolgern entglitt die Herrschaft zusehends, und andere Gewalten stiegen in der zweiten Hälfte des 7. Jahrhunderts zu Einfluss und Geltung empor – unter ihnen die Karolinger, die schließlich als Sieger aus dem Ringen um die Macht hervorgingen. *Franz-Reiner Erkens*

Von Hausmeiern zu Königen: Der Aufstieg der Karolinger

Die Teilung des Frankenreichs nach Dagoberts I. Tod war nur möglich, weil der Adel, dem künftig eine immer gewichtigere Rolle im Machtgefüge zufiel, die Erbregelung akzeptierte und mittrug. In Austrasien wurde dabei die Regierung für den noch minderjährigen Sigibert III. von dem Hausmeier Pippin dem Älteren und dem Bischof Kunibert von Köln geführt. Als Pippin jedoch 639/640 starb, entbrannte eine inneraustrasische Rivalität um die Nachfolge im Hausmeieramt, das Pippins Sohn Grimoald erst nach einigen Anstrengungen 643 erringen konnte. Von nun an aber hielt er es fest in seinen Händen und griff schließlich sogar nach der Krone. Nicht für sich wollte er sie erwerben, wohl aber für seinen Sohn, der den beziehungsreichen Merowingernamen Childebert erhielt und den er von dem kinderlosen Sigibert III. hatte adoptieren lassen. Als dem König schließlich doch noch ein Sohn geboren wurde, Dagobert II., stand der Erfolg des mächtigen Hausmeiers zwar infrage, aber nach dem Tode Sigiberts III. schickte Grimoald den vierjährigen Dagobert einfach nach Irland ins Exil und setzte den eigenen Sohn auf den Thron.

Der von einem König adoptierte Sprössling eines Hausmeiers fand tatsächlich Anerkennung. Wohl erst durch Childeberts frühen Tod (spätestens Anfang 662), misslang Grimoalds Griff nach der Krone; der Hausmeier selbst wurde nun in Paris gefangen gesetzt, gefoltert und getötet. Damit war der pippinidische Mannesstamm ausgerottet, während die Nachkommen von Grimoalds Schwester Begga und ihrem Gemahl Ansegisel, dem Sohn Arnulfs von Metz, den Sturz des Hausmeiers überstanden, künftig jedoch äußerste Vorsicht walten ließen bei dem Versuch, das Königtum zu erringen. Beggas und Ansegisels Sohn Pippin (dem Mittleren), der sich in zähem Ringen eine Vormachtstellung in Austrasien erwerben konnte, verdankten die Nachfahren Arnulfs von Metz und Pippins des Älteren dann den Wiederaufstieg.

Nach Grimoalds Sturz jedoch wurde zunächst der jüngste Sohn des neustroburgundischen Herrschers Chlodwig II., Childerich II., unter Missachtung des Rechtes, das der im irischen Exil weilende Dagobert II. als Nachkomme Sigiberts III. geltend machen konnte, zum König Austrasiens erhoben.

Im fränkischen Westreich hatte, als Chlodwig II. 657 starb, zwar sein noch minderjähriger ältester Sohn Chlothar III. die Nachfolge angetreten, die Regierungsgewalt lag jedoch bei der Königinmutter Balthilde und dem mit ihrer Unterstützung um 658 erhobenen Hausmeier Ebroin, dessen straffe Machtpolitik wiederholt Widerstände hervorrief. Trotzdem blieben Neustrien und Burgund unter einem König und einem Hausmeier vereint.

100563

Der karolingische Kamm aus Elfenbein ist verziert mit der Darstellung »Samson bezwingt den Löwen« und greift damit ein alttestamentarisches Thema auf (3. Viertel 9. Jh.; Paris, Louvre).

Als Chlothar III. 673 starb, schürzte sich der Knoten zu einem wüsten Drama von Krieg und Totschlag, an dessen Ende zwar das Frankenreich wieder durch ein Einheitskönigtum repräsentiert wurde, die Merowinger aber endgültig zu bedeutungslosen Herrschern herabgesunken waren und die eigentliche Macht bei den Hausmeiern lag. Theuderich III., der letzte Sohn Chlodwigs II., saß nun auf dem neustroburgundischen Thron, während Ebroin die Macht in Händen hielt und sie 680 bei Laon auch gegen die Austrasier unter Führung Pippins des Mittleren zu verteidigen wusste. Zum Zuge kam Pippin erst im zweiten Anlauf nach der Ermordung Ebroins und dem 687 über die Neustrier erfochtenen Sieg von Tertry.

Dem rückschauenden Betrachter erscheint dieses Ereignis wie der entscheidende Markstein im unaufhaltsamen Aufstieg der Karolinger. Doch war deren Erfolg keinesfalls zwangsläufig und ungefährdet. Nicht nur hatten sie mehrere Anläufe gebraucht, um die Macht zu erringen, und waren dabei sogar zweimal völlig gescheitert, sondern sie standen auch an der Spitze eines Adelsverbandes, dessen Interessen sie ebenso berücksichtigen mussten wie diejenigen der neustroburgundischen Großen, die es nach 687 zu gewinnen galt. Aus den Schicksalen Grimoalds und Ebroins die richtige Lehre ziehend, strebte Pippin der Mittlere einen Ausgleich der Adelsinteressen über die Grenzen der ehemaligen Teilreiche hinweg an und beanspruchte für sich selbst weniger eine verfassungsrechtlich klar umschriebene Position als vielmehr umfassenden Einfluss, der weitgehend informell blieb und vorwiegend auf seiner durch glänzende Waffentaten gesteigerten Autorität beruhte.

ZITAT

Der fränkische Geschichtsschreiber Einhard (Das Leben Karls des Großen 1) über das Schattenkönigtum der letzten Merowinger:

... Die wirkliche Macht und Autorität im Königreich hatten die Hofmeister des Palastes, die so genannten Hausmeier, die an der Spitze der Regierung standen. Dem König blieb nichts anderes übrig, als sich mit seinem Titel zu begnügen und mit wallendem Kopfhaar und ungeschnittenem Bart (Haar- und Barttracht der Freien) auf dem Thron zu sitzen und den Herrscher zu spielen.

Um 700 zeichnet sich deutlich ein Konzept familiärer Gemeinschaftsherrschaft ab, in das Pippins Söhne Grimoald als Hausmeier am neustrischen Königshof und Drogo als Herzog von der Champagne und wohl auch von Burgund in einer abgestuften Form einbezogen waren. In Auflösung geriet dieses Familienkartell der Macht allerdings nach dem Tode Pippins (714), dessen Söhne aus der Ehe mit Plektrudis schon vor ihm gestorben waren. Der Versuch Plektrudis', das gesamtherrschaftliche System zusammen mit ihren Enkeln, von denen einer zum Hausmeier ausersehen wurde, fortzuführen, scheiterte am Widerstand der Neustrier und an Karl Martell (dem »Hammer«), der Pippins Verbindung mit Chalpaida entstammte und von Plektrudis zunächst kaltgestellt worden war. Ihm gelang es innerhalb eines halben Jahrzehnts, sich eine Machtbasis zu verschaffen, die familiären Widersacher auszuschalten und die neustrische Opposition niederzuwerfen; 717 wurde er Hausmeier von Austrasien, 720 von Neustrien.

Gegenüber den sich seit den heftigen Kämpfen um das zentrale Hausmeieramt von der Merowingerherrschaft

100563

Karl Martell, der Sohn Pippins II., erkämpfte sich nach dessen Tod die Stellung des Hausmeiers von Austrasien und von Neustrien. In die Geschichte eingegangen ist er vor allem mit seinem Sieg in der Schlacht bei Poitiers. Die Aquatintaradierung nach einer Zeichnung von Wilhelm von Kaulbach schildert diese Begebenheit.

lösenden Randgebieten Aquitanien, Provence, Churrätien, Alamannien und Bayern vermochte er, die Hoheit des Reiches wieder zur Geltung zu bringen. Doch wird sein Name für alle Zeiten mit dem 732 zwischen Tours und Poitiers erfochtenen Sieg über die von der Iberischen Halbinsel anrückenden Muslime verknüpft bleiben, durch den zwar kein Eroberungskrieg, sondern lediglich ein wohl auch das reiche Martinskloster von Tours ins Visier nehmender Beutezug wie mit einem Hammerschlag beendet werden konnte, durch den aber immerhin auch die Gefahr islamischer Expeditionen in den gallischen Kernraum für alle Zeiten gebannt worden ist.

Nachdem Theuderich IV. 737 gestorben war, regierte Karl bis zu seinem Tode im Jahre 741 ohne einen merowingischen König. Vor seinem Ableben teilte er, ein Monarch ohne Königstitel, die Herrschaft, die er – anders als sein Vater – zu Lebzeiten mit niemandem geteilt hatte, unter seine Söhne auf und folgte damit dem Vorbild der merowingischen Königsfamilie. Seine letzte Ruhe fand er, auch dies ein Ausdruck königlichen Selbstverständnisses, in dem Königskloster Saint-Denis.

Die Kirchenreform unter den Söhnen Karl Martells

Seine Söhne Karlmann und Pippin der Jüngere teilten sich die Hausmeierwürde und das Reich – Pippin erhielt Neustrien mit Burgund und der Provence, der ältere Karlmann Austrasien mit Alamannien und Thüringen – und manövrierten dabei ihren Halbbruder Grifo aus, der Karls zweiter Ehe mit Swanahild aus dem bayerischen Geschlecht der Agilolfinger entstammte. Um ihre besonders vom aquitanischen und vom bayerischen Herzog infrage gestellte übergeordnete Gewalt als Hausmeier zu legitimieren, hoben sie 743 Childerich III., den letzten Merowingerkönig, auf den Thron. Bis 746 gelang es den karolingischen Brüdern schließlich, die Widersacher in Bayern, Alamannien und Aquitanien auszuschalten oder doch zumindest der Reichsgewalt stärker unterzuordnen.

Mit Pippin dem Jüngeren und Karlmann kamen Herrscherpersönlichkeiten an die Macht, die selbst eine gewisse geistliche Erziehung erfahren hatten und die Reformbedürftigkeit der fränkischen Kirche deutlich empfanden. Ihre Vorfahren werden zwar kaum weniger religiös gewesen sein, aber sie handelten eindeutig nach politischen Kategorien. Karl Martell etwa hatte rigoros auf kirchliches Gut zurückgegriffen, um seine Anhänger auszustatten, zu belohnen und für die zahlreichen militärischen Aktionen auszurüsten; Bistümer dienten als Ausstattungsgut von Adelsfamilien, die mancherorts

Das Bild einer zeitgenössischen Kirchensynode entwirft eine Illustration des um 830 in Reims entstandenen so genannten Utrecht-Psalters (Utrecht, Universitätsbibliothek).

30050

über diese kirchliche Zentralinstitution wie über einen Erbbesitz verfügten. Da Karl Martell aber auf die Mitwirkung dieses Adels angewiesen war, konnten die kirchlichen Erneuerungskräfte, die zu seiner Zeit wirksam waren, vor allem also die angelsächsische Mission und der Kreis um Bonifatius, von ihm nur so weit Unterstützung erwarten, wie dadurch der politische Grundkonsens innerhalb des den karolingischen Führungsanspruch akzeptierenden Adelsverbandes nicht gefährdet wurde.

Die angelsächsischen Missionare betrieben - anders als die irischen Mönche, die schon vor ihnen den Gedanken der asketischen peregrinatio, der entsagungsvollen Heimatlosigkeit, aufgegriffen hatten und in die Fremde gegangen waren, um dort, gleichsam als Akt der Buße, das Christentum zu predigen - die Mission von Anfang an mit einer Planmäßigkeit, die eine besondere Bedeutung erlangte, als sich unter Bonifatius (672/673–754) das missionarische Wirken mit kirchenorganisatorischem und -reformerischem Tun verband. Musste dieser erfolgreiche Glaubensbote auch zunächst auf anders geartete kirchenpolitische Interessen des karolingischen Hausmeiers Rücksicht nehmen und zeitweise sogar ins bayerische Herzogtum der Agilolfinger ausweichen, wo er um 739 vier Bistümer (in Passau, wo er aber einen vom Papst geweihten Bischof akzeptieren musste, in Salzburg, Regensburg und Freising) gemäß den kanonischen Vorschriften einrichtete und damit zum Bistumsorganisator großen Stils wurde.

Nach Karls Tod (741) aber änderten sich die politischen Rahmenbedingungen rasch, denn die Söhne des mächtigen Karolingers hatten wohl erkannt, wie sehr eine unter ihrem Schutz durchgeführte Reform der fränkischen Kirche einen moralischen Autoritätsgewinn bedeuten konnte, der eine Festigung, wenn nicht gar eine monarchische Erhöhung ihrer Herrschaft erwarten ließ.

Kirchenreform im Frankenreich - das bedeutete vor der Mitte des 8. Jahrhunderts ganz allgemein die Reaktivierung des traditionellen Kirchenrechtes, vor allem die Erneuerung (mancherorts auch Einführung) der in Verfall geratenen Metropolitanverfassung und die Schärfung der geistlichen Disziplin. Konkret verband sich damit natürlich auch das Problem der entfremdeten Kir-

ZITAT

Die Bestimmungen des »Concilium Germanicum« drängen auf eine Durchsetzung des christlichen Glaubens gegenüber dem immer noch starken Heidentum (Kanon 6):

Jeder Bischof hat mithilfe des Grafen dafür zu sorgen, dass das Volk keine heidnischen Bräuche ausübe wie Totenopfer, Losdeuterei, Zauberei, Amulette, Wahrsagerei, Beschwörungen, Schlachtopfer und Niedfeuer, die von törichten Menschen neben der Kirche im Namen der heiligen Märtyrer und Bekenner vorgenommen werden.

100313

Von der karolingischen Reichsabtei Lorsch ist allein die wohl um 790 entstandene so genannte Torhalle erhalten geblieben. Sie markierte als Durchgangsbogen den Weg zur Klosterkirche.

chengüter. Mit großem Elan wurden alle diese Fragen in Angriff genommen. Auf einer 742 oder 743 an unbekanntem Ort und nach vielen Jahrzehnten erloschener Synodaltätigkeit erstmals wieder tagenden austrasischen Kirchenversammlung (concilium Germanicum), die von Karlmann einberufen worden war und deren Beschlüsse der Hausmeier in einem eigenen Erlass (Kapitular) verkündete, wurde vor allem die Frage des Kirchengutes radikal gelöst: durch Rückerstattung an die geschädigten Kirchen. Obwohl die Reform Neustrien ebenfalls erfasste, ließ sich diese grundstürzende Entscheidung nicht durchsetzen. Auch die Söhne Karl Martells waren auf mächtige Anhänger angewiesen, deren Interessen besonders durch die Restitutionsbestimmung des concilium Germanicum empfindlich getroffen waren. Schon 744 kam es daher zu einer entscheidenden Abschwächung des Beschlusses, durch die zwar grundsätzlich eine Anerkennung des kirchlichen Eigentumsrechtes an dem entzogenen Besitz, nicht aber die Rückerstattung erfolgte. Diese sollte vielmehr nur vorgenommen werden, wenn die betroffene Kirche durch die Entfremdung in Existenzschwierigkeiten geriet; ansonsten verblieb den bisherigen Inhabern das kirchliche Gut als zinspflichtige Leihe auf Lebenszeit.

Da sich auch die Erneuerung der Metropolitanverfassung nicht sofort verwirklichen ließ, geriet das schwungvoll begonnene Reformwerk ins Stocken, und Bonifatius verfiel der Resignation. Wenn er sich am Ende seines Lebens auch als ein im Wesentlichen Gescheiterter empfunden haben mochte, der nur noch mit Mühe die Missions- und Aufbauarbeit in den heidnisch-germanischen Gebieten sichern konnte, so entfalteten sich seine Reformansätze in der zweiten Hälfte des 8. Jahrhunderts doch weiter, jetzt allerdings unter fränkischer Führung. Auch die von Bonifatius geförderte Ausrichtung auf das Papsttum, die die fränkische Kirche zu einer romverbundenen Landeskirche werden ließ und der Autorität des Papstes trotz strikter Kirchenhoheit des weltlichen Herrschers einen über den reinen Lehrprimat hinausgehen-

ZEITTAFEL

Die Anfänge der Karolinger:

	Arnulfinger (Auswahl)
† um 640	Arnulf, Bischof von Metz
† nach 657	Ansegisel, Sohn Arnulfs
	Pippiniden (Auswahl)
† 639/640	Pippin I., der Ältere, Hausmeier
† um 662	Grimoald der Ältere, Sohn Pippins I., Hausmeier
656 bis um 662	Childebert, Sohn Grimoalds, König
† um 693	Begga, Tochter Pippins
Nachkommen Ansegisels und Beggas (Auswahl)	
† 714	Pippin II., der Mittlere, Sohn, 687/688 Hausmeier
† 741	Karl Martell, Sohn Pippins II., vor 720 Hausmeier
751–768	Pippin III. (I.), der Jüngere, Sohn Karl Martells, König; 741–751 Hausmeier
768–814	Karl der Große, Sohn Pippins III. (I.), König und (seit 800) Kaiser
768–771	Karlmann, Sohn Pippins III., König

INFOBOX

»Retter des Abendlandes«

Nachdem die von Spanien aus operierenden Araber 719 Narbonne und 725 Nîmes und Carcassone eingenommen hatten, kam es wiederholt zu Plünderzügen der Muslime und vermutlich hatten es die von Abd ar-Rahman geführten Araber 732 u. a. auf die Schätze der Abtei Saint-Martin in Tours abgesehen. Statt einer nach Hunderttausenden zählenden Reiterschar, wie traditionell berichtet wurde, hatte Abd ar-Rahman jedoch vermutlich weniger als 10 000 Kämpfer zu Verfügung, die Karl Martell bei ihrem Vorrücken lange unbehelligt ließ, da sie zuerst weniger seinen Einflussbereich bedrohten als den seines Konkurrenten Euro von Aquitanien. Erst als sie Richtung auf Tours nahmen und zur Bedrohug für seine Macht wurden, stellte er sich den Angreifern entgegen. Zum Glück für die Franken fiel der Araberführer schon zu Beginn der Schlacht, was zur raschen Auflösung und Flucht der Muslime führte. Dass es zu keinem weiteren Angriff kam, lag vermutlich am ausbleibenden Nachschub aus Syrien, wo die herrschende Omaijadendynastie sich mit den aufständischen Abbasiden auseinander setzen musste. Jedenfalls trug der Sieg Karl Martells in der Schlacht zwischen Tours und Poitiers am 17. 10. 732 dazu bei, die arabischen Invasionen ins Fränkische Reich zu beenden.

den Einfluss eröffnete, sollte schon bald, noch zu Lebzeiten des Bonifatius, Früchte tragen.

Pippins des Jüngeren Aufstieg zum Königtum

Einschneidende Änderungen brachte nämlich das Jahr 747: Karlmann, der besonders die kirchliche Reform zu seiner Sache gemacht hatte, entsagte der Herrschaft und zog sich zu geistlichem Leben zunächst nach Rom, dann ins Kloster Montecassino zurück. Seinen Sohn Drogo hatte er zuvor seinem Bruder Pippin anvertraut. Dieser dachte jedoch nicht mehr daran, die Herrschaft mit irgendjemandem zu teilen, und schob den Neffen beiseite. Auch Grifo, der 741 übergangen worden war und nun noch einmal auf den Plan trat, konnte dem Hausmeier nicht gefährlich werden. Seit 749 regierte Pippin ein nach außen und innen befriedetes Reich. Damit war der Weg zum Königtum politisch geebnet. Beschritten hat ihn der Karolinger mit aller Vorsicht, denn noch gab es einen König, der zwar keine Macht mehr besaß, dessen merowingische Abkunft aber seit Jahrhunderten als Voraussetzung für die Thronbesteigung galt. Vorstellungen eines an der Herrscherfamilie haftenden Königsheils sowie Erwägungen über den politischen Nutzen einer königlichen Schachfigur auf dem Spielbrett der Adelsfaktionen und -interessen hatten bisher zum Erhalt der merowingischen Monarchie beigetragen. Bonifatius und sein Reformbemühen jedoch brachten den Franken eine moralische und geistliche Autorität nahe, mit deren Hilfe Pippin das altehrwürdige Königsgeschlecht der Merowinger endgültig vom Throne stoßen konnte: das Papsttum.

Im Jahre 750 sandte Pippin den Abt Fulrad von Saint-Denis zusammen mit dem Würzburger Bischof Burchard nach Rom und ließ dem Papst die Frage unterbreiten, ob

100313

Der Fassadenschmuck der so genannten Königshalle der ehemaligen Benediktinerreichsabtei Lorsch zeigt ein Kompositkapitell, das im 14. Jh. entstanden ist.

es gut sei oder nicht, dass es Könige ohne königliche Gewalt im Frankenreich gebe. Papst Zacharias (741–752) gab darauf die berühmte Antwort: »Es sei besser, der wirkliche Inhaber der Gewalt heiße König als einer, der ohne Königsgewalt geblieben sei.« Dieser Bescheid, der von altchristlichem Gedankengut geprägt ist und auf der Vorstellung beruht, dass eine Sache mit dem ihr entsprechenden Namen bezeichnet werden soll (Nomen-Res-Theorie), »damit die gottgewollte Ordnung nicht gestört werde«, besitzt den Charakter eines Weistums, einer Rechtsweisung in einem Fall, den eine Landeskirche an den Papst zur Entscheidung herangetragen hat.

ZITAT

Die Metzer Annalen schildern den Bündnisschluss zwischen Papst Stephan II. und König Pippin III. (I.) in der fränkischen Pfalz Ponthion vom Januar 754:

... und beschwor den König..., dass er ihn (Stephan II.) selbst und das römische Volk aus der Hand der Langobarden und des anmaßenden Königs Aistulf Knechtschaft befreie. Und nicht eher wollte er sich von der Erde erheben, als bis ihn König Pippin mit seinen Söhnen und den Großen der Franken die Hand reichte und ihn selbst zum Zeichen des künftigen Bündnisses... von der Erde aufhob.

In späteren Jahrhunderten wurde diese Entscheidung als Befehl oder gar als Einsetzung Pippins zum König verstanden; doch war dies eine in gewandelten Zeiten propagandistisch zu nutzende Fehldeutung, die den nun erhobenen Anspruch des Papstes, Könige ein- und absetzen zu dürfen, untermauern half. Bestimmend für Pippins Königtum war vielmehr seine Wahl und die Huldigung durch die Franken, die Ende 751 in Soissons vollzogen wurden. Childerich III. jedoch musste sich scheren lassen und mitsamt seinem Sohn ins Kloster gehen. Damit endete die bewegte Geschichte der Merowinger in klösterlicher Abgeschiedenheit und Ruhe.

An die rechtserhebliche Wahl schloss sich 751 ein weiterer Akt an: die kirchliche Weihe. Die Salbung des Königs nach alttestamentlichem Vorbild war, obwohl schon bei den Westgoten Brauch, etwas Neues im Frankenreich und diente zur besonderen Legitimierung des neuen Königtums. Durch sie wurde der Herrscher aus der Schar der Laien herausgehoben und eigens begnadet zur Ausübung seines schweren Amtes. Der Weiheakt von 751 wirkte traditionsbildend. Mit ihm setzte eine Verkirchlichung der Thronerhebung ein, die die sakrale Aura des christlichen Königs zunehmend erstrahlen ließ, das Königtum langfristig aber auch verstärkt der moralischen Kontrolle geistlicher Instanzen unterwarf und an Vorstellungen der Tauglichkeit zum Herrscheramt (Idoneität) band.

Das Königtum Pippins des Jüngeren

Der mithilfe des Papsttums vollzogene Aufstieg zum Königtum zog Pippin (als König Pippin I.) rasch in die Probleme Italiens hinein. Rom wurde 753, wie so oft in den vergangenen Jahrzehnten, von den seit 568 in Italien siedelnden Langobarden bedroht; Papst Stephan II. (752–757) wandte sich deshalb um Hilfe an den Karolinger, der nun, anders als noch sein Vater Karl Martell, zur Unterstützung der römischen Kirche bereit war. Auf Einladung des Königs zog der Papst ins Frankenreich und wurde am 6. Januar 754 ehrenvoll in der Pfalz Ponthion empfangen. Am folgenden Tag schlossen Pippin und Stephan, König und Papst, einen förmlichen Bund. Der Karolinger sagte dem Bischof von Rom auch im Namen seiner Söhne Hilfe zu und bekräftigte dies mit einem Freundschaftseid.

Schon bald zeigte das neue Bündnis seine Kraft. Der Langobardenkönig Aistulf hatte Pippins Bruder Karlmann, den einstigen Hausmeier, veranlasst, die kontemplative Ruhe des Klosters zu verlassen und über die Alpen nach Norden zu ziehen. Offenbar versprach er sich davon eine Schwächung des neuen Königtums.

100563

Die Darstellung des Evangelisten Lukas auf einer Miniatur entstammt dem in Reims entstandenen Ebo-Evangeliar (vor 835; Épernay, Bibliothèque Municipale).

Doch verwies der Papst den in die Welt Zurückgekehrten, der im Übrigen noch im selben Jahr (754) starb, wieder ins Kloster, salbte Pippin, diesmal zusammen mit den Söhnen Karl und Karlmann, erneut und zeichnete die drei Karolinger mit dem römischen Rang- und Ehrentitel eines patricius Romanorum aus. Pippin dagegen setzte den langobardischen Feldzug gegen Widerstände im fränkischen Adel durch und versprach dem Papst die Rückgabe Mittelitaliens.

Noch im gleichen Jahre 754 konnte Aistulf unterworfen werden. 756 aber wurde ein zweiter Feldzug nötig, da der Langobarde Rom erneut angriff. Nun erfolgte, eingedenk des Versprechens, tatsächlich die Rückgabe der vom Papst beanspruchten Gebiete, jedoch nicht im zugesagten Umfang. Mit dieser Pippinschen Schenkung wurde 754/756 der Grundstein für das patrimonium Petri, den späteren Kirchenstaat in Mittelitalien, gelegt. Ansprüche des byzantinischen Kaisers auf diese Regionen mit den Zentren Rom und Ravenna hatte der Karolinger zuvor abgewiesen, obwohl Italien, soweit es nicht langobardisch war, immer noch der Hoheit Byzanz' unterstand – einer Hoheit allerdings, die in Mittelitalien immer mehr verblasste.

Pippin unterwarf das Langobardenreich nicht seiner Herrschaft; aber an seinem Lebensende bildete das Frankenreich ohnedies die unbestrittene Vormacht im Westen. Als der erste Karolingerkönig im September 768 in Saint-Denis starb und beigesetzt wurde, hinterließ er ein nach innen und außen gefestigtes Reich, hatte während seiner Regierungszeit doch auch die Integration der Randländer in den fränkischen Reichsverband Fortschritte gemacht. Aquitanien und Alamannien waren fest eingebunden; der bayerische Herzog Tassilo III. hatte immerhin die Hoheit des Reiches anerkannt und 757 dem König, der auch sein Onkel war, und dessen Söhnen, seinen Vettern, einen Treueid geleistet, der später wohl als Vasallitätseid umgedeutet worden ist.

Das nach dem Ende des Westgotenreiches unter islamische Herrschaft geratene Septimanien konnte bis 759 erobert werden. Ungelöste Aufgaben waren zwar noch in Bayern, in Italien und Rom sowie vor allem gegenüber den Sachsen geblieben, aber insgesamt waren karolingisches Reich und Königtum 768 ungefährdet. Die Herr-

100880

754 und 756 erfolgten die Feldzüge Pippins III., des Jüngeren, gegen Aistulf. Einen dieser Felzüge gibt der Kupferstich von Matthäus Merian dem Älteren wieder.

schaft konnte daher problemlos an die Königssöhne übergehen, unter die Pippin, indem er merowingischen Brauch wieder aufgriff, das Reich aufgeteilt hatte. Allerdings traten bald Spannungen unter den Brüdern auf, die Pippins Werk vielleicht gefährdet hätten, wenn Karlmann nicht schon 771 gestorben wäre. Karl nutzte die Chance, trieb Schwägerin und Neffen außer Landes und trat die Nachfolge des Bruders an. Drei Jahre nach Pippins Tod war das fränkische Großreich wieder vereint und das Fundament erneuert, auf dem Karl weiterbauen konnte. *Franz-Reiner Erkens*

Der »Vater Europas«: Karl der Große und das abendländische Kaisertum

Kaum hatte Karl das Reich seines Bruders im Dezember 771 übernommen, da wurde er schon bald in die italischen Angelegenheiten hineingezogen. Während des karolingischen Bruderzwistes war das Papsttum dem langobardischen Druck schutzlos ausgesetzt gewesen. Papst Stephan III. hatte deshalb 771 ein Bündnis mit dem Langobardenkönig Desiderius eingehen müssen. Doch warf sein Nachfolger Hadrian I. schon 772 das Steuer wieder herum, setzte ganz auf die fränkische Karte und bat Anfang 773 Karl um Hilfe. Dieser zögerte zunächst, da er bereits den Kampf mit den Sachsen aufgenommen hatte, doch fanden Karlmanns Witwe und Kinder die Unterstützung des Langobardenherrschers. Ein Eingreifen in Italien schien daher dringend geboten, zumal Karl auch schon seine erste Gemahlin, eine Tochter des Desiderius, verstoßen und an den Hof des Vaters zurückgeschickt hatte.

»König der Langobarden«

Ihren Anfang nahm die Expansionspolitik Karls also erst mit der Erneuerung der Reichseinheit und dem Bruch mit den Langobarden; sie führte am Ende zu einer Ausweitung der fränkischen Herrschaft auf den schon von Pippin gewiesenen Bahnen, folgte aber keinem festen Plan und wurde oftmals stärker von äußeren Bedingungen bestimmt als von der eigenen Inititative. Gerade der Langobardenkrieg bildet dafür einen deutlichen Beleg: Nur widerwillig auf Bitten des Papstes begonnen, stand zunächst offenbar auch sein Ziel noch gar nicht fest. Erst während der langen Belagerung von Pavia scheint bei Karl der Entschluss gereift zu sein, keinen Frieden zu übernehmen. Nach der Kapitulation der Stadt Anfang Juni 774 verwies Karl daher seinen unterlegenen Gegenspieler Desiderius ins Kloster und wurde selbst langobardischer König – ohne Wahl, ohne Krönung, aber auch ohne größeren Widerstand.

100563

Die Bronzestatuette Karls des Großen besteht aus drei alten, erst in neuerer Zeit ergänzten Teilen. Die Reiterstatuette veranschaulicht das Aufleben antiker Vorstellungen von Porträt und Denkmal (9. Jh.; Paris, Louvre).

Von diesem grundlegenden Wandel der fränkischen Italienpolitik, die der Eigenständigkeit des Langobardenreiches ein Ende setzte und zur Etablierung der karolingischen Herrschaft auf der Apenninenhalbinsel führte, war nicht nur der basileus im fernen Konstantinopel betroffen, sondern vor allem auch der Papst in Rom, dem zwar die von Desiderius vorenthaltenen Besitzungen zurückgegeben, nicht jedoch die weiter reichenden, erst 774 erneuerten Versprechungen von 754 erfüllt wurden. Größere politische Ambitionen in Mittelitalien musste das Papsttum daher aufgeben. Trotz-

100264

Darstellung Kaiser Karls des Großen am um 1215 entstandenen Karlsschrein; links des Kaisers ist Papst Leo III., rechts Bischof Turpin zu sehen (Aachen, Kathedrale).

dem wurde der karolingisch-päpstliche Bund enger geknüpft, während sich die Bindung Roms an Byzanz weiter lockerte: Der Name des byzantinischen Kaisers verschwand aus den römischen Urkunden und von den Münzen, obwohl noch keine formelle Trennung vom basileus vollzogen wurde, an seine Stelle trat die Nennung des Papstes.

Die Entscheidung von 774 führte nicht zu einer Verschmelzung der Reiche, denen Karl nun vorstand, wohl aber zu einer Durchsetzung Italiens mit fränkischen Amtsträgern, Vasallen und Siedlern. 781 ließ der Karolinger seinen noch minderjährigen Sohn Pippin vom Papst zum König von Italien salben und krönen und richtete damit ein Unterkönigtum ein, das als relativ autonomes Gebilde der Sonderstellung Italiens im karolingischen Großreich entsprach. Karl nannte sich deshalb seit 774 auch rex Francorum et Langobardorum und betonte auf diese Weise selbst den eigentümlichen Charakter seiner italischen Herrschaft, die durch seine römische Stellung als patricius Romanorum ergänzt wurde.

s. ZEIT Aspekte Karl der Große S. 578

INFOBOX

Edelinge, Frilinge und Lazzen

Zur gesellschaftlichen Gliederung des sächsischen Stammesverbandes:
Die führende Schicht stellten die Edelinge,vielleicht die Nachkommen der Ursachsen; sie waren deutlich abgegrenzt von den wahrscheinlich aus unterworfenen Völkerschaften hervorgegangenen Freien (Frilinge) und Halbfreien (Lazzen, Liten) und stellten die Gaufürsten. Einmal im Jahr fand eine Stammesversammlung in Marklo an der Weser (nicht mehr genau lokalisierbar) statt, zu der aus jedem Gau die Fürsten und je zwölf Vertreter der drei Stände entsandt wurden. Über die Aufgaben der »Provinzen« Westfalen, Engern und Ostfalen ist praktisch nichts bekannt. Der Führer der Sachsen gegen Karl den Großen, Widukind, war ein westfälischer Edeling.

Der Kampf mit den Sachsen

Nach dem Erfolg über die Langobarden konnte sich Karl wieder den Sachsen zuwenden. Dieses Volk, im 2. Jahrhundert erstmals als Bewohner der Halbinsel Jütland erwähnt, hatte sich über die Norddeutsche Tiefebene nach Westen fast bis zum Rhein hin ausgedehnt und verharrte um 770 noch immer außerhalb der fränkisch-christlichen Welt, mit der es jedoch seit dem 6. Jahrhundert zu zahlreichen, nicht immer friedlichen Begegnungen gekommen war. Politisch bildeten die Sachsen einen nur lockeren, in Gaue gegliederten Stammesverband, an dessen Spitze kein König stand und über dessen weitere Organisation wenig bekannt ist.

ZITAT

Einhard hatte keine gute Meinung von den Sachsen (Das Leben Karls des Großen 7):
Denn die Sachsen waren… ein wildes Volk, das Götzen anbetete und dem Christentum feindlich gesinnt war; auch empfanden sie es nicht als ehrlos, alle göttlichen und menschlichen Gesetze zu verletzen und zu übertreten…

Probleme mit den Sachsen, die eine politische und, trotz unermüdlicher Missionstätigkeit, religiöse Abwehrhaltung gegenüber den Franken einnahmen, gab es schon lange, als Karl daranging, eine Lösung zu suchen. Diese scheint nicht von Anfang an in einer Einbeziehung der Sachsen in den karolingischen Herrschaftsverband bestanden zu haben, zumindest ähnelt Karls erster Sachsenzug, in dessen Verlauf 772 die an der Diemel gelegene Eresburg (wohl beim heutigen Marsberg) erobert und ein als Bild der Weltsäule verehrtes sächsisches Heiligtum, die Irminsul, zerstört wurde, eher einer herkömmlichen Strafexpedition. Allerdings wurde mit diesem Unternehmen ein Ringen eröffnet, das Karls Zeitgenosse und Biograph Einhard als einen dreiunddreißigjährigen Krieg charakterisierte und an dessen Ende die Integration des sächsischen Stammesgebietes in das Frankenreich und 802 die schriftliche Fixierung des sächsischen Volksrechtes (lex Saxonum) standen.

Der Kampf war hart, aber er wurde nicht ununterbrochen geführt und auch nicht gegen die Gesamtheit der Sachsen ausgetragen; vielmehr war er in einem starken Maße auch von inneren Gegensätzen geprägt, die in der ständischen Gliederung der sächsischen Gesellschaft ihre Ursache hatten. 776 jedenfalls konnte Karl die Unterwerfung »der Sachsen« und ihre Verpflichtung, sich taufen zu lassen, entgegennehmen. Ein Jahr später fand in Paderborn, erstmals auf sächsischem Bo-

Nach langer Belagerung der italienischen Stadt Pavia und ihrer Kapitulation 774 wurde Karl langobardischer König. Die Abbildung zeigt Kirche und kleinen Kreuzgang des 1390 von Gian Galeazzo Visconti gestifteten Klosters in Pavia.

100313

Aus einem Schachspiel Karls des Großen stammt die abgebildete Figur. Sie zeigt einen Bauern als fränkischen Krieger (9. Jh.; Paris, Bibliothèque Nationale de France).

100264

ZITAT

Über die Gesundheit Karls des Großen berichtet Einhard (22): *Seine Gesundheit war immer ausgezeichnet, nur in den letzten vier Jahren litt er öfter an Fieberanfällen und hinkte schließlich sogar auf einem Fuß. Trotzdem folgte er ... nicht dem Rat der Ärzte, die er fast hasste, weil sie ihm vorschrieben, dass er das gewohnte Bratenfleisch aufgeben und dafür gekochtes Fleisch essen sollte. Nach fränkischem Brauch ritt und jagte er fleißig ...*

den, eine Reichsversammlung statt, auf der die Unterwerfung erneuert und das Land in Missionsbezirke eingeteilt wurde.

778 kam es jedoch aus antifränkischen, aber offenkundig auch aus sozialen Motiven zu einer sächsischen Reaktion unter dem Heerführer Widukind, die vor allem von den unteren Ständen getragen wurde und auslösendes Moment für die vollständige Eroberung des sächsischen Gebietes geworden ist. 782 erfolgte in Lippspringe durch die Errichtung von Grafschaften, mithin von fränkischen »Institutionen«, die förmliche Einbeziehung in den Reichsverband. Noch im gleichen Jahr wurde jedoch am Süntel ein fränkisches Heer vernichtet. Da Karls Strafgericht von Verden, das einer großen Zahl gefangener Aufrührer den Tod brachte, den Widerstand nicht endgültig zu brechen vermochte, loderte der Aufstand 783 heftiger denn je auf. Nach schweren Kämpfen unterwarf sich Widukind 785 und empfing in der Pfalz Attigny die Taufe; danach verliert sich seine Spur.

Nun wurde es zwar ruhiger, doch flammten die Kämpfe in den Neunzigerjahren wieder auf und fanden erst 804 endgültig ein Ende. Nicht auszuschließen ist, dass die Einführung des Kirchenzehnten, die arge Missstimmung hervorrief, einen wesentlichen Anlass für diese Konflikte bot, zumal der Ausbau der fränkischen Herrschaft nicht ohne Gewaltanwendung vonstatten ging.

Seit den Neunzigerjahren ließ Karl schließlich zahlreiche Sachsen mit ihren Familien ins Reichsinnere verpflanzen und an ihre Stelle fränkische Siedler setzen. Als die Konsolidierung der neuen Verhältnisse Fortschritte machte, verkündete er 797 ein sächsisches Kapitular (capitulare Saxonicum), durch das die 782 oder 785 erlassenen strengen Strafbestimmungen gegen die Sachsen gemildert wurden. Um die Jahrhundertwende konnten die sächsischen Missionssprengel schließlich als Bistümer konstituiert werden: Münster, Osnabrück, Minden und Bremen kamen zur Kölner Kirchenprovinz, Paderborn und die wohl erst unter Ludwig dem Frommen endgültig eingerichteten Diözesen von Verden, Hildesheim und Halberstadt wurden der Mainzer Metropole unterstellt.

2862

Zwei Heiligenfiguren aus einem Stuckfries in der Kirche Santa Maria in Valle in Cividale (Friaul) geben Zeugnis von der langobardischen Skulptur.

Als Konsequenz aus der Einbeziehung der Sachsen in das fränkische Großreich ergaben sich einerseits nicht immer friedliche Berührungen mit den Dänen im Norden, wo 810 auch Nordalbingien in das Reich eingegliedert wurde, und mit den Westslawen im Osten, über die eine keinesfalls stabile Oberhoheit aufgerichtet werden konnte. Andererseits veränderte die Eroberung das Ver-

INFOBOX

Die »spanische Mark«

Seit 785 unterstand das nordostspanische Grenzgebiet mit Gerona, Urgel und Cerdaña (Cerdagne) der fränkischen Herrschaft; 801 wurde Barcelona erobert. Die hier als Bollwerk gegen die Araber, die 711 Spanien erobert hatten, errichteten Grafschaften wurden aber nicht zu einer eigenen (spanischen) Mark zusammengefasst, auch wenn die dort ansässigen Grafen gelegentlich als duces (Herzöge) oder marchiones (Markgrafen) bezeichnet wurden und die gesamte Region limes Hispanica und später auch marca Hispanica genannt wurde; das Gebiet galt vielmehr als Teil des aquitanischen Königreichs.

hältnis zwischen germanischen und romanischen Elementen innerhalb des Frankenreiches und schuf zugleich eine wichtige Voraussetzung für die spätere Entstehung Deutschlands.

Wenn der Kampf mit den Sachsen auch häufig die Aufmerksamkeit Karls erforderte, so bildete doch nicht nur der Nordosten einen Schauplatz für die Aktionen des großen Karolingers, auch im Südwesten griff er ein. Der 778 unternommene Zug ins nördliche Spanien scheiterte zwar, aber in Aquitanien wurde bald danach ein Unterkönigtum für Karls minderjährigen Sohn Ludwig eingerichtet, der 781 zusammen mit seinem zum italischen Unterkönig ernannten Bruder Pippin vom Papst gesalbt und gekrönt wurde. Dies führte zu einer Stabilisierung der Verhältnisse im Pyrenäenraum, wobei es gelang, die Herrschaftssphäre - wenn auch nur zeitweise - über den Gebirgskamm hinweg bis nach Gerona, Urgel, Cerdagne und Barcelona auszudehnen.

Das Volk der Sachsen ist erstmals im 2. Jh. v. Chr. auf der dänischen Halbinsel Jütland nachgewiesen. Die Abbildung zeigt das mittelalterliche Wasserschloss Spöttrup nordwestlich von Skive am Limfjord.

Das Ende des bayerischen Herzogtums der Agilolfinger

Auch im Südosten des Reiches vermochte Karl die fränkische Herrschaft zu intensivieren. Hier bestand immer noch eine auf weitgehende Unabhängigkeit bedachte

101191

ZEITTAFEL

Söhne und Enkel Karls des Großen (Auswahl):

800–811	Karl der Jüngere, Sohn, König in Neustrien
781–810	Pippin, Sohn, König von Italien
813/814–840	Ludwig I., der Fromme, Sohn, Kaiser; 781–814 König von Aquitanien
	Sohn Pippins
812/813, † 818	Bernhard, König von Italien
	Söhne Ludwigs des Frommen aus der Ehe mit Irmgard
817/840–855	Lothar I., Kaiser; 814 König von Italien, 843 des Mittelreichs
814/817–838	Pippin I., König von Aquitanien
843–876	Ludwig (II.), der Deutsche, ostfränkischer König; 817 König von Bayern
	Sohn Ludwigs des Frommen aus der Ehe mit der Welfin Judith
840/843–877	Karl II., der Kahle, westfränkischer König und (seit 875) Kaiser

Herzogsgewalt: das bayerische Herzogtum seines agilolfingischen Vetters Tassilo III. Dieser hatte die Bindung an die karolingische Monarchie von 757 sechs Jahre später wieder stark gelockert, als er sich von einem gegen Aquitanien gerichteten militärischen Unternehmen Pippins zurückzog. Seither bestand nur noch eine dem Herzog große Eigenständigkeit gewährende Oberhoheit.

Obwohl die bayerische Kirche und offenbar auch große Teile des bayerischen Adels frankenfreundlich eingestellt waren, griff Karl 787 in Bayern ein und zwang seinen bayerischen Vetter mit militärischer Macht zum Vasalleneid: Aus Karls Händen nahm Tassilo das bayerische Herzogtum zu Lehen, auf das er aber bereits im folgenden Jahr auf einem Ingelheimer Hoftag verzichten musste. Damit war das letzte erbliche, auf ethnischer Basis errichtete und über weitgehende Autonomie verfügende Herzogtum beseitigt. Das bayerische Gebiet jedoch, das 798 auch als eigene (Salzburger) Kirchenprovinz organisiert wurde, blieb trotzdem als politische Einheit erhalten und bewahrte unter als Präfekten bezeichneten Amtsträgern des Königs und im 9. Jahrhun-

ZITAT

Einhard über die Kleidung Karls des Großen (23):

Er kleidete sich nach der nationalen Tracht der Franken: Auf dem Körper trug er ein Leinenhemd, die Oberschenkel bedeckten leinene Hosen; darüber trug er einen Rock, der mit Seide eingefasst war; die Unterschenkel waren mit Gamaschen umhüllt. Sodann umschnürte er seine Waden mit Bändern und seine Füße mit Schuhen. ... An hohen Feiertagen trug er goldgewirkte Kleider und Schuhe, auf denen Edelsteine glänzten ...

100563

Der sächsische Heerführer Widukind unterwarf sich 785 nach schweren Kämpfen dem karolingischen Heerverband. Noch im selben Jahr empfing er die Taufe. Der historisierende Holzstich nach einer Zeichnung von Moritz von Schwind entstand um 1856.

s. ZEIT Aspekte
Karl der Große
S. 587

dert als Unterkönigtum auch als fränkischer Reichsteil eine Sonderstellung.

Mit der festen Eingliederung der Baiern ins Frankenreich wurde ebenfalls eine wichtige Voraussetzung für die spätere Entstehung Deutschlands geschaffen. Zugleich gelang es, gegenüber den Awaren die Südostgrenze zu sichern und die Donau- und Alpenländer der bayerischen Siedlung und Mission zu öffnen. Am Ende des 8. Jahrhunderts war das Abendland daher unter fränkischer Führung weitgehend zu einer neuen Einheit zusammengefasst. In dieser Situation trat ein Ereignis ein, das Karl den Weg zum Kaisertum eröffnete – zu einer Würde, die er keinesfalls konsequent angestrebte, die er aber annahm, als sich die Gelegenheit dazu bot.

Die Erneuerung des Kaisertums

Im Jahre 795 war auf Papst Hadrian I. Leo III. († 816) gefolgt. Während Hadrian das staatsrechtliche Halbdunkel, das seit der Mitte des Jahrhunderts über Rom und dem patrimonium Petri lag, auszunutzen und das sich von Byzanz lösende Papsttum als unabhängige politische Größe neben dem fränkischen Machtbereich zu erhalten suchte, musste Leo dieses Unterfangen aufgeben und selbst die karolingische Zuständigkeit in Rom deutlich betonen. Er handelte damit gegen die Maxime der berühmten Konstantinischen Schenkung (constitutum Constantini), einer Fälschung, die zwischen der Mitte des 8. und der Mitte des 9. Jahrhunderts entstanden ist, vielleicht sogar schon bei seinem Amtsantritt vorlag, da die Herstellung dieses Machwerks sich gut in die päpstliche Politik der Jahrzehnte um 770 einfügen würde.

Absicht der Fälschung war nämlich die Schaffung einer päpstlichen Herrschaftssphäre in Italien, behauptete sie doch, Konstantin der Große habe, als er seine Residenz nach Byzanz verlegte, dem Papst Silvester I. Rom, Italien und die »westlichen Regionen« überlassen und ihm zugleich kaiserliche Gewalt, Würde und Insignien zuerkannt. Leo III. war jedoch weit davon entfernt, dieses Ziel zu verwirklichen.

Die »Konstantinische Schenkung« hat Giulio Romano um 1525 als figurenreiche Szene in einem Fresko in der Sala di Constantino im Vatikan in Rom dargestellt. Dieser inzwischen als Fälschung erkannten Begebenheit zufolge habe Konstantin der Große die Herrschaft über Rom, Italien und die westlichen Provinzen an Papst Silvester I. abgetreten.

100563

INFOBOX

Rom als Vorbild

»Translatio imperii«, die Übertragung der Herrschaft vom römischen Imperium auf das Fränkische Reich, war ein Gedanke, der nicht zuletzt in der Ausstattung des Aachener Pfalzbezirks unter Karl dem Großen um 800 zum Tragen kam. So sollte ein antiker Import, eine vermutlich im 2. Jh. n. Chr. geschaffene bronzene Bärin (heute im Inneren der Pfalzkapelle, einst aber vor dem westlichen Eingang des Münsters platziert) an die »Lupa«, die Bronzewölfin, das Wahrzeichen Roms, erinnern, das im Mittelalter im Bereich des Lateran aufgestellt war und als Hoheitszeichen einer Gerichtsstätte fungierte. Auch die Aachener Bärin verwies u. a. darauf, dass hier Recht gesprochen wurde, und zwar nach jener Einheitsversion, die Karl den Franken gegeben hatte.

Am 25. April 799 wurde er, der wahrscheinlich wirklich nicht über alle Vorwürfe erhaben gewesen sein dürfte und sich in der Ewigen Stadt einer wachsenden Feindseligkeit ausgesetzt sah, während einer Prozession überfallen, misshandelt und gefangen gesetzt; aber er vermochte zu fliehen, da die üblichen, zur Amtsunfähigkeit führenden und daher 799 auch geplanten Verstümmelungen an Augen und Zunge letztlich doch unterblieben. Im Juli 799 empfing ihn Karl in Paderborn und leitete eine

Der fränkische Geschichtsschreiber, Gelehrte und Biograph Karls des Großen ließ auf eigenem Grund und Boden, einem Geschenk Kaiser Ludwigs des Frommen, eine Basilika errichten. Die so genannte Einhardsbasilika entstand zwischen 820 und 827.

Untersuchung des Vorfalls ein, aber erst im Sommer 800 brach der König nach Rom auf und zog am 23. November wie ein Kaiser - also nicht nach dem weniger aufwendigen Zeremoniell, das ihm als patricius eigentlich nur gebührte - in die Stadt ein. Eingedenk des etwa dreihundert Jahre zuvor formulierten Grundsatzes von der Unrichtbarkeit des Papstes weigerte sich eine unter Karls Leitung tagende Synode, über Leo zu Gericht zu sitzen. Als dieser am 23. Dezember 800 im Petersdom einen Reinigungseid ablegte, war das Verfahren daher beendet.

Danach begann ein weiterer Akt in diesem welthistorisch bedeutsamen Schauspiel, das durch stadtrömische Wirren ausgelöst worden war, bald aber ungeahnte Konsequenzen zeitigte und der neuen Einheit der abendländischen Völker eine eigene und dauerhafte Gestalt verlieh. Es wurden Stimmen laut, das Kaisertum, das als vakant zu betrachten sei, seit in Konstantinopel eine Frau den Thron usurpiert habe, auf Karl zu übertragen. Natürlich äußerten sich hier keine spontanen Ideen. Der Karolinger war ja schon einen Monat zuvor nach kaiserlichem Zeremoniell empfangen worden.

Es dürfte also Absprachen über eine Kaisererhebung gegeben haben, zumal sich Karls Stellung als Herrscher über zahlreiche Völker und zwei Königreiche sowie als Schützer der Christenheit schon längst zu einem imperialen Großkönigtum gesteigert hatte. Als ihm der Papst während der Weihnachtsmesse die Kaiserkrone aufsetzte und das Volk ihm als »Kaiser der Römer« zujubelte und

ZITAT

Zum Aussehen Karls des Großen schreibt Einhard (Das Leben Karls des Großen 22):
Karl war kräftig und stark, dabei von hoher Gestalt... Es ist allgemein bekannt, dass er sieben Fuß groß war. Er hatte einen runden Kopf, sein Augen waen sehr groß und lebhaft, die Nase etwas lang; er hatte schöne graue Haare und ein heiteres und fröhliches Gesicht.... Sein Nacken war zwar etwas dick und kurz, und sein Bauch trat ein wenig hervor, doch fielen diese Fehler bei dem Ebenmaß seiner Glieder nicht sehr auf.

INFOBOX

Kaiserliche Reliquien

Schon im 9. und 10. Jh. war Karl der Große eine legendäre Gestalt. Geradezu mystisch verehrte der junge Kaiser Otto III. seinen großen Vorgänger. Deshalb ließ er im Jahre 1000 Karls Grab in der Aachener Pfalzkapelle öffnen. Dabei soll er, wie die Quellen berichten, auf den Knien des Verstorbenen ein kostbares Evangelienbuch gefunden haben. Zusammen mit dem so genannten Säbel Karls und der Stephansbursa, einem Reliquiar, wurde dieses Evangeliar als Karlsreliquie verehrt. Spätestens seit dem 13. Jh. gehörte es zu den Reichsinsignien, auf die Seite mit dem Beginn des Johannesevangeliums legte jeder deutsche König bei der Krönung in Aachen den Schwurfinger. Heute befindet sich die von Karl in Auftrag gegebene Prunkhandschrift in der Schatzkammer zu Wien.

ihn damit in antiker Tradition zum Universalherrscher erhob, empfing Karl im Grunde nur den Namen für eine Sache, die er schon längst verkörperte: das nomen imperatoris – so, wie sein Vater Pippin ein knappes halbes Jahrhundert zuvor die Königswürde erhalten hatte, weil er die königliche Macht bereits in Händen hielt.

100563

Aus dem Grab Karls des Großen in Aachen stammt der Talisman des Kaisers aus zwei goldgefassten Saphiren, in dem eine Haarreliquie der Muttergottes aufbewahrt ist. Bei der Öffnung der Gruft im Jahr 1000 durch Otto III. wurde das Schmuckstück entnommen (Reims, Palais du Tau).

In einer Hinsicht allerdings änderten sich die Verhältnisse durch die Kaiserkrönung schlagartig: Das Papsttum vollendete seine Emanzipation von Byzanz und schuf in Rom, unter Aufgabe anderer Ziele, staatsrechtliche Klarheit. Mit Karls Kaisertum gab es am Tiber wieder eine höchste Gerichtsinstanz, die das Urteil über die Papstattentäter fällen konnte – und der Karolinger waltete seines kaiserlichen Amtes umgehend, verurteilte die Verschwörer zum Tode und begnadigte sie bald danach auf Fürsprache Leos.

Es kann kaum einen Zweifel an Karls Bereitschaft zur Übernahme der Kaiserwürde geben. Trotzdem berichtet des Kaisers Biograph Einhard als intimer Kenner des Karolingerhofes vom Unmut des Herrschers über das Geschehen während der Weihnachtsmesse und überliefert Karls Ausspruch, »er würde an jenem Tage, obgleich es ein hohes Fest war, die Kirche nicht betreten haben, wenn er des Papstes Absicht hätte vorherwissen können«. Doch kann sich diese Äußerung kaum gegen die Übernahme der Kaiserwürde selbst richten; eher missfielen Karl die äußeren Umstände: die Rolle, die der Papst und das römische Volk auf Weihnachten 800 spielten. 13 Jahre später, als er seinen Sohn Ludwig in Aachen zum Mitkaiser erhob und dabei auf byzantinische Vorbilder zurückgriff, wurden Bischof und Volk von Rom jedenfalls nicht mit einbezogen.

Einhard gründete auch das Kloster Seligenstadt. Hierfür beschaffte er eigens Reliquien aus Rom. Die Kirche der ehemaligen Benediktinerabtei ist die größte karolingische Basilika nördlich der Alpen (erbaut um 831–840).

Karl wartete mit der Entscheidung über die Einrichtung eines Mitkaisertums lange – offenbar bis die aus seiner Kaiserkrönung erwachsenen Spannungen mit Byzanz beigelegt waren. Im Sommer 812 war der Ausgleich endlich erreicht und Karl von Ostrom als Imperator anerkannt; Byzanz waren dafür Venetien und Dalmatien überlassen worden. Zu diesem Zeitpunkt war eine von Karl 806 getroffene Nachfolgeordnung (divisio regnorum) schon überholt.

Diese hatte, unter Rückgriff auf die fränkische Teilungspraxis, eine Aufteilung von Reich und Herrschaft

Die Aachener Pfalzkapelle birgt das Grab Karls des Großen. Die Abbildung zeigt einen Blick in das Obergeschoss des heutigen Münsters.

750

unter die drei legitimen Söhne Karl, Pippin und Ludwig vorgesehen, bezeichnenderweise aber keine Bestimmung über das Kaisertum enthalten, obwohl im Text von imperium vel regnum (Kaiser- oder Königreich) die Rede war. Da Pippin 810 und der jüngere Karl 811 starben, besaß der Kaiser bei seinem Ableben nur noch einen thronfähigen Sohn, den aquitanischen Unterkönig Ludwig, der daher 813 zum Mitkaiser erhoben wurde und mit dem Beinamen »der Fromme« in die Geschichte eingehen sollte. Dieser konnte die Herrschaft ohne große Probleme übernehmen, als Karl am 28. Januar 814 in Aachen starb und in der Pfalzkirche seiner »Altersresidenz« die letzte Ruhe fand. *Franz-Reiner Erkens*

Auflösungstendenzen im Frankenreich: Ludwig der Fromme und die »ordinatio imperii«

Der neue Kaiser trat die Regierung mit Schwung und Elan an und versuchte vor allem, die stark in religiösen Dimensionen verwurzelte politische Ordnung zu festigen. Dabei stützte er sich besonders auf seine geistlichen Ratgeber, die er zum Teil aus Aquitanien mitgebracht hatte: auf den Abt Benedikt von Aniane etwa oder den Kanzler Helisachar. Diese Repräsentanten einer Generation, die schon von einem stärker verinnerlichten Christentum geprägt war, bemühten sich aus religiösem Verantwortungsbewusstsein um kirchliche Reformen, die besonders von dem Streben nach Vereinheitlichung und Normsetzung getragen waren. Auf der Aachener Synode von 816 wurde den Nonnen und Mönchen die Benediktregel als verbindlich vorgeschrieben und, in der Tradition des Kirchenreformers Chrodegang von Metz, Vorschriften für die Kanonissen und Kanoniker erlas-

Ludwig der Fromme ist in der nach 831 entstandenen Handschrift »Das Lob des Heiligen Kreuzes« von Hrabanus Maurus, Gelehrter und Abt des Klosters Fulda und ein Anhänger Ludwigs, als Streiter Christi wiedergegeben (Orléans, Bibliothèque Municipale).

INFOBOX

Die Pfalzkapelle in Aachen

Mit Blick auf seine angestrebte Erhebung zum Kaiser (800) ließ Karl der Große in Aachen ab etwa 790 eine monumentale Pfalzanlage errichten. Ihr riesiger Thronsaal, die Aula palatina, war einst durch einen zweistöckigen Gang von 133 m Länge mit der Pfalzkapelle, dem Kernbau des heutigen Doms, verbunden; sie wurde später nicht nur Karls Begräbnisstätte, sondern auch über Jahrhunderte hinweg der Krönungsort der Römischen (»deutschen«) Könige.

Die von Odo von Metz erbaute Pfalzkapelle ist der künstlerisch bedeutendste Bau karolingischer Zeit, der erhalten geblieben ist. Ein achteckiger, sehr steiler Raumschacht bildet den Kern des Zentralbaus, von oben belichtet durch acht Rundbogenfenster, die unter dem Ansatz des Gewölbes sitzen. Allein schon die Tatsache, dass Karl die inneren Obergeschossarkaden der Kapelle mit antiken Säulen schmücken ließ, die mit päpstlicher Billigung als Spolien aus Rom und Ravenna nach Aachen kamen, zeigt, dass er seine Residenz symbolisch in die Nachfolge antiker Zentren des Römischen Reiches stellte. Doch auch byzantinische Palastkirchen und gar den damals längst zerstörten Tempel Salomos in Jerusalem hat man zu den Vorbildern dieses außergewöhnlichen Baus gerechnet, der, einst inmitten einfacher Holzhäuser gelegen, das Staunen der Zeitgenossen hervorgerufen haben muss.

sen. Zugunsten der einen für richtig befundenen Norm sollten die traditionelle Vielfalt und die Mischformen von Regeln aufgegeben werden.

Dieses Bemühen blieb nicht auf den kirchlichen Bereich beschränkt, sondern ergriff auch die politische Ordnung, denn »Kirche« und »Staat« waren im Mittelalter nicht säuberlich voneinander getrennt, sondern vielmehr aufs Engste miteinander verwoben, wurde doch die Gemeinschaft der Christen, bestehend aus einem geistlichen und einem weltlichen Bereich, insgesamt als corpus Christi, als eine religiöse Größe also, verstanden. Nicht zuletzt die Erneuerung des abendländischen Kaisertums, das zumindest dem Anspruch nach eine universale Gewalt darstellt, hatte daher theologisch motivierte Vorstellungen von der unteilbaren Einheit des Kaiserreiches Gestalt annehmen lassen: So, wie es einen Gott, eine Kirche und einen christlichen Glauben gebe, so dürfe es auch nur ein Reich (imperium) geben.

ZITAT

Einhard (22) schildert die Freude Karls des Großen am Baden:
Karl liebte die Dämpfe heißer Naturquellen und schwamm sehr viel und sehr gut... Darum baute er einen Palast in Aachen (wegen seiner Heilquellen berühmt) und verbrachte seine letzten Lebensjahre... dort. Er lud nicht nur seine Söhne, sondern auch Adelige und Freunde, manchmal sogar sein Gefolge und seine Leibwache zum Baden ein. Oft badeten mehr als hundert Leute mit ihm.

817, als ein Unfall Ludwig gemahnte, für den Fall seines Todes Vorsorge zu treffen, rückte man jedoch von der üblichen und ja auch von Karl dem Großen noch 806 vertretenen Teilungspraxis ab und stellte den Gedanken der Reichseinheit in den Vordergrund: Allein der älteste Sohn Lothar wurde zum Mitkaiser erhoben und zum Nachfolger bestimmt, während die jüngeren Söhne Pippin und Ludwig (der Deutsche) mit Aquitanien beziehungsweise Bayern abgefunden wurden. Sie bekamen aber nicht nur einen wesentlich geringeren Anteil am Gesamtreich, sondern blieben als Könige dem kaiserlichen Bruder untergeordnet.

Diese Reichsordnung (ordinatio imperii), die im Kern eine Haus- und Nachfolgeordnung darstellt, unterscheidet sich von den früheren Teilungen grundlegend: Es wurde nicht nur ungleichmäßig geteilt – und darüber hinaus eine weitere Teilung untersagt –, es wurde nicht nur aus religiösen Motiven und theologischen Erwägungen die Einheit des Reiches im Grundsatz gewahrt, sondern es wurde dabei auch der bisher geltende prinzipielle Anspruch aller thronfähigen Königssöhne auf eine gleichberechtigte Nachfolge in der Herrschaft beiseite geschoben; an die Stelle der genossenschaftlichen Teilung trat die herrschaftliche Überordnung des ältesten Bruders; die Teilkönige verfügten nur über eine interne Autono-

Lothar I. – wie ihn der Meister des Karlsschreins sah (12. Jh.; Aachen, Münster)

50558

357

Seit dem 7. Jh. ließen hohe Geistliche und Fürsten im Frankenreich die Messe an kleinen tragbaren Altären lesen. Um 800 entstand der Altarstein, der sich heute im Augustinermuseum in Freiburg im Breisgau befindet.

mie und unterstanden in allen darüber hinausgehenden Handlungen der Aufsicht des Kaisers.

Es scheint 817 Widerstände gegen die mit dem Herkömmlichen brechende ordinatio imperii gegeben zu haben. Aber die Reformer setzten sich durch, weil Ludwig die theologisch-politische Idee von der Reichseinheit mit seiner ganzen Autorität vertrat. Außerdem konnte der Hochadel, der über Besitz und Lehen im gesamten Reich verfügte, der Wahrung der Reichseinheit ebenso gute Seiten abgewinnen wie die Kirche, die für ihre gleichfalls weit gestreuten Güter und die Integrität ihrer Diözesen wenig Gutes von Teilungen zu erwarten hatte.

In rechtlicher Hinsicht waren von den erlassenen Bestimmungen letztlich nur die jüngeren Kaisersöhne betroffen, weswegen 817 auch keine gefährliche Adelsopposition befürchtet zu werden brauchte. Zum bewaffneten Aufstand ließ sich nur ein einziges Mitglied des Karolingerhauses hinreißen: Ludwigs Neffe Bernhard, den noch Karl der Große 812/813 als Nachfolger des 810 verstorbenen Vaters Pippin zum Unterkönig von Italien erhoben hatte, der in der ordinatio imperii jedoch mit keinem Wort erwähnt wird und daher um seine Herrschaft fürchten musste. Er starb 818, nachdem er als Empörer zum Tode verurteilt worden war, an den Folgen der Blendung, zu der sein kaiserlicher Onkel ihn »begnadigt« hatte.

INFOBOX

Das Reisekönigtum

Die Karolinger entwickelten eine für ihre Herrscher und deren Umgebung anstrengende Art und Weise, das große Reich zu regieren und zusammenzuhalten: das Reisekönigtum. Der König herrschte nicht von einer festen Zentrale aus, sondern war viele Monate im Jahr mit seiner Familie und dem Hof unterwegs, um vor Ort nach dem Rechten zu sehen. Station machte der Tross in den kaiserlichen Pfalzen und größeren Königshöfen, später vor allem an den Bischofssitzen. Hier hielt der Kaiser Hof und wurde mit seinem Gefolge versorgt. Zu bestimmten Terminen rief er die weltlichen und geistlichen Großen des Reiches zu Hoftagen zusammen und beriet mit ihnen Beschlüsse und Gesetze. Wichtigster Aufenthaltsort Karls des Großen war Aachen, das allmählich den Charakter einer Residenz annahm. Der Herrscher schätzte Aachen auch wegen seiner Heilquellen, die bereits in römischer Zeit genutzt wurden.

821 wurde die ordinatio imperii eidlich bekräftigt; 822 ging Lothar I. nach Italien, um hier die fränkische Herrschaft zu festigen; 823 setzte ihm, der schon 817 zum Kaiser erhoben worden war, Papst Paschalis I. (817–824) in einer Festkrönung nochmals das Diadem auf und dokumentierte damit den 817 übergangenen römischen Anspruch auf diesen Akt. Nach der Reorganisation des patrimonium Petri, das jetzt der kaiserlichen Kontrolle unterworfen wurde, kehrte Lothar 825 an den Hof seines Vaters zurück und übte nun tatsächlich die Mitregentschaft aus: Die Herrscherurkunden wurden seit dem Dezember 825 im Namen beider Kaiser ausgestellt. Das System von 817 schien sich zu bewähren; in Wirklichkeit jedoch war schon der Keim für Zwietracht gelegt.

Franz-Reiner Erkens

Reine Sprache, klare Schrift: Die »karolingische Renaissance«

Das Hineinwachsen in imperiale Dimensionen hatte für die fränkische Gesellschaft nicht nur politische, sondern auch kulturelle Konsequenzen, denn Karls abendländische Stellung als hegemonialer und durch die Salbung in einem besonderen Verhältnis zu Gott stehender Herrscher übertrug dem König und schließlich dem Kaiser eine umfassende Verantwortung für die gesamte Christenheit, die der Karolinger auch willig annahm.

Seine geistlichen Berater, allen voran der Angelsachse Alkuin, wurden nicht müde, diese Seite der herrscherlichen Aufgabe zu betonen; und Karl selbst erklärte 796 in einem berühmten Schreiben an Papst Leo III., er allein sei dafür zuständig, Glauben und Kirche gegen äußere und innere Feinde zu schützen, während der Papst ihn dabei ausschließlich durch sein Gebet zu unterstützen habe. Aus diesem Selbstverständnis, das dem römischen Bischof nur den Platz für die Gebetshilfe zuwies, erwuchs die Verpflichtung des Herrschers, »Irriges zu bessern, Unnützes zu beseitigen und Richtiges zu bekräftigen«, wie Karl 789 in seiner »Generalermahnung« (admonitio generalis) erklärte; nur wenn alles korrekt war, konnte den Feinden Gottes und den Widersachern

ZITAT

Alkuin preist das »edle Werk« der Kopisten heiliger Bücher:

Es ist ein edles Werk, heilige Bücher zu kopieren, und der Schreiber selbst entbehrt nicht des Lohnes. Besser als Weintrauben zu keltern ist es Bücher zu schreiben, denn mit dem einen dient man nur seinem Bauch, mit dem anderen aber seiner Seele.

50558

Der Angelsachse Alkuin war wichtiger geistlicher Berater Karls des Großen. Eine Miniatur zeigt Alkuin, dessen Schüler Hrabanus Maurus (links) ihm seine Schrift »De laudibus sanctae crucis«, »Lob des Heiligen Kreuzes«, überreicht (Manuscriptum Fuldense ca. 831/40, Cod. Vind. 652; Wien, Österreichische Nationalbibliothek).

der Wahrheit erfolgreich entgegengetreten und das Heil errungen werden.

Diese Erkenntnis aber erzeugte einen ungeheuren Verbesserungs- und Erneuerungswillen, der schließlich alle kulturellen Bereiche erfasste und in jenen Leistungen gipfelte, die gewöhnlich mit dem nicht völlig zutreffenden Schlagwort von der »karolingischen Renaissance« charakterisiert wird.

Das Streben nach der rechten Norm

Wenn eine ordentliche Verehrung Gottes als heilsnotwendig und als Voraussetzung für den Bestand von Reich und Dynastie betrachtet wurde, dann mussten die bekannten Unterschiede im Wortlaut der lateinischen Bibel, die Divergenzen in den kirchlichen Rechtsbüchern und die Abweichungen beim Vollzug der Liturgie tiefste Besorgnis erregen. Deshalb wurde die Forderung nach authentischen Texten und nach einer Bibelkorrektur laut. Die rechte Norm (norma rectitudinis), an der sich alles auszurichten hatte, musste gefunden, das Falsche und Unzulängliche ausgemerzt oder richtig gestellt werden: Corrigere (verbessern) war daher das Leitmotiv des Erneuerungsstrebens; correctio, nicht Renaissance war das Ziel.

In karolingischer Tradition diente dabei vor allem die römische Praxis als Orientierungsmaßstab. Von Papst Hadrian I. erbat sich Karl daher Exemplare des in Rom gebräuchlichen (gregorianischen) Sakramentars und der kirchlichen Gesetzessammlung (der Dionysio-Hadriana), um sie als Muster und Norm für die eigenen Bemühungen verwenden zu lassen; aber auch ein weiterer Fundamentaltext der Kirche, die Benediktregel, stand am Hofe in authentischer Form, nämlich als Kopie der in Montecassino aufbewahrten angeblichen Urschrift, zur Verfügung. Doch konnten alle Anstrengungen um die correctio nur dann erfolgreich sein, wenn es gelang, das Bildungsniveau allgemein anzuheben.

Besonders den Bischofskirchen und Klöstern wurde daher die Pflege des Unterrichts, der studia litterarum, eingeschärft. Die angestrebte Korrektur des Gottesdienstes hatte also eine Schul- und Bildungsreform zur

50

Wissenschaft und Bildung waren bis ins hohe Mittelalter Sache der Kirchen und Klöster. Die geographisches Wissen vermittelnde Weltkarte stammt aus der Apokalypse der Abtei Saint-Sever in Aquitanien (um 1076; Paris, Bibliothèque Nationale de France).

INFOBOX

Berater Karls des Großen

Der angelsächsische Theologe Alkuin (730–804) wurde 781 ins Frankenreich berufen, wo er als Leiter der Aachener Hofschule Karls des Großen und als dessen einflussreicher Berater in kirchlichen und kulturellen Fragen einer der Träger der karolingischen Renaissance wurde. Über seine Schriften und Briefe beeinflusste er maßgeblich die Organisation des Studien- und Unterrichtswesens im Frankenreich. Als Gelehrter, zu dessen Schülern etwa Einhard und Hrabanus Maurus gehörten, vermittelte er seiner Zeit das überkommene philosophisch-theologische Wissen. 796 wurde er Abt des Benediktinerklosters Saint-Martin in Tours.

Folge und führte schließlich sogar zur Wiederbelebung der Wissenschaft, die wiederum der Herrschaft und der Verwaltung sowohl des Reiches als auch der königlichen Güter nutzbar gemacht wurden. Dahinter stand die Erkenntnis, dass qualifiziertes Handeln – gleich in welchem Bereich – des rechten Wissens bedürfe. Karl hat dies gleichsam als Maxime der karolingischen Erneuerungsbewegung formuliert, als er um 795 dem Abt Baugulf von Fulda erklärte: »Obwohl gutes Tun besser ist als gutes Wissen, geht das Wissen doch dem Tun voraus.«

ZITAT

Einhard über den Lerneifer Karls des Großen (Das Leben Karls des Großen 25):

Karl ... beherrschte nicht nur seine Muttersprache, sondern erlernte auch fleißig Fremdsprachen. Latein verstand und sprach er wie seine eigene Sprache ... Er lernte Rechnen und verfolgte mit großem Wissensdurst und aufmerksamem Interesse die Bewegungen der Himmelskörper. Auch versuchte er sich im Schreiben ...

»Gutes Wissen« erforderte zunächst die Reinigung der lateinischen Sprache von den Vulgarismen, die in den letzten Jahrhunderten in sie eingedrungen waren. Dabei wurde jedoch – anders als im spätmittelalterlichen und frühneuzeitlichen Humanismus – nicht die klassische Latinität (etwa eines Cicero) zum Vorbild gewählt, sondern das spätantike Latein der Kirchenväter. Auf deren Texte, auf christliche Quellen griff man zurück, weswegen die »karolingische Renaissance«auch keine Wiedergeburt der Antike, sondern allenfalls der Spätantike gewesen ist. Auf diese Weise wurde das Lateinische als kirchliche (und lange Zeit auch als weltliche) Amtssprache, vor allem aber als Gelehrtensprache endgültig von der Entwicklung der romanischen Volkssprachen gelöst und bis weit in die Neuzeit hinein zum internationalen Verständigungsmittel in Europa.

Das »Evangelium Longum« hat eine mit Gold und Edelsteinen verzierte Elfenbeintafel. Dieser Buchdeckel eines Evangelistars gilt als Meisterwerk der karolingischen Kunst (um 894; Sankt Gallen, Stifts-Bibliothek).

Neben die Reinigung der Sprache trat eine Vereinheitlichung und Vereinfachung der Schrift. An die Stelle der in nachantiker Zeit in den verschiedenen Kulturräu-

100264

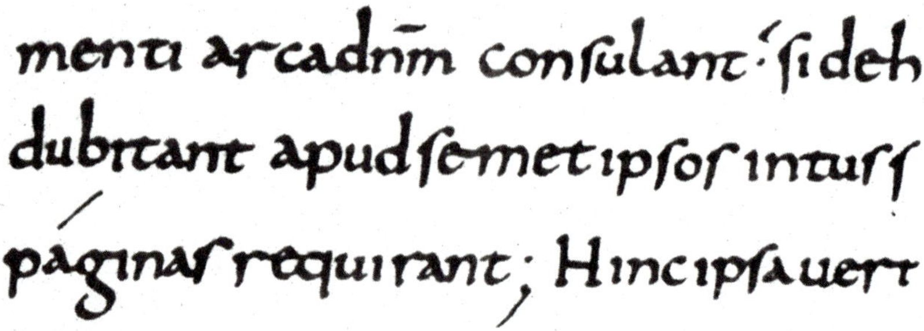

Die karolingische Minuskel – hier ein Ausschnitt aus einer Handschrift des 9. Jh. – wurde aufgrund ihrer ausgewogenen Proportionalität Grundlage der heutigen lateinischen Schrift.

men entstandenen unterschiedlichen Regionalschriften trat seit dem ausgehenden 8. Jahrhundert eine klare und gut lesbare Schrift, die sich im 9. Jahrhundert im gesamten Frankenreich und bis zum 12. Jahrhundert über ganz Europa ausbreitete: die karolingische Minuskel, die in ihrer ausgewogenen Proportionalität und Harmonie eine einfache Schönheit ausstrahlt und die Grundlage für die heutige lateinische Schrift bildete, da die Renaissancehumanisten wieder auf sie zurückgriffen und die schwerer lesbare gotische Schrift des späten Mittelalters mieden.

»Gutes Wissen« bedurfte zur Vermittlung aber nicht nur der reinen Sprache und der klaren Schrift, sondern vor allem auch des Buches. Die notwendige Aufbesserung der Buchbestände führte daher zu einer vermehrten Produktion von Handschriften. Einer der ersten codices, die durch das Bemühen um die Erstellung oder Vervielfältigung von Texten entstanden, war das Godescalc-Evangelistar, das Karl selbst zusammen mit seiner Gemahlin Hildegard um 781 in Auftrag gegeben hat. Andere – wie die Ada-Handschrift oder das Aachener Evangeliar – sollten folgen, und Bedeutsames wurde dabei insbesondere bei der Buchmalerei geleistet.

Das von einem unverkennbaren pädagogischen Eifer getragene Streben nach correctio des Gottesdienstes, der Sprache und der Schrift war Teil einer umfassenden Erneuerungsbewegung, die alle Bereiche des sozialen und politischen Lebens erfasste und dadurch auch zu einer – allerdings nur begrenzten – Vereinheitlichung des karolingischen Großreiches und zum Ausgleich, nicht jedoch zur Beseitigung von historisch und regional bedingten Unterschieden beitrug.

ZITAT

In einem Brief an Karl den Großen vergleicht Alkuin die gelehrte Runde am Hof des Kaisers mit Platons Akademie in Athen:
Wenn recht viele Eurem eifrigen Bemühen folgen, dann würde wohl ein neues Athen im Frankenreich geschaffen werden, sogar ein viel herrlicheres, denn das Frankenland, geadelt, weil es Christus zum Herrn hat, übertrifft alle in der Akademie geübte Weisheit.

Das erzieherische, wissenschaftliche und kulturelle Bemühen um Bildung gehörte mithin aufs Engste in den größeren Zusammenhang der Sorge für die kirchliche Reform, für die (unter Karl nun endlich verwirklichte) Wiedereinführung der Metropolitanverfassung, für die Reorganisation der Güterverwaltung, für die Aufzeichnung oder Revision der Volksrechte (leges), für die Ordnung des Reiches, für die Festlegung von Maß, Gewicht und Münzfuß. Wenn schließlich der Erfolg mancher der eingeleiteten Maßnahmen auch zweifelhaft bleibt, so schufen die bildungsbegeisterten Impulse der Jahrzehnte um 800 doch ein solides Fundament für die abendländische Geistesgeschichte, in welches das kulturelle Erbe vergangener Epochen ebenso wie die intellek-

ZITAT

Einhard schildert Karl den Großen als umsichtigen Vater (Das Leben Karls des Großen 19 f.):

Für die Erziehung seiner Kinder fasste er den folgenden Plan: Sowohl die Knaben als auch die Mädchen sollten zunächst in den Wissenschaften unterrichtet werden, an denen er selbst interessiert war. ... Er beaufsichtigte sorgfältig die Erziehung seiner Söhne und Töchter.

100563

Der Thronende Christus ist eine Miniatur aus dem Godescalc-Evangelistar, das Karl der Große und seine Gemahlin Hildegard um 781 in Auftrag gegeben hatten.

Auch die Adahandschrift stammt aus der für ihre Buchmalerei berühmte Hofschule Karls des Großen. Die Miniatur zeigt den Evangelisten Markus (um 800; Trier, Stadtbibliothek).

2400

ZITAT

Besonders seine Töchter liebte Karl der Große sehr, wie Einhard berichtet (Das Leben Karls des Großen 19 f.):
Obwohl sie sehr schöne Mädchen waren und er sie über alles liebte, erlaubte er seltsamerweise keiner von ihnen zu heiraten … Er behielt sie vielmehr alle bis zu seinem Tode bei sich und behauptete, ohne ihre Gesellschaft nicht leben zu können.

tuellen Leistungen unterschiedlicher Kulturkreise einflossen.

Wie bunt und vielfältig die Einflüsse waren, die hierbei wirksam wurden, zeigt in besonderem Maße der Gelehrtenkreis, den Karl der Große an seinem Hofe zu versammeln wusste – denn nicht nur die Klöster hatten Karls Bildungsprogramm zu verwirklichen, sondern vor allem der karolingische Hof selbst.

Der Hof Karls des Großen
Der Hof war die wichtigste Institution des Königs. Er war einerseits als Haushalt des Herrschers Ort des täglichen Lebens und andererseits Zentrum des Reiches, an dem sich die Großen versammelten, um zusammen mit

INFOBOX

Über Denare und Königsscheffel

Zu den Reformen Karls des Großen gehörte auch eine Neuordnung des Münz- und Geldwesens wie der Maße und Gewichte. Festgelegt wurde: Aus einem Pfund Silber werden 240 Denare (denarii, »Pfennige«) geschlagen; 240 Pfennige werden als 1 Pfund (libra) bezeichnet, 12 Pfennige als 1 Schilling (solidus). Da der Denar die einzige ausgeprägte Münze war – er trug das Bild oder das Monogramm des Kaisers – waren libra und solidus reine Rechnungseinheiten.
Durch die gleichzeitige Reform des Gewichts- und Maßwesens sollte verhindert werden, dass die neue silberne Leitmünze die Preise, etwa für Getreide, in die Höhe trieb. Kapitel 4 des Frankfurter Kapitulars von 794 legte die Verkaufspreise fest: So durfte der neu definierte Königsscheffel Hafer nur für 1 Denar verkauft werden, der Scheffel Gerste für 2 Denare, der Scheffel Roggen für 3 und der Scheffel Weizen für 4 Denare.

dem König Probleme aller Art zu beraten oder Vergünstigungen zu erwirken. Er schwankte daher in seiner personellen Zusammensetzung sehr und weitete sich gelegentlich zum Hoftag oder zur Reichsversammlung. Geleitet wurde er, seit die Karolinger zum Königtum aufgestiegen waren, nicht mehr von einem Hausmeier; vielmehr lag die Organisation seiner Versorgung und die Verwaltung der Güter und Einkünfte in den Händen von Seneschall, Kämmerer, Marschall und Mundschenk.

Neben den Inhabern dieser vier alten Hofämter, denen entsprechendes Personal unterstand, gab es schon seit

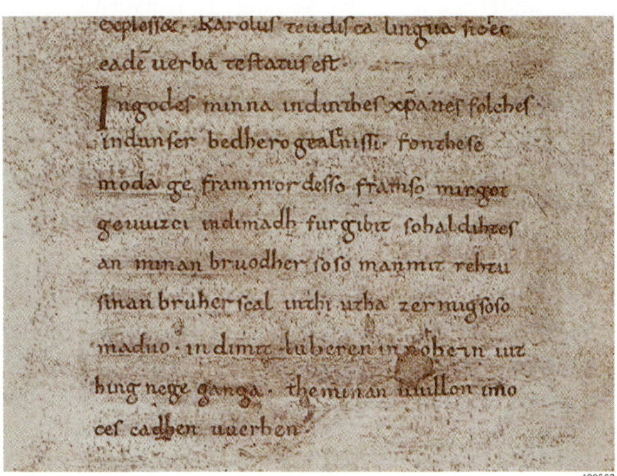

100563

Der fränkische Chronist Nithard überlieferte die Straßburger Eide von 842 im originalen Wortlaut. Der romanische Text ist das früheste Sprachdenkmal des Altfranzösischen (Paris, Bibliothèque Nationale de France).

100313

Die Klosterkirche St. Georg auf der Bodenseeinsel Reichenau gehört zu den besterhaltenen Sakralbauten der spätkarolingischen Zeit (888–913).

merowingischer Zeit den Pfalzgrafen als Beisitzer im Königsgericht, der unter Karl dem Großen und seinen Nachfolgern immer häufiger den Vorsitz in Stellvertretung des Königs übernahm. Wie sehr Hof- und Reichsverwaltung miteinander verzahnt waren, zeigt der Einsatz der Höflinge bei militärischen und diplomatischen Missionen im Reich. Im Kern stellte die Verwaltung des Reiches daher nichts anderes dar als eine verlängerte Hofverwaltung.

Unter Pippin I. war der Hof um ein weiteres, äußerst wichtiges und zukunftsträchtiges Element bereichert worden, um die Hofkapelle, die unter der Leitung eines obersten Kaplans stand. Der geistliche Hofdienst hatte damit eine neue Form erhalten, durch die die am Hofe tätigen Geistlichen als eigener, dem König persönlich verpflichteter Personenverband organisiert wurden. Zu seinen Aufgaben zählten die geistliche Betreuung des Herrschers und des Hofstaates sowie die Hut der königlichen Reliquien, unter denen ursprünglich die Mantelreliquie des heiligen Martin von Tours hervorragende Bedeutung besaß. Von dieser cappa (Kapuzenmantel) leiten sich deshalb auch die Begriffe capella und capellanus (Kaplan) ab. Ein Teil dieser Kapläne wurde, da sie schrift-

Das Paradies, ein karolingisches Elfenbeinrelief mit Menschen-, Fabelwesen- und Tierdarstellungen, entstand nach den »Etymologiae« des Isidor von Sevilla (um 870/875; Paris, Louvre).

100563

INFOBOX

Hofgelehrter Karls des Großen

Der aus ostfränkischem Geschlecht stammende und zunächst im Kloster Fulda, dann am Hof erzogene Einhard gelangte 796/797 als Schüler Alkuins in den Kreis der Tafelrunde Karls des Großen. Hohe Gelehrsamkeit und diplomatisches Geschick sicherten ihm bei Hof eine wichtige Rolle. 806 wurde er sogar nach Rom gesandt, um die päpstliche Zustimmung zu Karls Nachfolgeregelung zu erwirken.

Als Berater Ludwigs des Frommen und Erzieher von dessen Sohn Lothar bestimmte er auch nach dem Tod Karls des Großen die Reichspolitik mit, zog sich jedoch bald zusammen mit seiner Gemahlin Imma in das von ihm gegründete Kloster Seligenstadt zurück, wo er 840 beigesetzt wurde.

Im Gedächtnis lebt er v. a. als Gelehrter fort. Sein literarisches Hauptwerk ist die wohl in den Dreißigerjahren des 9. Jh. entstandene Lebensbeschreibung Karls des Großen, die Einhard als kundigen Nachfolger der antiken biographischen Literatur zeigt.

kundig waren, als notarii oder cancellarii auch zur Urkundenausstellung herangezogen, weswegen das Kanzleigeschäft zu einem Ressort der Hofkapelle wurde. Von ihr aus nahm aber auch die karolingische Geschichtsschreibung einen neuen Anfang.

Die Unterschrift Karls des Großen, also der Vollzug der Urkunde, besteht lediglich in der eigenhändig gemalten Raute mit Winkel zwischen den Buchstaben des königlichen Monogramms (K R L S = Karolus), das vom Schreiber vorgeschrieben war.

100563

Der Deckelschmuck gehört zum Dagulf-Psalter. Das Elfenbeinrelief, entstanden zwischen 783 und 795, gilt als bedeutende Arbeit der Hofschule Karls des Großen (Paris, Louvre).

Das Bildungselement, das die Kapelle am Hofe darstellte, wurde von Karl dem Großen weiter verstärkt, indem er eine Hofbibliothek aufbauen und die Hofschule ausgestalten ließ und dafür bedeutende Gelehrte gewann. Im Kreise dieser Intellektuellen konnte Karl, zweifelsohne selbst die treibende Kraft der Bildungsreform, in geselliger Runde seinen Bildungshunger und Wissensdurst stillen. Diese »Akademie«, die sich in besonderem Maße als Tafelrunde verwirklichte, bildete eine internationale Gesellschaft, zu deren führenden Köpfen etwa der Angelsachse Alkuin, der Langobarde Paulus Diaconus oder – neben Iren und Westgoten – der einer jüngeren Gelehrtengeneration angehörende Franke Einhard zählten. Dieser stand als Nachfolger Alkuins an der Spitze der Hofschule, war als Baumeister tätig und wurde schließlich zum Biographen Karls des Großen. In seiner Person spiegelt sich zugleich der beständige Erneuerungsprozess der höfischen Gelehrtenrunde, die nun auch stärker von Franken repräsentiert wurde.

Das von Karl und seinen Helfern initiierte und mit Schwung getragene Bemühen um correctio, so unvollendet diese insgesamt auch bleiben musste, hat in der rezeptiven Erneuerung von wissenschaftlichen und künstlerischen Traditionen, zu denen neben der Buchmalerei auch die Baukunst zählte, ein kulturelles Erbe bewahrt und geschaffen, aus dem alle weitere abendländische Geschichte ihren Nutzen ziehen konnte. Dies verleiht dem Werk Karls eine eigene Größe und bewirkt für den Herrscher selbst einen besonderen Nachruhm, auch wenn die politische Leistung des ersten Frankenkaisers nicht von Dauer war. *Franz-Reiner Erkens*

1786

Eine den Apostel Matthäus darstellende Miniatur aus dem unter Erzbischof Ebo in Reims entstandenen Ebo-Evangeliar (zwischen 816 und 835) belegt die Bedeutung von Buch und Buchkunst für die Verbreitung des Wissens unter Karl dem Großen.

Zerfall der Einheit: Die Teilungen des Frankenreichs

Für den rückblickenden Betrachter kann es keinen Zweifel geben: Das Riesenreich Karls des Großen und Ludwigs des Frommen, das sich von der Eider bis zum Ebro, von der Rheinmündung bis südlich von Rom, vom Ärmelkanal und der Biskaya bis an Elbe, Saale und Donau erstreckte und zahlreiche Völker umfasste, konnte angesichts seiner inneren Unausgeglichenheit und der nur rudimentären Herrschafts- und Verwaltungsinstitutionen auf Dauer nicht von nur einer Zentrale aus regiert werden; es musste auseinander brechen, wenn sich die inneren Gegensätze verschärften und äußerer Druck hinzukam. Schon unter Karl dem Großen begannen sich die Verhältnisse zu ändern, die Zeit der Expansion ging zu Ende, und alle Kräfte richteten sich stärker auf den inneren Ausbau; aber noch war der Bestand des Großreiches nicht gefährdet, vielmehr konnte 817 der Versuch unternommen werden, der bislang nur durch etliche Zufälle gewahrten Einheit des Reiches auf dem Gesetzesweg Dauer zu verleihen.

Der Kampf um die Reichsordnung von 817

Das damals verkündete System der ordinatio imperii schien Wirklichkeit zu werden, als Lothar I. 825 aus Italien zurückkehrte und Mitregent seines Vaters Ludwig wurde.

In Wahrheit jedoch hatte schon längst jene Entwicklung eingesetzt, die die ordinatio imperii zum Scheitern brachte: Am 13. Juni 823 war dem Kaiser in Frankfurt von seiner zweiten Gemahlin Judith ein weiterer Sohn geboren worden, Karl (der Kahle), für den es keinen Platz in der Haus- und Nachfolgeordnung von 817 gab.

Schon bald zeichnete sich das Bemühen der Mutter ab, auch ihrem Sohn einen Anteil am väterlichen Erbe zu sichern. Dies musste auf den erbitterten Widerstand der Verfechter des Einheitsgedankens stoßen, zumal die Geistlichen ohnehin ein Nachlassen des reformerischen Elans im Reich und selbst am Hofe feststellen mussten. Als Ludwig, anstatt auf ihr 828 formuliertes Reformanliegen einzugehen, im August 829 seinen jüngsten, nunmehr sechs Jahre alten Sohn mit einem aus Alamannien, dem Elsass, Rätien und Teilen Burgunds gebildeten Herrschaftsbereich ausstattete und Lothar I. im Herbst desselben Jahres vom Hofe entfernt und nach Italien gesandt wurde, kam es zu einer heftigen Reaktion der Vertreter des Einheitsgedankens.

Sie gipfelte - wenngleich Karl 829 nicht zum König erhoben wurde und damit auch die ordinatio formal weiter in Kraft blieb – wegen Ludwigs eindeutigem Verstoß gegen den Geist dieser Ordnung im Widerstand gegen den alten Kaiser, in einer Rebellion, die von weltlichen und geistlichen Großen getragen wurde - von adligen Laien, die sich durch die immer stärker von der Kaiserin bestimmte Personalpolitik des Hofes herausgefordert fühlten, und von Geistlichen, die dem Einheitsgedanken verpflichtet waren und sich aufgrund besserer Einsicht in die göttliche Weltordnung und aus Verantwortung gegenüber dem Gemeinwesen nicht scheuten, Ludwig zu verlassen und Lothar herbeizurufen.

Doch vermochte dieser seinen Vater nur für kurze Zeit beiseite zu schieben, da ihm die nötige Entschlusskraft, aber auch das rechte Augenmaß im Umgang mit seinen unterlegenen Gegenspielern fehlte. Schon Ende 830 hatte Ludwig das Heft wieder in der Hand. Im Februar 831 kam das Strafgericht über die Rebellen, und Lothar, der Mitherrschaft erneut verlustig, wurde wieder nach Italien abgeschoben. Die Erweiterung der Herrschaftsräume der jüngeren Söhne durch den alten Kaiser, die wahrscheinlich unmittelbar mit diesen Vorgängen zusammenhing, zeigt, dass Ludwig der Fromme die Prinzipien von 817 aufgegeben hatte.

Machtkämpfe und der Vertrag von Verdun
Bald brachen jedoch neue Konflikte auf, deren Hintergründe nicht immer hinreichend erkennbar sind, bei denen zwar auch wieder die ordinatio imperii ins Spiel kam, die aber im Grunde einen reinen Machtkampf innerhalb der Dynastie und des Hochadels sichtbar werden lassen: ein Ringen um Einfluss und möglichst große Herrschaftsanteile. Das Reich wurde für mehr als ein Jahrzehnt in heftige Wirren gestürzt, Adel und Episkopat gewannen in dieser Zeit deutlich an politischem Einfluss, und eine Reihe unausgeführt gebliebener Teilungsprojekte wurde geschmiedet.

Einen dramatischen Höhepunkt erlebte dabei das Jahr 833/834: die Gefangennahme Ludwigs des Frommen bei Colmar, nachdem ihn sein Heer verlassen hatte; der Versuch, ihn durch die Kirchenbuße, die er in Saint-Médard zu Soissons vollzog und in deren Verlauf er seine Waffen ab- und das Büßergewand des Exkommunizierten anlegte, für alle Zeiten unfähig zur Herrschaftsausübung zu machen; der Umschwung zu seinen Gunsten und die Rückkehr zur Macht, als Lothar sich ein weiteres Mal als unfähig erwies, die Interessengegensätze im ei-

ZEITTAFEL

Die letzten ostfränkischen Karolinger (Auswahl):

	Söhne Ludwigs des Deutschen
876–879, † 880	Karlmann, König in Bayern
876–882	Ludwig III., der Jüngere, König in Teilen Ostfrankens, seit 879/880 in Bayern und West-Lotharingien
876/885–887, † 888	Karl III., der Dicke, König des Ost- und des Westfränkischen Reiches, 881–887 Kaiser
	Sohn Karlmanns
887–899	Arnulf von Kärnten, (nichtehelicher) Sohn, ostfränkischer König und (seit 896) Kaiser
	Söhne Arnulfs
895–900	Zwentibold, König von Lothringen
900–911	Ludwig IV., das Kind, ostfränkischer König

genen Haus und im Adel auszugleichen und die Herrschaft zu behaupten.

Doch vermochte auch Ludwig keine allseits akzeptierte Nachfolgeordnung mehr durchzusetzen. Als er am 20. Juni 840 auf einer Rheininsel bei Ingelheim starb und im Arnulfskloster bei Metz die letzte Ruhe fand, war die weitere Entwicklung daher noch völlig offen. Nur unter den Thronanwärtern hatte es eine Veränderung gegeben, da Pippin I. von Aquitanien schon 838 verstorben war. Sein Sohn Pippin II. machte nun neben Lothar, Ludwig dem Deutschen und Karl II., dem Kahlen, Ansprüche geltend.

Als Lothar die vollen Kaiserrechte, die ihm die formell ja nie aufgehobene ordinatio imperii zuwies, für sich beanspruchte, kam es am 25. Juni 841 bei Fontenoy nahe Auxerre zur offenen Feldschlacht zwischen ihm, dem sich auch Pippin II. angeschlossen hatte, und seinen jüngeren Brüdern Ludwig und Karl, die den blutigen Kampf zwischen Verwandten und Christen für sich entschieden und ihren Sieg als Gottesurteil deuteten.

Die Verluste waren hoch, der fränkische Adel leistete einen beträchtlichen Blutzoll und war daher in steigendem Maße an einem Ausgleich der Gegensätze interessiert. Nach zähen und von gegenseitigem Misstrauen überschatteten Verhandlungen kam es im August 843 in Verdun zu einem Teilungsvertrag unter den karolingischen Brüdern, in dem Pippin II. nicht berücksichtigt wurde, da Lothar ihn fallen gelassen hatte. Die Teilung erfolgte nach dem Grundsatz der Gleichberechtigung und Gleichgewichtigkeit und orientierte sich deswegen stark am wirtschaftlichen Ertrag. Da Aquitanien, Italien und Bayern von ihr ausgenommen waren, konnte sie sich geographisch nur vom Süden nach Norden erstrecken und schuf für Karl ein sich bis an Rhône, Saône, Schelde und Maas ausdehnendes Westreich, ein lang gestrecktes, die Kaiserstädte Rom und Aachen umfassendes, im Osten auf weite Strecken von Rhein und Aare sowie von den Gebirgszügen der Alpen begrenztes Mittelreich für Lothar I. und ein Ostreich für Ludwig den Deutschen.

»Nationale« Momente spielten bei dieser Aufteilung überhaupt keine Rolle, und auch Deutschland oder Frankreich sind keinesfalls durch den Verduner Vertrag geschaffen worden. Wenn sich Karl der Kahle und Ludwig der Deutsche 842 in Straßburg gegenseitig Eide in

ZITAT

Aus der Klage eines unbekannten Angilbert über den Bruderkampf der Söhne Ludwigs des Frommen bei Fontenoy:

Vom Schlachtgeschrei der Gegner erzittert rings das Feld;
Zum Todeskampf sind Brüder, sind Neffe und Ohm entbrannt,
Frevelnd wider den Vater erhebt der Sohn die Hand...
Fontenoy heißt von der Quelle der Hof in Volkesmund,
Allwo das Blut der Franken getrunken der Erde Grund.

100880

Die Buchmalerei aus dem »Codex aureus« aus Sankt Emmeram zeigt eine Darstellung Karls des Kahlen (um 870; München, Bayerische Staatsbibliothek).

der Volkssprache leisteten – Ludwig in romanischer, Karl in germanischer, um jeweils von der Gegenseite verstanden zu werden –, dann zeigt sich daran zwar die sprachliche Vielfalt im Karolingerreich und die Mehrsprachigkeit der karolingischen Brüder, nicht jedoch das Werden von Nationen.

Der Vertrag von Verdun basierte auf einer dynastischen Teilung und bedeutete lediglich eine Aufgliederung des Großreiches in Zuständigkeitsbereiche, er war weder unabänderlich, noch hob er die ideelle Einheit des Gesamtreiches auf; diese wurde vielmehr durch die Herrschaft der karolingischen Brüdergemeine und die Treffen der Karlsenkel, die »Frankentage«, weiterhin repräsentiert.
Andererseits setzte mit Verdun eine Entwicklung ein, an deren Ende es ein französisches und ein deutsches

Staatswesen gab, ein Prozess, der von vielen Zufällen bestimmt war und keinem zwingenden Kausalgesetz folgte. Von Bedeutung war dabei zweifellos die dynastische Konsolidierung der Herrschaftsgebilde, die Verfestigung eines politischen Rahmens, in dem unterschiedliche Bevölkerungsgruppen zusammenwachsen und ein Wir-Gefühl entwickeln konnten. Gelang dies, dann entstanden – wie im West- und Ostreich – neue staatliche Gebilde, in denen sich schließlich neue Völker (Franzosen und Deutsche) formten; gelang es nicht – wie im Mittelreich westlich und nördlich der Alpen –, dann vollzog sich auch keine neue Volkswerdung. Das ist eine wichtige Erkenntnis, die ältere Ansichten gleichsam vom Kopf auf die Füße stellt: Herrschaftsbildung und Staatswerdung gehen der Volks- und Nationswerdung voraus.

Die Auflösung des Reiches Karls des Großen

Im Jahr 843 wollten die Söhne Ludwigs des Frommen keine dauerhaften Machtgebilde schaffen; die Versuche Ludwigs des Deutschen und später Karls des Kahlen, ihre Herrschaftsgebiete auf Kosten der Brüder und Neffen auszudehnen, machen dies ebenso deutlich wie die Teilungen, die Lothar I. und Ludwig der Deutsche zugunsten ihrer Söhne vornahmen, während Karl der Kahle nur von einem Sohn überlebt wurde, dessen Reich jedoch später ebenfalls geteilt werden sollte. Durch Teilungen ist daher nach 843 eine ganze Reihe von Reichen entstanden, die oft nur von kurzer Dauer waren.

Dem Zufall, dass ein Sohn Ludwigs des Deutschen, Karl III., der Dicke, alle seine Brüder und die männlichen Repräsentanten der übrigen karolingischen Linien (mit Ausnahme des kleinen Karls des Einfältigen, eines Enkels Karls des Kahlen, und des unehelichen Arnulfs von Kärnten, eines Sohnes seines Bruders Karlmann) überlebte, allein dieser unvorhersehbaren dynastischen Konstellation war es zu verdanken, dass fast das gesamte Reich Karls des Großen 884 noch einmal zusammengefasst werden konnte. Karls III. Sturz im Jahre 887 ließ dieses Herrschaftsgebilde dann aber endgültig auseinander brechen; seine Monarchie zeigte letztlich nur den Wandel der Zeiten und die Unmöglichkeit, das Großreich von nur einer Zentrale aus zu regieren.

Eine wirkliche Zusammenfassung des urgroßväterlichen Herrschaftsgebildes war ohnehin nicht zustande gekommen: Karl III. datierte seine Urkunden nach den unterschiedlichen Herrschaftsantritten in den einzelnen Teilreichen, deren Eigenständigkeit mithin gewahrt blieb. Insgesamt hatten sich seit 843 im Laufe von rund vierzig Jahren vier Herrschaftsverbände mit monarchischer Spitze gebildet, die ihrerseits zeitweise weiter untergliedert wurden: das Königreich Italien, das Ostfränkische Reich – dem seit dem Vertrag von Ribemont (880) der nördliche Teil des Mittelreiches, Lotharingien, angegliedert war, nachdem ihm schon 870 durch den Vertrag von Meerssen dessen östliche Hälfte zugefallen war –, das Westfränkische Reich und das am Unterlauf der Rhône gelegene Königreich Provence (Niederburgund).

ZITAT

Der Geschichtsschreiber Regino von Prüm berichtet in seiner »Chronik« zum Jahr 888, wie nach dem Tod Karls III., des Dicken, die Reichseinheit endgültig zerfiel:
Nach seinem Tode lösten sich die Reiche, die seiner Herrschaft unterworfen waren, aus dem Reichsverband, gleichsam als ob sie eines rechtmäßigen Erben entbehrten. Sie dienten nicht mehr ihrem natürlichen Herrn, sondern ein jeder Teil schickte sich an, einen König aus dem eigenen Innern zu erwählen.

Vor diesem Hintergrund entstand ein System spät- und nachkarolingischer Staatswesen, an deren Spitze nunmehr auch – wie seit 879 erstmals im Falle Bosos von Vienne im Königreich Provence – Vertreter der fränkischen Reichsaristokratie stehen konnten. Die durch die Einfälle der Sarazenen im Süden und der Normannen im Westen und Nordwesten seit der ersten Hälfte des Jahrhunderts ständig angewachsene Bedrohung von außen, die kurz vor der Jahrhundertwende durch die von Osten anstürmenden Magyaren (Ungarn) noch weiter gesteigert werden sollte, erforderte eine Dezentralisierung der Abwehr, da die Verteidigung vom Königshof allein nicht zu leisten war. Dies eröffnete dem regionalen und lokalen Adel Bewährungschancen und zusätzliche Möglichkeiten der Herrschaftsbildung und des Aufstiegs.

Versagte in dieser Situation auch noch das durch Adelsfaktionen und Familienhader ohnehin geschwächte Königtum, dessen Träger im letzten Viertel des 9. Jahrhunderts zudem auch keine herrschgewaltigen Persönlichkeiten mehr waren, dann schlug die Stunde der zupackenden Parvenüs aus dem Kreise der im ganzen Reich durch Ämter, Lehen und Besitz sowie durch familiäre Nähe zu den Karolingern ausgezeichneten Adelsfamilien.

Dies zeigte sich besonders nach dem Sturz Karls III. im November 887. Den schwer kranken Kaiser, der in der Abwehr der Normannen erfolglos geblieben und dessen Unfähigkeit, die Herrschaft auszuüben, offenkundig geworden war, verließen die in Tribur versammelten ost-

ZEITTAFEL

Die letzten westfränkischen Karolinger (Auswahl):	
	Sohn Karls II., des Kahlen
877–879	Ludwig II., der Stammler, König
	Söhne Ludwigs II., des Stammlers
879–882	Ludwig III., König (im nördlichen Westfrankenreich)
879–884	Karlmann, König (in Aquitanien und Burgund)
893/898–929	Karl III., der Einfältige, König
	Sohn Karls III., des Einfältigen
936–954	Ludwig IV. Transmarinus, König
	Söhne Ludwigs IV.
954–986	Lothar, König
978 bis nach 991	Karl, Herzog von Niederlothringen
	Sohn Lothars
986–987	Ludwig V., König
	Sohn Karls von Niederlothringen
† 1006/12	Otto, Herzog von Niederlothringen

fränkischen Großen und wandten sich dem aus dem Südosten anrückenden Arnulf von Kärnten zu. In den übrigen Teilen des Reiches jedoch griffen, dem Beispiel Bosos folgend, weitere Mitglieder der Reichsaristokratie nach der Krone, sodass um 900 das System der karolingischen Nachfolgestaaten schließlich aus fünf Herrschaftsgebilden bestand: dem von Karolingern geführten Westfränkischen und Ostfränkischen Reich, dem neu geschaffenen welfischen Königreich Hochburgund, dem bosonidischen Königreich Niederburgund und dem Königreich Italien, dessen Herrscher Berengar 915 sogar die Kaiserwürde erlangte.

Arnulf von Kärnten und das Ende der ostfränkischen Karolinger

Arnulf sah dem Aufstieg dieser reguli (Kleinkönige), wie sie der Regensburger Fortsetzer der Fuldaer Annalen respektlos nennt, zunächst tatenlos zu und erkannte die neuen Könige an, wenn sie bereit waren, seine Oberhoheit (wohl in Form einer Lehnssuprematie) und seine eigene Herrschaftssphäre zu akzeptieren. Er betrieb ganz offenkundig keine großfränkische Restaurationspolitik und begnügte sich mit der unmittelbaren Herrschaft im ostfränkisch-lotharingischen Reich sowie mit der Anerkennung seines hegemonialen Vorrangs. Sah er diese Position allerdings gefährdet, dann griff er militärisch ein.

In der Tat gelang es ihm zunächst auch, seinen hegemonialen Rang zu wahren; doch ereilte ihn 896 das Verhängnis der ostfränkischen Spätkarolinger, nachdem er noch im Februar dieses Jahres die Kaiserwürde als letzter Karolinger im Mannesstamm überhaupt erlangt und damit wieder an das Haus Ludwigs des Deutschen gebracht hatte: Obwohl durch einen Schlaganfall gelähmt, reichte seine Autorität aus, die Geschicke des Ostreichs mehr als drei Jahre lang vom Krankenlager aus zu lenken, bis ihn der Tod am 8. Dezember 899 erlöste. Das Königtum des ostfränkischen Karolingers war gefestigt genug, um von Arnulfs minderjährigem Sohn Ludwig dem Kind fortgeführt zu werden.

Der Vertrag von Verdun 843 bedeutete eine Aufgliederung des Großreiches der Karolinger, an dessen Ende ein französisches und ein deutsches Staatswesen stehen.

Die Umstände von Arnulfs Herrschaftsantritt, vor allem das Handeln der ostfränkischen Großen, und die Beschränkung von Arnulfs unmittelbarer Königsherrschaft auf das Ostreich einschließlich Lotharingiens, also auf den Raum des späteren deutschen Reiches, galten der älteren Forschung als Indiz dafür, dass die Entscheidung von 887 von einem »deutschen« Sonderbewusstsein und Wir-Gefühl mitgetragen worden sei. Doch handelte Arnulf allein, um seinen Thronanspruch durchzusetzen; und die von Karl III. zu einer ostfränkischen Reichsversammlung geladenen Großen fielen von diesem wohl vorwiegend deshalb ab, weil sie seine Regierungsunfähigkeit erkannten.

Von der Vorstellung einer Zusammengehörigkeit der »deutschen« Stämme und Gebiete ist weder beim Adel noch in Arnulfs Politik etwas zu bemerken. Vielmehr teilte der Karolinger sein Reich nochmals in fränkischer Tradition und erhob seinen unehelichen Sohn Zwentibold, nicht zuletzt auch deshalb, um die Ambitionen Rudolfs von Hochburgund abzuwehren, 895 zum König von Lotharingien (und Burgund).

Dieses Königtum hatte keinen Bestand: Im Jahre 900 schlossen sich die Großen Lotharingiens dem Ostreich an und verzichteten damit auf die Eigenständigkeit des Königreiches, 911 wandten sich die Lothringer dagegen dem Westreich zu. Dies geschah wohl noch vor dem Tode Ludwigs IV. (des Kindes) am 24. September 911 und stellte eine gegen den Königshof und die diesen dominierende Adelsgruppe gerichtete Demonstration dar.

Mit Ludwig IV., der nur 18 Jahre alt wurde, erlosch der Mannesstamm der ostfränkischen Karolinger. In seiner Regierungszeit, in der eine Art fürstlicher Regentschaftsrat die Zügel führte, zeichneten sich in den einzelnen Regionen des Ostfränkischen Reiches bedeutsame Entwicklungen zugunsten aufsteigender Adelsfamilien ab: die Herausbildung der jüngeren Stammesherzogtümer, die die weiteren Geschicke des Ostfränkischen Reiches entscheidend mitprägen sollten. Doch stellte sich für die Großen des Ostreichs 911 zunächst die Frage, ob sie den westfränkischen König Karl den Einfältigen, den einzigen noch lebenden Karolinger, zur Herrschaftsübernahme einladen und damit die karolingische Herrschaft fortführen oder ob sie aus den eigenen Reihen

ZITAT

Bischof Salomo III. von Konstanz, einer der Regenten für Ludwig das Kind, beklagt dessen Führungsschwäche:

Die Schwäche des Kindes, das den Namen des Königs führt,
Hat uns schon lange des Herrschers beraubt.
Seiner Jugend wegen ist es unfähig, die Waffen zu führen
Und Recht und Gesetz zu handhaben. …
Wie sehr haben wir zu fürchten, dass sich die Worte Salomos
An uns erfüllen: Wehe Dir, Land, dessen König ein Kind ist!

ZEITTAFEL

Das Haus Lothars I. (Mittelreich, Auswahl):	
	Söhne Lothars I.
840/844–875	Ludwig II., König von Italien und (seit 850) Kaiser
855–869	Lothar II., König im nördlichen Mittelreich (Lotharingien)
85–863	Karl, König der Provence
	Tochter Ludwigs II.
†896	Irmingard, verheiratet mit Boso von Niederburgund
	Sohn Irmingards und Bosos
†wohl 928	Ludwig III., der Blinde, 887/890 König von Niederburgund, 900–905 von Italien, 901–905 Kaiser; 905 geblendet

einen König wählen sollten. Sie entschieden sich gegen die karolingische Lösung und erhoben Konrad I., das Haupt der in Franken mächtigen Konradinerfamilie, zum Herrscher. Dies war in gewissem Sinne eine Entscheidung für Kontinuität, denn als Konradiner gehörte der neue König zu jener Adelsgruppe, die schon unter Arnulf von Kärnten an Einfluss gewonnen und unter Ludwig dem Kind die Politik bestimmt hatte; doch ist andererseits die Zäsur unverkennbar, die die Ablösung der karolingischen Herrschaft im Ostreich bedeutete, während sich die Karolinger im Westreich, wenn auch unter beständiger Gefährdung und zeitweiligem Ausschluss vom Königtum, noch bis 987 an der Herrschaft zu halten vermochten.

Fürstliche Mittelgewalten

Die Kräfte, die zur Auflösung des fränkischen Großreiches führten, entfalteten sich in den Jahrzehnten um 900 mit voller Macht. Noch war keineswegs entschieden, ob das System der karolingischen Nachfolgestaaten nur aus den schon Kontur annehmenden fünf Königreichen West- und Ostfranken, Hoch- und Niederburgund sowie Italien bestehen würde oder ob aus dem Auflösungsprozess noch weitere Staatswesen mit monarchischer Spitze hervorgehen sollten.

Die Schwäche der königlichen Gewalt und der Druck äußerer Feinde führten jedenfalls zu fürstlichen Herrschaftsbildungen, die besonders im West- und Ostreich zu weiteren Abspaltungen hätten führen können. Die im Westen wie im Osten entstehenden Mittelgewalten, die schließlich zu Herzogtümern wurden, sind von ihrer Struktur her vergleichbar. Sie wurden geschaffen von mächtigen Adligen, die über reichen Grundbesitz, Lehen und Ämter verfügten, eine übergräfliche Stellung besaßen, sich im Kampf, besonders gegen äußere Feinde, bewährten und in Königsnähe gerückt waren.

In Westfranken nahmen sie – zunächst als marchiones (Markgrafen, marquis), dann als duces (Herzöge) bezeichnet – eine territorial recht geschlossene Position ein, in der sie nicht nur über die Grafen, sondern auch über die Bistümer, Abteien und das Königsgut in Stellvertretung des Königs geboten, während im Ostreich diese umfassende vizekönigliche Stellung weniger deutlich zu erkennen ist, aber zweifellos im Ansatz vorhanden war. Hier spielte dafür ein ethnisches Moment eine gewisse Rolle, werden die Herzöge doch nach den Volksverbänden der Sachsen, (Ost-)Franken, Baiern und Alamannen bezeichnet.

Die ältere Forschung hat diesen Umstand überbetont und die entstehenden Fürstentümer als »(jüngere) Stammesherzogtümer«, die duces als »Stammesherzöge« charakterisiert, doch bleibt das Verhältnis zwischen »Stamm« und »Herzog« in den Quellen eigentümlich unklar. Insgesamt sollte daher wohl eher das Vergleichbare an den Entwicklungen fürstlicher Mittelgewalten in Westfranken, Ostfranken und auch in Italien betont werden, ohne dabei jedoch die nuancierenden und differenzierenden Unterschiede außer Acht zu lassen.

Abgesehen von den sich in Italien und im Westfrankenreich ausbildenden fürstlichen Herrschaftsgebieten entstanden im Ostfrankenreich in den ersten drei Jahrzehnten des 10. Jahrhunderts die Herzogtümer Bayern, Sachsen, Franken, Schwaben und zuletzt Lotharingien, die die Struktur des ottonischen Reiches prägen sollten; ihre Entstehung ist daher für die weitere Geschichte des ostfränkisch-ottonisch-deutschen Reiches von erheblicher Bedeutung gewesen. *Franz-Reiner Erkens*

»Herr Heinrich saß am Vogelherd«: Das ostfränkische Königtum Heinrichs I.

Obwohl Konrad I. (911–918) selbst dieser fürstlichen Mittelschicht entstammte, versuchte er in Fortsetzung karolingischer Politik, die Konsolidierung der Herzogtümer zu verhindern. Bei diesem Unterfangen scheiterte er allerdings, obwohl er – ebenfalls nach karolingischem Vorbild – ein enges Bündnis mit der Kirche eingegangen war, die sich 916 auf der Synode von Hohenaltheim mit ganzer Autorität hinter das konradinische Königtum stellte. Beim Tode Konrads war jedoch keines der Probleme seiner Regierung gelöst: weder die Neubestimmung des Verhältnisses zwischen dem Königtum und den sich formierenden Fürstengewalten noch die dauerhafte Abwehr der Ungarn noch die Wiedereingliederung Lotharingiens in das Ostreich. Die Lage, in der ein neuer König gefunden werden musste, war demnach höchst kompliziert; und niemals war die Gefahr eines Auseinanderfallens des Ostfränkischen Reiches wohl größer als zu Beginn des Jahres 919.

Herr Heinrich saß nicht am Vogelherd – wie spätere Erzählungen berichten –, als ihn überraschend die Nachricht von seiner Wahl zum König erreichte; und auch die ein halbes Jahrhundert später verfassten Darstellungen der ottonischen Historiographie, nach denen der söhnelose Konrad I. in richtiger Einschätzung der politischen Lage auf dem Sterbelager nicht seinen Bruder Eberhard, sondern den mächtigen Sachsenherzog Heinrich aus dem Geschlecht der Liudolfinger als Nachfolger empfohlen haben soll, verschleiern wohl zu sehr dessen Eigeninitiative. Sicher ist jedoch eines: Heinrichs Königtum, 919 im fränkischen Fritzlar nahe der Grenze zu Sachsen begründet, beruhte zunächst nur auf der Anerkennung von Sachsen und Franken; diese beiden Herzogtümer sollten bis in die Regierungszeit von Heinrichs Sohn Otto hinein den eigentlichen Kernraum der liudolfingischen Königsherrschaft bilden. Schwaben und Bayern hingegen standen unter den Herzögen Burchard I. und Arnulf dem Bösen, einem Luitpoldinger, zunächst abseits, und möglicherweise hegte der Bayernherzog selbst königliche Ambitionen.

Der neue König hielt es deshalb für ratsam, in deutlicher Abkehr von dem Regierungsstil seines Vorgängers und unter Verzicht auf eine durch die Salbung zusätzlich sakral legitimierte Herrschaftspraxis karolingischen Musters den Herzögen behutsam entgegenzutreten. Zwar mit militärischen Demonstrationen, letztlich aber doch weniger mit dem Schwert als durch Verhandlungen vermochte er auf diese Weise schon 919 die Anerkennung durch den Schwabenherzog zu erringen; 921 folgte Arnulf von Bayern dem schwäbischen Beispiel. Der Bestand des Ostfränkischen Reiches war damit gewahrt, wenn auch nur in lockerer Form, denn die Zugeständnisse Heinrichs an die im Süden herrschenden Herzöge gingen weit; diese nahmen eine fast unabhängige vizekönigliche Stellung ein und erhielten – für Arnulf ist es bezeugt, für Burchard lässt es sich vermuten – sogar die Kirchenhoheit in ihrer Herrschaftssphäre zugestanden.

Das behutsame, Gegensätze ausgleichende oder überspielende Vorgehen des Liudolfingers zeigt sich auch in dem Bemühen, mit wichtigen Adelsgruppen Freundschaftsbünde (amicitiae) einzugehen. Doch spiegelt sich hierin nur eine Seite der Politik des Königs aus Sachsen, die andere zeigt die Anwendung traditioneller Methoden. So schloss Heinrich mit Burchard von Schwaben und Arnulf von Bayern nicht nur Freundschaft, sondern machte die Herzöge auch zu seinen Vasallen.

Das vasallitische Band war zunächst nur locker geknüpft, aber es ließ sich zu gegebener Zeit straffen. Als Burchard 926 starb, reichte Heinrichs Autorität schon aus, einen Stammesfremden als Herzog von Schwaben einzusetzen: den Konradiner Hermann, ein Mitglied jener fränkischen Familie also, mit der der König seit seiner Erhebung eng zusammenarbeitete. Gelang es mithin schon 926, die königliche Prärogative in Schwaben zurückzugewinnen, so blieb dies hinsichtlich Bayerns eine Aufgabe für Heinrichs Nachfolger Otto, denn Arnulf überlebte den ersten Liudolfinger auf dem Thron.

Einen Freundschaftsbund ging Heinrich auch mit dem westfränkischen Karolinger Karl dem Einfältigen ein, der dabei das ostfränkische Königtum des Sachsen anerkannte. Am 7. November 921 schlossen die beiden Könige auf einem Schiff, das auf der Höhe von Bonn in der Mitte des Rheins verankert war, einen Freund-

INFOBOX

Die Liudolfinger

Das altsächsische Adelsgeschlecht der Liudolfinger (Ludolfinger, Ottonen) erlangte mit Graf Liudolf († 866) eine führende Stellung im Osten Sachsens und mit dessen Söhnen Brun († 880) und Otto († 912) die sächsische Herzogswürde. Konrad I., erster nichtkarolingischer König des Ostfränkischen Reiches, bestimmte auf dem Sterbelager Ottos Sohn Heinrich (I.) zu seinem Nachfolger; Heinrichs Sohn Otto I. erlangte 962 die Kaiserwürde. Auf ihn folgten Otto II., Otto III. und Heinrich II., mit dem die Liudolfinger 1024 ausstarben.

schaftsvertrag und machten durch die Ortswahl deutlich, wo sie die Grenzen ihrer Reiche sahen. Als Karl jedoch bald darauf in Schwierigkeiten mit den westfränkischen Großen geriet, erfüllte Heinrich seine Freundschafts- und Vertragspflicht nicht, sondern nutzte die Chance, Lotharingien wieder an das Ostreich zu ziehen. Seit 925 unterstand dieser karolingische Kernraum seiner Königsherrschaft und wurde unter seinem Schwiegersohn Giselbert spätestens 928 zum fünften Herzogtum des ostfränkischen Reichsverbandes. Die Einbeziehung des ehemaligen Lotharreiches sollte zwar nicht endgültig sein, aber über Jahrhunderte hinweg Bestand haben.

Der inneren Konsolidierung der sächsischen Königsherrschaft folgte die Sicherung des Reiches nach außen. Auch Heinrich vermochte der Ungarneinfälle zunächst (919, 924, 926) nicht Herr zu werden. Gegen Tributzahlungen erwirkte er jedoch einen neunjährigen Waffenstillstand, den er dazu nutzte, Schutz- und Fluchtburgen anzulegen, den Heerbann zu reorganisieren, die Ostgrenze zu sichern und seine Herrschaft weiter in den slawischen Raum hineinzutragen. Schließlich kündigte er den Waffenstillstand auf und erfocht am 15. März 933 an der Unstrut einen Sieg über die Ungarn, der zwar noch nicht endgültig, aber doch immerhin sehr wirksam war.

Nach nur anderthalb Jahrzehnten waren liudolfingische Monarchie und Ostfränkisches Reich weitgehend gefestigt, und selbst West- und Südeuropa traten schon in dieser Zeit in das Blickfeld des sächsischen Königs: Rudolf II. von Hochburgund übergab Heinrich wohl 926 die Heilige Lanze als Zeichen der Huldigung, und der Liudolfinger selbst griff schlichtend in die Konflikte ein, die der westfränkische König Rudolf mit seinen Lehns-

s. ZEIT Aspekte
Heinrich I. S. 596

fürsten austrug. 935 schloss er mit diesen beiden Herrschern gleichen Namens in einem südlich von Sedan an der Maas gelegenen Ort einen Freundschaftsbund; ein neuer hegemonialer Rang des Ostreiches begann sich abzuzeichnen. Ob Heinrich, bevor er am 2. Juli 936 in Memleben starb und in der liudolfingischen Stiftung Quedlinburg die letzte Ruhe fand, auch schon einen Romzug plante, bleibt hingegen unsicher; für seinen Sohn und Nachfolger Otto jedenfalls schuf er günstige, wenn auch noch entwicklungsbedürftige Voraussetzungen, die es diesem ein Vierteljahrhundert später ermöglichten, den Weg zum Tiber einzuschlagen.

Franz-Reiner Erkens

Zwischen Aachen und Rom: Die Ottonen

»Nachdem nun also der Vater des Vaterlandes und der größte und beste der Könige, Heinrich, entschlafen war, da erkor sich das ganze Volk der Franken und Sachsen dessen Sohn Otto, der schon vorher vom Vater zum König bestimmt worden war, als Gebieter. Und als Ort der allgemeinen Wahl bezeichnete und bestimmte man die Pfalz zu Aachen.« Mit diesen Worten eröffnet der sächsische Mönch und Geschichtsschreiber Widukind von Corvey das zweite Buch seiner »Sachsengeschichte«: die Darstellung der Regierungszeit Ottos des Großen.

Zwar ist es umstritten, ob die anschließende Schilderung des Erhebungsverlaufes und der Bericht über die Krönungsfeierlichkeiten – die Thronsetzung und Huldigung durch die weltlichen Großen im Säulenvorhof der Aachener Pfalzkirche, die Salbung, Krönung und Thronsetzung in der Pfalzkirche sowie der Dienst der vier Herzöge beim Krönungsmahl als Verwalter der vier Hofämter – wirklich den Tatsachen entsprechen, da außer Widukind kein weiterer Schriftsteller der Ottonenzeit in gleicher Ausführlichkeit über die am 7. August 936 vollzogene Königswahl berichtet; aber unbestritten sind die Akzentsetzungen, die 936 vorgenommen wurden und Ottos Königtum deutlich von dem seines Vaters unterscheiden: die sakrale Erhöhung durch die Weihe, die zusammen mit dem Ort des Geschehens und der fränkischen Tracht, die Otto eigens für die feierlichen Handlungen

ZITAT

Widukind von Corvey (Sachsengeschichte 2,36) über Otto den Großen:
Auf die Jagd ging er häufig, liebte das Brettspiel und nahm bisweilen mit Anmut und königlichem Anstand am Reiterspiel teil. Hinzu kam noch der gewaltige Körperbau, der die volle königliche Würde zeigte, das Haupt mit ergrauendem Haar bedeckt, die Augen funkelnd...

angelegt hatte, zugleich auch die Wiederaufnahme karolingischer Traditionen ankündigte.

Das sakrale Königtum Ottos I., des Großen

Von großer Wichtigkeit und zukunftsträchtiger Bedeutung war aber noch etwas anderes: die Nachfolge nur eines Königssohnes. Denn abweichend vom fränkischen Brauch wurde die Herrschaft 936 nicht mehr geteilt, obwohl Heinrich weitere Söhne besaß. Mit der alleinigen Nachfolge Ottos setzte sich daher die Unteilbarkeit des Reiches durch.

Der Einheitsgedanke, gut hundert Jahre zuvor mit Blick auf das Reich Karls des Großen formuliert, unter Ludwig dem Frommen ansatzweise verwirklicht, schließlich bekämpft und verworfen, setzte sich seit dem 10. Jahrhundert in den einzelnen spät- und nachkarolingischen Staatswesen, mithin in engerem Rahmen, durch und verlieh dem sich im Abendland allmählich ausbildenden Staatengefüge Kontur und Dauer. Dem Unteilbarkeitsprinzip zum Erfolg verhalfen vor allem der lange Bestand von Herrschaftsverbänden – wie etwa des Ost- und des Westfränkischen Reiches nach der Teilung von Verdun – und die – wenn auch keineswegs ungefährdete – Dauerhaftigkeit von Königreichen, die die Gewöhnung an einen äußeren Rahmen der Herrschaft und die Entstehung eines eigenen Zusammengehörigkeitsgefühls ermöglichte, sowie Veränderungen im Verhältnis zwischen König und Adel.

Der größere Einfluss, den der Adel seit dem zweiten Drittel des 9. Jahrhunderts gewonnen hatte, und besonders die fürstlichen Herrschaftsbildungen, die Herzogtümer, die Heinrich I. anerkannt hatte, ließen keinen Spielraum mehr für Teilungen, die entweder die Interessensphären der Herzöge oder das ohnehin schon geschrumpfte Königsgut geschmälert hätten. Wahrscheinlich gemeinsam fassten Heinrich I. und die Herzöge daher die Nachfolge nur eines Königssohnes ins Auge. Möglicherweise fand die entscheidende Weichenstellung dafür schon 929 statt, als der König sein Haus ordnete, seiner Gemahlin das Wittum zuwies, am angelsächsischen Hof um eine Braut für seinen Sohn Otto werben ließ und den jüngsten Sohn Bruno für den geistlichen Stand bestimmte.

s. ZEIT Aspekte Otto der Große S. 605

Eine Darstellung Ottos I., des Großen, zeigt der um 1215 geschaffene Aachener Karlsschrein (Aachen, Münster).

100264

Heinrich I. wurde ebenfalls am Aachener Karlsschrein dargestellt.

100264

Die Beachtung des Unteilbarkeitsprinzips bedeutete den Ausschluss der übrigen Königssöhne von der Nachfolge. Davon waren 936 Thankmar, ein Kind aus Heinrichs erster Ehe, und Heinrich, der zweite Sohn aus der Ehe mit Mathilde, der zweiten Gattin des Königs, und offenbar ein besonderer Liebling der Mutter, betroffen. Die Bewahrung der Einheit des Ostfränkischen Reiches trug daher Zündstoff in die Königsfamilie. Dieser konnte umso gefährlicher werden, als Otto, anders als sein die Gegensätze überspielender Vater, die Autorität des nun auch durch die Weihe sakral legitimierten Königtums schroff zur Anerkennung brachte und dadurch mit den Fürsten in Konflikt geriet, die Heinrichs Herrschaft mitgetragen hatten.

Das erste Jahrfünft von Ottos Regierungszeit war deshalb von Aufständen geprägt. Die Verbindung der fürstlichen Opposition mit der Empörung von Mitgliedern des Königshauses konnte dabei zeitweise sogar herrschaftsbedrohende Ausmaße annehmen, doch vermochte der Liudolfinger schließlich alle Schwierigkeiten zu meistern und die königliche Prärogative zu behaupten. Im Verlauf dieser Auseinandersetzungen verloren die Luitpoldinger die Kirchenhoheit im bayerischen Herzogtum und des Königs Halbbruder Thankmar sowie die Herzöge Giselbert von Lotharingien und Eberhard von Franken, der alte Weggefährte Heinrichs I., ihr Leben, wurde das Herzogtum Franken nicht mehr vergeben, sondern an die Krone gezogen und scheiterte der jüngere Heinrich zweimal bei dem Versuch, den älteren Bruder vom Thron zu stoßen.

Nach 941/942 aber kam es zu einer ruhigeren Entfaltung der ottonischen Monarchie. In dieser Zeit suchte Otto, der die Herzogtümer Sachsen und Franken weiterhin als eigentliches Königsland betrachtete, die übrigen Herzogsgewalten durch familiäre Bande enger an das

INFOBOX

Bernward von Hildesheim

Der aus sächsischem Hochadel stammende Bernward wirkte als herausragender Vertreter der ottonischen Reichskirche. Als Zögling der Hildesheimer Domschule war er nicht nur theologisch geschult, sondern besaß auch weltliche Bildung und wurde zum Förderer der bildenden Kunst.

Seit 987 war er Mitglied der Hofkapelle und wurde 989 von Kaiserin Theophano mit der Erziehung des späteren Kaisers Otto III. betraut. Seit 993 Bischof in Hildesheim, sicherte er energisch die Stellung seines Bistums. Daneben begleitete er Otto III. und Heinrich II. auf ihren Feldzügen.

Vor allem widmete sich Bernward dem von ihm gegründeten Benediktinerkloster Sankt Michael, das er mit Stiftungen aus seinem Besitz ausstattete. Die unter seiner Ägide entstandenen Kunstwerke, Höhepunkte der ottonischen Kunst, werden als »Bernwardskunst« zusammengefasst. Hierzu gehören v. a. die für Sankt Michael geschaffenen, 4,72 m hohen bronzenen Türflügel, die in je acht Relieffeldern den Sündenfall und die Erlösung darstellen (seit 1030/33 im Dom), und die bronzene Christussäule, die auf einem nach römischem Muster spiralig laufenden Relief Evangelienszenen darstellt (Bernwardssäule). Sie sind so stark von Bernwards Persönlichkeit geprägt, dass sein Biograph Thangmar den Bischof selbst als Künstler rühmt.

Königshaus zu ziehen. Bereits 939 war sein Sohn Liudolf mit Ita, der Tochter Hermanns von Schwaben, verlobt worden; Ende 949, die Hochzeit war mittlerweile vollzogen, konnte dieser die Nachfolge des verstorbenen Schwiegervaters antreten. 947 erhielt Konrad der Rote von Lotharingien, aus dessen Nachkommenschaft die salische Königsdynastie hervorgehen sollte, Ottos gerade ins Heiratsalter gekommene Tochter Liutgard zur Frau und wurde damit zum Schwiegersohn des Königs. Ottos Bruder Heinrich schließlich, dem seine Verschwörungen schon längst verziehen worden waren, empfing 948 das Herzogtum Bayern und stieg zu einem der einflussreichsten Vertrauten des Königs auf.

ZITAT

Widukind von Corvey (Sachsengeschichte 2, 36) berichtet, wie Otto der Große lesen lernte:
Seine Geistesgaben waren bewunderungswürdig, denn nach dem Tod der Königin Edgitha (Editha) lernte er die Schrift, die er vorher nicht beherrschte, so gut, dass er Bücher lesen und verstehen konnte. ...

Das imperiale Königtum

Kein mittelalterlicher Herrscher konnte auf das Instrument der Heirats- und Familienpolitik verzichten, beruhte doch die gesamte Herrschaft ganz wesentlich auf einem Geflecht personaler Beziehungen. Doch schützten Familienbande das Königtum letztlich nicht vor Adelsaufständen, und die erhoffte Familienharmonie wurde oftmals gestört. Auch Ottos herzogliches Familiensystem schloss Konflikte nicht aus. 953 kam es zur letzten großen Gefährdung von Ottos Herrschaft: zum Aufstand von Sohn und Schwiegersohn. Liudolf sah nach dem Tode seiner Mutter Editha († 946) und der Hochzeit des Vaters mit Adelheid von Italien (951) seine Stellung als Thronfolger wohl prinzipiell gefährdet sowie sich selbst mit Billigung des Königs in wichtigen politischen Fragen beiseite geschoben durch seinen Onkel Heinrich von Bayern; Konrad der Rote hingegen, der von Otto nach Beendigung des ersten Italienzuges als Sachwalter der Reichsinteressen im italischen Königreich zurückgelassen worden war, fühlte sich brüskiert durch Maßnahmen des königlichen Schwiegervaters, die eigenen Entscheidungen in der Italienpolitik zuwiderliefen.

Das Reich der Ottonen erstreckte sich zeitweilig von der Nordsee bis nach Rom.

Nur mühsam wurde Otto mit dieser Empörung fertig, da sie in weiten Kreisen Widerhall fand und es gleichzeitig auch wieder zu einem Einfall der Ungarn kam; doch mündete die ernste Bedrohung in den größten Triumph des Herrschers, in den Sieg über die Ungarn, erfochten am 10. August 955 vor den Toren von Augsburg

Reichsgrenze
Marken
geistliches Gebiet
0
200 km
Bistum
Erzbistum
Schlacht
Kgr. Königreich
Hzm. Herzogtum
Mgft. Markgrafschaft
Ostsee
Nordsee
Aarhus
Ripen
Schleswig
934
Oldenburg
Mark der Billunger
(937-982)
Hamburg
Nordmark
(937-982)
Friesland
Bremen
Hzm. Sachsen
Havelberg
Brandenburg
Gnesen
Posen
Polen
Osnabrück
Minden
Königslutter
Magdeburg
Utrecht
Hildesheim
Halberstadt
Nimwegen
Münster
Goslar
Quedlinburg
Mark Lausitz
Paderborn
Merseburg
Mark Merse-burg
Meißen
Milzener
Breslau
Memleben
Bautzen
Schlesien
Hzm. Nieder-
Naumburg
Köln
Fritzlar
Thüringen
Zeitz
Mark Zeitz
Mark Meissen
Lüttich
Aachen
Fulda
Lothringen
Frankfurt
Gelnhausen
Prag
Andernach
Olmütz
Mainz
Bamberg
Ingelheim
Laon
Ivois
Trier
Worms
Würzburg
Forchheim
Böhmen
(1003-1004 polnisch)
Mähren
(1003-1029 polnisch)
Rohr
Hz. Franken
Reims
Hzm. Ober-
Metz
Verdun
Speyer
Regensburg
Toul
Passau
Lothringen
Straßburg
Augsburg
Freising
Ostmark
Hzm. Schwaben
Hzm. Bayern
Kgr. Frankreich
Lechfeld
955
Salzburg
Steiermark
Basel
Kgr. Ungarn
Konstanz
Sankt Gallen
Besançon
Mark Kärnten
Brixen
Mgft. Verona
(952 an Bayern)
(978 an Kärnten)
Mark Krain
Trient
Lyon
Aquileja
Vicenza
Vienne
Kgr. Burgund (Arelat)
Mailand
Verona
Venedig
Kgr. Kroatien
Pavia
Piacenza
Ferrara
Genua
Ravenna
Adriatisches Meer
Romagna
Pisa
Kgr. Italien
Patrimonium Petri
Korsika
Mittelmeer
Rom
Bari

Das um 1006 entstandene »Giselakreuz« ist beispielhaft für die ottonische Kunst in der Ablösung von antiken Vorbildern. Unter den ottonischen Herrschern kam es dagegen zu einer Erneuerung des römischen Kaisertums (München, Schatzkammer der Residenz).

100264

auf dem Lechfeld und errungen mithilfe der Empörer, die sich inzwischen unterworfen hatten. Konrad der Rote fiel bei diesem Kampf, der die ungarische Gefahr für alle Zeiten bannte und den Liudolfinger zum siegreichen Beschützer der abendländischen Christenheit machte. Das ottonische Königtum wuchs durch den überwältigenden Waffenerfolg deutlich in imperiale Dimensionen hinein.

Die hegemoniale Stellung des Ostfränkischen Reiches veranlasste Otto schon früh, in die Verhältnisse der übrigen Herrschaftsverbände auf dem Boden des ehemaligen karolingischen Imperiums einzugreifen. 937 nahm er Konrad, den jungen burgundischen König, unter seinen Schutz und zog damit aus der Oberhoheit über das durch Vereinigung von Hoch- und Niederburgund entstandene

In der Heiratsurkunde für Theophano ist die Morgengabe an die byzantinische Prinzessin anlässlich der Eheschließung mit Otto II. festgehalten. Das Dokument ist mit goldenen Lettern auf medaillongeschmücktes Purpurpergament geschrieben (Wolfenbüttel, Staatsarchiv).

Königreich praktische Konsequenzen; 940 schritt er erstmals im Westfränkischen Reich ein, wo seine Schwestern verheiratet waren: Gerberga mit König Ludwig IV. Transmarinus (»dem Überseeischen«) und Hedwig mit dessen Gegenspieler, dem Herzog Hugo von Franzien; und 941/942 wurde der nordwestitalische Markgraf Berengar von Ivrea sein Vasall.

Gerade in Italien waren die Verhältnisse besonders unübersichtlich. Das Kaisertum war 924 mit dem Tod Berengars von Friaul beziehungsweise 928 mit dem Tod seines geblendeten Rivalen Ludwig des Blinden erloschen, die Königswürde hatte, unter Verzicht auf burgundische Ambitionen, schließlich Hugo von Arles († 947) errungen, der seinen Sohn Lothar zum Mitregenten erhob.

Den größten erhaltenen Zyklus ottonischer Monumentalmalerei besitzt die ehemalige Stiftskirche St. Georg in Reichenau-Oberzell. Acht Wandmalereien im Mittelschiff, die um 960/970 entstanden, stellen Wundertaten Christi dar und gipfeln in der »Erweckung des Lazarus«.

SEQ· SCI· EU· SEC· MARCU
IN ILLO TEMP· MARIA MAGDA
lenae & maria iacobi & salome emerunt
aromata· ut uenientes unguerent ihm·
Et ualde mane una sabbatorum ueni
unt ad monumentum· orto iam sole·
Et dicebant ad inuicem· Quis reuoluit
nobis lapidem ab ostio monumenti·
Et respicientes· uiderunt reuolutum lapi
dem· Erat quippe magnus ualde· Et in
troeuntes in monumentum· uiderunt iu
uenem sedentem in dextris· coopertum
stola candida· & obstupuerunt· Qui dicit
illis· Nolite expauescere· Ihm quaeritis
nazarenum· crucifixum· Surrexit· non est
hic· Ecce locus ubi posuerunt eum·
Sed ite dicite discipulis eius & petro· quia
praecedit uos in galileam· Ibi eum uidebi
tis· sicut dixit uobis·
FERIA· II·
SEQ· SCI· EU· SEC· LUCAM·

750

In den Händen der Klöster lag die Buchproduktion und Buchgestaltung. Aus der berühmten Reichenauer Malerschule stammt die abgebildete »Darstellung im Tempel«, die im 10. Jh. in Reichenau-Mittelzell entstand.

Als dieser 950 überraschend starb, wurde seine junge Witwe Adelheid, die Schwester Konrads von Burgund, für den Markgrafen Berengar von Ivrea, den Lehnsmann Ottos des Großen, zum Objekt herrscherlicher Begierde, denn Berengar ließ sich zum König erheben und suchte die Machtergreifung durch die Hochzeit mit der gefangen genommenen Witwe des verstorbenen Vorgängers abzusichern. Diese verweigerte sich jedoch und floh unter abenteuerlichen Umständen zu Otto, der die Gelegenheit nutzte, um in Italien einzugreifen. Die Verhältnisse auf der Apenninenhalbinsel konnten dem Liudolfinger nicht gleichgültig sein, denn der Weg zur Kaiserkrönung führte gemäß karolingischer Tradition allein nach Rom und musste durch den Erwerb des Königreichs Italien abgesichert werden.

So zog Otto 951 das erste Mal über die Alpen und gewann dort die Herrschaft sowie die Hand Adelheids. Rom, wohin er eine Gesandtschaft abgeordnet hatte, blieb ihm jedoch noch verschlossen. Nach der Rückkehr in das Ostfränkische Reich erkannte Otto im August 952 das Königtum Berengars II. an, der ihm dafür einen Lehnseid leistete. Dieser Akt bedeutete zweifellos keinen

Verzicht, sondern die Ausgestaltung der ottonischen Hegemonie und damit der Plattform, von der aus der Liudolfinger seinen Anspruch auf das Kaisertum unüberhörbar angemeldet hat.

Der imperiale Charakter von Ottos Königtum war nach der Schlacht auf dem Lechfeld unbestritten: Als Sieger über die Ungarn und Beschützer der Christenheit, der zusätzlich Missionserfolge im slawischen Osten seines Reiches aufweisen konnte - zumindest hatte er hier schon 937 das Moritzkloster in Magdeburg sowie 948 die Bistümer Brandenburg und Havelberg gegründet - sowie als Herr über andere Könige war Otto kaisergleich - nur das nomen imperatoris, der Kaisertitel, fehlte ihm noch. Am 2. Februar 962 konnte er aber auch dieses erwerben - auf seinem zweiten Italienzug, zu dem er 961 aufgebrochen war, nachdem ihn der von Berengar II. bedrängte Papst Johannes XII., der Sohn jenes Senators Alberich, der 951 den Romzug verhindert hatte, zu Hilfe gerufen hatte und durch die Wahl von Ottos gleichnamigem Sohn zum König die Nachfolge gesichert war - Liudolf, Ottos Sohn aus erster Ehe, war schon 957 gestorben.

ZITAT

Otto der Große starb am 7. Mai 973 in der Pfalz von Memleben und wurde im Dom zu Magdeburg beigesetzt. Das lateinische Distichon auf der Marmorplatte seines Sarkophags setzt ihm in knappen Worten ein Denkmal:

König und Christ war er und der Heimat herrlichste Zierde,
den hier der Marmor bedeckt: dreifach beklagt ihn die Welt.

Das ottonische Kaisertum

Das erneuerte Kaisertum wurzelte in römischer wie fränkischer Tradition und begründete in der abendländischen Herrschergemeinschaft einen religiös-politischen Vorrang, keineswegs jedoch eine tatsächliche Herrschaft über andere Könige. Es verpflichtete vor allem zum Schutz der römischen als der höchsten Kirche der lateinischen Christenheit. Diese neue Ordnung fand ihren Ausdruck in einem kaiserlichen Schutzprivileg für die römische Kirche und in einem Treueversprechen des

ZEITTAFEL

Die liudolfingischen/ottonischen Könige und Kaiser:

919–936	Heinrich I., König
936–973	Otto I., König und (seit 962) Kaiser
973–983	Otto II., 961 Mitkönig, 967 Mitkaiser, 973 Alleinkönig
983–1002	Otto III., König und (seit 996) Kaiser
1002–24	Heinrich II., der Heilige, König und (seit 1014) Kaiser

INFOBOX

»Mutter der Königreiche«

Adelheid (um 931–999), Tochter König Rudolfs II. von Hochburgund, wurde 947 mit König Lothar II. vermählt, dem Sohn Hugos von Niederburgund und Italien. Nach dessen Tod (950) wurde sie von dessen Rivalen Berengar II. von Ivrea gefangen gehalten. Sie konnte jedoch entkommen und rief Otto I. um Hilfe an, der sie 951 zu seiner zweiten Gemahlin machte; damit kam es zu der Verbindung von Deutschland und Oberitalien im Mittelalter. Gemeinsam mit Otto I. empfing Adelheid in Rom 962 die Kaiserkrone. Nach dem Tod Ottos I. beriet sie ihren Sohn Otto II., verlor aber bald durch seine Gemahlin Theophano an Einfluss. Nach dem Tod von Sohn und Schwiegertochter übernahm sie 991–994 gemeinsam mit Erzbischof Willigis von Mainz die Regentschaft für den unmündigen Enkel Otto III. Als es mit diesem zum Bruch kam, zog sie sich in das Kloster Selz zurück. Schon die Zeitgenossen nannten sie »Mutter der Königreiche«.

Papstes. Johannes XII. jedoch erwies sich nicht als würdiger Partner des Kaisers.

Als er sah, dass sich dieser tatsächlich in Italien durch- und festsetzte, verband er sich mit Ottos Gegnern. Der Kaiser aber wurde mit allen Schwierigkeiten fertig, ließ den Papst im November 963 absetzen, konnte Berengar II. gefangen nehmen und nach Bamberg ins Exil schicken und 965 als unbestrittener Herrscher über Rom und das italische Königreich nach Hause zurückkehren. 966 war er allerdings wieder in Italien und entfaltete hier sechs Jahre lang eine imperiale Politik großen Stils: 967 ließ er seinen Sohn Otto (II.) zum Mitkaiser krönen und erreichte schließlich einen Ausgleich mit der zweiten, in Italien ebenfalls engagierten Kaisermacht, mit Byzanz, von wo auch die Braut des jungen Kaisers geholt wurde, Theophano, mit der sich Otto II. 972 in Rom vermählte.

Eine Maiestas Domini mit der huldigenden kaiserlichen Familie Ottos II. zeigt das um 983 entstandene Elfenbeinrelief (um 983/984; Mailand, Castello Sforzesco). Kniend vor der Christusgestalt ist Otto II. mit Theophano und seinem Sohn Otto III. zu sehen.

Als Otto im Sommer des Jahres 972 Italien verließ, stand er auf dem Höhepunkt seiner Macht; der Hoftag, den er auf Ostern 973 in Quedlinburg versammelte und den auch Gesandte aus fremden Ländern aufsuchten, zeigte ihn auf dem Gipfel seiner abendländischen Geltung. Wenig später, am 7. Mai 973, starb der Kaiser in Memleben; seine letzte Ruhe fand er in Magdeburg, an jenem Ort, den er nach Überwindung vieler Widerstände 968 zum Erzbistum hatte erheben lassen. Die Bedeutung

100563

von Ottos Herrschaft ist unumstritten: Sie brachte nicht nur die endgültige Konsolidierung der ottonischen Monarchie, sondern auch grundlegende Entscheidungen mit lang dauernder Wirkung.

Das Huldigungsbild zeigt Otto III. thronend. Die Buchmalerei entstand Ende des 10. Jh. auf der Insel Reichenau (München, Bayerische Staatsbibliothek).

Die Entfaltung der liudolfingischen Monarchie – Von Otto II. zu Heinrich II.

Auf dem von Otto I. vollendeten Fundament vermochten die Nachfolger zunächst mühelos weiterzubauen. Die durch die Sakralisierung des Königtums zweifellos erleichterte, allerdings in älteren Traditionen wurzelnde Indienstnahme der Geistlichkeit durch den Herrscher konnte seit Otto I. intensiviert und ausgestaltet werden. Das dadurch geschaffene Reichskirchensystem, ein von der Forschung geprägter und keinesfalls unproblematischer, weil leicht falsche Vorstellungen weckender Begriff, entwickelte sich dabei unter den ottonischen und salischen Königen zu einem die Herrschaft stabilisierenden Faktor, während der selbstbewusste Adel ein eher unruhiges Element blieb.

Der schon zu Lebzeiten des Vaters zum Mitkönig und -kaiser erhobene Otto II. konnte die Nachfolge zwar ungefährdet antreten, musste dann aber sieben Jahre lang um die Behauptung seiner Stellung gegen innere Widersacher, vor allem gegen seinen bayerischen Vetter Heinrich den Zänker, der sich dreimal gegen ihn erhob, und gegen äußere Gegner, unter denen sich auch der westfränkische König Lothar befand, kämpfen, bevor er 980 in Italien eingreifen konnte, um in Abkehr von der Politik des Vaters den byzantinisch-sarazenischen Süden zu erobern. Da er schon am 7. Dezember 983 in Rom starb, wo er im Petersdom beigesetzt wurde, blieb diese Absicht unausgeführt. Weil ihm die Sarazenen im Juli 982 bei Crotone eine schwere Niederlage beigebracht hatten und im Sommer 983 ein großer Slawenaufstand die Aufbauarbeit östlich von Elbe und Saale sowie den sächsischen Grenzschutz zerstörte, fallen dunkle Schatten auf das Bild des zweiten Sachsenkaisers, dem es allerdings insgesamt gelang, die vom Vater begründete Herrschaftsbasis und Machtstellung zu behaupten.

Sein dreieinhalbjähriger Sohn Otto III. war gerade in Aachen zum König gekrönt worden, als die Nachricht vom Tod des Vaters eintraf. Der Theorie nach vollgülti-

50

Vielleicht anlässlich der Kaiserkrönung Ottos III. wurde das Lotharkreuz gefertigt, dessen Mitte eine antike Gemme des Kaisers Augustus ziert. Auch in der Kunst zeigt sich an den Vorgängern orientierte ottonische Politik (um 1000; Aachen, Domschatzkammer).

ger König, musste trotzdem ein anderer die Regierungsgeschäfte für den minderjährigen Herrscher führen. Zunächst bot sich der aus der Haft entkommene Heinrich der Zänker als Regent an. Als dieser aber unverhohlen selbst zur Königskrone griff, wendete sich das Blatt zugunsten der Mutter. Mit Theophano und, nach deren Tode (991), mit der Großmutter Adelheid setzte sich im ostfränkisch-ottonischen Reich erstmals eine weibliche Regentschaft durch, die sich im Übrigen erfolgreich behauptete.

ZITAT

Das Krönungsbild des Sakramentars Heinrichs II. im Kloster Sankt Emmeram in Regensburg trägt nachstehende Verse (Auszug, in deutscher Übersetzung):

Sieh, von Gott gekrönt
und beschenkt wird
der fromme König
Heinrich, der durch den
Stamm seiner Ahnen
dem Himmel nahe ist. …
Mildtätiger Christus, gib
langes Leben deinem Gesalbten,
auf dass er dir ergeben
nicht verliere den Nutzen
der Zeit.

INFOBOX

Theophano – Prinzessin in der Fremde

Zu Ostern des Jahres 972 bildete Rom den Schauplatz eines glanzvollen Festes: Der junge Mitkaiser Otto II. beging hier, im Beisein seines Vaters, seine vom Papst ausgerichtete Vermählung mit der Byzantinerin Theophano (um 955–991), die auch zur Kaiserin gekrönt wurde. Theophano war zwar keine »in Purpur Geborene« (Porphyrogenita), also keine Tochter des amtierenden Kaisers Johannes I. Tzimiskes, doch immerhin nahe mit ihm verwandt. Otto I. hatte jedenfalls mit dieser Heirat die Anerkennung seines Kaisertums durch Byzanz erreicht.

Theophano musste neben ihrem Schmuck von ungeheurer Kostbarkeit und ästhetischer Delikatesse, den heute das Berliner Kunstgewerbemuseum verwahrt, noch eine Fülle weiterer wertvoller Gegenstände – Reliquiare, Handschriften, für den liturgischen Gebrauch bestimmte Elfenbeinschnitzereien, Textilien – in ihrem Brautschatz mitgeführt haben. Jedenfalls erlebte die ottonische Kunst, zumal die Schatzkunst, damals eine neue Welle byzantinischen Einflusses.

Die hochgebildete Theophano nahm großen Einfluss auf die Politik und bereitete als Regentin nach 983 ihren unmündigen Sohn Otto III., unterstützt von Erzbischof Willigis von Mainz, auf das Kaisertum vor.

Als Otto III. im September 994 im Alter von 14 Jahren die Regierungsverantwortung selbst übernahm, blieben ihm noch nicht einmal sechseinhalb Jahre, um seine politischen Vorstellungen zu verwirklichen. Schon der Vater hatte seit 982 den Titel eines Romanorum imperator geführt, eines Kaisers »der Römer«, und damit seine italischen Ambitionen programmatisch zum Ausdruck gebracht; Otto III. griff dieses Vorbild nach seiner Kaiserkrönung im Mai 996 auf und betonte die römische Tradition noch stärker, indem er auf dem Palatin einen Kaiserpalast errichten ließ und das Hofzeremoniell und die Ämtertitel – nicht zuletzt wohl mit Blick nach Byzanz – in antikisierender Weise umgestaltete.

Die von ihm betriebene renovatio imperii Romanorum ist trotz aller römischen Anklänge aber kaum als »Erneuerung des Römischen Reiches« antiker Prägung zu verstehen, sondern eher als die Aufrichtung einer christlichen Herrschaftsordnung, in welche die jungen Staatswesen Ostmitteleuropas einbezogen sein sollten. Zu diesem Konzept, in das römische und fränkische Tra-

Konrad II. als Nachfolger Heinrichs II. wurde 1024 zum König gekrönt, 1027 erfolgte die Kaiserkrönung. Konrad wurde in dem von ihm als Grablege der Salier gegründeten Dom zu Speyer beigesetzt. Hier ein Blick in das romanische Langhaus.

100264

100880

Otto III., Sohn Ottos II. und der byzantinischen Prinzessin Theophano, thront auf diesem Blatt des »Gregormeisters« unter einem Baldachin. Er ist ausgestattet mit Krone, Zepter und Reichsapfel (996 oder später; Chantilly, Musée Condé).

ZITAT

Das Thronbild des Sakramentars Heinrichs II. im Kloster Sankt Emmeram in Regensburg trägt nachstehende Verse (Auszug, in deutscher Übersetzung):

Sieh, nach dem Triumph über die Länder des Erdkreises
erfüllen zahllose Völker des Königs Befehl
und huldigen mit vielen Gaben dem Gipfel der Ehre.
Freude dich, gesegneter König, dass es jetzt geschieht. …

ditionen einflossen und das von Ottos religiösen Vorstellungen geformt wurde, die auch in seinen Sympathien für die Asketen und Eremiten seiner Zeit zum Ausdruck kamen, gehörte vor allem die Einrichtung eigener Kirchenprovinzen in Polen und Ungarn.

Im Jahre 1000 wurde daher in Gnesen, im Jahre 1001 in Gran ein Erzbistum geschaffen; die Herrscher über Polen und Ungarn sollten zu Königen aufsteigen, die zusammen mit dem Kaiser, dem »Knecht Jesu Christi« und »der Apostel«, das Christentum schützen und nach Osten tragen sowie Teil eines abgestuften Hegemonialsystems sein sollten. Allerdings stellten sich einem Königtum des Polen Bołeslaw I. Chrobry – anders als der monarchischen Erhöhung des heiligen Stephan von Ungarn – Widerstände entgegen, als der junge Kaiser im Januar 1002 in Italien der Malaria erlag und seine hochfliegenden Pläne ein jähes Ende fanden. In Aachen, an der Seite Karls des Großen, dessen Grab er im Jahre 1000 hatte öffnen lassen, um dem zum Vorbild gewordenen Karolinger seine Verehrung zu erweisen, wurde er beigesetzt. Seine großartige imperiale Konzeption sank mit ihm ins Grab, doch zeigte sie insofern Wirkung, als die Lösung der herrschaftlichen und kirchlichen Bindungen Polens und Ungarns vom ostfränkisch-ottonischen Reich die monarchische Konsolidierung dieser Staatswesen förderte. Auch die keineswegs vorbildlose Verschmelzung des Reichsgedankens mit der Romidee war endgültig: Kaiser und Reich hießen im Mittelalter »römisch«.

Otto III. starb unvermählt und söhnelos; sein Nachfolger wurde der bayerische Herzog Heinrich, der wie der verstorbene Kaiser ebenfalls ein Urenkel Heinrichs I. war und der sich gegen andere Thronbewerber durchsetzte und die Herrschaft schließlich auch in Italien behauptete, wo zunächst Arduin von Ivrea († 1015) zum Königtum aufgestiegen war.

In der Ostpolitik jedoch warf er das Steuer herum und bekämpfte Bołeslaw I. Chrobry so leidenschaftlich, dass er, der ursprünglich für den geistlichen Stand ausgebildet worden war, der die Klosterreform eifrig förderte, 1004 das aufgehobene Bistum Merseburg wiederherstellte, 1007 das Bistum Bamberg gründete und der 1146 von Papst Eugen III. heilig gesprochen werden sollte, sich nicht scheute, gegen den christlichen Polenherrscher ein

Bündnis mit den heidnischen Lutizen einzugehen. Trotzdem musste er 1018 mit Bołeslaw in Bautzen einen Frieden schließen, der dem Polen die Lausitz als Lehen beließ. Nach innen jedoch festigte Heinrich II. die Herrschaft durch eine intensive Nutzung der königlichen Kirchenhoheit und eine forcierte Indienstnahme der Reichskirchen. Als er am 13. Juli 1024 in der sächsischen Pfalz Grone starb und wenig später in Bamberg beigesetzt wurde, war das Königtum ungefährdet, und der Nachfolger konnte bruchlos an Heinrichs Politik und Herrschaftsstil anknüpfen.

Heinrich II. wurde Nachfolger Ottos III. 1007 hatte er das Bistum Bamberg gegründet. 1024 wurde er dort beigesetzt. Die Porträtskulptur ist ein Detail aus der Adamspforte im Bamberger Dom (um 1235).

Allerdings erlosch mit Heinrich II. der liudolfingische Mannesstamm, der neue König, Konrad II., war in weiblicher Linie zwar ein Nachkomme Ottos des Großen, aber kein Sachse mehr: Das Königtum kehrte zu den Franken zurück. Doch bedeutete dies keine historische Zäsur, vielmehr entwickelte sich das Reich in den vorgezeichneten Bahnen fort und wurde nun zunehmend als »deutsch« empfunden – zunächst aus italischer Sicht, dann vor allem seit der zweiten Hälfte des 11. Jahrhunderts auch im Reich nördlich der Alpen selbst.

Franz-Reiner Erkens

Von Odoaker zu Otto: Italien

»Von unermesslichem Schmerz, von Entvölkerung der Bürger, vom Sturm der Feinde, vom Schutt der Ruinen ist sie niedergebeugt, die einstige Herrin der Welt«: Rom befand sich tatsächlich in einer existenziellen Krise, als Papst Gregor der Große mit diesen düsteren Worten in einer Predigt des Jahres 593 auf die glorreiche Vergangenheit Italiens zurückblickte. Mit dem Niedergang des Römischen Reiches in der Spätantike ist das Land zum Tummelplatz vordringender Stämme und auswärtiger Mächte geworden. In dem stark barbarisierten Heer dominierten Germanen, längst bevor sie die Herrschaft selbst übernahmen: 476 endete das weströmische Teilkaisertum, als der Skire Odoaker Kaiser Romulus Augustulus absetzte. Trotzdem erwies sich auch in späterer Zeit die römische Reichs- und Kulturtradition als wirkungsmächtig – sie sollte bis zu den Jahren des Risorgimento im 19. Jahrhundert lebendig bleiben.

Goten und Byzantiner

493 wurde Odoaker in byzantinischem Auftrag durch den Ostgoten Theoderich den Großen – in der Welt der Heldensagen ist seine Gestalt als »Dietrich von Bern« eingegangen – besiegt und ermordet. Unter Anerkennung der oströmischen Oberhoheit begann eine kurze Friedenszeit: Doch trotz mancher Maßnahmen zur wirtschaftlichen Besserung und traditionsbewussten Kulturpflege – Boethius übersetzte und kommentierte Schriften des Aristoteles und verfasste den »Trost der Philosophie«, eines der meistgelesenen Bücher des Mittelalters, Cassiodor erarbeitete eine zwölfbändige Geschichte der Goten (»Historia Gothorum«) und eine Weltchronik – scheiterten die Ostgoten an der Begrenztheit ihrer Führungsschicht, an der kulturellen Differenz zwischen alteingesessener Bevölkerung und Zuwanderern sowie am Gegensatz zwischen ihrem arianischen Bekenntnis und dem Katholizismus der Mehrheit der italienischen Bevölkerung.

Nach Theoderichs Tod (526) und dem Regiment seiner Tochter Amalasuntha erneuerten Belisar und Narses – die Feldherren des byzantinischen Kaisers Justinian I. – durch einen Vernichtungskrieg (535–553) die unmittelbare oströmische Herrschaft über Italien, das nun wegen der Kriegsfolgelasten und überhöhter Besteuerung einen demographischen, wirtschaftlichen und kulturellen Tiefstand erreichte. Die Zahl der Städte ging stark zurück, in den überdauernden Kommunen stieg der

Am 15. März 493 wurde Odoaker von dem Ostgoten Theoderich dem Großen besiegt und ermordet. Ein Holzstich (1873) nach einer Zeichnung aus dem 19. Jh. schildert diese historische Begebenheit.

Der Ostgote Theoderich der Große ist in die Heldensagen als Dietrich von Bern eingegangen. Eine Farblithographie (um 1910) schildert eine Szene aus dem Nibelungenlied, in der Kriemhild Hagen durch Dietrich von Bern überwältigen lässt.

100563

Einfluss der Kirche. Die Landwirtschaft schrumpfte sowohl im Hinblick auf die genutzte Fläche als auch die Intensität der Nutzung.

Langobarden und Sarazenen

568 brach der germanische Stamm der Langobarden in Oberitalien ein: Sie besetzten die Poebene mitsamt der Toskana, gründeten ein Königreich mit der Hauptstadt Pavia (584) und drangen bis 650 nach Mittelitalien vor, wo sie die Herzogtümer Spoleto und Benevent gründeten. In Unteritalien, den Gebieten um Rom und Ravenna sowie einigen Küstenstrichen - etwa nahe Genua und Venedig - dauerte die byzantinische Herrschaft zunächst noch an, verlor aber rasch an konkreter Bedeutung mit der Folge fortschreitender Autonomisierung lokaler Oligarchien. In den langobardischen Gebieten rissen elementare soziale und kulturelle Kontinuitäten nunmehr

Um 650 drang der germanische Stamm der Langobarden nach Mittelitalien vor und gründete dort das Herzogtum Spoleto. Die Abbildung zeigt den ursprünglich romanischen Dom Santa Maria Assunta in Spoleto, der um 1491 einen Renaissanceportikus erhielt.

50558

ab. Anders als die Goten gingen die arianischen Langobarden zunächst massiv gegen die katholische Kirche und generell gegen die heimische Oberschicht vor; die soziale und darüber politische Macht um das eher schwache Königtum basierte auf Grundbesitz, der sich in Händen der langobardischen Adelssippen befand, auf welche sich später etliche der großen Familien Italiens in ihren Stammbäumen berufen sollten.

Gegen neuerliche langobardische Bedrohung – 751 eroberten diese Ravenna – riefen die Päpste Gregor III. und Stephan II. die Franken zu Hilfe: Wegen des Bilderstreites waren zunächst an Byzanz gerichtete Beistandsgesuche nicht erhört worden. Die Pippinische Schenkung (754) wurde dann zur Grundlage des Kirchenstaates. 774 eroberte Karl der Große das langobardische Königreich und erhob das Herzogtum Spoleto zur fränkischen Mark; die Herzöge von Benevent blieben selbstständig. Unter Karls Sohn Ludwig dem Frommen

INFOBOX

Zweifelhafte Grundlage

Pippin erhielt 754 Besuch von Papst Stefan II. Dabei kam es zu der von langer Hand vorbereiteten Pippinischen Schenkung, die eigentlich, wie der Papst betonte, keine Schenkung, sondern »Zurückgabe« von Territorialbesitz war. Der kuriale Anspruch darauf beruhte ebenso wie das angebliche Recht Stefans, Pippin zum patricius Romanorum, zum militärischen Schutzherrn der Römer zu ernennen, auf einer Fälschung des späten 5. Jh., wonach Kaiser Konstantin I., der Große, ausgedehnte Gebiete in Italien und der westlichen Welt dem Papst geschenkt habe, obendrein den Lateranpalast als Amtssitz und das Recht, kaiserliche Gewänder und Insignien zu tragen und »consules« und »patricii« zu ernennen. Pippin dürfte kaum geahnt haben, auf welch fraglichen Anspruch er sich eingelassen hatte.

begann man, das oberitalienische Königreich als »Reichsitalien« zu bezeichnen.

Die Expansion der Araber, die während des 8. Jahrhunderts die Einheit des Mittelmeerraumes sprengte, bedrohte im 9. Jahrhundert verstärkt auch Italien. So eroberten die Sarazenen 810 Sardinien und Korsika, 827–902 Sizilien, wo sie durch Innovationen eine Umstrukturierung der Landwirtschaft und darüber auch der wirtschaftlichen Verhältnisse überhaupt erreichten und so eine lange kulturelle Blütezeit der Insel begründeten.

Den Angriff der Sarazenen auf die sizilianische Stadt Messina 842/843 schildert eine Buchmalerei in der Chronik des Geschichtsschreibers Johannes Skylitzes (12. Jh.; Madrid, Biblioteca Nacional).

100880

Der letzte König von Italien und Kaiser aus karolingischem Haus, Ludwig II., den zeitgenössische Quellen als »Imperator Italiae« bezeichnen, da seine Regierungstätigkeit auf die Apenninenhalbinsel beschränkt blieb, und Papst Johannes VIII. hatten sich mit diesem islamischen Gegner auseinander zu setzen.

Diese Münze zeigt ein Herrscherbildnis Ottos I.

Otto I. begründet die Italienpolitik der deutschen Könige

Seit dem Tod Ludwigs II. wurden die Kaiserwürde und die Krone Reichsitaliens zum Spielball meist nur kurzzeitig regierender in- und ausländischer Fürsten. Dabei vollendete sich die Feudalisierung Ober- und Mittelitaliens, gegen welche die Königsmacht immer mehr an Einfluss verlor, sodass sich große Territorialherrschaften ausbilden konnten. Die Sarazenengefahr ließ nicht nach; Byzanz eroberte ab 885 unter dem erfolgreichen Feldherrn Nikephoros Phokas Teile Süditaliens von den dortigen langobardischen Herrscher zurück und errichtete eine straffe Militärverwaltung. 889 begannen zudem die Magyaren, ihre Raubzüge bis nach Oberitalien auszudehnen.

100563

Während frühere Siegel Otto I. als Krieger zeigten, stellen die Kaisersiegel den Herrscher frontal und mit den Insignien seiner Macht – Krone, Zepter und Reichsapfel – dar.

Auch die süddeutschen Herzöge griffen in die unablässigen Auseinandersetzungen ein. Dies bewog Otto I., den Großen, 951 dazu, selbst aktive Italienpolitik zu betreiben. Ganz in karolingischer Tradition ließ er sich nach seiner Eheschließung mit Adelheid, der Witwe des kurz regierenden italienischen Königs Lothar von Niederburgund, in Pavia zum König der Langobarden ausrufen. Die so entstandene Verbindung zwischen Deutschland und Italien in Personalunion, die Otto 962 durch die Kaiserkrönung noch zu überhöhen vermochte, sollte für die Zukunft entscheidend sein. Denn seither galt der König des Heiligen Römischen Reichs auch als Herr über Ober- und Mittelitalien. Nicht zuletzt durch diese von Otto I. begründete politische Konstellation sahen sich die deutschen Könige des Mittelalters gezwungen, zur Vertretung ihrer Interessen immer wieder nach Italien zu ziehen und wegen der Kaiserkrönung eine mehr oder weniger enge Bindung zum Papsttum einzugehen. *

Kontinuität im Osten: Das Byzantinische Reich bis zur makedonischen Dynastie

Kaiser Konstantin der Große legte 324 den Grundstein für Konstantinopel, die neue Kaiserstadt am Bosporus, und am 11. Mai 330 vollzog er die feierliche Einweihung. Dieser Ostverlagerung des Reichsmittelpunktes kam eine zukunftweisende Bedeutung zu. Sie schloss auch ein positives Verhältnis der Kaisermacht zum bisher verfemten christlichen Glauben ein. Im östlichen Mittelmeerraum konnte sich so aus der engen Verbindung von fortlebender römischer Staatlichkeit, griechischem Kulturerbe und christlicher Religion ein Staatswesen formen, das die Völkerwanderungszeit besser überdauerte als der Westteil des Reiches. Es fungierte während des »byzantinischen Jahrtausends« als Bollwerk des Christentums gegen den Ansturm des Islam sowie als Missions- und Kulturzentrum für die Slawen.

Nach der erneuten Reichsteilung von 395 wurde der Gedanke der Reichseinheit zwar noch nicht aufgegeben, doch die zunehmende Entfremdung zwischen den beiden Reichsteilen war nicht mehr aufzuhalten. Die politischen

ZITAT

Aus der Vorrede zur 6. Novelle des Kaisers Justinian I. vom 16. März 535:

Von der höchsten Güte des Himmels sind den Menschen zwei erhabene Gottesgaben zuteil geworden: das Bischofsamt und die Kaisermacht. Jenes obliegt dem Dienst an den göttlichen Dingen, diese hat die oberste Leitung der menschlichen Angelegenheiten inne und nimmt sich ihrer mit Hingebung an. Beide gehen hervor aus dem einen und selben Urquell, und sie sind die Zierde des menschlichen Daseins.

100563

Der kolorierte Holzschnitt von Matthäus Merian dem Älteren zeigt eine Fantasieansicht der Stadt Konstantinopel. Die Abbildung entstammt der Weltchronik des Hartmann Schedel, die 1493 bei Anton Koberger in Nürnberg erschien.

80430

Aus einem in Rom gefundenen Schatz des späten 4. Jh. stammt die Statuette der Stadtgöttin von Konstantinopel. Durch Spendenschale und Füllhorn ist sie als fromm und reich gezeigt (London, British Museum).

50

Das Mosaik zeigt Kaiser Justinian I. (6. Jh.; Ravenna, San Apollinare Nuovo).

Gewichte verschoben sich immer mehr nach Osten. Während das alte Reichszentrum Rom in den Wirren der Völkerwanderungszeit seine frühere Machtstellung einbüßte, konnten sich die Herrscher im Osten erfolgreicher behaupten. Im 6. Jahrhundert reichten unter Kaiser Justinian I. zeitweise die neu gewonnenen Kräfte sogar aus, eine Wiederherstellung der territorialen Reichseinheit zu versuchen. Die Feldherren Belisar und Narses konnten innerhalb weniger Jahre die an germanische Stämme verlorenen Territorien in Nordafrika (533/534), Italien (535–555) und Südspanien (554) wieder zurückerobern. In Ravenna und Karthago residierte seither bis 751 beziehungsweise 698 ein Exarch, ein Statthalter des Kaisers. Nach mehreren Kriegszügen in Lazika (am Schwarzen Meer), Mesopotamien und Armenien konnte auch die Persergefahr an der Ostgrenze vorerst gebannt werden.

Die lange Regierungszeit Justinians I. (527–565) markiert einen letzten Höhepunkt imperialer Machtentfaltung im gesamten Mittelmeerraum vor dem Arabersturm in der Mitte des 7. Jahrhunderts. Unterstützt von seiner tatkräftigen Gemahlin Theodora trat er erfolgreich als oberster Repräsentant der universalen christlichen Kaiseridee und des römischen Staatsgedankens auf. 528 gab er einer Juristenkommission unter Tribonianus den Auftrag zur systematischen Erfassung (Kodifikation) des römischen Rechtes. Das Expertengremium brachte mit dem »Corpus Iuris Civilis« eine für die europäische Geschichte fruchtbare Entwicklung des römischen Rechtsdenkens zu einem vorläufigen Abschluss. Als Bauherr der monumentalen Zentralkuppelkirche der Hagia Sophia in Konstantinopel (erbaut 532–537) schuf Kaiser Justinian der gesamten östlichen Christenheit einen religiös-liturgischen Mittelpunkt.

Kaiser und Reich in Byzanz

Die Kaiser in Konstantinopel haben sich nie als Herren nur der östlichen Hälfte des ehemaligen Imperium Romanum gefühlt. Sie verstanden sich immer als die eigentlichen und alleinigen Repräsentanten des römischen Weltreiches und hielten ungeachtet des seit dem 7. Jahrhundert sich durchsetzenden griechischen Einflusses an den ererbten römischen Traditionen fest. Bis zum Fall der

Kaiserstadt Konstantinopel im Jahre 1453 beanspruchten die Bewohner des Byzantinischen Reiches das exklusive Anrecht auf die stolze Selbstbezeichnung als »Römer« (griechisch »Rhomaioi« beziehungsweise »Rhomäer«). Weder »Ostrom« noch »Byzanz« waren zeitgenössische Bezeichnungen. Die Bezeichnung »Byzanz« ist eine Erfindung der Humanistenzeit. Sie wurde in Anlehnung an eine frühe megarische Siedlung Byzantion gewählt, die im Zuge der griechischen Ostkolonisation 667 v. Chr. in der Nähe des späteren Konstantinopel angelegt worden war.

708

Auf der Elfenbeintafel, ein Ausschnitt aus dem Barberini-Diptychon, bohrt der siegreiche Kaiser Justinian seine Lanze in den Boden. Die unterworfenen Völkerschaften bringen ihm Tribut (Paris, Louvre).

Die byzantinische Kaiseridee ist gekennzeichnet durch ein harmonisches Zusammenwirken der weltlichen und kirchlichen Instanzen zum Seelenheil aller Untertanen (Gedanke der symphonia). Aus dem unmittelbaren göttlichen Herrschaftsauftrag leiteten die Kaiser ihre zusätzliche Verpflichtung ab, auch für die Reinerhaltung der kirchlichen Lehrüberlieferung zu sorgen, Abweichungen von der Lehre mit staatlichen Gewaltmitteln zu ahnden und notfalls ein Normenkontrollverfahren zur Wahrheitsfindung in Glaubensfragen in Gang zu setzen. Die Mitwirkung der Kaiser an den ökumenischen Konzilien des 4. bis 8. Jahrhunderts wurde von den beteiligten Kirchenmännern keineswegs als anstößig empfunden, beanspruchten die Kaiser doch keine eigene Lehrautorität.

Ihrer staatsrechtlichen Stellung nach standen die Kaiser in der ungebrochenen Traditionslinie der römischen Imperatoren. Im aufwendigen Hofzeremoniell fanden sich jedoch auch Elemente eines altorientalischen Gottkaisertums. Von der Kirche wurde der jeweilige Amtsinhaber als von Gott ausgewählter und beauftragter oberster Machtträger, als Herrscher von Gottes Gnaden, angenommen.

Der dynastische Gedanke konnte in Byzanz keine festen Wurzeln schlagen. Palastrevolutionen dienten als notwendiges Korrektiv bei maßloser Machtausübung. Einer erfolgreichen Machtergreifung blieb auf Dauer die Anerkennung nicht versagt. Den altrömischen Gewohnheiten gemäß hatte die Kaiserkür wohl weiterhin im Einvernehmen von Heer, Senat und Volk zu erfolgen. Doch in der Art und Weise des Wahlverfahrens schlugen sich wechselnde Anforderungen an den Amtsträger nieder. In friedlicheren Zeiten behielten die Senatoren die Fäden in

ZITAT

Über die Stellung des Kaisers sagt Johannes von Damaskus Mitte des 7. Jh.:
Wir sind deine Untertanen, Kaiser, in allem was das äußere Leben betrifft, Steuern, Zölle, Abgaben. Was all dies anbetrifft, sind wir in deiner Hand. In der kirchlichen Organisation aber haben wir unsere Hirten, die uns das Wort verkündet und die kirchliche Rechtsordnung geschaffen haben.

100264

Ein Mosaik in der 547 geweihten Kirche San Vitale in Ravenna zeigt Justinian I. mit Erzbischof Maximian und der Leibgarde.

der Hand. Im ausgehenden 6. Jahrhundert, in einer Zeit akuter äußerer Bedrohung, waren vornehmlich Feldherrntalente gefragt. Es war die Stunde der Soldatenkaiser, die unmittelbar im Heerlager aus dem Kreis tüchtiger Offiziere gekürt wurden. Die Mitwirkung des Volkes blieb zu allen Zeiten auf die nachträgliche Zustimmung beschränkt.

Der Kampf ums Überleben

Der Zusammenbruch der Reichsverteidigung an der Nord- und Ostgrenze hatte 610 dem energischen Sohn des Exarchen von Karthago, Herakleios, den Weg zum Thron geebnet. Als Kaiser Herakleios (610–641) begründete er die herakleianische Dynastie (610–711); er bannte die akute Gefahr, die von den Awaren im Donauraum sowie von den nach Kleinasien, Syrien und Palästina vorstoßenden Persern ausging. 626 konnte Herakleios den unkoordinierten Angriff beider Gegner auf Konstantinopel erfolgreich abwehren und 627 den sassanidischen Großkönig Chosrau II. vernichtend schlagen.

Am Ende seiner Regierungszeit musste er dennoch miterleben, dass sich die Grenze im Osten nur notdürftig stabilisieren ließ. Gegen die vordringenden Araber war sie nicht mehr zu halten. Innerhalb weniger Jahre gingen Palästina (634–640), Syrien (636), Mesopotamien (639/640) und Ägypten (642), landwirtschaftlich wichtige Kernregionen des Reiches, wieder verloren und selbst in Kleinasien geriet die byzantinische Herrschaft ernsthaft ins Wanken.

Auf der Balkanhalbinsel hatte zur gleichen Zeit die Landnahme der Slawen den kaiserlichen Herrschaftsraum erheblich eingeengt. Die turksprachigen Protobulgaren überschritten unter ihrem Führer Asparuch 679 die untere Donau und gründeten das Erste Bulgarische Reich auf Reichsterritorium. Erfolgreicher war der damalige Kaiser in der Abwehr wiederholter Angriffe arabischer Seestreitkräfte auf die Reichshauptstadt in den Jahren 674 bis 678.

Das Byzantinische Reich reagierte auf die äußere Bedrohung mit einer schrittweisen Umorganisation der Verwaltungsstruktur. In Anpassung an die vorrangigen Verteidigungsaufgaben wurde die bisherige Gewaltentrennung zwischen Militär- und Zivilverwaltung aufgehoben. Militärbefehlshaber (Strategen) vereinigten die oberste Gewalt in ihren Händen und lösten die Präfekten in den bisherigen Provinzen ab. Derartige militärische Befehlsbereiche (Themen) wurden in der zweiten Hälfte des 7. Jahrhunderts zunächst in den besonders gefährdeten kleinasiatischen Ostprovinzen eingerichtet.

Die Araber und Europa

Trotz aller Anstrengungen mussten sich die Kaiser dennoch bis zum Ende des 7. Jahrhunderts mit weiteren Einbrüchen an der Ost- und Südgrenze des Byzantinischen Reiches abfinden. Mit Teilen Armeniens und Kilikiens gingen 692 wichtige östliche Randzonen an den Islam verloren. 698 musste das Exarchat Karthago in Nordafrika aufgegeben werden. In den Wintermonaten 717/718 hatte sich Konstantinopel einer erneuten arabischen Belagerung zu erwehren.

Der Stratege des Thema Anatolikon, Leon, bewährte sich als militärischer Führer in dieser schweren Zeit. Er entstammte einer nordsyrischen Bauernfamilie und hatte

695

Das Frauenporträt im Castello Sforzesco (Mailand) stellt wohl Theodora dar, die an der Seite ihres Gatten Justinian an den Regierungsgeschäften regen Anteil nahm.

ZITAT

Bereits im 4. Jh. hatte sich Eusebios von Caesarea gegen Christusdarstellungen gewandt:

Ein Weib, das ein Bild mit zwei in der Pose von Philosophen gemalten Gestalten in Händen hielt, behauptete – ich weiß nicht, wie sie dazu kam – , das seien Paulus und der Heiland; ... Damit aber nicht auch andere Anstoß nähmen, behielt ich das Bild bei mir ..., damit man nicht von uns glaubt, wir trügen wie die Götzenanbeter unseren Gott in Form eines Gemäldes mit uns herum.

Die besondere technische und geistige Leistung, die die zwischen 532 und 537 unter Kaiser Justinian I. errichtete Hagia Sophia mit ihrer scheinbar schwerelos über dem Zentralbau schwebenden Kuppel in sich vereinigt, wird erkennbar anhand einer Ansicht des Innenraums.

100563

sich aus niederen Verhältnissen emporgedient. Als Kaiser Leon III., der Syrer (717–741), zerschlug er den Belagerungsring und verdrängte im Gegenstoß die arabischen Invasoren aus Kleinasien, ohne aber ihren Angriffswillen auf Dauer brechen zu können. 825 fiel ihnen Kreta in die Hände. 827 setzten die Araber nach Sizilien über und brachten bis 902 die gesamte Insel unter ihre Gewalt.

Auf der Balkanhalbinsel hatten die kaiserlichen Truppen zunächst mit mehr Geschick operiert und Angriffe der Bulgaren erfolgreich abgewehrt. Nach der schrecklichen Niederlage des Kaisers Nikephoros I. (802–811) im Jahre 811 drohten auch hier die Dämme zu brechen. Nur der vorzeitige Tod des Bulgarenkhans Krum 814 verschaffte dem Reich eine Verschnaufpause.

Das Eindringen der Araber in die Ostprovinzen des Byzantinischen Reiches hatte nachhaltige politische und ökonomische Auswirkungen. Jahrhundertealte Handelsverbindungen wurden unterbrochen. Antiochia und Alexandria sowie andere einst blühende Handelsstädte Syriens und Ägyptens büßten ihre führende Rolle im internationalen Handel ein. Überfälle von Seeräubern verunsicherten die Küstengewässer. Die Weiterentwicklung einer städtischen Gesellschaft im Byzantinischen Reich erlitt einen schweren Rückschlag.

Angesichts der immer bedrohlicheren Vorgänge im Mittelmeerraum war auch der noch verbliebene byzantinische Vorposten in Italien nicht mehr zu halten. 751 überrannten die Langobarden das Exarchat von Ra-

Ein Apsismosaik in der Hagia Sophia zeigt eine Mariendarstellung. Es handelt sich um eine Schöpfung der so genannten byzantinischen Renaissance des 9. Jh., die in der Gestaltung auf Formen des 6. Jh. zurückgreift.

In der Limburger Staurothek, einem berühmten Reliquiar, das von Kreuzfahrern 1204 aus der Sophienkirche in Byzanz geraubt wurde, wird eine Reliquie vom Kreuz Christi aufbewahrt (Limburg a. d. Lahn, Diözesanmuseum).

100880

venna. Die italische Bevölkerung hielt in der Not Ausschau nach einem verlässlicheren Schutzherrn jenseits der Alpen. Unter päpstlicher Vermittlung wurde schließlich die folgenreiche Kaiserkrönung Karls des Großen im Jahre 800 in Rom arrangiert, ein revolutionärer Akt, den die Kaisermacht in Konstantinopel nicht hinzunehmen bereit war. Das Zweikaiserproblem barg erheblichen machtpolitischen und protokollarischen Zündstoff.

Der labile innere Frieden des Reiches war ernsthaft gefährdet, als Leon III. seit 726 den kirchlichen Bilderkult infrage stellte. Die Kaiser der syrischen Dynastie (717–802) provozierten mit ihrem Bilderverbot einen lang

2400

Die lange byzantinische Herrschaft in Ravenna spiegelt sich auch in der Kunst wider. Die Abbildung zeigt einen Ausschnitt aus dem Apsismosaik des Dombaptisteriums in Ravenna mit den Aposteln Thomas und Paulus (Ende des 5. Jh.).

anhaltenden gesellschaftlichen Konflikt. Sie schufen sich insbesondere in Mönchskreisen erbitterte Feinde. Der Bilderstreit (Ikonoklasmus) war vor allem unter Konstantin V. um die Mitte des 8. Jahrhunderts von gnadenlosen Gewaltmaßnahmen gegen anders Denkende begleitet. Erst mit der Entscheidung des 7. ökumenischen Konzils von Nicäa (787) zugunsten der Bilderverehrung kehrte allmählich wieder Ruhe ein. Die endgültige Wiederherstellung der Ikonenverehrung erfolgte jedoch erst im Jahre 843.

Die Restauration unter den makedonischen Kaisern

Ein dauerhafterer Friede in sicheren Grenzen rückte erstmals wieder unter den Herrschern der makedonischen Dynastie in greifbare Nähe. Diese profitierten von

50

Aus der zweiten Phase des Bilderstreits (815–843) ist die von Kaiser Theophilos angeordnete Bestrafung der Mönche Theophanes und Theodoros überliefert. Die byzantinische Buchmalerei zeigt Theophilus umrahmt von Hofbeamten und Leibwächtern (11. Jh.; Madrid, Biblioteca Nacional).

der günstigen Ausgangslage, die Kaiser Michael III. geschaffen hatte. Er hatte 860 einen ersten Angriff der bis dahin unbekannten »Russen« auf die Kaiserstadt abgewehrt und 863 in Kleinasien den Emir von Melitene (Malatya) besiegt.

Basileios, der Ahnherr der makedonischen Dynastie, ein Bauernsohn aus Thrakien, ermordete 867 seinen kaiserlichen Gönner Michael III. und brachte die Macht an sich. In seiner Regierungszeit (867–886) übernahmen die kaiserlichen Feldherren an allen Grenzabschnitten die Initiative. Die byzantinische Flotte gewann in den adriatischen Gewässern die Oberhand zurück. Die Kirche setzte unter dem gelehrten Patriarchen Photios ihre erfolgreiche Slawenmission fort.

Die zeitweilig guten Beziehungen zu den Bulgaren erlitten erst unter dem ehrgeizigen Bulgarenkhan Simeon I. (893–927) Schaden. Er wollte mit Gewalt eine Vereinigung der beiden Reiche herbeiführen und erhob Anspruch auf die Kaisermacht. Dank russischer Waffenhilfe konnte die Bulgarengefahr unter Kaiser Johannes I.

Das Verbot der Bilder konnte sich vor allem auf das Alte Testament beziehen (2. Mose 20, 4–5): »Du sollst Dir kein Bildnis noch irgendein Gleichnis machen«. Nach dem Konzil von Nicäa und der Entscheidung zugunsten der Bilderverehrung entstanden Kunstwerke wie die Muttergottesikone (um 1020; Aachen, Domschatzkammer).

100563

100264

Basileios I., den Begründer der makedonischen Dynastie, zeigt eine Miniatur aus der Chronik des Johannes Skylitzes beim Festmahl mit seinem Hofstaat (12. Jh.; Madrid, Biblioteca Nacional).

Tzimiskes (969–976) weitgehend bereinigt werden. Einen letzten Aufstandsversuch unter Samuil, der sich 986 in Westmakedonien um Ohrid einen eigenen Herrschaftsbereich geschaffen hatte, kämpfte 1014 der »Bulgarentöter« Basileios II. (976–1025) nieder.

Noch eindrucksvoller waren die Siege der kaiserlichen Waffen im Osten. Eine erfolgreiche byzantinische Gegenoffensive drängte die Araber über den Euphrat ab. Aus dem eroberten Edessa – dem heutigen türkischen Urfa – holte man 944 eine der berühmtesten Reliquien, das wundertätige Bild Christi, das so genannte Mandylion, nach Konstantinopel zurück. 961 brachte ein Flottenunternehmen unter Nikephoros Phokas (als Kaiser 963–969) das heiß umkämpfte Kreta zurück. Nach mehreren Vorstößen in Syrien wurden 969 Antiochia und Aleppo zurückerobert. Die heiligen Stätten der Christenheit in Palästina lagen in greifbarer Nähe.

Die Herrschaftszeit der makedonischen Dynastie gilt als eine Periode der inneren Konsolidierung und des wirtschaftlichen Aufschwungs. Sie hatte auch auf kulturellem Gebiet beachtenswerte Leistungen aufzuweisen. Unter Kaiser Leon VI. (886–912) wurde eine umfassende Rechtskodifikation abgeschlossen: In den » Sechzig Büchern der Basiliken« wurde eine systematische Aufbereitung der gesamten Rechtsmaterie in griechischer Sprache bereitgestellt. Der musisch begabte und wissenschaftlich interessierte Kaiser Konstantin VII. Porphyrogennetos (913–959) erwarb sich als Auftraggeber enzyklopädischer Sammlungen der gesamten literarischen Überlieferung bleibende Verdienste. Er regte handbuch-

100264

Reiche Beute gelangte nach der Eroberung von Konstantinopel vor allem in den Staatsbesitz der Republik Venedig. Ein liturgischer Kelch aus Onyx mit vergoldeter und mit Email und Perlen verzierter Silberfassung entstand in der 2. Hälfte des 10. Jahrhunderts.

101144

Unter dem makedonischen Kaiser Nikephoros Phokas wurde auch das traditionsreiche, in Syrien gelegene Aleppo zurückerobert. Hier der Blick vom Zitadellenhügel auf die Altstadt mit der 715 gegründeten Moschee, die nach einem Brand 1169 wieder errichtet wurde.

artige Zusammenfassungen des damaligen Wissens zu den verschiedensten Themen an und ließ wichtige Informationen zu den Völkerschaften des Reiches und den angrenzenden Regionen und zu den Gepflogenheiten am byzantinischen Kaiserhof zusammentragen.

In die letzten Jahre der makedonischen Dynastie fällt die folgenreiche Kirchenspaltung (Schisma) von 1054. Der gegenseitige Bannfluch, den der päpstliche Legat Kardinal Humbert von Silva Candida und der Patriarch von Konstantinopel, Michael Kerullarios, aussprachen, stand am Ende zunehmender ost-westlicher Anfeindungen und führte zur irreparablen Trennung der östlichen orthodoxen und der westlichen lateinischen Kirche.

Edgar Hösch

Sieg der geistlichen Waffen: Die Slawenmission

Die Heidenmission in Ost- und Südosteuropa war mehr als nur ein innerkirchlicher Vorgang. In der frühmittelalterlichen Gesellschaft bestand zwischen der Bekehrungsarbeit christlicher Missionare und der politischen Herrschaftsbildung ein enger kausaler Zusammenhang. Der kirchliche Segen verlieh der Fürstenmacht als gottgegebener Autorität eine nahezu unangreifbare Vorrangstellung im Inneren und gewährte in den äußeren Beziehungen einen relativen Schutz vor den Angriffen christlicher Nachbarn. Die Kirche ihrerseits verdankte dem herrscherlichen Wohlwollen den notwendigen Freiraum und ausreichende finanzielle Zuwendungen für ihren Unterhalt und ihre karitativen Aufgaben.

Kirche und Politik

Die äußeren Begleitumstände des Christianisierungsprozesses unterstreichen die politische Bedeutung, die auch die heidnischen Fürsten ihrem Übertritt zum neuen Glauben beimaßen. Die Taufe wurde in der Regel als förmlicher Staatsakt inszeniert. Die Entscheidung war wohl in den seltensten Fällen allein durch die persönliche Überzeugung desjenigen motiviert, der zum Christentum übertrat; ausschlaggebend waren eher politische Überlegungen und die Erkenntnis, dass in einer christlichen Umwelt einem Heiden die völkerrechtliche Anerkennung versagt blieb. Erst die Taufe versprach Gleichberechtigung. Nicht selten war die Fürstentaufe wie in Polen, Ungarn oder im Kiewer Reich Ergebnis oder Vorbedingung einer dynastischen Heiratsverbindung. Nicht zu unterschätzen als weiterer Anstoß ist auch der kulturelle Aspekt. Der Übertritt zum Christentum versprach den heidnischen Stämmen eine rasche Heranführung an die Schriftkultur des Mittelmeerraums und die Teilhabe am zivilisatorischen Fortschritt.

100563

Gemeinsam mit seiner Gemalin Liutpirc stiftete Tassilo III. der Benediktinerabtei Kremsmünster einen Abendmahlskelch, der bis heute dort aufbewahrt wird. Das vergoldete und versilberte Kupfergefäß wurde vermutlich durch northumbrische (nordenglische) Handwerker angefertigt.

Die Voraussetzungen der Slawenmission

Die Slawenmission ist Teil eines universalgeschichtlich bedeutsamen demographischen und politischen Umstrukturierungsprozesses, der sich während der Völkerwanderungszeit im Vorfeld der Grenzen des Römischen Reiches abspielte. Auf ihren Wanderungsbewegungen kamen die Slawen zwar schon sehr früh mit dem Christentum in Berührung, doch von vereinzelten Übertritten slawischer Heerführer und Krieger abgesehen, waren die Auswirkungen zunächst destruktiv. Der Durchzug slawischer Siedlergruppen zerstörte im Donauraum die provinzialrömische städtische Infrastruktur und brachte das kirchliche Leben weitgehend zum Erliegen. In den inselhaft eingestreuten slawischen Siedlungsgebieten im Inneren der Balkanhalbinsel hielten im 6./7. Jahrhundert wieder heidnische Kultbräuche Einzug. Die byzantinische Reichskirche war an einer raschen Bekehrung der Heiden interessiert. Sie beteiligte sich daher bereitwillig an den kaiserlichen Befriedungsbemühungen, die auf eine gewaltsame Wiederherstellung der griechischen Ursprünge abzielten. In der Nordhälfte der Balkanhalbinsel boten allerdings die erfolgreichen Herrschaftsgründungen unter den Serben und Bulgaren der byzantinischen »Reconquista« schon frühzeitig Einhalt.

ZITAT

Am Anfang der Slawenmission stand die Bitte der mährischen Fürsten Rastislaw und Swatopluk I. an den byzantinischen Kaiser im Jahre 863: *Es sind viele christliche Lehrer aus Italien, Griechenland und aus Germanien zu uns gekommen, die uns verschieden gelehrt haben. Aber wir Slawen sind ein einfaches Volk und haben niemanden, der uns in der Wahrheit unterweisen und den Sinn (der Schrift) erklären konnte. Darum, Gebieter, schicke uns einen solchen Mann, der uns die ganze Wahrheit aufrichtet.*

Die Anfänge der lateinischen Slawenmission

Im Einzugsbereich der lateinischen Kirche in Mitteleuropa gerieten neben den Germanen wohl auch schon die Slawen in den Blick iroschottischer Wandermönche, die sich im 6. Jahrhundert in das ostrheinische Heidenland vorwagten. Die Missionstätigkeit in den slawischen Siedlungen im ostbairischen Bereich entwickelte sich unmittelbar aus der irofränkischen Germanenmission. Schon der Aquitanier Amandus war um 630 über Baiern bis ins Slawenland vorgedrungen. Der eigentliche Durchbruch der Baiernmission ist mit dem Namen des Agilolfingerherzogs Theodo V. (um 680–um 717) und dem Wirken der Missionsbischöfe Korbinian in Freising, Erhard und Emmeram in Regensburg und Rupert in Salzburg verbunden. Sie sorgten für eine flächendeckende kirchliche und klösterliche Organisationsstruktur im bairischen Raum. Der Angelsachse Bonifatius brachte sie 739 im päpstlichen Auftrag zum Abschluss. Er schuf damit auch die Voraussetzungen für ein grenzüberschreitendes missionarisches Wirken unter den Slawen.

Die bayerische Slawenmission

Die bayerische Slawenmission war von Anfang an eng mit der herrschaftlichen Durchdringung der grenznahen Regionen verbunden. Nach der »Conversio Bagoariorum et Carantanorum«, einer um 870 entstandenen Salzburger Quelle, hatte der Karantanerherzog Borut selbst im Jahre 743 vom Bayernherzog Odilo die Taufe seines Sohnes Gorazd und seines Neffen erbeten. Die Unterwerfung des Landes durch Bayernherzog Tassilo III. 772 änderte die Rahmenbedingungen der kirchlichen Arbeit. Als Missionar der Slowenen gilt der Salzburger Bischof Virgil

50558

Das in der heutigen Provinz Bozen gelegene und seinerzeit dem Freisinger Bistum unterstellte Kloster Innichen hatte großen Anteil an der bayerischen Missionsarbeit. Die Stiftskirche Sankt Kandidus und Korbinian erhielt einen romanischen Neubau um 1200.

(† 784), der noch ganz in der Tradition des von dem Irien Columban gegründeten Mönchtums stand.

788 musste sich Tassilo III. seinem Vetter Karl dem Großen unterwerfen. Sein Herzogtum wurde zusammen mit Karantanien dem Frankenreich eingegliedert. Seither lag die Koordinierung der Grenzmarksicherung und der kirchlichen Missionsbemühungen beim Frankenkönig. Die erfolgreichen Kriegszüge Karls des Großen und seines Sohnes Pippin gegen die Awaren machten den Weg für eine Neuordnung frei. Noch im Heerlager Pippins hatte im Sommer 796 eine Bischofssynode die künftigen Missionsziele abgesteckt und sich auf territoriale Abgrenzungen zwischen den Kirchensprengeln geeinigt. Das Patriarchat Aquileja, das die Bekehrung der Slawen in Istrien und Friaul in Gang gebracht hatte, und Salzburg beanspruchten beide Karantanien.

Die endgültige Entscheidung im Bistumsstreit fällte Karl der Große 811. Aquileja erhielt südlich der Drau die jurisdiktionellen Vorrechte. Der nördliche Teil Karanta-

ZITAT

Über die Missionstätigkeit des Kyrillos in Mähren berichtet seine Vita:
Als er aber nach Mähren kam, empfing ihn Rastislaw mit großen Ehren. Und nachdem dieser Schüler versammelt hatte, überließ er sie ihm zum Unterricht. Bald schon war die Kirchenordnung übersetzt; und er unterwies sie in der Matutin, im Stundengebet, in der Messe, der Vesper, im Komplet und in der Erteilung der Sakramente.

niens (Steiermark und Kärtnen) und das gesamte Unterpannonien, das Gebiet östlich der Raab zwischen Drau und Donau, wurden Salzburg zugesprochen. Maßgeblichen Anteil an der Missionsarbeit in Karantanien nahmen auch das dem Freisinger Bistum unterstehende Kloster Innichen im Pustertal und die Mönchsgemeinschaft von Kremsmünster. Beide Klöster hatte noch Tassilo III. 769 beziehungsweise 777 eigens für die Slawenmission gegründet.

In den nördlichen Slawengebieten hatten die bayerischen Bistümer Regensburg und Passau mit konkurrierenden Unternehmungen aus Sachsen und vorübergehend mit der Mission durch Kyrillos und Methodios auch aus Konstantinopel zu rechnen. Nach Mähren dürften die ersten Glaubensboten vornehmlich von Passau aus entsandt worden sein. Ebenfalls schon in der ersten Hälfte des 9. Jahrhunderts wurde im Zuge der fränkischen Ostexpansion von Regensburg aus die Missionierung Böhmens eingeleitet.

Die Annalen des Klosters Fulda berichten zum Jahre 845 von 14 böhmischen Stammesführern, die sich dem ostfränkischen König Ludwig dem Deutschen unterwarfen und mit ihrem Gefolge taufen ließen. Erst mit dem Přemyslidenherzog Wenzel I., der den politischen Anschluss an Sachsen suchte und 929 König Heinrich I. tributpflichtig wurde, erfolgte die endgültige Weichenstellung zugunsten der lateinischen Orientierung. Sie ging mit einer Lockerung der Bindungen an die bairische Kirche einher. Als man 973/976 mit päpstlichem Segen in Prag ein eigenes Bistum einrichtete, wurde es dem Erzbistum Mainz unterstellt.

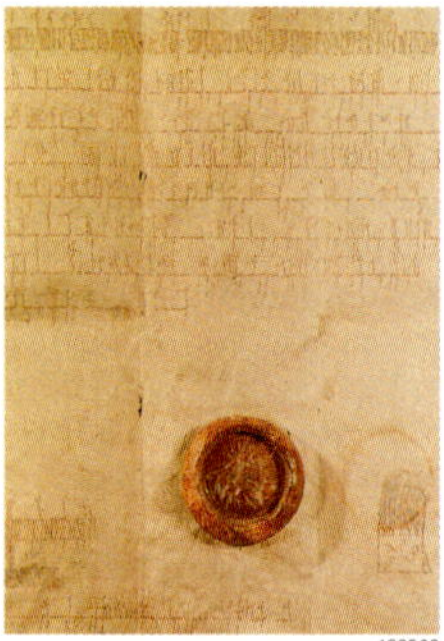

100563

Die Urkunde über die Erweiterung der kaiserlichen Privilegien für das Mauritius-Kloster in Magdeburg aus dem Jahre 965 wird im dortigen Staatsarchiv aufbewahrt.

Die Mission der Elb- und Ostseeslawen

Die Verchristlichung des Slawenlandes an der Ostgrenze des Frankenreiches war wie die vorausgehende Germanenmission ein mühseliger und langwieriger Prozess. Die Bekehrung der Main- und Regnitzslawen, die im Einzugsbereich der Bistümer Würzburg und Bamberg siedelten, zog sich bis in das 12. Jahrhundert hin. Unter den Elb- und Ostseeslawen regte sich nach den Sachsenkriegen Karls des Großen hartnäckiger Widerstand gegen eine weitere Ausdehnung des Frankenreiches über die Elbe.

Als kirchliches Zentrum für die Bekehrung Nordeuropas und der benachbarten Slawen war vom Papst zunächst das Bistum Hamburg (und zeitweise Bremen) ausersehen, doch konnte der heilige Ansgar seine in Skandinavien erreichten Missionserfolge im Slawenland nicht wiederholen. Erst die sächsischen Kaiser ebneten im 10. Jahrhundert mit einer aggressiven Slawenpolitik den christlichen Glaubensboten gewaltsam den Weg.

Otto I. gründete 937 das Missionskloster des heiligen Mauritius in Magdeburg. Es wurde zur Keimzelle eines Erzbistums, das 968 mit den ihm unterstellten Bistümern (Suffraganbistümern) Havelberg, Brandenburg, Merseburg, Zeitz-Naumburg und Meißen als Schaltzentrale der Slawenmission eingerichtet wurde. Das Bistum Oldenburg in Holstein (Wagrien) wurde dem Erzbistum Hamburg-Bremen zugeordnet.

Der große Slawenaufstand des Jahres 983 zerstörte das kirchliche Aufbauwerk unter den Elbslawen wieder weitgehend. Es dauerte zwei Jahrhunderte, ehe christliche Missionare im Zuge des Landesausbaus unter Adolf II. von Schauenburg, Heinrich dem Löwen und dem Askanier Albrecht dem Bären erneut Fuß fassen konnten. Noch zu diesem Zeitpunkt war mit dem »Wendenkreuzzug« von 1147 ein regelrechter Feldzug unter dänischer Beteiligung notwendig, um den heidnischen Widerstand zu brechen. Das hartnäckig verteidigte sla-

INFOBOX

Welche Religion ist die beste?

Über die Vorgeschichte der Taufe Wladimirs I. berichtet die altrussische Nestorchronik, dass Gesandtschaften der muslimischen Wolgabulgaren, der katholischen Deutschen, der jüdischen Chasaren und der Griechen in Kiew erschienen seien, um ihren Glauben anzupreisen. Aber Wladimir konnte sich nicht entscheiden und sandte seinerseits Boten aus, die die fremden Religionen erkunden sollten. Die zurückgekehrten Boten berichteten von ihren Eindrücken und hatten an jeder Religion etwas auszusetzen, nur bei den Griechen fühlten sie sich wie im Himmel: »... und wir wissen nicht, waren wir im Himmel oder auf der Erde: Denn auf der Erde gibt es solche Schau und solche Schönheit nicht. ... Ihr Gottesdienst ist besser als bei allen anderen Völkern.« Damit war die Entscheidung getroffen. Wladimir fragte nur noch: »Wo wollen wir die Taufe empfangen?« »Wo es dir lieb ist«, antworteten die Boten.

wische Heiligtum Arkona auf Rügen konnte erst 1168 nach mehreren Anläufen erobert und zerstört werden.

Die Missionierung Polens

Bis an die Oder und zu den Slawen an der mittleren Warthe und oberen Netze drang die von Sachsen ausgehende Slawenmission nicht mehr vor. Im Stammesgebiet der Polanen trat den sächsischen Grafen mit den Piasten eine selbstbewusste einheimische Herrscherdynastie entgegen. Um sich weiterer Einmischungsversuche besser zu erwehren, suchte Mieszko I. die Anlehnung an den Böhmenherzog Boleslav I., dessen Tochter Dubravka er ehelichte. 966/967 ließ er sich taufen und erreichte 968 die Zustimmung des Papstes, in Posen für die polnische Kirche ein Bistum einzurichten. Im Jahre 1000 machte das denkwürdige Zusammentreffen seines Nachfolgers Bolesław I. Chrobry mit Kaiser Otto III. während dessen Pilgerfahrt zum Grab des Märtyrerbischofs Adalbert von Prag († 997) den Weg frei für eine eigenständige polnische Kirchenorganisation. Dem neu errichteten Erzbistum Gnesen wurden die Bistümer Kolberg, Krakau und Breslau unterstellt.

ZITAT

Der bulgarische Mönch Chrabar rechtfertigt die Übersetzung geistlicher Schriften ins Slawische:

... Sie wissen nicht, wie töricht sie reden, wenn sie behaupten, Gott selbst habe befohlen, nur in drei Sprachen Bücher zu schreiben, wie es im Evangelium steht: »Über ihm war eine Inschrift in griechischer, lateinischer und hebräischer Sprache.« Eine slawische ist nicht genannt worden. Die slawischen Bücher sind deswegen auch nicht göttlichen Ursprungs.

Die Slawenlehrer Kyrillos und Methodios

Ausgangspunkt und Rückhalt der Missionierungsarbeit der byzantinischen Reichskirche unter den Slawenstämmen auf der Balkanhalbinsel waren die griechischen Küstenstädte, allen voran Thessalonike, die sich im Schutze der Reichsflotte gegen die Slawenflut hatten halten können. In Dalmatien soll nach einer umstrittenen Information im Staatshandbuch des Kaisers Konstantin VII. Porphyrogennetos in den 620er-Jahren Kaiser Herakleios im Einvernehmen mit dem Papst in Rom erste Schritte zur Christianisierung der eingewanderten Kroaten eingeleitet haben.

Die heidnischen Serben kamen sowohl mit der lateinischen Mission im adriatischen Küstenbereich wie mit den Predigern der griechischen Kirche in den binnenserbischen Landschaften in Berührung. Eine serbische Gesandtschaft soll von Kaiser Basileios I. (867–886) die Taufe der noch heidnisch gebliebenen Stammesbrüder erbeten haben. Über bulgarischen Einfluss dürfte in der Folgezeit die christliche Lehre tiefere Wurzeln geschlagen haben, doch blieb der Gegensatz zwischen der lateinisch geprägten Küstenzone und dem nach Konstantinopel orientierten Binnenland bis zum Anfang des 13. Jahrhunderts erhalten. Die endgültige Anbindung an das ökumenische Patriarchat in Konstantinopel führte dann erst der heilige Sava Anfang des 13. Jahrhunderts herbei.

Die byzantinische Reichskirche profitierte bei ihrer Slawenmission von frühzeitigen Zugeständnissen. Gegen die Vorherrschaft des Lateinischen in der westlichen Missionsarbeit gerichtet, entschied sich der byzantinische Patriarch im innerkirchlichen Sprachenstreit für die volkstümliche Variante und ließ in den äußeren Gebieten nationalkirchliche Organisationsstrukturen zu. Den An-

Das 1997 zu Wasser gelassene Slawenboot »Swarog« – benannt nach dem Gott des Lichts und des Feuers – ist ein Nachbau eines von vier Wracks slawischer Schiffe aus dem 10. Jahrhundert.

100562

Die Jaromarsburg auf dem Vorgebirge Arkona (Insel Rügen) wurde 1168 vom Dänenkönig Waldemar dem Großen erobert und zerstört. Die Wallanlage zum Schutz der Landseite blieb erhalten, während große Teile der Seeseite von der Erosion abgetragen sind.

stoß gab das Missionsersuchen des Mährerfürsten Rastislaw vom Jahre 862, der seinen Herrschaftsbereich dem bayerisch-fränkischen Zugriff entziehen wollte. Kaiser Michael III. und Patriarch Photios reagierten mit der Entsendung des griechischen Brüderpaares Kyrillos und Methodios. Beide waren aus ihrer Heimatstadt Thessalonike mit slawischer Mundart vertraut und konnten den Slawenstämmen ein eigenes Schriftsystem, die Kunstschrift der Glagoliza, und »kirchenslawische« Übersetzungen der liturgischen Bücher anbieten.

In der Sprachenfrage und im Streit um die Gerichtsbarkeit mit der bairischen Kirche suchten die beiden Slawenlehrer das Einvernehmen mit dem Papst. Hadrian II. nutzte die Gelegenheit ihres Rombesuches, zu dem sie 867 aufgebrochen waren, um Ansprüche auf das östliche Illyrien wieder zu beleben, das Kaiser Leon III. der römischen Kirche 732 eigenmächtig entzogen hatte. Dieser bestätigte Methodios – Kyrillos war 869 in Rom verstorben – als päpstlichen Legaten für die Slawenmission und als Erzbischof Pannoniens mit Sitz in Sirmium, der alten Hauptstadt der Präfektur Illyrien. Sein Vorgehen stieß bei den betroffenen bairischen Bischöfen auf schroffe Ablehnung. Sie zitierten Methodios 870 vor ein Gericht in Regensburg und ließen ihn in Klosterhaft nehmen. Auch nach seiner Freilassung 873 blieb Methodios in seiner kirchlichen Arbeit stark behindert. Seine Schüler verloren nach seinem Tode 885 den päpstlichen Rückhalt, wurden aus Mähren vertrieben und zogen sich nach Dalmatien und Bulgarien zurück. Ihrem Wirken im Bulgarenreich ist es vor allem zu verdanken, dass in der bulgarischen Kirche die byzantinische Orientierung

Die Brüder Kyrillos und Methodios waren nicht nur die unermüdlichen Apostel der slawischen Völker, sondern brachten diesen auch die Heilige Schrift nahe: Kyrillos war der erste Übersetzer des Neuen Testaments ins Slawische, Methodius übertrug das gesamte Alte Testament (Mosaik; Rom, Basilika San Clemente).

100264

schließlich die Oberhand behielt gegenüber einer zunächst erfolgreicheren lateinischen Mission.

Die Bulgarenmission
Die turksprachigen bulgarischen Eroberer hatten schon in der Frühphase ihrer Reichsgründung im Nordostbalkan erste Kontakte mit der christlichen Religion in den Küstenstädten des Schwarzen Meeres. Mit der Ausweitung ihrer Herrschaft auf thrakische und makedonische Gebiete nahm die Zahl der christlichen Untertanen zu. In der Oberschicht und selbst in der Familie der Bulgarenkhane wuchs die Bereitschaft, auch in religiösen Belangen die Angleichung an die Kaisermacht in Konstantinopel zu suchen.

Die drohende Gefahr einer byzantinischen Dominanz bewog Khan Boris jedoch 852, im Donauraum eine engere politisch-militärische Zusammenarbeit mit König Ludwig dem Deutschen einzugehen und über fränkische Missionare den griechischen Einfluss einzudämmen. Eine rasche Militäraktion des Kaisers 863/864 zwang ihn, die Allianz aufzukündigen und die Taufe durch Abgesandte des Patriarchen Photios zu akzeptieren. Beim Taufakt im Jahre 864 oder 865 nahm Boris nach seinem kaiserlichen Taufpaten den christlichen Namen Michael an. Das Arrangement mit dem Kaiser hinderte ihn nicht, in den Jahren 866–870 erneut die römische und fränkische Karte zu spielen und sich in Rom um eine unabhängige Kirchenorganisation zu bemühen.

ZITAT

Die Nestorchronik berichtet über die Taufe der Untertanen Wladimirs I.:
... Es hatte sich eine zahllose Menge Volkes versammelt; alle schritten nun ins Wasser und standen darin, die einen bis zum Halse, die andern bis zur Brust, ... die Geistlichkeit aber stand daneben und las Gebete. Und sichtbar herrschte Jubel im Himmel und auf Erden über die Errettung von so vielen Seelen; der Satan aber stöhnte auf und sprach: »O Jammer, auch von hier treibt man mich aus!«

Um das Jahr 869/870 beendete ein Synodalbeschluss in Konstantinopel vorläufig den Jurisdiktionsstreit in der bulgarischen Kirche zugunsten des Patriarchen von Konstantinopel. Umso bereitwilliger nahm Boris 886 die aus Mähren flüchtenden Schüler des Methodios auf und stellte mit dessen Helfern Naum und Kliment der griechischen Mission eine lebendige bulgarische Kirche mit slawischer Liturgiesprache und glagolitischem Alphabet entgegen. Um Ohrid in Westmakedonien entstand nun ein slawisches Bildungs- und Kirchenzentrum.

Als Boris 889 auf sein Herrscheramt verzichtete und sich in Preslaw in ein Kloster zurückzog, drohte sein Sohn und Nachfolger Wladimir das Aufbauwerk des Vaters zu gefährden. Er vollzog eine antibyzantinische Kehrtwendung in der Innen- und Außenpolitik und be-

750

Ohrid als Mittelpunkt der Slawenmission stieg zu einem Kunstzentrum auf. Die um 1050 entstandene Sophienkirche erhielt reichen Freskenschmuck.

günstigte eine heidnische Reaktion. 893 kehrte Boris nochmals zurück und ersetzte Wladimir durch seinen jüngeren Sohn Simeon. Eine Reichsversammlung bestätigte die slawische Liturgie und Schrift.

Unter Simeon I. verdrängte die slawische Liturgiesprache in der bulgarischen Kirche endgültig das Griechische. Allerdings gab der am byzantinischen Kaiserhof erzogene junge Herrscher dem Kyrillischen, einer Anpassung des griechischen Alphabets an die Erfordernisse des slawischen Lautsystems, vor den schwer erlernbaren glagolitischen Schriftzeichen den Vorzug. Simeon beschäftigte an seinem Hofe zahlreiche Übersetzer, die für die spätere Missionsarbeit unter den Ostslawen wesentliche Vorarbeiten geleistet haben.

Die Taufe Russlands

Der Missionserfolg der byzantinischen Reichskirche im Reich von Kiew (Kiewer Rus) war eine unmittelbare Folge reger Handelskontakte auf dem »Weg von den Warägern zu den Griechen«. Erste Missionserfolge unter den damals in Konstantinopel gefürchteten »Russen« vermeldete der Patriarch Photios schon aus den Sechzigerjahren des 9. Jahrhunderts.

Die christliche Lehre war schon bald unter den warägischen Kriegern und Kaufleuten auf Resonanz gestoßen. Dem Alleingang der Fürstin Olga, die sich Mitte des 10. Jahrhunderts taufen ließ, wollte ihr Sohn Swjatoslaw Igorjewitsch mit Rücksicht auf die heidnische warägische Gefolgschaft zwar noch nicht folgen. Ihr Enkel Wladimir I. Swjatoslawitsch festigte jedoch mit seiner Entscheidung für die Taufe (988) die Kontakte zur Handelsmetropole Konstantinopel und gewann gleichzeitig mit Basileios' II. Schwester Anna die prestigeträchtige Anverwandschaft zum byzantinischen Kaiserhaus. Byzanz wurde seither normgebend im kirchlichen und kulturellen Leben des Kiewer Reiches. Den Aufbau kirchlicher Organisationsstrukturen besorgten vom Patriarchen entsandte griechische Bischöfe (Metropoliten).

Ost-westliche Gegensätze in der Slawenmission

In der Missionsarbeit unter den Slawen deuteten sich zwar schon früh ein konfessionelles Auseinanderstreben zwischen Rom und Konstantinopel an: Eine durchgehende Trennungslinie zwischen einem Christentum abendländisch-lateinischer und griechisch-orthodoxer Prägung hat sich allerdings in dieser Frühzeit trotz unleugbarer Irritationen noch nicht verfestigt. Im Wettstreit um den beherrschenden Einfluss in den slawischen Missionsgebieten spielten handfeste politische und materielle Interessen eine entscheidendere Rolle als theologische Kontroversen oder ein unterschiedliches Orthodoxieverständnis. Zwischen den einzelnen Bistümern der fränkischen Reichskirche, die Missionare in das Slawenland entsandten, und der Kurie in Rom herrschten nicht weniger Empfindlichkeiten als zwischen den konkurrierenden Glaubensboten des griechischen Patriarchen und der Westkirche.

Derartige unschöne Begleitumstände werfen Schatten auf die frühmittelalterlichen Christianisierungsvorgänge in Ost- und Südosteuropa. Die Tatsache, dass die Glaubensboten nicht frei waren von allzu menschlichen Regungen und häufig auch Gewaltmittel nicht scheuten, ändert aber nichts an der grundsätzlichen Bewertung: Mit ihrem Missionswerk haben die griechische und die lateinische Kirche im Frühmittelalter gemeinsam die Fundamente für das christliche Europa gelegt und zur dauerhaften Eingliederung der »barbarischen Nordvölker« beigetragen. *Edgar Hösch*

Ein erstes slawisches Großreich: Die Bulgaren

Die erste schriftliche Erwähnung der Bulgaren stammt aus der Mitte des 4. Jahrhunderts n. Chr. Zu diesem Zeitpunkt zählten sie noch zu den turksprachigen Reitervölkern, die es aus den eurasischen Steppenregionen ans Schwarze Meer und bis in den Donauraum verschlagen hatte. Ein Teil dieser Ur- oder Protobulgaren gehörte zum hunnischen Stammesverband. Nach dem Tode des Hunnenherrschers Attila (453) blieben einzelne Gruppen im pannonischen Raum zurück, andere fanden nördlich des Schwarzen und des Asowschen Meeres und am unteren Don eine Heimstatt.

In die Geschicke der Balkanhalbinsel griffen sie erstmals im Jahre 480 ein, als sie Kaiser Zeno gegen die Ostgoten zu Hilfe rief. Ein Jahrzehnt später, 493, überschritten sie auf eigene Faust die Donau und suchten die Nordprovinzen des Byzantinischen Reiches heim. Vorausabteilungen stießen bis Thrakien vor. Seitdem häufen sich in byzantinischen Quellen die Berichte von Kriegs- und Plünderungszügen der Bulgaren. In der Mitte des 6. Jahrhunderts gerieten die Protobulgaren in awarische Abhängigkeit und beteiligten sich an kriegerischen Unternehmungen, die sie 619 bis Thessalonike und 626 unmittelbar vor die Mauern Konstantinopels führten.

Das Erste Bulgarische Reich

Keimzelle eigenständiger Herrschaftsgründungen der Protobulgaren wurde im nördlichen und nordwestlichen Vorfeld des Kaukasus das Großbulgarische Reich. Um 632 hatte Khan Kuvrat protobulgarische und onogurische Stämme zusammengeführt und die awarische und

ZITAT

Über die Niederlage der Byzantiner gegen die Bulgaren im Jahre 811 berichtet die Weltchronik des Theophanes:

... Den Kopf des Nikephoros ließ Krum abschlagen und ihn an einer Stange viele Tage lang aufhängen zur Schaustellung für alle Fremden, die dorthin kamen, und zu unserer Schande. Dann ließ er ihn abnehmen, den Schädelknochen reinigen, in Silber fassen und bot darin prahlend den Slawenfürsten den Trunk dar.

Der Hunnenkönig Attila ist in die Heldenepik des Mittelalters als König Etzel eingegangen. Als Gemahl Kriemhilds erscheint er erstmals im Nibelungenlied. Eine Buchmalerei aus dem Hundeshagen'schen Kodex zeigt das Paar (15. Jh.; Berlin, Staatsbibliothek Preußischer Kulturbesitz).

westtürkische Oberhoheit aufgekündigt. Kuvrat stand in engem Kontakt zum byzantinischen Kaiserhof. Er hatte sich längere Zeit in Konstantinopel aufgehalten und war dort getauft worden.

Nach seinem Tode zerschlug um 660 das aus dem Osten nachrückende Turkvolk der Chasaren das Reich und unterwarf sich die Protobulgaren. Während ein Sohn Kuvrats, Batbaj, sich mit diesem Schicksal abfand, entschlossen sich seine Brüder zum Abzug. Kotrag gründete wolgaaufwärts das Wolgabulgarische Reich. Asparuch wandte sich nach Westen und führte sein Volk an die untere Donau. Als sich die Beziehungen zum byzantinischen Kaiser verschlechterten und byzantinische Truppen aufmarschierten, rüsteten sich die Steppenreiter zum Gegenschlag und überquerten 679 die Donaugrenze. Sie ließen sich im Nordosten der Balkanhalbinsel nieder und verteidigten von ihrem befestigten Lager in Pliska aus einen eigenen Herrschaftsbereich auf Reichsterritorium.

Dieses Turkvolk der Ur- oder Protobulgaren wurde namengebend für ein Herrschaftsgebilde, das in der Folgezeit die Slawenstämme zwischen Donau und dem Balkangebirge der Botmäßigkeit des byzantinischen Kaisers entzog. Kaiser Konstantin IV. sah sich 681 zur Anerkennung eines Bulgarenreiches nördlich des Balkangebirges gezwungen. Außerdem musste er sich zu jährlichen Tributzahlungen verpflichten. Sein Nachfolger Justinian II. hatte sich wenig später in Makedonien gegen Angriffe anderer protobulgarischer Gruppierungen zu wehren, die wohl um 685 unter ihrem Führer Kuber aus dem pannonischen Raum in das Gebiet um Prilep und Bitola zugewandert waren und sich mit slawischen Stämmen nördlich von Thessalonike verbündet hatten.

Das Volk der Bulgaren auf der Balkanhalbinsel entwickelte sich aus den ursprünglich hier lebenden thrakischen Bevölkerungsresten wie auch aus den zugewanderten protobulgarischen Steppenreitern und den slawischen Neusiedlern. Dass auf längere Sicht bäuerliche Slawen dem neuen Staatsgebilde einen slawischen Charakter aufprägten, lag an deren zahlenmäßigem Übergewicht.

Bulgarisch-byzantinische Rivalitäten

Günstige Voraussetzungen für bulgarische Territorialgewinne ergaben sich aus den innenpolitischen Wirren im Byzantinischen Reich an der Wende zum 8. Jahrhundert. Khan Terwel stand dem gestürzten Kaiser Justinian II. bei der Rückgewinnung des Thrones 705 bei und half Kaiser Leon III. 717/718 bei der Zerschlagung des arabischen Belagerungsringes um Konstantinopel. Er ließ sich seine Hilfe mit dem Ehrentitel eines Caesars und durch territoriale Zugeständnisse bezahlen. Seine Erfolge provozierten aber auch Gegenmaßnahmen der Kaisermacht. In den Dreißigerjahren boten Auseinandersetzungen im Bulgarenreich, in deren Verlauf die herrschende Dynastie abgelöst wurde, dem Kaiser eine Handhabe dazu.

Zu Anfang des 9. Jahrhunderts verschoben sich die Machtverhältnisse erneut zugunsten der Bulgaren. Der Niedergang und die Zerschlagung des Awarenreiches eröffneten Expansionschancen im Bereich jenseits der Donau und in Pannonien. Im Süden spielte Khan Krum seine militärische Überlegenheit aus und besetzte 809 Sofia. Ein Gegenstoß des Kaisers Nikephoros I. endete 811 im Fiasko. Das byzantinische Heer kämpfte sich wohl bis zur Residenz des Khans in Pliska durch und brannte sie nieder, auf dem Rückweg wurde es aber aufgerieben, der Kaiser fiel im Kampf.

ZITAT

Über die Residenz der Bulgarenherrscher in Preslaw berichtet das Hexameron des Ioan Exarch (um 900):

Kommt ein einfacher und armer Bauer von weit her des Weges…, sieht er hohe Hallen und Kirchen, von außen mit Stein, Holz und Purpur geschmückt und innen mit Marmor, Kupfer, Silber und Gold verkleidet, alles in solcher Pracht, dass er diesen Prunk mit nichts auf der Welt vergleichen kann, da er in seiner Heimat nur Strohhütten zu sehen gewohnt ist.

Zu den ältesten Bauwerken im 809 von Khan Krum besetzten Sofia gehört die Georgsrotunde, deren früheste Teile aus dem 4. und 6. Jh. stammen.

100264

Khan Krum dehnte seine Herrschaft auf Thrakien aus und rüstete 813 zum Sturmangriff auf Konstantinopel. Sein Nachfolger Omurtag einigte sich mit Kaiser Leon V. auf eine Beilegung der Grenzstreitigkeiten.

Das goldene Zeitalter Simeons (893–927)

Khan Boris, der sich und seine Untertanen hatte taufen lassen (864 oder 865), verteidigte diese Entscheidung noch im hohen Alter gegen einen drohenden Rückfall in das Heidentum, dem der Nachfolger Wladimir Sympathie entgegenbrachte. Zur Abwehr der drohenden heidnischen Reaktion berief Boris 893 eine Reichsversammlung ein. Sie kürte Simeon, den jüngeren Sohn des Khans, zum Nachfolger, sanktionierte die slawische Liturgie und sprach sich für die Verlegung der Hauptstadt nach Preslaw aus.

Simeon zeigte sich in den Beziehungen zum griechischen Nachbarn als ein energischer Vertreter bulgarischer Interessen. Er riskierte schon 894 den Krieg, als bulgarischen Kaufleuten der Zutritt zum Markt in Konstantinopel verwehrt wurde. Nach Anfangserfolgen gerieten die bulgarischen Angreifer in Bedrängnis. Der Kaiser verbündete sich mit den Magyaren in der südrussischen Steppenzone und zwang Simeon einen gefährlichen Zweifrontenkrieg auf. Vor dem magyarischen An-

INFOBOX

Bogomilen

Die religiöse Gemeinschaft der Bogomilen, benannt nach dem makedonischen Priester Bogomil, verbreitete sich seit Mitte des 10. Jh. im orthodoxen Kleinasien, später v. a. auf der Balkanhalbinsel. Ihr Lehrsystem ähnelte dem manichäischen Dualismus; charakteristisch war strenge Askese, die u. a. Ablehnung der Ehe und des Genusses von Fleisch und Wein einschloss. Ihre Gedanken wirkten in Oberitalien und Frankreich auf die Katharer. Auf der Balkanhalbinsel, besonders im bosnischen Raum, konnten die Bogomilen im 13.–15. Jh. zeitweilig auf das Staatsleben Einfluss nehmen. Mit der türkischen Eroberung Bulgariens (1393) und Bosniens (1463) gingen auch die Bogomilen unter. In Bosnien beeinflussten sie wesentlich die gegen den Papst erfolgte Bildung einer eigenständigen Bosnischen Kirche.

sturm musste er seine Residenz Preslaw aufgeben und sich in der Donaufestung Silistra verschanzen.

Die Rettung verdankte er seinem diplomatischen Geschick. Er holte ein weiteres Steppenvolk, die Petschenegen, zu Hilfe und nötigte die Magyaren zum Abzug nach Pannonien. Seither beherrschte er das weitere Kriegsgeschehen und diktierte 896 die Friedensbedingungen. Der Kaiser musste unter dem Druck der Araber nachgeben, die 902 Küstenregionen in Thessalien und auf der Peloponnes heimgesucht und 904 Thessalonike erobert und geplündert hatten, und den Bulgaren weitere Territorialgewinne bis in das nördliche Vorfeld Thessalonikes zu-

Der Bulgarenkhan Simeon I. wird von den Ungarn zur Flucht in die festen Mauern einer Stadt gezwungen. Die Darstellung des 12. Jh. stammt aus der byzantinischen Chronik des Johannes Skylitzes (Madrid, Biblioteca Nacional).

100264

gestehen. Erneute Brüskierungen veranlassten Simeon 912 zur Wiederaufnahme der Kampfhandlungen. Seine Truppen fielen in Thrakien ein, eroberten Adrianopel und stießen bis zum Golf von Korinth vor. Mehrmals standen sie unmittelbar vor den Mauern Konstantinopels. Simeon weilte 913 zu Verhandlungen innerhalb der Stadtmauern und erzwang aus der Hand des Patriarchen eine – wenn auch umstrittene – Krönung. Seither titulierte er sich selbstbewusst als Zar der Bulgaren und der Griechen. Unter seinem Zepter erreichte das Erste Bulgarische Reich seine größte territoriale Ausdehnung und drohte das krisengeschüttelte Byzanz in den Schatten zu stellen.

ZITAT

Aus der »Predigt gegen die Bogomilen« des Presbyters Kosma:

Es geschah, dass zur Herrschaftszeit des rechtgläubigen Zaren Peter ein Pope namens Bogomil (das heißt Gottlieb) in den bulgarischen Landen auftauchte, der besser Bogunemil (das heißt Gottnichtlieb) genannt werden sollte. Er war der erste, der ketzerische Lehren in bulgarischen Gebieten predigte…

Der Niedergang

Der Tod Simeons am 27. Mai 927 befreite Byzanz von einem lästigen Konkurrenten. Er setzte im Inneren unter den rivalisierenden Adelsklanen auseinander strebende Kräfte frei. Der serbische Vasall kündigte die erzwungene Gefolgschaft auf. Innerdynastische Konflikte schwächten die Stellung des Nachfolgers Peter. Er musste den Frieden mit dem byzantinischen Nachbarn suchen und auf die jüngsten Eroberungen seines Vaters verzichten. Die Lage wurde auf dreißig Jahre vertraglich festgeschrieben. Für Unruhe in Bulgarien sorgten seit den Dreißigerjahren Umtriebe einer hierarchiefeindlichen Sekte, der so genannten Bogomilen, die ein dualistisches Weltbild vertrat und mit einer rigoristischen Morallehre die Hierarchie herausforderte. Die Fernwirkungen dieser »bulgarischen Häresie« reichten bis zu den Patarenern der Lombardei, den Albigensern und Katharern in Südfrankreich sowie zur »bosnischen Kirche« des 13. und 14. Jahrhunderts.

Der Bogomilismus lässt sich wohl kaum als eine soziale Protestbewegung verstehen, die einen Massenanhang unter den bäuerlichen Schichten gegen die Herrschenden mobilisierte. Die tieferen Ursachen für den Niedergang der bulgarischen Macht lagen vielmehr in den äußeren Bedingungen.

Die byzantinische Militärmacht erstarkte wieder unter dem fähigen Feldherrn Nikephoros Phokas, der den Kaiserthron an sich riss und eine Epoche der Eroberungen einleitete. Nachdem er 960 das von den Arabern besetzte Kreta zurückerobert und eine erfolgreiche Offensive im östlichen Mittelmeer in Gang gesetzt hatte,

101144

Die nach dem makedonischen Priester Bogumil benannte religiöse Gruppierung der Bogumilen sorgte im 10. Jh. in Bulgarien für Unruhe. Die Abbildung zeigt so genannte Bogumilengrabsteine auf einem Friedhof in Radimlja bei Stolac.

strebte er eine Generalbereinigung an der Balkangrenze an. Nikephoros II. Phokas gewann den Kiewer Fürsten Swjatoslaw für eine Militäraktion gegen die Bulgaren. Sie endete 969 mit dem vollständigen Sieg der russischen Waffen.

Kaiser Johannes I. Tzimiskes musste allerdings dem russischen Verbündeten die Beute in einem Kriegszug 971 wieder abjagen und Swjatoslaw zum Abzug zwingen. Der Bulgarenzar Boris II. und seine Familie wurden in die Gefangenschaft abgeführt. Die Einführung der Themenordnung bedeutete aus byzantinischer Sicht eine Klärung des Bulgarenproblems durch die Zusammenlegung von Militär- und Zivilverwaltung.

Das Reich Samuils (976–1018)

Die Rückführung der Bulgaren unter byzantinische Oberherrschaft beschränkte sich zunächst auf die östlichen Gebiete. Im makedonischen Westteil um Prespa und Ohrid hatten sich selbstständige Adelsherrschaften etabliert. Sie wurden zu Zentren des bulgarischen Widerstandes. Dieser fand in den vier Kometopuli-Brüdern geeignete Führerpersönlichkeiten, die 976 beim Tode des Johannes I. Tzimiskes den Aufstand wagten. Zwei Brüder kamen noch im gleichen Jahr ums Leben, den dritten, Aaron, der Friedensgespräche mit dem byzantinischen Kaiser suchte, ließ sein Bruder Samuil wegen Landesverrats umbringen.

Samuil übernahm stellvertretend für die bis 979 in Konstantinopel inhaftierten Thronanwärter die Alleinherrschaft. Als Residenz wählte er schließlich Ohrid. Er verlegte sich auf eine offensive Kriegsführung und dehnte seinen Herrschaftsbereich bis nach Dyrrhachium an der Adriaküste und nach Südmakedonien und Thessalien (Larissa) aus. Er brachte selbst die alten Zarenresidenzen Pliska und Preslaw wieder in seine Hand und zwang die Serben unter seine Oberhoheit.

Als er sich 997 zum bulgarischen Zaren krönen ließ, befand er sich aber schon in der Defensive. Die 986 noch besiegten kaiserlichen Truppen traten seit 1000 an mehreren Fronten zum Angriff an. Samuil musste Sofia aufgeben und Makedonien und Thessalien sowie Nordostbulgarien räumen. Zum Vernichtungsschlag gegen das bulgarische Aufgebot holte Kaiser Basileios II. 1014 aus. Der Untergang des Reiches war nach dem Tod Samuils am 6. Oktober 1014 nicht mehr aufzuhalten. 1018 zog Basileios II. als Sieger in Ohrid ein. Er ist als »Bulgarentöter« in die Geschichte eingegangen.

ZITAT

Eine Säuleninschrift aus der Kirche der »Heiligen 40 Märtyrer« in Tarnowo berichtet vom Sieg von Klokotniza 1230:

Im Jahre 6738, Indiktion III. Ich, Iwan Assen, an Gott Christus glaubender Zar und Selbstherrscher der Bulgaren, Sohn des alten Zaren Assen, schuf von Anfang an... diese allerheiligste Kirche der Vierzig Heiligen Märtyrer. Mit deren Hilfe zog ich im 12. Jahre meiner Herrschaft, in dem Jahre, als die Kirche bemalt wurde, zu Felde in die Romania und schlug das Heer der Griechen....

Das Zweite Bulgarische Reich (1185–1393/96)

Den Bulgaren bot sich erst eineinhalb Jahrhunderte später nach mehreren vergeblichen Anläufen wieder eine Chance, sich der griechischen Bevormundung zu entziehen. Im Jahre 1185 inszenierte das Brüderpaar Peter und Assen aus privaten Anlässen einen Aufstand in Tarnowo. Dieser gewann wegen der allgemeinen Unzufriedenheit mit dem byzantinischen Regime rasch überregionale Bedeutung. Im Vertrag von 1187 hatte sich Kaiser Isaak II. Angelos mit der Existenz eines Zweiten Bulgarischen Reiches abzufinden. Sein Überleben verdankte es der staatsmännischen Begabung Kalojans, des jüngsten Bruders von Peter und Assen. Er übernahm nach der Ermordung beider 1197 die Führung.

Kalojan gewann die Unterstützung des Papstes für seine Zarenkrönung 1204 und für eine eigene Kirchenorganisation unter einem bulgarischen Patriarchen. Nach der Eroberung Konstantinopels im Verlaufe des vierten Kreuzzuges wurde Kalojan Nutznießer des Konfliktes zwischen dem griechischen Kaisertum in Nikaia und den neuen Herren in Konstantinopel. Mit seinem Sieg bei Adrianopel über die westlichen Ritter 1205 setzte er einer Ausweitung der Lateinerherrschaft enge Grenzen. Unter Assen II. gewann das Bulgarenreich vorüber-

100264

Als Residenz während seiner Herrschaft wählte Samuil das makedonische Ohrid. Die Abbildung zeigt die Erzengelkirche des ehemaligen Klosters Sveti Naum am Ohridsee aus dem 10. Jh. (im 15./16. Jh. umgebaut).

gehend seine frühere innerbalkanische Vormachtstellung zurück. Die Zeit arbeitete aber für die Griechen in Nikaia, die unter der Palaiologendynastie 1259/61 die Rückkehr nach Konstantinopel erzwangen.

In Bulgarien zerfiel zugleich nach dem Aussterben der Asseniden 1257 die Zentralgewalt. Die Szene beherrschten rivalisierende Adelsgruppierungen, die sich in lokalen Herrschaftsgebieten verschanzten. Sie wurden in der zweiten Hälfte des 14. Jahrhunderts ein Opfer der Osmanen. Mit der Eroberung Tarnowos (1393) und Widins (1396) verloren die Bulgaren für ein halbes Jahrtausend ihre politische Eigenständigkeit. *Edgar Hösch*

Von der »Geißel Europas« zum »heiligen König«: Die Magyaren

Die Magyaren zählen zusammen mit den Wogulen und Ostjaken zum östlichen Zweig der finno-ugrischen Sprachgruppe. Sie hatten ihre ursprünglichen Wohnsitze in der Mischwald- und Waldsteppenzone beiderseits des Ural. Von den Siedlungsgebieten in den Flussregionen von Oka, Wolga, Kama und Petschora hatten sich ihre Vorfahren im 2. Jahrtausend v. Chr. über die südöstlichen Abhänge des Ural ausgebreitet. Um 500 v. Chr. waren sie in das spätere Baschkirenland (Magna Hungaria) abgewandert. Als halbnomadisches Reiter- und Hirtenvolk waren sie vom 5. bis 9. Jahrhundert am Rande der eurasischen Steppenzone zeitweise in Reichsbildungen turksprachiger Steppenvölker – der turkobulgarischen Onoguren und später der Chasaren – einbezogen worden. Der Hunnenkönig Attila (Etzel) zählt in der volkstümlichen Überlieferung zu den Vorfahren der magyarischen Herrscherdynastie der Arpaden.

Den Magyaren haben sich auf dem weiten Weg nach Mitteleuropa unter anderem die finnougrischen Nyék, die türkischen Kavaren, die iranischen Chalizen und petschenegische Verbände angeschlossen; als Hilfsvölker und Grenzwächter wurden ihnen wichtige Verteidigungsaufgaben in den Randregionen zugewiesen. Das engere Zusammenleben mit Iraniern (Alanen) und Turkvölkern hat in der ungarischen Sprache deutliche Spuren hinterlassen (der Name »Ungar« ist bulgarisch-türkischen Ursprungs). An frühen Wortentlehnungen im Ungarischen lässt sich erkennen, dass die Magyaren noch in der Steppenzone nördlich des Schwarzen Meeres mit bäuerlicher Kultur und Lebensweise in Berührung gekommen sind. Ein Teil der magyarischen Stämme erlernte schon fortschrittlichere Anbaumethoden und begann, das Nomadenzelt gegen feste Behausungen einzutauschen.

In byzantinischen Quellen werden die Magyaren als Türken bezeichnet. Aus dem Staatshandbuch des Kaisers Konstantin VII. Porphyrogennetos erfahren wir, dass sie vor den nachdrängenden Petschenegen 889 ihre Wohnsitze in Lewedien (griechisch Lebedia) aufgeben mussten und nach Etelköz (eigentlich »Zwischenstromland«) an die untere Donau auswichen. 892 verbündeten sie sich mit Arnulf von Kärnten, 894 ließen sie sich von Kaiser Leon VI. als Hilfstruppen gegen die Bulgaren anwerben. Zur Vergeltung hetzte der Bulgarenkhan Simeon die Petschenegen gegen sie auf, sodass sie teilweise überstürzt aus der südrussischen Steppenzone abziehen mussten.

Die Landnahme

Unter ihrem militärischen Führer Árpád drangen die landflüchtigen Magyarenstämme in mehreren Zügen über die Karpatenpässe und entlang der Donau in das Pannonische Becken vor. Die magyarische Landnahme löste vorübergehend unter den Anrainern erhebliche Ir-

100562

In der Mischwald- und Waldsteppenzone beiderseits des Urals hatten die Magyaren ihre ursprünglichen Siedlungsgebiete.

ritationen aus und verursachte weit reichende machtpolitische Umschichtungen. Die »Ungarnplage« weitete sich nach der Niederlage des lombardischen Heeres König Berengars I. 899 an der Brenta zu einer akuten Bedrohung der gesamten südöstlichen Grenzgebiete des Ostfränkischen Reiches aus.

Seit 900 hatten die Magyaren ganz Pannonien fest in ihrer Hand. Das Großmährische Reich brach 906 unter ihrem Ansturm sehr rasch zusammen. Ein bayerisches Heer wurde 907 bei Preßburg vernichtend geschlagen, Markgraf Luitpold, der Erzbischof von Salzburg, die Bischöfe von Freising und Säben sowie die Besten des bayerischen Adels fanden den Tod.

Die magyarischen Steppenkrieger suchten in den folgenden Jahren auf ihren Streifzügen ganz Süddeutschland und Oberitalien heim und drangen westwärts bis über den Rhein vor. Selbst die byzantinischen Kaiser blieben seit dem überraschenden magyarischen Vorstoß im Jahre 934 vor weiteren Übergriffen der ehemaligen Verbündeten nicht verschont. Die Magyaren hatten sich inzwischen mit den Petschenegen verständigt. Auf gemeinsamen Streifzügen bedrohten sie mehrfach die Kaiserstadt am Bosporus und waren nur durch horrende Geldzahlungen zum Abzug zu bewegen.

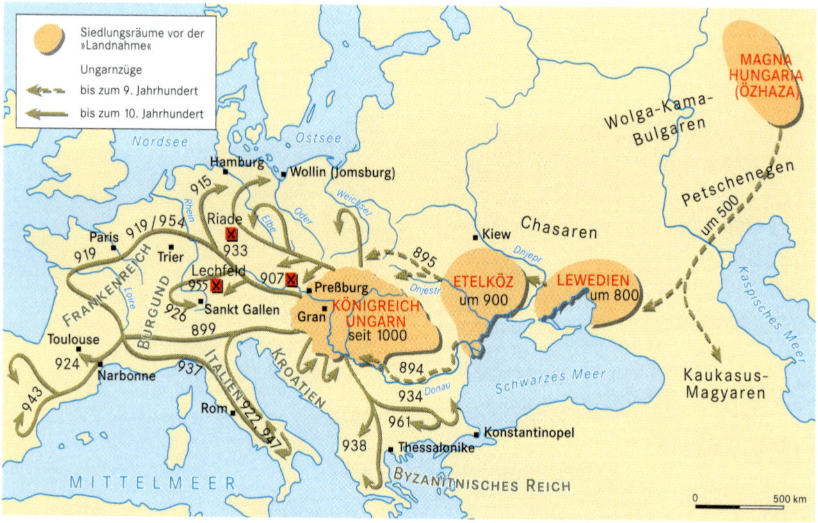

Die Feldzüge der Magyaren bis zum 10. Jh., die auch als Ungarnzüge bekannt sind

Den mobilen Steppenkriegern waren die schwerfälligen Aufgebote gepanzerter Ritter zunächst hilflos ausgeliefert. Nur mühsam formierte sich eine wirksame Gegenwehr gegen ihre fintenreiche Kriegstaktik. König Heinrich I. gelang es erstmals 933 bei Riade an der Unstrut (in der Nähe von Merseburg), das Schlachtfeld gegen die magyarischen Angreifer zu behaupten. Die Wende führte König Otto I. mit seinem hart erkämpften Sieg auf dem Lechfeld bei Augsburg am 10. August 955 herbei. Der Führer der Magyaren Bulcsu, der 948 den Frieden mit Byzanz erneuert hatte und in Konstantinopel getauft worden war, fiel in die Hand des Siegers und wurde hingerichtet. Unter dem Eindruck der verheerenden Niederlage ebbten die Ungarnzüge ab. Die Magyaren büßten ihre militärische Schlagkraft ein. Sie zogen sich in ihren pannonischen Kernraum zurück und suchten sich mit ihren christlichen Nachbarn zu arrangieren.

Die christliche Königsherrschaft

Mit dem Übergang zur Sesshaftigkeit zerfiel die alte Gentilordnung. Die Ära der Stammeshäuptlinge ging zu Ende; die Führungsaufgaben teilten sich ein Sakralfürst (ungarisch kunde), ein Heerfürst (ungarisch gyula) und ein oberster Richter (ungarisch harka). Während der Wanderungs- und Landnahmezeit hatten sich fähige

Heerführer wie Árpád († um 907) aus der Sippe des Stammesfürsten Almos in den Vordergrund gespielt. Er wurde zum Ahnherrn der magyarischen Herrscherdynastie. Unter seinem Urenkel Großfürst Géza (972–997) hatten sich monarchische Herrschaftsstrukturen schon weitgehend verfestigt.

Géza entmachtete die Führer der Sippenverbände. Er zog Ländereien an sich und schuf jene ersten Burgbezirke (Komitate), die sein Sohn und Nachfolger Stephan I. (ungarisch István) zu einem zentralisierten Verwaltungssystem unter der Leitung ergebener Burggrafen, Gespane (lateinisch comes, ungarisch ispán von slawisch župan), ausbaute. Die noch verbliebenen regionalen Fürstenherrschaften verstand er durch eine geschickte Heiratspolitik an sich zu binden.

Géza war in zweiter Ehe mit der polnischen Fürstentochter Adelheid verheiratet. Er suchte den politischen Anschluss an den Westen und öffnete sein Reich dem Christentum. 973 erbat er von Kaiser Otto I. Glaubensboten. Der Sankt Gallener Mönch Bruno wirkte als erster Missionsbischof in Ungarn. Die eigentliche Leitung des Bekehrungswerkes, an dem sich Mönche aus Italien und Böhmen beteiligten, übernahm das Passauer Bistum.

INFOBOX

Die Stephanskrone

Die ungarische Königskrone genießt als Symbol der ungarischen Reichseinheit, der »Länder der Heiligen Stephanskrone«, besondere Verehrung. Sie soll auf eine von Papst Silvester II. dem König von Ungarn, Stephan I., dem Heiligen, 1000 zugesandte Krone zurückgehen und besteht aus der Corona graeca (Unterteil; erst nach 1050 belegt), der Corona latina (Oberteil; wohl erst im 12. Jh. mit dem »griechischen« Unterteil vereint), dem von dem Einband eines Evangeliars stammenden Bügel und einem auffallend schief stehenden Kreuz, das ursprünglich den Reichsapfel Stephans I. zierte. Die Forschung hat nachgewiesen, dass eine vom Papst gestiftete Krone (Bulle vom 27. 3. 1000) noch nicht die Stephanskrone in ihrer heutigen Form war. Die Stephanskrone dürfte zwischen 1074 und 1077 in Byzanz gearbeitet worden sein und erhielt ihr heutiges Aussehen bereits vor 1440; nach 1867 trug sie – bis 1918 – der österreichische Kaiser bei der Krönung zum König von Ungarn. Seit 2000 wird sie mit den Krönungsinsignien, außer dem Krönungsmantel, im Kuppelsaal des Parlaments ausgestellt).

100563

König Otto I. gelang der Sieg über die Magyaren. Die berühmte Schlacht auf dem Lechfeld bei Augsburg zeigt ein Gemälde von Michael Echter (1860; München, Stiftung Maximilianeum).

Géza hatte selbst noch vor seinem Tode 997 als landeseigenes Missionszentrum das berühmte Benediktinerkloster Martinsberg (Pannonhalma) gegründet.

Das ungarische Herrscherhaus unterhielt engere Verbindungen zum bayerischen Nachbarn. Der Thronfolger Stephan nahm Gisela, die Schwester des Bayernherzogs und späteren Kaisers Heinrich II., zur Frau und holte deutsche Ritter an seinen Hof. Er wurde mit dem Segen des Papstes zum Begründer der christlichen Königsherrschaft in Ungarn. Der Papst ließ ihm zur Krönungszeremonie an Weihnachten 1000 in Gran (Esztergom) eine Krone überbringen.

König Stephan der Heilige (1000–1038) hatte nach dem Tode seines Vaters Thronansprüche aus der eigenen Familie abzuwehren. Die noch verbliebenen Territorialherrschaften Gyulas in Siebenbürgen, der eine eigenständige Politik betrieb und in Konstantinopel den christlichen Glauben angenommen hatte, und Ajtonys im Marosgebiet ließ er 1003 beziehungsweise 1008 gewaltsam beseitigen. Stephan sorgte mit dem Ausbau der Komitatsverfassung für eine einheitliche Verwaltungsstruktur des Reiches und gab der ungarischen Kirche unter dem Erzbischof von Gran eine festgefügte Organisation. In den ihm zugeschriebenen »Ermahnungen« an seinen Sohn Emmerich (Imre) hob er die herausragende Bedeutung von fremden Helfern und ausländischen Siedlern für das Wohlergehen eines Staates hervor. Der vorzeitige Tod seines Sohnes, der 1031 einem Jagdunfall erlag, raubte ihm den einzigen Thronerben. Er hinterließ ein verunsichertes Land.

Die Zeit der Thronwirren

Stephan hatte seinen Neffen Peter Orseolo zum Nachfolger bestimmt. Er entstammte der Ehe seiner Schwester Maria mit dem Sohn des venezianischen Dogen. Als Landfremder konnte er sich nur vorübergehend (1038–41, 1044–46) an der Macht halten. Eine Adelsfronde brachte aus dem Mannesstamm des Arpadenhauses die bisher verfemten Abkömmlinge Vasuls, des geblendeten Vetters Stephans I., ins Spiel.

Die Schwäche der Regierung begünstigte eine heidnische Reaktion. Zu ihrem prominentesten Opfer wurde 1046 Bischof Gerhard (Gellért) von Csanád, der Herkunft nach ein Venezianer. Im Zwist der verfeindeten Brüder Andreas I. (1046–60) und Béla I. (1060–63) gewann die Königsmacht erst wieder unter Ladislaus I., dem Heiligen (ungarisch Szent László, 1077–95), festeren Boden unter den Füßen. Er nutzte den Widerstreit zwischen dem Römischen Kaiser und dem Papst für seine Zwecke aus und leitete die für die weitere Geschichte Ungarns folgenreiche territoriale Expansion über Slawonien zur Adria ein. Im Gegenzug handelte er sich die andauernde Feindschaft Venedigs und das Missfallen des byzantinischen Kaisers ein, der um seine hoheitlichen Rechte in der adriatischen Küstenregion besorgt war.

Kaiser Alexios I. Komnenos ließ 1091 von Petschenegen und Kumanen einen Entlastungsangriff gegen Ostungarn führen, der Ladislaus zum Abzug aus Kroatien zwang. Erst sein Neffe Koloman (ungarisch Kálmán, 1095–1116) schloss im Zusammenspiel mit den dalmatischen Städten die Eroberung Kroatiens und Dalmatiens ab. Er titulierte sich fortan als »König Ungarns, Kroatiens und Dalmatiens«. Die Vorrechte des Königs und die Privilegien des kroatischen Adels wurden vertraglich ge-

In Gran, ungarisch Esztergom, hatten die Arpaden vom 11. bis zum 13. Jh. ihre Residenz. Die Aposteldarstellung ist ein Wandgemälde aus der Kapelle des Schlosses in Gran.

regelt und 1102 niedergeschrieben (pacta conventa). Auch den dalmatischen Kommunen wurden Selbstverwaltungsrechte zuerkannt.

Gefahren für die ungarische Selbstständigkeit drohten wegen der erneuten Thronstreitigkeiten innerhalb der Arpadendynastie im 12. Jahrhundert. Der byzantinische Kaiser erhob aufgrund bestehender verwandtschaftlicher Beziehungen Erbansprüche und gewann 1167 die Oberhoheit über Kroatien, Dalmatien, Bosnien und das Sirmiumgebiet zurück. Zeitweilig war der ungarische Prinz Béla, der seit 1163 als Geisel am Hofe Manuels I. weilte und mit der Kaisertochter verlobt war, zum Nachfolger auf dem byzantinischen Thron ausersehen. Nach seiner Rückkehr lockerte Béla III. (1172–96) als ungarischer König die Verbindungen nach Konstantinopel und holte die verlorenen kroatischen, dalmatischen und bosnischen Gebiete wieder zurück. In seiner Herrschaftspraxis setzte er erfolgreich die neuen kulturellen Anregungen und administrativen Erfahrungen um, die er in griechischer Umgebung gewonnen hatte. *Edgar Hösch*

Katholische Bastion im Osten: Polen zur Zeit der Piasten und der Teilfürstentümer

Ihren Namen leiten die Polen vom westslawischen Stamm der Polanen (eigentlich »Feldbewohner«) her. Die Siedlungsschwerpunkte der Polanen lagen im 9. und 10. Jahrhundert an der mittleren Warthe um Posen und Gnesen. Das Stammesgebiet der Polanen umfasste die Kernzone des großpolnischen Territoriums. Unter dem Herrschergeschlecht der Piasten entwickelte es sich zur territorialen Basis eines Staatsgebildes, das noch im 10. Jahrhundert bis zur Odermündung und nach Pommern ausgriff, in nordöstlicher Richtung kujawische und masowische Gebiete einbezog und sich im Süden in Konkurrenz zum böhmischen Nachbarn über Schlesien und das Stammesgebiet der Wislanen (Kleinpolen um Krakau) ausdehnte.

Entstehung des polnischen Staates

Über Herkunft und Vorgeschichte der einzelnen altpolnischen Stämme, die der erste historisch fassbare Piastenfürst Mieszko (um 960–992) unter seiner Herrschaft vereinigte, sind wir nur sehr lückenhaft unterrichtet. Die wenigen Anhaltspunkte reichen nicht aus, um die Fragen nach der Urheimat der Slawen und der zeitlichen Abfolge ihrer Wanderungsbewegungen zu beantworten.

Mieszko zog bei der Ausweitung seines Herrschaftsgebietes Vorteile aus der günstigen geographischen Lage. Im südlichen Einzugsbereich alter Handelsniederlassungen an der Ostseeküste profitierte er vom lukrativen Küstenhandel wikingischer Kaufleute, und im Binnenland kontrollierte er die Handelsrouten, die über Magdeburg und den bayerisch-böhmischen Raum das westliche Europa mit dem Kiewer Russland und den vorderasiatischen Handelsplätzen verbanden. Er verstand es, sich durch die rechtzeitige Bekehrung zum Christentum 966 dem drohenden Zugriff des Heiligen Römischen Reiches zu entziehen, dessen Kaiser er vorübergehend als Oberherrn anzuerkennen hatte und dem er seit 972 für das Land bis zur Warthe Tribut entrichtete.

100401

Der westslawische Stamm der Polanen hatte seinen Siedlungsschwerpunkt an der Warthe um Posen. Die Abbildung zeigt die Dominsel in Posen.

Kurz vor seinem Tode übereignete er in einem klugen Schachzug das neu bekehrte Land dem Heiligen Stuhl. Die Gunst des Papstes ermöglichte seinem Nachfolger Bolesław I., dem Tapferen (polnisch Chrobry), den Aufbau einer eigenständigen polnischen Kirchenorganisation. 968 war zunächst ein Missionsbistum in Posen eingerichtet worden. Im März 1000 machte Kaiser Otto III. im Einvernehmen mit Papst Silvester II. den Weg frei für eine eigene Kirchenprovinz um das Erzbistum Gnesen. Die Entscheidung fiel während der Pilgerreise des Kaisers nach Gnesen zum Grab des Prager Bischofs Adalbert, der 997 im Prußenland den Märtyrertod erlitten hatte und in der Residenz des Polenherrschers begraben worden war. Im Akt von Gnesen erkannte Otto III. gleichzeitig seinem »Bruder und Helfer des Reiches« Bolesław einen Ehrenrang zu.

Polen und das Reich

Die polnischen Piasten teilten mit dem Kaiser den Kult um Adalbert und die Sorge um die Verbreitung des christlichen Glaubens. Zumal nach dem großen Slawenaufstand des Jahres 983 hatten sie sich mehrfach gemeinsamen Unternehmungen gegen die heidnischen Ostsee- und Elbslawen angeschlossen. Streitigkeiten um die Abgrenzung der beiderseitigen Machtbereiche blieben nicht aus. Sie führten nach dem frühzeitigen Tode Ottos III. zu mehrjährigen kriegerischen Auseinandersetzungen mit Heinrich II. um den Besitz Böhmens, der Mark Meißen und der Lausitz (1002–18). Letztere verblieb zusammen mit dem Milzener Land (Oberlausitz) im Frieden von Bautzen vom 30. Januar 1018 bei Bolesław.

Im gleichen Jahr mischte sich der polnische Herrscher in die innerrussischen Thronwirren ein, die nach dem Tode Wladimirs des Heiligen unter den Söhnen ausgebrochen waren. Mit seinem Truppenaufmarsch vor Kiew erzwang Bolesław die Rückkehr seines Schwiegersohnes Swjatopolk auf den großfürstlichen Thron. Auf dem Höhepunkt seiner Macht löste sich Bolesław aus der Lehensabhängigkeit vom Reich und ließ sich 1025 die Königskrone aufsetzen.

Unter seinem Sohn und Nachfolger Mieszko II. war der ausgedehnte territoriale Besitzstand nicht mehr zu halten. Ein Präventivschlag der Polen gegen Meißen und

Gnesen war der zweite Siedlungsschwerpunkt der Polanen. Der dortige gotische Dom hat eine romanische Bronzetür aus dem späten 12. Jh. Ihre Reliefbilder schildern unter anderem die Legende des Heiligen Adalbert von Prag, dessen Reliquien hier verehrt werden.

100264

Zeitz 1028 löste eine Gegenaktion unter den begehrlichen Nachbarn aus, die Mieszko 1031 unter anderem die Lausitz kostete und ihn außer Landes nach Böhmen trieb. Seine Gegner verhalfen dem älteren Bruder Bezprym zur Macht. Nur dessen vorzeitiger Tod ermöglichte Mieszko II. 1032 die Rückkehr. Auf dem Hoftag in Merseburg 1033 musste er allerdings vor Kaiser Konrad II. der Königswürde entsagen und einer Machtteilung mit seinen Anverwandten zustimmen.

Krise und Erneuerung der Königsherrschaft
Mieszkos II. Tod (1034) stürzte das Land in eine lang andauernde Krise. Eine heidnische Reaktion erschütterte die noch nicht gefestigte Stellung der Kirche, und die Eigeninteressen adliger Gefolgsleute schwächten die Autorität der Königsmacht. Der Mundschenk Maslaw schuf sich in Masowien einen eigenen Herrschaftsbereich. Pommern beanspruchte Knut II. von Dänemark für sich. Herzog Kasimir I. flüchtete 1037 vor dem Zorn des aufgehetzten Volkes nach Ungarn. Nur dank der massiven militärischen Unterstützung Heinrichs III. und seines Schwagers Jaroslaw von Kiew gewann er den Thron zurück. Als Gegenleistung hatte er dem Kaiser den Lehenseid zu leisten und im Streit mit dem Böhmenherzog Břetislaw den Schiedsspruch Heinrichs III. zu akzeptieren. Břetislaw hatte Schlesien an sich gerissen und die Gebeine des heiligen Adalbert aus Gnesen nach Prag entführt.

ZITAT

Gallus Anonymus schildert den Übertritt Mieszkos zum Christentum 966/967:

... Schließlich verlangte er (Mieszko) nur eine einzige, die strenge Christin namens Dubravka von Böhmen zur Frau. Sie aber weigerte sich, ihn zu heiraten, wenn er nicht jene verkehrte Lebensweise aufgebe und verspreche, ein Christ zu werden. Als er nun zustimmte, er werde ... die Sakramente des christlichen Glaubens annehmen, betrat sie Polen als Herrin mit großem weltlichem und kirchlichem Gepränge.

Kasimir bemühte sich nicht ohne Erfolg um eine Stärkung der Zentralgewalt. 1047 half ihm Jaroslaw von Kiew bei der Niederwerfung Maslaws in Masowien. 1050 holte er sich Schlesien zurück und erhielt 1054 gegen Tributzahlungen an Böhmen die kaiserliche Bestätigung für diesen Gewaltakt. Kasimir trägt den Ehrentitel »der Erneuerer«. Er gebot dem drohenden Zerfall des Reiches und der Königsherrschaft Einhalt, ohne allerdings an die frühere Machtstellung anknüpfen und die territorialen Einbußen an den westlichen und östlichen Grenzen ausgleichen zu können.

Seinem Sohn Bolesław II., dem Kühnen (Śmiały), kamen in der Außenpolitik die Schwäche des deutschen Reiches und die bestehenden verwandtschaftlichen Beziehungen zu den russischen und ungarischen Nachbarn zugute. Deren andauernde Thronwirren boten ihm günstige Einwirkungsmöglichkeiten zugunsten der polnischen Sache. Während des Investiturstreites ermöglichte ihm der Wechsel auf die päpstliche Seite 1076 die Aufkündigung der Lehensabhängigkeit vom Reich und die Erneuerung des Königtums. Nur wenige Jahre später verscherzte er sich aber mit seinem unbeherrschten Vorgehen gegen den Krakauer Bischof Stanisław, den er auf grausame Weise umbringen ließ, alle Sympathien im Lande; er musste vor einem Aufstand nach Ungarn fliehen.

Sein Bruder Wladislaw I. Herman hatte es als Nachfolger im Herrscheramt seit 1079/81 nicht leicht, sich gegenüber den nach einer Machtbeteiligung drängenden Adelsgruppierungen und insbesondere den Machenschaften des selbstherrlichen Palatins Sieciech zu behaupten. Die zentrifugalen Kräfte fanden Rückhalt bei den Repräsentanten innerdynastischer Konfliktparteien. Polen löste sich in getrennte Herrschaftsräume auf, die Bolesław III. Schiefmaul (Krzywousty) nur mit Brachialgewalt wieder unter einem Zepter zusammenführen konnte. Dabei nahm er den Konflikt mit dem Kaiser und den ungarischen und böhmischen Nachbarn in Kauf. 1114 erreichte er die Einstellung der Tributzahlungen, die für Schlesien an Böhmen zu entrichten waren, musste aber 1135 auf dem Reichstag zu Merseburg die Lehenshoheit des Kaisers für Westpommern anerkennen. Der erbitterte Widerstand des pomoranischen Adels war zuvor in einem kräftezehrenden Kleinkrieg 1102 bis 1122 niedergerungen worden. Für das schwierige Missionswerk unter den Heiden gewann er Bischof Otto von Bamberg, der 1124/25 und 1128 auf zwei Missionsreisen als »Apostel der Pommern« wirkte.

Die Zeit der Teilfürsten

Vor seinem Tode noch (1138) suchte Bolesław III. weiteren Erbstreitigkeiten und Bruderkämpfen durch testamentarische Verfügung vorzubeugen. Er entschied sich nach russischem Vorbild für eine Thronfolgeregelung nach dem Senioratsprinzip. Diese wies dem ältesten Sohn Wladislaw II., als Großfürsten die politische Führungsrolle im Gesamtstaat zu und überließ ihm auch die Verfügung über die neue Hauptstadt Krakau und wohl auch über die alte Krönungsstadt Gnesen. Allen übrigen Söhnen aber wurde – der jüngste Kasimir, ausgenommen – ebenfalls ein größerer eigener Territorialbesitz zugestanden, der sich weitgehend mit den alten Stammesgebieten Schlesien, Masowien und Kujawien, Großpolen und dem östlichen und westlichen Kleinpolen deckte.

Diese wohl gemeinte Begünstigung der nachgeborenen Söhne hatte wie im Kiewer Reich fatale politische Folgen. Sie führte sehr rasch zur weitgehenden Absonderung eigenständiger Herrschaftsbereiche unter teilfürstlichen Nebenlinien. Der Gedanke eines einheitlichen Staatswesens blieb nur noch innerhalb der polnischen Kirche erhalten. In dem anhaltenden erbitterten Streit um das Seniorat, der Wladislaw schließlich 1146 zur Flucht in das Reich trieb, meldeten sich die Adelsvertreter der Teilregionen immer energischer mit eigener Stimme zu Wort.

Wiederholtes Hilfeersuchen einzelner Prätendenten veranlasste die Anrainer und insbesondere den früheren Lehensherrn, den Kaiser, zu militärischen Interventionen. Sowohl Konrad III. wie Friedrich I. Barbarossa konnten so als Gegenleistung für ihre Waffenhilfe nochmals die Erneuerung des Treueeides einfordern. Um das Chaos der Fürstenfehden zu beenden, suchte Herzog Kasimir II., der Gerechte, nach einer Radikallösung. 1177 entriss er seinem älteren Bruder die Großfürstenwürde. 1180 ließ er auf dem Tag zu Łeczyca von den versammelten Bischöfen, deren Wohlwollen er durch Zugeständnisse erkauft hatte, und dem kleinpolnischen Adel die Aufhebung des Seniorats sanktionieren und sich und seiner Familie den Besitz des Senioratsgebietes und Krakaus bestätigen. 1184 erreichte er auch die Zustimmung des Kaisers.

Damit war der Weg frei für machtpolitische Umgruppierungen, aus denen sich drei geschlossene Länderkomplexe piastischer Familienherrschaften herausbildeten: Schlesien, Großpolen und das zunächst mit Masowien und Kujawien verbundene Kleinpolen. Die Neuregelung förderte das Eigenleben in den teilfürstlichen Herrschaftsbereichen und begünstigte zentrifugale Kräfte, die die Einheit des polnischen Staatswesens in seinem bisherigen territorialen Bestand ernsthaft gefährdeten.

Friedrich I. Barbarossa leistete neben Konrad II. Waffenhilfe in der Zeit der teilfürstlichen Streitigkeiten. Abgebildet ist die berühmte Bronzearbeit, die den Stauferkaiser in der Art spätantiker Kaiser in der Haartracht wiedergibt (um 1160; Cappenberg, Pfarrkirche).

100563

Pommern war unter Herzog Bogislaw I. von Stettin 1181 Reichslehen geworden. Pommerellen (Ostpommern) hatte sich unter den Samboriden aus großpolnischer Abhängigkeit gelöst. In Preußen schuf sich der Deutsche Ritterorden, den Herzog Konrad I. von Masowien und Kujawien 1226 gegen die heidnischen Prußen in das Culmer Land gerufen hatte, eine eigenständige Machtbasis und entzog sich der landesherrlichen Verfügung. 1234 nahm Papst Gregor IX. den Ordensstaat in den Schutz des heiligen Petrus. Seit der Besetzung Pommerellens und Danzigs 1308 lebte er in einem Dauerkonflikt mit dem polnischen Nachbarn. *Edgar Hösch*

Am »Weg von den Warägern zu den Griechen«: Das Reich von Kiew

Folgt man der altrussischen Nestorchronik, dann ist am Beginn der russischen Geschichte von einer normannischen Staatsgründung auszugehen. Seit der Mitte des 18. Jahrhunderts, als deutschstämmige Historiker diese Textzeugnisse in die wissenschaftliche Diskussion einführten, wird ein hartnäckiger Streit um die historische Glaubwürdigkeit des Chronikberichtes ausgetragen. Nationale Vorurteile und Prestigedenken haben diesen Diskurs erheblich belastet.

Nach dem heutigen Kenntnisstand dürfte ein vermittelnder Standpunkt zwischen den extremen normannistischen und antinormannistischen Positionen wohl am ehesten den schwer fassbaren Vorgängen in der ostslawischen Frühzeit entsprechen. Unbestreitbar ist die frühe Anwesenheit von Nordleuten in der Wolga- und Dnjeprregion. Sie trafen aber offensichtlich unter den einheimischen baltischen, finno-ugrischen und slawischen Bewohnern auf eine schon entwickeltere Stammesgesellschaft, der überregionale politische Zusammenschlüsse nicht mehr fremd waren. Nach den neuesten archäologischen Erkenntnissen ist davon auszugehen, dass das Siedlungsareal der Ostslawen sich spätestens im 7. Jahrhundert schon östlich über den mittleren Dnjepr hinaus erstreckt hat.

Waräger und Slawen

Warägische Kriegerkaufleute drangen nach Ausweis arabischer Münzfunde seit der zweiten Hälfte des 8. Jahrhunderts n. Chr. in das Flusssystem der oberen Wolga vor. Sie dürften um 800 erstmals auch über die Düna beziehungsweise vom Ladogasee aus über Schleppstellen den oberen Dnjepr erreicht haben und dnjeprabwärts bis ins Schwarze Meer gelangt sein. Abgesandte der Rus (in griechischen Quellen »Rhos«) baten 839 in der Kaiserpfalz Ludwigs des Frommen in Ingelheim um sicheres Geleit zurück in ihre Heimat. Sie wurden bei genaueren Nachforschungen als Schweden identifiziert. Noch heute bezeichnen die Finnen ihre schwedischen Nachbarn als Bewohner von »Ruotsi«, während für Russland der alte Wendenname »Venäjä« üblich ist.

Am 23. Juni 860 griffen diese »Russen« mit ihren wendigen Einbooten Konstantinopel an. Das »Russenkapitel« des byzantinischen Staatshandbuches, das Kaiser Konstantin VII. Porphyrogennetos Mitte des 10. Jahrhunderts für den Thronfolger zusammenstellen ließ, enthält detaillierte Auskünfte über die Dnjeprfürsten und ihren Handel mit Konstantinopel. Die doppelsprachigen »russischen« (das heißt nordischen) und slawischen Benennungen der gefährlichen Dnjepr-Stromschnellen, die

ZITAT

Erster Jahreseintrag in der Laurentiuschronik (die – nicht korrekte – Datumsangabe folgt der byzantinischen Weltäraberechnung):
Im Jahre 6360 (das ist 852), im 15. Indiktionsjahr, als Michael (III.) zu herrschen anfing, begann das Land Russisches Land zu heißen. Davon haben wir Kenntnis erlangt, dass unter diesem Kaiser die Russen gegen Car'grad zogen, wie in der griechischen Chronik geschrieben steht.

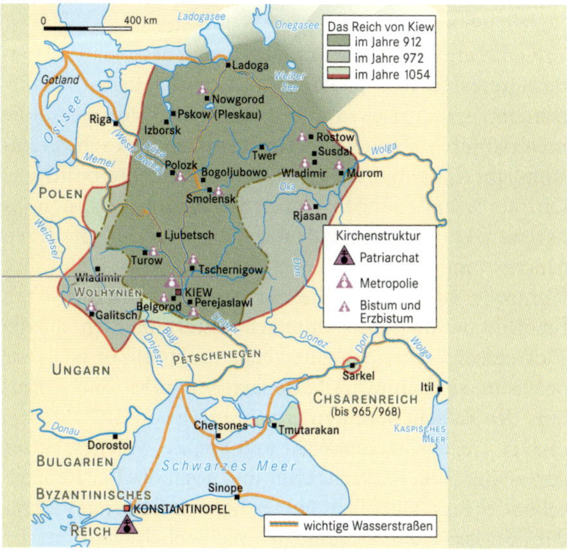

Das Reich von Kiew

auf dem Weg ins Schwarze Meer zu überwinden waren, belegen die führende Rolle der Waräger bei der Organisation dieses Handels. Sie lässt sich auch aus den durchweg nordischen Namen der Fürsten und ihrer Bevollmächtigten erkennen, die in den Griechenverträgen der russischen Nestorchronik von 911 und 944 aufgeführt sind.

ZITAT

Die altrussische Chronik berichtet von Plänen des Fürsten Swjatoslaw, seine Residenz an die Donau zu verlegen:
Im Jahre 6477 (das ist 969). Swjatoslaw sprach zu seiner Mutter und zu seinen Bojaren: »Mir behagt es nicht, in Kiew zu sein, ich will in Perejaslawez an der Donau leben, weil das die Mitte meines Landes ist, weil hier alle Reichtümer zusammenkommen…«

»Staatsgründung« und Christianisierung

Der Berufungslegende nach sollen die Waräger als Friedensstifter ins Land gerufen worden sein. Naheliegender ist wohl anzunehmen, dass sie sich gewaltsam Zutritt verschafften und einheimische Burgherren verdrängten. Die drei Brüder Rurik, Truwor und Sineus sollen sich 862 mit ihren Sippen in Altladoga beziehungsweise in Nowgorod, am Weißen See und in Isborsk niedergelassen haben. Nach dem Tode Ruriks (879) war Oleg (skandinavisch Helgi) im Jahre 882 mit seinem Gefolge nach Süden aufgebrochen. Er beendete die Herrschaft der Warägerfürsten Askold und Dir in Kiew und führte den nördlichen und südlichen Herrschaftsbereich warägischer Fürsten in einer Hand zusammen. In den folgenden Jahren zwang er einen Großteil der umliegenden ostslawischen Stämme in abgabenpflichtige Abhängigkeit zum Kiewer Fürstensitz. Nowgorod ließ er als Nebenland von einem Statthalter verwalten.

Die Nordleute trugen mit ihren weit gespannten Handelsinteressen in die Lebenswelt der sich selbst versorgenden finnougrischen und slawischen Waldbauern, die in verstreuten Siedlungsinseln inmitten eines schwer zugänglichen Waldareals lebten, großräumigere politische Ordnungsvorstellungen hinein. Ihr Ziel war es, den lukrativen Handelsweg von der Ostsee zum Schwarzen Meer, »von den Warägern zu den Griechen«, unter ihre Kontrolle zu bringen. Sie riskierten den militärischen Konflikt mit den turkstämmigen Reiternomaden, die die südrussische Steppenzone beherrschten. Fürst Igor (skandinavisch Ingvar) hatte sich schon 915 eines Einfalls der Petschenegen zu erwehren.

ZITAT

Die altrussische Chronik berichtet über die Gründung Kiews:
Und Oleg ließ sich als Fürst in Kiew nieder, und Oleg sprach: »Dies soll die Mutter der russischen Städte sein.« Und bei ihnen waren Waräger und Slowenen, und die übrigen nannten sich Russen.

Der Gegensatz von Wald und Steppe, von sesshafter slawischer Ackerbauernkultur und nomadischer Lebensweise der Steppenvölker, hat seither den weiteren Verlauf der altrussischen Geschichte maßgeblich geprägt. Er

100562

Den drittlängsten Fluss Europas, den Dnjepr, nutzten die Waräger für ihren Handel mit Konstantinopel. Hier ein Blick auf den Fluss bei Kiew.

wurde sehr bald schon durch eine sich an der Steppengrenze entwickelnde Konfrontation von Christentum und Islam noch verstärkt. Die Bewohner des Reichszentrums Kiew mussten sich daran gewöhnen, mit der Angst vor einer existenzbedrohenden Gefährdung aus der nahe gelegenen Waldsteppe zu leben. 965 warf Fürst Swjatoslaw in einem voreiligen kriegerischen Unternehmen das Chasarenreich nieder, das jahrzehntelang mit Unterstützung aus Byzanz eine Vorfeldsicherung wahrgenommen hatte. Er öffnete damit ungewollt den nachdrängenden Steppenvölkern den Weg nach Westen.

Beiderseitige Handelsinteressen hatten den Warägerfürsten geholfen, sich mit den byzantinischen Kaisern zu arrangieren. Warägische Waffenhilfe war in Notzeiten

ZITAT

Über den Ausbau Kiews durch Fürst Jaroslaw berichtet die altrussische Chronik:

Im Jahre 6545 (das ist 1037). Jaroslaw legte den Grundstein zu der großen Stadtbefestigung, zu der das Goldene Tor gehört. Er legte auch den Grundstein zur Sophienkathedrale, die auch die Mutterkirche ist, danach zur Kirche der Verkündigung der heiligen Gottesmutter über dem Goldenen Tor, darauf zum Kloster des heiligen Georg und zu dem der heiligen Irene.

am Kaiserhof in Konstantinopel hochwillkommen. Fürst Swjatoslaw beteiligte sich seit 967 bereitwillig an der Niederringung des bulgarischen Widerstandes und träumte schon von einer Verlegung seiner Residenz an die Donau. Kaiser Johannes I. Tzimiskes musste sich des ungebetenen Gastes mit Gewalt entledigen. Im Friedensvertrag von 971 zwang er ihn zum Abzug und zum Verzicht auf alle Eroberungen.

Die Fahrten an den Bosporus brachten zwangsläufig die nordischen »Barbaren« mit der Kulturwelt des Mittelmeerraums in Berührung. Sie lernten die Annehmlichkeiten einer Großstadt und den Luxus des höfischen Lebens kennen. Für die begehrten Pelze und Waldprodukte, die sie als Tribut von ihren Untertanen eingezogen hatten, tauschten sie kostbare südländische Stoffe, exotische Früchte und Weine sowie kunsthandwerkliche Erzeugnisse ein.

Fürstin Olga, die Witwe Igors, war während ihrer Regentschaft (945–962) für den unmündigen Sohn nicht abgeneigt, für ihre Person schon weiter gehende Konsequenzen zu ziehen. Sie entschloss sich – sehr zum Unwillen ihres Sohnes und Nachfolgers, des heidnischen Haudegens Swjatoslaw (962–972), und seiner Gefolgschaft –, den christlichen Glauben anzunehmen. Auch von König Otto erbat sie 959 westliche Missionare. Der Mönch des Trierer Maximinklosters Adalbert, der spätere Erzbischof von Magdeburg, begab sich 961 auf die Reise nach Kiew, musste allerdings unverrichteter Dinge wieder zurückkehren.

INFOBOX

Der »Normannismusstreit«

Der Streit um die Rolle der Normannen bei der russischen Staatsgründung entstand in der Mitte des 18. Jh. an der Akademie in Sankt Petersburg, als der russische Gelehrte Michail Lomonossow gegen die dortigen deutschen Historiker Siegfried Bayer, Gerhard Friedrich Müller und August Ludwig Schlözer den nationalrussischen Standpunkt in der Frage der Staatsgründung verteidigte. Für die sowjetmarxistischen Historiker war der Antinormannismus ein von der Partei vorgegebenes Dogma. Die moderne Historiographie anerkennt überwiegend den skandinavischen Ursprung der Dynastie der Rurikiden und die bedeutende Rolle der Waräger bei der Reichsgründung.

100880

Der warägische Heerführer Rurik hat der Legende nach in Nowgorod geherrscht und das russische Herrschergeschlecht der Rurikiden begründet, die ihre Herrschaft von Kiew aus seit der 2. Hälfte des 9. Jh. ausbauten.

Die Taufe Russlands war das Werk Wladimirs I., des Enkels Olgas. In seine 35-jährige Herrschaft fällt die erste Glanzperiode des Kiewer Reiches. 988 trat er im Einvernehmen mit dem byzantinischen Kaiser Basileios II., dessen Schwester Anna er ehelichte, zum Christentum über und zwang anschließend die Kiewer Bevölkerung zur Massentaufe. Von griechischen Bischöfen (Metropoliten) und Missionaren ist in der Folgezeit die byzantinisch-christliche Schriftkultur nach Kiew gebracht worden, griechische Architekten und Künstler sorgten für den Bau und die Ausgestaltung von Kirchen und Klöstern in den Fürstenresidenzen der Dnjeprregion. Zum geistigen Zentrum der Klosterkultur entwickelte sich die Mönchsgemeinschaft des Kiewer Höhlenklosters. Sie wurde in der Tradition der Athosklöster 1051 gegründet.

Innerdynastische Konflikte

Der Tod Wladimirs I. 1015 beschwor einen mörderischen Bruderkampf unter den Söhnen herauf. Swjatopolk der Verfluchte bemächtigte sich Kiews und ließ die Fürstensöhne Boris und Gleb noch im gleichen Jahr umbringen. Nach dem Tode des Brudermörders 1019 musste sich Jaroslaw die Herrschaft bis 1036 mit seinem Bruder Mstislaw teilen, der die Gebiete östlich des Dnjepr für sich beanspruchte. Als Alleinherrscher hat Jaroslaw der Weise danach der Rurikidendynastie zu einem europaweiten Ansehen verholfen. Durch eine geschickte Heiratspolitik knüpfte er verwandtschaftliche Beziehungen zu den führenden Herrscherhäusern in Europa. Seine Kiewer Residenz ließ er nach dem Vorbild Konstantinopels prunkvoll ausbauen, 1037 legte er den Grundstein für die Sophienkathedrale.

50

988 ließ sich Wladimir I. taufen und erklärte das Christentum zur Staatsreligion im Kiewer Reich. Eine Handschrift über die Geschichte Russlands aus dem 15. Jh. verbildlicht diese Szene (Sankt Petersburg, Russländische Akademie der Wissenschaften).

Um künftige Thronstreitigkeiten zu vermeiden, verpflichtete Jaroslaw bei seinem Tode 1054 seine Söhne auf eine Erbfolgeregelung, die den Ältesten begünstigte (Senioratsprinzip). Obwohl er selbst noch jedem der Söhne seinen Herrschaftssitz zuwies, blieben in den nachfolgenden Generationen innerdynastische Konflikte nicht aus. Typische Onkel-Neffen-Fehden stellten die Einheit des Reiches immer mehr infrage.

Die Generation der Enkel sah sich daher auf dem Fürstentreffen von Ljubetsch 1097 veranlasst, die Konsequenzen aus den bitteren Erfahrungen der vorausgegangenen Bürgerkriege zu ziehen und dem Prinzip des Vatererbes (russisch wottschina) künftig den Vorrang einzuräumen. Um die blutigen innerdynastischen Kämpfe zu beenden, war man bereit, eine dauerhafte Absonderung teilfürstlicher Herrschaftsbereiche hinzunehmen. Die Kiewer Großfürstenwürde verlor seither ihre Bedeutung als Ehrenvorrang, und der Amtsträger büßte seine ausgleichende Funktion als Sippenältester ein. Nur noch vorübergehend konnte eine herausragende Herrscherpersönlichkeit wie Wladimir Monomach (1113–25) den Gedanken an die Reichseinheit wach halten.

Eine byzantinische Ikone der »Muttergottes des Erbarmens« gelangte im 12. Jh. an den Fürstenhof von Wyschgorod bei Kiew. Der Besitz dieses Marienbildes war mit der Macht eng verbunden. 1155 kam sie in die Sophienkathedrale der Residenzstadt Wladimir und heißt seitdem »Wladimirskaja« (Moskau, Tretjakow-Galerie).

100604

100563

Aus der Chronik des Geschichtsschreibers Johannes Skylitzes stammt die Buchmalerei, die Basileios II. auf einem seiner Feldzüge zeigt (12. Jh.; Madrid, Biblioteca Nacional).

Zentrum und Peripherie

Die Zukunft gehörte aber den fest in den Regionen verwurzelten Fürstenherrschaften. Ihre wirtschaftlichen Ressourcen beruhten nicht mehr wie in früheren Zeiten vornehmlich auf Kriegsbeute und den Gewinnen aus grenzüberschreitenden Handelsgeschäften. Landwirt-

INFOBOX

Die »Erzählung von den vergangenen Jahren ...«

Die »Erzählung von den vergangenen Jahren, woher das russische Land seinen Anfang nahm, wer in Kiew zuerst zu herrschen begann und auf welche Weise das russische Land entstanden ist«, das grundlegende Werk der altostslawischen Chronistik, entstand Anfang des 12. Jh. in Kiew, ist jedoch nur als Bestandteil späterer Chronikhandschriften des 14.–16. Jh. überliefert. Da in einigen Handschriften der Mönch des Kiewer Höhlenklosters Nestor als Verfasser der ersten Redaktion genannt wird, erhielt sie den Namen »Nestorchronik«. Sie wurde auf der Grundlage einer Sammlung von historischen Quellen, Verträgen, byzantinischen Chroniken und Viten sowie altslawischen Überlieferungen und Legenden erstellt. Der Stoff der Nestorchronik ist nach Jahren geordnet, wobei eine Einordnung der altrussischen Ereignisse in die Weltgeschichte versucht wurde.

Die beiden wichtigsten späteren Redaktionen der Nestorchronik sind die des Abtes Silwestr vom Jahre 1116, überliefert in der Laurentiuschronik, und die Überarbeitung und Ergänzung von 1118, die am besten in der Hypatiuschronik erhalten ist.

schaftliche Produkte und Rohstoffe wurden immer mehr zu einer wichtigen Einnahmequelle. Das Profil der Oberschicht passte sich dieser Entwicklung an.

Der Bojare als adliger Landbesitzer löste den Haudegen der früheren kriegerischen Gefolgschaft im engsten Beraterkreis der Fürsten ab. Gefahr für das friedliche Zusammenleben drohte von der rücksichtslosen Hausmachtpolitik ehrgeiziger Fürsten. In kritischen Situationen beanspruchten seit dem 11. Jahrhundert daher zunehmend auch die betroffenen Untertanen ein Mitspracherecht. Sie trafen sich spontan auf städtischen Volksversammlungen (russisch wetsche), so erstmals erwähnt 997 in Belgorod, und meldeten bei anstehenden wichtigen Entscheidungen ihre Wünsche an. Gelegentlich setzten sie bei der Fürstenwahl ihren Wunschkandidaten durch. Das Kiewer Reich zerfiel in eine Vielzahl kleinerer Teilfürstentümer und löste sich in die Einzelinteressen der verschiedenen rurikidischen Seitenlinien auf.

Der Machtkampf um die innerrussische Vorherrschaft spielte sich hauptsächlich unter den Nachkommen Wladimir Monomachs und seines Sohnes Mstislaw ab. Das Schicksal Kiews entschied sich im Machtpoker zwi-

ZITAT

Aus Wladimir Monomachs »Belehrung« an seine Söhne:

... Insgesamt habe ich 83 große Kriegszüge unternommen, an die ... Neunzehnmal habe ich – zu meines Vaters Lebzeiten und auch später – mit Polowzerfürsten Friedensverträge geschlossen, und ich habe ihnen reichlich Geld und eigene Gewänder als Geschenk übergeben. Und viele der angesehensten Polowzerfürsten habe ich aus der Gefangenschaft entlassen ...

393

Das Kiewer Höhlenkloster (Kiewo-Petscherskaja Lawra) ist das älteste Kloster im russischen Gebiet. Seine Ursprünge gehen auf von Eremiten bewohnte Höhlen des Dnjepr-Gebiets zurück. Im 11. und 12. Jh. hatte es wesentlichen Anteil an der Verbreitung des Christentums und der Entwicklung einer christlich-russischen Kultur.

1037 legte Jaroslaw der Weise den Grundstein für die Sophienkathedrale. Der Kirchenbau wurde 1240 zerstört und im 17./18. Jh. wieder aufgebaut. Hier der Blick aus dem Südosten auf die Apsiden mit dem freigelegten ursprünglichen Mauerwerk.

100746

schen den aufstrebenden Fürstensitzen in den Randgebieten Wolhynien, Smolensk und Wladimir-Susdal. In Smolensk nutzten die Nachkommen des 1167 verstorbenen Monomach-Enkels Rostislaw die günstige geographische Lage am Kreuzungspunkt der binnenrussischen Flussverbindungen zu Gewinn bringenden Handelsaktivitäten, die über Riga bis nach Lübeck, Dortmund und Bremen reichten. Den südwestrussischen Territorien boten fruchtbare Ackerböden und rege Handelskontakte günstige Voraussetzungen für wirtschaftlichen Wohlstand und Eigenständigkeit.

Die Nähe Ungarns und Polens drohte aber auch wiederholt die innere Entwicklung zu gefährden. Die Fürsten hatten zudem gegen eine starke Bojarenopposition anzukämpfen. Eine innere Konsolidierung erreichte erst Roman Mstislawitsch im Jahre 1199 mit der Vereinigung der Fürstentümer von Wolhynien und Galitsch. Sie brachte ihm auch vorübergehend 1203 den großfürstlichen Thron in Kiew ein.

Die Heimsuchung Mariä zeigt ein Fresko in der Kiewer Sophienkathedrale aus der Zeit ihrer Erbauung im 11. Jahrhundert.

Auf längere Sicht arbeitete die Zeit für die Herrscher im entfernten Rostower Land, das Wladimir Monomach 1125 seinem jüngsten Sohn Jurij Dolgorukij hinterlassen hatte. Die geschützte Lage »hinter den Wäldern« fernab von den Einfallswegen der Steppenvölker erleichterte

4601

589

Fürst Jurij Dolgorukij ließ den Messkelch der Christi-Verklärungs-Kathedrale von Perejaslawl-Salesskij anfertigen (Moskau, Kremlmuseum).

einen kontinuierlichen Landesausbau. Jurij machte sich als Städtegründer einen Namen. Er beteiligte sich erfolgreich an den Auseinandersetzungen um die Beherrschung Kiews, in dessen Mauern er 1149 und 1155 als Sieger einzog. Unter seinen Söhnen und Nachfolgern Andrej Bogoljubskij und Wsewolod III. spielte das Fürstentum Wladimir-Susdal seinen Machtvorsprung vor den Mitkonkurrenten in der zweiten Hälfte des 12. Jahrhunderts immer rücksichtsloser aus und erhob Anspruch auf das Kiewer Erbe.

Die Schwerpunktverlagerung der russischen Geschichte von der Dnjeprregion in das Zwischenstromland zwischen oberer Wolga und Oka hatte weit reichende Folgen. Der ehedem von finnougrischen Stämmen bewohnte nordostrussische Kolonialboden war erst seit der Jahrtausendwende von slawischen Siedlergruppen erschlossen worden. Die Herausbildung autokratischer Herrschaftsformen wurde noch kaum durch gewachsene politische Strukturen und durch eine bodenständige Adelsopposition behindert. Dieses soziale und politische Umfeld sollte den Moskauer Fürsten den späteren Machtaufstieg erheblich erleichtern.

Russland und Asien

Der Mongolensturm von 1238–40 unterbrach vorerst die in Gang gekommene machtpolitische Umstrukturierung unter den russischen Fürstentümern. Die enormen Kriegsschäden und die erzwungenen Abgaben an die neuen tatarischen Herren schwächten die Wirtschaftskraft des Landes. Russland war zudem bis zum Ausgang des 15. Jahrhunderts weitgehend von Westeuropa abgeschnitten. Im jahrhundertelangen wechselvollen Kampf zwischen Wald und Steppe hatten die Reiternomaden einen wichtigen Etappensieg errungen. Nur die nordwestrussische Handelsmetropole Nowgorod war außerhalb der Reichweite der tatarischen Truppen geblieben und vor Kriegszerstörungen bewahrt worden, musste sich aber ebenfalls an den Tributzahlungen beteiligen.

Edgar Hösch

ZEIT ASPEKTE

Das Beste aus der ZEIT zu ausgewählten Themen dieses Bandes.

Terrakotta-Armee

Mekka

Koran

Karl der Große ...

DIE ZEIT

ZEIT Aspekte

Terrakotta-Armee

Tonkameraden schützten Chinas ersten Kaiser

Nach zwei Jahrtausenden kamen die Soldaten aus dem Untergrund

Von Gerhard Prause

Es muss nicht immer Größe sein, was zu Unsterblichkeit führt. Bei Qin Shi Huangdi, Chinas »Erstem, erlauchtem Kaiser«, war es vor allem manische Todesfurcht, die ihn nach Möglichkeiten suchen ließ, ewig zu leben. Jahrelang eilte er durch sein riesiges Land, das er aus sechs Staaten zu einem zentralistisch regierten Reich geeint hatte, jagte dahin auf den von ihm angelegten Schnellstraßen, in Wagen mit der von ihm für alle Wagen und Karren in ganz China genormten Spurenweite.

Qin Shi Huangdi, der Expeditionen in unbekannte Regionen schickte, um die legendären Inseln der Unsterblichen suchen zu lassen, und der selbst ständig unterwegs war, weil er das Elixier des ewigen Lebens finden wollte, hat alles genormt und vereinheitlicht: Maße und Gewichte, die Währungen, die Kalender, die Schriftformen, die Gesetze, die Moral. Und sogar die Menschen. Er schaffte die Klassenunterschiede ab. Und er ließ allen dieselbe Bildung zuteil werden.

Andere Formen von Bildung verbot er. Im Jahre 213 v. Chr. ließ er sämtliche Bücher, auch aus Privatbesitz, die nicht unmittelbar der militärisch-despotischen Verwaltungspraxis seines Einheitsstaates förderlich waren, verbrennen. Das traf vor allem die Konfuzianer. Und 460 konfuzianische Gelehrte ließ er sogar umbringen, was seinen späten Bewunderer Mao Tse-tung nach gut zwei Jahrtausenden zur eigenen Verherrlichung ausrufen ließ: »Was zählt schon der erste Kaiser? Er hat nur 460 konfuzianische Gelehrte lebendig begraben, wir haben 46000 begraben!«

Mao, der erste Vorsitzende, der am 9. September 1976 im Mausoleum auf dem 40 Hektar großen Tian'anmen-

Platz, dem größten Platz Pekings, sein (wohl nur kurzes) ewiges Leben begann, direkt neben der ehemaligen, einst für Bürger verbotenen kaiserlichen Palaststadt, sah in Chinas erstem Kaiser seinesgleichen: den Einiger des Reiches, den Bändiger der menschlichen Natur. Und vielleicht hat Mao, den es ja ebenfalls nach Unsterblichkeit gelüstete, nicht ohne Neid gelesen, was – wie antike Historiker versichern – der misstrauische und stets Attentate fürchtende Qin Shi Huangdi sich für sein ewiges Leben ausgedacht hat, nachdem er weder das ersehnte Elixier noch die Inseln der Unsterblichen gefunden hatte.

Zwei Jahre vor seinem Tod – der Erlauchte starb 210 v. Chr. im Alter von noch nicht 50 Jahren – ließ er bei seiner Hauptstadt Sian (45 Kilometer westlich der Stadt Sian, die 900 Kilometer südwestlich von Peking liegt) den Bau seines Grabes beginnen. Verglichen mit dieser zwei Quadratkilometer großen Mausoleumsanlage, bei der es sich nach alten Überlieferungen um eine gewaltige unterirdische Palaststadt handeln soll, wirkt das Grab Tutanchamuns, des Goldenen Pharao, geradezu armselig.

Das eigentliche Grabmal – so die alte Überlieferung – enthalte ein riesiges Bronzerelief, das chinesische Reich darstellend mit Bergen, Tälern, Ebenen, Flüssen, Kanälen, mit Städten, Palästen und der großen Mauer, mit deren Bau Qin Shi Huangdi begonnen hatte. Auf einem der Quecksilberflüsse soll der schiffsförmige Sarkophag des Kaisers schwimmen, noch immer – wie chinesische

Qin Shi Huangdi, der erste Kaiser eines zentralistisch regierten China, wollte auch in seiner Grabanlage Schutz, der ewig währen sollte –, und entschied sich für eine Armee individuell gestalteter Krieger aus Terrakotta (3. Jh. v. Chr.; Lintong, Provinz Shaanxi, Museum).

100042

100042

In der 1974 entdeckten Grabanlage des Qin Shi Huangdi wurden auch 24 lebensgroße Pferde und die Reste von hölzernen Wagen gefunden (3. Jh. v. Chr.).

Archäologen behaupten – unberührt. Über die ganze Anlage, die – abgesehen vom Sarkophag – bald nach des Kaisers Beisetzung ausgeraubt worden sein soll, wölbte sich eine kupferne Kuppel mit Nachbildungen der Gestirne.

Legende? Dichtung? Ausschmückende Übertreibungen? Dies wohl auch, so wenn es heißt, zehntausend Bauarbeiter, die hier gearbeitet hatten, seien getötet worden, als das Monument fertig war, und den Sargträgern habe man, als sie die Gruft wieder verlassen wollten, das schwere Jadetor vor der Nase zugeschlagen, damit sie nichts verraten könnten. Aber was denn verraten? Den Ort kannte ja jeder. Über das Grab hatte man einen fünfzig Meter hohen Hügel aufgetürmt, der noch heute weithin sichtbar aus der Landschaft herausragt und schon immer als der Tumulus des ersten Kaisers bekannt war.

Nachdem im Jahre 1974 Bauern unter einem Feld einen Hohlraum entdeckten mit Teilen von Terrakottafiguren, die man sofort mit der kaiserlichen Mausoleumsanlage in Verbindung brachte, wurde hier an drei Stellen gegraben. Neben den einst in Reih und Glied geordneten, etwa siebentausend lebensgroßen Soldaten wurden die Reste von Wagen und 24 lebensgroße Pferde ausgegraben, von denen jeweils vier vor einen Wagen gespannt gewesen waren.

Die Soldaten stehen nun fast wieder so, wie sie vor zwei Jahrtausenden angetreten waren, einige allerdings ohne Köpfe und alle mit leeren Händen, in denen sie einst Waffen hielten oder vielleicht auch Standarten oder die Führungsleinen der Pferde. Die Lanzen, Bogen, Schwerter oder was immer sie in den Händen hielten, sind ebenso wie die hölzernen Wagen nur noch in Resten erhalten. Waffen aus Metall mag man ihnen geraubt haben, hölzerne Lanzen, die Wagen und die Ledergeschirre der Pferde und vieles andere ist großenteils verbrannt, als Feinde vor vielen Jahrhunderten in diese unterirdische Welt eindrangen und Feuer legten, sodass auch die starken Deckenbalken, die die Geisterarmee gegen die Oberwelt abschirmten, vernichtet wurden und die über ihnen aufgeschütteten Erdmassen auf die Figuren herunterbrachen und dabei viele von ihnen umwarfen und zerdrückten.

An manchen Stellen wurden nach dem Abtragen der Erd- und Aschenschicht auf dem in fünf Meter Tiefe liegenden Mauersteinfußboden nur noch Scherbenhaufen gefunden: Köpfe, Arme, Hände, Füße, zerbrochene Beine, eingedrückte Körper. Infolge der Plötzlichkeit dieser Verschüttung liegen die Scherben der zertrümmerten Figuren glücklicherweise meistens so nah beisammen, dass eine Restaurierung nicht allzu schwierig ist.

Bei aller Ähnlichkeit in ihrer stilisierten Art haben die Soldaten doch alle unterschiedliche, fast individuelle Gesichter. Viele blicken sehr ernst, manche lächeln, die meisten sind glatt rasiert, einige tragen Bärte. Sie wurden also nicht nach Schablonen gemacht, sondern einzeln modelliert. Unterschiedlich infolge ihrer Funktion, ihrer Dienstränge und Waffengattungen sind auch die Haltungen ihrer Arme und Hände, sind die Uniformen, die Helme, Mützen und Haarfrisuren.

Den Ausgräbern ist ziemlich genau bekannt, wie Qin Shi Huangdi seine letzte Armee aufgestellt hatte: wo die Bogenschützen eingesetzt waren und die knieenden Armbrustschützen, die Speerwerfer, wo die Wagen fuhren und wo das mit Schwertern bewaffnete Gros stand.

19. September 1980

Shintoismus

Über allem liegt ein Hauch von Sake

Zu Ehren der Göttin Niutsuhime feiern die Japaner jedes Jahr in dem Städtchen Gobo das Lachfest

Von Malte Jaspersen

Eine bunte Menge hat sich auf der kleinen Straßenkreuzung inmitten der Reisfelder versammelt. Männer in kiltartigen, karierten Hüfttüchern stehen dort gleich neben Shintopriestern, die würdig durch die Wartenden schreiten. Die weit ausgestellten Schultern ihrer traditionellen Kimonos betonen das Respekteinflößende dieser Gestalten – und legen den Schluss nahe, dass die Mode japanischer Großstadtyuppies mit ihren wattierten Schultern womöglich auf altbewährte Muster zurückgreift. Dazwischen galoppieren Kinder auf Bambussteckenpferden und necken den »Shishi«, einen Tänzer unter riesiger Löwenmaske.

Im Mittelpunkt der Aufmerksamkeit steht ein Mann, der mit seinem Kostüm wie eine gelungene Mischung aus italienischem Zirkusclown und japanischem Volksschauspieler wirkt. Unter langer Zipfelmütze strahlt ein rotweiß geschminktes Gesicht, dessen Stirn ein chinesisches Schriftzeichen ziert. Hier steht er, der Zeremonienmeister, besser: der Herr des Gelächters, denn das Zeichen auf seiner Stirn bedeutet »lacht«.

Einmal im Jahr und immer im Herbst treffen sich die Bewohner der Stadt Gobo zu einem Volksfest, einem »Matsuri«, das selbst im an Merkwürdigkeiten reichen Japan einzigartig ist. Man feiert das »Lachfest«. Knapp zwei Zugstunden entfernt von der Metropole Osaka liegt Gobo. Ein bisschen Holz- und Papierindustrie, daneben Obstanbau: Eilig hat man es hier nicht. In den umliegenden Bergen gibt es Schlangen, wilde Affen und vereinzelt Bären. Das Land steckt voller Überlieferungen. Auch die Legende der Göttin Niutsuhime, auf die sich das Lachfest beruft, gehört dazu.

In uralten Zeiten lebte sie hier, eine von unzähligen Gottheiten des japanischen Shintokults. Eines Morgens, es war am Tag einer wichtigen Zeremonie, so geht die Fama, verschlief sie. Um sich nicht zu verspäten, rannte sie los, wand sich in aller Eile aber nur ein Tuch um die Hüften. Das verhakte sich jedoch an einem Ast, sodass Niutsuhime völlig entblößt vor den verblüfften Dorfbewohnern stand, die in lautes Gelächter ausbrachen. Wie in vielen anderen Kulturen wird auch in der japanischen Mythologie das weibliche Geschlechtsorgan gleichermaßen angebetet wie gefürchtet. Das Lachen der Dorfbewohner war daher nicht nur ein Ausdruck von Belustigung oder Schadenfreude, sondern, so glaubt man heute, befreite sie auch von der Spannung und Furcht, die der Anblick ausgelöst hatte.

Niutsuhime fragte jedoch nicht lange nach Sinn oder Unsinn des Heiterkeitsausbruches, sondern reagierte, ganz Shintogöttin, sehr menschlich: Sie zog sich wütend in ihre Hütte zurück. Ihr Zorn hätte für die Dorfgemeinschaft schreckliche Folgen haben können, doch alle Versuche, Abbitte zu leisten, schlugen fehl. Eine geniale Idee brachte schließlich die Rettung: Die Männer zogen Frauenkleidung an, die Frauen Männerkleidung. Alles schminkte sich, ehe die Dorfbewohner vor Niutsuhimes Hütte marschierten. Dort fingen die Leute an, sich gegenseitig wegen ihrer Aufmachung auszulachen, ein wildes Fest begann. Neugierig geworden, sah die Göttin zur Tür hinaus, und angesichts der Dorfbewohner, die sich vor Lachen auf dem Boden rollten, verrauchte endlich ihr Zorn.

Freude am Feiern, an Ausgelassenheit und der unbefangene Umgang mit Erotik sind typisch für den Shinto. Das Wort bedeutet »Weg der Götter« und wurde im 7. Jahrhundert geprägt, um den Shinto gegen den aus China importierten Buddhismus abzugrenzen. Dieser japanische Kult umfasst ein ganzes Spektrum von sinnlicher Naturanbetung, Volksglauben, Ritualen und Göttergeschichten, das unter der Oberfläche des modernen Nippon weiter besteht, Shinto und Buddhismus leben heute in friedlicher Koexistenz, oft sogar sind die Trennungslinien verschwommen. Die Japaner pflegen eine pragmatische Sicht der Dinge: Buddhismus ist für die Ewigkeit zuständig, der Shinto hingegen für das Leben.

Auf der Straßenkreuzung zu Gobo steigt inzwischen die Stimmung. Eine eigentümlich schrille Musik von Bambusflöten und Trommeln tönt durch das erwartungsvolle Stimmengewirr. Der Lachmeister erhebt seine Hände wie ein Dirigent. Auf sein Zeichen legen sie los: »Warai, warai, warai«, was auf Deutsch ganz schlicht bedeutet: »Lacht, lacht, lacht«. Das Lachfest hat begonnen. Trupps zu je zwanzig Männern wuchten sich schwere Schreine mit geweihten Opfergaben auf die Schultern. Fremdartig schön geschminkte kleine Jungen besteigen reich verzierte Sänften. Allein Kinder haben nach der Tradition das Recht, Gottheiten darzustellen, eine Regel, die sowohl bei Matsuris wie auch im klassischen Noh-Theater bis heute streng eingehalten wird. Wollten Erwachsene in diese Rollen schlüpfen, käme das einer Beleidigung der Gemimten gleich.

Reisfelder säumen den Weg der Prozession. Reis verleiht den Trägern auch die Kraft, unter ihren Lasten nicht zusammenzubrechen. Reis in flüssiger Form allerdings: als Sake. Der Reiswein gehört zu Matsuris wie das Weihwasser in die Kirche. Hilfreiche Hände am Wegrand sorgen dafür, dass der Sakepegel nicht unter ein ernüchterndes Minimum sinkt. Manche Trupps schlingern bald ziemlich gefährlich durch das Spalier der lachenden Zuschauer, aber sicherer Instinkt rettet sie jedes Mal vor dem drohenden Sturz in die Reisäcker.

Diese keuchenden, schwitzenden Männer und der über allem liegende Geruch von Sake scheinen nicht mehr viel mit der eleganten, strengen Zurückhaltung zu tun zu haben, die das typische westliche Japanbild prägt. Doch was dem unbeteiligten Zuschauer fast anarchisch vorkommen mag, ist in Wirklichkeit ein Ritual. Hier zeigt sich das andere Gesicht Nippons, das als Erbe eines Volkes von Bauern ungebrochen hinter den polierten Glasfronten des Industriegiganten weiterlebt. Dazu gehören Aberglaube und Irrationalität wie auch die Vorstellung, erst durch Anstrengung, Schmerz und Ekstase, eben so, wie sie von einem Matsuri nicht wegzudenken ist, geläutert zu werden.

100264

Der Shintoismus ist eine Religion, bei der Ritual und ausgelassenes Feiern eng zusammengehören. Das Foto zeigt ein shintoistisches Prozessionsfest zur Besänftigung der Gottheiten der Kamo-Schreine.

Nach mehreren Stunden haben die Träger es schließlich geschafft. Die Prozession zieht durch ein steinernes Tor in den Niu-Jinja, einen typischen Schrein, wie man ihn häufig auf dem Land findet: verwittertes Holz, moosbedeckte Steintreppen und zwischen Dachschindeln hervorwachsendes Gras. Hier hatte die Göttin gelebt, deren fallende Hüllen einst für so viel Aufregung sorgten. Dicht gedrängt stehen die Zuschauer, um die erschöpften Träger ein letztes Mal anzufeuern. Wieder und wieder hebt der Lachmeister die Arme, löst immer neue Lachsalven aus. Shintopriester schwenken Stäbe mit weißen Papierbüscheln über der Menge, Reinigung und Segnung zugleich, während irgendwo im Dunkel eines uralten Holzgebäudes Niutsuhime sitzt und sich noch einmal Abbitte für die erlittene Unverschämtheit leisten lässt.

Auf ein Zeichen des ältesten Priesters verneigen sich die Götterkinder vor dem Heiligtum und ziehen an einem dicken Seil. Ein blechernes Scheppern ertönt, Signal für die Göttin, dass da jemand um ihr geneigtes Ohr bittet. Ein kurzes, zweimaliges Händeklatschen, und sie verharren einen Moment. Immer wieder das gleiche knappe Ritual, nach den Kindern die Träger, nach den Trägern die Zuschauer, Hunderte von Malen: Ziehen, Scheppern, Klatschen, Stille – das shintoistische Gebet.

Nachdem der zeremonielle Teil des Lachfestes vorbei ist, verwandelt sich der Schrein in einen Rummelplatz. Der Geruch von gebratenem Oktopus hängt in der Luft, kleine Buden verkaufen Nippes, Glücksbringer und Andenken. Die Priester laufen mit großen Körben durch die Menge und verschenken geweihtes Gemüse als Fruchtbarkeitssymbol. Auch der Besucher aus dem fernen Deutschland erhält unter vielsagendem Grinsen einen dicken Rettich, dem in Japan einschlägig belebende Wirkung nachgesagt wird. In der Mitte des kleinen Platzes haben sich inzwischen die Stärksten zum Kräftemessen versammelt. Einer nach dem anderen richten sie eine meterlange Bambusstange auf, um sie über den Köpfen der Zuschauer kreisen zu lassen, denen die Blätter um die Ohren zischen.

Bis in den späten Abend hinein dauert das Fest. Hier auf dem Land hat sich das Matsuri bis heute seine ursprüngliche Kraft bewahrt, ist Maskerade und Ventil, Karneval und höchst lebendige Götterverehrung geblieben, keine Museumsaufführung für Touristen.

Glaubhaft wird im Übrigen versichert, dass die Göttin Niutsuhime sich längst hat besänftigen lassen. Aber so genau sollte man sich nicht darauf verlassen, fügte ein Einwohner Gobos hinzu: »Gottheiten spielen nach eigenen Regeln.« *5. Februar 1992*

Islam

Und ewig lockt die Kaaba

Dreimal nach Mekka – die imaginäre Reise eines Ungläubigen in die Pilgerstadt der Moslems

Von Johannes Groschupf

Nicht alle Wege führen nach Mekka. Schon gar nicht für die Ungläubigen, zu denen auch ich mich zählen muss. Niemand von ihnen darf diese Stadt betreten. Strenge Kontrollen weit vor den Toren verhüten das unerlaubte Eindringen. Die Wege um Mekka herum sind so angelegt, dass Ungläubige nicht einmal von ferne der heiligen Stadt ansichtig werden. Kein Flugzeug fliegt über Mekka hinweg. Doch was einem verschlossen ist, reizt umso mehr. Statt weiterhin ungläubig den Kopf zu schütteln, machte ich mich auf den Weg.

Die gebeugten Rücken der mohammedanischen Gläubigen wiesen mir die Richtung. In den Seitenstraßen der ärmlichen Bezirke Berlins geht man zuweilen an einer Parterrewohnung vorbei, in der ein Mensch auf seinem Teppich kniet, sich gen Mekka verneigend. Für die Dauer des Gebets verlässt er Berlin und richtet sich zum Ort, wo alles begann. Die Geburtsstadt des Propheten und die Stadt seines Sieges im Jahre 630 scheint ein Geheimnis zu bergen, das größer ist als alle christlichen Wunder. Lange vor der Begründung des Islam kamen die Menschen in hellen Scharen nach Mekka, um jenen schwarzen Meteoriten zu ehren, der in die Kaaba eingelassen ist. Und noch heute kommen alljährlich etwa 1,5 Millionen Moslems zur hadsch, zur großen Pilgerfahrt, in die Stadt.

Schön ist diese Stadt sicherlich nicht, keine touristische Attraktion, die zum gemütlichen Abendspaziergang auf dem palmengesäumten Boulevard einlädt. Kein Heiligtum ist schön. Ebenso wenig ist die Pilgerfahrt ein beschaulicher Urlaub, sondern eine Prüfung auf Leben und Tod. Sie gehört zu den fünf Grundsäulen des Islam: Jeder Moslem, der gesundheitlich und finanziell in der Lage ist, sollte sie mindestens einmal im Leben

Die Luftaufnahme zeigt die ursprünglich 775–785 erbaute Große Moschee in Mekka, deren Mittelpunkt die Kaaba bildet. Siebenmal muss der schwarze Meteorit umkreist werden, danach küssen die Pilger den Stein.

100562

absolvieren. Auf meiner Suche lernte ich drei Mekkapilger kennen, die auf ihre Weise von der heiligen Stadt erzählten.

Mein erster Gewährsmann unternahm die Pilgerfahrt von Valencia aus, nachdem ihn sein Dienstherr gezwungen hatte, sieben Becher Wein zu leeren. Diese Schuld zu sühnen, trat Ibn Dschubair am 2. Februar 1183 seine Reise an, um erst zwei Jahre später, im April 1185, zurückzukommen. Sein »Tagebuch eines Mekkapilgers« notiert mit baedekerscher Präzision die Sehenswürdigkeiten unterwegs. Über Alexandria und Kairo gelangt er zum Roten Meer, sein Staunen in der Fremde findet kein Ende, und oft genug »versagen die Worte eine Beschreibung ... Die Wirklichkeit übersteigt alle Vorstellungskraft«.

Manche Widrigkeiten seiner Fahrt sind durchaus zeitlos, so der Empfang beim Zoll: »Alle Gepäckstücke, ob groß, ob klein, wurden durchsucht und völlig durcheinander geworfen. Bei der Vernehmung schob man die Hände sogar unter die Gürtel der Reisenden ... Während dieser Zeit verschwanden viele Dinge in dem Durcheinander der Hände und dem ständig wachsenden Gedränge.«

Schlimmer noch wird die Fahrt über das Rote Meer nach Dschidda: »Viele Male starben wir und lebten aufs Neue. Dank sei Gott!« Anfang August ziehen die Pilger endlich in Mekka ein, und der sonst so nüchterne Beobachter Ibn Dschubair beginnt zu singen: »O glückliche Nacht von unendlicher, unberührter Schönheit; Braut der Nächte des Lebens, Jungfrau unter den Mädchen der Ewigkeit! An jenem Tag zur erwähnten Stunde gelangten wir zu dem wunderbaren Haram Gottes, dem Aufenthaltsort Abrahams; wir fanden die Kaaba vor wie eine unverschleierte Braut.«

Verweilen wir einen Augenblick. Die Kaaba, eine Art stehender Kasten, ist der Mittelpunkt der Großen Moschee Mekkas und damit der ganzen islamischen Welt; sie soll das erste Haus der Menschheit sein, von Abraham erbaut. Gleich nach der Ankunft in Mekka ist die Kaaba siebenmal zu umschreiten, dann kann ihr Herzstück, der Schwarze Stein, berührt und geküsst werden. In den Tagen der hadsch ist die Kaaba geöffnet und kann betreten werden. Ibn Dschubair notiert das entfesselte Verlangen der Pilger, durch Berühren des Heiligtums die Erhörung ihrer Gebete zu erreichen: »Das Gedränge dieser Menschen, die Weise, wie sie sich auf die edle Tür warfen, ihre Zusammenstöße, das Schwimmen einiger auf den Köpfen der anderen, als seien sie im Wasser, war etwas, was niemals schrecklicher anzusehen gewesen war. Leben wurde vernichtet und Glieder gebrochen. Während alledem waren sie unachtsam und ruhten niemals. Wie Motten auf eine Lampe warfen sie sich auf die Kaaba in einem Überschuss von Bewegtheit und Kraft.«

Eine solche Leidenschaft ist nicht den fernen Zeiten zuzuschreiben, wir erleben den gleichen Tumult 700 Jahre später mit Heinrich von Maltzan, und auch heute ist das Gedränge kaum geringer. Dabei gilt das Erreichen der Kaaba keineswegs als Ziel der mekkanischen Pilgerfahrt, für jenen unternehmungslustigen Deutschen ist die Verehrung der Kaaba gar ein Götzendienst, ein Relikt aus heidnischen Zeiten, das wie ein Alp auf dem Islam lastet. Wie aber kommt dieser Deutsche hierher?

Heinrich von Maltzan, einer der vielen reisenden Abenteurer des 19. Jahrhunderts, begann seine Fahrt nach Mekka 1860 in Algier. Nicht religiöse Inbrunst trieb ihn, sondern journalistischer Wagemut, als einer der wenigen Europäer – verkleidet und mit falschem Pass – in die heilige Stadt zu kommen. In einem Kellerlokal eines verruchten Viertels in Algier besticht er einen Kifraucher, unter dessen Namen Abd-er-Rahman und mit dessen Papieren er fortan reisen wird. Die maghrebinische Verkleidung lässt ihn, in Begleitung eines schwarzen Sklaven und einiger ägyptischer Pilger, ohne Schaden nach Mekka gelangen. Allerdings bewahrt er durchaus den scharfen Blick des Europäers, der vom religiösen Taumel ringsum nicht ergriffen wird. Das Anlegen des ihram, des Pilgergewandes, lässt seine Pilgerkollegen zum ersten Mal in den heiligen Ruf »labbaik« (»Hier bin ich, mein Gott«) ausbrechen.

»Es war, als gäbe es kein anderes Wort mehr in der Sprache, als dieses, das den Ruf der Pilgerscharen bildet, welchen sie vom Moment der Anlegung des Ihram täglich mit heiligem Eifer wieder und wieder ausstoßen, bis sie endlich auf Arafat das Ziel ihrer Wünsche erreichen und dort den geheiligten Ruf mit erneuerter, aufs Höchste gesteigerter Energie ertönen lassen.« Ihn selbst jedoch, den kühnen Undercover-Touristen, beschäftigen weit mehr die Gefahren eines Sonnenstiches beim barhäuptigen Wandern unter der arabischen Sonne, der nächtliche Gesang einiger Derwische neben seiner Schlafstatt und das Verbot, sich von Ungeziefer zu befreien.

Als sie Mekka erreichen, »brach auf einmal ein fürchterlicher, unaussprechlicher Jubel aus allen Kehlen los ... Viele Pilger fielen auf den Boden nieder, entweder in kniender Stellung und streckten die Arme sehnsüchtig nach der schwarzen Häusermasse aus, oder sie warfen sich in voller Adoration auf die Erde hin und bedeckten den Wüstensand mit brünstigen Küssen. Die meisten weinten. Viele schluchzten und seufzten in lauten, gellenden Tönen«. Der Wallraff-Vorgänger treibt sich bald studienhalber in den Straßen Mekkas herum, er entdeckt einen tatarischen Pelzverkäufer auf dem Basar, besichtigt das Angebot des Sklavenmarktes, gerät in einen überfüllten Opiumkeller und schließlich auch in das Viertel der mekkanischen Prostituierten. Der Pilgermonat hat die Stadt in ein wildes Volksfest verwandelt.

Die festgelegten Etappen der Pilgerfahrt werden eher beiläufig absolviert, wie etwa der sai, das Rennen zwischen den Hügeln Safa und Marwa zur Erinnerung an die Verzweiflung der Mutter Ismails. »Es war ein Anblick, wie man ihn außerhalb Mekkas wohl nur in einem Tollhaus zu sehen bekommen möchte. Alle diese halb nackten, staub- und schmutzbedeckten, keuchenden, schwitzenden, stöhnenden Wesen, von der Sonnenhitze, der ihr nackter Schädel stundenlang ausgesetzt gewesen war, fieberhaft erhitzt, von den religiösen Zeremonien zu Tode ermüdet und doch zugleich fanatisch aufgeregt, alle diese von einem religiösen Wahnsinn wie tobsüchtig gemachten Menschen liefen, rannten, keuchend und dabei laut schreiend die Straße auf und ab. Dass sie den zufällig durch die Straßen gehenden Leuten ausgewichen wären, daran war natürlich nicht zu denken.« Prompt wird unser Studienreisender samt Sklaven und Begleitern umgerannt und beinahe zu Tode getrampelt.

Später jedoch, als er in einem türkischen Bad enttarnt wird, nimmt er selbst die Beine in die Hand und macht sich aus Mekka davon. Erst kürzlich hatte man einen verkleideten Engländer in der heiligen Stadt entdeckt, ihm den Bauch aufgeschlitzt und dort einige Goldstücke gefunden. Heinrich von Maltzan entzieht sich einer solchen Untersuchung und entkommt nach Bombay. Seinen Pilgerpass schickt er dem algerischen Kiffer, unter dessen Namen er gereist war. Dieser jedoch hatte mithilfe des Haschisch ebenfalls seine Reisen und Offenbarungen gemacht, die er für wahrhaftiger hält als die Abenteuer des Deutschen. Er teilt ihm daher brieflich mit: »Da nun alle Wirklichkeit nur Schein und die Gnade Gottes (der Haschischrausch) allein Wahrheit ist, so ist es unzweifelhaft, dass ich der wahre Pilger bin.« Schließen wir uns dieser Argumentation an, so dürfen wir frohlocken; dann können wir auf unserer imaginären Reise auch erwarten, den Mantelsaum des Propheten zu erreichen.

Noch fehlen uns die letzten Etappen der Wallfahrt. »Arafat allein macht den Pilger«, sprach der Prophet einst. Und dieses Stehen vor dem Berg der Offenbarung wollen wir, wie auch das anschließende Steinewerfen in

Mina und das Tieropfer, zusammen mit einem zeitgenössischen Pilger ableisten. Wir nehmen hierzu die U-Bahn in einen Berliner Randbezirk und suchen Werner Schülzke auf, einen deutschen Moslem, der vor einigen Jahren die Pilgerfahrt unternahm. Durch seine Erzählung öffnet sich uns die heilige Stadt noch einmal.

Diesmal ist die Fahrt nach Mekka weniger ein abenteuerliches Unterfangen als vielmehr die Suche nach Offenbarung inmitten einer religiösen Massenabfertigung. Fluchtartig verlassen die Mekkaner ihre Stadt zu Beginn des Pilgermonats. Ihre Wohnungen werden an die einfallenden Gläubigen vermietet, die für den zehntägigen Aufenthalt durchaus 10 000 Mark bezahlen. Wer nicht so viel hat, kampiert in unüberschaubaren Zeltlagern. Die Gleichheit der weiß gekleideten Menschen durch ihren Glauben, vor ihrem Gott, hat unseren Pilger am stärksten beeindruckt.

Als er einem gebrechlichen Moslem aus dem Sudan seinen Sitzplatz im Bus überließ, brach der überwältigt in Tränen aus. Noch nie habe ein Weißer für ihn den

Einheitlich weiß gekleidet verneigen sich muslimische Wallfahrer beim Gebet in Mekka. Wer keine feste Unterkunft findet, dem bieten sich Zeltlager von ungeheuren Ausmaßen zur Übernachtung an.

100264

Platz geräumt. Solch menschliche Begegnungen blieben allerdings spärlich; zu strapaziös der Aufenthalt, zu groß die Gefahr, sich in der Menge zu verlieren. Vor dem Berg Arafat sammeln sich die Pilger zum Höhepunkt der hadsch. Einen Tag lang, vom Mittag bis zum Sonnenuntergang, stehen sie im Tal und entbieten ihrem Gott den Gruß »labbaik« aus Millionen Kehlen, »Hier stehe ich, mein Gott«. Ähnliches kennt keine Religion. Öffnete Gott darüber seine Augen, was sähe er? Und die Gläubigen auf der Erde, warten sie dort auf Godot, oder erwarten sie ein Zeichen? Oder genügt es schon, gemeinsam zu glauben? Die Handlung ist entscheidend; wenn ein Gott so gepriesen wird, wie kann er dann nicht hören? Unser Pilger weiß um die Anwesenheit Gottes in jeder Sekunde: »Ich bin euch näher als eure Halsschlagader«, sagt dieser Gott. Nicht ein Zeichen von oben wird gefordert, sondern die althergebrachten Handlungen werden ausgeführt, um seine Gegenwart zu bestätigen.

Und also wenden sich die Pilger wieder der Erde zu, steinigen den Teufel an drei Steinsäulen in Mina und bringen das Tieropfer dar. Abraham tat dies, sie tun es noch immer. Das Schauspiel ist nicht weniger großartig als das Stehen vor Arafat, wenn auch nicht so erhaben. Das erstaunte, verängstigte, hilflose panische Quieken und Schreien der Millionen Tiere, die dort geschlachtet werden in vorbereiteten Trögen, diese Seufzer der gequälten Kreatur bleiben uns lang in den Ohren. Welch ein Gott, der sich danach die Lippen leckt! Und doch verzehren auch wir unseren Sonntagsbraten und halten die Türen unserer Schlachthäuser sorgsam geschlossen.

Mit der U-Bahn kehren wir aus Mekka heim und vergnügen uns einen Moment lang in der Vorstellung, wir alle könnten auf diesem Wege unseren Frieden finden. Das tägliche Gebet erinnerte uns fünfmal an jenen Gott, der Fastenmonat Ramadan einmal im Jahr, die Fahrt nach Mekka einmal im Leben; und jede Sekunde an seine Gegenwart. Diese Religion gibt einem vielleicht Frieden, aber sie lässt einen auch nicht mehr in Ruhe. So wollen wir Mekka in der Wüstensonne ruhen lassen, an heiligen Stätten fehlt es dieser Welt nicht, und unserer Wege gehen, vielleicht ungläubig, vielleicht auch nur neugierig.

15. Mai 1992

Islam

Einst sagten sie, Allah sei barmherzig

In Palästina werden Jugendliche als lebende Bomben missbraucht. Der Terror verdunkelt das Bild des Islam – und die Erinnerung an eine gläubige muslimische Kindheit

Von Namo Aziz

Die eingestürzten Türme des World Trade Center sind zum Mahnmal gegen Terror und religiösen Fanatismus geworden. Ich kann sie nicht vergessen, wenn Tausende von Muslimen »Gott ist groß« rufen. Ich komme aus einer streng religiösen Familie. Meinen Ahnen und Familienangehörigen ging der Ruf als Heilige voraus, die Krankheiten heilen können. Von überall her kamen die Menschen, ganz egal ob, sie der Rückenschmerz, das Ohrensausen, irgendwelche Ängste plagten oder der Wunsch, ein gesundes Kind zur Welt zu bringen.

Dieser Ruf verpflichtete, und so lernte ich im zarten Alter von drei Jahren schon den Koran bei Mullah Mustafa, dem Lehrer meines Vaters. Das Auswendiglernen der Verse machte Spaß, und noch mehr Spaß machte es, diese Verse zu singen. Mit knapp sechs Jahren war es dann so weit, dass mir die Ehre übertragen wurde, in der Moschee als Muezzin die Gläubigen zum Gebet rufen zu dürfen.

Mein Vater als der bekannte Heiler der Stadt unterwies mich in der Kunst des Heilens. Einmal kam ein Mann zu ihm wegen lauter Stimmen, die er immer hörte, und die ihn weder schlafen, essen noch arbeiten ließen. Mein Vater erklärte mir ganz ruhig, ich solle meine Hände auf die Ohren des Mannes legen, und befahl mir, ihn im Namen Allahs zu heilen. Das Wunderbare geschah, und der Mann kehrte gesundet nach Bagdad zurück. »Im Namen Allahs« bedeutete für mich Liebe, Frieden, Geborgenheit und gegenseitige Hilfe, weit entfernt von Politik und Machtspielen.

Es war nur konsequent und machte mir im Übrigen auch gar nichts aus, dass ich mit sieben Jahren statt auf

100562

Das Studium des Koran betrifft vor allem die wörtliche Verwirklichung der koranischen Normen. Die historisch-kritische Exegese ist nicht üblich – muslimische Tadschiken bei ihren Studien am Islamischen Institut in Duschanbe.

die staatliche Schule auf die Islamschule der Stadt geschickt wurde. Alles, was mit dem Islam zu tun hatte, wurde mir dort beigebracht: der Koran natürlich an erster Stelle, seine Interpretation, die Hadithe (Aussprüche und Taten des Propheten Mohammed) und die Scharia (das islamische Recht). Alle unsere Lehrer waren Mullahs, die uns nicht nur das jährliche Beten und Fasten lehrten, sondern auch, dass die arabische Sprache heilig sei im Unterschied zu anderen Sprachen und der Islam besser im Unterschied zu anderen Religionen. Sie lehrten uns, dass Allah seine Fragen auf Arabisch stellt und wie unbedingt wichtig es für den Eintritt ins Paradies sei, diese Fragen auf Arabisch beantworten zu können.

Kinder aus jüdischen und christlichen Familien, so hieß es, würden nicht wie wir Muslime ins Paradies kommen. Auf dieser Welt aber lebten sie in meiner Kindheit unter uns, direkt in unserer Straße. Wir waren mit den Familien befreundet, und ich besuchte sie genauso oft wie sie uns. Wenn wir gemeinsam spielten, empfand ich heimlich Mitleid mit ihnen, weil sie nicht Arabisch sprachen und ihnen das Paradies verweigert werden würde, auch wenn, wie mein Vater immer wieder betonte, Juden

Ein muslimischer Student betrachtet im pakistanischen Queta ein Propaganda-Poster mit einem Bild Usama bin Ladens. Seit dem Ende der 1970er-Jahre wurde eine kriegerisch-aggressive Komponente im Islam immer einflussreicher.

100562

und Christen doch die ehrlichsten Menschen in unserer Stadt waren.

Für meine Eltern, die keine Araber, sondern Kurden sind, war es nicht ganz einfach, der Verpflichtung nachzukommen, die Gebete auf Arabisch zu sprechen. Sie sprachen die Gebete auf Arabisch, ohne ein Wort dessen zu verstehen, was sie sagten. Als Kind bewunderte ich sie für ihre Fähigkeit, in der Sprache Allahs zu sprechen. Als ich später Arabisch gelernt hatte, lachte ich über den Unsinn, den sie von sich gaben. Es gab immer nur ein einziges Wort, das richtig war – Allah –, und genau dieses Wort wurde von ihnen dann umso lauter gesprochen.

Bis zum Abitur in einer islamischen Oberschule war es mir gelungen, sämtliche Suren des Korans wie auch die Inhalte der Hadithe auswendig wiederzugeben. Viele der Stellen waren mir wie im Schlaf geläufig, geradezu blindlings konnte ich Auskunft darüber geben, was wie und wo behandelt wird. Viele der Geschichten empfand ich als hart und gnadenlos, andere wiederum zeigten sich mir menschlich und großmütig. Damals ahnte ich, dass der Islam - wohl genauso wie die anderen Religionen - nicht ohne Fehler und Widersprüche ist. Doch ich hatte meine eigene Art, damit umzugehen. Die Ungerechtigkeiten, die zu Zeiten des Propheten und danach geschahen, gehörten ja der Vergangenheit an.

Der Islam hat sich politisch vom Frieden verabschiedet

Der Einschnitt in meiner Wahrnehmung des Islam kam mit der Machtübernahme Saddam Husseins im Jahre 1979. Durch Geld und einflussreiche Positionen köderte Hussein erfolgreich kurdische und arabische Mullahs, die sich bereitwillig bewaffnen und als Handlanger des neuen Machthabers einsetzen ließen. Die Freitagsgebete, bisher geprägt durch die sanften und wohlwollenden Worte der Mullahs über die Güte Allahs und seines Propheten, veränderten sich zu einem einzigen Gebrüll. Jetzt hieß es: »Allah beschütze unser Land und unseren Führer Saddam Hussein und vernichte den ungläubigen Iran!« Als ich 1981 im Rahmen meiner Flucht aus dem irakischen Teil Kurdistans nach Deutschland den Iran durchquerte, vernahm ich in den dortigen Freitagsgebeten das rhetorische Pendant. Iranische Mullahs schrien: »Tod dem ungläubigen Saddam und den ungläubigen Amerikanern!«

Mit der Machtübernahme Chomeinis und der Ermordung des ägyptischen Präsidenten Anwar al-Sadat durch den islamischen Dschihad hat sich der Islam politisch vom Frieden verabschiedet. Die Zeit eines fundamentalistisch geprägten Islam begann. Mancher sah ihn als geeignetes Mittel an, sich arabischer Diktatoren zu entledigen und einen gerechten islamischen Gottesstaat zu errichten.

Inzwischen studierte ich an der Universität Bonn Islamwissenschaften und bemerkte, dass Semester für Semester immer mehr islamische Gruppierungen wie Pilze aus dem Boden schossen, deren Mitglieder arabischen Ländern mit diktatorischen Regimen entstammten. Deutschland gewährte ihnen Schutz. Einmal fragte mich ein arabischer Kommilitone aus Palästina verständnislos, ob ich keine Angst vor der Strafe Allahs hätte, wo ich doch mit einer deutschen Frau zusammenlebte und dazu noch mit einer nicht zur Konvertierung bereiten Christin. Die moralische Distanzierung der Fundamentalisten von der hiesigen Kultur endete nur, wenn es darum ging, vom »Land der Ungläubigen« Sozialhilfe zu beziehen. Eines Tages erklärte besagter Kommilitone in einer Vorlesung, Frauen, die keine Kopftücher tragen, seien Huren.

Damals waren es nicht nur die anwesenden Studentinnen der Orientalistik, die sich fragten, mit welchem Recht sich eine derartige Ideologie eigentlich auf den Namen Allahs berufen könne. Diese Geschichte eines religiös getarnten Radikalismus beginnt mit der Gründung der Muslimbruderschaft des Ägypters Hassan al-Banna im Jahre 1928. Er vertrat die Auffassung, der Islam sei »ein totales, alle Aspekte des Lebens umfassendes System«. Al-Banna gab seinen Ideen Nachdruck, indem er sich bewaffnete Milizen unterstellte, denen Dutzende von Menschen zum Opfer fielen.

Al-Banna berief sich auf die erste Verkündigung des Propheten. In Mekka wollte Mohammed in den Jahren 610 bis 622 n. Chr. die arabischen Stämme davon überzeugen, dass der Islam die Religion des Friedens und der Liebe sei. Doch die Überzeugungsarbeit des Propheten scheiterte. Die Mekkaner verweigerten ihm nicht nur ihre Solidarität, sie sahen in ihm auch eine Gefahr für ihre Handelsprivilegien und zwangen ihn und seine Gefolgschaft daher, Mekka zu verlassen. Der Prophet reagierte mit Bitterkeit und Härte. Er erklärte: »Ich habe befohlen zu töten, bis sie (die Ungläubigen) sagen, dass es außer Allah keinen anderen Gott gibt.«

Die vernichtende Niederlage der Mekkaner folgte zwei Jahre nach der Vertreibung Mohammeds aus Mekka. Der Sieg von Badr im Jahr 624 n. Chr. schien die Richtigkeit der neuen Strategie des Propheten zu beweisen und markierte den Beginn eines kriegerischen Korans. Von nun an wurden nicht nur arabische Stämme zur neuen Religion gezwungen, sondern auch Juden und Christen, obwohl sich diese formell mit Mohammed und dessen Gefolgschaften verbündet hatten. Die Massaker an Juden und Christen zu Zeiten Mohammeds sind berüchtigt. So wurden die drei großen jüdischen Stämme in Medina grundlos angegriffen und gezwungen, ihre Unterwerfung zu bekennen. Alle Besitztümer mussten sie vor dem Verlassen ihrer Heimat herausgeben. Der Stamm der Kuraisa fand keinerlei Gnade; der Prophet delegierte die Entscheidung, 600 Männer zu töten und deren Frauen unter den Muslimen zu verteilen, an Saad Ibn Muaaz. So kommentiert der Koran das Verhältnis zu Juden und Christen: »Und wenn sie eurer Auffassung zum Glauben kein Gehör schenken, dann ergreifet sie und tötet sie, wo immer ihr sie auffindet. Denn gegen diese haben wir euch volle Gewalt gegeben« (Sure 4, Vers 90 und 92).

Juden und Christen werden im Koran als »Buchbesitzer«, will heißen: Ungläubige oder sogar Feinde charakterisiert. Die Worte Usama bin Ladens oder islamistischer Gruppierungen wie Hamas und Islamischer Dschihad lassen sich ohne große Mühe auf den Koran zurückführen, wo es heißt: »O ihr Gläubigen! Nehmet nicht die Juden und die Christen zu Freunden. Sie sind untereinander Freunde, aber nicht mit euch. Wenn einer von euch sich ihnen anschließt, gehört er zu ihnen und nicht mehr zu der Gemeinschaft der Gläubigen. Gott leitet das Volk der Frevler nicht recht« (Sure 5, Vers 52).

Der Schrecken über den Einsturz der Türme des World Trade Center im Herzen der USA erschütterte die ganze zivilisierte Welt. In der islamischen Welt aber gab es Freude über den 11. September – ja es gab sie tatsächlich, auch wenn die Presseberichte darüber vielfach bestritten wurden. Es war eine sehr weit verbreitete Freude über das Unglück der Ungläubigen. Man bekundete sie zunächst mehr oder weniger offen. Erst als man merkte, wie einmütig der Rest der Welt den Terror verurteilte, änderte sich diese Haltung. Jetzt wurde demonstrativ für die toten Ungläubigen gebetet. Doch ein wirklicher Sinneswandel ergab sich daraus nicht – das erfahre ich seitdem in vielen Gesprächen.

Nichts als Töten im Kopf

Angesichts solcher Erfahrungen verdunkelt sich vor meinen Augen der gesamte Islam. Gab es jemals eine goldene Epoche außerhalb von Krieg und Verwüstung in dieser Religion? Wenn überhaupt, dann muss es die Zeit des kurdischen Sultans Saladin gewesen sein, der den Islam als tolerante Religion weltweit bekannt machte. Diese Toleranz hat zwar den Arabern viel genützt, nicht aber seinem eigenen Volk, den Kurden, die unter dem Vorwand, Ungläubige zu sein, bis heute von vielen islamischen Ländern unterdrückt werden.

Sind die radikalen islamistischen Gruppen tatsächlich so isoliert, wie viele Muslime behaupten? Nein, die verschiedensten Strömungen benutzen deren Ideen für ihre eigenen Zwecke und Interessen. Zum Beispiel Saddam Hussein, der sich als Führer der Muslime bezeichnete, oder die iranische Regierung, die behauptet, der von ihr installierte islamische Gottesstaat habe die Religion zu einer neuen Blüte geführt. Wenn Usama bin Laden die Messer wetzt und Aufrufe verbreitet, Muslime sollten Christen und Juden töten, wo immer sie ihnen begegnen, dann weiß er, dass er weltweit auf offene Ohren stößt. Er weiß, dass dies selbst bei hochrangigen muslimischen Würdenträgern des Islam der Fall ist. Der ägyptische Scheich al-Azhar zum Beispiel erklärt zwar öffentlich, der Islam verbiete die Tötung Unschuldiger. Seine eigene antiwestliche Haltung aber habe ich in einem Interview erfahren müssen, das ich vor einiger Zeit mit ihm führte.

Radikale islamische Gruppierungen handeln nach dem Prinzip: Der Zweck heiligt die Mittel. Zweck ist der weltweite Heilige Krieg gegen die Ungläubigen (Dschihad). Legitim sind dafür Mittel wie die Vergewaltigung von Frauen, Schmuggel und der Handel mit Alkohol und Drogen, also Handlungen, die im Islam ausdrücklich verboten sind. Genauso widersprüchlich ist die Haltung, wenn es um die Errungenschaften des Westens geht. Im Land der Ungläubigen gibt es nun einmal hoch entwickelte Technologien, von der Raketenabwehr bis hin zum künstlichen Leberersatz – Dinge, die gemäß der fundamentalistisch-islamischen Logik eigentlich unrein sind. Dennoch werden sie bedenkenlos genutzt. Der Widerspruch geht so weit, dass todkranke Muslime westliche Staaten aufsuchen, um Organtransplantationen vornehmen zu lassen. So verdanken sie ihr Weiterleben dem technischen Fortschritt – und den Organen der Ungläubigen.

Die zusammengebrochenen Türme des World Trade Center sind zum Mahnmal gegen Terror und religiösen Fanatismus geworden. Ich kann sie nicht vergessen, wenn Tausende von Muslimen Allahu Akbar (Gott ist groß) rufen. Dann denke ich unwillkürlich: Sie haben doch nichts anderes als Töten und Verbrennen im Kopf. Ich kann sie nicht vergessen, wenn ich Deutsche voller Verständnis vom Islam reden höre. Wenn ich einen jungen deutschen Mann sehe, der konvertierte, nur um eine Türkin zu heiraten. Wenn ich sehe, wie hier Moscheen neben Kirchen gebaut werden und ich mich an die endlosen Diskussionen um die Kopftuchfrage in Deutschland erinnere.

Wie aktuell sind die kriegerischen Zeiten von Badr? Welchen Sinn macht es, den Kampf des Propheten zu wiederholen, bis Christen und Juden »aus freien Stücken den Tribut entrichten und ihre Unterwerfung anerkennen«? (Sure 9, Vers 29). Die Zeiten der Unterwerfung sind vergangen. Und sollte noch jemand daran glauben, so sind sich doch gerade die kämpfenden Muslime sehr bewusst, dass sie dieses Ziel nie erreichen werden. Die einzige Zukunft für den Islam liegt darin, in ein Zeitalter gegenseitiger Anerkennung aufzubrechen. Auch dafür bietet der Koran gute Grundlagen, auch dafür bietet die Geschichte der islamischen Völker eine Basis. Der folgende Vers des Korans ist weit mehr als der Abglanz eines vergangenen Kindheitstraums. Er sollte und könnte das menschliche und zukunftsweisende Prinzip dieser Religion werden: »Wenn jemand einen Menschen tötet, so soll es sein, als hätte er die ganze Menschheit getötet; und wenn jemand einem Menschen das Leben erhält, so soll es sein, als hätte er der ganzen Menschheit das Leben erhalten« (Sure 5, Vers 33). *18. April 2002*

Die Araber in Europa

Ein Held auf eigene Rechnung

Hinter Spaniens Nationalmythos »El Cid« verbirgt sich ein raues Leben

Von Ralf-Peter Märtin

Eine Stadt am Meer unter südlicher Sonne. Ein wehrhafter Befestigungsring, dahinter die Kathedrale mit goldenem Kreuz. Auf der Mauer die tapferen Verteidiger des wahren Glaubens, also Christen, vor der Mauer eine schwarz verschleierte, heulende Soldateska, also Muslime. Die Stadt heißt Valencia, sie liegt in Südspanien, wir schreiben das 11. Jahrhundert, und nur ein Mann kann sie retten: Rodrigo Díaz de Vivar, genannt El Cid. Der beste aller Ritter hat freilich ein kleines Handicap. Er ist tot – getroffen von einem tückischen Maurenpfeil. In weiser Voraussicht hatte er aber bereits angeordnet, was zu tun ist. Seine Anhänger heben die Leiche in den Sattel, und ein letztes Mal sein Heer anführend, schlägt er als Toter die glorreichste seiner Schlachten: für Gott, den König und Spanien.

Der Hollywoodfilm kam 1961 in die Kinos. Charlton Heston verkörperte den Cid, Anthony Mann führte Regie. Die geschilderte Szene ist nicht historisch. Der Cid starb friedlich in seinem Bett. Wohl war er Christ, doch hinderte ihn das nicht, für Muslime gegen gute Bezahlung zu kämpfen. Königstreu verhielt er sich, wenn er musste, und mit dem Begriff Spanien verband er nichts, weil der Nationalismus noch nicht erfunden war.

Der offizielle Cid, wie ihn der Film verkörpert und die spanische Geschichtsschreibung preist, der Nationalheld und Kreuzritter, ist eine Kunstfigur. Ein ideologisches Konstrukt des 19. und 20. Jahrhunderts, geschaffen als Vorbild des idealen Spaniers: katholisch und patriotisch – loyal gegenüber Kirche und Staat. Der wirkliche Cid war das genaue Gegenteil.

Rodrigo Díaz wurde um 1047 im Dorf Vivar zehn Kilometer nördlich von Burgos geboren. Seine Familie war begütert und angesehen, sein Vater als tapferer

100746

Der spanische Nationalheld El Cid ist ein ideologisches Konstrukt, ein Synonym ritterlichen Erfolgs durch die Gewalt der Waffen (Denkmal in Sevilla).

Krieger bekannt. Mit 14 Jahren, also als Erwachsener, wird er in das Gefolge des Prinzen Sancho aufgenommen. Das ist eine Auszeichnung, denn Sancho ist der älteste Sohn Ferdinands I. von Kastilien, mithin der Thronerbe.

Am Hofe erhält Rodrigo seine Ausbildung. Reiten kann er bereits, auch Lesen und Schreiben beherrscht er. Nun wird er im Umgang mit Schwert und Lanze geschult, im Bogenschießen und in der Jagd, die ja nichts weiter ist als der Krieg im Frieden. 1062 schlägt ihn Sancho zum Ritter, und schon im nächsten Jahr begleitet er seinen Herrn auf einen Feldzug.

Hätte Rodrigo einem Franzosen oder Deutschen die politische Lage auf der Iberischen Halbinsel beschreiben sollen, hätte er eine Linie von West nach Ost quer durchs Land entlang der Flüsse Duero und Ebro gezogen. Nördlich davon lagen die christlichen Königreiche Galicien, León, Kastilien, Navarra, Aragón und die Grafschaft Barcelona. Südlich von ihr die maurischen Königreiche von Sevilla, einschließlich Córdobas und der Algarve, von Badajoz, einschließlich Lissabons und Mittelportugals, von Toledo, Zaragoza, Valencia und Granada, um nur die größten der etwa 15 Kleinstaaten aufzuzählen.

Kaum mehr als 50 Jahre zuvor hatte al-Andalus, wie man das islamische Iberien nannte, noch ganz anders ausgesehen. Von Córdoba aus regierte ein Kalif als Haupt einer Zentralregierung das Land, sorgte für Frieden und Wohlstand im Innern und ließ den Krieg nur an den Grenzen zu. Mit dem Zusammenbruch der Kalifenherrschaft verselbstständigten sich die einzelnen Teile des Reiches, schwangen sich Generäle, Gouverneure und örtliche Notabeln zu Kleinkönigen (Taifas) auf, die sich untereinander bekriegten.

Für die christlichen Königreiche am Nordsaum der Halbinsel bot diese Schwäche eine historische Chance. Ferdinand I. nutzte sie, vereinigte in seiner Person die Kronen von Kastilien, León und Galicien und trat gegenüber den Taifastaaten als überlegener Schutzherr auf. »Militärische Unterstützung, ob gegen Christen oder Muslime, gegen Tribut« lautete die Formel. Die maurischen Herrscher zahlten in Gold, Seide und anderen erlesenen Stoffen. Die Gefolgsleute des Königs wurden reich, die Wirtschaft florierte.

Bevor Ferdinand 1065 starb, teilte er das Reich. Sein ältester Sohn wurde als Sancho II. König von Kastilien, Alfons erhielt León, García, der jüngste, Galicien. Rodrigo, der sich im Dienst Sanchos bewährt hatte, avancierte zum Befehlshaber der Leibgarde (armiger) und wurde sein engster militärischer Berater.

Er hatte genügend Gelegenheit, sich auszuzeichnen. Die Brüder vertrugen sich nicht und führten gegeneinander Krieg. Nach sieben Jahren und mit tatkräftiger Hilfe Rodrigos – »In allen Schlachten trug er die Standarte des Königs« – hatte sich Sancho durchgesetzt. García floh nach Sevilla, Alfons nach Toledo. Rodrigo, kaum 30 Jahre alt, war ein gemachter Mann.

Der Karriereknick kam völlig unerwartet. Nach nur neun Monaten als gemeinsamer Herrscher der drei Reiche fiel Sancho bei der Belagerung der Stadt Zamora. Gerüchte, er sei ermordet worden, wollten nicht verstummen. Sein Bruder kehrte sofort aus dem Exil zurück und trat als Alfons VI. seine Nachfolge an. Dass er Rodrigo als armiger nicht übernehmen wollte, ist verständlich. Auf seine Dienste verzichten wollte er aber nicht. Dafür hatte er dessen Fähigkeiten zu gut kennen gelernt.

Das Land der Mauren lebte im Überfluss

Alfons und Rodrigo arrangierten sich. Der König verhalf ihm 1075 zu einer guten Partie, im Gegenzug begleitete ihn der Frischvermählte auf einen Feldzug gegen Navarra. Einige Jahre später finden wir Rodrigo als Gesandten des Königs am Hofe des al-Mu'tamid von Sevilla, beauftragt, den jährlichen Tribut einzuziehen.

Solche Reisen waren beliebt, weil immer lukrativ. Die Grenze zwischen Christen und Mauren verlief nicht entlang des Glaubens, sondern markierte den wirtschaftlichen Unterschied. Al-Andalus war im Vergleich zu den kargen und rauen Gebieten des Nordens das Land des Überflusses und der feinen Lebensart. Dank ihrer ausgefeilten Bewässerungstechnik gelangen den Ungläubigen vier Gemüseernten im Jahr. Mitgebracht aus dem Orient hatten sie bislang unbekannte Feldfrüchte: Reis, Zuckerrohr, Auberginen, Artischocken und Spinat. Ihre Weizensorten lieferten besseren Ertrag, ihre Melonen waren größer. In ihren Gärten zogen sie Bananen, Orangen und Zitronen. Auf Handelswegen von Córdoba bis ins ferne Aden verschafften sie sich nie gesehene Luxusgüter, produzierten selbst Textilien, Keramik und Waffen von überlegener Qualität. Ihre Paläste waren glanzvoller, ihre Moscheen beeindruckender als die christlichen Kirchen, und ihre Gedichte und Chroniken schrieben sie auf richtigem Papier. Noch die kleinste ihrer Städte war volkreicher als ihre nördlichen Schwestern. Córdoba hatte im 10. Jahrhundert 100 000 Einwohner, Sevilla zählte 60 000, Toledo 30 000. Man musste weit hinauf in

Europa fahren, nach Köln oder London, um eine Stadt von immerhin 20000 Einwohnern als Vergleich zu finden.

Rodrigo war nicht der einzige Gesandte, den Alfons nach Süden schickte. In Granada verhandelte Graf Ordóñez, ein enger Vertrauter des Königs. Aus ungeklärten Gründen gerieten die beiden Gesandtschaften in Streit und lieferten sich, jeweils begleitet von ihren muslimischen Gastfreunden, ein Gefecht. Ordóñez fiel in die Hand Rodrigos und zahlte, wie es Brauch war, ein hohes Lösegeld. Alfons zeigte sich nicht begeistert, dass seine Ritter im Land der Ungläubigen aufeinander einhieben. Rodrigo sah das anders. Wollte er seine Vasallen zufrieden stellen, musste er ihnen Ruhm und Beute bieten. Ob es dabei gegen Christen oder Muslime ging, spielte keine Rolle, solange es einen guten Grund zum Schlagen gab. Vorhaltungen des Königs wies Rodrigo deshalb brüsk zurück. Wutentbrannt schickte Alfons den Widerspenstigen in die Verbannung.

Rodrigo quittierte die königliche Ungnade mit einem Schulterzucken. In Anbetracht seines exzellenten militärischen Rufes und der schlagkräftigen Truppe, die er um sich versammelt hatte, war er in der Situation eines Managers des Krieges, der überall gebraucht wurde. Nach Prüfung der verschiedenen Angebote entschied er sich für das Taifakönigreich von Zaragoza, das exponierteste Gebiet des muslimischen Spanien.

Von 1081 bis 1086 dient Rodrigo der Herrscherfamilie der Banu Hud, lernt Arabisch und gerät in den Ruf, »mehr Muslim als Katholik« zu sein. Seiner Kriegskunst ist es zu verdanken, dass Zaragoza sich hält, obwohl zwei Regierungswechsel das Land innerlich schwächen. Mit zahlenmäßig unterlegenen Truppen schlägt er ein Heer der Katalanen und nimmt den Grafen von Barcelona gefangen. Ebenfalls eine verheerende Niederlage erleidet der König von Aragón. Und auch die Versuche der Kastilier, nach Zaragoza vorzudringen, weist er zurück.

Der König bricht sein Versprechen

So wird Rodrigo den Banu Hud unentbehrlich. Seinen eigentlichen Beinamen, El Cid, abgeleitet von arabisch sayid, Herr oder Meister, erhält er hier. Sein Ruf, unbesiegbar zu sein, verbreitet sich durch ganz Iberien. Die vielen Lösegelder der gefangenen Adligen füllen seine Kasse. Der Cid wird zum Synonym ritterlichen Erfolgs durch die Gewalt der Waffen.

In der Zwischenzeit war Alfons nicht untätig. Auch ohne den Cid verstärkt er systematisch den Druck auf die südlichen Taifakönigreiche. Im Mai 1085 erobert er, nach neunmonatiger Belagerung, Toledo. In den Übergabeverhandlungen wird festgelegt, dass die Hauptmoschee im Besitz der Muslime bleibt. Aber Alfons bricht sein Versprechen. Der neue Bischof, Bernard, ein Mönch aus dem französischen Reformkloster Cluny, beansprucht sie als Kathedrale.

Toledo war nicht irgendeine Stadt. Vor der arabischen Eroberung war sie Hauptstadt des Westgotenreiches, Sitz des Oberhaupts der spanischen Kirche und seit 370 Jahren unter der Herrschaft des Islam. Der Fall Toledos war ein Fanal, das weit über Iberien hinaus Wirkung zeigte. Ein Jahr später landet eine riesige arabische Armee in Südspanien und zieht nach Norden, um die Stadt zurückzuerobern. Alfons stellt sich zum Kampf. Am 23. Oktober 1086 erleidet er bei Sagrajas eine vernichtende Niederlage. Wie aus dem Nichts war eine neue, alle Verhältnisse umstürzende Macht aufgetaucht: die Almoraviden.

Im Islam wie im Christentum wechseln sich Zeiten laxer Frömmigkeit mit reformerischem Eifer in der Befolgung des Gotteswortes ab. Im 11. Jahrhundert gibt es in beiden Religionen eine Parallelentwicklung hin zum Fundamentalismus. Im Abendland geht diese Bewegung von der Benediktinerabtei Cluny aus, im Maghreb ist es der ribat, die mönchische Gemeinschaft, des Berbers Ibn Yasin. Von der Senegalmündung aus missioniert sie die Berberstämme der Sahara, nimmt rasch militärischen Charakter an, überschreitet den Atlas und gründet 1070 Marrakesch als befestigtes Heerlager. Schon vier Jahre später erobert sie Fes, steht 1079 an der Straße von Gibraltar und weiß, warum Toledo gefallen ist: Allahs Zorn ist über die Taifakönige gekommen.

Denn in al-Andalus herrschen Luxus und Korruption, liest man Gedichte statt des Korans, trinken die Muslime Wein in den gastfreundlichen Klöstern der

100563

Das Schwert »Tizona« des Cid, laut Inschrift auf der Klinge gefertigt im Jahre 1040, wurde 1503 im Alcazar von Segovia wieder aufgefunden (Madrid, Armeemuseum).

Ungläubigen und erfreuen sich am gottlosen, die Sinne aufreizenden Saitenspiel. Demgegenüber predigen die Almoraviden, hierin den Mönchen von Cluny gleich, Askese und Entsagung. Ausdruck dieser Haltung ist der litham, ein schwarzer Gesichtsschleier, der auch von den Männern getragen wird. Nach außen aber proklamieren sie den Dschihad, den Heiligen Krieg gegen die Ungläubigen, dessen Entsprechung auf christlicher Seite der Kreuzzug ist, zu dem Papst Urban II., ein ehemaliger Prior von Cluny, zehn Jahre später aufrufen wird. Anführer der Almoraviden ist Jusuf ibn Taschfin, dessen Charisma und militärische Fähigkeiten Freund und Feind in Erstaunen versetzen.

Mit dem Eingreifen der Almoraviden wurde es unangenehm für die Taifakönige. Alfons schluckte seinen Stolz hinunter und machte dem Cid ein Angebot, das nicht nur ein großes Lehen im Duerotal umfasste, sondern »alles Land oder Burgen, die er selbst von den Sarazenen in deren Land erwerben könnte«. Der Cid nahm an und wurde beauftragt, die Interessen der kastilischen Krone an der spanischen Levanteküste, dem Gebiet um Valencia, zu vertreten.

In Valencia erringt der Cid seinen größten Triumph
1089 kamen die Almoraviden wieder. Aber noch bevor es zur Schlacht kam, zog sich Jusuf zurück. Der Cid, der mit seinen Kontingenten zu spät eintraf, wurde von Alfons des Verrats geziehen, seiner Lehen und Besitztümer beraubt und noch dadurch gedemütigt, dass Frau und Kinder ins Gefängnis geworfen wurden.

Damit war der Tiefpunkt seines Verhältnisses zum König erreicht, seine Gefolgsleute begannen ihn zu verlassen, seine Lage war überaus kritisch. Statt sich zu unterwerfen, worauf Alfons gehofft hatte, besorgte er sich das, was als Einziges seine Vasallen bei Laune hielt: Gold. Er erpresste es von den Muslimen der Levanteküste, die unter dem Schutz des Grafen von Barcelona standen. Der eilte mit überlegener Macht herbei, aber selbst der geschwächte Cid errang gegen den Grafen einen glänzenden Sieg, nahm ihn wiederum gefangen und war damit per Lösegeld saniert.

Die Politik, die er in den nächsten Jahren betreibt, baut nicht mehr auf die Gunst der Kronen, sondern ist allein darauf gerichtet, sich eine eigenständige Herrschaft aufzubauen. Er tut dies im Wettlauf mit den Almoraviden, die statt sporadisch in die iberischen Angelegenheiten einzugreifen nunmehr entschlossen sind, ganz al-Andalus in Besitz zu nehmen. 1090 fällt Granada, ein Jahr später fallen Sevilla und Córdoba.

Vom Jahre 1092 an kommt der Cid doppelt unter Druck. Von Norden bedroht ihn Alfons, von Süden bedrohen ihn die Almoraviden. Dagegen setzt er ein Bündnis mit Aragón und seinen alten Freunden, den Banu Hud von Zaragoza. 1094 gelingt ihm sein größter Coup, die Eroberung von Valencia, und damit die Etablierung eines eigenen Fürstentums. Man schreibt den 15. Juni. Doch schon vier Monate später rückt ein riesiges Almoravidenheer vor die Stadt. Jusuf hat befohlen, ihm den Cid lebend und in Ketten vorzuführen.

Rodrigos Bitten um Entsatz finden kein Gehör. Der König von Aragón ist gerade verstorben, Alfons in Portugal beschäftigt. Allein auf sich gestellt, verteidigt der Cid Valencia, dessen Einwohnerschaft unzuverlässig ist, denn es sind Muslime. Von allen Seiten bedroht, befiehlt er das Unmögliche: Der Eingeschlossene und Unterlegene geht zur Offensive über. Durch ein Täuschungsmanöver taucht er im Rücken der Feinde auf, löst eine Panik aus und erringt den Sieg. Das Ereignis werten die Zeitgenossen als Sensation: Zum ersten Mal wird ein Heer der Almoraviden geschlagen.

Fünf Jahre beherrscht der Cid als unabhängiger Fürst Valencia. Auf seinen Urkunden zeichnet er selbstbewusst als princeps, er lässt Münzen schlagen, und der Bischof, den er einsetzt, wird vom Papst, nicht vom Erzbischof von Toledo geweiht. Seine Töchter verheiratet er ins Königshaus von Aragón (sein Enkel wird König von Navarra) und an den Grafen von Barcelona, auch dies Bekundungen der Souveränität. 1097 schlägt er wiederum ein Heer der Almoraviden, und ein Jahr später erobert er Murviedro, die stärkste natürliche Festung der Levanteküste. Als er am 10. Juli 1099 in den Armen seiner Gattin Jimena stirbt, notiert der arabische Chronist Ibn Bassam voller Respekt: »Dieser Mann, die Geißel seiner Zeit, war durch seine Liebe zum Ruhm, durch die kluge Standhaftigkeit seines Charakters und durch seine heldenhafte Tapferkeit eines der Wunder Gottes.«

In den Augen der Zeitgenossen hatte er erreicht, was sich ein Ritter nur wünschen konnte: Land, Reichtum und Ruhm. Wie er es erreicht hatte, gereichte ihm zur Ehre: Auf keinem Schlachtfeld war er je besiegt worden. Dass er es erreicht hatte, bezeugte die Gnade Gottes, die sichtbar mit ihm war: ein Held auf eigene Rechnung.

1. Juli 1999

Die Araber in Europa

Maurisch ist Mode

Das arabische Viertel in Granada – Zeugnis einer vergangenen Kultur

Von Merten Worthmann

Marbella gehört den Muslimen bereits. Demnächst droht Granada zu fallen. Schwester Maria del Carmen und Schwester Isabel machen sich Sorgen. Sie verbringen ihr Leben zwar hinter Klostermauern, aber sie hören doch, was man ihnen zuträgt, und beklagen den mangelnden Widerstand der Christenheit gegen den Ansturm der Araber. Die Schwestern leben in einem historisch bedeutenden Konvent inmitten des alten maurischen Stadtteils Albayzín. Isabella die Katholische hat das Kloster vor gut 500 Jahren gegründet, bald nachdem ihre Truppen 1492 den letzten Maurenkönig aus Granada verjagt hatten. Es war der christliche Mittelpunkt des Viertels. Heute sieht das Christentum ein bisschen blasser aus als früher. Im Gegensatz zur islamischen Seite: Nur ein paar Straßen weiter hat die muslimische Gemeinde Spaniens im Juli 2003 die neue Große Moschee eingeweiht. Die beiden Franziskanerinnen sprechen durch das Holzgitter, das den Klausurtrakt des Convento de Santa Isabel la Real vom Besucherzimmer trennt. »Die Spanier sind leider etwas dumm«, sagt Maria del Carmen. »Sie überlassen den Arabern das Feld.« Vielleicht hätten sie sogar Angst vor den Muslimen, in jedem Fall zu viel Respekt. Noch sind die Schwestern überzeugt, dass das Herz des Albayzín von ihrem Konvent aus schlägt. Aber sie ahnen bereits, dass sie mit dieser Überzeugung ziemlich allein stehen.

Daran trägt allerdings keine aktuelle Immigrantenwelle Schuld, sondern eher eine lang anhaltende Trendwende. Im Albayzín mögen nur wenige Bauten aus maurischer Zeit erhalten sein, aber das verwinkelte Netz von Gassen und Sträßchen, die hohen Mauern um Heim und Garten und die kleinen Fenster erinnern noch an die vorchristliche Zeit und sind die notwendige Ergänzung zum Touristenmagnet Alhambra. Der legendäre Palast der Nasriden-Dynastie liegt auf dem Hügel östlich des Flusses Darro, auf dem Westhügel lebte das einfachere Volk. Während sich die königlichen Gemächer der Alhambra nur noch im Pulk und in einem festgelegten Zeitrahmen besichtigen lassen, kann man den Albayzín frei und allein durchstreifen.

Die verdiente Anerkennung musste sich das Viertel trotz allem schrittweise erkämpfen. 1984 gelangte die Alhambra auf die Weltkulturerbe-Liste. Der Albayzín kam erst zehn Jahre später dran. Da hielt die Mehrheit der Bewohner Granadas den Stadtteil noch für unsicher und ärmlich und war weit davon entfernt, über dessen maurische Wurzeln ins Schwärmen zu geraten. In der Zwischenzeit sind die Einheimischen doppelt überrumpelt worden. So mancher Tourist ist geblieben und hat sich im Albayzín ein schickes altes Häuschen hergerichtet. Und so mancher Immigrant aus dem Maghreb hat mit Blick auf die stark nachgefragte orientalische Folklore eine Teestube eröffnet, eine arabische Bäckerei oder einen Leder- und Schmuckhandel mit Waren und Design aus Marokko. Manche Restaurants halten Wasserpfeifen bereit, und auf dem Mirador San Nicolás, einem Platz mit Panoramablick zur Alhambra, können sich Westler ihre Namen ins Arabische kalligraphieren lassen.

Dass der Albayzín bei Menschen aus aller Herren Länder immer beliebter wird, hat schließlich auch die Einheimischen auf seine Seite gebracht. Die erst vor wenigen Jahren gegründete Fundación Albayzín, der Pflege des kulturellen Erbes und der Kanalisierung von EU-Mitteln verpflichtet, bietet seit kurzem Rundgänge für die lokale Bevölkerung an. Mit neuem Stolz entdecken die Granadiner, was sie schon immer vor der Tür hatten. Im maurisch angelegten Ziergarten der Casas del Chapiz, zwischen Zypressen und Orangenbäumen, sagt eine gereifte Dame beeindruckt zur anderen: »Wir sollten es häufiger den Touristen nachmachen! Was kennen wir schon? Unsere Einkaufsstraßen, sonst nichts.«

Das neue Interesse kann indes nicht allen alten Argwohn tilgen. Die maurische Kultur mag noch so sehr

101191

Der im 14. Jh. errichtete Palast der Nasriden ist einer der eindrucksvollsten Zeugnisse der maurischen Kultur in Spanien – Blick auf Gartenanlagen und Wasserbecken in der Alhambra.

gelobt werden, ihrer historischen Errungenschaften wegen – den Muslimen der jüngeren Generationen möchte man dennoch genau ins Gebetbuch sehen. Auch 500 Jahre nach der Reconquista hält man die beiden Kulturen nicht wirklich für vereinbar. Die Bauherren der neuen Moschee hatten sich jahrelang mit fremdenfeindlichen Flugblättern herumzuschlagen, die direkt aus der Nachbarschaft stammten. Auch der Stadtverwaltung mussten sie minutiös, bis hin zu Teilmodellen im Maßstab eins zu eins, nachweisen, dass die Moschee kein Fremdkörper im katholisierten Stadtteilpanorama sein würde.

Verschleierte Frauen sind nur selten zu sehen

Von all diesem Widerstand ist kaum die Rede im Gespräch mit Malik A. Ruiz Callejas, dem Präsidenten der Fundación Mezquita de Granada, die den Moscheebau organisierte. Ruiz, ein vor zehn Jahren zum Islam konvertierter Spanier von Mitte vierzig, sagt schlicht, aber schönfärberisch: »Die Nachbarn sind begeistert.« Gemeinsam kämpfe man gegen ein drohendes Verkehrsprojekt, gemeinsam veranstalte man Abendessen im Gemeindehaus. Ausdrücklich vertritt Ruiz eine Politik der »offenen Moschee«, alle Predigten vom Freitag stellt er auch auf Spanisch ins Internet. Der Garten des Hauses ist frei zugänglich. Die Bäume - Olive, Granatapfel oder Zitrone - sind jung, zum Schattenspenden müssen sie noch ein paar Jahrzehnte wachsen. Aber die Muslime, voller Heilsgewissheit, können warten. Und der Blick auf die Alhambra ist makellos.

Bei allem Goodwill, in Glaubensdingen bleibt man eisern. »Der Islam muss sich nicht an die westliche Gesellschaft anpassen, sondern umgekehrt. Dem Westen sind die Werte abhanden gekommen, dem Islam nicht«, sagt Ruiz, und er leitet über zu einer historischen Parallele: »Im Kalifat von Córdoba besaß die maurische Gesellschaft einen derartigen inneren Reichtum, dass achtzig Prozent der Bevölkerung Gedichte auswendig aufsagen konnte – während sich im restlichen Europa die Ratten von Pestleichen ernährten.«

Ruiz' Gemeinde besteht überwiegend aus Konvertiten. Araber sind in der Minderzahl, denn nur wenige Immigranten können sich die gestiegenen Mieten, geschweige denn eine Immobilie im Albayzín leisten, der vom Problembezirk zum Luxusviertel geworden ist. »Allein die Preise halten viele Muslime fern«, sagt Ruiz. Tatsächlich ist die Orientalistik des Stadtteils vor allem Flair und Fassade. Die Moschee thront oben im Albayzín, weil hier, im Angesicht der Alhambra, der letzten maurischen Bastion, der Symbolwert besonders hoch ist. Das arabische Händlerwesen dehnt sich streng genommen nur über eineinhalb Straßen aus. Die meisten Verkäufer oder Kellner leben in anderen Stadtteilen mit geringeren Spekulationsmargen. Verschleierten Frauen begegnet man im Albayzín nur selten.

Kamal al-Nawawi kann seine Wohnung bezahlen. Aber er ist auch schon länger da, seit knapp zwanzig Jahren. »Wenn über die Immigranten geredet wird, fühle ich mich eigentlich nicht angesprochen«, sagt er. Al-Nawawi ist Mediziner, arbeitet aber lieber als Musiker. Bei einem informellen Open-Air-Konzert auf der Plaza de Nevot spielt er gemeinsam mit Griechen, Deutschen und Spaniern Mittelmeerfolklore. Auf dem Platz lodert ein

Lagerfeuer, es beleuchtet vor allem junge und alte Hippies. Angestammte aus dem Albayzín sind kaum gekommen. Al-Nawawi trinkt Alkohol. »Meinen Glauben lebe ich ziemlich liberal - eher esoterisch als regelgerecht«, sagt er. Gelegentlich geschieht es, dass spanische Bekannte sagen: Mensch, du stammst aus Marokko - das hätten wir nicht gedacht! Hinter dem Lob seiner Bildung und Offenheit spürt er allerdings unterdrückten Rassismus. Er selbst wird als positive Ausnahme behandelt, der Rest der Araber bleibt verdächtig. »Die Touristen suchen das Arabische im Albayzín. Aber den Leuten, die dort leben, ist das Arabische suspekt.«

Gerüchte besagen, der Aga Khan lasse im Viertel Immobilien suchen. Auch ein Emir soll schon fündig geworden sein, habe nur wegen mangelnder Sicherheitsbedingungen abgesagt. Jemand weiß von einem Algerier, der Mieter vor die Tür setzen will. »Viele hätten gern einen deutschen Rentner als Nachbarn - aber bitte keinen arabischen«, sagt Fernando Acale, ein junger Architekt aus Cádiz. Acale, seit zehn Jahren eingefleischter Albayzíneiro, lebte anfangs eine Zeit lang in der Casa Mascarones, einem Gebäude, das der bekannte Barockdichter und Kirchenmann Pedro Soto de Rojas zum ersten Carmen des Viertels ausgebaut hatte. Als Carmenes gelten Häuser mit Ziergarten; sie sind die architektonische Spezialität des Albayzín, geordnete grüne Oasen, die meist hinter geweißtem Mauerwerk verborgen liegen. Oft ragen nur ein paar Zypressen über die hohen Wälle hinaus. Ihre Anlage verdanken die Gärten maurischen Vorbildern. Aber erst die Christen haben sie nach der Vertreibung der Araber vielerorts im Viertel errichtet. »Denen schien der Albayzín nahezu unzugänglich mit seinen unübersichtlichen, fast organisch gewachsenen Gebäuden und den schmalen Gassen«, sagt Acale. Soto de Rojas war einer der Ersten, der sich, quasi von innen her, Luft verschaffte. Später sprach er, mit Blick auf die eigene Grünanlage, allegorisch von »Gärten, die vielen verschlossen sind« und »Paradiesen, die wenigen offen stehen«.

Als Fernando Acale in die Casa Mascarones einzog, war Soto de Rojas' Garten längst Garagen gewichen und das Herrenhaus unter Wohngemeinschaften aufgeteilt.

Nach der Alhambra haben die Touristen auch von dem maurisch geprägten Viertel Albayzín Besitz ergriffen.

Die innere Parzellierung früherer Prachtbauten kam den Ärmeren zugute – immer dann, wenn die Reicheren dem Albayzín mal wieder hundert Jahre den Rücken kehrten. Momentan hat der Wind allerdings erneut auf Einzug gedreht. Acales Straße bevölkert sich mit Anwälten, Professoren und anderen Besserverdienenden. Wer sich's leisten kann, restauriert so authentisch wie möglich. Im Übrigen gelten dafür neue Bestimmungen. Über die schüttelt Acale den Kopf. »Es geht nur um gleichmäßige Fassaden, schmucke Patios und weißen Anstrich.« Dabei sei der Albayzín früher nicht mal weiß gewesen. »Das ist eine Grille aus den Fünfzigerjahren.« Im 18. Jahrhundert hätte man viele Häuser blau getüncht, der Mode entsprechend. Heute ist so etwas schlicht verboten.

Die Zisternen aus muslimischer Zeit sind wieder hergerichtet

Juan Manuel Segura hat den Hindernislauf durch die Instanzen bereits hinter sich. Sein Herrenhaus aus dem 16. Jahrhundert strahlt seit kurzem in altem Glanz. Mit Schrecken denkt er an den Kampf mit der Bürokratie zurück. Er hat ihn gewonnen. Nun sitzt der ergraute Geschäftsmann der Fundación Albayzín vor und bestimmt mit, was im Viertel restauriert wird und wie. Die Stiftung hat unter anderem sämtliche Zisternen aus muslimischer Zeit wieder hergerichtet und will künftig in einem kleinen Museum dem Nachwuchs erklären, wie genial sich die Mauren aufs Wasserverteilen verstanden. Von seinem zweifellos außerordentlichen Kampf für die historische Substanz des Albayzín abgesehen, ist der Vorsitzende allerdings ein Mann mit den gewöhnlichen Vorbehalten. »Die Araber von heute haben mit denen von damals nichts gemein. Die Mauren haben uns seinerzeit etwas von ihrer kulturellen Weisheit weitergegeben. Mittlerweile leben wir in der höher entwickelten Kultur. Jetzt ist es an uns, ihnen den Weg zu zeigen.«

Zunächst würde Segura gern die arabischen Händler in die Schranken weisen, die ihre Waren so weit auf die Gasse stellten, dass es für die Bewohner ein Spießrutenlaufen sei. Aber gefällt den Touristen nicht gerade das bunte Gewimmel? Es wäre schrecklich, gibt Segura zurück, wenn sich die Stadt dem Willen der Touristen unterwerfe.

Das sollten die Franziskanerinnen hören. Vor einigen Monaten erst haben sie, auch auf Drängen der Stiftung hin, ihren Konvent für Touristen zugänglich gemacht (wenngleich nur gegen Voranmeldung). Eine schwere Entscheidung, die knapp dreißig Jahre reifen musste. Die Touristen bringen Geld, die Nonnen brauchen es. Ihr Garten, der vielen verschlossen war, ist endlich zu besichtigen. Ob das Paradies, das himmlische, nur wenigen offen steht, bleibt eine Glaubensfrage. *8. Juli 2004*

Koran

Keine Huris im Paradies

Wurde der Koran-Text falsch überliefert? Nicht Jungfrauen, sondern »weiße Trauben« warten auf den Muslim im Jenseits. Ein deutscher Wissenschaftler hat frühe Textfragmente untersucht

Von Jörg Lau

Im letzten Jahrhundert rückte die Textkritik der Bibel zu Leibe. Kommt nun der Koran an die Reihe? Islamische Gelehrte haben begonnen, die amtliche Version von der Urgeschichte des Korans infrage zu stellen. Der Koran ist für die Muslime das Wort Gottes, der durch den Erzengel Gabriel in »klarer arabischer Sprache« zum Propheten gesprochen hat. Das Bekenntnis zum »ungeschaffenen« und »unnachahmlichen« Koran ist nicht nur Sache der so genannten Fundamentalisten, sondern jedes rechtgläubigen Muslims. Diese Lehre ist unter Druck geraten. Westliche Beobachter sprechen schon von einer Welle des »islamischen Protestantismus« – etwas voreilig vielleicht. In der islamischen Welt sind die liberalen Theologen mit ihrem differenzierten Blick auf Entstehung und Struktur des Koran-Textes hoffnungslos isoliert. Es hilft ihnen gar nichts, dass sie meist fromme Männer sind, die einen authentischen Zugang zu ihrem zentralen Glaubensdokument suchen. Wer nicht hingerichtet wurde wie der Sudanese Mahmoud Taha, wer nicht ins westliche Exil fliehen konnte wie der Ägypter Nasser Abu Zaid, der muss wie der Iraner Abbdolkarim Sorusch in Angst vor den Schlägertrupps der Gesinnungswächter leben.

Mitten hinein in diesen ungleichen Kampf zwischen Liberalen und Orthodoxen hat ein deutscher Gelehrter ein Buch geworfen, das Furore machen könnte. Der Mann zieht es vor, sich Christoph Luxenberg zu nennen – ein Pseudonym. »Meine arabischen Freunde«, sagt er, »haben mir dazu geraten, nachdem sie meine Thesen kannten.« Der promovierte Semitist – also Fachmann für alte semitische Sprachen, insbesondere das Aramäi-

Auch im Christentum sind die Traube und der Weinstock eng mit den Vorstellungen vom Paradies verknüpft.

sche – hat gut daran getan, auf seine Freunde zu hören. Sollte seine Methode sich durchsetzen, entstünde nicht weniger als ein grundlegend neues Verständnis des Korans.

Luxenberg kann zeigen, dass der Koran an vielen Stellen von den arabischen Kommentatoren fehlgelesen und missdeutet wurde. Viele dunkle Stellen, die in über 1 000 Jahren der Arbeit am heiligen Text selbst für arabische native speakers rätselhaft blieben, kann Luxenberg erhellen. Der Clou seiner Arbeit: Der Text des Korans zeigt sich in ungeahntem Maße von syrisch-christlichen Elementen durchwebt.

Die dunklen Stellen des Korans lassen sich aufhellen

Einige Neudeutungen Luxenbergs haben auch für den Laien sofort erkennbar ungeheure Brisanz. So klärt er zum Beispiel das Rätsel der Paradiesjungfrauen auf, der »großäugigen Huris«, die vermeintlich auf die Gottesfürchtigen im Paradies warten. Über die Sinnlichkeit der jenseitigen Männerfantasien haben sich schon seit je die Kommentatoren gewundert. Keine Religion des vorderasiatischen Raumes wusste ihren Gläubigen Derartiges zu versprechen, wie es etwa die Suren 44 und 52 tun. Für die christliche Polemik gegen den Islam waren die entsprechenden Stellen immer willkommen. Nach Luxenbergs Erkenntnissen laufen diese Angriffe ins Leere. Der Koran spricht nämlich gar nicht von Jungfrauen. Luxenberg zeigt, dass die Huris in Wirklichkeit nichts anderes sind als »weiße, kristallklare Trauben«, Früchte, die in den Paradiesvorstellungen des Orients von alters her als Sinnbild von Wohlleben und Behaglichkeit galten.

Das ist eine schlechte Nachricht für jene, die den Koran politisch missbrauchen: Mit der Vision von den willigen Huris werden junge Männer fürs Märtyrertum geködert. Für alle, die an einer Klärung des Koran-Textes interessiert sind, sollte die stimmigere Lesart ein Grund zur Freude sein. Freilich ist die Sache nicht so einfach.

Fragmente einer Koranabschrift, die in der großen Moscheee von Sanaa im Jemen gefunden wurden, weichen vom späteren offiziellen Text ab.

100880

Radikale Revisionen wie diese lösen naturgemäß höchst gemischte Gefühle aus, und zwar bei frommen Muslimen ebenso wie bei der etablierten Islamwissenschaft.

Hinter dem Decknamen Luxenberg - der manchen an den Mythenzerstörer Lichtenberg erinnern mag - steckt kein Polemiker, sondern ein strenger Philologe. Er hat seine Forschungen nicht sensationsheischend vermarktet. Seine Studie trägt den graumäusigen Titel: »Die syro-aramäische Lesart des Korans. Ein Beitrag zur Entschlüsselung der Koransprache.« Die Fachwelt hat gleichwohl erkannt, welcher Sprengstoff sich in den philologischen Erörterungen verbirgt. Die erste Reaktion war blanke Angst.

Fast nämlich hätte Luxenbergs Buch das Licht der Öffentlichkeit nicht erblickt. Die großen akademischen Verlage zogen sich nach anfänglichem Interesse mit dezentem Hinweis auf die Verfolgung von Salman Rushdie zurück. Ende 2000 kam Luxenburgs Werk in einem mutigen Berliner Kleinverlag namens »Das Arabische Buch« heraus, ohne große Hoffnung auf öffentliches Interesse. Inzwischen ist der Verlag pleite, das Buch wird aber von seinem Nachfolger, dem Schiler Verlag, weiter ausgeliefert.

Den etablierten Verlagen wird ihre vorauseilende Feigheit mittlerweile Leid tun. Der erste Weltkongress der Orientalisten widmete Luxenberg 2002 in Mainz ein eigenes Symposium. Der »Guardian«, die »New York Times« und kürzlich auch »Le Monde« haben prominent über Luxenberg berichtet, sehr ungewöhnlich für einen deutschsprachigen akademischen Titel von solcher Entlegenheit. Der Philosoph Rémi Brague, ein führender Spezialist für die arabische Philosophie des Mittelalters, widmet Luxenberg einen langen, euphorischen Essay im Aprilheft der Zeitschrift »Critique«. Am weitesten geht die semitistische Fachzeitschrift »Hugoye« (Januar 2003): »In der Geschichte der Koranforschung ist ein solches Buch noch nicht vorgekommen. Ähnliches gibt es bisher nur im Bereich der textkritischen Bibelauslegung. Ob Luxenberg in jedem Detail Recht hat oder nicht - mit seinem Buch hat er in der Auslegung des Koran die ›kritische Wendung‹ gebracht, die die Bibelkommentatoren vor mehr als einem Jahrhundert nahmen.« Die Berliner

Koran-Expertin Angelika Neuwirth dämpft diesen Überschwang: »Luxenbergs Linguistik ist altmodisch positivistisch.« Aber auch sie anerkennt, dass er mit seinen Thesen »in ein Vakuum der modernen Koranforschung stößt« und das Buch ein »lehrreicher Stein des Anstoßes sei«.

Bisher gibt es in der Tat keine kritische Ausgabe des Korans – des religiös, kulturell und politisch einflussreichsten Textes der heutigen Welt, nachdem das Kommunistische Manifest diesen Rang eingebüßt hat. Niemand hat die verschiedenen Stimmen, Stile und Textschichten bisher systematisch untersucht, wie es an der Bibel seit dem 19. Jahrhundert geleistet wurde. Dabei ist die Unverständlichkeit vieler Stellen keineswegs nur für Nichtmuslime ein Problem. Sie war bereits dem großen Tabari (838–923), dem berühmtesten Korankommentator der frühen Zeit, in seinem 30-bändigen »Tafsir« wohl bewusst.

Auch die Islamwissenschaft von heute kommt um die dunklen Stellen nicht herum. Navid Kermani hat in seinem preisgekrönten Buch »Gott ist schön« die Undurchdringlichkeit der Koransprache ins Positive gewendet und eine anspruchsvolle Ästhetik der »Offenheit« des Korans formuliert. Kermani liest die kryptischen Stellen wie absolute Poesie und kann so Wahrheits- und Echtheitsfragen auf produktive Weise ausklammern. Der Hauptstrom der Forschung aber hat vor dem Rätsel der Koransprache resigniert. Man hat Formeln gefunden, hinter denen es elegant verschwindet. So sagt etwa Hartmut Bobzin, ein führender deutscher Koranspezialist von der Universität Erlangen, der Koran werde »gleichsam durch Gewöhnung verständlich, und die altertümliche Form der Sprache wirkt wie Patina, die den religiösen Charakter des Korans in besonderem Maße unterstreicht«. Das ist eine vornehme Formulierung für die wissenschaftliche Kapitulation vor der hergebrachten Lehre.

Christoph Luxenberg bricht radikal mit solcher Genügsamkeit. Er schätzt die dunklen Stellen mittlerweile auf etwa ein Viertel des gesamten Koran-Textes. Je genauer er nämlich – ohne sich durch »Gewöhnung« ans Unverständliche zu beruhigen – auf den vertrauten Text schaut, umso fremder schaut jener zurück. Luxenberg wirft dabei nicht mutwillig das Wissen der Tradition über Bord. Zunächst sieht er im »Tafsir« nach, ob sich für seltsame Stellen, Redewendungen oder Worte eine befriedigende Deutung findet. Dann nimmt er den »Lisan« zur Hand, das klassische Hauptwörterbuch der arabischen Sprache. Erst wenn diese beiden Quellen versagen, versucht Luxenberg seine eigene, die syro-aramäische Lesart.

War die arabische Welt vor Mohammed christianisiert?
Und so ist er auch auf die Lösung des Jungfrauen-Rätsels gekommen. Die berühmten Passagen über die vermeintlichen Huris bauen auf dem Wort hur auf, einem Adjektiv im weiblichen Plural, das im Arabischen lediglich »weiße« bedeutet. Die arabischen Kommentatoren haben postuliert, dass sich dieses Adjektiv auf »weißäugige« Jungfrauen beziehen müsse. Luxenberg zeigt nun, dass diese Deutung nichts als Mutmaßung und Wunschdenken ist und dass sie zu inneren Unstimmigkeiten mit anderen Aussagen des Korans über das Paradies führt. Den Gottesfürchtigen wird nämlich an anderer Stelle versprochen, dass sie im Jenseits mit ihren irdischen Gattinnen zusammengeführt werden, um mit ihnen »im Schatten auf Teppichen« zu lagern. Gattinnen und Huris zusammen? Im Rückgang auf aramäische Quellen lässt sich das Problem lösen: Das Wort hur bezieht sich auf die »weißen Trauben«, typische Paradiesfrüchte der christlich-syrischen Literatur.

Dass aramäische Lehnwörter im Koran vorkommen, ist für sich genommen keine Neuigkeit. Das Wort Koran (qur'an) selbst wird heute weithin als Ableitung vom aramäischen qeryana betrachtet, was ein »Lektionar« bezeichnet, ein liturgisches Buch mit Zitaten aus der Heiligen Schrift, Gebeten und dergleichen. Der Einfluss des Aramäischen auf die Koransprache geht aber nach Luxenberg viel weiter. Luxenberg erkennt christlich-syrische Elemente in vielen Suren aus der mekkanischen Periode – Anspielungen auf den Petrus-Brief etwa oder gar auf die Abendmahlsliturgie.

Der Koran enthält in seinen ältesten Partien eine ansehnliche christliche Textschicht. Luxenberg kommt zu dem Schluss, diese Texte bildeten einen »Grundstock, aus dem der Koran als christlich-liturgisches Buch ursprünglich bestand«. Das hieße, der Koran hätte in seinen ältesten Elementen nicht den Anspruch, die jüdische und die christliche Verkündigung zu ersetzen und zu überbieten, sondern sie den Arabern nahe zu bringen. Diese starke These wirft spannende Fragen für die Religionshistoriker auf: War Arabien vor Mohammed, war Mekka zumindest gar nicht so heidnisch geprägt, wie die islamische Tradition behauptet, sondern vielmehr bereits stark christianisiert?

Ob diese Schlüsse Luxenbergs Bestand haben werden, muss sich im Fortgang der Fachdebatte zeigen. Fest steht: Das syrisch-christlich geprägte Aramäische war zur Zeit des Propheten die gebildete Weltsprache des Vorderen Orients. Das Hocharabische hingegen und die klassische arabische Schrift entstanden erst später. Die Araber verfügten zunächst nur über ein »defektives« System zur schriftlichen Aufzeichnung, eine Art Stenographie, die keine Zeichen für kurze Vokale kannte und auch noch nicht die diakritischen Zeichen – jene Punkte und Häkchen, mit denen später die Konsonanten eindeutig festgelegt wurden. Ein Buchstabe der ursprünglich 18 Zeichen umfassenden Schrift konnte bis zu fünf verschiedene Laute bezeichnen. Das System war äußerst vieldeutig und anfällig für Fehllektüren. Die spätere Festlegung durch die diakritischen Zeichen bedeutete darum oft auch eine inhaltliche Festlegung – mithin eine Interpretation.

Gerd-Rüdiger Puin von der Universität des Saarlandes, ein Experte für koranische Kalligraphie, ist überzeugt, dass Luxenberg auf dem richtigen Weg ist. Seine eigenen Forschungen stützen dessen Thesen. Puin hat die ältesten bisher gefundenen Koranfragmente untersucht, teils nur 50 Jahre nach dem Tod des Propheten verfasst, die bei Bauarbeiten in der großen Moschee von Sanaa im Jemen gefunden wurden. Als Puin die Funde restaurierte, stieß er auf bedeutende Abweichungen vom späteren, offiziellen Text. Für viele Generationen – das beweisen die Fragmente – blieb der Korantext in Bewegung. Die Frühgeschichte sei neu zu schreiben, sagt Puin, »weite Teile des Korans müssen neu gelesen werden«. Der Koran sei ein »Cocktail von Texten«.

Die Fragmente von Sanaa geben einen neuen Einblick in seine Rezeptur. Sie weisen eine Reihe von aramäi-

100562

Durch die arabische Expansion wurde Arabisch zur Verkehrssprache des Nahen Ostens – Blick auf die im 17. Jh. erbaute Koranschule in Samarkand, dem ehemaligen Marakanda, das 712 von den Arabern erobert wurde.

schen Wörtern auf, die in der rudimentären Schrift der Zeit von arabischen Wörtern nicht zu unterscheiden sind. Aramäisch und Arabisch sind so genannte Nahsprachen. Sie teilen sich eine Fülle von Wörtern mit gleicher Schriftgestalt, aber unterschiedlicher Bedeutung, ähnlich wie etwa die germanischen Sprachen (anbellen bedeutet in Amsterdam »klingeln«). Während der folgenden 100 Jahre, so Puin, erfolgte dann meist eine Festlegung des Sinns in Richtung des Arabischen.

Verschiedene Gründe für diese Entwicklung sind denkbar. Durch die Expansion des arabischen Imperiums wurde Arabisch zur Lingua franca des Nahen Ostens, während das Aramäische in Bedeutungslosigkeit versank und unverständlich wurde. Die späteren Redakteure, die das endgültige Textkorpus des Korans schufen, mussten auch jenen Passagen einen Sinn geben, die sie nicht mehr verstanden. Es mag auch sein, dass Theologie und Politik Hand in Hand gingen und man die Aramäismen bewusst arabisierte, um dem werdenden Großreich eine rein arabische Religion und Sprache zu schaffen, in der fremde Einflüsse unkenntlich gemacht wurden.

Die biblische Textkritik als Vorbild für die Koranforschung
Indem Luxenberg diesen Prozess wie ein Detektiv Stück um Stück rückgängig macht, holt er den Koran zurück in den Kontext des religiös so überaus kreativen Milieus seiner Entstehungsregion, in die monotheistische Ursuppe des Nahen Ostens. Patricia Crone, die in Princeton Islamwissenschaft lehrt, glaubt zwar auch, dass Luxenbergs Werk »sich als sehr wichtig erweisen wird«, macht sich aber keine Illusionen über den Widerstand, den dieser Ansatz auslösen muss: »Wer möchte im heutigen Klima schon den Koran anrühren? Man beleidigt die Muslime, ganz gleich, was man darüber sagt.« Stefan Wild von der Universität Bonn, der zu Luxenberg eher kritisch steht, meint, dass schon »viel weniger radikale Annahmen von Parallelen zwischen Koran, Altem Testament und Neuem Testament auf größtes Misstrauen seitens der muslimischen Gelehrten stoßen«. Wild sieht »die Verständigung zwischen muslimischer und nichtmuslimischer Koranforschung in höchstem Maße gestört«.

100563

»Wer möchte im heutigen Klima schon den Koran anrühren?« (Holzkästchen zur Aufbewahrung des Korans, islamische Arbeit, um 1525).

Das mag sein. Aber eine gestörte Kommunikation kann man nicht dadurch reparieren, dass man über Unliebsames erst gar nicht spricht. Wer die andere Seite vor bestimmten Argumenten bewahren zu müssen glaubt, bevormundet sie und hat die Idee einer wirklichen Verständigung schon aufgegeben. In manchen islamistischen Internetforen versucht man Luxenberg mit dem Vorwurf zu erledigen, er wolle den Muslimen das Heiligste nehmen. Das ist ein durchsichtiges Manöver. Unterschlagen wird dabei, dass Luxenbergs Werk nicht nur eine Pointe für die Muslime, sondern auch für die Christen hat. Auch sie werden gezwungen, im vermeintlich anderen das Fortleben der eigenen Tradition zu erkennen – und zwar ohne das übliche Kulturdialog-Gequatsche, nur mit den Mitteln der Philologie.

Ob sich die Hoffnung der theologischen Reformer erfüllen kann, einen liberaleren Islam hervorzubringen, der besser mit der modernen Welt klarkommt, hängt gewiss nicht nur von Büchern und Debatten ab. Aber wenn die jüngere Geschichte des Christentums, die mit der biblischen Textkritik begann, hier ein Indiz sein kann, dann sind Luxenbergs Thesen kein Grund zur Angst, sondern ein Anlass zur Hoffnung. *15. Mai 2003*

Koran

Gottes Wort, sangweise

Das heilige Buch des Islam als poetische Offenbarung

Von Otto Kallscheuer

Der dunkelhäutige Taxifahrer, der uns in seinem »yellow cab« quer durch Manhattan kutschiert, singt mit halblauter Oberstimme vor sich hin. Eine stets in sich zurückkehrende Melodie treibt die Stimme voran, in dynamischen, zielstrebigen, rhythmisch phrasierten Spannungsbögen. Doch der Mann singt eigentlich nicht, er singt mit: Wort für Wort, Ton für Ton, Atem für Atem, Pause für Pause kommt das Lied von einer Kassette, und die Stimme des Fahrers gibt dem Rezitativ aus dem Recorder eigene Farbe, als singe der Gesang ihn. Ob er wohl den Titel des Stücks, den Namen des Sängers sagen möchte? Der Mann schüttelt den Kopf. Er lächelt: Das ist keine Musik, das ist der Koran.

Folgt man der muslimischen Tradition, so haben schon Abertausende von Nichtmuslimen die ästhetische Anziehung des Korans gespürt. Als zwanzig abessinische Christen nach Mekka kamen, um Mohammeds neue Lehre zu begutachten und von ihm »den Koran hörten, flossen ihre Tränen über, und sie nahmen Gottes Ruf an«, heißt es in Ibn Hisams sira, einer frühen Sammlung von Prophetenviten. Und als muslimische Auswanderer im christlichen Abessinien die 19. Sure Maria bei Hofe vortrugen, da brachen sogar der Negus und all seine Bischöfe in Tränen aus, »bis dass sein Bart und die Schriftrollen der Bischöfe nass waren«. Zumeist hat die Begegnung mit der Schönheit des Korans zur Folge, dass sich der Hörer sofort zum Islam bekehrt. »Ich bezeuge, dass nichts Geschaffenes in der Lage ist, eine solche Rede hervorzubringen.« Nur Gottes Rede ist von solch unermesslicher Schönheit.

Der Siegeszug des Islam, den die Christenheit stets nur als Krieger- und Gesetzesreligion fanatischer Janitscharen, Hizbollahs und anderer Selbstmordkommandos wahrnehmen wollte, erwächst in den muslimischen

Die unermessliche Schönheit des göttlichen Wortes belegt nach islamischem Verständnis die Anwesenheit Gottes – sei es im Vortrag des Koran oder in der kalligraphischen Darstellung (Fayence in der Süleiman-Moschee in Istanbul).

Überlieferungen aus kommunikativem Handeln allein. Doch nicht aus der disputatio zwischen konkurrierenden Wahrheitsansprüchen, sondern aus poetischem Genuss und Sängerwettstreit. Gewiss, Allah hätte den Menschen befehlen können, an seine Botschaft zu glauben. Aber er tat es nicht, wie der syrische Dichter Nizar Qabbani weiß: »Gott wählte den schöneren Weg, das edlere Mittel. Er wählte die Poesie.«

Dem westlichen Bewusstsein und auch einem Teil der Orientalistik (!) galt und gilt die Lehre vom idschaz, der »einzigartigen Schönheit« des Korans, bestenfalls als Kuriosum. Araberstolz. Wenn nicht gar islamischer Fundamentalismus. Jetzt hat der aus Persien stammende junge Islamwissenschaftler und Journalist Navid Kermani dieser ästhetischen Dimension des Korans eine brillante Monographie gewidmet. Seine Studie trägt mehr zum Verstehen des Islam bei als zwanzig wohlmeinende interreligiöse Podiumsdebatten. Vor allem tilgt Kermanis Buch die Fremdheit des »ästhetischen Gottesbeweises« nicht, die uns seine Untersuchung bewundern lässt.

Warum hat sich das Christentum der ästhetischen Dimension der Gotteserfahrung (fast) durchweg verschlossen? Kermani erinnert an die unter anderem im Protestantismus weiterlebende Tradition des sermo humilis, der demütigen und also auch ästhetisch »armen« Redeweise des Christenmenschen, die sich vom heiligen Augustinus über Luther und Calvin bis hin zu Kierkegaards grimmigen Invektiven wider jede Ästhetisierung der Religion verfolgen lässt.

Wenn nämlich Gott sich erniedrigt hat, indem er Fleisch geworden ist und unter uns Sündern wohnte, dann darf auch die Nachfolge Christi den dornigen Weg der Armut nicht scheuen. Genuss, Ekstase, Überwältigung durch Gottes Schönheit und die Wunder seiner Schöpfung durften da das Zentrum des christlichen Glaubens wenigstens öffentlich nicht beflecken. Ganz anders im Islam: Hier hat Gottes Rede durch den Koran Text und Partitur, Klang und Rhythmus erhalten. Nicht das Abendmahl der Gemeinde, nicht Gottes stellvertretendes Sühneopfer, sondern die Rezitation des erhabenen Wortes vergegenwärtigt Gottes Anwesenheit.

Wenn Kierkegaard (so Adorno) zur Wahrheit »nicht derart verführen wollte, dass man Jazz im Gottesdienst spielte«, so war die Rezitation des Korans schon Jazz, bevor es Jazz gab. Gläubige und Sänger memorieren, rezipieren, interpretieren den Koran in Kantilenen, als zugleich definitive Botschaft und offene Partitur »sangweise«, in zugleich gebundenen und doch improvisierten Formen. Schon Gabriel forderte den Propheten zur Improvisation heraus.

»Auf, Eingewickelter, entsteige«, spricht der Engel zu Mohammed: »Wache die Nacht, bis auf ein kleines! / Die halbe, oder brich nur ab ein kleines! / Oder setz auch etwas zu, und sing / Den Koran ab sangweise! / Wir wollen dir gewichtige Red‹ erteilen.« So übersetzte vor anderthalb Jahrhunderten der Poet und Orientalist Friedrich Rückert die frühe (mekkanische) 73. Sure, in der bisher einzigen Koranfassung, die dessen ästhetische Faszination auch im Deutschen nachzuempfinden erlaubt.

Der Schönheit der ungebundenen Verse des Korans, »weder Reim noch Prosa, doch beider Vorzüge auf sich vereinend«, widmen sich höchst komplizierte Deutungstraditionen der muslimischen Geistesgeschichte. Wie lässt sich die beständige Erneuerung eines ästhetischen Genusses begreifen, der sich trotz Wiederholung nicht abnutzt? Ist der Koran Poesie? Wie eigenständig darf die Melodie gegenüber dem Text werden?

Gewiss gibt es neben dunklen und mehrdeutigen Passagen der Verkündigung auch klare, »festgefügte Verse, sie sind die Mutter des Buches« (Sure 3, 7). Keine leserfreundliche »Volksausgabe« im heutigen Umgangsarabisch (oder -türkisch, -persisch, -deutsch) vermöchte aber ihren normativen Sinn festzuschreiben. Und kein Vatikan, keine Glaubenskongregation, nicht einmal die ehrwürdige Ulema der Al-Azhar-Moschee in Kairo darf je behaupten, Gottes Wort in all seiner Fülle verstanden zu haben. »Du hast die Stufe vollkommenen Wissens nicht erreicht, bis du nicht im Koran verschiedene Weisen siehst.«

Kermani kritisiert nicht nur westliche positivistische Islamwissenschaftler und ihre bloß »lexikalisch korrekten« Koranübersetzungen (etwa Rudi Parets Standardausgabe). Vor allem zieht er gegen die normative Orthodoxie der konservativen Gesetzeshüter der Scharia zu Felde, die in vielen arabischen Ländern über das (de facto, nicht de jure) Monopol der Koranauslegung verfügen. Wider solche Traditionalisten und wider die islamistischen Jakobiner plädiert er für einen ästhetisch genießenden Umgang mit Gottes Wort als »offenem Text«. Er knüpft dabei an Poetik und idschaz-Deutung Abdulqahir Al-Gurganis aus dem 11. Jahrhundert und die Mekkanischen Offenbarungen des heterodoxen Mystikers Muhyiddin Ibn Arabi aus dem 13. Jahrhundert an.

Die Offenheit des Korans ist auch politisch brisant

Ibn Arabi, der große andalusische Lehrer von der einen göttlichen Substanz in all unserem bewussten Sein, verfocht eine theologische Begründung des hermeneutischen Pluralismus, die uns Mitteleuropäer an Johann Gottfried Herders Maxime erinnern mag, »das beste Lesen (des) göttlichen Buches ist menschlich [...] im weitesten Umfange und in der andringendsten Bedeutung« (Briefe, das Studium der Theologie betreffend, 1780).

Denn der unerschöpflichen Vielfalt der Weisen, den Koran zu hören, entspricht für Ibn Arabi die Allgegenwart Gottes in jedem Hörer, ob er nun diesen oder jenen anderen Sinn versteht. »Gott kennt alle diese Bedeutungen, und es gibt keine, die nicht der Ausdruck dessen wäre, was er dieser besonderen Person sagen wollte.«

Wie politisch brisant eine solch offene Hermeneutik noch heute ist, wie sehr sie das in vielen islamischen Gesellschaften immer noch bestehende nomokratische Monopol einflussreicher Ulema bedroht, verdeutlicht der Fall des ägyptischen Korangelehrten und Literaturwissenschaftlers Nasr Hamid Abu Zaid, der sich wider jede theo- und nomokratische Festschreibung der Korandeutung und für die ästhetische Vielfalt seiner mündlichen Interpretationen und (Be-)Deutungen einsetzt. In seiner Heimat wurde Abu Zaid als Ketzer verurteilt, von Islamisten mit dem Tode bedroht; seine Ehe wurde (als Ehe eines Abtrünnigen) von den islamischen Autoritäten zwangsgeschieden, sodass er heute mit seiner Frau im niederländischen Exil lebt. Kermanis Buch »Gott ist schön« verdankt Abu Zaids poetischer Hermeneutik viel; und nun hat der ägyptische Professor in langen Gesprächen Cherifa Magdi und Kermani sein Leben mit dem Islam erzählt. Abu Zaids leidenschaftliches Plädoyer für eine islamische Moderne berührt alle Streitfragen im Islam und mit dem Westen; es ist seine direkte Rede – packend übersetzt von Cherifa Magdi –, die den Leser nicht unberührt lässt. *7. Oktober 1999*

Augustinus

Wurzel der Freiheit

Wen hat der säkularisierte Westen im Streit um das Menschenbild aufzubieten? Den Kirchenvater aus dem Mittelalter!

Von Otto Kallscheuer

Gibt es Bücher, an denen wir die kulturelle Grammatik des Westens exemplarisch (wieder) erlernen können? Bei welchem Autor finden wir eine hinreichend komplexe Version der Wurzeln westlicher Subjektivität? Die Liste ist zu lang: Heidegger, Sartre? Nietzsche, Freud? Hegel, Rousseau? Pascal, Montaigne? Aber ein Name! Kein Zweifel: Das ist der heilige Augustinus. Sein Jahrtausendbestseller, die »Bekenntnisse« ist der erste moderne und Bildungsroman, aber auch die erste Seelenanalyse männlichen Strebens nach Glück und Ruhe, Einsicht und Einheit, zwischen Mutter Monica, Gott und der Welt.

Augustins prämodernes »ich« projektiver Erinnerung steht zugleich Pate beim Entwurf der westlichen Politik: und zwar nicht nur eines westlichen liberalen Individualismus, welcher eifersüchtig seine »privacy«, die Autonomie seines Urteils und die Authentizität seines Lebensvollzugs, bewacht. Nein, auch des westlichen Fundamentalismus. Anders als die muslimische Tradition, aber auch die der östlichen Christenheit, die sich bekanntlich schwer tun, zwischen »Umma« und »Khalifat«, zwischen »Oikumene« und »Imperium« zu differenzieren, weiß seit Augustin der theologische Westen um die Differenz von Heilsgeschichte und irdischer Politik: zwischen dem »procursus« der Kirche hin zum himmlischen Jerusalem und der Funktion aller weltlichen Staaten, für Macht und Ordnung zu sorgen.

Der westliche (zumeist protestantische) Fundamentalismus weiß zwar darum, doch er unterdrückte diese Differenz mit bestem Gewissen, wenn er das weltliche Gemeinwesen zum Instrument des Parlaments der Heiligen, des Bundes der Gerechten machen wollte. Oder auch, wenn er sich gesinnungsethisch als Sekte der Auserwählten aus der Verantwortung für Frieden und Wohlfahrt ausklinkt. Sowohl die radikale Aktion wie pietistische Kontemplation, Distanz zur Welt und die Weltergreifung haben sich auf Augustins Suche nach wahrhaftiger Wahrheit berufen.

Und dieser Weg, auf dem sich der Denkende unweigerlich selber infrage stellen muss, führt nach innen. All die hingegen, welche »Gott durch jene Mächte suchen, welche die Welt oder die Teile der Welt beherrschen, [werden] von ihm weggerissen und weit umher geschleudert, nicht durch Orte und Räume, sondern durch die Gegensätzlichkeit ihrer Neigungen. Sie versuchen nämlich nach außen zu gehen und verlassen ihr Inneres, und innerlicher noch als dieses ist Gott«, heißt es im jetzt wieder übersetzten Hauptwerk des Heiligen, De trinitate, zur göttlichen Dreifaltigkeit.

Schon in seiner frühen Schrift »Über die wahre Religion« hatte Augustinus, noch ganz christlicher Platoniker, diese introspektive Kehre als Weg zur Wahrheit, welche Gott ist, verkündet. Die verwegene Konsequenz daraus ist dann, »in interiore homini«, im inneren Menschen, auch Gottes Identität wiederzufinden. In den Strukturen des Sich-selbst-Gewahrseins und Reflexiv-Werdens, welche menschliches Bewusstsein auszeichnen, »entdeckt« Augustin die »Spuren« der göttlichen Subjektivität: Als Subjekt, das die menschliche Vernunftseele darstellt, ist jeder Mensch Selbstbeziehung.

Nach einer Legende sah Augustin einen Knaben, der mit einem Löffel Wasser in eine Sandgrube goss – als Sinnbild der Unmöglichkeit, die Unergründlichkeit Gottes auszuschöpfen (Fra Filippo Lippi, »Die Vision des heiligen Augustinus«, 1455/60; Sankt Petersburg, Eremitage).

4601

Und auch der Drei-Eine Gott, die vollkommenst denkbare Subjektivität, ist in sich Beziehung. Augustins zumeist fälschlich »psychologisch« genannte spekulative Lehre von den Spuren der göttlichen Dreifaltigkeit im menschlichen Bewusstsein lässt sich nicht in zwei, drei Zeitungsspalten rekapitulieren. Sie ist in der Philosophie und Theologie des Westens ebenso konsequenzenreich rezipiert worden - nicht zuletzt von G. W. F. Hegel - wie kritisiert: etwa vom großen Karl Barth als nahezu »frivoler«, zweideutiger Versuch, die absolute Ferne des verborgenen Gottes mit den Krücken menschlicher Vernunft zu überbrücken.

Man muss diese Lehre kennen, wenn man die spekulative Philosophie des Westens verstehen will - denn sie vermittelt auch die intersubjektive Tiefe eines dreifaltigen Gottes, welcher den Westen einstmals »in interiore homini« aufsuchte.

Die radikale Freiheit des Westens - deren Grammatik Augustin wieder und wieder beschrieben hat - wurzelt im Selbstgespräch: in jener zugleich evidenten wie problematischen Selbst-Gegen-Wart, in der wir uns bei der Suche nach epistemischem festen Grund, aber auch nach Ruhe und Rast unweigerlich zur Frage werden. Der sich mit Augustin nach Gott fragende Mensch ist ein Wesen, dem es in seinem Sein um sich selber geht. Der Rationalismus wie der Existentialismus gehen auf Augustins Gottesanreden und Selbstgespräche zurück: ob Descartes oder Pascal, Husserl wie Heidegger. Oder Hannah Arendt, die bei Heidegger über den Liebesbegriff des Augustinus promovierte.

An die »introspektive Neuüberprüfung« als Fähigkeit einer Zivilisation, sich selber infrage zu stellen, hat übrigens - es war einige Monate vor dem 11. September - auch der algerische Staatspräsident Abd al-Asis Bouteflika erinnert, als er im April in Algier und Annaba (Augustins Bischofssitz Hippo Regius) den internationalen Augustinus-Kongress Africanité et Universalité eröffnete. Das Schuldbekenntnis der katholischen Kirche war ihm Exempel augustinischen Sinns, das Bouteflika auch für sein eigenes Land, seine eigene Religion einklagte. *13. Dezember 2001*

Cluny

Von Klosterresten zu köstlichem Wein

Genuss statt Askese: Im ehemaligen Zentrum der Geistlichkeit blüht heute die Kochkunst

Von Ernst Hess

Endlos fällt der Aprilregen über das Land, verwandelt die Weinberge in tiefen Morast und lässt das Wasser durch die gotischen Traufen gurgeln. »Warum kommen Sie ausgerechnet jetzt nach Cluny?«, wundert sich Patrice Gosse fast mitleidig, während er schwarze Trüffeln über die Jakobsmuscheln raspelt. »Sie sollten uns im Oktober besuchen, wenn die Lese in vollem Gang ist. Machen Sie mal ein Herbstwochenende im ›Hotel de Bourgogne‹, Sie werden sehen.«

Er mag ja Recht haben, der Herr über Bressehühner, Entenbrüste und Wildschweinpasteten. Burgund in der Sonne – das ist fast so wie Frühling in der Provence oder ein gedeckter Tisch bei Paul Bocuse. Nur, mit der Askese der Cluniazenser, dem romanischen Mysterium im Tal der Grosne, verträgt sich der Regen besser. Nichts lenkt die Sinne ab, man glaubt fast, das monotone Gemurmel der Mönche zu hören, das Ticken der Weltuhr, die im 12. Jahrhundert vorübergehend hier installiert war. Ganz Europa duckte sich unter dem mächtigen Pendelschlag des Klosterimperiums, wenn auch nur für kurze Zeit.

Der Traum vom Leben nach dem Tod

Geblieben sind von der Gottesstadt nur noch erbärmliche Reste. Und dennoch: Die Faszination der Ruinen schlägt den Besucher mühelos in ihren Bann. Das liegt vielleicht auch daran, dass unsere Zeit weitgehend orientierungslos geworden ist, ohne Inspiration. Daran hat es den Cluniazensern weiß Gott nicht gemangelt, so unerbittlich Odilo, Hugo oder Odo auch den Geist der Devotion verfochten. Die Romantik – oder das, was von ihr

Nur sehr wenig ist von der ehemals so eindrucksvollen Gottesstadt Cluny geblieben, darunter der oktogonale Turm (»Clocher de l'eau bénite«) der Abteikirche.

101191

übrig geblieben ist – entspricht wohl am ehesten einem Mangel in uns: dem Traum vom Leben nach dem Tode. Darin waren sich die Mönche des 12. Jahrhunderts ganz sicher, und dahin richteten sie all ihr irdisches Tun. Wer das nicht fühlt, wer die Romantik nur ästhetisch oder architektonisch beurteilt, der ist an einem warmen Spätsommertag in Cluny sicherlich besser aufgehoben.

»Geistig gesehen hat das Abendland niemals wieder so viel Glut hervorgebracht wie in dieser so temperiert anmutenden Landschaft«, lesen wir tapfer in unserem Führer und bestellen noch einen Pastis. »Gout de vacances«, sagen die Franzosen zu ihrem Anisschnaps, den sie allerdings mit mehr Wasser verdünnen, als dem gelblich trüben Zeug eigentlich gut täte.

Cluny heute: Man steht ein wenig fassungslos vor der systematischen Zerstörungswut der Revolution von 1789. Nach 880 Jahren war die gigantische Abtei geschlossen und zur nationalen Beute erklärt worden, drei Jahre später begann der Abriss. Ein Bauunternehmer aus dem nahen Macon erwarb den romanischen Steinbruch für zwei Millionen Franc Assignaten, die ein paar Wochen später nicht einmal mehr die Tinte unter dem Kaufvertrag wert waren. Wer noch immer die Auffassung vertritt, Deutsche seien gründlicher als ihre französischen Nachbarn, mag nach einem Gang durch die Ruinen das Musée Ochier aufsuchen. Dort hat man die alten Pläne ausgebreitet, Karten und Stiche an den Wänden drapiert und unter Glas die Gottesstadt en miniature rekonstruiert.

Vandalismus ist noch eine bodenlose Untertreibung für das, was sich bis 1823 in Cluny abspielte. Als die Öffentlichkeit wieder zur Besinnung kam, standen nur noch zwei Türme, ein gotischer Mehlspeicher, drei Renaissance-Palais und einige belanglose Wohntrakte aus der Barockzeit. Das klingt noch immer ganz beachtlich, aber die liebevoll restaurierten Reste zeigen eigentlich nur, wie brutal der Spekulant aus Macon mit seiner »schwarzen Bande« die Goldgrube ausgeplündert hat. »Man darf nicht daran denken,« schreibt der Kunsthistoriker Helmut Domke angewidert, »welche Häuser, Straßen und Dämme mit dem erlauchten gelben Stein von Cluny zusammengeschustert wurden.«

Nun starb das burgundische Zion nicht von heute auf morgen. Die »Mutter der abendländischen Kultur« (Viollet le Duc) war am Vorabend der Revolution nur noch ein riesiger Körper ohne Seele. Von den einstmals 450 Mönchen waren vielleicht vierzig übrig geblieben, die den strengen Regeln des hl. Benedikt nur noch wenig, dem stets gut gefüllten Weinkeller umso mehr abgewinnen konnten. Die große Zeit des Petrus Venerabilis, als 600 Klöster und 12000 Mönche in ganz Europa dem Abt von Cluny unterstanden, gehörte ebenso der Vergangenheit an wie die Bauten Odilos, Hugos oder Mayeuils.

Dass der Prior Dom Dathoze 1750 einen Teil des architektonischen Wunders abreißen und an dessen Stelle ein Schloss im Stil Ludwigs XV. errichten ließ, war eigentlich der Anfang vom Ende. Seinen politischen Einfluss hatte das Kloster längst an Paris verloren. Und das, was die verweltlichten Prälaten durch den Neubau an Komfort gewannen, verlor die Kunstwelt an romanischen Schätzen.

Das mag uns heute traurig stimmen, wenn wir von der Rue d'Avril hinunter zur Klosterpforte blicken, die es natürlich nicht mehr gibt, und die wir uns genauso vorstellen müssen wie den Wald von Türmen dahinter. Dohlen nisten in den toten Fenstern, wilder Wein rankt über Rundbogen und Kapitelle, während ein 2 CV mit blauer Fahne über das Pflaster der Rue de la République hoppelt. Man spürt gerade im alten Klosterbezirk die klaffende Leere zwischen dem weltläufigen Cluny von einst und der provinziellen Enge unserer Tage. Daran ändern auch die Touristenströme nichts, die sommers aus den klimatisierten Bussen quellen, in einer halben Stunde das Wunder des Mittelalters bestaunen und den gut sortierten Devotionalienhandel in Schwung halten. Cluny, da gibt es kein Pardon, ist ein verschlafenes Nest, weit von Paris und noch weiter von seiner einstigen Größe entfernt. Wenn man so will auch ein Memento mori, ein Lehrstück beispielloser Dummheit und Profitgier, die ein Gesamtkunstwerk von klassischen Dimensionen in gut dreißig Jahren zerstörte.

Zwei Dinge sind es, die ein wenig tröstlich stimmen. Zum einen: So viel ist vom alten Cluny immer noch geblieben, dass man sich ein Bild machen kann. Und oft genug rühren die Ruinen einer untergegangenen Epoche unsere Fantasie mehr als perfekt erhaltene Bauwerke, die der Geist ihrer Gründer längst verlassen hat.

Chorgesang in Taizé

Zum anderen: Keine zehn Kilometer nördlich liegt Taizé, »gleich hinter den Bergen«, wie es im Märchen heißt. Roger Schutz, ein calvinistischer Theologiestudent, gründete in dem armseligen Weiler vor mehr als vierzig Jahren eine Bruderschaft, die den cluniazensischen Geist vielleicht besser verkörpert als alle Rekonstruktionen oder Modelle der benachbarten Abtei. Mehr noch, der katholische Bischof von Autun überließ den Protestanten die uralte Dorfkirche, ganz in der Tradition seines prominenten Amtsvorgängers, des toleranten Spötters Talleyrand. So dringt abends wieder Chorgesang der Brüder durch die schmalen Fenster, hinüber nach Cluny, wo sich bald tausend Jahre zuvor junge Männer für Armut, Ehelosigkeit und tätige Nächstenliebe entschieden hatten.

Wie schwer der Verzicht auf weltliche Genüsse fallen kann, wird einem erst beim Studium der Speisekarte im »Hotel de Bourgogne« so richtig klar. Patrice Gosse, der bescheidene Küchenchef, hat sich seinen Michelin-Stern redlich verdient. Die getrüffelten Jakobsmuscheln auf Lauchstreifen mit einer hellen Chablissauce sind jedenfalls über kleinliche Kritik erhaben. Das gilt auch für die Gänseleber und das unglaublich zarte Boeuf Bourguignon, dessen Rezept der Patron bereitwillig herausrückt. »Wissen Sie, hier in Cluny ist lange genug gefastet worden«, lacht Monsieur Gosse und gießt vom samtigen 79er-Givry reichlich nach, »jetzt sind mal die Gourmets an der Reihe.«

Das mag für die ersten drei Jahrhunderte der Abtei noch seine Richtigkeit haben, auch wenn der asketische Bernhard von Clairvaux schon Anfang des 12. Jahrhunderts gegen die laschen Sitten in Cluny wetterte. Spätestens unter den Renaissance-Äbten ließ die Hingabe an das strenge Klosterreglement jedoch merklich nach. Die Herren Amboise und Bourbon stellten erfreut fest, dass auf den riesigen Ländereien im Herzen Burgunds ganz vorzügliche Weine wuchsen, die ihrer Schwere wegen natürlich eine ordentliche Unterlage benötigten. Da wollten die einfachen Mönche ihren Vorgesetzten nicht nachstehen, und schon war es mit dem Fasten vorbei. Daran hat sich bis heute in Cluny und den Dörfern der Umgebung nichts geändert. *16. Mai 1986*

Karl der Große

Europas blutige Taufe

Wie der Frankenkönig sein Reich schuf

Von Klaus Schulte-Van Pol

Am Weihnachtstag 800, vor über 1200 Jahren also, war es, da Papst Leo III. den Frankenkönig in Rom zum Imperator Romanorum, zum Cäsar der Römer, zum Kaiser, krönte und damit das neue Römische Reich begründete. Militärisch war dieses »europäische« Reich ein Riese, zivilisatorisch und kulturell im Vergleich zu seinen byzantinischen Nachbarn in Süditalien und den arabischen in Spanien ein Zwerg. Technik, Wissenschaft und Schriftkultur des alten römischen Imperiums waren selbst im Süden fast vergessen, im germanischen Norden und Osten hatte es sie nie gegeben, auch keine urbane Kultur, die sich in traurigen Resten nur noch in Italien und dem alten Gallien erhalten hatte. Selbst Rom, einmal Millionenstadt und glänzende Kapitale der westlichen Welt, war nur noch wenig mehr als ein Haufen heroischer Ruinen, in denen kaum 50000 Menschen hausten. Für den Niedergang der rheinischen Städte hatten Karls Vorfahren selbst gesorgt, als sie im 4. Jahrhundert aus ihren rechtsrheinischen Stammesgebieten über den Fluss in die römischen Provinzen Niedergermanien und Belgica vordrangen, und mit dem Verfall des Netzes fester Heer- und Handelsstraßen war auch der Fernhandel fast zusammengebrochen.

Karl wurde zum großen Erneuer, Charlemagne, Carlomagno ... ja, zum König schlechthin: Tschechen und Polen leiten ihre Wörter für »König« (král, król) aus seinem Namen ab, und spätere deutsche Kaiser rechtfertigten mit ihm ihren Anspruch auf Italien. Napoleon nannte ihn »notre prédécesseur«, und noch vor einem halben Jahrhundert beflügelte er die Träume Adenauers, de Gasperis und Schumans vom neuen »christlichen Abendland«.

Im Kampf der germanischen Völker um den Nachlass des weströmischen Imperiums erschienen die Franken erst reichlich spät auf der Bühne. Dennoch blieben sie

50558

Der Papst hatte die Errichtung eines neuen Kaisertums des Westens gefördert (»Papst Leo III. krönt Karl den Großen«, französische Buchmalerei).

schließlich als Universalerben übrig. Den Schlüssel zum Erfolg hatte schon Chlodwig gefunden, der Gründer des Frankenreichs und erste König aus dem Haus der Merowinger. Um 500 trat er mit seinen Kriegern zum römischen Christentum über. Zwischen Somme und Loire wurden einheimische Galloromanen und fränkische Eroberer damit Brüder im »rechten« Glauben der Papstkirche. Andere germanische Reichsgründer waren zwar schon früher ins Taufbecken gestiegen, aber in das »falsche«, das des Arius, dessen Christus nicht »wesensgleich« mit dem Vatergott war, sondern nur sein »Geschöpf«. Ihre Staaten gingen unter, weil die neuen Herren den Unterworfenen als Fremde und als arianische Ketzer gleichermaßen verhasst waren.

Lange hallten germanische Zauberformeln in den Gebeten der Franken noch nach, aber 250 Jahre nach Chlodwig verknüpfte Karls Vater Pippin ihr Schicksal endgültig mit dem des Heiligen Stuhls. Als Hausmeier des Königs war Pippin der wahre Machthaber im Frankenreich. Am Ende verlor Childerich III., der letzte Merowinger, auch noch das alte äußere Zeichen fränkischer Könige: seine schulterlangen Locken. Mit dem Segen des Papstes Zacharias ließ Pippin ihn 771 scheren und schickte ihn dahin, wo seine neue Frisur passte: in ein Kloster. Er selbst ließ sich zunächst nach fränkischer

Tradition zum König wählen und die Wahl dann, gegen die Tradition, gleich zweimal kirchlich bestätigen. Erst salbte ihn Bonifatius, der »Apostel der Deutschen«, dann, in St. Denis, Papst Stephan II., Zacharias‹ Nachfolger. Einmal im Schwung, salbte der Neue Pippins Söhne gleich mit. Der kleine Karl und sein jüngeres Brüderchen Karlmann waren nun patricii Romanorum, Schutzherren der Römer, das heißt des Heiligen Stuhls – und an dem sägten die Langobarden, ein Germanenstamm, der die ehemals byzantinischen Gebiete vor Rom besetzt hatte. In Zukunft, versprach Pippin, sollten diese Länder der Kirche gehören – Kern des späteren Kirchenstaats –, dafür »verbot« Stephan den Franken, jemals andere als Pippins Nachkommen zu Königen zu wählen. Der Bund zwischen der neuen Dynastie und dem Stuhl Petri war besiegelt. Zweimal schlug Pippin in den folgenden Jahren die Langobarden, endgültig besiegen konnte er sie nicht.

Über Karl des Großen frühe Jahre schweigen die Quellen. Weil sein Biograph Einhard angibt, dass der Kaiser 72 Jahre alt war, als er 814 starb, galt bis vor kurzem 742 als sein Geburtsjahr. Neueste Forschungen aber kommen zu dem Schluss, dass er erst 748 geboren wurde, wahrscheinlich in Düren. Sein Handwerk als zukünftiger fränkischer Heerkönig lernt er auf den Kriegszügen seines Vaters südlich der Loire, im ständig rebellischen Aquitanien. Aus dem kleinen Gesalbten von St. Denis ist da schon ein veritabler Riese geworden, fast zwei Meter groß, gewandt als Reiter und im Umgang mit Speer und Schwert.

Der Tod des Bruders sorgt rasch für Gerüchte

Pippin stirbt 768. Beide Söhne erben nach fränkischem Recht gleiche Reichsteile, über das immer noch unruhige Aquitanien sollen Karl und Karlmann nach dem Willen des Vaters gemeinsam herrschen. Als dort kurz nach Pippins Tod wieder rebelliert wird, lässt Karlmann den Bruder auf dem Schlachtfeld im Stich. Der siegt dennoch. Geliebt haben sich die Brüder nie, jetzt sind sie Feinde.

Von Krieg versteht Karl schon viel, von Politik noch nichts. Auf Drängen seiner Mutter heiratet er die Tochter des Langobardenkönigs Desiderius. Das soll Ruhe stiften, bewirkt aber das Gegenteil. Denn jetzt schäumt der

Papst vor Wut, weil »euer ruhmvolles Frankenvolk ... mit einem Abkömmling des treulosen und stinkenden Langobardenvolks besudelt werden soll«. Und auch Karlmann schäumt, weil er sich von der neuen Sippe bedroht fühlt. Zuletzt erfasst selbst Karl der Grimm – als er die Braut sieht. Hässlich war sie, heißt es, und Karl liebt schöne Frauen wie Himiltrud, die »Friedelfrau«, die bereits seinen ersten Sohn geboren hat, und wie Hildegard, das alemannische Kind, das er jetzt begehrt. Nur Langobardenkönig Desiderius freut sich. Er glaubt, von seinem Schwiegersohn sei nun nichts Böses mehr zu erwarten, und denkt nicht daran, die Gebiete zu räumen, die er nach den Niederlagen gegen Pippin dem Papst überlassen sollte. Für Karl ist das Grund genug, seine ungeliebte Langobardin dem Vater in Schimpf und Schande zurückzuschicken.

Unerwartet stirbt Karlmann 771. Sofort gibt es böse Gerüchte. Schon Chlodwig hatte sich durch fantasievolle Meuchelmorde zum Alleinherrscher gemacht, und auch seine Nachfolger erledigten Erbfragen mit Gift und Dolch. Einen Beweis für brüderliche Sterbehilfe gibt es nicht, aber während Karlmanns Adel auf dem Krongut Corbeny an der Aisne noch über die Regentschaft für die unmündigen Söhne des Toten streitet, erscheint Karl mit seinen Reitern und präsentiert sich als König aller Franken. Karlmanns Witwe flieht mit ihren Kindern zu den Langobarden. Einhard berichtet lapidar, sie sei nach Italien »gereist, was der König ohne Aufregung hinnahm, wenn es ihm auch recht überflüssig erschien«.

Karl hat die Langobarden tödlich beleidigt, Witwe und Erben des Bruders aus dem Land gejagt, und die eben 14-jährige Hildegard erwartet ein Königskind. Der Schwertadel murrt. Damit er sich beruhigt, braucht er Arbeit, und die will Karl ihm im Nordosten verschaffen, bei den Sachsen. Zum kommenden Frühjahr ruft er den Adel nach Worms.

Dem Heerbann des Königs müssen seine Vasallen mit allen ihren Männern folgen. Weltliche und geistliche Grundherren stellen eine nach der Größe ihres Besitzes berechnete Zahl von Kriegern, ausgerüstet mit Waffen, Verpflegung und allem Gerät für den Marsch zum Sammelpunkt und drei weitere Monate. Mehrere freie Kleinbauern stellen einen Mann. Kern des Heeres, das der

Vom Krieg verstand der junge Karl viel, von Politik zunächst noch nichts (Elfenbeintäfelchen »Sieg Karls des Großen über die Barbaren«, 9. Jh.; Florenz, Museo Nazionale del Bargello).

100264

König von Worms lahnaufwärts gegen die Sachsen führt, sind die schweren Reiter der Scara francisca. Gegen Pfeile sind sie durch Kettenhemden geschützt, für die übrigens ein strenges Exportverbot gilt. Auch mit Sattel und Steigbügel müssen die Franken geritten sein. Sie sind für den Nahkampf bewaffnet, der vom bloßen Pferderücken nicht zu führen ist.

Die Sachsen haben ihren Attacken wenig entgegenzusetzen. Auf dem Weg zur Weser zerstört Karl das »Götzenbild« der Irminsul und nimmt Geiseln. Weihnachten ist er wieder auf einem Krongut im Maasland. Solche Sachsenzüge hatte schon sein Vater Pippin geführt. Doch Karl ahnt nicht, dass er eben zwischen Niederrhein und Elbe, Holstein und Siegerland einen richtigen Krieg entfesselt hat, der erst nach 33 Jahren und 17 weiteren blutigen Heerfahrten beendet sein wird.

Noch im Winter 772/773 erreicht ihn ein Brief aus Rom, in dem der Papst »für den Dienst Gottes und die Rechte des heiligen Petrus« um Hilfe gegen die Langobarden bittet. Karl hat wenig Lust, dem Pontifex den ersehnten Kirchenstaat zu erobern, aber als er von eigenen Boten hört, dass Desiderius den Papst drängt, Karlmanns ältesten Sohn zum König der Franken zu salben, ändert sich die Sache. Im Frühjahr erkämpft er den Übergang über die Alpen. Während sein Heer Pavia belagert, bestätigt er in Rom die »Pippinische Schenkung«, dennoch wird es vorerst nichts mit dem Kirchenstaat. Als Pavia fällt, verordnet Karl Klosterhaft für Karlmanns Witwe, ihre Söhne und König Desiderius. Dessen »Eiserne Krone« nimmt er selber und zieht als König der Franken und Langobarden zurück nach Norden, wo die Sachsen in die Grenzgebiete eingefallen sind.

Karl ändert seine Strategie. In befestigte Plätze legt er ständige Besatzungen, die von den umliegenden Bauern versorgt und mit Vorräten für die nachfolgenden Truppen beschickt werden müssen. Mit den Soldaten ziehen immer mehr Missionare ein, auch Sachsen, aber sanfte, aus England. Vor allem beim Adel haben sie Erfolg. Dessen heidnisch-germanische Logik ist simpel. Die Diener des Christengotts erkämpfen Siege, also muss dessen »Heil« stärker sein als das von Wotan, Donar und Saxnot. Viele lassen sich taufen. Dennoch schlagen andere sofort wieder los, als Karl im nächsten Jahr an die Adria marschiert, um einen Aufstand der Langobarden zu ersticken. Jetzt, schreibt Einhard, ist er entschlossen, »den Kampf gegen das treulose und bundesbrüchige Sachsenvolk nicht eher aufzugeben, als bis es besiegt dem Christenglauben unterworfen oder aufgerieben war«.

Karl will christianisieren, einmal, weil er wirklich fromm ist, zum anderen, weil er Sachsen nur durch den Klerus beherrschen kann. Schon sein Großvater Karl Martell, der gar nicht fromm war, hatte Bonifatius unterstützt, weil durch dessen Kirchenverwaltung die rechtsrheinischen Reichsteile erst regierbar gemacht worden waren.

Der dritte Sachsenzug ist so erfolgreich, dass Karl 777 den Reichstag nach Paderborn einberuft. Den scheinbar Besiegten bietet er mitten im Herzen ihres Landes ein Spektakel von Pracht und Herrlichkeit. Sie bestaunen das Gefolge der Grafen und Bischöfe von allen Enden des Reichs, die glänzende Phalanx der Kriegsprofis von der Scara francisca, den hünenhaften König, der statt seiner schlichten fränkischen Reitertracht jetzt einen golddurchwirkten blauen Mantel und ein Diadem trägt. Spektakulärer Höhepunkt der Schau ist der Auftritt von Männern in Pluderhosen, wallenden Umhängen und seidenen Turbanen. Sie bitten um Hilfe gegen den Emir Abd ar-Rahman, der im Norden Spaniens sein Volk unterdrücke und auch die Christen gnadenlos verfolge. Der König sagt zu.

Viele sächsische Edle schwören ihm auf dem Reichstag Treue. Massentaufen gibt es auch; Karl glaubt, seine Arbeit sei getan, aber er irrt. Die Sachsen leben in germanischen Sippenverbänden, die nur im Kriegsfall einen Herzog auf Zeit wählen. Es gibt keinen König, dessen Eid Untertanen binden könnte. Ein Sachse schwört nur für sich selbst, und der »Edeling« Widukind hat weder für sich noch für andere geschworen. Der Frankenherrscher ist kaum nach Spanien abgezogen, da plündert er mit einem Bauernheer das rechte Rheinufer vor Köln und liefert den Besatzern seiner Heimat einen erbarmungslosen Guerillakrieg.

Karls Unternehmen jenseits der Pyrenäen scheitert. Der Ebro kann nicht überquert, Saragossa nicht genommen werden. Auch die angeblich verfolgten Christen wenden sich erbittert gegen ihn, den Barbaren aus dem Norden. Als »Ungläubige« müssen sie zwar Steuern zahlen, aber beten dürfen sie zu wem sie wollen. Nicht »Sarazenen« vernichten die Nachhut der abziehenden Franken im Tal von Roncevalles, wie das Rolandslied behauptet, sondern christliche Basken.

Nach diesem Debakel setzt Karl alle Kraft darein, den sächsischen Aufstand niederzuschlagen, wenig später muss er in der Lombardei unter korrupten fränkischen Grafen Ordnung schaffen. Der Papst bekommt nur eine kleine Anzahlung auf seinen Kirchenstaat, dankbar ist er dennoch: Die schöne Hildegard, die den König begleitet, wird rechtmäßig Karls Ehefrau.

Die aufständischen Sachsen werden deportiert
782, eben zurück von einem zweiten Reichstag im scheinbar befriedeten Sachsenland, erreicht den König in Lothringen die Nachricht, dass die Sachsen ein Heer, das er gegen die Sorben östlich der Elbe schickte, schon an der Weser vernichtet haben. Seine Antwort ist grausam. 4 500 Sachsen habe der König bei Verden an der Aller enthaupten lassen, berichtet Einhard. Und wenn diese Zahl auch sicher übertrieben ist, so gehört Karl doch ganz gewiss zu jenen »Söhnen der Kirche«, für deren Untaten »im Dienste der Wahrheit« Johannes Paul II. im Jahr 2000 um Vergebung bat. Wohl im selben Jahr wird die capitulatio de partibus Saxoniae erlassen, ein drakonischer Strafkatalog, der unter anderem dekretiert: »Wer ... vom Stamme der Sachsen ... freiwillig Heide bleibt, der soll des Todes sterben.« Dennoch muss Karl noch zwei große Schlachten schlagen, bevor Widukind, krank von der gnadenlosen Hetzjagd, 785 aufgibt und sich in Attigny bei Reims taufen lässt. Karl selbst gibt den Taufpaten.

Drei Jahre später muss sich Bayernherzog Tassilo unterwerfen. Karl droht mit drei Heeren, sein römischer Alliierter mit dem Kirchenbann. Das letzte Stammesherzogtum auf deutschem Boden verschwindet im Frankenreich und Tassilo – wo sonst? – im Kloster. Dann zieht

100563

Den historischen Kern des Rolandsliedes bildet die Vernichtung der Heeresnachhut Karls des Großen durch die Basken am Pass von Roncesvalles im Jahr 778 – Illustration zum Rolandslied des Pfaffen Konrad (aus der Heidelberger Handschrift, Ende des 12. Jh.).

Karl gegen die slawischen Stämme an der Ostgrenze und führt den ersten Zug gegen die Awaren in Niederösterreich. Doch kaum hat er 793 für das folgende Jahr ein Konzil nach Frankfurt am Main einberufen, da vernichtet eine neue Generation sächsischer und friesischer Rebellen wieder ein Frankenheer an der Weser. Gnadenlos verfügt der König jetzt die Verheerung ganzer Landstriche und die Zwangsumsiedlung von Sachsen und Franken in die Stammesgebiete der jeweils anderen. 797/798 überwintert er mit Luitgard, der vierten Frau, und seinem Hof im Heerlager bei Höxter. Auf den Rat des englischen Mönchs Alkuin, seines »Kulturministers«, mildert er die »Blutgesetze« ab.

100563

Die Bronzestatuette Karls des Großen (9. Jh.; Paris, Louvre) veranschaulicht das Anknüpfen an antike Traditionen, die durch den fränkischen Herrscher neu belebt wurden.

Dennoch, als der Klerus nördlich der Elbe den Zehnten gnadenlos eintreibt, erheben sich dort die Bauern noch einmal. Der König, der nun Kaiser ist, deportiert die Aufständischen nach Franken. Ihr entvölkertes Land überlässt er einem slawischen Stamm, den Abodriten, die nun die Nordgrenze des Reichs gegen die Dänen sichern sollen. Erst jetzt, 804, ist Sachsen endgültig »befriedet«.

Etwa seit 795 überwintert Karl fast nur noch in Aachen, manchmal bleibt er ein ganzes Jahr. Er ist müde. Seit er reiten lernte, hat er die Monate zwischen März und Oktober zu Pferde verbracht, auch in den kurzen Pausen zwischen den Kriegen immer unterwegs von einem Krongut zum anderen. Oft war seine Familie in holpernden Wagen dabei, auf Straßen, die nichts anderes waren als Karrenspuren. Die »kleinen« Kriege zur Eroberung und Sicherung der »Marken« vor den eigentlichen Reichsgrenzen überlässt er nun den Söhnen. Als aber die Dänen 810 mit einem großen Krieg drohen, führt er selbst wieder sein Heer nach Norden. Bevor es zum Kampf kommt, wird König Göttrik ermordet.

Am 28. Januar 814 stirbt Karl in Aachen. Zwei seiner drei legitimen Söhne sind schon tot. Ludwig, der jüngste, erbt ein Reich, das fast alle christlichen Völker des westeuropäischen Festlands vereinigt, dazu die Oberherrschaft über die Slawenstämme zwischen Odermündung, mittlerer Donau und Istrien. Das kurzlebige Reich, das Karl zusammenzwang, zeigt schon die Umrisse jenes Europa, das heute auf dem Weg zur freiwilligen Vereinigung ist.

23. März 2000

Karl der Große

Das andere Reich

Der Kaiser als Schüler und Lehrer

Von Klaus Schulte-Van Pol

»Er versuchte auch zu schreiben«, berichtet Einhard in seinem »Leben Karls des Großen«. »Unter seinem Kopfkissen hatte er ein Täfelchen, um in Mußestunden seine Hand daran zu gewöhnen, Buchstaben zu malen, aber weil er damit erst spät im Leben anfing, blieb der Erfolg gering.« Häme ist das nicht. Einhard bewundert die verbissenen Versuche des Kaisers, sich noch im hohen Alter die seltene Kunst des Schreibens beizubringen, nachts, mit Händen wie Pranken, ungelenk durch den lebenslangen Umgang mit Schwert und Streitaxt, zu ungelenk für den Griffel.

Karl erkennt früh, dass er nicht nur die besten Krieger, sondern auch die besten Lehrer braucht. Die einen, um das Reich zu mehren, die anderen, um es mit ihrer Hilfe zusammenzuhalten und zu regieren. Die Krieger gibt es bei den Franken, die Lehrer noch nicht, und deshalb sammelt er sie ein, wo immer er sie findet.

Im Jahr 781, auf seiner zweiten Romfahrt, trifft Karl in Parma einen Angelsachsen, Alkuin, den Leiter der Klosterschule von York. Dort, im Norden Englands, gibt es eine der besten Bibliotheken der Zeit. Mit dem Versprechen, einen Abt aus ihm zu machen, wirbt Karl ihn ab.

In Aachen wird Alkuin dann Leiter und strahlender Mittelpunkt einer Multikulti-Gelehrtenschar von Romanen, Iren, Westgoten, Angelsachsen und Langobarden. Sie bilden die »Akademie«, deren wichtigster »Student« der König ist. Mit ihm lernen seine Hofbeamten und die zahlreichen Mitglieder seiner Familie. Aus vier Ehen hat er acht Kinder, mit mehr als zehn beschenkten ihn seine Konkubinen und »Friedelfrauen«. Eher sanft tadelt Alkuin das rege Liebesleben des Königs, weniger sanft das seiner Töchter, aber statt das muntere Flattern der »gekrönten Tauben« zu verbieten, duldet es der Vater mit freundlichem Wohlwollen.

Die karolingische Minuskel als Urform der Computerschrift

Fidele Tafelrunden gibt es auch. Man erzählt Anekdoten, trägt Gedichte vor, und Alkuin gibt Rätsel auf, bei denen schon damals um die Ecke gedacht werden musste. Seit 794 gehört endlich auch ein junger Mainfranke zum akademischen Nachwuchs: Einhard, den Karl aus dem Kloster Fulda nach Aachen holte. Mit sanftem Spott nennt ihn der Westgote Theodulf »die Ameise«, weil er klein ist, immer geschäftig, und ständig mit dicken Büchern durch die Pfalz wieselt. Die »Ameise« macht dennoch Karriere. Einhard wird Geheimsekretär des Königs, Herausgeber der Reichsannalen und übernimmt schließlich den Weiterbau des Aachener Münsters. Einige Jahre nach Karls Tod schreibt er seine »Vita Caroli Magni«.

Wenn wir ihm glauben, dann beherrschte Karl Latein so gut wie seine westfränkische Muttersprache, verstand Griechisch und beschäftigte sich mit Mathematik und Astronomie. Mag sein, dass Einhard Karls Lernerfolge übertreibt, zur Erkenntnis dessen, was Kirche und Reich Not tat, reichten sie jedenfalls aus. Wenn Alkuin seinen königlichen Schüler »doctor« (Lehrer) und »praedicator« (Prediger) nennt, ist das nur scheinbar paradox. An seinem Amt als Mentor und Mahner der Kirche zweifelt niemand, am wenigsten er selbst.

795 wird Leo III. zum Papst gewählt. Karl klärt unmissverständlich die Fronten: »Unsere Aufgabe ist es, die heilige Kirche vor dem Angriff der Heiden zu verteidigen und die Erkenntnis des katholischen Glaubens zu festigen.« Dem Pontifex bleibt nur, »mit zu Gott erhobenen Händen« für den Sieg zu beten.

Aus seiner selbst definierten Doppelrolle als Schwert und Lehrer der Kirche leitet der König das Recht her, sie für seine Kriege zur »Vorwärtsverteidigung« des Glaubens in die Pflicht zu nehmen und theologische Fragen zu entscheiden. Teile ihrer Ländereien zieht er ein und belehnt damit seinen Schwertadel. Anders als sein Großvater Karl Martell, der das auch schon tat, kompensiert er die Enteignungen aber durch Einführung des Zehnten. Er beruft Synoden ein, zu denen neben den Legaten des Papstes auch Bischöfe aus dem englischen und spa-

100563

nischen Ausland erscheinen. Umstrittene Glaubensfragen entscheiden sie oft nach dem Willen des Königs und ganz oder teilweise gegen den des Papstes, der sich fügen muss.

Bischöfe und Äbte ernennt der König nach Belieben, besonders brauchbare dürfen auch verheiratet sein. Wie er zuweilen mit dem Klerus umspringt, zeigt ein recht ruppiger Brief an den Abt Fulrad von St. Denis. Er belehrt ihn über seine Pflicht, Soldaten zu stellen, hinreichend auszurüsten und seinem König »Geschenke« zu schicken. Dann rät er ihm, in Zukunft weniger nachlässig zu sein, wenn er sein Wohlwollen behalten wolle.

Karl erkennt früh, dass Reformen von Kirche und Staat eine Normierung der lateinischen Schriftsprache voraussetzen. Bei den Bischöfen beklagt er sich über die vielen Fehler in Briefen, die er bekommt, und befürchtet, »es könnte bei mangelnder Sprachkenntnis auch an der Einsicht und Erkenntnis der heiligen Schriften ... fehlen«.

Das durch Karl den Großen etablierte Bildungssystem beeindruckte viele nachfolgende Generationen und trieb auch manche Fantasieblüte (»Karl der Große in seiner Hofschule lobt die armen, aber guten Schüler und schilt die schlechten, reichen Schüler«, Holzstich, um 1855).

Überall im Reich sollen die Klöster nun Schulen einrichten, in denen nicht nur zukünftige Kleriker, sondern auch begabte Laien unterrichtet werden. Die Äbte fordert er auf, »zwischen den Söhnen von Freien und Unfreien keinen Unterschied zu machen«. Den Lehrplan bestimmen die »sieben freien Künste« der Spätantike, das Trivium von Grammatik, Rhetorik und Dialektik und das weiterführende Quadrivium aus Arithmetik, Geometrie, Musik und Astronomie. Auch Dichtung, Malerei und Architektur orientieren sich an römischen und byzantinischen Vorbildern. Von der »karolingischen Renaissance« sollte man dennoch nicht sprechen. Was immer an Karls Hof wieder entdeckt, gelehrt und gelernt wird, dient der Verbreitung des neuen Glaubens im Norden Europas.

Lehrmittel der Bildungsoffensive sind die Schriften der »Akademie« und Bücher, die Karl von überall her beschaffen lässt, darunter auch eine Kopie der Regeln des heiligen Benedikt aus Montecassino, die von den Klöstern im Reich befolgt werden sollen. Nach gründlicher sprachlicher Korrektur und inhaltlicher »Reinigung« durch die Experten seiner Denkfabrik werden die Schriften in Skriptorien kopiert und im Schneeballsystem weiter verbreitet. Möglich wird das durch die Erfindung einer leicht zu schreibenden und gut lesbaren Schrift. Platz sparend ist sie auch, Pergament ist teuer. Als der König seinen Alkuin nach acht Jahren vom Hof entlässt und ihn, wie versprochen, zum Abt des Klosters St. Martin bei Tours macht, entwickelt dieser dort die endgültige Form der »karolingischen Minuskel«, aus der sich auch moderne Schriften ableiten, etwa die Times New Roman unserer Computer.

Auch eine europäische Währung hat der König im Sinn

Karl regiert mithilfe von »Königsboten«, die ständig bis in die äußersten Winkel des Reichs unterwegs sind und dem Herrscher nach ihrer Rückkehr berichten. Stets paarweise, einer ist Kleriker, der andere weltlicher Herr, kontrollieren sie die lokalen Verwaltungen der Grafen und Bischöfe, die Krongüter und die Rechtsprechung. Sie können Verfahren an sich ziehen und, falls auch sie keine Lösung finden, zur Entscheidung an den Hof weitergeben. Sie überwachen auch die Einhaltung der »Kapitularien«, das sind Weisungen des Königs an Adel, Klerus und Volk.

Dem inhaltlichen Gemenge aus knallharter Gesetzgebung, Erläuterungen zur Verwaltung und väterlicher Sorge um Kirche und Reich entspricht der Ton, der ständig zwischen knappen Imperativen, wortreicher Belehrung und Laienpredigt wechselt. Geistliches und Weltliches ist untrennbar verknüpft. Nach dem Kapitular von 802 müssen die Königsboten allen Freien, die das zwölfte Lebensjahr vollendet haben, einen Eid abnehmen. Er verpflichtet den Einzelnen neben der Treue zum Kaiser, zu Wehrdienst und Steuerzahlung auch, »so gut er nach seinen Fähigkeiten und Kenntnissen kann, in Gottes heiligem Dienst und nach seinen Geboten zu leben.«

Im »Capitulare de villis«, den Bestimmungen für die Krongüter, wird deutlich, dass im Herrscher des Abendlands immer noch der fränkische Bauer steckt. Was und wie die Verwalter der Güter an den Hof zu liefern haben, was sie anbauen und wie sie bewirtschaften sollen, legt der König bis in die Einzelheiten fest, gibt Anweisungen zu Pferdezucht, Geflügelhaltung und Obstbau und zählt fast hundert Gemüse- und Heilpflanzen auf, die in den Gärten zu ziehen sind.

Die Verwurzelung des Königs in fränkisch-germanischen Traditionen belegen Einhards Berichte über den »privaten« Karl, der wie seine Vorfahren mit Bändern umwickelte Hosen und Leinenhemden trägt und »barbara et antiquissima carmina«, uralte »barbarische«, also wohl noch aus heidnischer Zeit stammende Lieder vortragen und sammeln lässt. Den Monaten gibt Karl deutsche Namen, die heute wieder vergessen sind.

794 beschließt die Frankfurter Synode: »Niemand glaube, man dürfe Gott nur in drei Sprachen anbeten, denn in jeder Sprache kann der Mensch zu Gott beten und wird erhört, wenn er recht bittet.« Damit stellen sich Karl und seine Bischöfe gegen die Lehre, das Christentum dürfe nur in den »heiligen Sprachen« Aramäisch, Griechisch und Lateinisch gepredigt werden. Die verstand im Norden aber niemand, und daher hatte Karl schon früh deutsche Gebete und Taufgelübde aufzeich-

nen lassen. Inhaltlich verdeutlichten sie den einzelnen Stämmen, was für ihre Missionierung unerlässlich war. So mussten sich die Sachsen bei ihrer Taufe, anders als etwa die Bayern, von Donar, Wotan und Saxnot lossagen. Wie sonst sollten sie wissen, dass ihre alten Götter nun Teufel waren?

Fränkische, alamannische, bayerische und sächsische Rechtsbräuche werden aufgeschrieben und bleiben gültig, soweit sie Reichsgesetzen nicht widersprechen. Ein todeswürdiges Verbrechen ist für alle neu: heresliz, Verlassen des Heeres, Fahnenflucht.

In Rom ist Leo III. wegen angeblicher Bestechlichkeit und Ämterschacher höchst umstritten. Wie keiner seiner Vorgänger sucht er daher das Wohlwollen des Frankenkönigs. Er schickt ihm das römische Stadtbanner und die Schlüssel zum Grab des heiligen Petrus. Seine Briefe datiert er nach Karls Regierungsantritt. Der bedankt sich mit reichen Gaben aus dem eben erbeuteten Awarenschatz, ist aber im Übrigen wieder einmal mit den Sachsen beschäftigt.

Im April 799, während einer Prozession, proben die Römer den Aufstand. Leo wird vom Pferd gezerrt, gründlich verdroschen und eingekerkert. Zunge und Augen seien ihm genommen worden, lässt er verbreiten, doch ein Wunder habe ihm Sprache und Sehkraft wiedergegeben. Er flieht, aber erst in Paderborn kann er sich an der breiten Brust des Frankenkönigs sicher fühlen. Was die beiden verhandeln, weiß niemand, eine Entscheidung über Leos Wiedereinsetzung fällt jedenfalls nicht. Der König schickt ihn unter dem Schutz, vielleicht auch unter der Bewachung einer Militäreskorte, nach Rom voraus, wo er die Dinge endgültig regeln will.

Leo muss lange schmoren. Karl reitet im Frühjahr 800 zunächst an die Atlantikküste, wo eine Flotte zur Abwehr der Normannen gebaut wird, dann über Rouen und Tours nach Aachen, im August zum Reichstag nach Mainz. Von dort zieht er mit dem Heer über die Alpen nach Ravenna. Den größten Teil der Truppen schickt er unter Führung seines Sohnes Pippin gegen Benevent, er selbst macht mit dem Rest eine längere Pause. Endlich, im November reitet er nach Rom. Dort verhandelt er fast drei Wochen lang »über die dem Papst vorgeworfenen Verbrechen«. Um Leo steht es schlecht, aber schließlich »reinigt« er sich vor König, Klerus und Volk durch einen Eid. Viele glauben an einen Meineid, wahrscheinlich auch der König.

Über das, was am Weihnachtstag 800 in der Peterskirche passiert, berichten die Annalen wortkarg und ohne Begeisterung: »Als er (Karl) ... sich vor dem Altar betend neigte, setzte ihm Papst Leo eine Krone auf das Haupt. Alles römische Volk rief dazu: Karl, dem Erhabenen, dem von Gott gekrönten großen Friedenskaiser der Römer, Leben und Sieg.« Einhard ist noch schmallippiger: »Damals erhielt er die Titel Kaiser und Augustus, die ihm anfangs so zuwider waren, dass er sagte, er wäre an diesem hohen Fest nicht in die Kirche gegangen, wenn er Leos Plan gekannt hätte.«

Nun ist kaum glaubhaft, dass Karl die Titel zuwider waren. Wirklich zuwider war ihm wohl, dass dieser windige Papst ihn übertölpelt hatte, als er ihm eine Krone überstülpte, die er aus eigenem Recht beanspruchen konnte. Sie bestätigte nur, was er längst war: Herr über Länder und Kirche des Abendlands und weithin berühmt auch jenseits seiner Grenzen. Nur Tage vor seiner Krönung hatte der Patriarch von Jerusalem in Rom das Stadtbanner und die Schlüssel zu den heiligen Stätten übergeben lassen, nicht dem Papst, sondern ihm, Karl, dem König der Franken und Langobarden.

Endlich, 812, nach jahrelangen Verhandlungen, huldigen ihm Gesandte aus Konstantinopel auf Latein und Griechisch als Imperator und Basileus. Seine Anerkennung als gleichberechtigter »Bruder« der byzantinischen Kaiser ist Karl so wichtig, dass er, der immer nur eroberte, dafür mit der Abtretung Venedigs bezahlt.

Von den Umständen seiner Kaiserkrönung abgesehen, hat er militärisch und außenpolitisch nun alles erreicht. Auch im Inneren des Reichs war manches gelungen, vieles aber auch nicht oder nur zum Teil. In Aachen war die Pfalzkapelle geweiht worden, ein überkuppeltes Oktogon, wie man es im Norden noch nie gesehen hatte. Bei Mainz wurde eine hölzerne Brücke über den Rhein geschlagen, aber nach wenigen Jahren brannte sie ab, ihr Neubau aus Stein blieb in der Planung stecken. 1200 Jahre vor Franz Josef Strauß versuchte Karl, Rhein und Donau durch einen Kanal zu verbinden, was allerdings misslang, da die Böschungen immer wieder einbrachen. Zusammenhalt und Entwicklung des Reichs versuchte er durch eine einheitliche Währung zu fördern, doch trotz harter Strafen wurde der karolingische Denar nicht zum Euro. Seine freien Bauern schützte er nach Kräften, dennoch verloren viele ihre Höfe an gierige Bischöfe und Adelige.

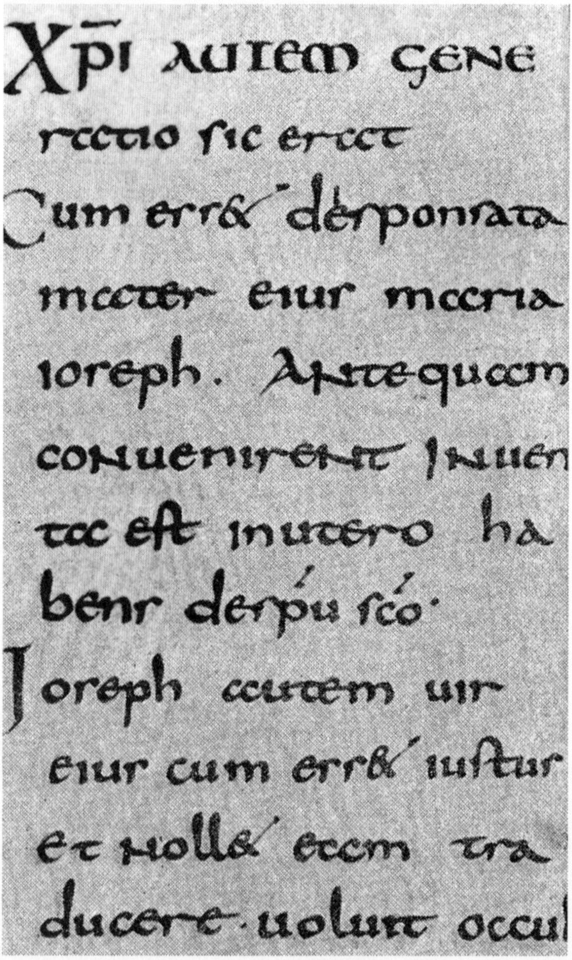
Xpi autem gene
ratio sic erat
Cum esset desponsata
mater eius maria
ioseph. Antequam
convenirent inven
ta est in utero ha
bens de spu sco.
Ioseph autem vir
eius cum esset iustus
et nollet eam tra
ducere. voluit occul

Die karolingische Minuskel wurde zur Grundlage der Entwicklung unserer heutigen Kleinbuchstaben (Ada-Handschrift, Goldschrift auf Pergament, um 800).

Tiefe Resignation spricht aus einem Brief, den er noch kurz vor seinem Tod an die Bischofssynoden schickt. In vielen »Ermahnungen« hatte er Bischöfe und Äbte zu gottgefälligem Leben angehalten, in Klöstern verbreitete Laster auch mit harten Strafen geahndet. Jetzt fragt er nur noch, ob es denn richtig sei, wenn die Männer der Kirche, die doch »der Welt entsagt haben«, ihren irdischen Besitz auf Kosten Einfältiger durch Drohungen mit dem Höllenfeuer mehren, zum Meineid anstiften, rechtmäßige Erben in Armut stürzen und die Höfe kleiner Bauern von brutalen Vögten kassieren lassen.

Das politische Erbe ist bald vertan – das kulturelle bleibt
Am 11. September 813 gibt er in Aachen seinen »kaiserlichen Namen« so weiter, wie er sich seine eigene Krönung vorgestellt haben mag. Im Kreis der Großen des Reichs muss Ludwig, der einzig überlebende seiner drei legitimen Söhne, sich die Krone selbst aufsetzen.

Noch einmal reitet der alte Kaiser zur Jagd in die Ardennen. Im November 813 kommt er mit Fieber nach Aachen zurück. Gegen ärztlichen Rat versucht er, sich durch Verzicht auf feste Nahrung zu kurieren. Er stirbt am 28. Januar 814.

Zwei Jahre später wirft sich Ludwig, den man schon bald »den Frommen« nennt, dreimal bäuchlings vor Papst Stephan IV. nieder und lässt sich salben. Das päpstliche Krönungsrecht ist damit bestätigt. Unter ihm beginnt das vom Vater geschaffene Gesamtkunstwerk des Frankenreichs zu bröckeln. Als es 870 im Vertrag von Mersen entlang den Sprachgrenzen geteilt wird und die nationale Entwicklung der deutschen, französischen und italienischen Trümmerstücke beginnt, ist das politische Erbe des großen Franken vertan. Das geistig-kulturelle Vermächtnis aber, das er den europäischen Völkern mit auf ihren leidvollen Weg durch die Geschichte gab, blieb bis heute unzerstörbar. *30. März 2000*

Heinrich I.

Himmlers Heinrich

Wie ein König des frühen Mittelalters zum Patron der deutschen Vernichtungspolitik im Osten wurde

Von Karl-Heinz Janßen

Es war einmal. Es war einmal ein kleines Städtchen in Hessen namens Fritzlar, das beschloss, zu seinem 1275. Stadtgeburtstag anno 1999 auf dem Domplatz ein Denkmal für Heinrich I. aufzustellen, für den »ersten deutschen König und Gründer des Deutschen Reiches« – so jedenfalls prangt sein Name in den meisten Geschichtsbüchern. Der sächsische Herzog soll (angeblich) im Jahre 919 (angeblich) in Fritzlar (angeblich) von den Sachsen und Franken zum König gekürt worden sein. Was die braven Stadtväter und -mütter wahrscheinlich nicht wussten: Der Kult um König Heinrich hat einen tiefen braunen Schatten und ist aufs engste mit einem Mann verbunden, an den heute nun wahrlich niemand mehr erinnert werden will – mit Heinrich Himmler, dem Chef der SS. Der Fritzlarer Lehrer Frank Helzel jedenfalls beschloss, der dubiosen Heinrich-Saga einmal nachzugehen. Schon bei der ersten Lektüre fiel ihm auf, dass mancher Autor, der über die NS-Zeit geschrieben hat, sich zwar über den »Spleen« Himmlers mokiert, er sei die Reinkarnation Heinrichs I., dass aber bislang noch niemand gefragt hatte, warum dieser besonders finstere Repräsentant des »Dritten Reiches« sich ausgerechnet den König zum Vorbild erkoren hatte. Bei seinen Forschungen, die Helzel schließlich unter dem Titel »Ein König, ein Reichsführer und der ›Wilde Osten‹« bündelte, stieß er auf einen ganzen Wust bizarrer Märchen und Mythen, die gleichwohl für die Geschichte des 20. Jahrhunderts von fataler Bedeutung sind.

Am Anfang steht die Frage, wer Heinrich I. überhaupt war. Es gibt nämlich keine einzige zeitgenössische Quelle, die etwas über sein Leben aussagt. Den wichtigsten Bericht über ihn hat der Mönch Widukind von Corvey viele Jahre nach dem Tod des Königs geschrieben.

Ihm haben selbst moderne Historiker blind vertraut. Eine Ausnahme ist der Frankfurter Mediävist Johannes Fried. In seinem großartigen Werk »Der Weg in die Geschichte – die Ursprünge Deutschlands bis 1024« (erschienen 1994/98 im Berliner Propyläen-Verlag) beantwortet er die ewige Frage, seit wann es Deutsche gebe, mit der trockenen Bemerkung, »die Deutschen schlitterten in ihr nationales Dasein, ohne es zu merken und ohne es zu erstreben«. Die »ethnische Taufe« der Deutschen ziehe sich über Jahrhunderte hinweg: »Weder das deutsche Volk noch das deutsche Reich können Geburtstag feiern ... Ein einig Volk waren sie zuallerletzt; sie blieben in erster Linie Baiern, Sachsen, Kölner und dergleichen. Nur in der Fremde hießen sie und nannten sie sich ›Deutsche‹«.

Was Heinrich I. angeht, so wird man viele umstrittene Fragen nie beantworten können: Wurde er überhaupt in Fritzlar gekrönt? Einzig Widukind behauptet es. Geschah es 909 oder 910? Und war die Schlacht bei Riade an der Unstrut, wo Heinrich mit seinem Reiterheer die Ungarn in die Flucht schlug, überhaupt bedeutend? Doch nicht nur wegen dieser Tat wurde Heinrich gerühmt, sondern fast mehr noch, weil er »Deutschland« den »Weg nach Osten« geöffnet habe: Mehrmals überschritt er mit seinen Reitern die ostfränkische Elbe-Saale-Grenze, unterwarf zahlreiche slawische Stämme, stieß bis zur Oder und nach Böhmen vor und eroberte Branibor, das spätere Brandenburg.

Der Heinrich-I.-Mythos entstand Anfang des 19. Jahrhunderts. Es war der chauvinistische Vorturner Friedrich Ludwig Jahn, der den Deutschen zwei Nationalheroen empfahl: den »Volksheiland« Hermann den Cherusker, der im Jahre 9 die Römer besiegt hatte, und den »Staatsretter« Heinrich I. wegen seines Sieges über die Ungarn. Auf den Turnerabzeichen prangten die Zahlen 9 (Hermannsschlacht) und 919 (Krönung in Fritzlar). In seinem Buch »Das deutsche Volksthum« von 1810, der Pflichtlektüre für alle Burschenschaftler, präludierte Jahn bereits die Auslese- und Rassenpolitik der Nazis: Da gibt es neben den »Edelvölkern der Erde«, zu denen die Deutschen gehören, den verächtlichsten »Auskehricht des Menschengeschlechts«. Jahns Bewunderer, der

Schriftsteller Ernst Moritz Arndt, Professor in Greifswald und später in Bonn, plädiert denn auch schon 1815 für die Rassereinheit der Deutschen. Auch ließ der mit Jahn befreundete Historiker Leopold von Ranke 1834 eine Preisfrage zu Leben und Taten Heinrichs I. ausschreiben, weil dessen Epoche für Bildung und Weltstellung des deutschen Reiches »eine unermessliche Bedeutung« habe.

Die Heroisierung Heinrichs hat allerdings im 19. Jahrhundert nur eine schmale bürgerlich-akademische Schicht erreicht. Am eindrücklichsten wirkte wohl noch Richard Wagners Oper »Lohengrin« nach, worin König »Heinrich der Vogler« in allen drei Aufzügen erscheint; er belehnt den Gralsritter Lohengrin mit dem Herzogtum Brabant, dessen Heeresbann er für den Kampf gegen die Ungarn bedarf. Lohengrin verheißt dem König einen großen Sieg: »Nach Deutschland sollen auch in fernen Tagen / Des Ostens Horden nimmer ziehn.«

Etliche Historiker und Schriftsteller haben die Anfänge des berüchtigten »Drangs nach Osten« in Heinrichs Epoche verortet. Doch ihm und den drei folgenden Ottonen-Kaisern ging es vorrangig um Tribute, Beute, Versklavung der slawischen Frauen und Kinder und, im Bund mit den Bischöfen, um die Taufe der Heiden. Eine gezielte »Ostpolitik« indes gab es nicht. Die große Ostwanderung der Flamen, Holländer und Deutschen begann erst im 12. Jahrhundert und währte rund 200 Jahre.

Preußische Historiker, allen voran Heinrich von Sybel, beklagten die Italienzüge der deutschen Kaiser im Mittelalter. Statt ihre Kräfte in der stickigen Luft Italiens zu verschleudern, hätten sie lieber den ganzen Norden und Osten Europas erobern sollen. Diese professorale Kritik wurde im wilhelminischen Kaiserreich auch noch dem letzten Schüler eingepaukt. Einen schwer messbaren, jedenfalls enormen Einfluss hatten auch die Schriftsteller Gustav Freytag (»Bilder aus der deutschen Vergangenheit«) und Victor von Scheffel (»Ekkehard«) mit ihrer Propaganda für die Ostkolonisation.

Dennoch rührte sich kaum etwas im deutschen Volke. Statt »Nach Ostland geht unser Ritt« hieß es »go west«:

Zwischen 1850 und 1920 wanderten allein 5,5 Millionen Deutsche nach Amerika aus! Auszuwirken begann sich die unterschwellige Ostlandsehnsucht erst nach dem Ersten Weltkrieg, als Deutschland den so genannten Korridor zwischen Pommern und Ostpreußen an Polen abtreten musste und eine Million Deutsche ihre Heimat verließen. Der Alldeutsche Verband und der Deutsche Ostmarkenverein, beide in den Neunzigerjahren des 19. Jahrhunderts gegründet, konnten jetzt mehr denn je das

»Nach Deutschland sollen auch in fernen Tagen/Des Ostens Horden nimmer ziehn.« Richard Wagner legte dem Gralsritter Lohengrin diese Worte als Siegesversprechen an den historisch schwer fassbaren Heinrich I. in den Mund.

Als in der Stiftskirche von Quedlinburg 1936 der tausendste Todestag Heinrichs I. gefeiert werden sollte, erkannte Heinrich Himmler dies als propagandistische Chance (Blick auf den Schlossberg von Quedlinburg mit der 1129 geweihten Stiftskirche Sankt Servatius im Hintergrund).

Volk indoktrinieren. Schon 1914 hatten sie viele Schullehrer auf ihre Seite gezogen. Nun war die Generation jener Freiwilligen herangewachsen, die sich 1919 zum Kreuzzug gegen Petersburg meldeten. Angelockt hatte man sie durch das Versprechen, sie erhielten Siedlungsland in Kurland.

Königin Mathilde wird zum »Vorbild höchsten deutschen Frauentums«

Angeführt wurden die »Baltikumer« von General Rüdiger Graf von der Goltz, der Anfang 1918 Finnland von den Russen befreit hatte. Doch der »Bolschewistenschreck« wurde im Herbst 1919 auf Drängen der Alliierten von der Reichsregierung abberufen; danach zog er durch die Republik und warnte vor dem »furchtbarsten Feind der Menschheit«. Als er München besucht, sitzt unter den Zuhörern der junge Student der Agronomie Heinrich Himmler. Begeistert schreibt er in sein Tagebuch: »Wenn im Osten wieder ein Feldzug ist, so gehe ich mit. Der Osten ist das Wichtigste für uns. Der Westen stirbt leicht. Im Osten müssen wir kämpfen und siedeln.« Er beginnt sogar, Russisch zu lernen. 1923 schließt er sich dem obskuren Artamanenbund an, der den »Menschenstrom« von der Stadt aufs Land und von Westen nach Osten umdirigieren will.

Im November 1923 beteiligt sich Himmler an Hitlers Münchner Putsch. Sein Weg ist vorgezeichnet. Im Januar 1933, nun schon Chef der SS, begleitet er seinen »Führer« beim Wahlkampf in Lippe. Das »Land Hermanns« und des Sachsenführers Widukind begeistert ihn so, dass er hier nach einem Ort sucht, wo er eine »Reichsschule SS« einrichten könnte. Im Herbst 1933 besichtigt er die mittelalterliche Wewelsburg bei Paderborn, ein Jahr später wird sie ihm schon feierlich übergeben.

Dabei war Himmlers Blick zunächst gar nicht auf Heinrich I., sondern auf den Sachsenherzog Heinrich den Löwen gefallen; er sollte zur Symbolfigur für die neue Ostexpansion werden. 1935 ließ er im Braunschweiger Dom das Grab des Herzogs öffnen und – war bitter enttäuscht. Im Sarg lag das Skelett einer kleinen, zierlichen Person, das einen deutlich erkennbaren Hüftschaden aufwies. So hatte sich Himmler den »Löwen« nicht vorgestellt. Immerhin bot sich ein Anthropologe an, der erklärte, das Hüftleiden sei nicht angeboren, sondern Folge eines Reitunfalls. (Erst in den Siebzigerjahren fand man des Rätsels Lösung: Die Nazis hatten versehentlich den Sarg von Heinrichs Frau geöffnet.)

Nun kam Heinrich I. ins Spiel. In der Stiftskirche von Quedlinburg sollte 1936 der König an seinem 1 000. Todestag gefeiert werden. SS-Brigadeführer Reischke, Chef des Rasseamtes, entdeckte dieses »Geschenk des Himmels« und setzte Himmler in Kenntnis. Der Reichsführer beschloss sofort, die Regie an sich zu reißen. In einer großen Rede vor den Spitzen des Regimes wollte er ein Bekenntnis zu Heinrich ablegen. Seine Institution »Ahnenerbe« beschaffte ihm »historisches Material«. Zudem traf es sich gut, dass gleich zwei Heinrich-Biographien auf den Markt gekommen waren. Die eine stammte von dem Historiker Alfred Thoss (der später im Krieg bei der Waffen-SS dienen wird), und schon der Titel spricht für sich: »Heinrich I. – der Gründer des

Deutschen Volksreiches«. Die andere hatte der SS-Abteilungsleiter Franz Lüdtke verfasst, der auch Reichsführer des Bundes Deutscher Osten war. Sein Buch »König Heinrich I.« wurde, obwohl sehr propagandistisch geraten, sogar von der Fachwissenschaft ernst genommen.

Himmler war begeistert und zitierte in seiner Rede einige leicht veränderte Sätze aus Lüdtkes Werk, den König als einen »der größten Schöpfer des Deutschen Reiches« preisend. Ein Kranz wurde auch am Steinsarg der Königin Mathilde niedergelegt, »diesem Vorbild höchsten deutschen Frauentums«. Künftig sollten die Deutschen jährlich zu dieser »Weihestätte« wallfahren.

Hatte Himmler in seiner Rede noch tief traurig bekannt, dass die Gebeine des Königs verschwunden seien, konnte er sie ein Jahr später plötzlich präsentieren. Zu mitternächtlicher Stunde wurden sie in der Krypta bei Fackelschein und Orgelspiel in einen neuen Sarkophag gebettet; die anwesenden Zeugen mussten die »Wiederbeisetzungsurkunde« unterzeichnen. Fortan wurden in der Gruft jährlich SS-Fahnenjunker auf ihren blutigen Dienst eingeschworen; um den Kirchturm wehte seit 1938 die Flagge der SS ...

Mit einem Mal wusste Himmler auch, was mit der Wewelsburg geschehen sollte. Man glaubte sich nun sicher zu sein, dass sie aus der Zeit stammte, als Heinrich Befestigungswerke bauen ließ. Stand die Weihestätte Quedlinburg dem Volk offen, so wurde die Burg – als »SS-Schule« getarnt – zum verbotenen Ort. Fern vom Volke sollten hier nur die Reichselite und die höchsten SS-Führer verkehren. Die Gesamtkosten für den Umbau, an denen sich die Dresdner Bank mit Krediten zu Sonderkonditionen beteiligte, beliefen sich auf 250 Millionen Reichsmark, von denen bis 1945 etwa 13 Millionen verbraucht waren; KZ-Sklaven leisteten die Arbeit.

Himmler skizziert die Endlösung der Slawenfrage

Dieser Gralsort nun sollte das Zentrum eines ganzen Netzes von SS-Ordensburgen in den eroberten Ostgebieten werden – Stammburg des Großgermanischen Reiches. Vom 11. bis zum 15. Juni 1941, also kurz vor Beginn des Russlandfeldzugs, berief Himmler seine SS-Gruppenführer zum ersten Mal zu einer Tagung auf die Wewelsburg. Die Rede, die er dabei hielt, ist von großer Bedeutung. Denn in ihr fiel eine der schrecklichsten Ankündigungen des Zweiten Weltkrieges. Sie wurde erst im Nürnberger Prozess der weiteren Öffentlichkeit bekannt, als man den ehemaligen Chef der deutschen Bandenkampfverbände verhörte, General der Waffen-SS Erich von dem Bach-Zelewski. Der General, der 1941 auf der Wewelsburg dabei war, berichtet, Himmler habe davon gesprochen, »dass der Zweck des Russlandfeldzuges die Dezimierung der slawischen Bevölkerung um dreißig Millionen sein sollte«. Dies sei »die logische Folgerung« der nationalsozialistischen »Weltanschauung«, meinte Bach-Zelewski.

Doch auch diese »Weltanschauung«, so dürfen wir hinzufügen, ist keine Erfindung der Nationalsozialisten, sondern steht in der nationalistischen Tradition des 19. Jahrhunderts. Schon der heute noch von vielen Deutschen heiß verehrte Ernst Moritz Arndt hatte sich für Deutschland »einen großen militärischen Tyrannen« gewünscht, »der fähig ist, ganze Völker auszurotten ...«

Forscher Frank Helzel ist den Spuren der Wewelsburg-Rede in Himmlers Kriegsansprachen nachgegangen und hat frappierende Zitate gefunden. Als neuer Reichsinnenminister beruft sich der Chef der SS am 6. Oktober 1943 vor Reichs- und Gauleitern in Posen auf König Heinrich I.: Nur mit einer klaren Reichsautorität könne das noch größere Reich aufgebaut werden, dessen Grenzen »einmal am Ural liegen werden«! Und noch im August 1944 schwärmt er: »Wenn es den Kosaken geglückt ist, sich für den russischen Zaren bis ans Gelbe Meer durchzufressen und das ganze Gebiet allmählich zu erobern, dann werden wir und unsere Söhne es in drei Teufels Namen fertigbringen, Jahr für Jahr, Generation für Generation, unsere Bauerntrecks auszurüsten und von dem Gebiet, dass wir zunächst hinter der militärischen Grenze haben, immer einige Kilometer zunächst mit Stützpunkten zu versehen und dann allmählich flächenmäßig zu besiedeln und die anderen herauszukriegen.«

Ende März 1945, als Oberbefehlshaber der Heeresgruppe Weichsel in Stettin, also reichlich diesseits des Urals, dämmert es selbst Himmler, dass der Krieg endgültig verloren ist. Am Karfreitag (!) gibt er einem SS-Hauptsturmführer und Eichenlaubträger den Befehl, mit einem Sonderkommando die Wewelsburg, den Mittelpunkt seiner Wahnwelt, in die Luft zu sprengen. Es ist höchste Zeit, denn die Panzer der Alliierten nähern sich bereits Paderborn. Weil die Sprengstoffmenge jedoch nicht ausreicht, brennt das Gemäuer nur aus; heute dient es als Museum und Jugendherberge.

Nicht zu Ende allerdings war das Nachleben König Heinrichs. Eine unerwartete Renaissance erlebte er zu Beginn des 21. Jahrhunderts. In einer ganzen Reihe von Werken über Heinrich und die Ottonen, so etwa in den Büchern von Gerd Althoff und Hagen Keller oder Ernst Wies, ist wieder das altvertraute Bemühen zu erkennen, Heinrich I. als deutschen Nationalkönig auf den Thron zu heben. Die Quellenbasis mag noch so dünn sein – es wird einfach drauflos schwadroniert. Wies stilisiert Heinrich sogar zu einer der »tragenden Vätergestalten der Weltgeschichte«.

Ein Sonderfall dabei ist die umfangreiche Heinrich-Biographie Hellmut Diwalds von 1987, nach dem Tod des Autors (1993) inzwischen in Neuauflage erschienen. Der rechtslastige Erlanger Professor – er hatte die Präambel zum Parteiprogramm der Republikaner verfasst – brachte das Kunststück fertig, aus den Büchern der SS-Historiker Lüdtke und Thoss zu zitieren, ohne ihren Namen zu nennen. Er bindet die Gestalt fest in die preußisch-nationalistische Historiographie. Der Kampf gegen die Ungarn ist für ihn ein »Reichskrieg«!

Mag diese bizarre Geschichtsklitterung auch nur noch amüsiertes Kopfschütteln provozieren, so dürfen sich wenigstens die Fritzlarer über eine wundersame Wandlung freuen. Nicht ein Herrscher ist es, der ihnen zuteil ward, sondern das Denkmal jenes Mannes, der hier einst die Donar-Eiche gefällt haben soll und 724 ein Kloster gründete: Nicht Heinrich, der »König der Deutschen«, ziert seit dem Frühjahr 1979 ihren Domplatz, sondern Bonifatius, der »Apostel der Deutschen«.

19. Oktober 2000

Otto der Große

Das Reich vor der Nation

War der Kaiser ein Vorkämpfer für die Europäische Union?

Von Gustav Seibt

Auf dem über tausend Jahre alten Grab Ottos des Großen im Magdeburger Dom liegt ein Kranz, dessen Schleife in lateinischen Worten verkündet, die Welt sei glücklicher gewesen, als dieser Kaiser das Zepter führte. Doch kein geheimes Deutschland huldigt hier einem seiner Kaiser und Helden. Die spektakuläre Ausstellung über Otto den Großen im Sommer 2001 trägt den Untertitel »Magdeburg und Europa«. Der Kaiser, von dem kein Porträt existiert, den zeitgenössische Siegel und Elfenbeinschnitzereien aber als langbärtigen, christusähnlichen Weltherrscher zeichnen, wird als Gründervater und Ahnherr des sich einigenden Europa exponiert. Den Sachsenpfennig, die gängige Münze der ottonischen Zeit, nennen die Ausstellungsmacher »den Euro des 10. Jahrhunderts«. Aber auch sakrale Ferne darf hineinspielen: Zur Eröffnungsfeier wurde eine Kopie der Heiligen Lanze, mit deren Hilfe Otto 955 auf dem Lechfeld die Ungarn geschlagen haben soll, unter mönchischem Chorgesang durch den Dom getragen.

Ob im Zusammenhang mit Ottos kriegerischen Erfolgen gegen Slawen und Ungarn das Wort »Osterweiterung« immer vermieden wurde – wer weiß das schon? Die Zahl derer, die hier zusammenzucken und sich an die »Ostforscher« Albert Brackmann und Hermann Aubin erinnern, die um 1940 Kaiser Otto als deutschen Kulturbringer unter den kulturunfähigen Völkerschaften des späteren Polen priesen, dürfte gering sein – außerdem enthält der gewichtige wissenschaftliche Katalog einen ausgezeichneten Beitrag des Frankfurter Historikers Johannes Fried, der die wechselvolle historiographische Rezeptionsgeschichte des ottonischen Kaisertums mit aller wünschenswerten Deutlichkeit dokumentiert. Warum wurde hierzu nichts ausgestellt? Die Ottonen stellen für die deutsche Identität einen ähnlich »heißen«

Punkt dar wie die Staufer. Eine anschauliche Rezeptionsgeschichte hätte eine Brücke über den Abgrund von tausend Jahren bauen können.

Wer Frieds Beitrag studiert und wer sich in das einzige bildliche Zeugnis dieser Rezeptionsgeschichte vertieft, das am Ort der Ausstellung zu sehen ist, Artur Kampfs monumentales Fresko über Otto als Slawenkrieger von 1906, dem muss die europäische Einkleidung der Ausstellung verdächtig werden.

In letzter Zeit ist kaum eine Epoche der mittelalterlichen Geschichte quellenkritisch noch einmal so umgepflügt worden wie die Zeit vor dem Jahr 1000. Eines der wichtigsten Resultate dieser akribischen Revision war, dass ein Begriff von Deutschland und den Deutschen im 10. Jahrhundert nicht bestand. Wenn man die so genannte Sächsische Kaiserzeit immer noch mit Robert Holtzmanns klassischer Darstellung als Anfang und Jugendzeit des Deutschen Reiches bezeichnen wollte, dürfte man dies bestenfalls rückwirkend tun. Otto der Große war ein fränkischer König aus Sachsen, Herrscher in einem Teilgebiet von Karls des Großen Reich; seine Gefolgsleute und adeligen Pairs waren Alamannen, Bayern, Sachsen, Franken. Erst die Italiener während des Investiturstreits hundert Jahre später begannen sie zusammenfassend als »Deutsche« zu bezeichnen.

Darf man von »Europäern« sprechen? Die Krieger Ottos empfanden sich, wenn sie mehr sein wollten als Stammesfürsten, als »Christen«, die Bezugsorte der ottonischen Selbstdefinition waren, als der Horizont sich europäisch erweiterte, Aachen, Rom und Konstantinopel – was auch sonst. Otto den Großen als Vorläufer der Europäischen Union zu verklären, ist gewiss weniger schädlich als die Inanspruchnahme für deutsches Hegemoniestreben im 19. und 20. Jahrhundert, aber historisch ebenso haltlos.

Die stumme Alltagsgeschichte wird schnell abgehandelt – zu Recht, denn sie wurde in allen Mittelalterausstellungen der letzten Jahre in aller Breite veranschaulicht. Die Magdeburger Stadtgeschichte stellt einen passenderen Hintergrund dar, als es eine Überfülle von Pflugscharen und Pferdetrensen vermocht hätte. Den nicht staatlich-institutionellen, sondern clanhaft ver-

100264

Die Zeichnung nach einem um 983 entstandenen Elfenbeintäfelchen mit deutlichem oströmischen Einfluss zeigt eine Maiestas Domini mit der kaiserlichen Familie: kniend Otto II. mit der byzantinischen Prinzessin Theophano und dem gemeinsamen Sohn, dem späteren Otto III.

flochtenen, vorwiegend rituell verwirklichten Aufbau der ottonischen Macht müssen Reste aus geistlichen Familiengründungen wie das Stift Gernrode sichtbar machen. Die Ungarn-Schlacht dramatisiert ein auf Übergröße gebrachtes Handschriftenbild – reizvoller ist die Mitteilung, dass eine aus Sankt Gallen auf die sichere Insel Reichenau evakuierte Handschrift dort zu Ende gemalt wurde.

Bis zur Schlacht auf dem Lechfeld 955 war Ottos Regierung ein Überlebenskampf, der wenig mehr durchsetzte als die unteilbare Erbfolge im Mannesstamm seiner Familie – ein wichtiger Erfolg nach dem Kriege erzeugenden Chaos der karolingischen Teilungen. Dieser Hintergrund von innerer und äußerer Bedrohung lässt den nächsten Schritt so gewaltig erscheinen: die Gewinnung der Kaiserkrone im Jahre 962. Sie leitete die hochmittelalterliche Orientierung des Reiches nach Italien ein und damit eines der umstrittensten Kapitel der deutschen Geschichte. Wie gern hätten kleindeutsche Historiker des 19. Jahrhunderts auf den Süden verzichtet, um stattdessen den Osten dauerhaft zu gewinnen!

Diese endlos hin- und hergewälzte Alternative - die größte aller deutschen Historikerstreitigkeiten - kann durch eine Präsentation der Originalobjekte mühelos entschieden werden. Der entstehende, allmählich »deutsch« werdende Staat wurde erst durch das in Rom vom Papst legitimierte Kaisertum an den Hauptstrom der Kultur angeschlossen, dem höchsten Stand der Zivilisation angenähert.

Das Kaisertum gründete sich nicht zuletzt auf die exklusive priesterliche Gelehrtenkultur; die Wirkung auf die wenigen deutschen Zentren, Fulda, Corvey, Reichenau, war sofort spürbar. Die Dekadenz der nachkarolingischen Epoche wurde innerhalb einer Generation überwunden. Kaiser Otto I. durfte seinen Sohn Otto II. mit einer byzantinischen Prinzessin verheiraten: Der Wettbewerb mit der erdrückend überlegenen oströmischen Kultur ließ sich nun nicht mehr vermeiden. Eines der reizvollsten Stücke der Ausstellung, die Heiratsurkunde von 972, lässt die Anstrengung sinnfällig werden.

In Magdeburg gründete Otto ein neues Erzbistum mit einem großen Dombau: Antike Säulen und wertvolle Elfenbeinschnitzereien aus Italien, von denen sich 16 kostbare Tafeln erhalten haben, mussten den neuen Anspruch im barbarischen Land beglaubigen. Es gab, das machen die herrlichen Handschriften, Gold- und Elfenbeinarbeiten überdeutlich, damals gar keine Alternative zur römischen Ausrichtung des jungen ostfränkischen Reiches. *30. August 2001*